数据科学与大数据应用系列

商务数据挖掘与应用

（第2版）

蒋盛益　主编

電子工業出版社
Publishing House of Electronics Industry
北京•BEIJING

内 容 简 介

本书由认识篇、技术篇和案例篇三部分组成，以商业领域中的问题为背景，主要讲解数据挖掘技术的应用。认识篇介绍数据挖掘的各种技术和数据挖掘建模方法，可使读者了解数据挖掘技术在商业领域中的应用概貌；技术篇介绍数据挖掘中的聚类分析、分类分析、关联规则分析、离群点检测、回归分析等方法；案例篇介绍实际领域应用较多的 RFM 分析、社会网络分析和文本挖掘，展示数据挖掘在不同领域中的应用案例，使读者理解如何应用数据挖掘技术解决商业领域中的问题。

本书可作为经济、管理类等相关专业学生学习数据挖掘技术的教材或参考书，也可作为计算机相关专业学生学习数据挖掘技术的参考书，还可作为企事业单位管理者、数据分析人员、市场营销人员、研究与开发人员的参考资料。

图书在版编目（CIP）数据

商务数据挖掘与应用 / 蒋盛益主编. —2 版. —北京：电子工业出版社，2020.11

ISBN 978-7-121-40012-4

I. ① 商… II. ① 蒋… III. ① 商业信息－数据采集－高等学校－教材 IV. ① F713.51

中国版本图书馆 CIP 数据核字（2020）第 234115 号

责任编辑：章海涛　　　　特约编辑：田学清
印　　刷：北京虎彩文化传播有限公司
装　　订：北京虎彩文化传播有限公司
出版发行：电子工业出版社
　　　　　北京市海淀区万寿路 173 信箱　　邮编：100036
开　　本：787×1092　1/16　　印张：25.25　　字数：646 千字
版　　次：2014 年 1 月第 1 版
　　　　　2020 年11月第 2 版
印　　次：2025 年 1 月第 9 次印刷
定　　价：59.80 元

凡所购买电子工业出版社图书有缺损问题，请向购买书店调换。若书店售缺，请与本社发行部联系，联系及邮购电话：（010）88254888，88258888。

质量投诉请发邮件至 zlts@phei.com.cn，盗版侵权举报请发邮件至 dbqq@phei.com.cn。

本书咨询联系方式：192910558（QQ 群）。

前　言

此次改版充分考虑了技术的发展及在实际领域中有多种数据类型需要处理的情况，增加了一些实际案例，增加了社会网络分析、文本挖掘、数据挖掘在客户关系管理中的应用这 3 章，删除了数据挖掘在零售业中的应用一章，将原来第 9 章、第 10 章的内容拆分到第 4 章至第 8 章，将原来的第 8 章调整为第 3 章，对第 12 章的名称进行了修改，并增加了案例。

本书旨在介绍数据挖掘的基本原理、方法及数据挖掘应用流程，通过案例分析，使读者能够应用这些方法解决商业领域中的相关问题。

全书分为三篇，共 15 章。

上篇为认识篇

数据挖掘技术应用广泛，认识篇从整体上分析数据挖掘技术，使读者了解数据挖掘的各种技术，了解数据挖掘技术在商业领域中的应用概貌；熟悉数据挖掘建模方法。

第 1 章介绍数据挖掘的概念及数据挖掘在商业领域中的应用；第 2 章围绕跨行业数据挖掘过程标准 CRISP-DM 介绍数据挖掘过程的 6 个阶段。

中篇为技术篇

从应用的角度看，数据挖掘是一个工具，为了更好地应用数据挖掘，读者需要知道什么时候应该使用何种数据挖掘技术，需要对数据挖掘主流算法有一定程度的了解。此外，读者需要了解模型内部机制，这样才可以有效地准备建模所用的数据集，以及使用不同参数改进模型的输出结果。数据挖掘涉及的学科领域和方法很多，数据挖掘的常用技术有聚类分析、分类、关联规则分析、离群点检测和回归分析，为了有效实施数据挖掘，需要对实际领域的数据进行适当的预处理。本篇详细讲解了这些经典算法，同时对同一类数据挖掘技术的不同算法进行了对比。

第 3 章介绍数据准备，第 4 章介绍聚类分析，第 5 章介绍分类分析，第 6 章介绍关联规则分析，第 7 章介绍离群点检测，第 8 章介绍回归分析。

下篇为案例篇

在一个特定的行业中进行数据分析时可能需要应用多种数据挖掘技术，同一种数据挖掘技术在应用到不同行业时也会存在一定的差异。案例篇通过不同行业的案例展示数据挖掘技术在不同行业的应用，所有案例均采用 CRISP-DM 规范进行描述。

第 9 章介绍 RFM 分析技术及其应用案例；第 10 章介绍社会网络分析技术及其在通信行业中的客户细分、贸易数据分析等方面的应用；第 11 章介绍文本挖掘技术及其在用户画像方面的应用；第 12 章介绍客户关系管理涉及的主要方面，并通过案例介绍数据挖掘在客户关系管理中的应用；第 13 章介绍数据挖掘在金融领域的应用，重点介绍数据挖掘在信用风险分析中的应用；第 14 章介绍数据挖掘在财务风险分析和预警中的应用；第 15 章介绍数据挖掘在电子商务中的应用。

除了介绍数据挖掘的经典方法，本书还融入了作者的部分研究成果。

本书的改版融汇了许多人的辛勤劳动。全书由蒋盛益策划和统稿，蒋盛益负责第 1 章、第 2 章、第 4 章、第 7 章、第 9 章、第 10 章、第 11 章、第 13 章、第 14 章和第 15 章的撰写与修订；张钰莎负责第 3 章、第 5 章、第 6 章、第 8 章和第 12 章的撰写与修订；黄锡轩参与了第 10 章、第 12 章和第 15 章部分案例数据的处理与撰写，禤镇宇参与了第 11 章案例数据的处理与撰写。本书自出版以来，得到了众多读者的支持与肯定，改版工作也得到了电子工业出版社的大力支持，还得到了广东外语外贸大学数据挖掘实验室的苗邦、王晓锐、阳垚等校友提供的信息和建议。本书参考了许多学者的研究成果，在此一并表示衷心感谢。

限于作者的学识水平，书中难免存在不足和疏漏之处，敬请读者批评指正。

作　者

目　录

上篇　认识篇

中篇 技术篇

下篇 案例篇

上篇

认识篇

第1章 绪 论

柏拉图曾说过“需要是发明之母”。随着移动互联网、物联网的发展，我们已进入大数据时代，我们每天生活在数据的海洋中，数据的产生无时不在、无处不在，如个人衣食住行、工作、社会组织机构运行、企业生产运行等都产生大量数据。越来越多的企业和个人逐渐认识到机构运营数据的价值，而爆炸式增长的数据更需要功能强大的工具发现隐藏其中的巨大价值。近年来，数据挖掘引起了整个信息产业界和商界的广泛关注，其主要原因是存在可以广泛使用的大量数据，并且迫切需要将这些数据转化成有用的信息和知识。获取的信息可以广泛应用于市场营销、客户关系管理、风险管理、欺诈检测、个性化服务、供应链库存管理、人力资源管理、产品质量控制、信息安全等领域。

数据挖掘是一种将传统的数据分析方法与处理大量数据的复杂算法相结合的技术。本章将概述数据挖掘的相关概念、数据挖掘在商业领域的应用，并列举本书涵盖的关键主题。数据挖掘是一门需要下功夫才能熟练掌握的技术，我们需要掌握数据挖掘的常识和基础，了解数据挖掘是什么，以及如何应用它。通过学习本书，希望读者树立数据分析思维，通过数据收集和分析来实现用数据说话，使数据产生价值，用数据驱动决策。

1.1 引例

我们先来看几个日常生活中看似互不相干的案例。

（1）超市货架组织

在大型超市，我们会发现服务员经常整理货架并适时调整货架上的商品，因此可能产生这样的疑问：货架组织对销售会产生影响吗？将哪些商品放在一起比较好卖？哪些商品会受到货架组织的连带销售影响？哪些顾客的消费行为会受到货架组织的影响？

经过一段时间的观察、思考、调查和分析，我们注意到：超市货架组织方式会影响某些商品的销售，会影响某些消费者的购买行为。“啤酒与尿布”的故事就是一个经典案例。

（2）个性化推荐与精准营销

Amazon 因为其无处不在的推荐及良好的体验被称为“推荐系统之王”。我们在 Amazon 上购物时，常常会发现 Amazon 会提供同类物品的推荐，而这些推荐的来源就是 Amazon 对其数以万计的用户购买记录进行深入分析而生成的。Amazon 根据用户对商品的评分，采用了协同过滤的方法在线下生成相似商品模型。当用户进行在线购买或查看物品时，网页就会提供与用户当前所关注的商品相似的商品，以便用户选购商品，从而实现需求方与供应方共赢。Amazon 如今大获成功，推荐系统的使用功不可没。Amazon 的一位发言人向《财富》（*Fortune*）杂志表示，“我们的任务是取悦用户，让他们在不经意之间发现美妙的产品。我们相信快乐每天都会出现，这是我们衡量成功的标准。”现在，个性化推荐在电子商务平台已得到普遍使用。

例如，Target 和怀孕预测指数精准地把广告投放给目标客户。这不但可以有效降低单人营销费用，而且可以减少对非目标客户的干扰，提高广告的精准度和满意度，最终实现广告的真正价值。美国一名男子闯入他家附近的一家美国零售连锁超市 Target 店铺（美国第三大零售商塔吉特）进行抗议：“你们竟然给我 17 岁的女儿发婴儿尿片和童车优惠券。”店铺经理立刻向来者承认错误，但是其实该经理并不知道这一行为是总公司运行数据挖掘的结果，总公司通过对海量用户交易数据的挖掘实现精准营销。一个月后，这位父亲来道歉，因为此刻他才知道他的女儿的确怀孕了。Target 比这位父亲知道他女儿怀孕的时间足足早了一个月，这是为什么呢？原因在于 Target 能够通过分析女性客户购买记录，猜测出哪些顾客可能是孕妇。他们从 Target 的数据仓库中挖掘出了 25 项与怀孕高度相关的商品，制作“怀孕预测”指数。例如，他们发现女性会在怀孕四个月左右大量购买无香味乳液，然后以“怀孕预测”指数为依据推算出预产期，并抢先一步将孕妇装、婴儿床等折扣券寄给客户，以吸引潜在客户购买。

（3）智能搜索

在海量网络数据中，用户试图通过网络来快速发现有用的信息变得非常困难，如何提高信息获取的效率成为研究人员广泛关注的课题。搜索引擎是有效解决这一问题的重要工具。传统的搜索引擎在用户输入关键词进行查询后，返回的是成千上万条相关结果，这往往导致用户需要花费大量的时间来浏览与选择，因此不能满足用户快速获取信息的愿望。另外，对于同一搜索引擎使用相同关键词进行搜索时，不同用户得到的返回结果是相同的，然而不同用户所期望的或关注的结果可能是有差异的。例如，提交查询词“苹果”的两个用户可能希望看到不同类型的信息，或许一个用户对水果类的相关产品信息有兴趣，而另一个用户倾向于获取苹果公司的电子产品的相关信息。因此，大量研究人员开始研究行业化、个性化、智能化的新一代搜索引擎。智能搜索技术也开始创新应用到传统行业，如沃尔玛的智能搜索。沃尔玛为其网站 Walmart.com 设计了最新的搜索引擎 Polaris，利用语义数据进行文本分析、机器学习和同义词挖掘等。根据沃尔玛的说法，语义搜索技术的运用使得在线购物的完成率提升了 10%～15%，这意味着增加了数十亿美元的收入。

（4）客户流失分析

客户是企业生存的基础，在市场化程度高的行业，企业之间的竞争尤为激烈，为了获取更多的客户资源并占有更大的市场份额，各企业往往采取名目繁多的促销活动和层出不穷的广告宣传来吸引新客户、留住老客户。研究发现：发展一个新客户比保持一个老客户的费用要高出 5 倍以上。因此，电信、银行、保险等行业都非常关注客户的流失问题。以电信的客户流失为例，有研究者以 2009 年电信的流失客户历史消费行为数据、客户的基础信息、客户拥有的产品信息为基础，通过研究综合考虑流失的特点和与之相关的多种因素，从中发现流失客户的特征，以此建立可以在一定时间范围内预测客户流失倾向的预测模型，以便对流失客户进行预测并对流失的后果进行评估，为电信公司有关部门提供有流失倾向的用户名单和这些用户的行为特征，以便制定恰当的营销策略，开展客户挽留工作，防止客户流失引发的经营危机，提升电信公司的竞争力。

（5）免费用户到付费用户的转化

在网络游戏试玩初期，游戏运营商为了测试和完善网络游戏，并快速扩大玩家群，通常会推出一段相对较长的免费试玩期。因此，在网络游戏正式运营前就会存在大量注册用户，这些注册用户会在网络游戏运行后存在很长一段时间。如何把这些注册用户转化成付费客户，真正为游戏运营商带来收益呢？如何对注册用户采取差别化营销手段，从而提高营销活动的效果，使运营商的利润最大化？

上述案例虽然来自不同的商业应用领域，但它们背后都以数据挖掘为核心处理技术，利用数据挖掘技术发现隐藏在海量数据背后的知识或规律，为相关领域的决策提供支持。

1.2 数据挖掘简介

1.2.1 数据挖掘技术的使用背景

人类从远古时代走到了现在的网络时代，并开始跨入物联网时代，人们通过信息的获取、存储、查询、加工和应用等环节实现知识的传播、继承和发展。从人类有了获取信息的能力开始，便不断对信息进行归纳和总结。随着通信、计算机和网络技术的快速发展，以及日常生活自动化技术的普遍使用，人们获取数据、存储数据变得越来越容易。如今，全球正迈向数字化新时代，数字信息以爆炸式的速度增长，大数据支撑的行业发展进步已势不可挡。云计算、物联网、5G、区块链、大数据、人工智能等技术层出不穷，企业数字化转型的迫切需要使得大数据分析技术迎来了空前的增长需求和挑战。

此刻我们正处在“大数据时代”，数以亿计的人们无时无刻、不知不觉地在各种场合“生产”大量数据，如超市 POS 机、自动售货机、信用卡和借记卡、在线购物、出行购票（火车、飞机、地铁、公交等）、证券市场、酒店住宿、射频识别（Radio Frequency Identification，RFID）、客服中心、各种监控设备等。包括通信、金融、保险、证券、交通、零售商、电商、医疗、社交媒体、安防等在内的一些企业，已经与客户建立了自动化的数据交互关系，可以生成大量交易记录。数据正以空前的速度产生和收集，这些数据是人们工作、生活和其他行为的记录，是企业和社会发展的记录，也是对人与自然界本身的描述，是对我们所研究的对象的隐含规律的某些侧面反映，这些数据催生了互联网大数据、行业大数据，具体包括金融、医疗、保险、交通、气象、制造、卫星遥感、生物信息等方面。在各行各业，许多公司已经开始认识到客户对业务的重要性，客户信息是他们的宝贵财富。大量数据在计算机系统中形成了庞大的“数据资源”。对于从事服务业的公司来说，信息意味着竞争优势，“数据就是资源、生产力和财富”。很多公司发现，他们拥有的有关客户的某些信息不仅对自己非常有用，对别人也非常有用。信用卡公司也有航空公司想知道的信息，即谁购买了大量的机票，在这里信用卡公司处在信息经纪人（中间人）的位置。信用卡公司可以针对经常乘坐飞机的人进行促销，以吸引以前乘坐其他航空公司飞机的人。快速增长的海量数据存放在大量大型数据储存设备中，除非有强有力的工具，否则理解它们已经远远超出了个人的能力。因此，如何将海量的数据以极快的速度加以归纳、计算与分析，找到暗藏于这些数据中的规律（挖掘人们工作、生活和社会发展的规律，挖掘人与自然界的规律）就是数据资源的开发利用，是非常有价值的工作。在强大的商业需求驱动下，商家开始注意到有效地解决大容量数据的利用问题具有巨大的商机；学者开始思考如何从大容量数据集中获取有用的信息和知识。然而，面对高维、复杂、异构的海量数据，提取潜在的有用信息成为巨大挑战，所以，数据挖掘技术应运而生，并显示出强大的生命力。数据收集、海量数据存储与查询、高性能计算等技术的发展进一步激发了人们对数据挖掘技术进行开发、应用和研究的热情。

近十多年来，数据挖掘技术飞速发展，在发达国家，数据挖掘技术逐渐成为整个信息技术的核心之一；在人工智能研究与开发领域，数据挖掘也发挥着重要作用，特别是在机器学习、计算机视觉和自然语言处理等领域，大数据分析逐渐成为智能社会的基础。数据挖掘推动了科技领域的发展，将成为推动科学技术发展进程的必要因素，特别是大数据时代冲击着传统行业，包括金融、零售、医疗等，同时大数据彻底改变了人们的生活、学习和工作方式。

例如，在卫生保健、社交网络、保险行业乃至总统竞选等方面，都已经出现不少利用大数据进行挖掘分析的成功案例。数据挖掘的迅速发展使商业受益匪浅，如市场营销组织应用客户细分来识别那些有不同爱好的客户群，许多公司应用数据挖掘技术来识别高价值客户，从而为他们提供所需的服务，以留住他们。值得注意的是，很多世界 500 强企业均设立了与数据挖掘相关的研发与应用部门，数据挖掘技术已经成为其业务成功的关键因素。

案例 1-1：梅隆银行的数据挖掘——客户发现

美国的梅隆银行（Bank of New York Mellon）在 1997 年设定了争取 20 万新户头的目标，为此，该银行计划向 1000 万名可能的顾客邮寄邀请函。然而，这家银行利用数据挖掘技术产生了 3000 个最可能的顾客的模式。对这些模式的子集加以精选，从而产生了更小的数目。测试表明，这个更小的数目会产生 12%的回应率。该回应率使得这家银行只需发出 200 万份邀请函即可获得他们想要的 20 万名顾客，而不是按原定的计划向 1000 万人发出邀请函。因此，利用数据挖掘技术除了削减成本，还提高了每位新开户的顾客的平均利润率，使得利润提高了 3 倍，因为瞄准了那些最适合梅隆银行服务项目的顾客。

本案例说明了数据挖掘的两个重要特点。第一个特点仅就其规模而言，涉及的数据量和所探索的模式数量比传统的数据分析量大得多；第二个特点是，即使是受过高级培训的专家也能获益于数据挖掘。正如本案例，一个外部专家小组得出的结果比本公司专职数据分析部门用常规方法得出的结果高 6 倍，而所花时间只是后者的四分之一。我们的一个主要目标就是使数据挖掘工具简单易用，即使是最终的商务用户也能使用。

资料来源：http://www.tianyabook.com/zhexue/weilai/014.htm。

案例 1-2：Yahoo! 的数据挖掘——客户价值提升

Usama Fayyad 博士是 Yahoo!的首席数据官，KDnuggets 的 Gregory 对他进行了访谈。下面是访谈中介绍的 Yahoo!在数据挖掘方面的成功案例。

① 产品整合：如今天在 Yahoo!电子邮箱上看到的数据挖掘的可视结果。通过对用户使用行为的意外模式分析，我们发现，在每次会话中，人们阅读邮件和阅读新闻的行为之间存在很强的相关关系。我们把这个发现传达给电子邮箱产品小组，他们首先想到的就是验证这种关系的影响，即在一组测试用户的邮箱首页上显示一个新闻模块，其中的新闻标题很醒目。

对于电子邮箱这种产品，最难的问题是如何获取新的“轻量级用户”，并提升他们的用量，使之变成“重量级用户”。如果做到了，那么用户流失率就会显著下降。实际上，在试验中，最弱的一组用户流失率下降了 40%。于是 Yahoo!立刻开发并完善了新闻模块，并将其嵌入电子邮箱的首页。到现在，上亿消费者都可以看到并使用这种产品。这很好地说明了产品团队的及时反应能力，也证明了在用户使用行为数据中蕴含着很多极具价值的潜在模式。

② 即时通信：我们对雅虎通（Instant Messenger）的使用情况进行了分析，以了解增加用量的关键因素是什么。结果发现，最重要的因素是让用户扩大他们的“好友列表”，至少增加 5 个新的好友。据此，Yahoo!精心设计了相应的营销活动，鼓励用户增加好友列表中的好友数，从而显著增加了雅虎通的用量。

③ Yahoo!首页的搜索框：我们发现，在 Yahoo!的首页上，把搜索框放在居中的位置（而

不是以前的左侧）将提高用户的用量。这样可以促进用户的积极使用，而且没有成本支出。这个结果的发现过程也很有趣，我们首先发现 Netscape 浏览器的用户比 IE 浏览器的用户更多地使用了搜索功能，进一步发现这两个浏览器在视觉上的唯一区别就是二者的搜索框位置不同，搜索框在 Netscape 浏览器中被居中放置，而在 IE 浏览器中靠近左侧。这不太明显的差别非常重要，一般谁会想到呢？

资料来源：http://blogger.org.cn/blog/more.asp?name=idmer&id=9729。

1.2.2 数据挖掘的概念

数据挖掘可以从技术和商业两个层面上定义。从技术层面上看，数据挖掘就是从大量的、不完全的、有噪声的、模糊的数据中提取隐含在其中的、人们事先不知道的但潜在有用的信息和知识的过程。从商业层面看，数据挖掘就是一种商业信息处理技术，其主要特点是对大量业务数据进行抽取、转换、分析和建模处理，从中提取辅助商业决策的关键性数据，帮助决策者调整市场策略，减少风险，做出正确的决策。

数据挖掘与传统数据分析方法（如查询、报表、联机应用分析等）有本质区别：数据挖掘是在没有明确假设的前提下去挖掘信息和发现知识，可以找到过去存在的问题及未来发展的趋势。数据挖掘所得到的信息具有先前未知、有效和实用三个特征。先前未知的信息是指该信息是事先未曾预料到的，即数据挖掘是要发现那些不能靠直觉或是经验发现的信息或知识，甚至是违背直觉的信息或知识。挖掘出的信息越出乎意料，就越有价值，在商业应用中较典型的例子是“尿布和啤酒”，即尿布与啤酒之间的销售关联的发现。

数据挖掘是一门交叉学科，把人们对数据的应用从低层次的简单查询提升到从数据中挖掘知识、提供决策支持。在市场驱动下，数据挖掘汇聚了不同领域的研究者，尤其是数据库技术、人工智能技术、数理统计、可视化技术、并行计算等方面的学者和工程技术人员，他们投身到数据挖掘领域，使得数据挖掘成为新的技术热点。数据挖掘是一门需要下功夫才能熟练掌握的技术，我们需要掌握数据挖掘的常识和基础，了解数据挖掘是什么，以及如何应用它。了解技术很重要，但更重要的是了解它何时有用及如何应用。

1.2.3 数据挖掘任务

通常情况下，数据挖掘任务可以分为预测型任务和描述型任务。预测型任务就是根据其他属性的值预测特定属性的值，如回归分析、分类分析、离群点检测。描述型任务就是寻找概括数据中潜在联系的模式，提供数据的一般规律，如聚类分析、关联规则分析、序列模式挖掘。

（1）聚类（Clustering）分析

“物以类聚，人以群分”。聚类分析技术试图找出数据集中数据的共性和差异，根据最大化簇间的相似性、最小化簇间的相似性原则将数据对象聚类或分组，并将具有共性的对象聚合在相应的簇（或组）中。聚类分析将看似无序的对象进行分组、归类，可以达到更好地理解研究对象的目的。聚类分析可以帮助判断哪些组合更有意义，聚类分析现已广泛应用于客户细分、定向营销、信息检索等领域。例如，“哪一种促销的客户响应最好”，首先要对整个客户进行聚类，将客户划分到不同的簇中，然后分析每个簇的特征，以发现客户簇与客户响应间的关系。

（2）分类（Classification）分析

分类分析就是找出、描述并区分不同类别的模型（可以是显式或隐式），以便使用模型预测给定数据所属的类别。分类分析通过分析示例数据库中的数据，为每个类别做出准确的描述，或建立分类模型，或挖掘出分类规则，然后用这个分类模型或分类规则对数据库中的其他记录进行分类。分类分析已广泛应用于用户行为分析（受众分析）、风险分析、生物科学等领域。例如，信用卡公司可以将持卡人的信誉度分类为良好、普通和较差三类。分类分析通过对这些数据类进行分析给出一个信誉等级的显式模型：信誉良好的持卡人是年收入在30000～50000 元之间，年龄在 30～45 岁之间，居住面积为 $90m^2$ 左右的人。这样对于一个新的持卡人，就可以根据他的特征预测其信誉度。

由于汉字的相似性，使聚类与分类两个概念容易被混淆。聚类和分类的区别是聚类是一种无指导的观察式学习，没有预先定义的类，不需要训练集；而分类是有指导的示例式学习，有预先定义的类。

（3）关联（Association）规则分析

关联规则分析是发现特征之间感兴趣的关联关系或相互依赖关系，通常是在给定的数据集中发现频繁出现的模式（又称为关联分析）。关联规则分析广泛用于市场营销、事务分析等领域。例如，我们通过对交易数据进行分析可能得出“86%买‘啤酒’的人也会买‘尿布’”这样一条“啤酒”和“尿布”之间的关联规则。

（4）离群点（Outlier）检测

离群点检测就是发现与众不同的数据。离群点检测已广泛应用于欺诈行为（商业、金融、保险等领域）的检测、网络入侵检测、反洗钱、犯罪嫌疑人调查、海关和税务稽查等领域。

（5）回归（Regression）分析

回归分析是确定一个变量与一个或多个变量间相互依赖的定量关系的分析方法，常应用于风险分析、销售预测等领域。例如，根据购买模式估计一个家庭的收入；银行对家庭贷款业务运用回归分析，给每个客户记分（0～1），然后根据阈值将贷款按级别分类。

分类分析和回归分析都是预测型任务，分类问题的目标属性为离散型，而回归问题的目标属性为连续型。

（6）序列模式（Sequential Pattern）挖掘

序列模式挖掘是指分析数据间的前后序列关系，包括相似模式发现、周期模式发现等，主要应用于客户购买行为模式预测、Web 访问模式预测、疾病诊断、网络入侵检测等领域。例如，超市中的客户在购买产品 A 后，隔一段时间会购买产品 B。

（7）演化（Evolution）分析

演化分析是用来描述时间序列数据随时间变化的规律或趋势的，并对其建模，包括时间序列趋势分析、周期模式匹配等。例如，通过对交易数据的演化分析可能得到“在 89%的情况下，股票 X 上涨一周左右后，股票 Y 会上涨”这样一条结论。

1.2.4 数据挖掘过程

从商业应用的角度看，数据挖掘过程就是从实际领域数据到决策的过程，是基于数据的学习过程。数据挖掘是一种从过往中学习以便在将来更好地做决定的方法。

数据挖掘过程主要包括三个步骤：首先是数据准备，然后利用数据挖掘的相关方法提取出有用的知识，最后对提取出来的知识进行解释与评估，以辅助决策者进行相应决策，如图 1-1 所示。

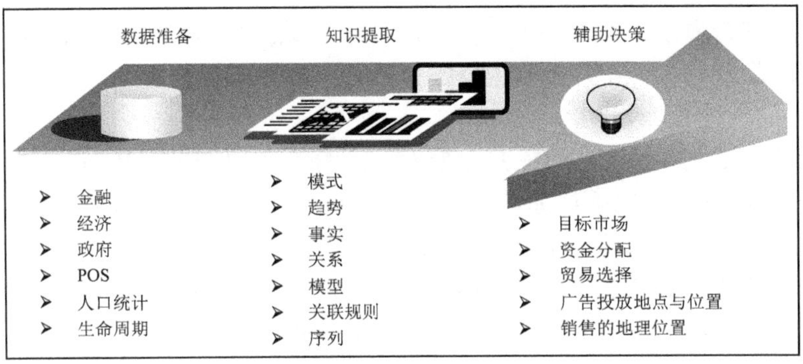

图 1-1 数据挖掘过程

① 数据准备：数据准备是从相关的数据源中选取所需的有用数据，并整合成用于数据挖掘的数据集，包括数据收集（集成）和预处理。数据收集看似容易且不引人注意，但它是数据挖掘的基础。知识是从海量的数据中提取出来的，要挖掘有价值的知识必须收集一定量的数据。收集到的原始数据通常会存在缺失值、错误值、不一致值等，许多数据与数据挖掘的目标无关，不能直接用作知识提取的数据源，因此需要进行数据预处理。

② 知识提取（规律寻找）：基于预处理后的数据，使用各种数据挖掘方法（如分类分析、聚类分析、关联规则分析等）进行知识提取或寻找出数据集中所隐含的规律，这是数据挖掘的核心部分。

③ 辅助决策：目标是尽可能以用户可理解的直观方式（如可视化）将找出的规律表示出来，并对挖掘规律进行评估，以提供给决策者辅助他们制定相应决策。因为数据挖掘寻找出来的是数据中隐藏的规律，有些是人们感兴趣的、有用的，有些可能是人们不感兴趣的、没有用的，因此这就要对寻找出的规律进行评估。这是一个人工步骤，目前还难以自动化。

1.2.5 数据挖掘技术的前景

数据挖掘是一门正在不断发展中的学科。自数据挖掘诞生以来，经历了近三十年的发展，其应用越来越广泛。随着数据挖掘技术的应用领域不断扩展及数据挖掘技术的进步，数据收集变得越来越容易，导致数据规模越来越大、数据类型越来越多并越来越复杂、数据维数越来越高。特别是进入大数据时代后，数据的价值随着数据量成几何级数增长，已经不能再通过传统的方式分析得到。商业智能还没来得及流行，便已被“数据分析”挤下舞台，这是因为价值隐藏在数据中，需要数据分析方可释放这些价值。数据分析能力的高低决定了价值发现过程的好坏与成败，因此大数据面临的挑战也是数据挖掘技术应用和发展的机遇。

目前，在对产业界具有深远影响的大型 IT 公司里，数据挖掘技术发挥着极其重要的作用，如 Microsoft、Google、Amazon、腾讯、网易、淘宝、京东等。数据挖掘已经形成了一个重要产业，广泛应用于银行、电信、保险、交通、零售（如超级市场）、电子商务等领域。随着数据的急剧增长，从数据中挖掘的有价值的信息会越来越多，数据挖掘也将成为企业决策的一大重要依据，以下几个事件足以说明数据挖掘技术的巨大价值和光明前景。

① 有关学者撰文指出，门户解决了 Web 0.5 时代的信息匮乏问题，Google 解决了 Web 1.0 时代的信息泛滥，Facebook 解决了 Web 2.0 时代的社交需求。那么未来是谁的十年？展望 Web 3.0 时代，当高效的社交网络趋于信息量爆炸，我们庞大的社交关系也需要一个新的“领军人物”，那就是数据挖掘的十年、网络智能的十年。

② 根据市场调查显示，截至 2018 年年底，全国数据挖掘核心人才仍存在 60 万人的缺口，权威机构预测，到 2025 年，全国数据挖掘核心人才缺口将达到 230 万人，大数据分析行业将面临全国性的人才荒。

③ 包括 IBM 在内的世界上的主要数据库厂商纷纷在数据挖掘领域加大投入，把数据挖掘功能集成到其产品中，以提高产品的竞争力。2009 年 10 月 2 日，IBM 成功收购 SPSS Inc.。微软也在其 SQL Server、Excel 中嵌入了数据挖掘功能。

④ 国际数据公司的研究表明，数字领域存在着 1.8 万亿 GB 的数据，企业数据正在以 55% 的速度逐年增长。如今，只需两天就能创造出自文明诞生以来到 2003 年所产生的数据的总量。“大数据”已经成为重要的时代特征。麦肯锡全球研究机构 2011 年 5 月在《大数据：创新、竞争和生产力的下一个前沿领域》中指出，充分利用大数据可帮助全球个人定位服务提供商每年增加 1000 亿美元的收入，帮助欧洲公共管理部门每年提升 2500 亿美元产值，帮助美国医疗保健行业每年提升 3000 亿美元产值，还可以帮助美国零售业获得 60%以上的净利润增长率。由此可见，充分使用大数据并挖掘大数据的商业价值将为行业、企业带来强大的竞争力。

⑤ 随着大数据时代的到来，数据科学家成为新兴的专有名词。截至 2019 年 5 月，全国已有近 500 所本科高校开设了“数据科学与大数据技术”的相关专业。由于海量数据的积累，数据在商业方面的价值成为企业未来发展的核心资源和重要支撑，如何挖掘数据这座巨大而未知的矿藏将成为影响企业核心竞争力的关键因素。

数据挖掘有广泛的应用领域，但数据挖掘不是万能的，数据挖掘只是一个工具，而不是有魔力的权杖。例如，通过数据挖掘得到的预言模型可以告诉你会如何（What will happen），但不能说明为什么会发生（Why），数据挖掘不能在缺乏指导的情况下自动发现模型或模式。

1.2.6 数据挖掘十大经典算法

近几十年来出现了很多数据挖掘算法，其中有十大经典算法对数据挖掘的发展产生了极为深远的影响，它们是 KNN、Naive Bayes、C4.5 和 CART、SVM、AdaBoost、EM、*k*-Means、Apriori、PageRank。这里先简单介绍，后续章节将详细介绍。

（1）KNN（K-Nearest Neighbor，K 最近邻）

KNN 是一个理论上比较成熟的算法，也是较简单的机器学习算法之一。该方法的思路：如果一个样本在特征空间中的 *K* 个最相似（特征空间中最近邻）的样本大多数属于某一个类别，则该样本也属于这个类别。

（2）Naive Bayes

朴素贝叶斯（Naive Bayes）分类算法的思路简单：对于待分类的样本计算每个类别出现的概率，以出现概率最大的类别作为样本的类别。该方法源于古典概率论，有坚实的数学基础及稳定的分类效率，所需估计的参数少，对缺失数据不太敏感。

（3）C4.5 和 CART

C4.5 和 CART 是应用较广泛的决策树分类算法。C4.5 采用信息增益率选择属性，而 CART 采用 Gini 系数选择属性。决策树分类算法产生的分类规则易于理解且分类准确率较高。

（4）SVM

支持向量机（Support Vector Machines，SVM）广泛应用于分类分析及回归分析中。SVM将向量映射到一个更高维的空间里，在这个空间里建立一个最大间隔超平面。在分开数据的超平面两边建有两个互相平行的超平面。平行超平面间的距离越大，分类器的总误差越小。间隔超平面使得两个平行超平面的距离最大化。

（5）AdaBoost

AdaBoost 是一种迭代算法，其核心思想是针对同一个训练集训练出不同的弱分类器，然后把这些弱分类器集合起来，构成更强的分类器（强分类器）。其算法本身通过改变数据分布来实现，根据每次训练集中每个样本的分类是否正确，以及上次的总体分类的准确率，来确定每个样本的权值，修改过权值的新数据集被送给下层分类器进行训练，最后将每次训练得到的分类器融合起来，作为最终的决策分类器。

（6）EM

最大期望（Expectation Maximization，EM）算法是一门在已知部分相关变量的情况下估计隐藏变量的迭代技术，用于含有隐藏变量的概率参数模型的最大似然估计或极大后验概率估计，常用于聚类分析。EM 算法经过两个步骤交替进行计算：第一步是计算期望（E），利用对隐藏变量的现有估计值计算其最大似然估计值；第二步是最大化（M），该步骤在上一步求得的最大似然估计值的基础上来计算参数的值。M 步计算得到的参数值被用于下一轮 E 步计算中，这个过程会不断交替进行。

（7）*k*-Means

k-Means 是基于划分的聚类算法，通过迭代找到数据中自然簇的中心。它假设对象属性来自空间向量，并且其目标是使各簇内部总的均方误差和最小。

（8）Apriori

Apriori 算法是基于两阶段频繁项集思想的迭代算法，用来挖掘布尔关联规则，发现属性值之间的关联。

（9）PageRank

PageRank 算法是 Google 搜索排序的重要组成部分。2001 年 9 月，PageRank 被授予美国专利，专利人是 Google 的创始人之一 Larry Page。PageRank 算法根据网站的外部链接和内部链接的数量和质量衡量网站的价值，其核心思想是每个到页面的链接都是对该页面的一次投票，被链接的次数越多表示被其他网站投票越多。

1.3 数据挖掘在商业领域中的应用

数据与商业的结合使得数据只有创造价值，其本身才具有价值。数据挖掘技术可以应用到公司运营的方方面面，包括对公司部门经营情况的评估、内部员工的管理、生产流程的监管、产品结构优化与新产品开发、财务成本优化、市场结构分析、精准营销和客户关系的管理等。其中，关于客户与市场的数据分析是“重头戏”。数据挖掘的价值在于通过数据驱动业务，产生落地的解决方案，提高产品运营效率，帮助企业降低成本、增加收入。数据挖掘技术可以帮助企业实时掌握市场变化、经营变化，正确预判未来的发展趋势。经过近 20 年的发展，数据挖掘已成为引领全球创新和竞争的新模式，成为创造商业价值的核心技术。数据挖掘可用于提高公司与其客户形成学习关系的能力，从而改善客户关系，使企业更好地理解客户，以改善其市场、销售和客户支持操作。在银行、保险、电信、零售、电子商务等行业，高度竞争引发了对数据挖掘技术的广泛应用。越来越多的企业认识到客户是业务的中心，而客户信息是关键资产。特别是在商业领域、服务行业的企业，信息将赋予其极大的竞争优势，服务竞争通常会与价格竞争一样多，甚至更多。数据挖掘商业应用的目标为：公司通过对大量的客户行为数据进行精准分析，更加高效地为用户服务，来改善其市场、销售和客户支持操作。在市场经济环境下，有远见的公司都应努力了解每个客户，通过对客户的了解采取措施，促使客户选择与自己进行商业活动，而不是选择自己的竞争对手；通过对客户的了解建立学习模型，以预测每个客户的价值，进而知道哪些客户值得投入资金和人力来保持联系，哪些客户可以放弃。为此，公司需要做到以下几点。

① 注意客户正在做什么。

② 记住公司及其客户曾经做过什么。

③ 学习、挖掘客户与公司在交易过程中留下的信息。

④ 按照获得的知识进行商业活动，以使顾客受益。

本书的主要目标是从公司的历史交易记录中挖掘有用的规则与规律，发现公司发展中存在的问题，为公司发展的战略方向提供决策支持。公司的历史数据中包含着客户的身份定位、兴趣、购买规律等对公司未来商业决策有用的信息，能为高层管理者提供强有力的决策辅助，从而实现双赢，既能增强客户体验、为客户提供更高质量的服务（如为客户提供个性化的服务），又能使公司更有针对性地进行营销，降低公司的成本或提高收入（如公司可以针对感兴趣的对象投放广告），从而产生更高的利润。

客户对公司的忠诚度怎样？谁可能流失？哪种电话销售方式最适合某个客户？什么产品应该以何种定位面市？什么能决定某个客户是否对某种产品做出回应？某个客户需要的下一种产品或服务是什么？下一个分支机构应该设置在哪里？类似这些问题的答案就隐藏在公司运营数据中，数据挖掘能为寻找这些问题的答案提供有力支持。

一定程度上，客户忠诚度并不取决于优质的产品和服务（虽然优质的产品和服务会增加客户的忠诚度），而取决于公司对客户的关系运营。例如，公司是否能够在客户身上投入足够的精力，客户对产品的反馈信息是什么，公司应该采取什么样的措施来维持客户与公司之间的良好关系等。

公司在商业活动中积累了大量的数据，这些数据是宝贵的知识库。数据挖掘是以数据为驱动的一种工具，能挖掘出公司数据库中隐藏的有用知识。随着互联网与电子商务技术的使用进一步深化，数据挖掘技术在商业领域已经得到了广泛应用，数据挖掘技术逐渐成为企业业务策略的基础。大数据已成为企业和社会关注的重要战略资源，“精明”的企业能够通过分析企业运营数据更好地服务于自身的客户，甚至能够将其中的一些关键性数据出售给合作伙伴及下游厂商以赚取额外利润。企业拥有的信息不仅对自身有价值，对其他人可能同样有价值，如信用卡公司有一些航空公司想要了解的信息——谁在买大量的机票。

数据挖掘在商业领域的应用包括如下两大类。第一类是面向宏观规律的数据挖掘。所谓面向宏观规律，就是从大量数据中，通过数据分析方法，得出一个综合性的结论，如淘宝可以知道哪些款式是所谓的爆款等。第二类是面向微观规律的数据挖掘。所谓面向微观规律，就是从大量数据中找出单个或部分个体的有关结论，如淘宝可以知道某个用户可能购买的商品等。

很多企业成功地应用了数据挖掘。沃尔玛（WalMart）公司将其 5000 家商店的销售点详细数据整合到一起，通过数据挖掘系统，能十分准确地预测每个商店、每种产品的销售情况，从而极大地降低库存费用并从促销活动中获得巨大收益。美国 AutoTrader.com 是世界上最大的汽车销售网站，通过运用 SAS 软件对用户在网站上的点击信息进行分析，找出用户的访问模式，判断用户对不同产品的喜欢程度，以此设置特定服务，并取得了巨大成功。Bass Export 是世界级的啤酒进出口商之一，每个星期传送 23000 份订单，通过使用 IBM 的 Intelligent Miner，该厂商了解了每个客户的习惯（如品牌的喜好等），从而可以更好地匹配客户的需求。

在商业领域，数据挖掘的典型应用是商业智能。所谓商业智能（Business Intelligence，BI），是指能够帮助企业确定客户的特点，从而使企业为客户提供有针对性的服务，并对自身业务经营做出明智决策的工具。商业智能是目前企业界和软件开发行业广泛关注的研究方向，IBM 建立了专门从事 BI 方案设计的研究中心，而 Oracle、微软等公司纷纷推出了支持 BI 开发和应用的软件系统。商业智能技术的核心是数据挖掘，其解决的典型商业问题包括客户关系管理、市场营销、个性化推荐与个性化服务、风险分析与控制、欺诈行为检测和异常模式的发现、供应链库存管理中的需求预测、人力资源管理等。

1.3.1　客户关系管理

在市场经济环境下，商业的成功离不开有效的客户关系管理（Customer Relationship Management，CRM），数据挖掘是客户关系管理系统的重要组成部分。客户关系管理的目标是缩减销售周期和销售成本、增加收入、寻找扩展业务所需的新市场和新渠道，以及提高客户的价值、满意度和忠实度。企业通过实施客户关系管理，可以更低成本、更高效率地满足客户的需求，从而最大限度地提高客户满意度及忠诚度，挽回失去的客户，保留现有的客户，不断发展新的客户，发掘并牢牢地把握住能给企业带来较大价值的客户群。数据挖掘处于客户关系管理系统的核心地位，数据挖掘技术在客户关系管理的价值体现在以下三个阶段：获得客户（发现有价值的潜在客户）、提高客户的价值、保持有效益的客户。

数据挖掘在寻找潜在客户方面最重要的工作是识别好的潜在客户（定义具有什么特征的客户是好的潜在客户、找出能够瞄准具备这些特征的人群的方法）、针对不同类型的潜在客户选择合适的沟通渠道（公共关系、广告、定向市场营销）、针对不同类型的潜在客户提供恰当的信息（同一产品，不同的人可能对不同的功能感兴趣）。

提供给客户正确的信息非常重要。比较经典的案例是对于价格和便利的权衡。一些人对价格很敏感，愿意到大商场购物，喜欢在深夜打电话，总是愿意转乘飞机，而且把星期六晚上安排在行程中；另一些人则可能愿意为更方便的服务支付额外费用。错误的价格信息不仅无法刺激追求便利的人，还可能造成风险，如当客户愿意支付更多钱的时候，却将他们引向了利润更少的产品。

数据挖掘技术可以对客户群体进行划分，发现客户的不同价值，发现即将流失的客户及客户流失的原因，从而留住客户。

客户可以用极小的代价自由改变供应商，竞争对手渴望吸引客户到自己的公司，所以任何企业都需要提升客户的持久性。对于现有客户，企业需要通过交叉销售、提升销售来增加客户收益。通过分析了解客户流失的原因，为客户采取合适的手段，从而形成保持客户持久性的方案。

在成熟的市场，引入一个新的客户往往比保持一个老客户的代价更高。哪些消费者应该得到激励？哪些消费者即使不采用激励也可以保持？应该允许哪些消费者离开（如对于哪些客户，企业为之付出的高于得到的回报）？

数据挖掘能很好地协助提高公司与客户形成学习关系的能力，进而改善客户关系管理水平与效用。客户关系管理系统分析的目标是最大限度地优化与引导公司与客户之间形成良好的关系。好的客户关系管理需要充分理解客户的兴趣与需求，这就意味着企业应能预见到顾客的需求，及时满足客户潜在的需求，也意味着企业应及时发现客户不满意的地方，并在客户流失之前加以改进，令客户满意。在客户关系管理中，数据挖掘发挥着重要的导向作用。

案例 1-3：谁有可能对新产品感兴趣？

蒙特利尔银行（Bank of Montreal）是加拿大历史悠久的银行，也是加拿大的第三大银行。在 20 世纪 90 年代中期，行业竞争的加剧导致该银行需要通过交叉销售来锁定 1800 万客户。银行智能化商业高级经理 Jan Mrazek 说，这反映了银行的一个新焦点——客户（而不是商品）。银行应该认识到客户需要什么产品及如何推销这些产品，而不是等待人们来排队购买，银行需要开发相应商品并进行营销活动，从而满足客户的需求。

在应用数据挖掘技术之前，银行的销售代表必须于晚上 6 点至 9 点在特定地区通过电话向客户推销产品。但是，正如每个处于接收端的人所了解的那样，大多数人在工作结束后对于兜售并不感兴趣。因此，在晚餐时间进行电话推销的反馈率非常低。

几年前，该银行开始采用 IBM DB2 Intelligent Miner Scoring，基于银行账户余额、客户已拥有的银行产品及所处地点和信贷风险等标准来评价记录档案，以确定客户购买某一具体产品的可能性。该系统能够通过浏览器窗口进行观察，使得管理人员不必分析基础数据，因此非常适合非统计人员。该系统使得蒙物利尔银行对客户的财务行为习惯及其对银行收益率的影响有了更深入的了解。现在，当进行更具针对性的营销活动时，银行能够区别对待不同的客户群，以提升产品和服务质量，还能制订适当的价格并设计各种奖励方案，甚至可以确定利息费用。

蒙特利尔银行的数据挖掘工具为管理人员提供了大量信息，从而帮助他们对于从营销到产品设计的一系列事物进行决策。

资料来源：http://www.enet.com.cn/ediy/inforcenter/enet_z.jsp?articleid=20061203321795。

1.3.2 市场营销

数据挖掘技术可以用于市场营销，其基本假定是“消费者过去的行为是其今后消费倾向的最好说明”。通过收集、加工和处理能够反映消费者消费行为的大量信息可以确定特定消费群体或个体的兴趣、消费习惯、消费倾向和消费需求，进而推断出相应消费群体或个体下一步的消费行为，然后以此为基础，对所识别出来的消费群体或个体进行特定内容的精准营销。这与传统的不区分消费对象特征的大规模营销手段相比，大大节省了营销成本，提高了营销效果，从而为企业带来了更多的利润。例如，美国退休人员协会（AARP）通过辞退 10%被认为是最不愿意成为会员的家庭而节约了数百万美元。商业消费信息来自市场的各种渠道。例如，每当我们用信用卡消费时，企业就可以在信用卡结算过程中收集商业消费信息，记录下我们消费的时间、地点、感兴趣的商品或服务、愿意接受的价格水平和支付能力等数据；当我们在申办信用卡、办理驾驶执照、填写商品保修单或填写其他表格时，我们的个人信息就存入了相应的业务数据库。企业除了自行收集相关业务信息，还可以从其他公司或机构购买此类信息为自己所用。

通过融合这些来自各种渠道的数据信息，商家可以挖掘出能够用于向特定消费群体或个体进行定向营销的决策信息。在市场经济比较发达的国家和地区，许多公司开始在原有信息系统的基础上通过数据挖掘对业务信息进行深度加工，以构筑自己的竞争优势，扩大自己的市场份额。基于数据挖掘的营销对我国当前的市场竞争具有启发意义，我们经常看到在繁华商业街上一些厂商对来往行人不分对象地散发大量商品宣传广告，其结果是不需要的人随手丢弃资料，而需要的人并不一定能够轻松得到这些宣传广告。如果家电维修服务公司能向在商店中刚刚购买家电的消费者邮寄维修服务广告，药品厂商能向在医院特定门诊就医的病人邮寄广告，那么其营销效果肯定比漫无目的的营销效果要好很多。

市场营销活动的目标是改变客户行为。从这个角度来看，对一个无论如何都要购买的潜在客户施加影响与对一个收到促销信息也不会购买的潜在客户施加影响相比，两者并没有太大差别。由此可以推导出近乎荒谬的结论：在市场营销投资中，响应模型中得分最高的几段不一定会提供最大的回报。

案例 1-4：数据库营销（Database Marketing）

英国 Safeway 的年销售量超过 100 亿美元，员工接近 7 万名，是英国第三大连锁超级市场，提供的服务种类达 34 种。目前在英国市场运用传统的技术，如更低的价位、更多的店面及更多种类的产品，竞争已经越来越困难了。Safeway 的信息总监迈克温曲先生说："大部分竞争对手在价格及产品范围方面都能与我们匹敌。由于土地及扩充的成本，没有一家公司有足够的资源可以在扩充方面超越对手。"迈克温曲先生的意思是必须以客户为导向，而不是以产品与店家为导向。这意味着我们必须更了解客户。为了达成这个目标，我们必须了解 600 万客户所进行的每一笔交易，以及这些交易彼此之间的关联性。换句话说，Safeway 想要知道哪些种类的客户买了哪些种类的产品，以及购买的频率，以建立个人导向的市场。

将资源集中在特定的问题上，并设定可达成的目标以后，Safeway 将有关部门的客户交易资料集中在数据仓库中。然后，利用 IBM 公司的 Intelligent Miner 数据挖掘产品，根据客户的相关资料，将客户分为 150 类，最后用关联的技术来比较这些资料，列出商品吸引力清单。

迈克温曲先生指出，由于数据挖掘的贡献，"我们找出了超越人类想象范围的关联"。例如，Intelligent Miner 发现某种乳酪产品虽然销售额排名第 209，可是消费额最高的客户中有 25%都常常买这种乳酪，这些客户是 Safeway 最不想得罪的客户。如果使用传统的分析方法，这种产品很快就会不被销售了，可事实上这种产品是相当重要的。Safeway 也发现在 28 种品牌的橘子汁中，有 8 种特别受欢迎。因此，该公司重新安排货架的摆设，使橘子汁的销量能够增加到最大。Safeway 在了解了客户每次采购时会购买哪些产品以后，就可以利用数据挖掘中的监测功能监测客户长期的购买行为。再将这些资料与主数据库的人口统计资料结合在一起，营销部门就可以根据每个家庭的特性（哪些季节会购买哪些产品的趋势）发送邮件。

资料来源：http://blog.sina.com.cn/s/blog_487fb0f70100fclm.html。

所谓交叉销售（Cross Selling），就是发现现有客户的多种需求，并通过满足其需求而实现销售多种相关的服务或产品的营销方式。促成交叉销售的各种策略和方法是交叉营销（Cross

Marketing)。交叉销售是在同一个客户身上挖掘、开拓更多的顾客需求，也就是说服现有的顾客去购买另一种产品，根据客户的多种需求，在满足其原有需求的基础上实现销售多种相关的服务或产品的营销方式。交叉销售有如下优点：① 降低企业销售成本，提高资源利用率；② 有利于增加客户忠诚度；③ 有利于提高企业的利润。

交叉销售在传统的银行业和保险业等领域的作用较为明显，因为消费者在购买这些产品或服务时必须提交真实的个人资料，这些数据一方面可以用来进一步分析顾客的需求，作为市场调研的基础，从而为顾客提供更多、更好的服务；另一方面可以在保护用户个人隐私的前提下，将这些用户资源与其他具有互补型的企业开展交叉营销。如可口可乐的交叉营销，可口可乐已经与电影、银行、主题公园、餐厅、音乐、体育等领域合作实现了交叉营销。

案例 1-5：交叉销售创造巨额利润

交叉销售通过增加客户的转移成本增强客户的忠诚度，同时降低边际销售成本，提高利润率。例如，富国银行（WELLS FARGO）通过网络强化与客户之间的关系，将不同服务整合在相同的使用接口下，希望客户习惯富国银行的交易接口后，会考虑购买本银行的其他金融服务，从而推进交叉销售。

客户成为高价值关系客户的关键是购买多项产品，并与银行建立一定程度的信任和依赖关系，所以可以说交叉销售是银行业务的核心。

富国银行在提高交叉销售能力上主要有以下几点经验。

第一，提高服务质量。银行不可能所有的产品都是拳头产品，客户愿意把业务从别的银行转过来的关键因素是对现有产品的服务满意。

第二，建立一套有效的销售管理系统。交叉销售的关键是把客户和银行的每一次接触都转化为一个销售的机会。要做到这一点，银行要建立牢固的销售文化，设计配套的跨产品销售分析和管理系统，制定员工培训和奖罚制度。

第三，在产品的设计上以交叉销售和交叉使用为中心不断创新，使购买多项产品的高价值关系客户确实得到价格上的优惠和使用上的便利。

富国银行的交叉销售模式为其利润创造做出了巨大的贡献，可以向一个公司客户平均推销 5.3 个金融产品，向个人客户平均推销 4.6 个产品。这种交叉销售的模式大大提高了富国银行对客户资源的利用率，实现了效益最大化。

资料来源：http://news.iresearch.cn/Zt/119918.shtml。

1.3.3 个性化推荐与个性化服务

个性化数据挖掘助力企业精细化运营，搜索引擎和推荐系统是两个典型的个性化数据挖掘工具，搜索引擎通过个性化数据挖掘识别用户的搜索意图，帮助用户快速精准地找到自己想要的内容，推荐系统通过个性化数据挖掘分析用户的行为偏好，向用户推荐商品或内容，从而大大提高转化率，降低成本。

在电子商务时代，商家通过购物网站提供了大量的商品信息，客户无法一眼通过屏幕了解所有的商品，也无法直接检查商品的质量。因此，客户需要一种电子购物助手，能根据客户自己的兴趣爱好推荐客户可能感兴趣或满意的商品。对于商家来说，在电子商务平台的巨大竞争压力下，商家迫切需要提高自身的竞争优势，以吸引更多的客户，而提供个性化推荐服务就是其中一种有效的方法。

个性化推荐服务中主要包含两个阶段：客户兴趣收集和产品服务推荐。客户兴趣收集主要分为显式形式和隐式形式。如在电子商务网站中，系统可以通过显式形式来收集用户的需求（如在用户注册时要求其填写的一些内容）。也可以通过多种隐式形式来收集用户的兴趣需求，如根据用户的喜好倾向及访问历史记录，不同用户浏览同一个产品时，系统将给出不同的关联推荐结果。不同用户访问同一个页面时，系统也会根据用户的以往购买历史及浏览行为展示符合用户需求的内容。同时，用户的搜索与点击行为也是一种能有效反映用户兴趣爱好的形式。随着用户的多次搜索及点击行为，系统能对搜索结果进行过滤重组，尽可能展示更符合用户需求的搜索结果。也就是说，不同用户在同一时间搜索同一个关键词，可能得到不一样的结果；或者同一个用户重复多次搜索同一个关键词，也可能有不一样的结果。相对来说，隐式形式较显式形式更加有效。

在得到客户兴趣信息后，产品服务推荐就变得相对简单了（当然，高准确率的推荐算法有待进一步研究，但利用已有的简单有效的推荐算法，已经能在一定程度上满足这种产品服务推荐的需求）。我们根据客户的兴趣信息，可以利用数据挖掘的相关算法去计算客户之间及产品服务之间的关系，系统进而可以主动为客户推荐他们可能感兴趣的产品。个性化推荐系统是建立在海量数据挖掘基础上的高级商业智能平台，以帮助电子商务网站为其顾客购物提供完全个性化的决策支持和信息服务。购物网站的推荐系统为客户推荐商品，自动完成个性化选择商品的过程，满足客户的个性化需求，这个过程是一种客户被动接受的过程，客户不需要花费额外的时间和精力去搜索自己感兴趣的产品，能给客户带来不一样的购物体验。现在很多行业为了更好地为客户服务，已经开始提供个性化推荐服务。

Spotify 是按需音乐服务，使用 Hadoop 大数据分析，从全球数百万用户中收集数据，然后使用分析的数据向个人用户提供个性化的音乐推荐。亚马逊 Prime 通过在一站式商店中提供视频、音频和 Kindle 书籍等提供良好的客户体验，也需要大量利用大数据。

案例 1-6：个性化信息服务（登录网站的当前用户现在最可能购买什么东西）

丹佛的 eBags 旨在针对旅客销售手提箱、手提袋、钱包并提供其他旅行服务。eBags 采用 Kana 软件公司的 E-Marketing Suite 来整合其网站的 Oracle 数据库、J.D. Edwards 财务系统、客户服务电子邮件和呼叫中心的数据，从而获得客户购买行为习惯方面的信息。进行数据分析能够帮助公司确定是哪个页面导致了客户的高采购率，并了解是什么内容推动了销售。

eBags 的技术副总裁 Mike Frazini 说："我们尝试展示不同的内容，来观察哪些内容的促销效果最好。我们最终的目标是完全个性化。"与设计页面以鼓励大部分消费者采购的做法不同，个性化的解决方案将不停地创建页面，以适合每个具体的访问者。因此，如果访问者的浏览记录显示其对手提包感兴趣，网站将创建突出这些商品的个性化页面。Mike Frazini 指出，当前用于实施数据挖掘的分析方法也能用于部署自动化的网站定制规则。

寻找基于较少的数据和商业规则来创建个性化网页的方法是网站减少资源耗费的方法之一。开利（Carrier）公司声称，仅仅通过利用邮政编码数据，其升级版 B2C 网站的每位访问者所产生的平均收益在一个月内从 1.47 美元提高到了 37.42 美元。

当客户登录网站时，系统将指示他们提供邮政编码。这些邮政编码信息将被发送到 WebMiner 服务器，也就是一个数据挖掘 ASP。然后，WebMiner 的数据挖掘软件将对客户进行假设，并基于这些假设来展示商品。例如，如果客户来自富裕的郊外地区，网站将显示带有遥控器的空调机；如果客户的邮政编码显示其邻近大量公寓楼，则弹出式广告将展示窗式空调机。

通过采用这种相对简易的方法，Carrier 公司能够在数秒内生成网页。Carrier 全球电子商务经理 Paul Berman 说："与通常的想法相反，个性化电子商务在创建有针对性的服务时并不需要询问客户 8 条或 9 条信息，我们只需要 1 条信息，而且实际证明其效果确实不错。"

与 Carrier 一样，音乐家之友（Musician's Friend）也在减少用于确定个性化内容的商业规则。它是 Guitar Center 有限公司的目录和 Web 分支机构，位于加利福尼亚州的 Westlake Village，是一家在音乐器材和演奏设备领域领先的"鼠标+水泥"零售商。

个性化的基础是确定哪些商品易于一起销售。为达到这一目标，音乐家之友的因特网总监 Eric Meadows 通过向 ASP Net Perceptions 发送销售数据创建了一个数据库，来包括那些通常一起被采购的商品，如特定的吉他和吉他盒。现在，凡在客户购买数据库中的主要商品时，Net Perceptions Retail Revelations Suite 将自动展示相关的商品。虽然 Meadows 拒绝提供具体的销售信息，但他表示每笔订单的商品销售数都有大幅度提高，并且公司在 18 个月内就收回了在 Net Perceptions 工具方面的投资。

资料来源：http://www.enet.com.cn/ediy/inforcenter/enet_z.jsp?articleid=20061203321795。

1.3.4 信用评估与欺诈检测

信用评估与欺诈检测对企业的财务安全非常重要，基于经营历史数据利用数据挖掘中的关联规则分析、离群点检测等技术建立信用评估模型、欺诈行为模型，预测可能发生风险的地点和原因；同时，通过准确、及时地对各种信用风险、欺诈行为进行监视、评价、预警和管理，评价这些风险的严重性、发生的可能性并控制风险成本，进而可以采取有效的规避和监督措施，从而可以在风险发生之前对其进行预警和控制，趋利避害，做好风险的防范工作，减少损失。

例如，对于任何客户赊账服务，评估现有客户的信用风险是一个重要问题。对于先使用后付款的服务，总有一些客户接受服务后未能付款。当然，足够长时间没有付款的客户最终会被终止，到那时他们或许已经欠下大量的钱但必须一笔勾销。使用预言性模型的早期预警机制，公司能有效地保护自己，这些措施可以包括限制使用服务，或者减少付款延迟与中断服务之间的时间长度。

欺诈检测可广泛应用于保险、零售业、金融、电信等行业，具体包括。

① 汽车保险：检测出那些故意制造车祸而索取保险金的人。

② 医疗保险：检测出潜在的病人。

③ 洗钱：发现可疑的货币交易行为。

④ 银行信用卡和保险行业：识别信用卡、保险欺诈者。

⑤ 股市：发现股票交易过程中的不良操作、违规交易、异常交易。

⑥ 电信：检测电话呼叫欺骗行为。

案例 1-7：数据挖掘在信用卡风险控制中的应用

美国 Firstar 银行的市场调查和数据营销部发现：公共数据库中存储关于每位消费者的

大量信息，关键是透彻分析消费者投入新产品的原因，在数据库中找到一种模式，从而为每种新产品找到最合适的消费者。于是 Firstar 银行通过使用数据挖掘工具，根据客户的信用卡消费模式进行分组预测，来确定何时向消费者提供哪种产品，从而在信用卡市场取得了竞争优势。美国运通公司（American Express）有一个记录信用卡业务的数据库，其数据量达到了 54 亿字节，并仍在随着业务进展不断更新。运通公司通过对这些数据进行挖掘，制定了“关联结算优惠”的促销策略，这样既可以增加商户的销售量，也可以增加运通卡的使用率。此外，运通公司根据运通卡的使用情况对客户进行信用分级，这样既可以防范循环信贷中的透支风险，又可以抓住优质客户。美国梅隆银行自 1995 年开始与 IBM 合作，重点研究一种称为数据智能挖掘者（Intelligent Miner for Data）的多平台数据挖掘工具，这给梅隆银行乃至美国银行业带来了巨大的影响。梅隆银行将这个数据挖掘工具运用于市场营销和客户关系管理、风险管理、业务过程再设计等，其中的风险管理更注重于对信用卡市场风险的监控，如通过数据智能挖掘者构建信用卡损耗模型来预测未来几个月有哪些客户会停止使用梅隆银行的信用卡而转向竞争对手，从而采取有效措施来挽留这些客户。正如 Firstar 银行、运通公司和梅隆银行一样，美国有很多信用卡公司和发卡银行都在利用数据挖掘技术管理客户生命周期的各阶段，包括争取新的客户、在老客户的身上赚取更多的利润及维护客户关系等，以便做好信用卡经营管理过程中的风险控制。

资料来源：http://www.dwway.com/article-2173-2.html。

案例 1-8：SAS 全面提升汇丰银行反欺诈系统

汇丰银行使用 SAS 公司的反欺诈管理系统提升了欺诈侦测能力，降低了欺诈的比率，并提高了欺诈案件的处理效率。其客户的每一笔银行卡交易都受到了反欺诈系统的保护。整个金融行业由于欺诈造成的损失约为 48.4 亿美元，而这个反欺诈系统可以主动有效地帮助银行减少这种损失。因潜在的欺诈交易减少了，客户服务也得到了改进。同时，汇丰银行还为其客户提供更加完善的反欺诈侦测。

SAS 公司的反欺诈管理系统使得汇丰银行可以更快更准确地发现欺诈交易。系统地检测汇丰银行的银行卡交易记录和其客户行为的变化，对进行的交易提供实时决策，并帮助银行确认客户的真实性。通过优化决策的准确性，汇丰银行提高了运营效率及对每位客户的欺诈防范能力。

汇丰银行使用该系统的前 3 个月所获的成效如下。

① 数据处理项目的数量（包括银行卡交易和客户信息）增加了 87%，同时将相应的主机日常处理的数据降低了 12%。其结果是将主机日常处理每一项数据的成本降低了 53%。

② 将处理潜在的银行卡交易欺诈的计算机资源成本降低了 30%。

③ 相对于财产案件管理系统，反欺诈管理系统将代理商调查潜在欺诈案件的效率提高了 10%。

④ 通过减少使用 3 个应用软件，汇丰银行降低了 IT 支持费用。

SAS 公司认为，在金融服务行业，欺诈侦测和防范逐渐成为重要的目标。基于反欺诈管理系统在汇丰银行的成功应用，SAS 公司发布了应用在更广泛的金融领域的解决方案。在全行业共同努力打击银行信用卡欺诈的背景下，SAS 公司致力于建立一个金融机构联盟，分享对欺诈的知识和经验，并运用 SAS 反欺诈管理系统开发更多应用。

汇丰银行认为，目前迫切需要不断改进反欺诈管理系统，以减少由信用卡欺诈造成的损失。基于SAS公司的专业知识、领先的技术及其开发和交付高质量的应用的承诺，汇丰银行选择SAS公司作为其全球开发合作伙伴，建立一个以欺诈侦测和防范为核心技术的企业风险管理平台。

汇丰银行欺诈风险部门的负责人 Derek Wylde 说："SAS 反欺诈管理系统和我们成功合作表明 SAS 通过对汇丰银行长期目标的洞察与分享，能够与我们合作共同开发出解决方案。在一个不断变化的欺诈风险环境中，SAS 公司的技术帮助我们始终走在犯罪者的前面。我们相信 SAS 解决方案能够帮助我们在打击金融欺诈的过程中取得重要进展。"

资料来源：http://help.99bill.com/viewthread.php?tid=189094。

1.3.5 供应链库存管理中的需求预测

供应链库存管理是一种集成系统的管理思想和方法，通过对供应链中从供应商到最终消费者的物流、信息流、资金流进行计划、协调和控制等管理活动，使得供应链的各企业成为一个协调发展的有机体。建立一条具有竞争力的供应链成为企业成败兴衰的重要因素，而库存问题也逐渐成为供应链管理中的首要问题。需求预测就是根据客户的需求历史或生产计划等求出需求规律，根据需求规律预测客户下一个月的需求品种和需求量。需求预测是库存管理中必不可少的环节，需求预测的准确性与供应链成本有着直接的关系。

当前的需求预测方法主要是使用简单的定量预测方法。定量预测方法是利用已知数据，通过数学模型对数据进行加工处理，近似地揭示预测对象及其影响因素间的内在规律，并做出预测的方法。定量预测方法主要包括移动平均法、指数平滑法、线性回归分析、逻辑回归分析等。回归分析方法是需求预测方法的一种类型，相对于简单的移动平均法和指数平滑法，回归分析方法能更好地应用于环境更为复杂的场合中。此外，数据挖掘中的分类分析方法逐渐被应用于库存的需求预测。与回归分析方法不同，分类分析方法的预测目标为离散值，通过分析历史数据信息为每个类别做出准确的描述，建立分析模型或挖掘出分类规则，然后用来对未来的数据进行分类。传统的需求预测方法难于有效解决需求预测中的数据特征难量化、需求订货周期的不确定性、供应的不确定性等问题，而数据挖掘的预测技术能为这一系列问题提供较为有效的解决方案。

案例 1-9：联想电子商务供应链库存管理实践案例

联想从 2008 年正式发展电子商务以来，在 2009 年取得了年处理订单超过 8 万件、平均日订单处理量 200 件左右、销售总额超过 4 亿元人民币的良好业绩。其最小订货量为 1 台，同时供应链成本持续降低，在运营后期，联想公司的平均配送成本低于订单价格的 1%，通常每单的供应链成本为 30～40 元，根据地区的不同会略有区别，但是仍然远低于业界 2% 左右的平均水平。

当电子商务零售年订单额达到万量级后，供应链通常将面临严峻的考验。行业研究表明，随着订单的增加，仓储、打包和配送成本并不是像通常想象的那样按照线性上升，而是呈阶梯状上升，即物流成本将在订单量达到某个拐点后快速上升至一个平台，之后随之平稳，在订单达到新高后又快速上升。如何降低物流成本在订单临界点的快速提升对于电子商务网站运营的影响，是电子商务运营过程中面临的巨大挑战。

联想电子商务运营部门通过创新将供应链库存管理外包，通过与第三方物流商紧密合作，将自己不擅长的物流工作交付给专业机构，而自身专注于电子商务中的营销和客户运营模式，有效地弥补了自身物流能力的不足，为联想电子商务的突出表现奠定了基础。

联想在物流方面有以下特点。

① 物流方备货模式：通过物流服务提供商根据每月预测向联想的工厂提交订单，由物流服务商备货，降低资金压力，并最大限度地利用物流商对于供应链的经验和知识保证供应链体系的柔性化。同时，联想致力于将整个供应链流程电子化，使客户端的信息快速反馈到供应链后端。

由物流方备货是一种对于电子商务运营商来说非常有优势的模式，但是这种模式要求电子商务运营商在供应链中具有相当强势的地位，并不是每个运营商都有这种能力。联想在供应链管理的过程中充分利用前端数据，通过电子商务的手段将前端数据快速传递给生产商，保证了供应链的高效率。这值得其他传统厂商学习。

② 仓储和配送的细节优化：联想在保证客户体验和提升物流效率的平衡方面进行了大量工作，包括要求对在售的主要型号有一定备货及配送速度方面的要求等。最终联想电子商务达到了平均订单送达时间在36小时以内，每单的物流成本小于订单价格的1%的佳绩。

联想电子商务的供应链库存管理与联想电子商务自身的资源和能力有一定的相关性，但是在其供应链库存管理中的创新和努力也是使其成为采用第三方物流的电子商务运营商的佼佼者的重要原因。

资料来源：http://www.56products.com/Technology/2011-5-6/A7C800J7JF0IIA45936.html。

1.3.6 人力资源管理

现代企业的竞争归根结底是人才的竞争，正像电影《天下无贼》里面的黎叔所说，“21世纪什么最宝贵？人才最宝贵！”。企业人力资源管理部门面临庞大繁杂的员工数据，要想有效地提升人力资源管理的效益，从人才配备的角度确保企业战略目标的实现，传统的管理办法和思路越来越力不从心，鉴于此，需要采用新的数据处理技术。使用数据挖掘技术有利于解决人力资源管理中的以下问题：求职应聘者的哪些关键特质有助于企业的成功？员工某些素质的提升是否与他们业绩的提升有明显的关联？是否不同的福利选项会明显影响员工队伍的稳定？是否某些特定的受教育程度明显地切合本企业的发展？本企业里最有代表性的、最合理的职业发展道路是怎样的？员工的提升过程与服务年限是否有明确的关系？哪些个人品质可以确保一个员工成为合格的在家办公者（这种人可以在家里，不必要来公司，自觉完成甚至高效完成本来要在单位上班才能完成的工作任务）？缺勤与工作业绩是否有必然联系？企业是否有必要提供员工（子女）的日托服务？提前退休计划是否能为企业带来效益？上述每个问题都可作为一个单独的数据挖掘分析题目展开深入的分析挖掘。不同企业有不同的数据类型，不同企业的人力资源管理的侧重点有所不同。例如，“年轻”公司最关心的问题是有效的招聘技能，而成熟公司最关心的可能是如何通过调整员工福利来有效吸引并保留经验丰富的员工队伍，降低跳槽风险。

案例1-10：数据挖掘在人力资源管理中的应用案例

案例一：员工招聘过程优化分析。很多企业越来越关注于寻找更有效的招聘方式，以降低招聘成本，同时找到合适的应聘者（可以在企业工作一定年限而不是跳来跳去的）。较高的跳槽率对于企业来说是巨大的成本浪费，跳槽带来的成本并不只是企业招聘广告的宣传费用，还包括面试的人力成本、职位空缺造成的生产损失、培训新员工的成本等方面的损失，但是很少有企业能对这些问题找到有效的评估方法。企业有很多渠道来找到合适的新人填补职位空缺，如在报纸或网络上登招聘广告、员工推荐、第三方招聘等。当考虑其他因素和指标时，哪种招聘方法最好呢？数据挖掘提供了很好的分析手段。如果企业能跟踪员工的招聘历史记录，就可以考虑采用数据挖掘技术。

案例二：绩效评估。国内某制药企业在绩效管理项目中采用了下列数据结构：能力、态度、精神（指团队精神之类）、业绩、绩效等。其中，绩效是目标变量，分为高、中、低三个等级。将全厂 232 个员工样本的一半作为训练集，剩下的一半作为测试集，通过决策树模型最终产生了 13 条比较有价值的分析规则，其中决策树的根节点的测试属性根据信息增益分析结果选择的是业绩属性，表明该属性具有最重要的分析意义。举例来说，其中一条规则是虽然业绩的取值是“中等”，但是由于“能力”和“态度”两个指标取值较高，该员工的“绩效”可以是“高”等级，这说明尽管这类员工的业绩不太好，但是只要能力强，注重团队精神和创新，他们最终对于企业的绩效贡献也是很好的。

资料来源：http://wvrct.com/bbs/archiver/?tid-239.html。

1.4 数据挖掘与隐私保护

目前，分享已成为普遍现象，大数据时代的来临成为大势所趋，海量用户数据将制造出巨大的价值早已是不争的事实。IBM 社交分析师玛丽•华莱士在接受媒体采访时表示，在社交媒体网站正在收集越来越多数据的形势下，它们或许能找到更好的方式来利用这些数据盈利，并使其取代广告成为自身提高收入的主要方式。这些社交网站真正的价值可能在于数据本身。

随着互联网持续快速地发展，特别是移动互联网的发展、可穿戴设备的日益普及和智能家居的发展等，这些场景中的设备每时每刻都在收集与用户相关的信息，包括收集记录的地理位置信息、移动轨迹、移动应用记录的用户使用习惯、移动通信设备的通信记录、智能家居设备记录存储的家庭使用习惯、可穿戴设备记录的用户个人身体数据等。这些信息被收集起来，很可能被用于大数据分析处理。

大数据在为人们的工作和生活带来积极影响的同时，对个人相关信息所进行的大数据收集和分析，也会对个人隐私信息的保护产生挑战。除此之外，由于当前大数据的安全控制制度的缺失，以及大数据本身所蕴含的大量的有价值信息，大数据极有可能变成一个被集中攻击的对象，从而造成个人隐私信息的外泄，如果大数据被黑客或其他犯罪分子利用进行社会工程学攻击，会更加难以防范。例如，国内发生了数十起大的数据泄露事件，多家网站的用户数据被泄露。

对于企业而言，大数据的应用价值会促进企业进一步采集、存储、循环利用大数据。随着存储成本持续降低及分析工具自动化程度不断提高，采集和存储的数据规模将成爆发式增长。如果说在互联网时代个人隐私受到威胁，那么大数据时代将进一步加深这种威胁。

当用户访问网站时，一些网站的广告位通常会根据其浏览记录推荐相应的精准营销广告，这便是应用了数据挖掘技术，也表明用户在访问网页时无时无刻不在被监控；在一些用户广泛使用的社交网站或工具上，出现了一些展示人际关系，推荐感兴趣用户或可能认识的人的功能，这在方便用户找到志同道合的朋友或老同学的同时，也说明用户在该网站的人际关系正在不停地被计算分析。大数据分析之所以能够带来方便，是因为它时刻需要分析用户各方面的信息，其中也含有隐私信息，当其被单纯应用在一些服务用户的算法中时，并没有明显的威胁，因为不需要访问敏感信息，但当这些数据被有意识地调用、访问、分析时，则会造成用户的隐私信息泄露。如果客户的隐私信息无法得到有效保护，则可能给客户的生活或工作造成重大影响，对客户的财产安全、人身安全产生威胁，甚至对社会安全产生威胁。在大数据环境下，个人隐私信息可能面临以下问题。

① 个人隐私信息泄露的风险增加。个人隐私信息被广泛收集、处理后，极有可能被整合成极具代表性的形式存储起来，一旦这类信息泄露，则会导致大范围的隐私信息泄露。也就是说，大数据下的数据收集增大了个人隐私信息泄露的风险。

② 无法做到真正的个人隐私保护。大数据时代收集的个人隐私信息极有可能被用于创新用途，但是企业可能因为告知成本太大而没有对相关人行使告知义务，当然也没有得到用户的许可，这就使得在获取个人隐私信息的时候，与用户达成的“告知与许可”义务并没有得到贯彻。

③ 无法实现用户匿名化。在大数据环境下需要进行数据的交叉检验与客户关联，所以用户的匿名化在后台层面不能实现，这使得监控和获取个人隐私的行为变得更加方便。

④ 数据被攻击的可能性增加。因为大数据本身蕴含大量有价值的信息，并实现了大量不同类型信息的整合，所以对黑客来说，大数据的存在降低了其获取信息的成本，使得大数据极有可能成为攻击的目标，且黑客可以利用已泄露的信息匹配出个人完整的信息。

当前，互联网行业对个人隐私的侵犯及对个人隐私数据的使用较为普遍。在利用大数据提高社会整体运行效率的同时，要防止数据滥用或非法使用。例如，保证数据的安全性，保证数据不被泄露对电商企业来说是最基本的要求。美国有研究调查表明，每年有数亿美元的大量数据和企业交易机密从政府和企业的计算机中被窃取。

数据挖掘技术的应用能够为人们的生活提供便利、为政府的社会管理提供有效的支持、通过帮助公司更好地迎合顾客的需求来提高顾客的满意度、为企业增加收益，然而数据挖掘可能被滥用，从而涉及隐私问题。特别是在大数据环境下，数据安全和隐私保护就成为非常重要的问题。隐私保护的主体是用户个人的隐私信息。如果用户的隐私信息无法得到有效保护，则可能给客户的生活或工作造成重大的影响。例如，企业可能根据职员的入职体检进行相关隐形病的预测，并且不雇佣有潜在病患威胁的职员；网络营销人员通过网络爬虫爬取用户在电子商务网站的购买评论，获得用户的购买记录，从而给用户推送各种各样用户不期望得到的垃圾信息等。不适当的披露或没有控制的披露可能是隐私问题的根源。对于个人记录，如信用卡交易记录、卫生保健记录、个人理财记录、生物学特征等，不受限制的访问可能侵犯个人隐私。对于涉及个人隐私的数据挖掘应用，在很多情况下，采用诸如从数据中删除敏感的身份识别符的简单办法就可以保护大多数的个人隐私。保护隐私的数据挖掘是数据挖掘的重要研究领域，其目的是获得有效的数据挖掘结果而不泄露底层的敏感数据。大部分保护隐私的数据挖掘都是用某种数据变换形式来保护隐私。在通常情况下，通过改变数据表示的粒度可以保护隐私，如把数据从个体顾客泛化到顾客群。目前，我国的互联网安全法律尚不健全，在大数据管理和应用中如何实现数据的充分利用并且不涉及用户的隐私和安全是该领域的焦点。2019 年 7 月份，广东省公安机关共监测发现 490 余款 App 存在超范围收集用户信息行为、超范围读取用户通话记录和短信内容、收集用户通讯录和位置信息、超权限使用用户设备麦克风和摄像头等突出安全问题。公安机关将强化对窃取公民个人信息等侵犯公民个人信息违法犯罪活动的打击，震慑违法犯罪活动，为广大网民营造清朗网络环境。由此可见，数据挖掘是发现隐藏知识的重要工具，但必须受到约束，应当在保障用户隐私的前提下使用，这还需要计算机领域、社会学领域及政府管理等领域和组织机构人员的共同努力，制定和完善相关的法律法规，建立数据隐私保护和安全的解决方案。

1.5 数据挖掘工具及其选择

数据挖掘工具有很多，根据其适用的范围，主要分为两类：专用数据挖掘工具和通用数据挖掘工具。

专用数据挖掘工具针对某个特定领域的问题提供解决方案，在设计算法的时候充分考虑数据和需求的特殊性。任何领域都可以开发专用数据挖掘工具，如 IBM 公司的 AdvancedScout 系统针对 NBA 的数据，帮助教练优化战术组合。特定领域的数据挖掘工具针对性强，往往采用特殊的算法，可以处理特殊的数据，实现特殊的目的，发现的知识的可靠性比较高。

通用数据挖掘工具不区分具体数据的含义，采用通用的挖掘算法，处理常见的数据类型。例如，商用数据挖掘软件 SPSS Clementine、SAS Enterprise Miner、IBM Intelligent Miner 等；许多数据库产品，如 SQL Server、Oracle，以及数据分析软件 Excel、Matlab 等，也提供了通用数据挖掘模块；还有开源数据挖掘工具 Weka、RapidMiner 等。通用数据挖掘工具可以进行多种模式的数据挖掘，挖掘什么、用什么来挖掘都由用户根据自己的应用需求来选择。

数据挖掘是一个数据处理过程，只有将数据挖掘工具提供的技术和实施经验与企业的业务逻辑和需求紧密结合，并在实施的过程中不断实验和改进，才能取得成功，因此我们在选择数据挖掘工具时，要全面考虑多方面的因素，主要包括以下几点。

① 可产生的模式种类的数量：分类、聚类、关联等。

② 解决复杂问题的能力。

③ 操作性强、兼顾性能。

④ 数据存取能力。

⑤ 提供便于调用的接口。

基于教学方便性考虑，本书的实验主要使用 Clementine 软件。

本章小结

本章从现实生活中的典型案例引入数据挖掘概念，对数据挖掘产生的背景、数据挖掘的定义、数据挖掘的任务及过程、经典的数据挖掘算法展开阐述，对数据挖掘在商业领域的应用进行了概述，通过数据挖掘的商业案例展示了数据挖掘技术的商用价值，最后从不同角度说明了数据挖掘技术的光明前景及数据挖掘与隐私保护方面的问题。总体而言，数据挖掘就是从大量数据中发现有用模式和知识的过程，数据挖掘技术的产生和发展是面向应用的，数据挖掘技术经历了快速发展的阶段，广泛应用于现实世界的方方面面。可以说，有大量数据的地方就有数据挖掘的用武之地，在已经到来的大数据时代，数据挖掘技术具有广阔的应用前景。客户每天通过自动售货机、网上交易系统、呼叫中心等与公司发生联系，要使企业更具竞争力，必须设法从这些历史记录中了解客户，以便将来更好地服务于客户并创造价值。要想充分利用这些客户信息，就必须掌握数据挖掘。

习 题 1

1.1 举例说明数据挖掘对商务的成功是至关重要的，并说明该商务需要什么样的数据挖掘功能，及它们能够由数据查询处理或简单的统计分析实现吗。

1.2 假定你作为一名数据挖掘顾问，受雇于一家互联网搜索引擎公司。请通过特定的例子说明数据挖掘可以为公司提供哪些帮助，如何使用聚类分析、分类分析、关联规则分析和离群点检测等技术为公司服务。

1.3 定义下列数据挖掘功能：关联规则分析、分类分析、聚类分析、离群点检测，并使用生活中的数据给出每种数据挖掘技术的例子。

1.4 讨论下列各项活动是否属于数据挖掘任务。

（1）根据性别划分公司的顾客。

（2）根据营利性划分公司的顾客。

（3）计算公司的总销售额。

（4）按学生的标识号对学生数据库排序。

（5）按学生的考试成绩计算学分绩点。

（6）预测掷一对骰子的结果。

（7）使用历史记录预测某公司未来的股票价格。

1.5 国外某酒吧的饮用水每杯 4 美元，供下酒的咸花生（价格高于饮用水）却免费。请分析其中的缘由。

1.6 请说明分类和聚类、分类和回归之间的区别与相似之处。

1.7 与挖掘少量数据（如几百个元组的数据集合）相比，挖掘海量数据（如数十亿个元组）的主要挑战是什么？

案例分析：聚类城镇

服务于波士顿、东马萨诸塞州和新罕布什尔南部周围区域的两家主流报纸是《波士顿环球报》(Boston Globe)和《波士顿先驱报》(Boston Herald)。《波士顿环球报》2003 年的日发行量超过了 46.7 万份，而《波士顿先驱报》的日发行量为 24.3 万份。在星期天，《波士顿环球报》的发行量甚至能超过 70.5 万份。即使处于这样的领先地位，2003 年，《波士顿环球报》也不敢有任何懈怠。因为与许多报纸一样，它也面临这样的问题：波士顿核心市场的读者群在减少，郊区报业市场面临地方报纸的强烈竞争，在郊区报业市场的一些读者已经流失。

为了与郊区报纸更好地竞争，《波士顿环球报》加入了为不同地区定制的报纸版面，为按照地域划分的 12 个地区加入了特别编辑内容。每周有两天，读者都可以读到为本区精心整理的一些地方报道。《波士顿环球报》使用的编辑区域利用的是已有的数据、常识性内容和地图，但没有正式进行统计分析。在编辑区域组成方面有以下限制条件。

① 地域必须是在地理上连续的，以便印刷厂运载本地版面的卡车可以选择合理的运输路线。

② 地域必须适度紧凑，且覆盖足够的人口，以证明特殊化编辑的内容是恰当的。

③ 编辑区域必须接近于过去做广告的地理地域。

在这些限制条件框架内，《波士顿环球报》希望设计出能够把相似的城镇聚集在一起的编辑区域。这就是给数据挖掘者带来的问题。

利用人口统计学和地理学数据构建城镇的特征标识，同时考虑到编辑区域的限制条件，最终得到了 4 个大城镇簇，并且簇与簇之间的区分度较高。聚类项目的目标是确定已经存在的编辑区域，每个编辑区域都是由处于上述四个簇之一的城镇集合构成的，下一个步骤是通过手动方法将某些城镇交换到邻近的区域，以增加每个区域的纯度。调整后，这些新区域仍然在地理上是毗邻的。

有了相似城镇组成的编辑区域，《波士顿环球报》便于提供针对本地的内容，这将带来更高的发行量和更好的广告销售。

资料来源：Gordon S. Linoff，Michael J. A. Berry. 数据挖掘技术：应用于市场营销、销售与客户关系管理[M]. 3 版. 巢文涵，张小明，万芳，译. 北京：清华大学出版社，2019.

【思考题】试分析电子商务平台的数据挖掘应用情况。

第2章 数据挖掘建模方法

现在有效数据被看作许多大公司核心业务处理的中心内容，决定着企业的未来发展。因此，企业（或其他组织）在面临海量数据时，往往需要通过系统流程来处理这些数据集，使之有效并有意义。成功的数据挖掘是让数据有商业价值，而不是简单运用特别算法或工具进行处理。数据挖掘的目标是在大量数据中发现潜在的模式（Pattern），但只找到模式还不够，还必须对这些模式进行处理，将数据转化为信息，将信息转化为行动，最终将行动转化为价值。数据挖掘分析师需要知道什么对商业有价值，并且知道为了获得巨大收益如何整理数据。为了成功运用数据挖掘技术，对数据挖掘技术层面的理解至关重要，尤其是要了解将数据变成有用的信息的过程。

2.1 数据挖掘建模概述

数据挖掘流程架构有跨行业数据挖掘过程标准（Cross-Industry Standard Process for Data Mining，CRISP-DM）和 SAS 公司开发的 SEMMA（Sample、Explore、Modify、Model、Accesses）等。本章通过介绍 CRISP-DM 模型带领读者熟悉数据挖掘建模方法。

CRISP-DM 于 1999 年由欧盟机构联合起草，目前在各种 KDD 过程模型中占据领先地位，可以说是实际项目的经验总结和理论抽象。CRISP-DM 不单是数据的组织或呈现，也不只是数据分析和统计建模，而是一个从理解业务需求、寻求解决方案到接受实践检验的完整过程。CRISP-DM 为数据挖掘任务提供了一个完整的过程描述，将数据挖掘项目的生命周期分为业务理解、数据理解、数据准备、建模、评估和部署 6 个阶段，如图 2-1 所示。数据挖掘过程是反复迭代的学习过程，其中的步骤并非线性的，会出现许多循环，有时会在某几步之间反复，甚至返回到第一步，重新界定数据挖掘问题。数据挖掘流程的根本目标是从架构上解决所分析的问题，数据挖掘算法的实现可以使用 IBM SPSS、RapidMiner 等工具，也可以自编代码。

（1）业务理解（Business Understanding）

业务理解是数据挖掘的第一个阶段，主要从业务的角度了解项目的要求和最终目标，并将其与数据挖掘的定义及结果结合起来。数据挖掘将商业需求和所需要的数据联系在一起，是对客户和商业前景的理解（包括理解产品和市场、理解供货方和合作伙伴、理解销售的全过程）。

（2）数据理解（Data Understanding）

数据理解阶段从收集原始数据开始，然后了解数据的内涵与特性，熟悉数据，选择在数据挖掘过程中所需的数据，接着进行数据整理并识别数据的质量问题，发现数据的内部属性，或者探索内部数据子集进而形成隐含信息的假设。

（3）数据准备（Data Preparation）

数据准备阶段的工作是对可用的原始数据进行一系列组织及清洗等预处理，使之达到建模需求、适应建模工具。数据准备阶段的任务可能需要执行多次，并且没有任何规定的顺序。

（4）建模（Modeling）

建模阶段主要对已经预处理过的数据加以分析，选择和应用不同的建模技术，针对数据

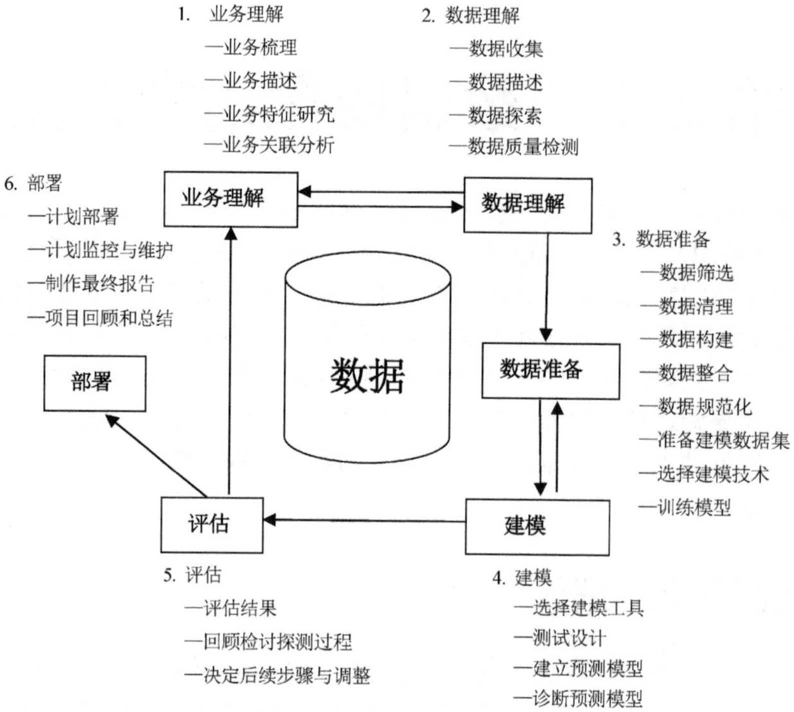

图 2-1　CRISP-DM 处理流程

建立模型，将模型参数调整到最佳数值。一般来说，有些技术可以解决一类相似的数据挖掘问题，有些技术对数据有一定的限制和要求，因此需要经常跳回到数据准备阶段。

（5）评估（Evaluation）

从数据分析的角度来看，到了评估阶段，一个或多个模型已经构建完毕，但是还不能简单地从模型中得出结论，需要对模型进行评估，分析得到的结果是否符合第一步的商业目的。在评估阶段，一个关键问题是考虑有没有遗漏重要的业务问题。评估阶段结束后，将决定如何使用数据挖掘结果。

（6）部署（Deployment）

部署阶段是将数据挖掘发现的结果及过程组织成可读的文本形式（数据挖掘报告）。通常，模型的创建并不意味着项目的结束。模型建立并验证后，一般有两种使用方法：一种是提供给决策人员参考，由决策人员在分析模型后提出方案；另一种是把该模型应用到不同的数据集上。在很多案例中，是由客户而不是由数据分析人员承担部署的工作，其任务包括：计划部署、计划监控与维护、制作最终报告、项目回顾和总结。

数据挖掘过程是一个人机交互、多次反复的过程；CRISP-DM 处理流程的 6 个阶段的顺序并不是固定的，通常需要在不同阶段之间反复，以逐步完善整个流程。在实际应用中，应该针对不同的应用环境和实际情况进行必要的调整，使数据挖掘根植于业务环节。从一个数据挖掘循环流程中获得的知识通常会产生新的问题、出现新的机会，可以从中识别和满足客户的需求，并在新一轮的数据挖掘过程中找到解决这些新问题的方法，把握新的机会，以满足客户更高的需求。这个循环挖掘、产生并解决问题进而满足客户更高需求的过程不仅应该成为人们考虑业务方式的组成部分，还应该成为整个业务策略的基石。

在大数据时代，数据挖掘充分体现了其价值，也受到了越来越多的关注。在数据挖掘流程中，接触最多、讨论最多的是建模。建模涉及从样本数据中建立模型，从而预测或描述数据里潜在的模式。但是数据挖掘是端到端、多步骤、迭代的一套流程，整个数据挖掘流程最耗时的是数据准备阶段，其次是业务理解，然后是数据理解，而不是建模。许多数据挖掘工具都可以实现模型构建的自动化。针对业务提出合适的问题、具备对业务的深刻理解、面向数据挖掘任务获取并准备数据、降低程序编码开销，最关键的是通过数据挖掘流程获得有用的知识，以上各方面对于数据挖掘流程取得成功都至关重要。

案例 2-1：商业数据挖掘

某家银行存在一个业务难题，他们的特别商业产品——家庭抵押贷款额度不能吸引好的客户，业务量低。为此，美国消费者资产协会决定与 Hyperparallel 公司合作，采取数据挖掘方法来解决这个问题。

根据 CRISP-DM 建模体系，第一阶段是业务理解。其主要业务问题是解决家庭抵押贷款的业务量，需要分析是否存在一些客户群体对家庭抵押贷款这项业务感兴趣，这些客户群体又有什么共同的特征，客户什么时候最可能需要这种贷款等。根据一般常识和商业顾问、相关领域专家的意见，他们认为可能使用家庭贷款业务的人群有两种：一种是有孩子上大学的家长，想通过家庭抵押贷款支付学费，另一种是高收入但收入不稳定的人，想通过家庭抵押贷款使其收入削峰填谷。

进行业务理解后，需要进行数据理解。首先要收集数据挖掘过程所需要的数据。多年来，美国银行一直将数百万的零售客户数据存储在一个巨大的关系数据库中。关系数据库中的数据共有 42 个字段，每个字段记录保存了不同的客户的详细信息。收集到原始数据后，需要根据问题识别数据有用的特征，检验数据的质量，对缺失字段、数值型变量的取值范围等质量问题进行检验和处理。然后，对这些数据进行筛选、转换、调整，将数据规范化后，输入公司数据库中。美国银行利用这个系统，能渗透与银行保持联系的客户的所有关系，将数据库中的数据的属性汇集成客户独一无二的特征，然后采用 Hyperparallel 公司的数据挖掘工具进行分析。

经过数据挖掘工具的决策树功能，按照现有银行划分客户的规则，客户被分成两类，即可能或不可能对提供家庭抵押贷款做出反应两类。经过大量的有购买产品和没有购买产品的客户数据，决策树最终获得判定不同类型客户之间差别的规则。一旦发现规则，就能利用得到的模型给每个潜在客户记录增加一个属性，即好的潜在客户标志，这是由数据挖掘模型生成的。接着使用模式的查找工具，确定客户什么时候最有可能需要这种贷款。最后，使用聚类工具将具有相似属性的客户分成不同的组。在某一点上，数据挖掘工具发现了 14 个客户簇，其中很多客户簇似乎没有什么特别的发现。但是，有一个簇具有两个令人费解的特点：一是这个客户簇的 39%的人不会同时拥有企业和个人账户，二是这个客户簇中的客户占到家庭抵押贷款可能响应者的四分之一。这些数据提示好奇的数据挖掘者，上述客户簇中的客户有可能使用家庭抵押贷款来从事商业活动。

利用数据挖掘的结果，美国消费者资产协会和银行的零售分支机构联合组织市场调查，与客户面谈。市场调查的结果证实了其贷款收入被用于从事商业活动。尽管市场调查存在一些缺点，如响应者并不能代表全部的人口，有些客户并非诚实对待调查等，但是在与现有客户和以前的客户进行面谈的时候，企业也可以深入了解通过其他方式无法得到的情况。

对由数据挖掘产生的结果进行评估后，美国银行部署并运用方案，进而采取相应的措施，最终家庭抵押贷款的响应率从 0.7%上升到了 7%。

资料来源：Michael J. A. Berry，Gordon S. Linoff. 数据挖掘技术：市场营销、销售与客户关系管理领域应用[M]. 北京：机械工业出版社，2006.

2.2 业务理解

业务理解作为数据挖掘过程中的第一个阶段，正确识别业务问题非常重要，许多正常的业务流程适合用数据挖掘技术进行分析，如计划营销活动、评价营销活动的效果、理解客户的流失原因、分配营销预算以吸引有价值的客户等。业务理解主要集中在理解项目的目标和从业务的角度理解客户需求，同时将其转化为数据挖掘问题的定义和完成目标的初步计划。业务理解主要包括业务梳理、业务描述、业务特征研究、业务关联分析。

业务梳理和业务描述有助于我们正确地识别业务问题，需要不断进行探索、交流，从而正确理解问题。这就要求技术人员不仅要充分了解技术和数据，还必须有良好的沟通与交流的能力，在分析数据的过程中，不断与了解企业业务问题的人员（行业专家）进行沟通和交流。此外，在分析的最后阶段，只有行业专家才有资格判断最后结果的优劣，因此，通过与行业专家的沟通，可以明确他们的业务问题。

在业务特征研究阶段，我们需要这样的目标："哪类客户有可能对我们的产品感兴趣？"，"我们的顾客有什么样的基本特征？"，"每位顾客创造了多少价值？"，"创造价值较高的客户有什么样的共同特征？"，等等。

在很多情况下，企业的业务并不是独立的，业务之间可能有互相促进的作用。因此，我们需要进行业务关联分析，寻找业务之间的关联。

业务理解阶段需要明确业务的必要性并分析其可行性，得出实施数据挖掘是否必要的结论。

2.3 数据理解

数据理解阶段是从数据收集开始的，通过对数据进行分析处理熟悉数据、识别数据的质量问题，发现数据的内部属性，或者探测引起兴趣的子集，从而形成隐含信息的假设。其任务包括：数据收集、数据描述、数据探索、数据质量检测。

（1）数据收集

在收集数据前，需要根据业务问题明确数据挖掘过程需要哪些信息，哪些变量是必需的，哪些变量与数据挖掘目标不相关，然后根据选择的标准收集数据，检查是否所有的信息都确实可以用来实现数据挖掘的目标。数据来源可以是企业内部的运营数据，也可以是来自新闻、论坛、QQ 群等渠道的企业外部数据。

（2）数据描述

数据描述的主要任务是熟悉数据、理解数据的内涵、检验数据的总体特征或表面特征。例如，从商业的角度理解每个变量及其含义，变量的含义是否始终一致，变量是否与具体的数据挖掘目标相关联等。

（3）数据探索

数据探索主要详细分析重要的变量特征、识别潜在的特征、思考和评估数据描述过程中的信息和发现、提出假设并确定方案、阐明数据挖掘的目标。例如，电信公司想挖掘出移动业务之间的关联规则，可以在描述数据后，根据数据的特征选择各种可能相关的业务进行挖掘，对于显而易见的规则，则可以不进行考虑。又如，开通上网功能的客户中绝大部分客户也开通了飞信业务，在探索数据时，不需要考虑这两个业务之间的关联。探索数据通常使用可视化工具对数据进行直观展示，发现数据特征分布的特性和特征之间的相似性，从总体上理解统计指标。

（4）数据质量检测

数据质量检测主要列举有关问题。例如，收集的数据是否完整、各类特征是否齐全、是否存在缺失值、数值型变量的范围是否在允许的范围内，变量的含义与变量值是否一致等质量问题。

在数据质量检测阶段，我们应清楚从数据中能得到什么及从数据中不能得到什么。

2.4 数据准备

数据准备阶段主要从原始数据中创建目标数据集，包括数据筛选、数据清理、数据构建、数据整合、数据规范化、准备建模数据集、选择建模技术和训练模型。下面对这些任务进行简单介绍，详细内容请参见第 8 章。

（1）数据筛选

数据筛选的任务是确定数据挖掘过程中所需的数据，即选择有用的特征和记录。

在选择数据的时候，首先考虑的问题是数据要符合解决企业问题的需要。例如，电信企业有一个业务问题是要找出各种电话业务之间的关联，以便采取交叉销售。那么，数据中要包括每个客户开通的所有业务的列表。除此之外，可能还需要其他详细的数据，如客户开通的业务所对应的消费金额或消费等级等。

由于用于建模的数据应尽可能完整，数据量应尽可能多，因此使用抽样调查的数据或只调查回答者的数据是不合适的，这些数据并没有普遍性。即便通过调查得来的数据被证明是可靠的，但是那些未回答者的得分该怎样计算？在某些情况下，可以使用调查数据进行数据挖掘，但不能简单地将对调查数据进行挖掘的结果用于未回答者。

当开发预测模型时，资料中也应该包括需要的输出。例如，一家混凝土砖销售公司准备为已确定的客户制定一份客户（会员）商品目录，该公司准备根据三张过去的商品目录来构建一个客户意愿模型。这个模型用于根据过去客户对测试目录的反应情况判断哪些会员有可能对这些商品目录做出回应。该公司的数据如图 2-2 所示，其中主要包括以下几类：① 所有会员的市场营销资料；② 按照商品目录推荐购买商品的客户名单；③ 反映会员购买情况的详细资料。

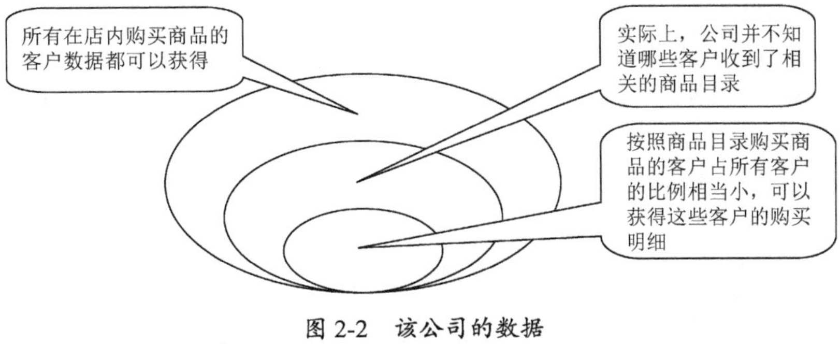

图 2-2　该公司的数据

他们遗漏的数据如下：不知道在过去几次与客户的交流中哪些客户收到了商品目录；只知道有哪些客户回信，而不知道曾经和哪些客户联系过。在不知道哪些客户收到商品目录的情况下，我们还是不能预测哪些客户会对商品目录做出反应。没有这些数据，构建相应的预测模型也是毫无意义的。

（2）数据清理

数据挖掘过程是否成功，得出的模型是否可靠，取决于数据质量的好坏。因此，需要确认在数据中是否存在以下问题：字段是否充分？缺失数据严重与否？字段值是否合法（数值型数据是否在允许的范围内，所有代码字段是否都有效）？字段值是否符合逻辑？单个字段的分布是否有说明？数据清理的任务恰恰是清理数据中包含的噪声和与数据挖掘主题明显无关的数据，从而提高数据的质量。数据清理通常包括填补空缺的数据值、清理噪声数据及解决数据不一致问题。

① 填补空缺的数据值。对于空缺值的处理往往有以下方法：一是忽略有空缺值的记录；二是人工填写空缺值，该方法很费时，在数据集很大，缺失值很多的情况下往往不采用此方法；三是使用一个全局变量填写空缺值；四是使用属性的均值填写空缺值，如某公司职员的平均工资为2500元，则用该值替换工资属性中的空缺值；五是使用与给定记录属于同一类的所有样本的平均值替换空缺值，如某公司职员按级别分类，则用与空缺值具有相同级别职称的职员的平均工资替换工资属性的空缺值；六是使用最可能的取值替换空缺值，可以利用回归分析、贝叶斯计算公式或决策树推断出最可能的取值。

② 清理噪声数据。对于噪声数据有以下处理方法：一是分箱，通过考虑周围的值来平滑数据值，按照取值不同可分为按箱平均值平滑、按箱中值平滑、按箱边界值平滑；二是聚类方法，通过聚类发现孤立点；三是计算机与人工相结合的方法，自动标注，人工审核；四是回归分析，建立回归方程，将偏差大的数据识别为噪声数据。

③ 解决数据不一致问题。数据的不一致主要表现在数据的单位、命名、结构、含义不一致，可以通过对数据进行统一调整来解决。

（3）数据构建

数据构建的任务包括属性构造、多维数据组织（聚集）、数据泛化处理。

属性构造是指利用已有属性构造新的属性，并将新的属性添加到属性集中，以提高数据挖掘的质量，具体有以下几种方式。

① 对多个属性进行组合，如通话消费总金额（包括国际长途、普通长途、区域呼叫等）、身高的平方/体重（肥胖指数）、平均交易额（交易总金额/交易次数）等。

② 按照维度分类汇总，如在分析公司职员的跳槽情况时，按照职员职称分类汇总的跳槽率比笼统地把公司的所有职员看作一个整体计算得出的跳槽率更有用。

③ 从某个属性中提取信息，如日期数据，日期数据相当丰富，包含第几季度、是否是节假日、是否是标准工作日或非工作日等。

④ 时间序列，时间序列的关键特征主要包括时间序列的总值或均值，如一段时间的总收入；平均增长率，如相邻两个月的通话总费用之间的比率；超过某一限度的取值数量，如一个月中拨打长途电话的次数超过某个给定的取值。另外，在特殊时间段的数据可能很有价值，如周末电话平均时长与每周电话平均时长之比。

多维数据组织（聚集）是指对数据进行汇总和聚集，如采用切片、旋转等操作将原始数据按照多维立体形式组织成不同层次、不同粒度、不同维度的聚集。

数据泛化处理是指使用高层次的概念替换低层次的概念。例如，用短信业务替换各种不同种类的短信业务，用国家替换城市，使用中年代替 35～55 的年龄值。

（4）数据整合

数据整合的主要任务是将来自多个数据源（如数据库、文件等）的相关数据整合到一起，即把不同来源、不同格式、不同特点的数据在逻辑上或物理上有机地整合在一起，使之更加有利于数据挖掘过程的实现。

（5）数据规范化

数据规范化就是将数值属性数据按比例缩放，使之处于一个特定的小范围内，以避免数值属性数据因大小不一或度量单位的不同而造成数据挖掘结果出现误差，使不同属性在计算距离等值时具有可比性。常用的数据规范化方法有 3 种：最大最小规范化、z-score 规范化和小数定标规范化。注意，离群点的存在可能使规范化后的数据分布发生偏差。

（6）准备建模数据集

准备建模数据集是在数据建模前对数据的最后一步处理，对数据进行上述步骤的处理后，得到的数据还不能直接用于数据建模，还需要考虑到数据的稀疏程度。通常，稀疏数据最好选用 15%～30%的比例来建模。例如，在建立欺诈检测模型时，欺诈记录的数据占比很小，如果直接用这样的数据进行建模，那么，预测结果中没有欺诈的可能性会很高。但是这样得到的模型用处不大，甚至完全无用。

为了评估模型，一般将建模数据集分成三部分，即训练集、测试集和评估集。将数据的训练集作为最初用于建立模型的数据，用测试集和评估集来精化模型和评估模型。

数据挖掘要用测试数据来测试初步的结果。数据挖掘应尊重事实，坚持实践是检验真理的标准，相信规律隐藏在数据之中，当测试数据与挖掘出的规则不一致时，需要重新挖掘或增量挖掘数据，以改善模型并改正错误。

2.5 建模

数据挖掘中的建模是针对问题的特定对象，为了特定的数据挖掘目的，做出假设，运用适当的数据挖掘工具建立模型，利用模型解释特定的现象并预测对象的未来状况。下面，介绍建模的注意事项和如何构建有效的预测模型。

2.5.1 成功建立预测模型的注意事项

对于预测模型而言，当预言与结果相一致时，才能说明预言是有效的。成功建立预测模型需要注意以下 3 点。

（1）预测模型的时间范围

在建立预测模型的过程中，首先需要训练模型，即用历史数据和待预测信息的已知数据构建预测模型，进行预测，然后将预测模型应用于近期数据中，从而生成结果，这个过程称为得分，即用近期数据来预测未来的结果，如图 2-3 所示。在上述过程中，需要关注训练模型的时间间隔和模型产生得分的阶段这两个时间范围。在训练模型的时间间隔里用历史数据进行建模，生成的结果是已知的。在模型产生得分的阶段，输入的数据是已知的，但输出的结果（预言）是未知的，预测模型的作用是对特定问题对象的未来状况做出预测。

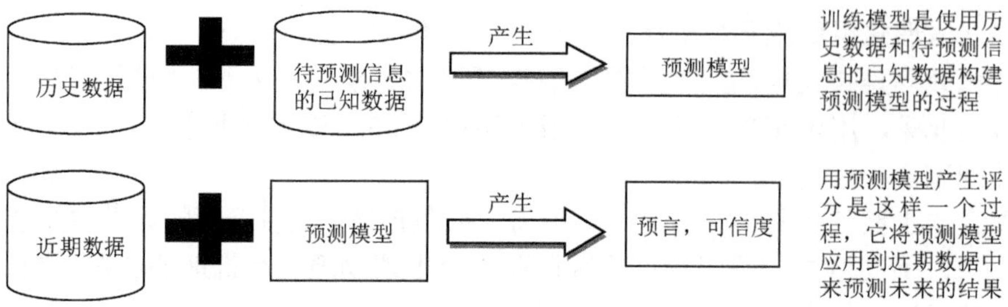

图 2-3　预测模型在生成得分之前必须得到的训练

建立预测模型后，它的执行效果只能通过已知的历史数据来评估。在某些情况下，可以用历史数据检测出好的结果，但是用于将来的预测却并不理想。但是在大多数情况下，通过历史数据构建的预测模型进行预测，在解决很多现实问题中不失为一个好的方法。因此，为了更加有效地对未来的问题进行预测，不仅需要了解构建预测模型的过程，还要了解预测模型的工作情况，如什么时候工作正常，什么时候会出现异常。

（2）预测模型的使用有效期

在建立预测模型的时候，还需要考虑预测模型使用有效期和预测模型预测有效期。

预测模型使用有效期是指在业务环境、技术手段、客户基础等相对稳定的条件下，可以继续使用之前建立的预测模型。但是随着时间的推移，这些条件可能会发生变化，如产品的应用环境、市场和客户的快速变化（如手机用户使用的产品服务会经常改变）。因此必须用新的数据构建新的预测模型，而不能用之前建立的预测模型进行预测。所以，预测模型需要不断更新。

预测模型预测有效期是指预测结果在特定的时间内才有效。例如，电信行业中预测的某个特定季度或特定月份的客户流失率。在这种情况下，需要对不同季度或月份使用不同的预测模型。

（3）建立预测模型的假设

为什么可以用预测模型来预测现实生活中特定对象的未来状况？因为预测模型的成功应用依赖于 3 个基本假设。

假设 1：历史是未来的写照。

应用预测模型的第一个假设：历史是未来的写照。例如，如果我们知道过去客户在流失之前的一些特征，就可以断定将来具有这些类似特征的客户极可能也会流失。这样，公司可以在客户流失之前对这些客户采取相应的营销措施，避免或减少客户流失。如果银行知道过去信用程度较低的客户的相关特征，那么，出现类似特征的客户的信用程度可能也比较低，这样银行可以拒绝向这些人贷款。

但是，应用预测模型进行预测时，待解决的问题和客户的环境要前后一致。在大多数情况下，用历史数据可以预测未来的结果。也存在特殊情况，历史数据不能预测未来的结果。因为某些特殊事件在历史数据中很难找到类似的事例。例如，在灾害天气下，蔬菜的销售额会下降。如果一定要预测蔬菜的销售额，那么可能导致预测结果不理想。

类似的情况在现实生活中也有很多例子。例如，在节假日期间，零售额会提高；在炎热的夏天，用电量会大幅度提高等。这些例子都说明，历史数据可能不再适用于变化的新情况。

另外，在构建预测模型的过程中也需要行业专家的参与。因为其他外在的因素也有可能影响预测模型的建立。

假设 2：数据是可以获得的。

只有在获得正确、可用的数据的前提下，才有可能构建出成功的预测模型。获得正确、可用的数据，这个假设看起来很简单，但是有时候数据会因为某些原因而无法获得。例如，数据在其他部门，难以获取，或者数据中的缺失值太多、格式错误等。

假设 3：数据中包含我们的预期目标。

要用预测模型进行预测，那么用于构建预测模型的数据中应该包含预测目标。只有在预测目标不发生变化的情况下，得出的预测结果才会更加准确。例如，在电信公司中，用客户流失预测模型来预测现有客户流失的可能性，根据预测结果，电信公司可以采取行动，挽留客户，从而提高公司的利润；在银行中，用欺诈模型来预测客户发生欺诈行为的可能性，根据预测结果，银行可以拒绝为某些客户提供贷款或其他服务。使用和预期相符的数据进行数据挖掘，是成功的重要保证。在构建预测模型时，要将重点放在正确的客户群体上。但是，在很多时候，会发生使用不匹配的数据的情况，如根据某特定地区建立的预测模型或根据某部分客户建立的预测模型被用于其他地方。

有时预测模型很难成功应用。例如，某公司想预测哪些客户更有可能购买新产品，要创建这样的一个预测模型可能很难，因为新产品的客户群可能跟以前公司产品的客户群不一样，是一个新的客户群。由此，公司现有的客户资料对构建预测模型来说可能用处不大，甚至完全没有用处。这时可以采取随机抽样的方法，粗略估计构建预测模型所需要的一些数据。

数据挖掘相信规律就（隐藏）在事实（数据）中。数据挖掘的目的是让数据“说话”，数据不会撒谎（即使数据被污染）。数据挖掘过程先进行数据收集和数据清理，再进行数据挖掘和知识解释。数据挖掘的思想和挖掘过程都体现了“实事求是”的原则，或者说“实事求是”囊括了数据挖掘的全过程。这里的“实”作为动词，即“实证化”，相当于数据挖掘中的数据核实与清理步骤，旨在建立可靠的数据集；“是”则是潜藏于数据中的规律，即知识；“求”就是发挥主观能动性，挖掘、求证、思考和解释的过程。

2.5.2 如何建立有效的预测模型

构建预测模型的目的在于利用预测结果为决策者提供有效的信息，帮助决策者做出决策。例如，预测广告投放在哪里会给公司带来更大的利润等。但是，在建预测模型的过程中，有些人往往会犯错，这样得出的预测模型也会出现差错，最终导致预测结果出现偏差。对于预测模型，实际出现的结果可能比预测要糟糕。这种偏差主要是因为建立预测模型时我们使用的是历史数据，应用预测模型时却使用的是当前数据。预测模型是通过过去的行为发现的模式，随着时间的推移，过去的模式逐渐变得不再适用。这样得到的信息决策可能比没有任何信息的情况下的决策更为糟糕。因此，需要掌握建立和应用预测模型的考虑因素和基本步骤，以减少在建模过程中犯错的概率。

建立预测模型最重要的目标是保持模型稳定，也就是在使用预测模型进行预测时，必须保证它被套用到未知的数据时也是正确的。建立有效的预测模型需要考虑以下因素。

① 搜集足够的预先分类好的数据，将建模数据集分为三部分：训练集、测试集、评估集，并理解预测模型在各子集上的效果。

② 对于类别不平衡的数据，通过抽样来控制建模数据集的密度，即不同建模数据集的比例。

③ 注意观察所用数据的输入和输出时间范围，所有输入都必须出现在输出之前，保留一段执行期间是比较明智的选择。

④ 在建模数据集中使用多重时间窗口有助于确保预测模型稳定，并在时间上易于转换。

⑤ 大多数建模过程需要建立多个预测模型，并对多个预测模型的效果进行比较，以选用效果最好的预测模型进行预测，或者对多个预测模型进行组合，以得到性能更优的集成分类预测模型。

⑥ 对不同的建模数据集、模型参数及时间范围进行试验，有助于建立更好、更稳定的预测模型。

在考虑以上因素的基础上，还需要掌握建立有效的预测模型的基本步骤。

（1）用训练集进行训练，建立预测模型

其目的是找出数据中所包含的预测模式。如今的数据挖掘工具在建模过程中已经为用户提供了友好的操作界面，基本上建模阶段在数据挖掘过程中所占的时间并不多。如果时间允许，可以对同一个建模数据集建立不同的模型，这样有助于建立更有效的预测模型。因为在建模之前我们不能预知最好的算法和最佳的参数集合。

训练模型的好坏依赖于所选择的算法和使用的工具。有些工具可以生成许多不同的预测模型，并自动从中选择出最好的预测模型，而有些工具是交互式的，需要由用户自己选出最好的预测模型。在训练模型的过程中，我们可以选择不同的数据挖掘技术，根据数据挖掘的目的及数据的特点选择数据挖掘的算法。

（2）利用测试集对模型进行修正

其目的是防止预测模型对训练集的模式记忆太深，出现过度拟合现象，以使预测模型更具一般性，并且能够更好地适应未知数据。

（3）对预测模型的效果进行评估

对模型效果的评估需要使用评估集。评估集属于建模数据集的一部分，是在建模中尚未用到的那部分建模数据集。检测预测模型的性能可以通过判错矩阵、增益表（Lift Chart）或累计增益图（Cumulative Gain Chart）来评估。

判错矩阵表示一个模型与事实发生冲突的可能性，如图 2-4 所示，可以看出预测模型预测正确的比例和预测错误的比例，以理解预测模型的执行效果。在实际应用中，使用判错矩阵来评价预测模型的执行效果时，还需要根据业务需求来选择最优模型。

		实际值	
		Y	*N*
预测值	*Y*	2%	4%
	N	12%	82%

		实际值	
		Y	*N*
预测值	*Y*	7%	40%
	N	3%	50%

图 2-4　使用判错矩阵来观察预测模型的执行效果

例如，对于营销问题，企业可能想得到尽可能多的潜在响应客户。也就是说，关心预测值为 *Y* 且实际值为 *Y* 所占的比例。在图 2-4 中，左图的预测值为 *Y*，实际值为 *Y* 所占的比例为 2%，右图所占的比例为 7%，2%<7%，因此右图的预测模型比左图的预测模型好。

对于医疗癌症诊断问题来说，希望预测模型对无症状者的判断尽可能准确。在图 2-4 中，左图的预测值为 *N*，实际值为 *N* 所占的比例为 82%，右图所占的比例为 50%，因此左图的预测模型比右图的预测模型好。

累计增益图是一种常用于评估预测模型执行效果的图表，横轴和纵轴都是百分比构成。横轴表示资料得分从小到大排序以后，按十分位累计的资料百分比。那么，标记为 20 的位置表示该模型输出得分前 20%的资料。累计增益图的纵轴表示这部分资料在总资料中所占的比例。如果从前 20%的资料中可以得到 70%有意向的资料，那么这个预测模型就是不错的。

图 2-5 为使用累计增益图对比不同模型的执行效果，图 2-5 中的折线从上至下分别对应 CRT、CHAID、对角线。对角线可看成随机选择模型，即没有任何有价值的信息可以利用。建模曲线和对角线包围的面积越大，说明预测模型的执行效果越好。可以说，CRT 预测模型在 20%处的提升值是 3.5（70%/20%=3.5），也就是说，CRT 预测模型生成的结果是我们预期结果的 3.5 倍。

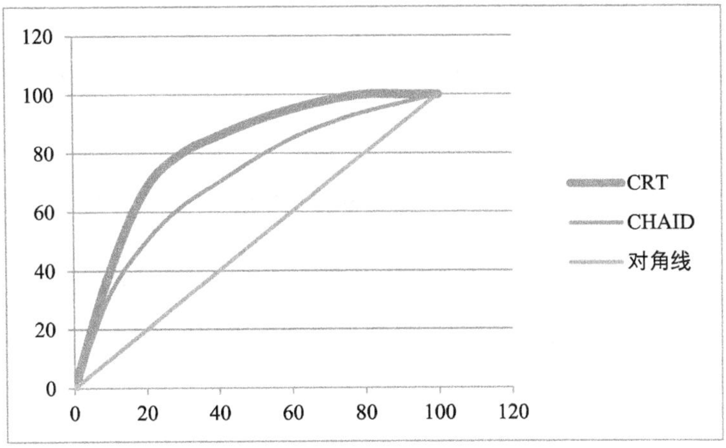

图 2-5　使用累计增益图对比不同模型的执行效果

（4）将预测模型应用于得分集

得分集没有进行预分类，不属于建模数据集的一部分。

2.6　评估

评估是将预测模型输出的结果与现实生活中发生的实际结果进行对比，进一步评估预测模型。通过预测模型的预测情况与现实生活中真实发生的情况相比较，评价模型预测的行为是否真正实现了。例如，我们预测的零售额是否真的增加了。

一般，任何定量预测都不可能完全准确。所以，对预测结果的误差要辩证看待。预测过程实际上是人们根据已掌握的客观规律对客观事物运动、变化的认识进行不断修正和不断逼近的过程。

要保证预测结果的有效性，对预测模型进行分析与评价时应遵循如下原则。

（1）合理性

预测模型是对实际事物发展规律的预测，因此应与实际事物的发展规律相一致，符合逻辑。否则，预测模型就不合理，需要改进。

（2）预测能力

建立预测模型是为了进行预测，预测模型是否具有预测能力是选择预测模型的主要标准。

预测模型的预测能力主要表现在两方面。

① 模型能否说明预测期间的事物的发展情况。许多预测模型都是利用历史统计数据建立起来的，反映的是事物发展的历史规律。由于各种因素的发展变化，改变事物发展的条件，可能使历史规律不再适用，这就会对预测模型的预测能力造成影响。例如，在我国进行经济体制改革之后，由于销售体制发生了改变，人民群众的生活水平有较大幅度的提高，许多产品的销售条件发生了较大变化，因此利用经济体制改革前的这些产品的历史销售数据建立的预测模型进行预测，得到的数据与实际情况之间往往存在较大差距。这就说明模型的预测能力很差，不应使用它进行预测。

② 预测模型的误差范围。利用预测模型进行预测一般要确定预测结果的置信区间。当用于建立预测模型的历史数据方差较大时，将导致预测结果的置信区间过宽，也会影响预测模型的预测能力。例如，某单位建立的经济计量模型对某市的经济发展情况进行预测得到的置信区间最窄也在±20%以上，宽的甚至超过±40%。这样大的置信区间已经使预测失去了意义。因为计划人员根据主观判断进行预测时其误差也不会有这么大，这样的预测模型是不会令人感兴趣的。

（3）稳定性

如果一个预测模型能在较长的时期内准确地反映预测对象的发展变化情况，那么它就比那些只能反映预测对象短期时间内变化的预测模型稳定。预测模型的稳定程度还表现在其参数和预测能力是否受统计数据变化等因素的影响上。如果一个预测模型无论是用 1990 年的统计数据为起始资料建立起来的，还是用 1993 年的统计数据为起始资料建立起来的，其参数和预测能力都不会受到较大的影响，或者在外部条件发生变化的条件下，预测模型仍具有较强的预测能力，这就说明该预测模型具有较高的稳定性。反之则说明该预测模型的稳定性较低。稳定性较高的预测模型比稳定性较低的预测模型的抗干扰性强，使用的时间也较长，是优先选择的预测模型。

（4）简单性

当两个预测模型的预测能力相差不大时，形式简单、容易运用的预测模型是优先选择的对象。例如，当用一个自变量建立的因果关系数学模型与用两个自变量建立的因果关系数学模型所获得的预测结果相近时，自然应该选择前者。因为多一个自变量就会增加预测的工作量，同时两个自变量的误差带给因变量的影响一般会大于一个自变量带给因变量的影响，更显示了选择简单预测模型的优越性。

对预测模型的评估可按照以上 4 条基本原则进行，但不限于上述几条原则，也可以采用其他适当的方法来进行评估，如可邀请一些专家采用专家会议法或德尔菲法的形式来对预测模型进行评估。

在得出评估结果后，需要对预测模型进行评估，回顾整个预测过程，查找建模结果与现实生活中发生结果的差距，检查预测过程中可能出现的错误，决定后续的数据挖掘步骤并进行相应的调整。

2.7 部署

预测模型的作用是从数据中找到知识，获得的知识需要以便于用户使用的方式重新组织和展现。构建预测模型并不是项目的结束，在预测模型建立并验证后，决策者可以把预测模型预测的结果作为参考，提出解决业务问题的方案，并进行部署。

根据需求，这个阶段可以产生简单的报告，或者实现一个比较复杂的、可重复的数据挖掘过程。在很多案例中，部署阶段是由客户而不是数据分析人员承担的工作。其任务包括：计划部署，计划监控与维护，制作最终报告、项目回顾和总结。

根据数据挖掘的结果进行计划部署，并制定监控与维护方案。为了监控数据挖掘的部署工作，项目组需要制定一个详细的监控方案，还要考虑部署的类型。项目后期需要制作最终报告，依照部署方案，最终报告可能只是项目的汇总及相关经验的总结，也可能是对数据挖掘结果的最终的复杂陈述。最后进行项目回顾和总结，评估项目进程的优点与缺点，总结项目进程中的经验。

2.8 辛普森悖论

辛普森悖论（Simpson's Paradox）由英国统计学家辛普森（E. H. Simpson）于 1951 年提出。当人们尝试探究两种变量是否具有相关性时，如新生录取率与性别、报酬与性别等，会对之进行分组研究。辛普森悖论就是在这种研究中，在某些前提下有时会产生的一种诡异现象，即在分组比较中占优势的一方，在总评中反而处于劣势，下面通过具体例子来说明。

在一所美国高校的法学院和商学院，人们怀疑他们在招生时有性别歧视，如表 2-1 所示。

表 2-1　不同性别考生的录取情况统计

学　院	性　别	录　取	拒　收	总　数	录取比例
法学院	男生	8	45	53	15.10%
	女生	51	101	152	33.60%
	总数	59	146	205	28.78%
商学院	男生	201	50	251	80.10%
	女生	92	9	101	91.10%
	总数	293	59	352	83.24%
汇总	男生	209	95	304	68.80%
	女生	143	110	253	56.50%
	总数	352	205	557	63.20%

从表 2-1 可以看出，女生在这两个学院的录取比例都比男生高。而将两学院的数据汇总后，即在总评中，女生的录取比例反而比男生低，这就是辛普森悖论。在这种情况下，我们应该采信哪个结论呢？

导致这种现象发生有两个前提：两个分组的录取比例相差很大（法学院的录取比例很低，而商学院的录取比例却很高），两种性别的申请者分布比重相反（女性申请者大部分在法学院，而男性申请者大部分在商学院）。结果在数量上，拒收比例高的法学院拒收了很多的女生，虽然男生有更高的拒收比例，但被拒收的男生数量相对女生数量而言并不算多。而录取比例很高的商学院录取了很多男生，最后使得两个学院汇总的时候，男生在数量上反而占优势。

辛普森悖论就像是比赛 100 场篮球以总胜率评价好坏，于是有人专找高手挑战者挑战 20 场，胜 1 场，另外 80 场找平手挑战者挑战，胜 40 场，结果胜率为 41%；另一人则专挑高手挑战者挑战 80 场，胜 8 场，而剩下 20 场找平手挑战者，全胜，结果胜率为 28%，比 41%小很多，但仔细观察挑战对象，明显后者更有实力。因此，有时量与质是不等价的，无奈的是量比质更容易测量，所以人们习惯用量来评定好坏，从而数据的质显得不那么重要。

上述例子说明，简单地将分组数据相加汇总是不能反映真实情况的。为了避免辛普森悖论的出现，就需要斟酌各分组的权重，并乘以一定的系数，以消除因分组数据基数差异而造成的影响。当有多个差异大的类别的数据混合在一起时，对数据挖掘的结论可能需要从多角度评估，并从分组数据中进行深度分析。

本章小结

数据挖掘流程 CRISP-DM 为从数据中提取重要信息提供了框架，这是一个基于客户数据的学习过程，以识别利用数据挖掘的适当商机，然后对数据进行相应的处理，建立预测模型，从而为有关部门提供决策参考，将数据挖掘的结果转化为可用的商业结果。整个数据挖掘流程，耗时排第一位的是数据准备，排第二位的是数据理解与业务理解。数据挖掘流程始于先验知识，终于通过流程获得的对业务的新认知。通过数据挖掘得到的模式需要数据挖掘者去伪存真、排除不相关的模式、鉴定有意义的信息，通过数据挖掘所获信息的效力需要在实际应用中检验。

本章首先对 CRISP-DM 模型进行概述，然后对其建模过程的 6 个步骤进行了较为详细的介绍，主要包括业务理解、数据理解、数据准备、建模、评估、部署。对 CRISP-DM 模型的建模步骤的深刻理解有助于我们从总体上把握其运作流程。最后介绍了辛普森悖论。该悖论提示我们，在进行数据挖掘时需要注意不同特性数据的影响。

数据挖掘经验谈——整理于文献

无论做什么类型的数据挖掘工作，保持开放的思维特别重要。以下几点值得我们特别注意。

① 业务理解非常重要。数据挖掘始于业务目标，数据挖掘人员的首要目标是很好地理解业务目标。数据挖掘的对象是某一专业领域中积累的数据，数据挖掘的结果最终要应用于该专业。因此数据挖掘的过程离不开应用领域的专业知识，不了解业务很可能会陷入纸上谈兵的怪圈。“Business first，technique second”是数据挖掘应用的特点。

② 与行业专家沟通。每个行业都有其特殊性，行业专家的指点有助于数据挖掘人员正确理解业务流程、形成正确的挖掘思路；同时，数据挖掘的最好结果是对行业有用又出乎行业人士意料的知识，这就需要行业专家加以判断。数据挖掘的结果必须交给可以接触客户和影响客户关系的业务人员。验证后的模型（结论）需要交给业务人员进行第二次验证。

③ 倾听顾客的声音。只有真正理解顾客的需求，目标定位才会准确，这不仅对数据挖掘领域有用，也是所有咨询行业的真谛。

④ 数据会说话。专家与顾客会告诉你过去的行业经验与他们的需求，而数据会真正反映过去一段时间的经历。数据质量是成功实施数据挖掘的基础，在数据挖掘之初加深对数据的理解并进行初步探索，对完成数据挖掘工作具有不可替代的重要作用。如果变量选择或构造不当，不仅会影响建模效果，还会使数据挖掘人员多走弯路，因此在变量内涵理解方面值得多下功夫。

⑤ 数字不会说谎，但说谎者会玩弄数字。数据挖掘人员的挑战在于找出哪些模式有益，哪些模式无益。考虑模式如下：在美国总统竞选过程中，“高个子的人常常会赢”能作为预

测胜出者的模式吗？某天上课时，“穿红衣服的都是女生”能作为模型在校园内使用吗？过度拟合（Overfitting）会导致模型的不稳定，建立稳定的预测模型也是数据挖掘的一个目标。

⑥ 一个模型不代表任何意义，应该从多个角度挖掘数据。

⑦ 如何选择合适的算法把一个业务问题转化为数据挖掘问题及进行算法参数的调整，取决于分析者具备多少专业知识，可以说数据挖掘是一门艺术。

习 题 2

2.1 数据挖掘的 CRISP-DM 模型包括哪几个阶段？各阶段是如何进行的？

2.2 数据准备的过程可能要占全过程 60%的工作量，完整正确的数据对数据挖掘过程非常重要。那么，数据准备阶段的主要任务有哪些？在这个过程中应该注意什么？

2.3 判错矩阵可以检测预测模型的执行效果，它是如何检测不同预测模型的执行效果的？

2.4 什么是累计增益图？怎样判断预测模型的执行效果？

2.5 成功应用预测模型的基本假设有哪些？

2.6 将表 2-2 中有关客户年龄的数值型数据转换成年轻（40 岁以下）、中年（40～60 岁）和老年（60 岁以上）的类别。

表 2-2 习题 2.6 数据

客 户	年龄（岁）
Tom	46
Michael	32
George	26
Nancy	58
Ken	69

案例分析

案例分析 2-1：移动通信公司的新产品推介

一家移动通信公司想通过数据挖掘增强客户的能力，希望将客户吸引到公司新的服务项目中。

1. 新产品市场前景测试

公司想测试新产品的市场前景。由于技术原因，只选择了几百个用户测试新产品的最初覆盖面。这样就变成了推测谁有可能对新产品感兴趣。这是数据挖掘的典型应用：联系最有可能响应的人，以较少的联系量获得期望的响应数量，从而降低成本。可以将定向营销的固定成本看作固定不变的，也可以将每次联系的支出看作固定的，那么要减少活动的总成本，就必须减少联系的次数。

为确保实验的有效性，公司需要 500 人签约。根据以往的营销经验，大约有 2%～3%的现有客户可能对新产品做出满意的响应，因此需要联系 16000～25000 名潜在客户。

那么如何选择要联系的目标群呢？可以利用数据挖掘技术给每位潜在客户打分，然后按得分从高到低排列，选取高分段的若干人。

2. 数据挖掘技术的应用

建立预测模型过程的核心部分大多自动进行，识别、定位和准备输入数据比创建和运行预测模型要花费更多的时间和精力，因此选择正确的输入数据非常重要。

（1）数据理解

有3个数据源可以利用：销售客户信息档案（包含简要的客户数据）、详细的电话呼叫数据库（最大的数据来源）和人口统计数据库。

（2）数据准备

在电话呼叫数据库中只包含主叫、被叫、呼叫的起止时间信息。这些信息还不足以体现用户的行为。根据这些信息构建以下衍生变量：通话时间、来电数量、呼叫频率、影响范围、语音邮件用户识别等。

通话时间（Minutes Of Use，MOU）是衡量客户质量的标准。通话时间越长，客户质量越高。但通话时间掩盖了很多重要差异，如2个长呼叫好，还是100个短呼叫好？全部主叫好，还是半数主叫好？

影响范围（Sphere Of Influence，SOI）是另一个重要的度量标准，影响范围是指在一定时期内，通过电话与该客户进行交流的人数。结果表明：作为群体，影响范围大的客户的行为比影响范围小的客户的行为在多方面存在较大差异，如呼叫客户服务中心的频率和忠诚度等。

3. 处理行动

把3个数据源的数据汇集在一起，用于构建数据挖掘模型，该模型可以用于识别可能购买新产品的候选人。可以采取两种直接邮寄的方式投递：一是按照数据挖掘模型结果产生的名录进行投递，二是按照普通方法选出的对照组人群进行投递。结果在通过目标投递的客户中，有15%的人购买了新产品；而在对照组人群中，只有3%的人购买了新产品。

4. 完成循环

一旦新的活动结果出来，数据挖掘技术能帮助获得更好的实际前景。依靠最初在检验市场上理解到的结果，以及新服务项目前几个月的使用情况，在产品推出后，公司能在销售市场上更好地寻找潜在客户。

资料来源：Michael J. A. Berry，Gordon S. Linoff. 数据挖掘技术——市场营销、销售与客户关系管理领域应用[M]. 别荣芳，译. 北京：清华大学出版社，2019.

案例分析 2-2：辛普森悖论示例

2007年，那些打算考大学的高年级学生在SAT最重要的阅读部分的平均分是502分；而且，女生和男生在这个部分表现得一样出色，平均分分别为504分和502分，所以报告总体的平均分不但不会丢失任何信息，还获得了一些简洁效果。然而，黑人和白人的情况就不是这个样子了，黑人大学生的平均分是440，比白人大学生的平均分的520低了80分。这两组人到底该不该统计在一起，成为一个难题。统计学家该公布单个组的平均分还是总体平均分？

在这个例子中，有个同时存在又互相冲突的现象，那就是：高分组的黑人学生和白人学生之间不存在差异，而低分组的黑人学生和白人学生之间也不存在差异，可一旦把高分组和低分组的学生混合在一起，黑人学生的平均分就明显低于白人学生。具体如下所示。

项　目	悖　论		解　释	
	高分组分数	低分组分数	平均分	高分能力者和低分能力者之比
白人	600	400	520	60%：40%
黑人	600	400	440	20%：80%
白人黑人之间的差距	0	0	80	—

然而，一旦认识到白人学生通常比黑人学生更有机会享有好的教育资源，这个困惑就可以解释了。教育资源的分配不公已是教育界公认的事实。因此，白人学生的总平均分更倾向于高能力水平学生的分数，而黑人学生的总平均分数更倾向于低能力水平学生的分数。由于享有好的教育资源，白人中高能力学生占总数的60%，而黑人学生中只有20%的高能力学生。因此，高能力的白人学生的得分（600）大大拉高了白人学生的总平均分（520），而低能力的黑人学生的得分（400）严重降低了黑人学生的总平均分（440）。

承认了在白人学生和黑人学生中存在的辛普森悖论，才使得试题的公平性检验取得了突破性的进展。得益于20世纪80年代ETS所做的研究，项目功能差异分析很快作为科学标准被人们接受。

资料来源：冯启思. 数据统治世界[M]. 曲玉彬，译. 北京：中国人民大学出版社，2013.

【思考题】（1）通过对通信行业的了解，试分析数据挖掘的过程及应用情况。

（2）比较我国的发达地区与欠发达地区，特别是大城市与农村的教育水平，如对中考、高考分数的差异进行分析。

中篇

技术篇

第 3 章　数据准备

开篇案例——壳牌勘探有限公司数据仓库的商业价值

每个公司都存在冗余数据、错误数据、失效数据及编码错误数据等，只是它们可能存在于隐蔽处秘而不宣。这虽然不是新问题，但是现在这种数据混乱导致的问题在一些项目里变得突出。例如，在实施企业资源规划软件或供应链管理软件（SCM）时，一位工作于波士顿 AMR 研究机构的分析师 John Hagerty 指出：往往当公司把注意力集中在业务流程而非数据的形式和一致性上时，这种问题就出现了。当这种情况发生后，这个公司的 IT 部门不得不重新从公司的各数据库中净化、一致化和集成化数据，再将处理后的数据存入数据仓库。

壳牌勘探有限公司（Shell Exploration）正在吃这样的苦头。这家公司希望整合其企业资源，规划财务数据和若干容量系统产生的数据，后者是处理该公司发现并开采了多少天然气和石油的计量信息系统。“每个不同的系统都有自己的一系列编码，”壳牌勘探有限公司位于苏格兰 Aberdeen 的数据仓库项目经理 Steve Mutch 解释说，“如果推翻重来，在这些系统里重新净化和集成数据并非良策，可能会占用太多的时间，而且花费昂贵。”Steve Mutch 换了一种办法，他找到了 Kalido 公司的一个软件工具。在伦敦用这个工具从各系统里分析和映射数据，然后把这些数据集成到数据仓库。在经过了近 7 个月的数据分析和数据映射工作后，27 个数据源被整合在了一个 450 GB 的数据仓库中。

Steve Mutch 表示，其实合作的策略很不错，每个子公司也不会因此失去对自身数据的控制权。现在，他们更加理解了公司作为一个整体进行信息处理的意义。“一旦建立了这种概念，我们就感到了来自高层领导的压力，他们要求我们从其他一些应用中集成数据，他们自己就可以看到现在能从数据仓库中得到什么信息，并感受到它的功能有多么强大。”

资料来源：Jame A. O'Brien. Introduction to Information System, 12th edition. McGraw Hill Companies, 2005.

原油经过若干精炼步骤后可以产生汽油，但原油的作用不能与汽油相提并论。汽油是支撑运输业的动力，最有力的引擎也不能将原油作为燃料。类似地，最有力的数据挖掘算法也不可能在尚未准备的数据中发现重要的模式，因为低质量的数据会导致低质量甚至错误的挖掘结果。准备数据的过程就像炼油，其目标是提供清洁的“燃料”，即数据，以便分析“引擎”尽可能高效地工作。

数据增值是现代商业的特征，面临的挑战是如何使数据的存在变得更有意义，精炼数据，以便数据挖掘引擎能抽取其精华。数据来自众多系统，具有多种形式和类型，源数据通常是杂乱无章的、不完全的，有时是难以理解的。数据的质量主要受噪声数据、缺失数据、不一致数据与冗余数据等方面的影响，另外，原有的数据特征有时不能足够好地体现隐藏在其后的规律，因此需要从原有特征中探索新的特征，以便更好地表现对象的行为规律。

本章主要介绍数据准备的一些基于经验的指导方针和原则，涵盖对数据的探索分析、数据挖掘中可能出现的数据问题的处理方法，主要包括：数据特性分析与总体分布形态分析，选择合适的数据，缺失数据和噪声数据的处理，数据变换，数据归约，数据离散化，数据特征构造与特征选择等。预先进行数据探索和适当的数据预处理是项目成功的必要条件。只有进行探索性数据分析，才能准确理解和分析结果的意义。

数据挖掘的目的是在大量的、潜在的、有用的数据中挖掘出有用的模式或信息，挖掘的效果受到源数据质量的直接影响，没有高质量的数据，就没有高质量的挖掘效果，高质量的数据是进行有效挖掘的前提。数据质量的检测和纠正是数据挖掘前期重要的、不可忽视的环节。数据预处理的目的是提供干净、简洁、准确的数据，以使挖掘过程更有效、更容易，从而提高数据挖掘的效率和准确性。

本章将讨论以下主题：数据清理、数据集成、数据变换、数据归约，即数据预处理的主要任务，如图 3-1 所示。

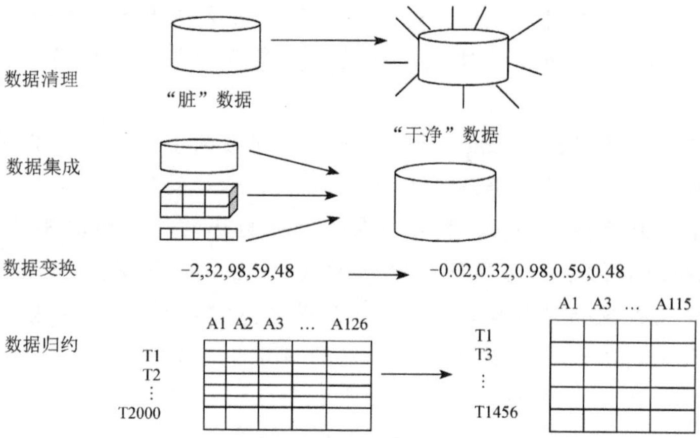

图 3-1　数据预处理的主要任务

虽然数据预处理主要分为 4 方面的内容，但它们之间并不是互斥的。例如，冗余数据的删除既可以看成数据清理，也可以看成数据归约；离散属性的泛化也可能导致数据归约。

3.1　数据探索

数据探索就是快速获得对数据的必要认识，包括如何描述数据本身的形态，发现并理解数据的分布结构、表象特征与相关关系，即要弄清楚这些问题：样本数据长什么样子？有什么特点？数据之间有没有关系？样本数据是否能满足建模需求？数据探索并不需要应用过多的模型算法，更偏重于定义数据的本质、描述数据的形态特征并解释数据的相关性。通过对数据的探索，我们能够对整个样本数据的形态进行完整的描述，进而为下一步的数据建模创造良好的条件。数据探索更多地与数据分析人员自身的经验及业务敏感度有关。在真实的数据分析与挖掘项目中，要通过数据探索去了解什么样的数据是有价值的、有研究意义的，什么样的模型建出来是有价值的，现有的样本是否能支撑模型，样本是否恰当、充足、合适。数据探索是连接前期数据准备工作与后期数据建模工作的桥梁。

数据探索的方法可以分成两类：描述性统计分析和数据可视化。

描述性统计分析可以识别数据的典型性质，获得数据的总体印象，突出哪些数据应当被视为噪声或离群点。描述性统计分析方法是最直观、最简单、最容易理解的探索方法，主要包括以下几方面：集中趋势分析、离散程度分析、数据分布关系。

数据可视化就是用散点图、柱状图、直方图等图表显示并比较数据的形态。

3.1.1 描述性统计分析

描述性统计分析又称为汇总统计分析，即用少量指标来捕获大的数据集的各种属性或特征。描述性统计分析的常见例子有单位职工的平均收入、四年内达到本科学位要求的学生比例等。对于许多数据预处理任务，人们希望知道关于数据的集中趋势、离散程度、数据分布特征。集中趋势分析讨论数据平均处于什么位置、集中于什么位置、数据中心点处于什么位置，度量指标包括均值（mean）、中位数（median）、中列数（midrange）、众数（mode）、四分位数（quartile）、百分位数（percentile）等；而离散程度表明数据聚集的程度，度量指标包括极差、四分位数极差（Inter Quartiles Range，IQR）和方差（variance）等；数据分布形态度量指标包括偏度、峰度等。这些描述性统计量有助于理解数据的总体分布态势。

（1）频率和众数

设一个在 $\{v_1,v_2,\cdots,v_k\}$ 上取值的分类属性 x 和 m 个对象的取值，值 v_i 的频率定义为

$$\text{frequency}(v_i)=\frac{\text{具有属性值}v_i\text{的对象数}}{m}$$

众数是集合中出现频率最高的值。对分类属性来说，众数可以看成中心趋势度量；对于连续属性来说，众数通常没有意义。

（2）百分位数

对于有序数据，有时考虑值集的百分位数更有意义。给定一个有序的或连续的属性 x 和 0～100 之间的数 p，数据集合的第 p 个百分位数 x_p 是一个 x 值，使得 x 的 p%的观测值正好小于 x_p。中位数是第 50 个百分位数 $x_{50\%}$。除中位数外，最常用的百分位数是四分位数。第一个四分位数记作 Q_1，是第 25 个百分位数 $x_{25\%}$；第三个四分位数记作 Q_3，是第 75 个百分位数 $x_{75\%}$。四分位数给出分布的中心、离散和形状的某种指示。第一个和第三个四分位数之间的距离是分布的一种简单度量，给出了被数据的中间一半所覆盖的范围，该距离称为四分位数极差，定义为 $\text{IQR}=Q_3-Q_1$。

（3）均值和中心数

数据集“中心”的最常用、最有效的数值度量是均值和中位数。设属性 x 的 m 个值为 $\{x_1,x_2,\cdots,x_m\}$，且 $\{x_{(1)},x_{(2)},\cdots,x_{(m)}\}$ 代表以非递减形式排序后的 x 值，则有 $\min(x)=x_{(1)}$，$\max(x)=x_{(m)}$，该属性 x 的均值和中位数的定义如下：

$$\text{mean}(x)=\bar{x}=\frac{\sum_{i=1}^{m}x_i}{m}=\frac{x_1+x_2+\cdots+x_m}{m}$$

$$\text{median}(x)=\begin{cases}x_{(r+1)} & \text{如果}m\text{是奇数，即}m=2r+1\\ \frac{1}{2}(x_{(r)}+x_{(r+1)}) & \text{如果}m\text{是偶数，即}m=2r\end{cases}$$

如果有奇数个值，则中位数为中间值；如果有偶数个值，则中位数为中间两个数的平均值。有时集合中的每个值 x_i 与权值 w_i（$i=1,2,\cdots,m$）相关联。权值反映对应值的显著性、重要性或出现频率。在这种情况，使用加权算术平均值（weighted arithmetic mean），则计算方法如下：

$$\overline{x}=\frac{\sum_{i=1}^{m}w_i x_i}{\sum_{i=1}^{m}w_i}=\frac{w_1x_1+w_2x_2+\cdots+w_mx_m}{w_1+w_2+\cdots+w_m}$$

尽管均值是描述数据集的常用的单个度量，但不一定是度量数据中心的最好方法。均值的主要问题是对极端值（如离群值）很敏感，即使有少量极端值也可能影响均值。例如，公司的平均工资可能被少数高报酬的经理的工资显著抬高。为了减少极端值的影响，可以使用截断均值（trimmed mean）。

截断均值：指定 0～100 间的百分位数 p，丢弃高端和低端$(p/2)$%的数据，然后用常规方法计算均值，所得的结果就是截断均值。标准均值是对应于 p=0%的截断均值。

如果中位数和均值差异大，可能意味着该属性有离群点或存在多元统计分布。

【例 3-1】 计算{1,2,3,4,5,90}值集的均值、中位数和 p=40%的截断均值。

【解】 这些值的均值是 17.5，而中位数是 3.5，p=40%时的截断均值也是 3.5。

对于倾斜的（非对称的）数据，数据中心的一个较好度量是中位数（median）。在完全对称的数据分布中，均值和中位数有相同的值。然而，在实际应用中，数据往往是不对称的，它们可能是正倾斜的，其均值大于中位数；也可能是负倾斜的，其均值小于中位数。

中列数（midrange）也可以用来评估数据集的中心趋势，它是数据集的最大值和最小值的平均值。

$$\text{midrange}(x)=\frac{1}{2}(\max(x)+\min(x))$$

（4）散布程度度量

连续数据的另一种常用描述性统计量是值集的散布程度度量，这种度量表明属性值是否散布得很宽，或者是否相对集中在某个值（如均值）附近。

最简单的散布程度度量是极差（range），其定义为最大值和最小值之间的差异。给定一个属性 x，它具有 m 个值 $\{x_1,x_2,\cdots,x_m\}$，x 的极差定义为 range(x)=max(x)−min(x)=$x_{(m)}-x_{(1)}$。

尽管极差标识最大散布，但是如果大部分值都集中在一个较窄的范围内，即使极端值的个数相对较少，也会导致误差。此时采用方差作为散布程度度量的方法更可取。属性 x 的方差记作 S_x^2，其定义如下：

$$\text{variance}(x)=S_x^2=\frac{1}{m-1}\sum_{i=1}^{m}(x_i-\overline{x})^2$$

因为方差用到了均值，而均值容易被离群值扭曲，所以方差对离群值很敏感。更加稳健的值集散布程度度量方法有绝对平均偏差（Absolute Average Deviation，AAD）、中位数绝对偏差（Median Absolute Deviation，MAD）和四分位数极差 IRQ。

$$\text{AAD}(x)=\frac{1}{m}\sum_{i=1}^{m}|x_i-\overline{x}|$$

$$\text{MAD}(x)=\text{median}\{(|x_1-\overline{x}|,\cdots,|x_m-\overline{x}|)\}$$

（5）数据分布形态度量

数据分布形态度量指标包括偏度、峰度等。

偏度（skewness）是统计数据分布偏斜方向和程度的度量，用于统计数据分布非对称程度的数字特征，偏度是样本的三阶标准化矩。

$$\mathrm{SK}_1 = \frac{m_3}{m_2^{3/2}} = \frac{\frac{1}{n}\sum_{i=1}^{n}(x_i - \overline{x})^3}{\left[\frac{1}{n}\sum_{i=1}^{n}(x_i - \overline{x})^2\right]^{3/2}}$$

其中，$\overline{x}$ 为样本均值，m_3 为样本三阶中心矩，m_2 为样本二阶中心矩。

偏度定义中包括对称分布（偏度=0）、右偏斜分布（也叫正偏斜分布，其偏度>0）、左偏斜分布（也叫负偏斜分布，其偏度<0）。

当数据变得更加对称时，它的偏度值会更接近 0。在图 3-2 中，左图显示正态分布的数据，通过沿这一正态数据直方图的中间绘制一条线，可以很容易地看到中间线两侧互相构成镜像。但是，没有偏度并不表示具有正态性。在图 3-2 中的右图显示的分布中，中间线两侧互相构成镜像，但这些数据完全不是正态分布。

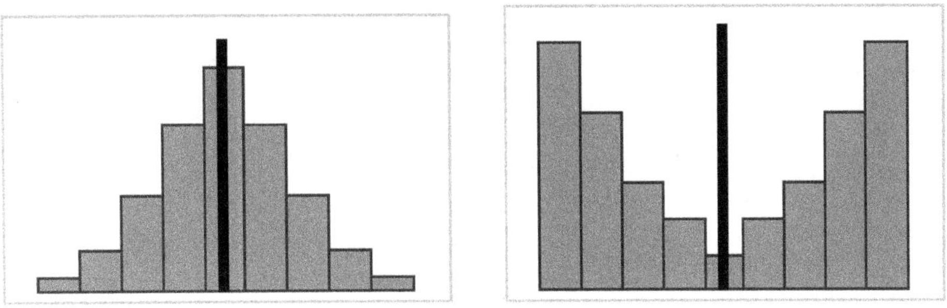

图 3-2　对称分布

正偏斜的数据分布的“尾部”指向右侧，它的偏度大于 0（或为正数），如图 3-3(a)所示。薪金数据通常按这种方式偏斜：在一家公司中，许多员工的薪金相对较低，而少数员工的薪金则非常高。负偏斜的数据分布的“尾部”指向左侧，它的偏度小于 0（或为负数），如图 3-3(b)所示。故障率数据通常是负偏斜的。以灯泡为例，极少数灯泡会立即烧坏，大部分灯泡都会持续工作相当长的时间。

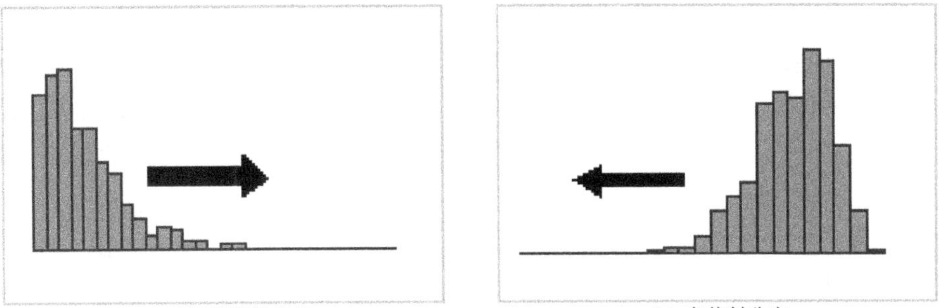

(a) 正偏斜分布　　(b) 负偏斜分布

图 3-3　偏斜分布

峰度（kurtosis），又称峰态系数，表示分布的“尾部”与正态分布的区别，反映的是图像的尖锐程度。峰度越大，表现在图像上是中心点越尖锐。在相同方差的情况下，中间大部分值的方差都很小，为了达到与正态分布方差相同的目的，必须有一些值离中心点很远，这就是所说的“厚尾”，反映的是异常点增多的现象。峰度的计算方法为

$$\mathrm{ku}_1=\frac{m_4}{m_2^2}-3=\frac{\frac{1}{n}\sum_{i=1}^{n}(x_i-\overline{x})^4}{\left[\frac{1}{n}\sum_{i=1}^{n}(x_i-\overline{x})^2\right]^2}-3$$

完全服从正态分布的数据的峰度为 0。服从正态分布的数据为峰度建立了基准，如果样本的峰度显著偏离 0，则表明数据不服从正态分布。具有正峰度的分布表明，相比于正态分布，该分布有更重的尾部。例如，服从 t 分布的数据具有正峰度。具有负峰度的分布表明，相比于正态分布，该分布有更轻的尾部。例如，服从 Beta 分布（第一个和第二个分布形状参数等于 2）的数据具有负峰度。

在图 3-4 中，实线表示正态分布，虚线表示具有 0 峰度、正峰度或负峰度的分布。

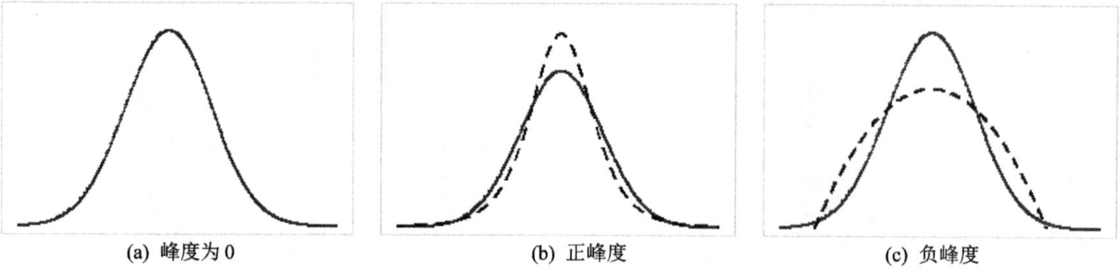

图 3-4　正态分布和具有峰度的分布

3.1.2　数据可视化

数据可视化分析是数据发现和数据探索过程中非常重要的手段之一。好的数据可视化分析会讲故事，向人们揭示数据背后的规律，可以帮助用户理解数据。数据可视化的主要方法是把数据从视觉上概括在一张图内，以突出重点并形象化表达数据。从视觉角度把数据呈现出来有助于轻松理解复杂数据的各变量及其相互关系。借助数据可视化手段，我们可以宏观认识数据，同时能看清数据的长远发展趋势，探索变量之间的关系。

数据可视化旨在借助图形化手段清晰有效地传达与沟通信息。数据可视化与信息图形、信息可视化、科学可视化及统计图形密切相关。当前，在研究、教学和开发领域，数据可视化仍是极为活跃且关键的方面。数据可视化实现了“成熟”的科学可视化领域与较“年轻”的信息可视化领域的统一。

常见的数据可视化方式有饼图、散点图、折线图、直方图、分布图、雷达图、帕累托图等。3.6 节将介绍 Clementine 软件中的相关节点。

3.2　数据清理

数据挖掘的目的之一是找到数据中隐含的模式，即可操作性强的、对商业运作有意义的模式。由于人工录入数据时出现的失误、测量设备的限制或数据收集过程中的漏洞等因素，真实的数据通常是不完整的、有噪声的。数据清理的目的是填充缺失值、去除噪声并识别离群点。

1．缺失值的处理

缺失值是指本该有却没有的数据。一个对象遗漏一个或多个属性值的情况并不少见，缺失值并不意味着数据有错误。缺失值产生的原因是多方面的，下面列举一些可能产生缺失值的情形。

（1）有些信息暂时无法获取

例如，在医疗数据库中，并非所有病人的所有临床检验结果都能在给定的时间内得到，这就致使一部分属性值空缺；在某些情况下收集信息，可能被认为涉嫌窥探他人隐私，因此不能获取信息，如年龄、体重、收入等。

（2）某些属性并不适用于所有对象

也就是说，对于某个对象来说，该属性值是不存在的。例如，在申请信用卡时，可能要求申请人提供驾驶证，没驾驶证的申请者自然该字段为空。又如，在做市场调查时常常会碰到有条件的选择部分，仅当被调查者以特定方式回答前面的问题时，才需要填写条件部分，但在存储时可能将所有数据全部存储。

（3）有些信息是被遗漏的

可能因为输入时忘记填写了或因对数据理解错误而遗漏未填，也可能因为数据采集设备、存储介质、传输媒体的故障，也可能因为人为因素丢失了。

（4）有些信息（被认为）是不重要的

例如，一个属性的取值与给定语境是无关的，或训练数据库的设计者并不在乎某个属性的取值，网络用户注册时许多信息是空缺的。

（5）要求统计的时间窗口并非对所有数据都适合

例如，我们希望计算出客户在前 6 个月内的最大存款余额，对于那些建立账户尚不满 6 个月的客户来说，统计的数值与我们想要得到的可能存在偏差。

在许多情况下，缺失值在数据源中用 NULL 来表示。然而，NULL 有时是可接受的数值，在这种情况下，我们说数值为空而不是缺失，尽管在数据源中，两者看起来相同。例如，账户的停止代码可能是 NULL，表明账户仍然是活跃的。如果仅有数据库的数据模型，而缺乏相关说明，常常需要花费更多的精力来发现这些数值的特殊含义。如果忽略这些数值的特殊性，直接拿来进行挖掘，那么很可能得到错误的结论。在 NULL 是可接受的数值时，可利用重叠数据描述客户和潜在客户的人口统计学特征和其他特征。在这种情况下，NULL 的两种含义如下。

① 没有充足的证据表明该字段对个体是否为真，如没有订阅高尔夫球杂志意味着此人不是打高尔夫球的人，但不能证明。

② 在重叠的数据中，此人没有与之匹配的记录。

区分上述情形是有用的。一种方法是分开记录不匹配的数据，创建两个不同的模型集。另一种方法是用其他数值代替 NULL，指出匹配失败是在记录层次还是在字段层次。

在分析数据时应当考虑对有缺失的不完整数据进行处理，可以采用如下方法处理缺失值。

（1）忽略元组

当缺少类标号时通常这样处理（在分类任务中）。除非同一记录中有多个属性缺失值，否则该方法不是很有效。当每个属性缺失值的百分比变化很大时，它的性能很差。

（2）忽略属性列

如果该属性的缺失值太多，如超过 80%，则在整个数据集中忽略该属性。

（3）数据填充

对于小数据集可以手动检查与填充缺失值，但在数据挖掘领域需要自动处理。自动处理是用一定的值去填充缺失值，通常基于统计学原理，根据决策表中其余对象取值的分布情况来对一个缺失值进行填充，如用其余属性的平均值或常见值来进行填充等。缺失值填充策略有 3 种。

① 使用一个全局常量填充缺失值，将缺失的属性值用同一个常量替换。如所有的缺失值都用“unknown”或“-9999”填充。这样可能导致严重的数据偏离，由于它的不合理性，数据挖掘算法会恰当地使用这些看似真实的数值，从而得到不正确的结果。因此，一般不推荐使用这种策略。

② 使用与给定记录属同一类的所有样本的均值或众数填充缺失值。假如某数据集的一条属于 a 类的记录在某属性上存在缺失值，那么我们可以用该属性上属于 a 类全部记录的平均值来代替该缺失值。

③ 用可能值来代替缺失值：可以用回归、基于推理的工具、聚类、最近邻方法或决策树归纳确定可能值。例如，利用数据集中其他顾客的属性可以构造一棵决策树，以预测相同属性的缺失值。

策略③使用已有数据的大部分信息来预测缺失值，效果相对较好，但代价较大；策略②实现简单、效率高，效果相对不错。无论以哪种方式填充，都无法避免主观因素对原系统的影响，任何一个替换值会改变变量的分布，并且可能导致产生拙劣的模型。总体而言，用简单的人工数据来替代缺失值是有风险的。

（4）将数据集拆分成几部分

在很多情况下，数据缺失是由系统原因造成的。较好的办法是将数据集拆分成几部分，从一个数据集中消除缺失字段。虽然一个数据集中有多个字段，但不会再有缺失值。再在拆分后的各数据集上构建模型，从而得到模型集。

考虑有 12 个月账单数据的客户标识特征，在过去 12 个月中，一些客户已经失去较早几个月的数据。在这种情况下，用某个任意值代替缺失值不是一个好主意。最好的办法是把模型集拆分为两部分，即一个模型集中包含有 12 个月保有期的客户，另一个模型集中包含最近的客户。

2．噪声数据的处理

噪声（noise）数据是指看起来正确，实际上不正确的属性值，噪声用于测量变量的随机错误或偏差，有很多原因会导致噪声数据产生。例如，观测数据值中因数据录入时人为疏忽或数据收集时的设备故障等原因生成的噪声数据。在这种情况下，我们通常使用统计描述技术和数据可视化检测方法来识别可能的噪声点。给定一个数值属性，如 price，怎样才能平滑数据、去掉噪声？我们通常采用分箱、回归、离群点分析等方法来平滑数据。

在很多情况下，可以标识噪声数据，因为这类数值往往是离群值。例如，有一家公司认为，呼叫中心的接线员收集客户的出生日期非常重要，所以他们将屏幕上相应的输入栏设置为强制性的。当他们观察数据时，惊讶地发现超过 5%的客户生于 1911 年 11 月 11 日。然而，事实上，这些客户并非都在这一日期出生。呼叫中心的接线员很快总结出 6 个“1”是填充该字段（日、月、年每项填两个字符）的最快方法，因此导致许多客户拥有恰好相同的生日。

看起来像噪声数据的数据可能实际上提供了对商业的深入了解。例如，一家公司使用媒体代码决定如何获得客户：以“W”开始的媒体代码表示客户来自网络，以“D”开始的媒体代码表示直接邮寄响应等。在代码中，其他字符用来区分特别的标语广告和特别的电子邮件活动。当观察数据时，人们惊讶地发现网络客户都始于 20 世纪 80 年代。这明显不是早期客户，因为媒体代码的方案在 1997 年 10 月才创建。较早的代码本质上是错的，解决方法是创建新的渠道用于分析，即 1998 年之前的渠道。

通常可采用分箱（binning）方法考察“邻居”（周围的值）来平滑有序数据的值，以降低噪声数据的影响。由于分箱方法考察的是近邻值，因此它进行的是局部平滑。如在定积分的几何意义中，曲边梯形面积的近似计算就采用了类似的等宽分箱的思想。图 3-5 为数据平滑的分箱方法，price 数据被划分到大小为 3 的等频箱中（每箱包含 3 个值）。使用平均值平滑，箱中每个值被箱中的平均值替换。例如，箱 1 中的值 4、8 和 15 的平均值是 9；这样，该箱中的每个值被替换为 9。类似地，可以使用中值平滑，此时，箱中的每个值被箱中的中值替换。使用边界平滑，箱中的最大值和最小值同样被视为边界，箱中的每个值被最近的边界值替换。一般来说，宽度越大，平滑效果越大。箱也可以是等宽的，每个箱值的区间范围是常量。分箱也可以作为一种离散化技术使用。

price 排序后的数据（单位：元）：4、8、15、21、21、24、25、31、34、36
划分为（等深的）箱。
箱 1：4、8、15。
箱 2：21、21、24。
箱 3：25、31、34、36。
用箱平均值平滑。
箱 1：9、9、9。
箱 2：22、22、22。
箱 3：31.5、31.5、31.5、31.5。
用箱边界平滑。
箱 1：4、4、15。
箱 2：21、21、24。
箱 3：25、36、36、36。

图 3-5 数据平滑的分箱方法

回归（regression）：通过观测数据拟合某一函数来平滑数据。线性回归涉及找出拟合两个属性的“最佳”直线，使得一个属性可以用来预测另一个属性。多元线性回归是线性回归的扩充，其中涉及的属性多于两个，并且数据拟合到一个多维曲面中。

离群点分析（outlier analysis）：可以通过聚类分析来检测离群点。聚类分析将类似的值组织成簇。图 3-6 显示了 3 个数据簇，可以直观地看到，落在簇集合之外的值被视为离群点。

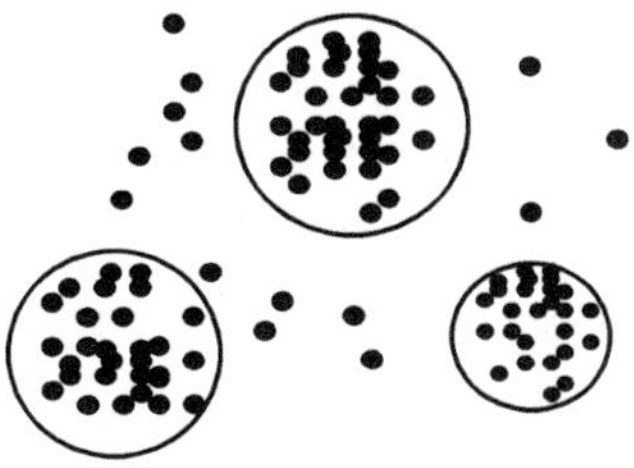

图 3-6 离群点分析

3．特殊字段的处理

有两种极端的字段需要进行特殊处理：取值几乎相同的字段和取值几乎都不同的字段。

只有一个取值或几乎只有一个取值的字段包含的信息非常少，对于数据挖掘目的而言，应该忽略这些字段。但在忽略这些字段之前，应该了解为什么会出现如此偏斜的分布、该字段反映了关于商业的什么事情。经验表明，如果某列中 95%～99%的数值相同，在孤立状态下，若不进行适当处理，该列可能毫无用处。

对于每一行或几乎每一行取不同值的分类属性字段，这些字段可唯一（或非常接近）识别每一行（每位客户）。例如，客户名字、地址、电话号码、身份证号码、学号、车牌号。这些字段不会在数据挖掘中被直接使用，但可能包含丰富的信息，如学号包含了入学年份和专业信息，这时需要从这些字段中提取重要特征作为衍生变量（后续将进一步说明），数据挖掘者需借助相关领域知识来发现这类信息并进行提取。

3.3 数据集成

在企业中，由于开发时间或开发部门的不同，往往有多个异构、运行在不同软件或硬件平台上的系统，这些系统的数据彼此独立、相互封闭，使得数据难以在系统之间交流、共享，从而形成了"信息孤岛"。随着信息化应用的不断深入，企业内部、企业与外部信息交互的需求日益强烈，急切需要对已有的信息进行整合，连通"信息孤岛"，实现信息共享。因此需要对数据进行集成（integration），也就是将两个或多个数据源中的数据存放在一个一致的数据存储设备中。由于企业中业务数据的多样性，因此不可避免地出现存于不同系统中的数据不总是一致的情况，并且存在冗余。在数据集成时，有许多问题需要考虑，而数据一致性和冗余是非常重要的两个问题。

数据不一致的原因之一是它们所指的对象不同。考虑移动电话的开始日期，订单-登录系统可能考虑客户签购服务的日期，账单系统可能考虑第一份账单生效的日期。来自多个信息源的现实世界的实体如何才能匹配？这涉及实体识别问题。不同表中可能使用不同名称来指示同一属性，正如一个人有多个不同的名字或不同的人拥有相同的名字；一个数据库中的 customer_id 与另一个数据库中的 cust_number 指的是相同的属性。例如，在 Google 中查询名字"张建国"，会发现有多个同名的人，如何有效地区分它们呢？在基于互联网的信息制作个人简历时，如何保障简历的有效性？

数据不一致的另一种表现形式是数据值冲突，因为表示方法、比例或编码的不同，现实世界的同一实体在不同数据源中的属性值可能不同。例如，重量属性可能在一个系统中以公制单位存放，而在另一个系统中以英制单位存放；对于连锁旅馆，不同城市的房价不仅会涉及不同币种，还可能涉及不同的服务（如免费早餐）和税。

冗余是另一个重要问题。如果一个属性能由其他属性"导出"，则该属性是冗余的。属性命名的不一致也可能导致数据冗余，如在一个数据源中采用年龄，而在另一个数据源中用出生日期描述个人基本信息。有些冗余可以采用相关性分析检测到，离散型属性一般采用卡方检验，连续型属性则采用相关系数和协方差来评估一个属性的值如何随另一个属性的值变化。

使用数据仓库带来的一个问题是如何区分初始载入和后来逐渐增加的数据。通常，初始载入数据中没有丰富的信息，因此按时间追溯回去时存在空白。举例来说，初始日期可能是正确的，但是没有任何关于此日期的产品或账单计划。

3.4 数据变换

数据变换是将数据转换成有利于特定挖掘目标的形式，大部分数据集进行挖掘前需要进行数据变换。数据变换一般涉及数据泛化、规范化、特征构造、数值属性离散化等。

下面简单介绍数据泛化、规范化、特征构造、数据属性离散化问题。

1. 数据泛化

数据泛化或概念分层就是用高层概念替换低层概念或“原始”数据。例如，可以把苹果、香蕉和橘子泛化成水果；对客户的地址（街道），可以泛化为较高层的概念，如省或市；对年龄，可以通过高层概念“儿童、少年、青年、中年和老年”来实现泛化；可以把实际的价格值映射到便宜、适中和昂贵来实现泛化；对百分制的考试成绩可以用高层概念“优、良、中、及格、不及格”来实现泛化。数据泛化可用来规约数据，尽管数据泛化会丢失细节，但泛化后的数据更有意义、更容易理解。

对于数值属性，概念分层会根据数据的分布自动构造，如用分箱、离散化、直方图分析、聚类分析和自然划分分段等技术生成概念分层。

对于分类属性，有时可能具有很多个不同的值。减少大量分类值的一个方法是使用代码属性而不是代码本身。这时领域知识通常会有所帮助，如果领域知识不能提供有用的指导，或者这样的方法会导致很差的性能，则需要使用更具经验性的方法，仅当分组结果能提高分类准确率或达到某种其他数据挖掘目标时，才能将值聚集到一起。以下是 3 种常见的处理策略。

① 如果分类属性是序数属性，可以容易地定义概念分层，以减少分类值的个数。例如，数据库的地址 location 维可能包含如下属性组：街道，城市，省份和国家，可以通过属性的全序来定义分层结构，如街道<国家<城市<省份。

② 如果分类属性是标称的或无序的，就需要使用其他方法。例如，一所大学由许多系组成，因此系名属性可能具有数十个值，可以结合系之间的学科联系，将系合并成较大的学科，如工学、理学、人文与社会科学、医学、农学等。

③ 如果几个属性值占有主导优势，但也有很多其他取值，那么可以将较稀有的取值分到一个“其他”类中。

2. 规范化

数值属性的规范化是将原来的度量值转换为无量纲的值，使得基于不同尺度度量的变量之间可以更有效地比较。规范化不增加新的信息，但规范化的输入可以使模型对用户更有意义、更加容易理解。对于利用距离度量的分类算法，如涉及神经网络、最近邻分类和聚类分析的算法，规范化特别有用。对于基于距离的方法，规范化可以帮助平衡具有较大初始值域的属性与具有较小初始值域的属性的可比性。常用的规范化方法有 3 种。

首先，给定一个属性（变量）f，以及 f 的 n 个观测值 $x_{1f}, x_{2f}, \cdots, x_{nf}$。

（1）最小—最大规范化

进行线性变换：$z_{if} = \dfrac{x_{if} - \min_f}{\max_f - \min_f}(b-a) + a$，将值转换到[$a$,$b$]，这里的 $\min_f$ 和 $\max_f$ 分别为 n 个观测值的最小值和最大值。通常取 a=0，b=1，即将数据的取值范围转化到单位区间。

最小—最大规范化可以保持原有数据之间的联系。如果今后的输入值落在原始数据的值域之外，该方法将面临越界错误。

假定电信客户的年龄属性（year）的最小值与最大值分别为 10 岁和 83 岁。用最小—最大规范化方法将年龄属性映射到区间［0.0,1.0］，那么 52 岁将变换为(52−10)/(83−10) = 0.575。

（2）z-score 规范化

① 计算平均值 EX_f、标准差 σ_f

$$EX_f = \frac{1}{n}\left(x_{1f} + x_{2f} + \cdots x_{nf}\right)$$

$$\sigma_f = \sqrt{\frac{1}{n}\left(\left|x_{1f} - EX_f\right|^2 + \left|x_{2f} - EX_f\right|^2 + \cdots \left|x_{nf} - EX_f\right|^2\right)}$$

② 计算规范化的度量值（z-score）

$$z_{if} = \frac{x_{if} - EX_f}{\sigma_f}$$

当属性 f 的实际最大值和最小值未知，或者离群点左右了最小－最大规范化时，该方法更有效。

假定属性年龄的均值和标准差分别为 28 岁和 16 岁，使用 z-score 规范化时，值 52 岁将转换为(52−28)/16=1.5。

（3）小数定标规范化

小数定标规范化通过移动属性 f 的小数点位置进行规范化。小数点的移动位数依赖于 f 的最大绝对值。f 的值 v 被规范化为 v'，由下式计算：

$$v' = \frac{v}{10^j}$$

其中，j 是使 $\max(|v'|) < 1$ 的最小整数。

假定 f 的取值为−1125、−13、98、791。f 的最大绝对值为 1125。为了使用小数定标规范化，我们用 10000（j=4）除以每个值，小数定标规范化的结果为−0.1125、−0.0013、0.0098、0.0791。

注意，规范化将原来的数据改变了很多，因此有必要保留规范化参数（如 EX_f、σ_f、$\min_f$、$\max_f$、j），以便将来的数据可以用一致的方式规范化。

3．特征构造

如果数据集的特征维数太高，则容易导致维灾难，而维度太低又不能有效地捕获数据集中重要的信息。在实际应用中，通常需要对数据集中的特征进行处理来创建新的特征，以便更好地体现对象的行为规律。由原始特征创建新的特征有时称为特征构造或产生衍生变量，其目的是提高原有特征的表达能力，将原来的表示空间变换为可以更好地实现数据挖掘目标的新空间，帮助提高分类的准确性和对高维数据结构的理解。例如，我们可能根据电信客户在一个季度内每个月的消费金额特征构造季度消费金额特征（将每个月的消费金额相加）。有时，原始特征集具有必要的信息，但其形式不适合数据挖掘算法。在这种情况下，一个或多个由原特征构造的新特征可能比原特征更有用。例如，要判断电信客户的消费倾向及忠诚度等，就必须构造能够反映这两种信息的特征，因为收集的原特征集中不可能直接包含这类特征，因此需要进行构造。衍生变量使得领域知识纳入数据挖掘过程成为可能。把领域知识嵌入数据，以便数据挖掘算法能使用它找到模式。

衍生变量的经典例子——身体质量指数 BMI。身体质量指数（Body Mass Index）定义为体重（公斤）除以身高（米）的平方。研究表明糖尿病与身体质量指数之间有很强的相关性，但体重、身高这两个属性与糖尿病的相关性都很弱。

衍生变量的构造是成功实施数据挖掘的重要前提，是数据挖掘过程中较有创意的部分之一。数据挖掘的技巧与手段很大程度上体现在衍生变量的构造上。当数据挖掘用于一个相对新的领域时，一个关键任务就是结合现有特征构造新的特征，并通过构建的新特征来捕捉重要的关系。特征的构造需要对领域知识和数据进行深入理解。以下是几种常见的构造衍生变量的方法。

（1）提取来自单个属性的特征

- 从日期计算当天是星期几。
- 获得 IP 地址、邮政编码的前两段或三段。
- 从身份证号码中提取性别、初次上户口所在地信息。
- 从信用卡号码提取信用卡发行商的代码。
- 从车辆识别码（VIN）中确定车辆制造商的代码。

前三种情况是典型的取值很多又潜在有用的变量示例，通过将数据粒度加大来减少属性值的数目，这也是数据规范化的一种情况。

（2）在记录内合并数值

合并来自几个数值型属性的数值，如增加比率、求和、求平均值等。

（3）查找辅助信息

查找辅助信息相对前面两种计算而言要更复杂。查找是将两张表合并在一起（使用关系型数据库术语）的例子。当查找表足够小时，表 3-1 描述了信用卡前几位数字与信用卡类型之间的映射，一个简单的公式对于查找而言就足够了。

表 3-1　信用卡前缀

卡类型	前缀	长度	卡类型	前缀	长度
MasterCard	51	16	Diners Club	302	14
MasterCard	52	16	Diners Club	303	14
MasterCard	53	16	Diners Club	304	14
MasterCard	54	16	Diners Club	305	14
MasterCard	55	16	Discover	6011	16
Visa	4	13	enRoute	2014	15
Visa	4	16	enRoute	2149	15
American Express	34	15	JCB	3	16
American Express	37	15	JCB	2131	15
Diners Club	300	14	JCB	1800	15
Diners Club	301	14	—	—	—

（4）转轴正则时间序列

客户消费数据等通常按月存储，每个月有独立的数据行。例如，电信公司每月发放一次账单。如果数据按照固定的、定义好的区间发生，这笔数据就是转轴正则时间序列的例子。表 3-2 和表 3-3 展示了把某笔数据放入客户特征标识的过程。数据进行了转轴，将以行组织的数值变为以列组织的数值。

（5）汇总交易记录

交易记录是非正则时间序列的例子，即记录会在任何时间点随时发生。交易记录由客户交互作用发生，如自动柜员交易机、电话呼叫、网站访问、零售等。为便于数据挖掘处理，这种非正则时间序列需要转换为正则时间序列，然后转轴序列。

表 3-2　原始数据格式

客　户	月　份	数　量	客　户	月　份	数　量
客户 1	1 月	65.7	客户 1	4 月	69.5
客户 1	2 月	60.2	客户 2	3 月	115.3
客户 1	3 月	80.4	客户 2	4 月	193.4

表 3-3　转换后的数据格式

客　户	1 月数量	2 月数量	3 月数量	4 月数量
客户 1	65.7	60.2	80.4	69.5
客户 2			115.3	193.4

（6）转换数值为百分位数

知道某人的收入在所在单位的前 15%，可能比知道其实际金额更为有用。

（7）基于行为变量

以下是通过客户行为构造有用的衍生变量的示例：相邻两个月的消费比率，负债/收益，信贷额度-贷款余额，网页访问量/购买总量，RFM 变量。*R* 变量（Recency），即顾客最近一次进行交易活动的时间与目标时间的时间间距；*F* 变量（Frequency），即顾客在限定期间内进行交易的次数；*M* 变量（Monetary），即顾客在限定期间内花费在服务上的总金额。

像主观感觉一样精确地捕捉一些事情是不可能的。正如广州冬天 20° 时，大部分人穿一件长袖衣，但也有人穿短袖衣，也有人穿两件长袖衣。

4．数值属性离散化（discretization）

数值属性离散化是利用少量分类值标记替换连续属性的数值，从而减少和简化原来的数据。在很多情况下，数值属性离散化便于模型的解释和使用，也可以增加模型的区别能力。数值属性离散化把连续型数据切分为若干“段”，即 bin，这是数据分析中常用的手段。数值属性离散化得到普遍采用主要基于以下原因。

① 挖掘算法的需要。聚类、分类或关联规则分析中的某些算法要求数据具有分类属性，这时我们需要对数值属性进行离散化。

② 数值属性离散化可以有效克服数据中隐藏的缺陷，使模型结果更加稳定。例如，极端值会导致模型被虚假现象“迷惑”，把原来不存在的关系作为重要模式来学习。而数值属性离散化可以有效地减弱极端值和异常值的影响。

③ 有利于对非线性关系进行诊断和描述。对连续型数据进行离散化处理后，自变量和目标变量之间的关系将变得清晰化。如果两者之间是非线性关系，可以重新定义离散化后变量的每段取值，如采取 0 或 1 的形式，由一个变量派生为多个哑变量，分别确定每段和目标变量间的联系。这样做虽然减少了模型的自由度，但可以大大提高模型的灵活度。

数值属性离散化对于分类属性涉及两个子任务：决定需要多少个分类值，以及确定如何将数值属性值映射到这些分类值中。第一步，将数值属性值排序后，通过指定 $k-1$ 个分裂点，把它们分成 k 个区间。第二步，将一个区间的所有值映射到相同的分类值中。因此，数值属性离散化问题就成为决定选择多少个分裂点和确定分裂点位置的问题。

数值属性离散化方法根据是否使用类别信息可分为两类。如果数值属性离散化过程使用类别信息，则称之为有监督（指导）离散化（supervised discretization）；反之，则称之为无监督（指导）离散化（unsupervised discretization）。

等宽（Equal Width，EW）离散化和等频（Equal Frequncy，EF）离散化是两种常用的无监督离散化方法。等宽离散化方法将属性的值域划分成具有相同宽度的区间，而区间的个数由用户指定。等宽离散化方法经常会造成实例分布非常不均匀：有些区间包含许多实例，有些区间一个实例也没有，这会严重削弱属性帮助构建较好决策结果的能力。等频或等深（Equal Depth，ED）离散化方法试图将相同数量的对象放进每个区间，区间个数由用户指定。等频方法还存在一种变体，即近似等频离散化方法（Approximate Equal Frequency Discretization，AEFD），其基本思想是基于数据近似服从正态分布的假设，对数值属性进行离散化。若一个变量服从正态分布，则其观测值落在一个区间的频率与变量在一个区间取值的概率应该相同，利用标准正态分布变量的分位点将取值区间划分为若干区间，使每个区间的取值概率相同，即可得到初始离散区间；然后根据每个离散区间实际包含实例的情况，合并包含实例少于一定比例的区间，从而得到最终的离散区间。初始划分区间数

$$k = \min\{\lceil \log(n) - \log(\log(n)) \rceil + 1, 20\}$$

n 是待离散化的数据数量。

另一种重要的无监督离散化方法就是基于聚类的离散化方法，是将数据划分成簇或群，每个簇形成概念分层的一个节点，所有节点在同一概念层。每个簇可以进一步分成若干子簇，形成较低的概念层。多个簇也可以聚集在一起，形成分层结构中较高的概念层。

使用附加的类别信息常常能够产生更好的离散化结果。这并不奇怪，因为未使用类别信息所构造的区间常常包含混合的类信息。一种简单的方法是以极大化区间纯度来确定分裂点。基于熵（entropy）的离散化方法是常用的有监督离散化方法，采用自顶而下的分裂技术，在计算和确定分裂点时需要使用类分布信息。基于熵的离散化方法使用了类信息，这使得它更有可能将区间边界定义在准确位置，有助于提高分类的准确性。

离散化处理可能损失一部分信息。对连续型数据进行分段后，同一个段内的观察点之间的差异便消失了。同时，进行了离散化处理的变量有了新值。例如，现在可以简单地用 1,2,3,⋯这样一组数字来标志杂志订阅用户所处的段。这组数字与原来的客户订阅杂志的时间没有直接联系，也不再具备连续型数据可以运算的关系。例如，使用原来的数据，我们可以说已有两年历史的客户订阅时间是一年历史的客户订阅时间的两倍，但经过离散化处理后，我们只知道第 2 组客户的平均订阅时间高于第 1 组客户，但无法知道这两组客户之间的准确差距。

3.5 数据归约

对海量数据进行复杂的数据分析和挖掘需要很长时间，这使得这种分析不现实也不可行。因此需要对数据进行压缩或简单表示。数据归约就是从特征、样本和特征值三方面考虑，通过删除列、删除行、减少特征取值来达到压缩数据规模的目的。数据归约技术可以得到数据集的归约表示，它小得多，但仍接近保持原始数据的完整性，包含的信息和原始数据差不多。这样，对归约后的数据进行挖掘将更有效，且可以产生相同（或几乎相同）的分析结果。数据归约的策略：数据立方体聚集、特征选择、抽样、维度归约、特征值归约。

1. 数据立方体聚集

数据立方体聚集表示对数据进行汇总或聚集。例如，可以聚集电信客户的日消费数据，以此计算月消费数据和年消费数据。通常，这用来为多粒度数据分析构建数据立方体。

假定由 AllElectronics 数据仓库选择数据用于分析，已经为分析收集了数据，这些数据由

AllElectronics 2008～2010 年每季度的销售数据组成。然而，可能你感兴趣的是年销售（每年的总和），而不是每季度的销售。可以对这些数据进行聚集，使得结果数据汇总每年的总和，而不是每季度的总和。AllElectronics 的给定分店的销售数据如图 3-7 所示，左侧的销售数据按季度显示，右侧的销售数据聚集成提供年销售额的数据立方体。结果使得数据集小得多，却不丢失分析任务所需的信息。

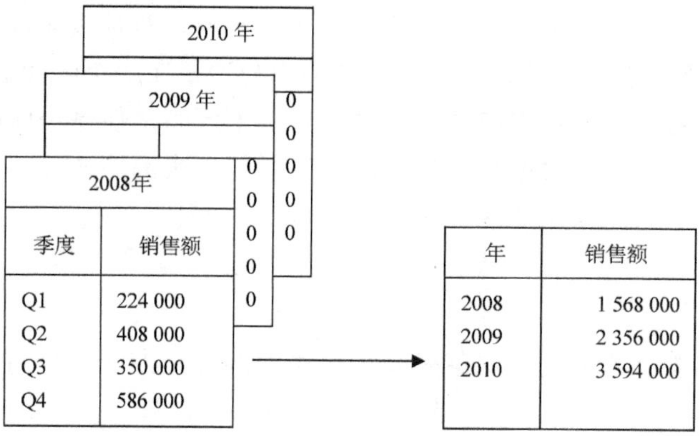

图 3-7　AllElectronics 的给定分店的销售数据

每个属性可能存在概念分层，允许在多个抽象层进行数据分析。例如，branch 的分层使得分店可以按地址聚集成地区。数据立方体可以对预计算的汇总数据进行快速访问，因此，适用于联机数据分析处理和数据挖掘。

图 3-8 为 AllElectronics 的销售数据立方体，在最低抽象层创建的立方体称为基本方体（base cuboid）。基本方体应当对应于感兴趣的个体实体，如 sales 或 customer。换言之，最低抽象层应当是对于分析可用的。最高抽象层的立方体称为顶点方体（apex cuboid）。对图 3-8 的销售数据，顶点方体将给出一个汇总值，汇总所有商品类型、所有分店三年的总销售额。对不同抽象层创建的数据立方体称为方体（cuboid），因此数据立方体可以看作方体的格（lattice of cuboids）。每个较高抽象层将进一步减小结果数据的规模。当回答数据挖掘查询时，应当使用与给定任务相关的最小的可用方体。

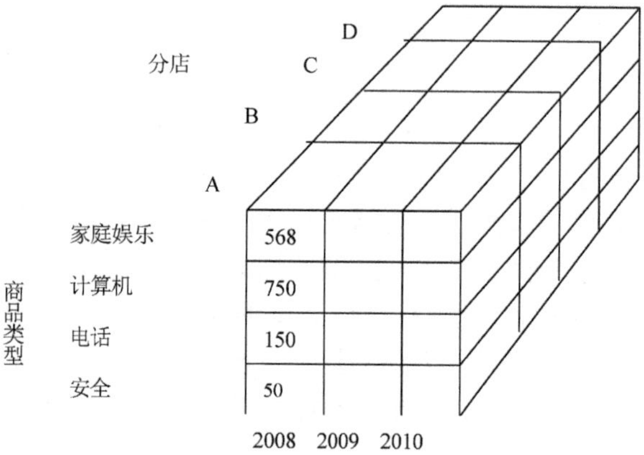

图 3-8　AllElectronics 的销售数据立方体

2. 特征选择

高维数据容易带来维灾难，随着数据维度的增加，有用数据在它所占的空间中会越来越稀疏，数据过度拟合会使风险加大，同时可能隐含一些特征之间的高度相关。对于分类，这可能意味着没有足够的数据对象来创建模型；对于聚类，点之间的密度和距离的定义变得不太有意义。高维数据容易对数据挖掘算法的性能造成负面影响，因为高维数据中常常包含大量无关的或冗余的特征。这使得许多分类和聚类等学习算法对于高维数据的效果不理想。降低数据维度带来的好处主要有两点：许多数据挖掘算法效果更好、效率更高；产生的模型更容易被理解。降维的主要目的是剔除冗余信息、找出关键信息，特征选择是降低数据维度最常用的方法。

特征选择（feature selection）是指从一组已知的特征集合中选择最具有代表性的特征子集，使其保留原有数据的大部分信息，即所选择的特征子集可以像原来的全部特征一样用来正确区分数据集中的数据对象。通过特征选择，一些与任务无关或是冗余的特征被删除，从而提高后续数据挖掘的效率，简化学习模型。

直观地看，理想的特征子集是每个有价值的非目标特征应与目标特征强相关，而非目标特征之间不相关或弱相关。因此一般的特征选择算法涉及两步：去掉与目标特征不相关的特征，删除冗余特征。例如，在电信客户消费数据中，客户姓名与客户的消费总金额是不相关的，因此可以去除。常用的特征选择方法有基于相关性的特征选择方法、基于聚类的特征选择方法、ReliefF 及其变种等。

3. 抽样

在统计学中，抽样长期用于数据的事先调查和最终分析中。在数据挖掘领域，抽样是选择数据子集进行分析的常用方法。但是，在统计学和数据挖掘中，抽样的动机和目的并不相同。统计学使用抽样是因为获取数据集需要花费的费用高且时间长，而数据挖掘使用抽样是因为处理所有数据的费用高且时间长。

有效抽样的关键原理如下：如果样本是有代表性的，则使用样本集与使用整个数据集得到的结论几乎一样。例如，如果数据对象的均值是感兴趣的度量值，而样本具有近似原数据集的均值，则样本是有代表性的。由于抽样是一个统计过程，特定样本的代表性是变化的，因此我们应尽力保证以很高的概率得到有代表性的样本的抽样方案。抽样效果由样本大小和选取的抽样方法决定。

假设数据集为 D，其中包括 N 个数据行。几种常用的抽样方法如下。

① 无放回简单随机抽样方法。该方法从 N 个数据行中随机（每个数据行被选中的概率为 $1/N$）抽取 n 个数据行，以构成抽样数据子集。

② 有放回简单随机抽样方法。该方法与无放回简单随机抽样方法类似，也是从 N 个数据行中每次随机抽取一些数据行，但数据行被选中后，它仍保留在数据集 D 中，这样最后获得的由 n 个数据行组成的抽样数据子集中可能出现相同的数据行。图 3-9 是两种简单随机抽样方法的示意图。

③ 分层抽样方法。先将数据集 D 划分为若干不相交的层或组，再分别从这些层中随机抽取数据对象，从而获得具有代表性的抽样数据子集。例如，可以对一个顾客数据集按照年龄进行分层，再在每个年龄组中进行随机选择，从而确保最终获得的分层抽样数据子集中的年龄分布具有代表性。如图 3-10 所示，根据实际领域中的概念进行手动分层，也可以使用聚类方法进行自动分层。

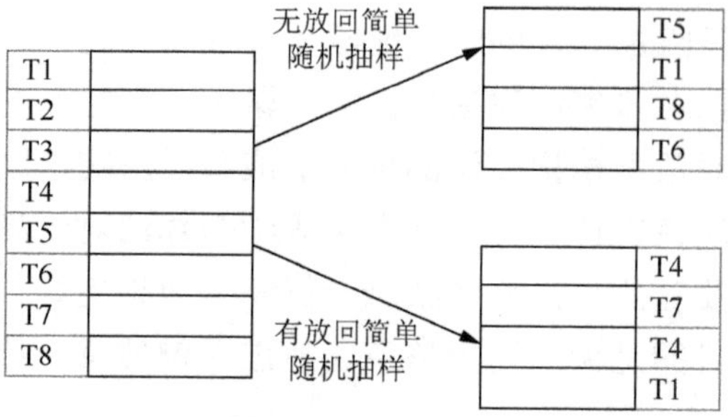

图 3-9　两种简单随机抽样方法的示意图

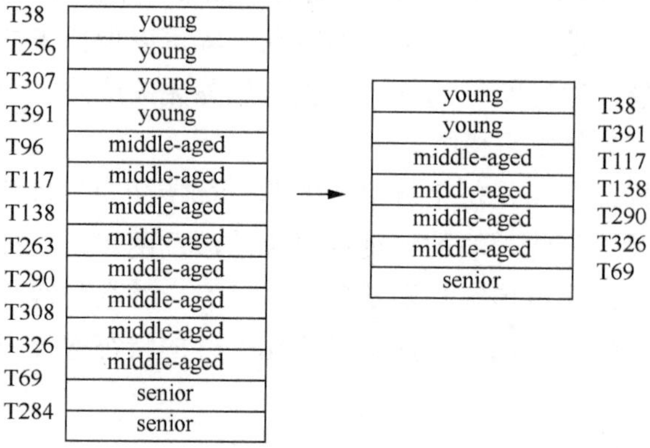

图 3-10　分层抽样方法示意描述

如果数据的类别分布不均衡，则简单随机抽样可能导致某些类别中最终没有被抽取到样本。这种情况通常需要采用分层抽样，以保证每个类别中都有一定量的样本。

3.6　Clementine 简介

Clementine 是一个强大的可视化数据挖掘平台，其操作流程与数据的分析过程一致。数据分析通常历经数据加载、数据展示、数据预处理、数据建模及模型评估等环节。Clementine 形象地将这些环节表示成节点，将数据分析过程看成数据在各节点之间的流动，并通过图形化的"数据流"（由多个节点依次连接而成）直观地表示整个数据分析过程。Clementine 的操作目的是建立一条或多条数据流，通过不断修改和调整数据流中的节点及参数，执行数据流，进而完成整个数据分析任务。本节将介绍 Clementine 的基本操作，具体介绍输入节点、输出节点、数据可视化节点、数据预处理节点的使用方法，以及使用 Clementine 进行数据挖掘的过程。正常启动 Clementine 后会出现 Clementine 主窗口，如图 3-11 所示。

Clementine 主窗口由数据流编辑区域和 3 个窗口组成。

（1）数据流编辑区域

数据流编辑区域位于主窗口中间，是 Clementine 窗口中最大的区域，这个区域的作用是建立数据流。在 Clementine 中，多个数据流可以同时工作，即同一个数据流区域可以有多个数据流。

（2）节点工具箱窗口

节点工具箱窗口位于 Clementine 主窗口下方，所有节点均以图符形式显示，用以实现数据加载、数据展示、数据预处理、数据建模及模型评估等功能。它们被分类放置在源（Source）、

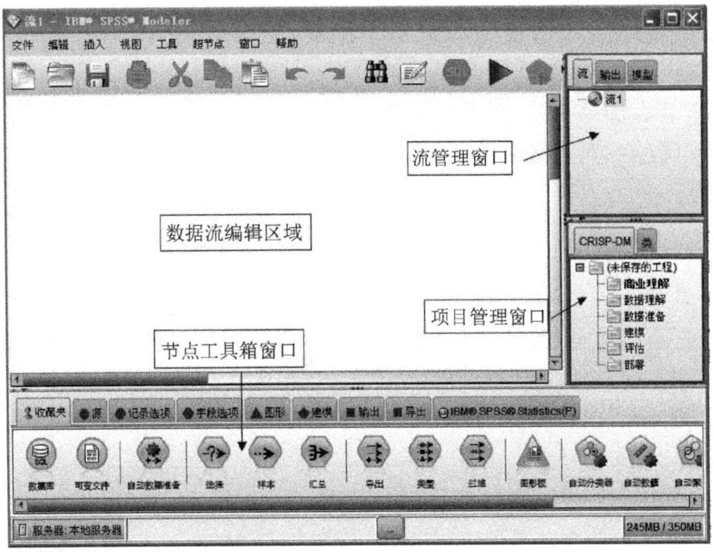

图 3-11　Clementine 主窗口

记录（Record Ops）选项、字段（Field Ops）选项、图形（Graphs)、建模（Modeling)、输出（Output)、导出（Export）和收藏夹（Favorites）等选项卡中。

（3）流管理窗口

流管理窗口位于 Clementine 主窗口的右上方，由流（Streams)、输出（Outputs）和模型（Models）三个管理器组成。

Streams 管理器中可以新建、打开、关闭、保存数据流，数据流文件的扩展名为.str。

Outputs 管理器中存放着执行数据流后生成的各种数据表。用户可根据需要对这些数据表进行必要的管理操作，数据表文件的扩展名为.cou。

Models 管理器中存放着执行数据流后生成的计算结果，用户可根据需要对这些计算结果进行必要的管理操作，计算结果文件的扩展名为.gm。

（4）项目管理窗口

项目管理窗口位于 Clementine 主窗口的右下方，主要对数据挖掘项目进行管理，提供 CRISP-DM 和类两种视图。

当用户的数据挖掘任务较为庞大而需要建立很多数据流时，可将流管理窗口中服务于不同目标的数据流分别存放到不同目录中，这些目录的默认名为业务理解（Business Understanding)、数据理解(Data Understanding)、数据准备(Data Preparation)、建模(Modeling)、评估（Evaluation)、部署（Deployment)，分别对应 CRISP-DM 数据挖掘的各阶段，以最终形成一个完整的数据挖掘项目。用户只需打开一个项目，Clementine 便会自动打开项目中记录的全部数据流，并显示在流管理窗口中。

项目文件的扩展名为 .cpj，只记录项目中相关数据流的索引，并不存储数据流本身。数据流以.str 形式的文件单独存储。

3.6.1　Clementine 数据流操作

1．生成数据流的基本过程

数据流由一系列节点用带箭头的连线连接而成，当数据通过每个节点时，节点对它执行定义好的操作。建立数据流通常包括以下 4 个步骤。

① 向数据流编辑区域增添新的节点。

② 将新添加的节点连接到数据流中。

③ 设定数据节点的参数或数据流的功能。

④ 运行数据流。

2. 节点操作

（1）节点工具箱

节点按照功能的不同被组织在节点工具箱的不同选项卡中。建立数据流时，首先选择相应的选项卡，然后通过双击或拖动鼠标的操作，将某个节点选中并添加到数据流编辑区域中。节点工具箱的选项卡分布如图 3-12 所示。

图 3-12　节点工具箱的选项卡分布

- 收藏夹：用于存放常用的节点。
- 源：用于加载不同存储格式的数据到 Clementine 系统，包括数据库、可变文件、固定文件、Statistics 文件、SAS 文件、Excel 企业视图等节点。
- 记录选项：用于在数据记录上进行操作的节点，包括选择、样本、平衡、汇总、RFM 汇总、排序、合并、追加和分区等节点。
- 字段选项：用于在数据字段上进行操作的节点，包括类型、过滤、导出、整体、填充、匿名化、重新分类、分箱、RFM 分析、分区、设为标志、重新结构化、转置、时间区间、历史、Statistics 变换和字段重排等节点。
- 图形：用于可视化数据的节点，包括点图、直方图、分布图、集合、多重散点图、网络、时间散点图、评估等节点。
- 建模：用于建立模型的节点，包括自动建模、分类建模、关联建模和细分建模 4 类建模节点。
- 输出：用于各种统计分析结果的输出，包括表、自定义表格、矩阵、分析、数据审核、变换、统计量、均值、报告、设置全局量和 Statistics 输出等节点。
- 导出：用于以不同存储格式保存数据处理结果到外存中，包括数据库、平面文件、Statistics 导出、SAS 导出、Excel 等节点，类似“源”选项卡中的节点。

（2）向数据流编辑区域添加数据流节点

可通过以下 3 种方法向数据流编辑区域添加新的节点。

- 双击选项区中的待添加节点。
- 单击待添加节点，按住鼠标不放，将其拖入数据流编辑区域内。
- 选中待添加节点，然后在数据流编辑区域的任意空白处单击鼠标。

（3）在数据流编辑区域中删除数据流节点

可通过以下两种方法删除数据流编辑区域内的某个节点。

- 单击待删除节点，按 Delete 键删除。

- 右击待删除节点，在快捷菜单中选择“delete”命令。

注意，删除一个节点后，与之相连的所有连接也将一并被删除。

（4）将节点连接到数据流中

有 3 种方法可将节点连接到数据流中。

- 双击节点。首先选中数据流中要连接新节点的节点（起始节点），然后双击要添加到数据流的节点（目标节点），这样新节点就会自动连接起始节点。
- 通过 Alt 键或鼠标中键连接。首先在数据流中选择连接起始节点，按住 Alt 键或鼠标中键不放，然后用鼠标将起始节点拖曳到目标节点后放开，连接便会自动生成。
- 手动连接。右击待连接的起始节点，从弹出的快捷菜单中选择“连接...”命令，然后单击目标节点，连接便会自动生成。

注意，并不是任何两个节点之间都可以建立连接。例如，“输出”选项卡中的节点都是“终止”节点，它们不能再连接其他节点。

（5）绕过数据流中的节点

当暂时不需要数据流中的某个节点时可以绕过该节点。在绕过它时，如果该节点既有输入节点又有输出节点，那么它的输入节点和输出节点便会直接相连；如果该节点没有输出节点，那么绕过该节点时与该节点相连的所有连接便会被取消。

具体方法如下：按住 Alt 键不放，然后双击数据流中需要绕过的节点，或者使用鼠标的中键来双击需要绕开的节点，如图 3-13 所示。

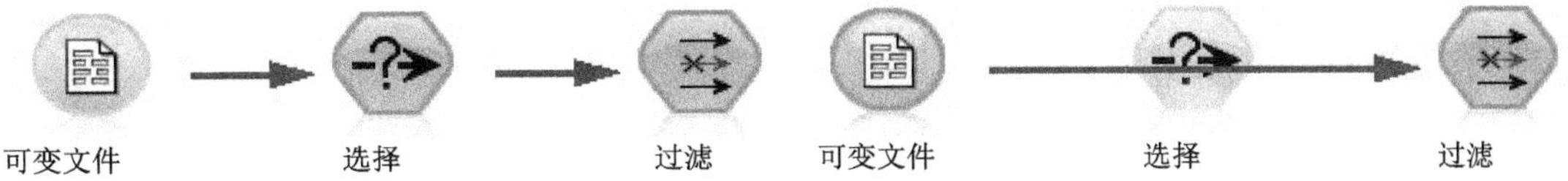

(a)绕过节点之前　　(b)绕过节点之后

图 3-13　绕过节点前后对比

（6）将节点插入已存在的连接中

当需要在两个已连接的节点间插入一个节点时，可以用鼠标将连接拖到要插入的节点上，即可将节点插入已存在的连接中，同时原来两个节点间的连接会被删除。

（7）删除连接

当某个连接不再被需要时，可以通过以下两种方法将其删除。

- 右击待删除的连接，从弹出的快捷菜单中选择“删除连接”命令。
- 选择待删除连接的节点，按 F3 键，删除所有连接到该节点上的连接。

（8）设置节点参数

右击相应节点，选择快捷菜单中的“Edit”，或者直接双击待设置参数的节点，即可进入节点参数设置界面。

（9）数据流的执行

执行数据流有 3 种方式。

- 单击菜单栏中的按钮，数据流编辑区域内所有的数据流都将被执行。
- 先选择要输出的数据流，再单击菜单栏中的按钮，被选中的数据流将被执行。
- 右击要执行的数据流中的节点，在弹出的快捷菜单中选择“执行”命令，或者在节点编辑状态单击“执行”按钮，执行被选中的节点。

3．超节点

超节点就是将数据流中的多个节点封装为一个节点，可以缩短数据流，使得数据流更加整洁、更易管理，超节点也可导出到数据库中，以供多个数据挖掘项目重复使用。

Clementine 中的超节点在数据流中以星形图标表示，包括 3 种：左侧无连接的超节点（源超节点）、两侧均有连接的超级点（过程超节点）、右侧无连接的超节点（终端超节点），如图 3-14 所示。

图 3-14　不同类型的超节点图标

选择数据流中待封装的所有连续节点，使用下面三种方法之一将所选节点封装成超节点。

- 单击工具栏上的“超节点”图标（形状像星星）。
- 右击超节点，然后从上下文菜单中选择创建超节点选项。
- 从“超节点”菜单中，选择创建超节点选项。

已创建的超节点可以使用工具栏中的放大图标或右击超节点并在上下文菜单中选择放大选项来查看超节点的内容。所选超节点的内容将在黄色编辑环境中显示，其中的连接器显示通过数据流或流段进行的数据流动。如图 3-15 所示，可选择弹出菜单中的缩小（Zoom Out）选项返回正常显示状态。如果要取消超节点，选择弹出菜单中的扩张（Expand）选项。

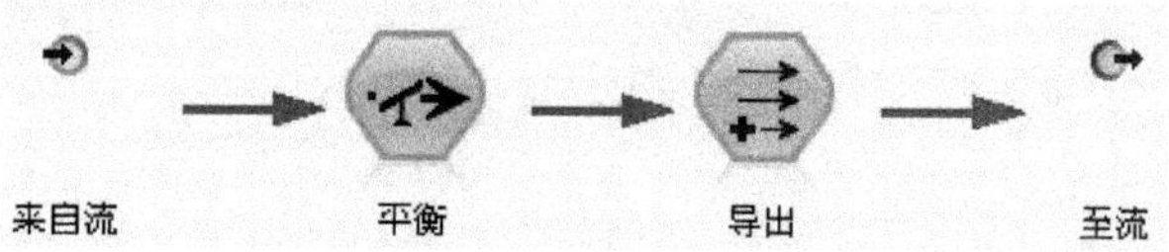

图 3-15　超节点的具体内容

在超节点的编辑区域中，可以执行以下任务。

- 修改超节点类型——源超节点、过程超节点或终端超节点。
- 创建参数或编辑参数的值，参数在脚本和 CLEM 表达式中使用。
- 指定超节点及其子节点的缓存选项。
- 创建或修改超节点脚本（仅限终端超节点）。

可将超节点保存以便在其他流中重复使用，在保存和加载超节点时，文件扩展名为.slb 。

保存超节点的过程如下：① 放大超节点；② 从超节点菜单中选择保存超节点；③ 指定文件名和目录；④ 选择是否要将已保存的超节点添加到当前项目中；⑤ 单击保存。

加载超节点的过程如下：① 从 Clementine 主窗口中的“插入”菜单中选择超节点；② 从当前目录中选择超节点文件（.slb）或浏览其他超节点文件；③ 单击载入。

3.6.2　输入、输出节点

1．源节点

读入数据的节点工具放置在节点工具箱的“源”选项卡中，节点工具箱的“源”选项卡如图 3-16 所示，主要包含以下节点。

图 3-16 节点工具箱的“源”选项卡

- 数据库：用于通过 ODBC 导入数据库中的数据。
- 可变文件：用于导入无固定长度的 ASCII 数据（以特定分隔符分隔数据）。
- 固定文件：用于导入固定长度字段的 ASCII 数据。
- Statistics 文件：用于导入 Statistics 格式的数据。
- SAS 文件：用于导入 SAS 格式的数据。
- Excel：用于导入 Excel 格式的数据。
- 企业视图：用于用户自己输入数据。

选择哪个节点是由数据文件本身的类型决定的。

（1）可变文件（Variable File）节点

可变文件节点用于读取以特定分隔符分隔数据的文本文件，通常一行数据为一个样本，每行数据有相同的列。可变文件节点的“文件”选项卡如图 3-17 所示。

在源节点中需要指定数据文件所在的文件夹和文件名。在后续介绍中，常以 Clementine 系统自带的数据集 DRUG1n 为例进行功能说明和操作说明。该数据集是一个医疗诊断的数据集，每行记录一个病人一次看病时的检查结果及用药名称。该数据集包含以下字段：Age（年龄）、Sex（性别）、BP（血压）、Cholesterol（胆固醇）、Na（钠指标）、K（钾指标）、Drug（药品，即医生根据检查的指标值开出的药品名）。

可变文件节点的参数设置窗口包含 5 个选项卡：文件、数据、过滤、类型和注释。

① “文件”选项卡。

“文件”选项卡指定所读入数据的基本格式，主要参数的含义如下。

- 文件：指定待读入文本文件所在的文件夹和文件名。
- 读取文件中的字段名：如果文件中的第一行是字段名，则选择该项；否则不选该项，在这种情况下，系统将自动给每个字段统一命名（如 filed1、field2 等）。
- 指定字段数：指定文件中包含几个变量列。由于文件中的列是以分隔符分隔的，Clementine 可以自动判断列数，因此该选项通常被忽略。
- 跳过标题字符：具体指定在第一个记录开始前有多少字符被忽略。
- 定界符：使用多选框中列出的操作指定字符以定义文件的字段边界。定界符分为列分隔符（一般为逗号 Comma）和行分隔符（一般为新行 Newline）。

② “数据”选项卡。

“数据”选项卡指定所读入数据的基本类型等，如图 3-18 所示。其中显示了读入数据的变量名或字段名（Field），以及 Clementine 根据数据判断出的变量存储类型（Storage）。如果需要修改，应先勾选变量行的覆盖项，再下拉存储列表，选择所需的存储类型。

③ “过滤”选项卡。

“过滤”选项卡指定不读哪些字段、修改字段名，如图 3-19 所示。

如果不希望读入某个变量，通过单击相应行的过滤项，打“X”即可。再次单击鼠标，则取消“X”。在图 3-19 中，指定不读取 Age 和 Sex 变量，并且把 BP 变量重命名为 BP_Update。该选项卡的用途与节点工具箱中的“字段”选项卡的过滤节点一样。

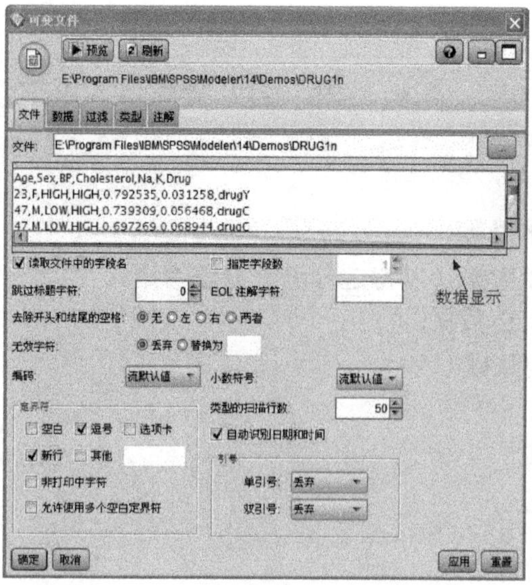

图 3-17　可变文件节点的“文件”选项卡

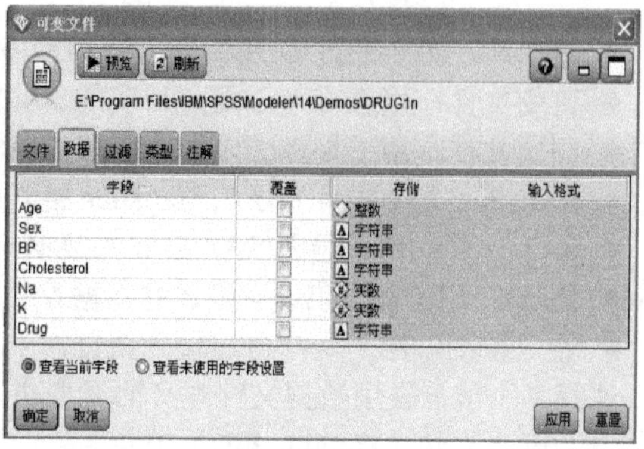

图 3-18　可变文件节点的“数据”选项卡

④ “类型”选项卡。

“类型”选项卡指定所读数据的类型，对默认值和取值合理性等进行检查。

如图 3-20 所示其中显示各变量的变量名、变量类型、变量取值范围等信息。同时，允许用户指定变量默认值、对取值合理性进行检查、指定变量角色等。“类型”选项卡的用途与节点工具箱中的“字段”选项卡中的类型节点一样，在类型节点部分将详细介绍。

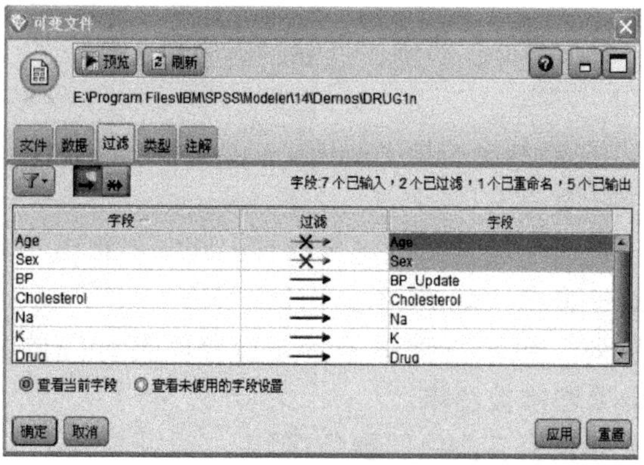

图 3-19　可变文件节点的“过滤”选项卡

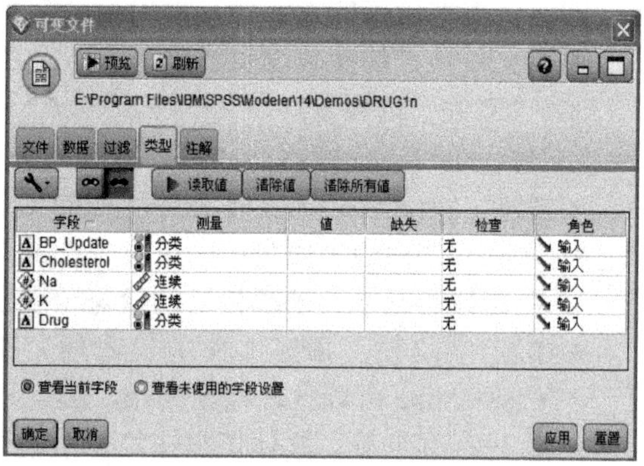

图 3-20　可变文件节点的“类型”选项卡

在数据尚未读入时，Clementine 只是粗略地判断变量的类型。为得到变量的准确类型和变量的取值范围，需通过单击读取值（Read Values）按钮读入数据，也称对节点进行实例化处理。图 3-21 为可变节点实例化后的窗口。

若用户重新修改了文件中的数据，类型窗口中的变量取值范围等并不能随之动态更新，则需要用户重新实例化：按清除值或清除所有值按钮取消当前的实例化，再按读取值按钮再次实例化。

⑤ “注解”选项卡。

“注解”选项卡用于给节点命名和添加注释性文字，如图 3-22 所示。

- 名称（Name）：指定节点名称。自动（Auto）表示 Clementine 自动命名，自定义（Custom）表示用户自行指定名称。

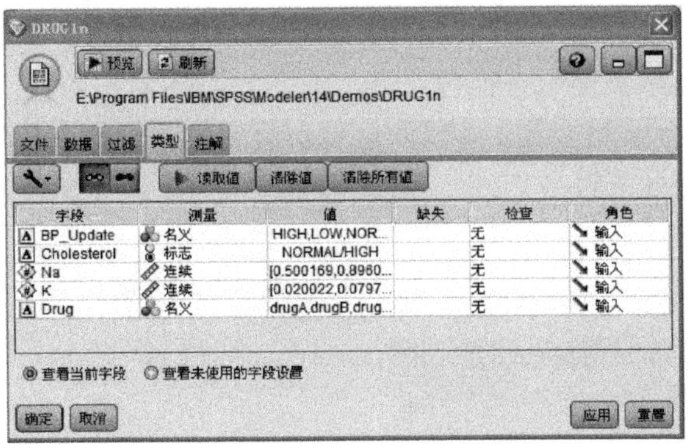

图 3-21 可变节点实例化后的窗口

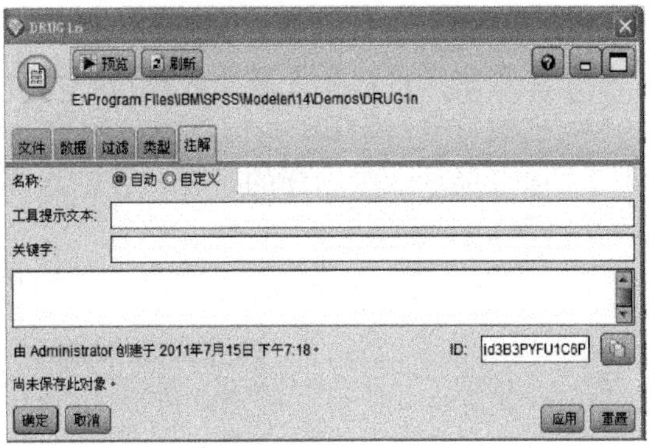

图 3-22 可变文件节点的“注解”选项卡

- 工具提示文本（Tooltip Text）：当鼠标指向数据流编辑区域中的某个节点时，如果希望随之显示关于该节点的简短说明信息，则可在此输入相关说明文字。大段说明应输入窗口中间的空白区域。

注意：其他输入节点中都会有数据、过滤、类型和注解选项卡，以后不再详说。

（2）固定文件（Fixed File）节点

固定文件节点是从固定字段元的文本文件中读入数据，其中字段未分隔，但是始于相同的位置，并有固定长度。由机器生成或遗留的数据经常以固定的字段格式存储。在固定文件节点的“文件”选项卡中可以容易地指定数据库中数据列的起始位置和长度。这里只介绍固定文件节点的“文件”选项卡，其他选项卡与可变文件节点的一样。

“文件”选项卡指定待加载的文件，并指定数据列的起始位置和长度，如图 3-23 所示。

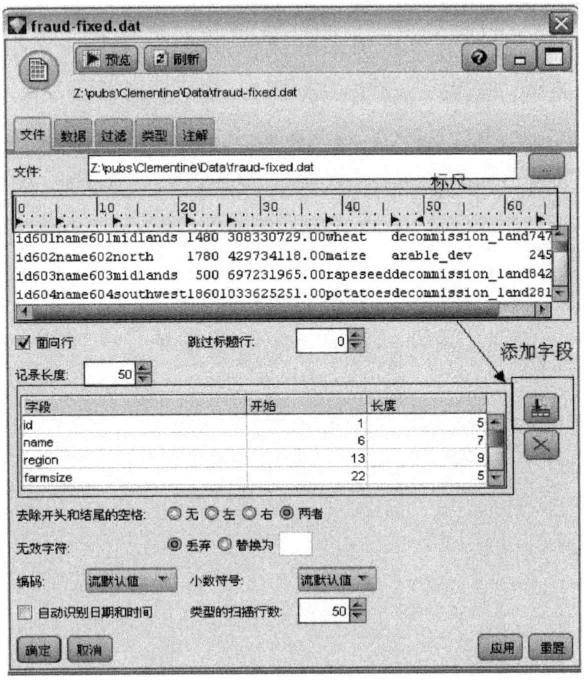

图 3-23 固定文件节点的“文件”选项卡

- 右侧按钮用来增加字段，每增加一个字段，标尺里会增加一个箭头。根据数据文件中变量值的长度，调整这些箭头的位置，对应字段的开始项和长度项就会进行相应变化。

- 记录长度：指定每个记录的字符数。
- 无效字符：对于无效字符，可以选择舍弃或指定替换值。
- 小数符号：选择在数据源中使用的小数分隔符类型。流默认值是从流属性对话框的“选项”选项卡中选择的字符，否则选择句号或逗号作为小数分隔符。

（3）Excel 节点

Excel 节点用于从 Excel 电子表格中加载数据，其“数据”选项卡如图 3-24 所示。

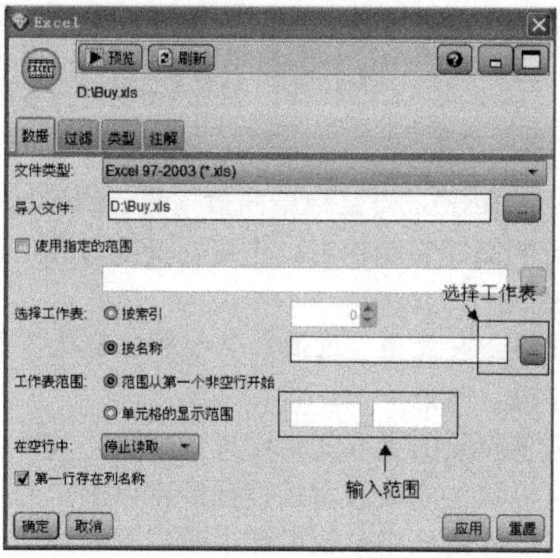

图 3-24　Excel 节点的“数据”选项卡

如果 Excel 中有多张工作表，应在工作表的索引框中指定工作表编号（从 0 开始）或在按名称文本框中指定工作表名，或者单击其后面的按钮，在弹出的“选择工作表”的窗口中选择工作表，如 Sheet1。如果只读取工作表中的特定区域，如 A1:F5 中的数据，应在工作表范围后的两个框中分别输入 A1 和 F5，字母应大写。

（4）Statistics 节点

Statistics 节点用于实现 Statistics 格式数据的加载，其“数据”选项卡如图 3-25 所示。

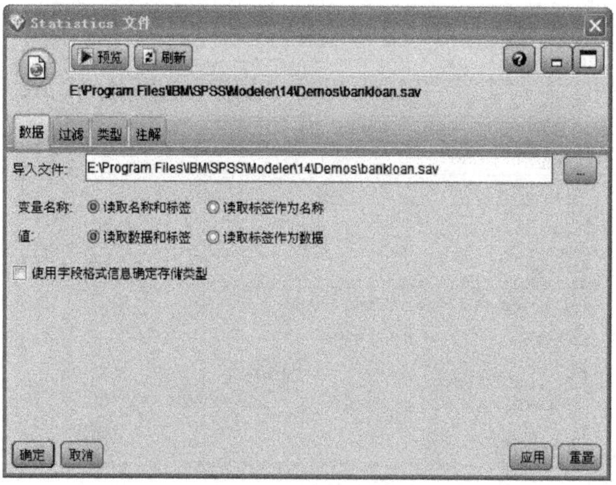

图 3-25　Statistics 节点的“数据”选项卡

在变量名称选项中，“读取名称和标签”表示同时读入 Statistics 文件的变量名和变量名标签，“读取标签作为名称”表示以 Statistics 文件中的变量名标签作为 Clementine 数据的变量名；在值（Values）选项中，“读取数据和标签”表示同时读取 Statistics 文件的变量值和变量值标签，而“读取标签作为数据”表示以 Statistics 文件中的变量值标签作为 Clementine 的变量值。

（5）数据库（DataBase）节点

Clementine 可以通过 ODBC 方式访问数据库，需要经过两个步骤完成：建立数据源，通过数据源访问数据库。

2. 类型节点

类型节点用于指定字段的重要属性，包括类型、标记、方向、默认值、值检查、实例化选项等。以前面可变节点中介绍的数据集 DRUG1n 为例，把类型节点连接到可变节点后面，双击类型节点，其“类型”选项卡如图 3-26 所示。

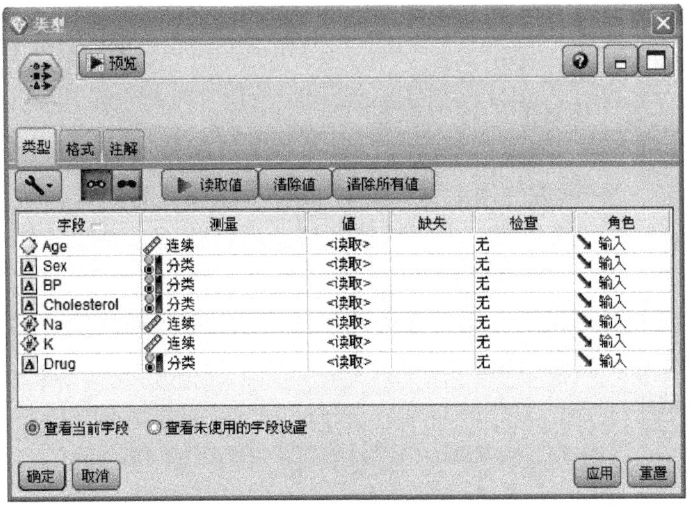

图 3-26 类型节点的“类型”选项卡

（1）类型项

类型项用于描述给定字段中的数据特征，包括以下类型。

- 连续型（范围）：描述数值。一个连续值可以是整数、实数或日期/时间。注意，日期/时间指 3 种存储类型——时间、日期或时间标志。
- 分类型（离散型）：描述字符串。
- 标志型：特殊的离散型，只取两个具体值的数据（如 0 和 1、yes 和 no）。
- 集：描述带有多于两个具体值的数据。每个值作为集中的一个元素（如大、中、小）。集合元素可以采用任意一种存储一数值、字符串或日期/时间。
- 顺序集（有序集合）：描述带有多个具体值且具有内部顺序的数据。例如，综合测评等级和满意度分类可以表示成顺序集。
- 无类型：不符合上述任意类型的数据或含有太多元素的集类型数据。这对于含有众多元素（如账目元素）的字段情况很有用。

（2）方向项

方向项用于确定字段作为输入（预测字段或自变量）还是输出（被预测字段或因变量）。例如，In 字段作为输入、Out 字段作为输出或目标（只能有一个输出字段）、Both 被 GRI 和 Apriori 节点用作输入和输出、None 字段被忽略、Partition 字段用于分割数据集的分割变量，利用此变量可以将数据集分为训练集、测试集和检验集。

（3）缺失值

缺失值用于指定将哪些值视为空白（Blanks）。

（4）值检查

值检查用于确保域值在指定的范围内，具体包括以下情况。

① 无（None）——经过检查即可通过，这是默认设置。

② 无效（Nullify）——把超出范围的值变为系统默认值 NULL。

③ 强制（Coerce）——检查类别完全实例化的字段是否含有落在指定范围外的值。未被指定的值将会根据以下规则转化为一个该类型的合法值。

- 对于标志型，除了真和假，其他值均转换为假。
- 对于集，任何未知值都被转换为集的第一个元素。
- 超过区间上限的数值用上限替代。
- 低于区间下限的数值用下限替代。
- 区间内的默认值用该区间的中位数替代。

④ 丢弃（Discard）——发现非法值时，整个记录被删除。

⑤ 警告（Warn）——读取完所有数据后，报告非法项目的数量。

⑥ 终止（Abort）——遇到第一个非法值即终止执行流程，并报告错误。

（5）值项

直接读取数据集中的数据值，或者使用其项中的指定（Specify）选项打开另一个对话框来设置值，也可以选择不读取值就直接通过字段。如果使用指定选项来设置值，则会弹出如图 3-27 所示的指定选项。

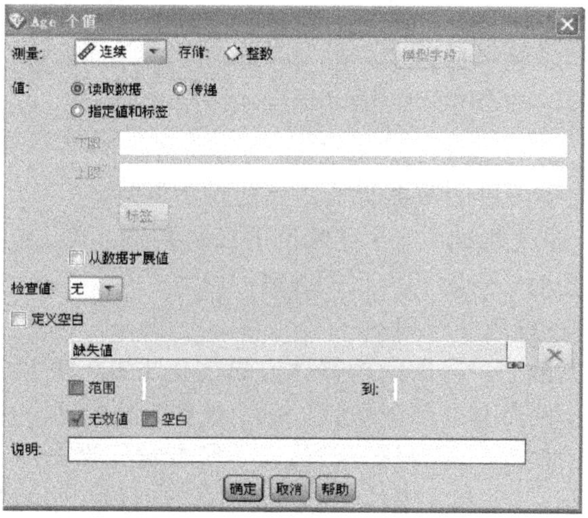

图 3-27　指定选项

读取数据的选择如下。

① 读取数据：选择在节点执行时读取数据，等同于<Read>。

② 传递（Pass）：选择不读取目前字段的数据。

③ 指定值和标签：与值检查一起使用，允许用户基于对目前字段的认识来指定值。该选项能够对每个字段进行单独控制，通过设置上限和下限来指定连续型的范围。注意，用户不能给无类型或<Default>的字段类指定值。

3．表节点

数据加载到内存后，要浏览数据内容，应在输入节点后连接表节点。这里以 DRUG1n 数据集为例，表节点参数的“设置”选项卡如图 3-28 所示。

（1）“设置”选项卡

用来在表格中突出显示某些记录，可以用 CLEM 表达式来表达。如在图 3-28 中突出显示 Drug ='drugY'的记录。

（2）“输出”选项卡

允许用户把所建立的表格显示在屏幕上，或者保存到文件中。可以在文件名称文本框选择文件所在的文件夹和文件名，如图 3-29 所示。

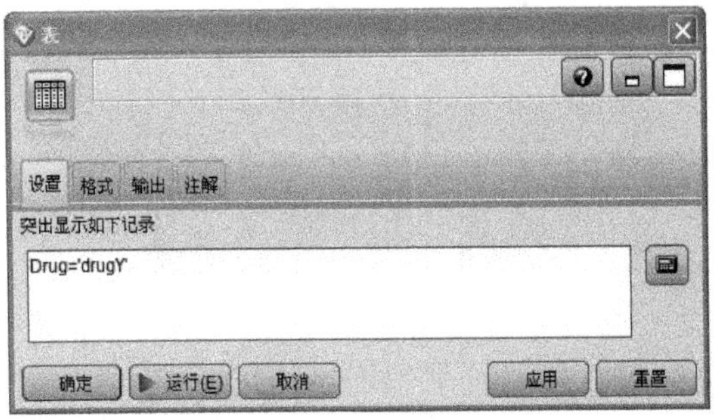

图 3-28　表节点的“设置”选项卡

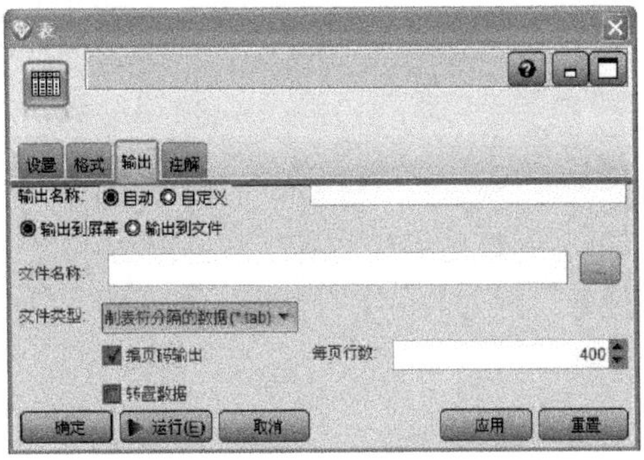

图 3-29　表节点的“输出”选项卡

单击“运行”按钮，会弹出一个表格窗口，显示当前数据。其中标注的是“设置”选项卡中所设置的记录，即含有 drugY 的记录，如图 3-30 所示。

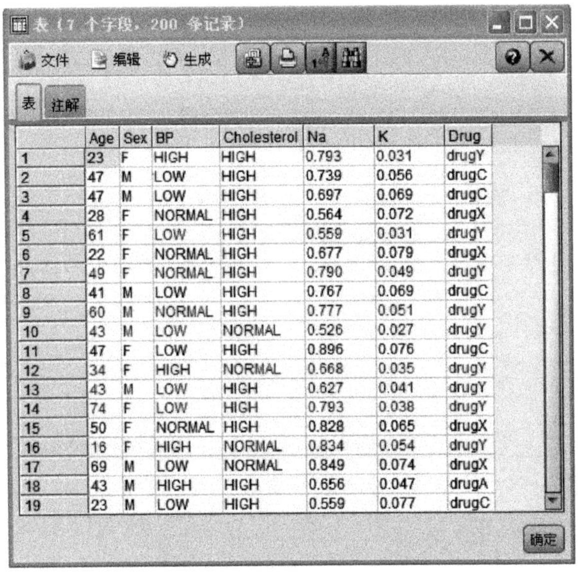

	Age	Sex	BP	Cholesterol	Na	K	Drug
1	23	F	HIGH	HIGH	0.793	0.031	drugY
2	47	M	LOW	HIGH	0.739	0.056	drugC
3	47	M	LOW	HIGH	0.697	0.069	drugC
4	28	F	NORMAL	HIGH	0.564	0.072	drugX
5	61	F	LOW	HIGH	0.559	0.031	drugY
6	22	F	NORMAL	HIGH	0.677	0.079	drugX
7	49	F	NORMAL	HIGH	0.790	0.049	drugY
8	41	M	LOW	HIGH	0.767	0.069	drugC
9	60	M	NORMAL	HIGH	0.777	0.051	drugY
10	43	M	LOW	NORMAL	0.526	0.027	drugY
11	47	F	LOW	HIGH	0.896	0.076	drugC
12	34	F	HIGH	NORMAL	0.668	0.035	drugY
13	43	M	LOW	HIGH	0.627	0.041	drugY
14	74	F	LOW	HIGH	0.793	0.038	drugY
15	50	F	NORMAL	HIGH	0.828	0.065	drugX
16	16	F	HIGH	NORMAL	0.834	0.054	drugY
17	69	M	LOW	NORMAL	0.849	0.074	drugX
18	43	M	HIGH	HIGH	0.656	0.047	drugA
19	23	M	LOW	HIGH	0.559	0.077	drugC

图 3-30　表节点的执行结果

4．数据导出节点

数据导出节点的功能是将数据处理的结果以不同格式保存在外部文件中，该节点位于节点选项箱中的“导出”选项卡。数据导出节点的使用类似源节点，这里不再详述。

3.6.3 数据可视化节点

1. 直方图节点

直方图节点用于显示数值型字段的分布情况，直方图节点的设置选项如图 3-31 所示。

① 字段：选择一个数值型字段。

② 交叠字段：选择一个符号型字段来为选定的字段用不同颜色显示变量值的类别。

单击“运行”按钮后，直方图节点的显示结果如图 3-32 所示，显示了 DRUG1n 中的 Sex 在每个 Age 上的分布情况。

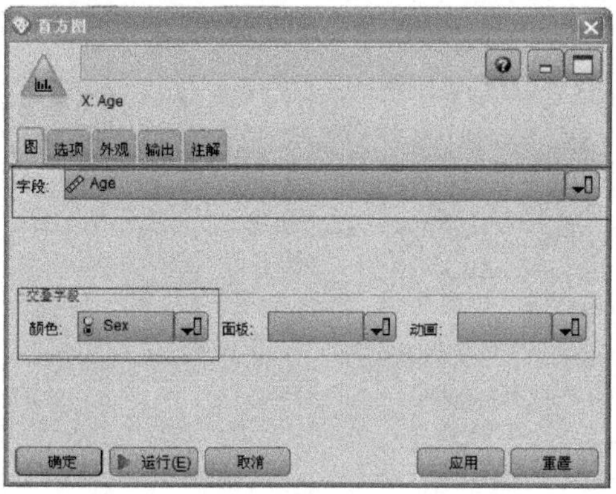

图 3-31 直方图节点的设置选项

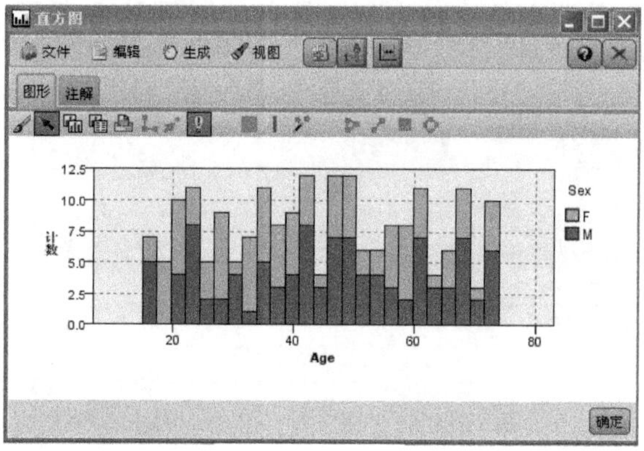

图 3-32 直方图节点的显示结果

2. 分布图节点

分布图节点用于显示分类型变量值的分布，分布图节点的“图”选项卡如图 3-33 所示。

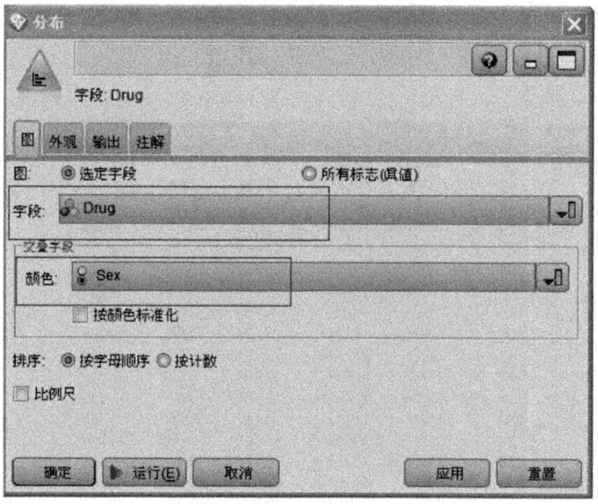

图 3-33 分布图节点的“图”选项卡

① 字段：选择一个符号型字段。

② 交叠字段：选择一个符号型字段来为选定的字段用不同的颜色显示变量值的类别。

单击“运行”按钮后，分布图节点的显示结果如图 3-34 所示，显示了 DRUG1n 数据集中的 Sex 在每个 drug 值的分布情况。

3. 数据审核节点

数据审核节点使用户能较为全面地认识数据，以审查报告和质量表格两种形式展现。其

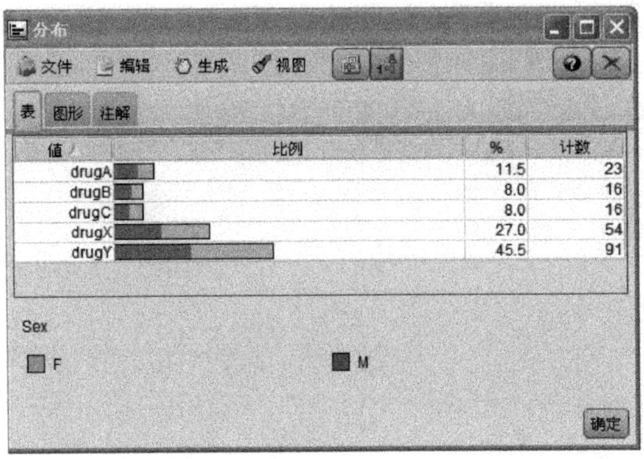

图 3-34　分布图节点的显示结果

中，审查报告展示简单统计量、直方图和分布图，可以使用户对数据有大概的了解；质量表格则显示了离群值、极值、缺失值等值，以及处理这些值的方法。数据审核节点位于“输出”选项卡，数据审核节点的设置选项如图 3-35 所示。

① 使用自定义字段：选择需要的字段。

② 显示：提供了 3 种显示方式。

- 图形：数值数据用直方图展示，分类数据用分布图展示。
- 基本统计量：以简单统计量（如最大值、最小值、平均值、标准差）展示。
- 高级统计量：以较为复杂的统计量（如峰度、偏度、均值、误差等）展示。

数据审核节点的质量选项如图 3-36 所示。

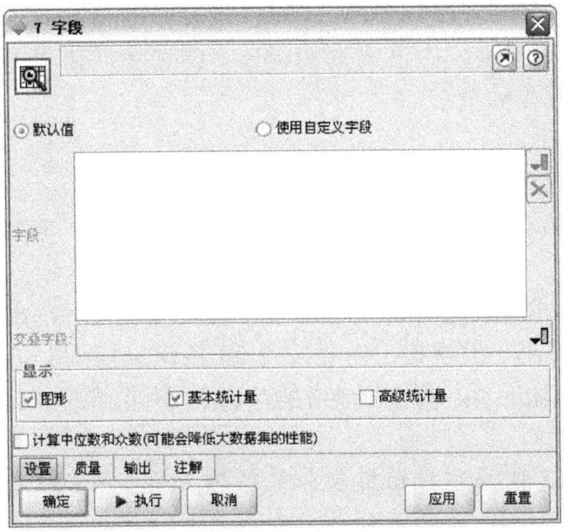

图 3-35　数据审核节点的设置选项

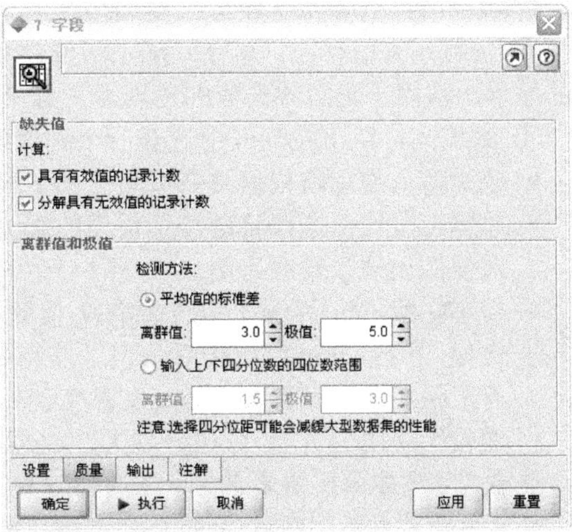

图 3-36　数据审核节点的质量选项

① 缺失值：包括具有有效值的记录计数和分解具有无效值的记录计数。

② 离群值和极值：可以设置离群值和极值进行检测。

单击“执行”按钮后，数据审核节点的审核报告如图 3-37 所示。

4．网络节点

网络节点用于显示两个或更多分类字段的值之间的关系的紧密程度，通过不同粗细的线条来呈现不同字段间的链接强度。

（1）网络节点的选项（如图 3-38 所示）

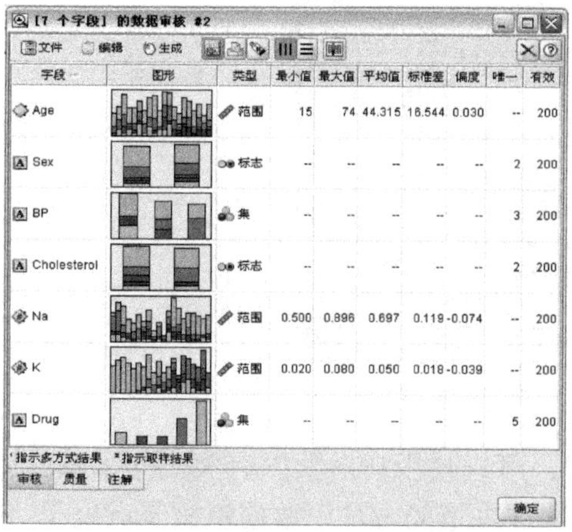

图 3-37 数据审核节点的审核报告

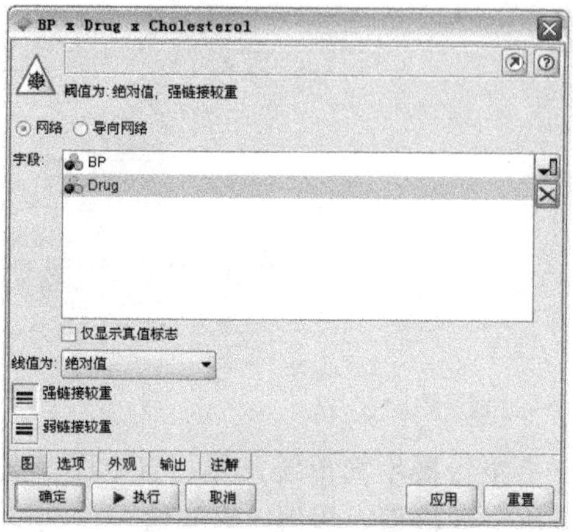

图 3-38 网络节点的选项

① 网络：选择此选项将创建一个网络图形，显示所有指定字段间的关系的紧密程度。

② 导向网络：选择此选项将创建一个具有方向性的网络图形，显示多个字段与某个字段的值之间的关系的紧密程度。如果选择此选项，则将激活结束字段，并且其下面的字段控件也被重命名为源字段，以明确区分。

- 结束字段（只用于导向网络）：选择一个用于导向网络的标志或名义字段。只有字段类型未被明确定义为数值型的字段会被列出。
- 源字段：选择源字段，创建网络图形。只有数值型字段以外的字段会被列出。

③ 仅显示真值标志：选择此选项将仅显示标志字段中值为真的标志。此选项简化了网络图的显示，常用于正面数据值的出现意义异常重要的情况。

④ 线值为：从下拉列表中选择一个阈值类型。

- 绝对值：选项将根据带有成对值的记录数量设置阈值。
- 总体百分比：选项将链接所代表的观测数量的绝对值显示为相对于网络图形中全部成对值的出现次数的比例。
- 较小字段/值的百分比和较大字段/值的百分比：说明要使用哪个字段/值来估计百分比。例如，字段 Drug 中有 100 条记录值为 drugY，但字段 BP 中只有 10 条记录值为 LOW。有七条记录同时具有值 drugY 和 LOW，因此，根据用来参考的字段的不同，较小（BP）或较大（Drug），百分比分别为 70%或 7%。

注意：对于导向网络来说，上述选项③和④（仅显示真值标志和线值为）不可用。作为替代，可以选择“目标”字段/值的百分比和“源”字段/值的百分比。

⑤ 粗链接较重：默认选项，即查看字段间链接的标准方式。

⑥ 弱链接较重：此选项使显示线条粗细所代表的含义与标准方式相反。在检测欺诈行为或检查离群值时经常使用此选项。

（2）网络节点的附加选项（如图 3-39 所示）

网络节点的附加选项包含一些用于自定义输出图形的其他选项。

① 链接数：以下选项用于控制输出图形中显示的链接数量。有些选项，如以上弱链接和以上粗链接选项，既可以在输出窗口中使用，也可以在最终图形中滑动控件调整显示的链接数量。

② 可显示的最大链接数：指定在输出图形中显示的最大链接数量。

③ 仅显示以上链接：指定在网络中显示的链接必须达到的最小值。

④ 显示所有链接：无论最大链接数或最小链接数是多少，都显示所有链接。如果字段数量过多，选择此选项将延长处理时间。

⑤ 若记录过少则丢弃：选择此选项，则忽略被认为记录数量过少的链接。在最小记录数/行数值框中输入一个数字，为此选项设置阈值。

⑥ 若记录过多则丢弃：选择此选项，则忽略受到较强支持的链接。在最大记录数/行数值框中输入数字，为此选项设置阈值。

⑦ 以下弱链接：指定一个数字，所有低于该值的链接都被认为是弱链接。

⑧ 以上强链接：指定一个数字，所有高于该值的链接都被认为是强链接。

⑨ 链接大小：通过链接大小连续变化或链接大小显示强/正常/弱类别来控制链接大小。

⑩ 网络显示：网络显示有 4 种类型，即圆形布局（标准的网络显示方式）、网络布局、定向布局、网格布局。

（3）其他选项

可以指定网络节点输出的外观，包括标题、子标题、显示图例、将标签用作节点，也可以指定将图形输出到屏幕上还是文件中。网络节点的运行效果示例如图 3-40 所示。

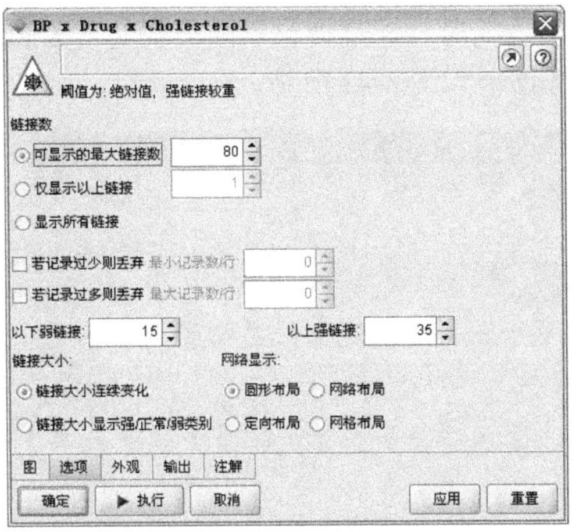

图 3-39　网络节点的附加选项

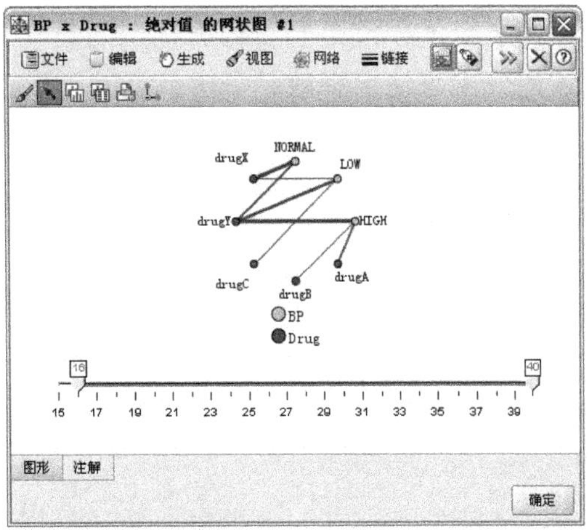

图 3-40　网络节点的运行效果示例

3.6.4　数据预处理节点

1. 选择节点

选择节点用于从数据流程中选择或排除满足某一条件的记录子集，选择节点的“设置”选项卡如下。

① 模式：指定满足条件的记录是包含在流程中还是排除在流程外。

② 条件：用于检验每条记录的选择条件，选择条件通过 CLEM 表达式指定。条件表达式可以直接在窗口输入，也可以通过窗口右边的表达式编辑器来构造。

图 3-41 为选择节点的编辑窗口。

2. 抽样节点

抽样节点是按某种规则从数据集中抽取记录，抽样节点的参数设置如图 3-42 所示，其中主要参数设置如下。

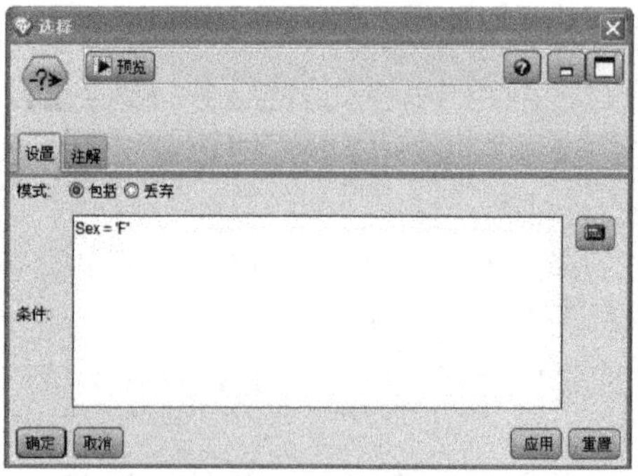

图 3-41　选择节点的编辑窗口

① 前：表示抽取前 N 个样本，应指定 N 的值。

② n 中取 1：表示系统抽样，即按照样本顺序每隔 n 个样本选取 1 个样本。

③ 随机%：表示按照随机原则抽取一定比例的样本。如果希望随机化抽样结果可以重复出现，应选择设置随机数种子项。

④ 模式：包括样本表示选用抽取的样本，丢弃样本表示剔除抽取的样本。

3．平衡节点

平衡节点的作用是当目标属性中的类别分布不均衡时，通过调整不同类别的记录的比例使后续的分类方法更有效。平衡节点的“设置”选项卡如图 3-43 所示。

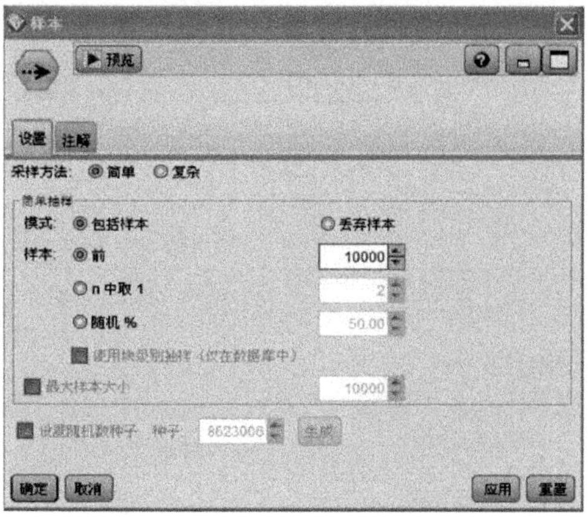

图 3-42　抽样节点的参数设置

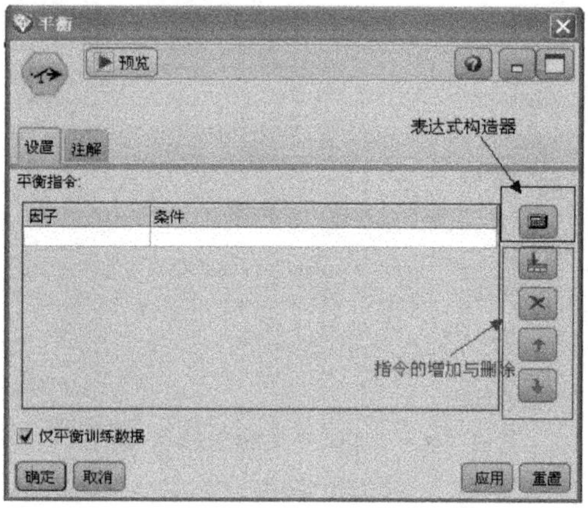

图 3-43　平衡节点的“设置”选项卡

平衡指令：每条指令包括一个因子和一个条件，使条件为真时，根据指定的因子调整记录的比例。若因子小于 1，则压缩相应记录的比例，否则增加（复制某些记录）相应记录的比例。例如，如果想减少治疗药物为 Y 的记录数目，那么可以生成一个均衡指令，其因子为 0.7，条件为 Drug='drugY'，该指令的意思是治疗药物为 drugY 的记录数目在所有的下游流程操作中的比例将会减少到 70%。

4．分箱节点

分箱节点的功能是对数值型数据进行离散化。分箱节点的“设置”选项卡如图 3-44 所示，具体如下。

（1）分箱字段

选择一个或多个需进行分箱处理的字段。

（2）名称扩展

指定存放分箱处理结果的字段名，默认在原字段前或后添加指定的前缀或后缀_BIN。

（3）分箱方法

提供多种分箱方法，具体如下。

① 固定宽度（等宽离散化）：表示固定组距，应在分箱宽度框中指定组距，或者在分箱数框中指定组数，如图 3-45 所示。

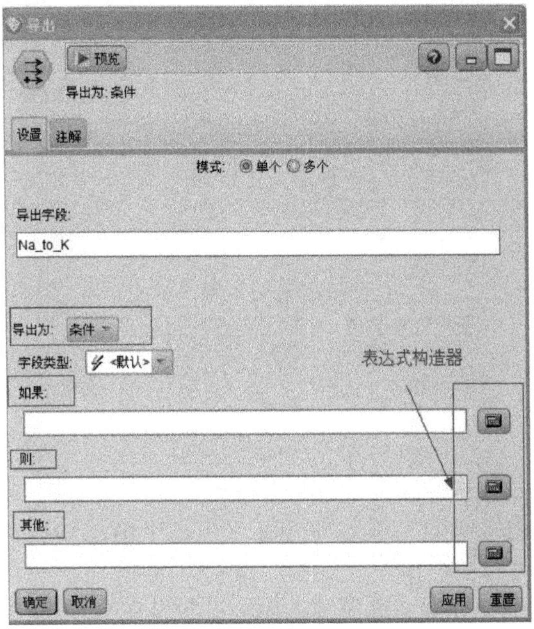

图 3-44　分箱节点的“设置”选项卡

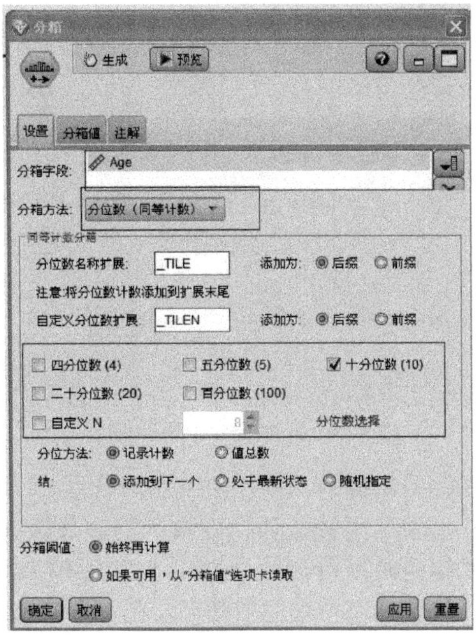

图 3-45　分位数分组参数设置窗口

② 分位数（等频离散化）：将样本等分成若干份，各组所包含的样本个数基本相同，且组限是相应分位点上的分位值。例如，可将样本等分为 4 份，分位点依次是 25%、50%和 75%，在这些点上的变量值分别作为 4 个组的组限。

③ 等级：单变量值分组，也称为秩分组，它将所有变量值按降序或升序排序，秩相同的变量归在同一组内。例如，有 2、3、5、6、6、7、12 七个数，秩分组的结果依次是 1、2、3、4.5、6、7，秩相同的则取顺序的平均数。在参数设置窗口中，等级框表示输出的各样本的秩；分数排序框表示输出的各样本的秩/有效样本数的结果；百分比分数排序框表示各样本/有效样本数×100 的结果，如图 3-46 所示。

④ 平均值/标准差：按平均值/标准差分组，即以变量的平均值加减 1 个（或 2 个或 3 个）标准差的值为组限，将变量值分为 3 组（或 5 组，或 7 组）。

⑤ 最优：相对于分类主管字段的最优化，如果要分箱的字段与另一个分类字段强关联，则可选择分类字段作为“主管”字段以便以类似于保留两个字段间的原始关联强度的方式创建分箱，如图 3-47 所示。

（4）主管字段

用于构造分箱的分类字段。

（5）对字段进行预分箱以使用大数据集改进性能

表示应在最优分箱的流程中使用预处理方法。该方法会采用简单的非监督式分箱方法将尺度值分组为大量分箱，以平均值表示每个分箱中的值，并在继续监督式分箱之前对观测值的权重进行相应调整。在实际应用中，此方法会牺牲一定的精度以换取速度，建议将该方法用于大型数据集。使用此选项时，也可以指定任意变量预处理后的最大分箱数。

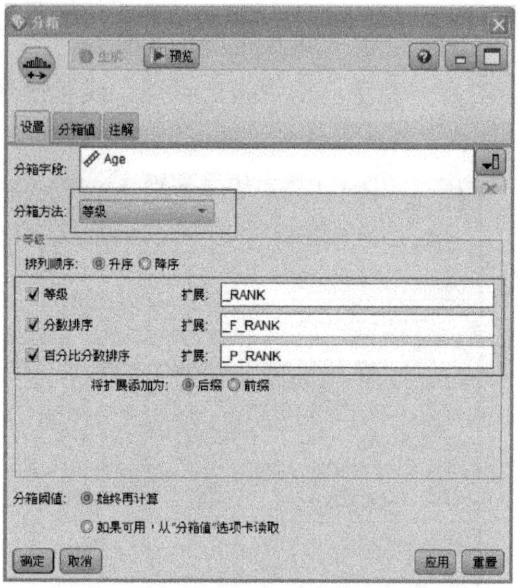

图 3-46 等级分组参数设置窗口

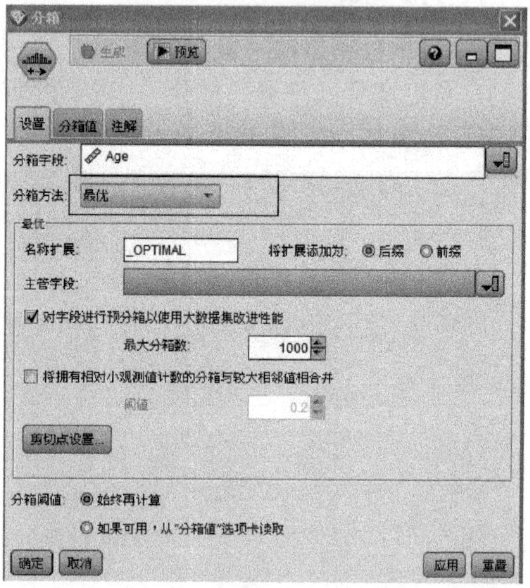

图 3-47 最优分组参数设置窗口

（6）将拥有相对小观测值计数的分箱与较大相邻值合并

如果启用该选项，则指示当该分级大小（观测值的个数）与相邻分级大小的比值小于指定的阈值时，将合并分级，请注意阈值越大合并的分级越多。

设置分箱方法的参数后，在“分箱值”选项卡中单击“读取值”按钮，即可查看分组结果。

5. 特征选择节点

特征选择节点的“模型”选项卡如图 3-48 所示。

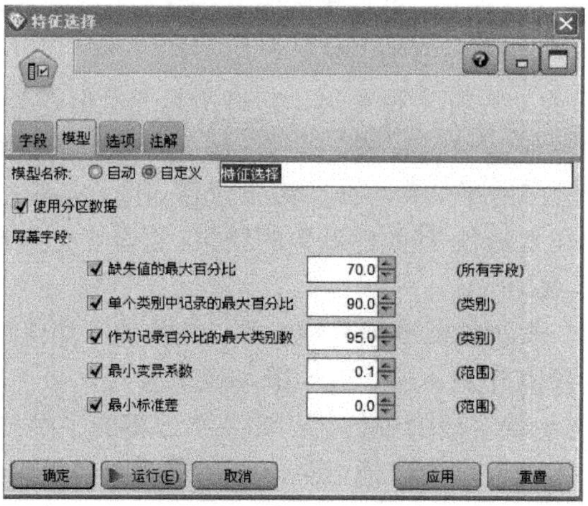

图 3-48 特征选择节点的“模型”选项卡

（1）模型名称

有自动和自定义两个选项。

（2）使用分区数据

自动使用训练集建立模型，使用测试集和验证集对模型进行评价。

(3) 屏蔽字段

过滤对建模和预测没有贡献的字段，具体有以下策略。

① 缺失值的最大百分比：缺失值比例超过设置值的字段将被过滤。

② 单个类别中记录的最大百分比：若类别字段上取相同值的比例超过设定值，则过滤该字段。

③ 作为记录百分比的最大类别数：类别字段的取值中包含的极少的记录的分类个数超过设定值的字段将被过滤。

④ 最小变异系数：变异系数小于设置值的字段将被过滤。

⑤ 最小标准差：标准差小于设置值的字段将被过滤。

针对分类字段和数值字段，说明取值过度分散和集中的字段被过滤。

特征选择节点的“选项”选项卡如图 3-49 所示。全部字段的分级可以自定义重要、一般重要、不重要字段的临界值。分类字段的重要性判断有以下 4 种方式。

① Pearson：采用 Pearson 卡方检验预测变量和目标字段之间的独立性。如果预测变量和目标变量之间的相关性较小，那么预测变量对目标变量的影响也小，其重要性指数也小。

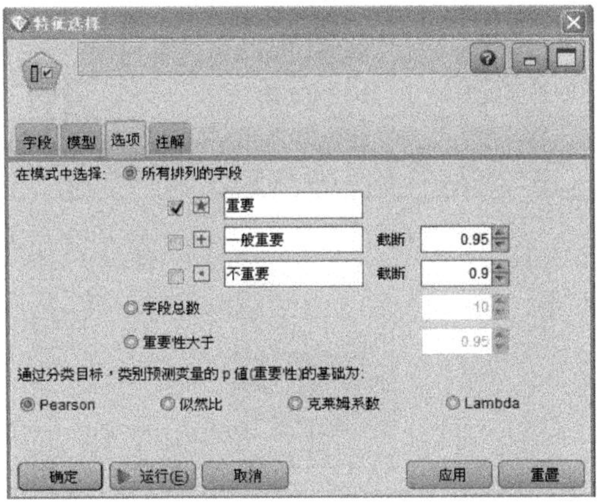

图 3-49　特征选择节点的“选项”选项卡

② 似然比：类似于 Pearson 卡方检验，但更适用于小样本的情况。

③ 克莱姆系数：基于 Pearson 卡方检验统计量的一个指标，取值范围为 0～1。

④ Lambda：反映使用该字段进行预测时，误差减少的比例，取值范围为 0～1。

3.7　综合案例：电信客户通话模式分析

1. 业务理解

电信客户的通话时长和时段能很好地反映客户的行为特征。通过分析通话时长可以知道通话的特性（如是正常通话还是骚扰电话，客户是否对价格敏感等），通过分析通话时段可以了解通信网络的忙时和闲时，这些都可以帮助电信运营商更好地进行通话定价和制定优惠套餐等。以下针对客户详细通话数据进行几方面的业务分析。

① 通话模式有地区性的不同。对定价部门而言，了解这一点非常重要，因为能显示不同地区应该以不同的方式来衡量收费规则。

② 通话模式有时间性的不同。在一天中的不同时段，通话的频率会有所不同，了解这一点可以知道通话的闲时和忙时，也可以帮助业务人员制定合理的收费方式。

③ 分析高利润的通话模式。国际电话仅占所有通话量的少部分，但利润贡献与其通话量并不相符。数据能告诉我们哪些是与国际通话模式有关的信息。

2. 数据理解

本案例使用的客户通话数据源自某电信运营商一个时段的通话明细记录。每个通话明细记录都是由电话网络对每次通话进行的详细记录，通话明细数据表如表 3-4 所示。因为客户的通话量非常大，所以通话明细记录的规模也非常大。通常，通话明细数据用来让计费系统产生客户账单。这样的数据源不仅包含拨打者必须付费的通话，也包含接入电话（因为受话端的用户通常不需因此付费）、免付费电话或公司内部电话等。

表 3-4　通话明细数据表

字段顺序	字 段 名	字段名称	数据类型	说　明
1	from_number	主叫	Char(20)	2007 年 8 月，有 61 个城市的固定电话号码为 8 位，剩下的大多数的电话号码为 7 位
2	to_number	被叫	Char(20)	—
3	start_date	开始日期	NUMBER(8)	—
4	start_time	开始时间	NUMBER(8)	—
5	end_date	结束日期	NUMBER(8)	—
6	end_time	结束时间	NUMBER(8)	—
7	duration_of_call	通话时间	NUMBER(8)	通话时间以秒计
8	type	话单类型	NUMBER(8)	话单类型，如市内通话、国际长途等

3. 数据准备

数据预处理包括数据清理、数据集成。通话明细记录的数据预处理流程如图 3-50 所示。

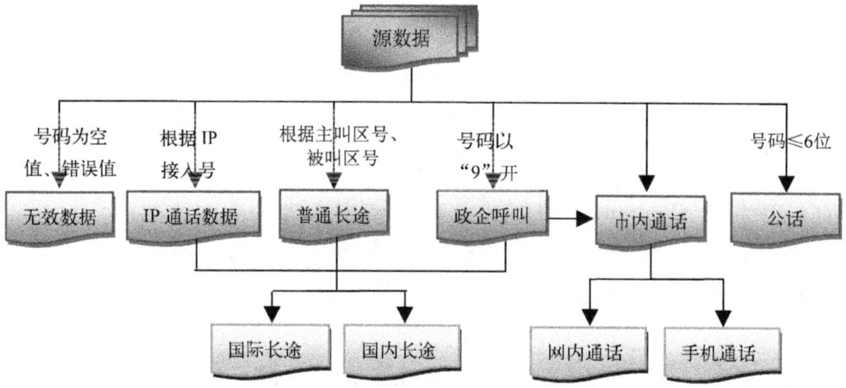

图 3-50　通话明细记录的数据预处理流程

（1）数据清理

数据清理是指去除源数据集中的噪声或无关数据，处理缺失值、空值，并纠正不一致数据。

在通话明细数据中，由于机器通信信号或机器记录时的故障，可能会出现缺失值、不完整数据或噪声数据，如被叫区号为空值、0、00、000，通话时长为 0 的电话号码，这些数据在检测设备故障时可能起到重要作用，但这些数据会降低数据挖掘的效率，影响数据挖掘的结果。通话明细数据中还包含客户由于失误而拨打的错误无效号码的数据，此类数据并不产生通信费用。

本案例数据集中有一个表示通话时长的变量，在分析该变量前先通过时长验证公式（通话时长=通话结束时间-通话开始时间）验证通话数据的正确性。

（2）数据集成

对于显示的电话号码，由于以下因素，可能导致同一号码的形式多种多样。

① 网络运营商采用的IP电话接入号不同会导致IP通话中被叫号码的形式多样，如电信IP电话接入号有17909、17908等，移动IP接入号有17950、17951等。

② 通话所在的区域不同，如长途电话相对本市电话，固定电话前+区号。

③ 国际长途电话，固定电话前+00+国家代码。

④ 与移动电话之间的长途通话，移动电话号码前+0。

⑤ 政企客户打外线号码，被叫号码前+9。

⑥ 政企客户打内线电话使用短号拨打。

针对以上各种情况，要消除不一致数据，进行数据统一，需要进行以下处理。

① 主叫号码处理：对于长途手机或长途固话打本地电话的通话数据，需要从主叫号码中分离国内各地级市的区号，并还原原始主叫号码。

② 被叫号码处理：对于本地固话打IP长途电话，需要从被叫号码中识别不同的IP电话接入运营商，并从被叫号码中分离国内各地级市的区号。对于本地固话拨打普通长途电话（非IP长途电话），直接从被叫号码中分离国内各地级市的区号。

4．通话数据基本探索

（1）通话时长分析

通话时间是客户通话行为的基本体现之一。更重要的是，它不仅显示了客户的通话模式，还能说明很多关于数据质量的信息，如某些超短通话是否为骚扰电话、超长电话是否为机器故障所致。

本案例通过数据产生通话时间的条形图，由于通话时长按照秒计算存储的区间太小，因此有许多数据无法在条形图中显示。本案例首先对通话时长进行分组，以10分钟作为区间；然后查看时长的分布条形图，最后分析10分钟及10分钟以内、10秒钟及10秒钟以内和大于30分钟的区间内的分布情况。在进行时长分析时，同时探索在每个区间内的各种通话类型的比例。

本案例实验数据的通话时长有96.43%分布在10分钟及以内，且大部分为市内通话，如图3-51所示。这样的条形图对通话时长的探索还不够具体，故将抽取时长为10分钟及以内的通话数据来观察通话时长的分布情况，并以1分钟为区间。以1分钟为区间的通话时长分布中，如图3-52所示，主要数据分布在4分钟及4分钟以内，占92%以上，运营商可以据此将4分钟为市内优惠通话的划分点。在通话时长大于30分钟的数据中，如图3-53所示，通话时长主要分布在40分钟以内，且国内长途占主体部分，该特征也可作为优惠通话的划分参考。

（2）通话时段分析

分析通话明细数据中不同时段的频率，电信运营商可以从中得知哪个时段是通话的繁忙时段，用于制定通话优惠策略、平衡线路的负载、避免过度通话带来的网络故障。不同时段可能造成不同的通话类型，通过分析不同通话类型的通话时段比例，可以知道市内电话、国内长途（也称区域电话）、国际长途的主要通话时段分布情况。

本案例通过读取通话明细记录的开始时间和结束时间，按照每天24小时做出直方图，并以1小时作为时段的长度。由于在本案例使用的数据中，有些通话的开始时间和结束时间分

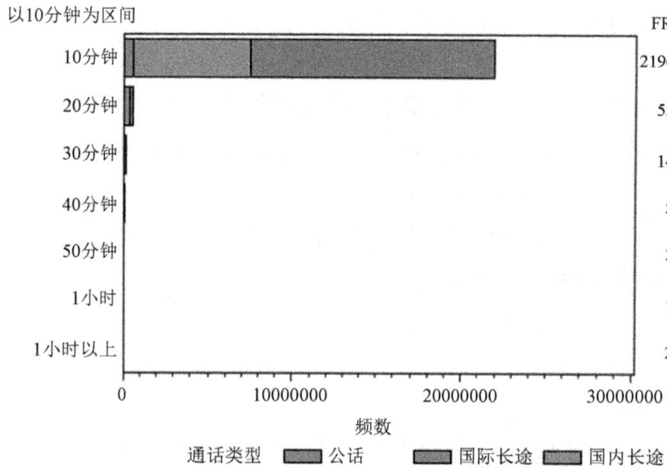

	FREQ.	CUM. FREQ.	PCT.	CUM. PCT.
10分钟	21964637	21964637	96.43	96.43
20分钟	556118	22520755	2.44	98.87
30分钟	141918	22662673	0.62	99.49
40分钟	52312	22714985	0.23	99.72
50分钟	23435	22738420	0.10	99.82
1小时	13299	22751719	0.06	99.88
1小时以上	27078	22778797	0.12	100.00

图 3-51　以 10 分钟为区间的通话时长分布

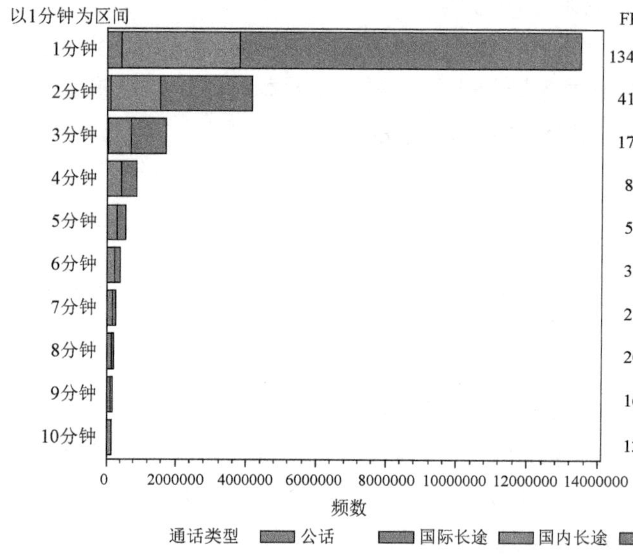

	FREQ.	CUM. FREQ.	PCT.	CUM. PCT.
1分钟	13471705	13471705	61.33	61.33
2分钟	4161791	17633496	18.95	80.28
3分钟	1728145	19361641	7.87	88.15
4分钟	884904	20246545	4.03	92.18
5分钟	554278	20800823	2.52	94.70
6分钟	380310	21181133	1.73	96.43
7分钟	276367	21457500	1.26	97.69
8分钟	209217	21666717	0.95	98.64
9分钟	164040	21830757	0.75	99.39
10分钟	133880	21964637	0.61	100.00

图 3-52　以 1 分钟为区间的通话时长分布

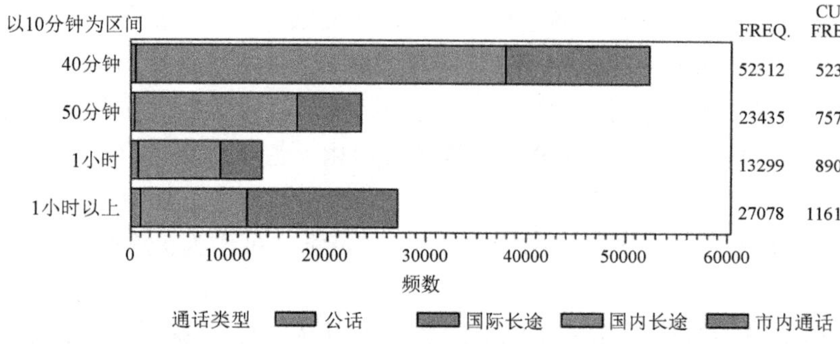

	FREQ.	CUM. FREQ.	PCT.	CUM. PCT.
40分钟	52312	52312	45.05	45.05
50分钟	23435	75747	20.18	65.23
1小时	13299	89046	11.45	76.68
1小时以上	27078	116124	23.32	100.00

图 3-53　以 10 分钟为区间且时长大于 30 分钟的通话时长分布

布在不同时段，对于该情况，本案例将通话的开始时间和结束时间分布在不同时段的记录在对应的两个时段都累积进行一次处理，最终构造出一张包含开始时间、结束时间、通话时长、通话时段的数据表。

图 3-54 为一天中的通话时段分布。通过对每小时内的通话行为进行分析后，发现了一些

有趣的模式。一般来说，凌晨的通话次数很少；一天中，随着时间的流逝，通话次数会明显增加。上午 8 点到 11 点或者在下午 3 点到 7 点会有峰值，这表明人们在上班时间段会打电话，而每天的中午会产生一个低谷，这说明通话时间和作息时间是正相关的。同时，图 3-54 显示了在一天中，什么时候会产生不同类型的通话。在一天中，市内通话占主要地位，这说明同地区内客户之间的联系比较频繁。

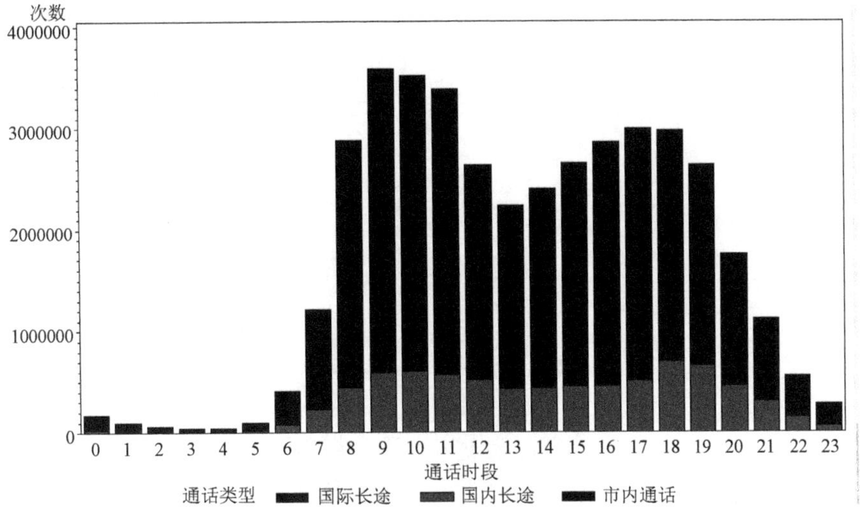

图 3-54　一天中的通话时段分布

不同客户类型的通话时段分布会有所不同，图 3-55 和图 3-56 分别展示了政企客户和家庭客户的通话时段分布情况。一般政企客户在上班时间段（早上八点到下午五点）通话很频繁，且在中午的通话较少；无论对于主叫还是被叫，家庭客户在晚上（六点到八点）的通话都比较多，这说明家庭客户一般在中午或晚上较空闲的时间段的通话较频繁。

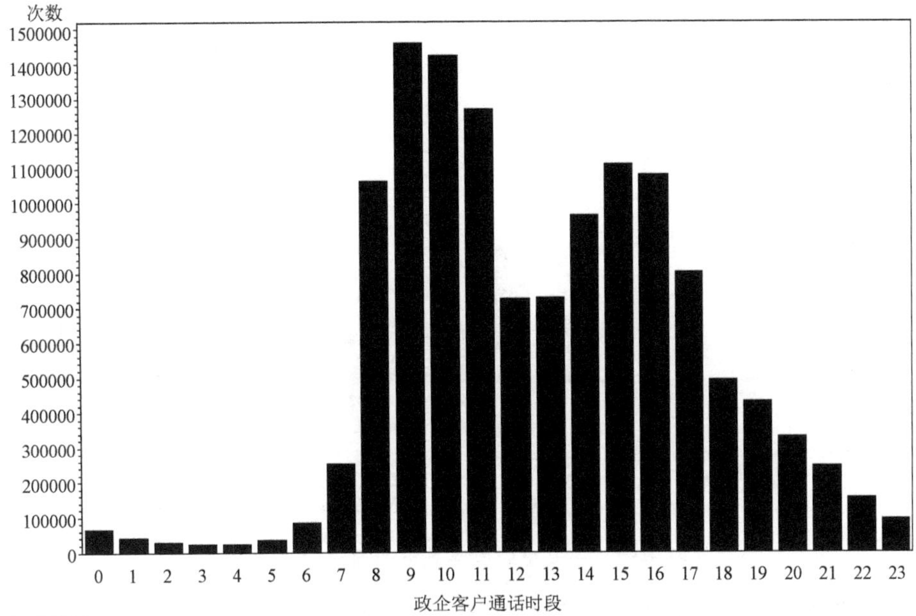

图 3-55　政企客户的通话时段分布

国际长途通话相当重要，需要深入了解国际长途通话的平均持续时间及国际长途通话双方的地址。图3-57所示为一天中的国际长途的通话时段分布。最长的通话是在白天期间，最短的则是在夜间。同时图3-57显示了国际长途的主要联系国家/地区是美国、日本，这与现实情况是吻合的，即与美国、日本等发达国家的商业活动较频繁。

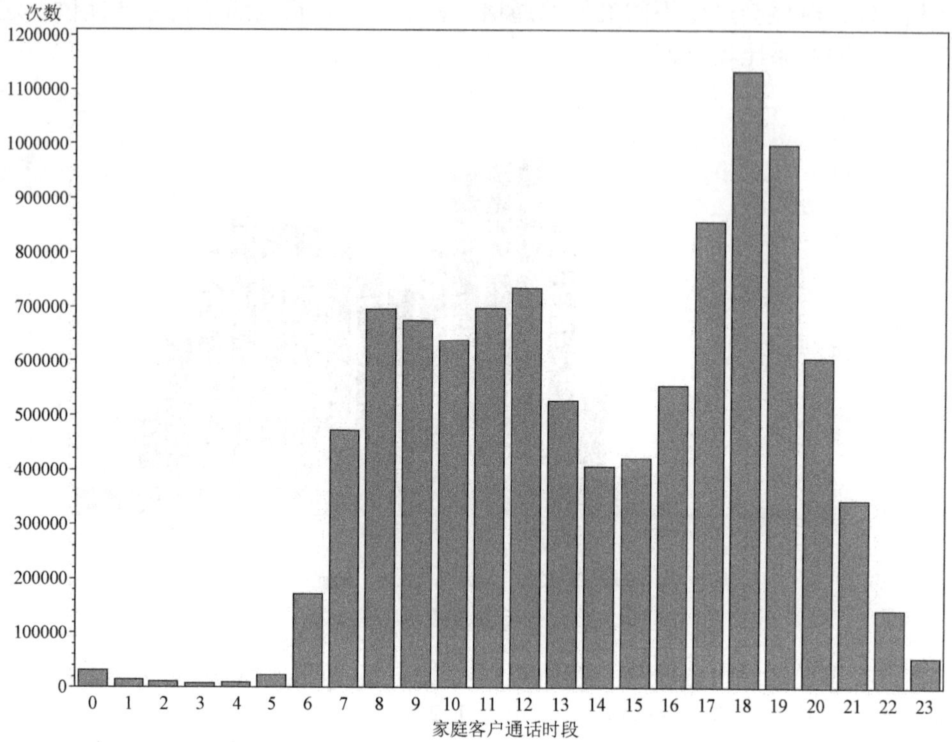

图3-56　家庭客户类型的通话时段分布

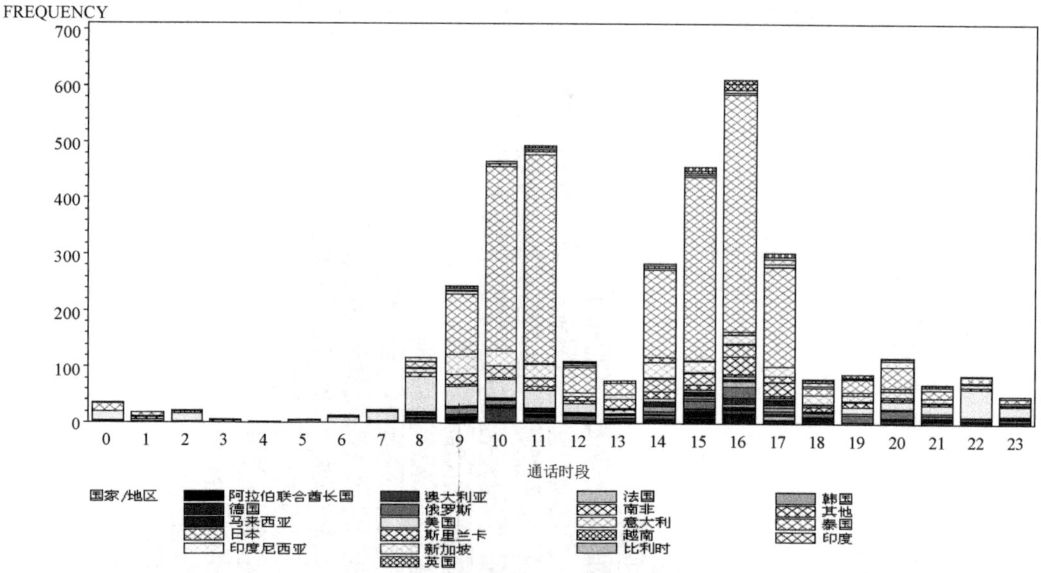

图3-57　一天中的国际长途的通话时段分布

由于海外和国内关于国际通话的收费标准不同，我国呼出的国际通话费用相比于海外呼入明显偏高。如图3-58所示，海外呼入占国际通话的主体，这说明了海外呼入的收费低，从而导致中国电信运营商的国际通话以被叫为主，因此运营商应该适当调整国际通话费用。

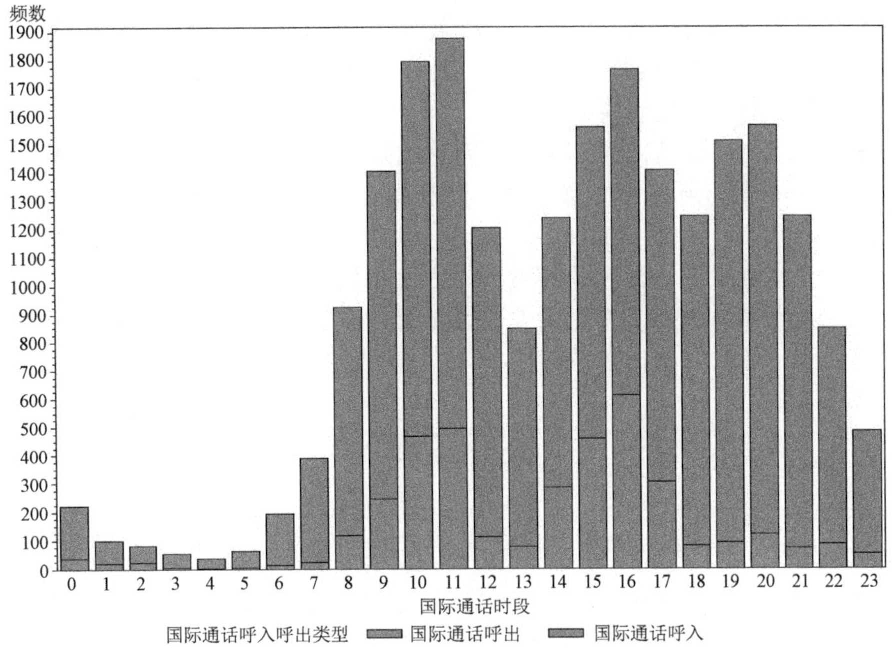

图 3-58　国际通话呼入呼出的通话时段分布

本章小结

数据是数据挖掘的基础，离开了数据，数据挖掘将毫无价值，正如巧妇难为无米之炊。现实中的数据并非生来就是用于数据挖掘的，数据会遭遇诸如缺失值、错误值和数据不一致及冗余值等方面的问题。如果数据规模太大，就难以在有效的时间内获得满意的结果。因此，在进行数据挖掘之前，需要了解、分析挖掘对象的数据特性，对数据进行探索分析，以便进行相应的预处理。如果数据本身就有问题（数据特征非常不规律、缺失值很多等），那么无论什么模型都没有办法化腐朽为神奇，得到满意的结果。数据挖掘的目的是提取数据精华，数据预处理是保证数据质量的前提，是进行有效数据挖掘的基础，是数据挖掘流程中一个至关重要的组成部分。

本章简单介绍了描述性统计分析和数据可视化两类数据探索方法，重点介绍了数据预处中的数据清理（缺失值和噪声数据处理）、数据集成、数据变换（特征构造、数据泛化、数据离散化、数据规范化）、数据归约（特征选择、抽样）的主要方法。还介绍了 Clementine 数据流操作，输入、输出节点，并对数据可视化和数据预处理中的相关节点进行了介绍，通过通话模式这一案例展示了数据准备过程。

习 题 3

3.1　在现实世界的数据中，元组在某些属性上常常有缺失值。请描述处理该问题的各种方法。

3.2　假定某课程的分数值如下（按递增顺序排列）：

32,52,56,66,70,70,72,75,75,78,80,81,85,85,85,88,88,90,92,95

请回答以下问题：

（1）使用最大-最小规范化，将分数值 72 转换到[0.0,1.0]区间。

（2）使用 z-score 规范化转换分数值 72，其中，平均分为 75.75，标准偏差为 15.37。

（3）使用小数定标规范化转换分数值 72。

（4）指出对于给定的数据，你愿意使用哪种规范化方法，并陈述理由。

3.3 以下是一个商场所销售的商品的价格清单（按递增顺序排列，括号中的数表示前面的数字出现的次数）5(5)、8(2)、10(4)、12(1)、14(3)、15(5)、18(8)、20(7)、21(4)、25(5)、28(1)、30(3)。请分别用等宽离散化方法和等频离散化方法将数据集划分为 4 组。

3.4 讨论使用抽样方法减少数据对象个数的优缺点。无放回简单随机抽样方法是一种好的抽样方法吗？为什么是，为什么不是？

案例分析

案例分析 3-1：Gartner 数据质量低下导致许多 IT 项目失败

著名市场调查公司 Gartner 表示，有许多企业常常根据不准确或不完整的数据来进行决策，这个坏习惯通常是导致如商业智能（BI）和客户关系管理（CRM）配置这样大型的、高成本的 IT 方案失败的主要原因。“大部分企业不了解数据质量问题会造成多么巨大的影响。”Gartner 的首席分析师 Ted Friedman 表示。根据他的调查，在财富 1000 榜上的企业中，有四分之一的企业在和低质量的数据打交道。

Ted Friedman 所说的数据质量是由从数据的一致性、准确性到相关性等一系列的参数决定的。如果空有数据，但是数据与手头上的项目和程序无关，那么数据就是毫无价值的。另外一些问题来源于数据的不完整。

“更重要的是，企业在采集全部所需数据方面的工作做得并不好。或者是做到了，但在企业中不同步。”Friedman 表示。

导致数据质量低下的一个重要原因是企业的行政人员习惯把数据采集的任务交给 IT 部门来完成，而 IT 部门往往不清楚哪些数据是不需要的。

“这些都不是新出现的问题。”Friedman 称，“人们常常避免数据质量问题。它经常起始于当企业的领导层说‘我们开始做 CRM’，或者一些其他项目的时候，并告诉 IT 部门去采集数据。他们通常假设 IT 部门知道要获取哪些数据。”

Friedman 声称，错误和不完整的数据对主要的 IT 项目，如 BI 和 CRM 的结果会有很大的影响。“BI 是‘垃圾进来，垃圾出去’这个谚语的最好印证。”Friedman 表示。对于期望使用 BI 软件进行决策的管理人员，如果使用质量低下的数据，他们会被用软件得出的结果吓一跳。“当数据不好时，他们怎么能对决策放心呢？”

资料来源：http://www.kmcenter.org/html/s55/200409/27-1554.html。

案例分析 3-2：幸存者偏差

为了加强对战机的防护，英美军方调查了作战后幸存飞机上的弹痕分布，决定哪里弹痕多就加强哪里。然而统计学家沃德力排众议，指出更应该注意那些弹痕少的部位，因为弹孔稀疏处恰恰是要害处，这些部位受到重创的战机很难有机会返航，没被击中要害的飞机才能成功返航。事实证明，沃德是正确的。

沃德的方法十分简单。他把统计表发给地勤技师，让他们把飞机上弹洞的位置报上来，然后在白纸上画出飞机的轮廓，再把那些弹洞一个个添上去。画完后发现飞机浑身都是窟窿，只有飞行员座舱和尾翼两个地方几乎是空白的。沃德告诉大家：这张图明显不符合概率分布的规律，明显违反规律的地方往往就是问题的关键。飞行员们一看就明白了：如果座舱中弹，飞行员就完了；如果尾翼中弹，飞机失去平衡就要坠落。如果这两处中弹，飞机很可能就回不来了，难怪统计数据是一片空白。因此，结论很简单：只需要给这两个部位焊上钢板就行了。

这个故事就是典型的幸存者偏差案例。在日常生活中，我们也经常遇到类似的情况。耳听不一定是真，眼见也不一定为实。“只关注‘看得到’的信息，便会离真相越来越远”。因为你只能看到经过某种筛选之后的结果，而忽略了关键信息。

城管总喜欢暴力执法吗?

那是因为正常执法的城管不会被报道，人们不会关注。

年轻人不用就业，直播喊麦就能年入百万?

那是因为更多的无人关注的主播不会被“推荐”给我们。

网上任何一个新闻舆情都会导致正反两方进行激烈的争论?

那是因为对新闻事件抱有越极端（同意或反动）看法的用户越可能有动力去留言、评论，还有相当多的人没有留言，而那些懒得去评论的用户就是无回应的样本，他们的真实看法可能会扭转现有的结论。

传统统计学的缺陷在于：结论的成功依赖采样的绝对随机性，就好像盟军空军遇到的困难一样，在现实中，采样的随机性非常困难，一旦在采样过程中存在任何偏见，分析结果都会相去甚远。

【思考题】试分析保险行业的数据挖掘情况。

第 4 章　聚类分析

开篇案例——百思买的客户分群

百思买（BestBuy）作为美国最大的家电及 IT 零售连锁商，其客户细分战略（Customer Centricity）是其经营及商店定位的重要组成部分。百思买将其中心客户分为 5 种类型：巴利（Barry）、巴茨（Buzz）、雷（Ray）、店门（StoreFront）、吉儿（Jill）。巴利是对技术很精通的顾客，吉儿是忙于接送小孩、参加各种市区文体活动的住在郊区的妈妈们，巴茨是热衷于新玩意儿的潮族，雷是对价格敏感的工薪族，店门则拥有小企业。除 5 种中心客户外，单身年轻女士凯莉（Carrie）、空巢一族海伦（Helen）及查理（Charlie）等也是百思买感兴趣的客户类型。

百思买结合销售数据（含会员卡）及人口分布数据来确认每个商店是否需要侧重于某个客户群。在其 300 个商店中，有 40 个商店专门定位于巴利型客户，并进行了重新布局，在这类商店中可以看到单独的家庭影院店中店、资深销售，以及便携设备专家；吉儿型商店的特色导购员可以帮主妇选择合适的数码产品；而巴茨型商店则有大量的电子游戏商品。同一个商店可以侧重于多个客户类型，如吉儿型和巴利型商店就经常被定位为同一个商店。每个商店的定位确定之后，相应的布局、存货、人员等，即可进行相应的调整优化。

资料来源：http://www.cognoschina.net/home/space.php?uid=850&do=blog&id=180。

利用客户的消费行为和人口特征对客户分群是市场营销中的重要手段。如何对客户进行有效分群是聚类分析的重要研究内容。

4.1　聚类分析概述

聚类分析是将数据集划分为若干相似对象组成的多个组（Group）或簇（Cluster）的过程，可以使同一组中的对象间的相似度最大化，使不同组中的对象间的相似度最小化。在许多实际问题中，对于只有很少先验信息可用的数据，决策人员必须尽可能少假定数据。在这种限制下，聚类分析方法特别适合数据点之间内部关系的探索，以评估它们的结构。数据集可能包含复杂的结构，低廉的价格可能刺激某些客户消费，但对另一些客户来说，便宜的产品可能更没有吸引力。聚类分析提供了一种了解复杂数据结构的方法，就像把合成的不和谐的噪音信号分解成一个个更简单的电台信号一样，当人们试着解释复杂问题的时候，自然的倾向是把目标分解成一个个小的组成部分，从而更加简单地解释其中的各部分。聚类分析是一类探索性分析方法，根据相似性原则，在没有先验知识的情况下对事物进行分组，进而分析事物的内在特点和规律。聚类分析是人类活动中的一项重要内容，如人在成长过程中不断通过观察进行学习，早在儿童时期，人就开始通过不断地改进下意识中的分类模式来学会如何区分猫和狗、认识动物和植物、辨认空旷和拥挤的区域。

聚类分析常用于探索数据的内在结构，在许多领域得到了广泛应用。在商业上，聚类分析是细分市场的有效工具，可以基于消费者行为来发现不同类型的客户群，并刻画不同客户群的特征，以更好地提供个性化服务，如基于聚类分析的客户细分在移动通信套餐设计中的应用；在保险行业中，聚类分析可以通过消费特征来鉴定汽车保险单持有者的分组；在房地产业中，聚类分析可以根据住宅类型、价值和地理位置等特征来鉴定一个城市的房产分组；在地理中，聚类分析可以借助地球观测数据库来帮助识别具有相似的土地使用情况的区域；在生物学中，聚类分析被用于动植物分类和基因分类，获取对种群固有结构的认识；在考古中，聚类分析被用于考古学分类、聚类形态分析；在电子商务中，通过分组聚类出具有相似浏览行为的客户，并分析客户的共同特征，可以更好地帮助商家了解自己的客户，向客户提供更合适的服务。

聚类分析既可以作为一个独立的工具来使用，以帮助获取数据分布情况及内在结构、了解各数据组的特征、确定所感兴趣的数据组并进行进一步分析，也可以作为其他算法（如特征选择与分类等）的预处理步骤，以降低数据的维度和数据规模。聚类分析后的结果增加一个字段可以用来表示每条记录所在的簇号（标明其属于哪个簇），可以在聚类分析所生成的簇的基础上进行进一步处理。

聚类分析主要涉及如何度量数据对象间的相似性及以怎样的方式实施聚类（划分）。根据数据类型、实际问题的特点及聚类目的的不同，聚类算法有多种，主要包括：基于划分的聚类算法、层次聚类算法、基于密度的聚类算法、谱聚类算法、蚁群聚类算法和基于约束的聚类算法等。有些聚类算法集成了多种聚类算法的思想，所以有时很难将某个给定的算法划分为某类聚类方法。此外，某些应用可能有特定的聚类标准，要求综合多种聚类技术。本章重点介绍基于划分的聚类算法、层次聚类算法、基于密度的聚类算法和神经网络的聚类算法。由于相似性度量是大多数聚类算法中计算对象之间相似性的基础步骤，因此在介绍聚类算法前先讲述相似性度量方法。

4.2 相似性度量

聚类分析通常按照对象间的相似性进行分组，因此如何描述对象间的相似性成为聚类分析的重要问题。数据的类型不同，相似性度量的方式也不同。例如，对数值型数据而言，两个对象的相似度通常是指它们在欧氏空间中互相邻近的程度；而对离散型数据而言，两个对象的相似度与它们取值相同的属性个数有关。相似性度量是衡量变量间相互关系强弱、联系紧密程度的重要方法，是聚类分析、最近邻分类和离群点检测等数据挖掘方法的基础。

4.2.1 数据及数据类型

数字是最简单的数据形式，也是数据的狭义理解，随着人类历史的发展，数据的内涵在不断丰富、扩展。从广义上讲，可以把数据理解为记录在介质中的信息（在不同场合也可以称为数据对象、点、向量、模式、事件、案例、样本或实体等），其表现形式可以是数字、符号、文字、图像、音频、视频或计算机代码等。

对于数据的理解不仅需要了解其表现形式，还需要了解数据的语义。数据和数据的语义是不可分割的。例如，110 是一个数据，可以是公共电话号码，也可以是一个电信客户某个月的消费金额，还可以是某个部门的员工人数。数据的语义是指对数据含义的说明，是数据对象（记录）所有属性的集合，只有当数据被赋予了有价值的语义解释，这个数据才能成为被人理解的信息。例如，某个用户一个月消费 110 元，这时的 110 才能被正确理解。而数据集是具有相同属性的数据对象的集合。属性（也称为特征、维或字段）是指一个对象的某方面性质或特性。一个对象需通过若干属性被刻画。根据属性具有的不同性质，属性可分为 4 种：标称（Nominal）、序数（Ordinal）、区间（Interval）和比率（Ratio）。

① 标称（Nominal）属性，其属性值只提供足够的信息以区分对象，如颜色、性别、产品编号等。这种属性值大小的比较没有实际意义，如三个对象可以用甲、乙、丙来区分，也可以用 A、B、C 来区分。

② 序数（Ordinal）属性，其属性值提供足够的信息以区分对象的排序，如全球通 VIP 客户等级（贵宾卡、银卡、金卡、钻石卡）、企业信用评估等级（国际通行的“四等十级制”，AAA、AA、A、BBB、BB、B、CCC、CC、C、D）、奖励等级（一等奖、二等奖、三等奖、优胜奖）等。

③ 区间（Interval）属性，其属性值之间的差是有意义的，但比率或和是没有意义的，如开户日期、摄氏温度。

④ 比率（Ratio）属性，其属性值之间的差和比率都是有意义的，如年度消费总额、通话时长和网站浏览量等。

属性可以进一步归类为以下两种。

① 标称属性和序数属性统称为分类（Categorical）属性或定性（Qualitative）属性，取值为集合。

② 区间属性和比率属性统称为数值（Numeric）属性或定量（Quantitative）属性，取值为区间。定量属性可以是整数值，也可以是连续值。

通常情况下，数据挖掘算法需要以表格形式来组织数据，如表 4-1 所示。在表 4-1 中，每列表示一个属性，每行表示一个对象，而整个数据集则由多个具有相同属性的记录组成。在表 4-1 中，同一列中各行的取值不完全相同，这是因为不同数据对象在同一个属性上体现的属性值不同。

表 4-1 包含电信客户信息的样本数据集

客户编号	客户类别	行业大类	通话级别	通话总费用
N22011002518	大客户	采矿业和一般制造业	市话	16352 元
C14004839358	商业客户	批发和零售业	市话＋国内长途（含国内 IP）	27891 元
N22004895555	商业客户	批发和零售业	市话＋国际长途（含国际 IP）	63124 元
3221026196	大客户	科学教育和文化卫生	市话＋国际长途（含国际 IP）	53057 元
D14004737444	大客户	房地产和建筑业	市话＋国际长途（含国际 IP）	80827 元

这种简单的带行和列的数据表格式是大家非常熟悉的。然而，在很多实际环境中，数据不一定是以这种表格形式产生和存储的，可能需要经过适当的数据预处理。

数据集可以看作具有相同属性的数据对象的集合。在数据挖掘领域，关于数据集有三方面的问题需要考虑：维度、稀疏性和分辨率。

① 维度（Dimensionality）：指数据集中的对象具有的属性个数总和。根据数据集的维度大小，数据集可以分为高、中、低三个维度。在面对高维数据集时，经常会碰到维灾难（Curse of Dimensionality）的情况，因此数据预处理中有维归约（Dimensionality Reduction）技术。

② 稀疏性（Sparsity）：指在某些数据集中，有意义的数据非常少，如不到 1%。超市购物记录、事务数据集、文本数据集具有典型的稀疏性。用户一次购物的商品类别数占超市总商品类别数的比例很低；一篇文章中不同的字占常用字的比例也很低。

③ 分辨率（Resolution）：可以在不同的分辨率或粒度（Granularity）下观察数据，而且在

不同的分辨率下，对象的性质也不同。数据中隐藏的模式依赖于分辨率，分辨率太高或太低，都得不到有效的模式。针对具体应用，需要选择合适的分辨率或粒度。例如，我们在分析不同大学网络用户（假定每个人使用不同的 IP 地址）的行为特性时，如果使用每个具体地址，则难以体现群体的特性，如果使用部分 IP 地址（如前 3 个 IP 地址段），则容易发现不同群体的行为特性。

4.2.2 属性之间的相似性度量

通常情况下，具有若干属性的对象之间的相似性用单个属性的相似性的组合来定义，因此这里首先讨论具有单个属性的对象之间的相似性。不同类型的属性使用的相似性度量是不同的。

1. 标称和区间属性

考虑由一个标称属性描述的对象，对于两个这样的对象，相似意味着什么？由于标称属性只携带了对象的差异性信息，因此两个对象只有相同或不同的值，如果属性值匹配，则相似度定义为 1，否则为 0；差异性用相反的方法定义，如果属性值匹配，则差异性为 0，否则为 1。

对于区间属性，两个对象之间的差异性度量是它们的差值的绝对值。例如，将一个人现在的体重与一年前的体重相比较的结果是“重了 5 公斤”。在这种情况下，差异性通常在 0 到 ∞之间取值，而不是在 0 到 1 之间取值。

下面汇总了不同属性情况下的属性相似性度量方法，如表 4-2 所示。由于序数属性和比率属性都是通过变换后作为区间属性来计算差异性和相似性的，因此在表 4-2 中只包含标称属性和区间属性。在表 4-2 中，x 和 y 是两个属性值，它们具有指定的类型，$d(x, y)$和 $s(x, y)$分别是 x 和 y 之间的差异性和相似性（下面分别用 d 和 s 简化表示 $d(x, y)$和 $s(x, y)$）。

表 4-2 简单属性的差异性和相似性

属性类型	差 异 性	相 似 性
标称	$d=\begin{cases}0 & x=y\\1 & x\neq y\end{cases}$	$s=\begin{cases}1 & x=y\\0 & x\neq y\end{cases}=1-d$
区间	$d=\lvert x-y\rvert$	$s=\dfrac{1}{1+d}$，$s=\mathrm{e}^{-d}$，$s=1-\dfrac{d-\min\_d}{\max\_d-\min\_d}$

2. 序数和比率属性

（1）序数属性

序数属性变量（Ordinal Variable）包括分类的和连续的两种类型。一个分类序数属性与一个标称属性类似，不同的是对应 M 个状态的 M 个顺序值是按一定次序排列的，有助于记录一些不便于客观度量的主观评价，如职称就是一个分类序数属性，是按照助教、讲师、副教授、教授的顺序排列的。一个连续的序数属性看上去就像一组未知范围的连续数据，但它的相对位置要比它的实际数值有意义得多，顺序是主要的，而实际的大小是次要的。例如，比赛的名次通常比排名的具体位置更有意义。一个序数属性的集合可以映射到一个等级（Rank）集合上。例如，若序数属性 f 有 M_f 个状态，那么这些有序的状态就可映射为 $1,2,\cdots,M_f$ 的等级，通过等级来描述差异。序数属性 f 的差异程度的计算方法具体如下。

① 属性f有M_f个有序状态，将属性值x_f替换为相应的等级r_f， $r_f \in \{1,2,\cdots,M_f\}$。

② 对序数属性等级r_f进行$z_f = \dfrac{r_f - 1}{M_f - 1}$变换，将其映射到区间[0,1]上。

③ 利用有关区间属性的任一种距离计算公式来计算差异性。

考虑一个在标度{poor,fair,ok,good,wonderful}上测量产品（如糖块）质量的属性。产品P1被评定为wonderful、P2被评定为good、P3被评定为ok。直观地看，P2比P3更接近P1。为了量化这种观察结果，需要把序数属性映射为不同等级，{poor=1,fair=2,ok=3,good=4,wonderful=5}，于是，P1与P2之间的差异性为d(P1,P2) =(5−4)/4=0.25，P1与P3之间的差异性为d(P1,P3) =(5−3)/4=0.5。可见，差异性计算结果与观察相符。

序数属性差异性的定义存在不足之处，因为假定区间间隔是相等的，而事实可能并非如此，如值fair与good的差和ok与wonderful的差可能不完全相同。但是在实践中难以更准确地反映这种差异，因此在缺乏更多信息的情况下，这是定义序数属性之间相似性的标准方法。

（2）比率属性

比率变量（Ratio-Scaled Variable）是在非线性尺度上取得的测量值，如指数比率可以近似描述为Ae^{Bt}或Ae^{-Bt}，其中A和B为正的常数。典型示例为细胞繁殖增长的数目描述、放射性元素的衰变。

在计算比率变量所描述的对象间的距离时，有以下3种处理方法。

① 将比率变量当作区间间隔数值变量来进行计算处理。该方法可能会导致非线性的比例尺度被扭曲。

② 将比率变量看作连续的序数属性进行处理。

③ 利用变换（如对数转换$y_f = \log(x_f)$）来处理属性f的值x_f，得到y_f，将y_f当作区间变量进行处理。这里的变换需要根据具体定义或应用需求而选择log或其他变换。相对来说，这个方法的效果较好。

4.2.3 对象之间的相似性度量

现实生活、模式识别、计算机视觉等领域都会涉及对象之间的相似性度量这一问题。这里的对象可以是网页、图像，也可以是文本、集合，但最终在数学上都可以表示为向量或向量的集合。一个对象通常由多个属性来描述，对象之间的相似性度量涉及描述对象的属性类型，需要将不同属性上的相似性度量整合成一个总的相似性度量来表示。传统的相似性度量有两种方法：一种是距离度量，另一种是相关系数。使用距离度量时，往往将数据对象看作多维空间中的一个点（向量），并在空间中定义点与点之间的距离。

假定使用m个属性来描述数据记录，将每条记录看成m维空间中的一个点，距离越小、相关系数越大的记录之间的相似性越高。这里分3种情况来描述：① 所有属性是数值型的；② 所有属性都是二元属性的；③ 同时包含分类属性和数值属性的混合属性。

1．数值属性相似性度量

（1）距离度量

这里介绍闵可夫斯基（Minkowski）距离。

对于任意样本对象$p = [p_1, p_2, \cdots, p_m]$与$q = [q_1, q_2, \cdots, q_m]$，它们之间的距离定义为

$$d_x(p,q)=\left(\sum_{i=1}^{m}\left|p_i-q_i\right|^x\right)^{1/x}\text{，}(x>0)$$

当 x 取 1、2、∞时，分别对应曼哈顿（Manhattan）距离 $d_1(p,q)=\sum_{i=1}^{m}\left|p_i-q_i\right|$、欧式（Euclidean）距离 $d_2(p,q)=\sqrt{\sum_{i=1}^{m}\left|p_i-q_i\right|^2}$、切比雪夫（Chebyshev）距离 $d_\infty(p,q)=\max_{1\leqslant i\leqslant m}\left|p_i-q_i\right|$。

直接使用闵可夫斯基距离的缺点是量纲或度量单位对聚类结果有影响，为避免不同量纲的影响，通常需要对数据进行规范化，以使它们的值落入大致相同的范围。

（2）相似系数

① 余弦相似度

$$\cos(p,q)=\frac{\sum_i p_i\times q_i}{\sqrt{(\sum_i p_i^2)\times(\sum_i q_i^2)}}$$

余弦相似度忽略了各向量的绝对长度，着重从形状方面考虑它们之间的关系，不受坐标轴旋转、放大、缩小的影响，取值范围为[-1,1]。当两个向量方向相近时，夹角余弦值较大，反之则较小。当两个向量平行时，夹角余弦值为 1；当两个向量正交时，夹角余弦值为 0。

余弦相似度的应用相当广泛，尤其是在文本处理领域。余弦相似度与欧式距离之间的差别可以借助三维坐标系来说明，如图 4-1 所示。

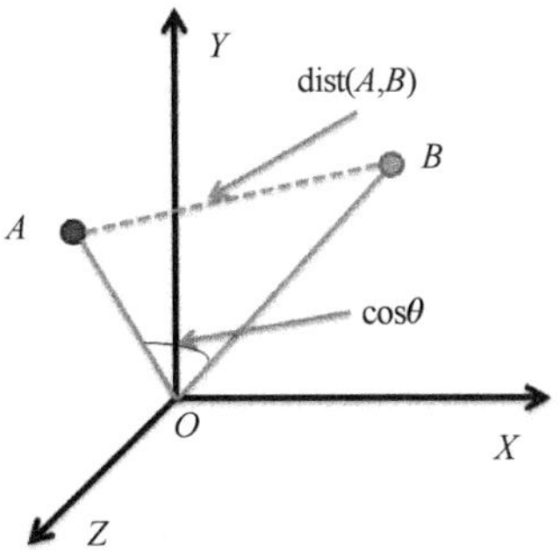

图 4-1　余弦相似度与欧式距离之间的差别

距离度量衡量的是空间各点间的绝对距离，跟各个点所在的位置坐标（个体特征维度的数值）直接相关；余弦相似度衡量的是空间向量的夹角，更注重体现方向上的差异，而不是位置上的差异。欧氏距离能够体现个体数值特征的绝对差异，所以多用于需要从维度的数值大小中体现差异的分析，如使用用户行为指标分析用户价值的相似性或差异性；而余弦相似度倾向于从方向上体现差异性，而对绝对数值不敏感，多用于根据用户对内容的评分来区分用户兴趣的相似性和差异性，同时修正了用户间可能存在的度量标准不统一的问题。

② 相关系数

$$\mathrm{Corr}(p,q)=\frac{\sum_i(p_i-\overline{p})\times(q_i-\overline{q})}{\sqrt{(\sum_i(p_i-\overline{p})^2\times\sum_i(q_i-\overline{q})^2)}}$$

相关系数是向量标准化后的夹角余弦，取值范围在区间[−1，1]内。它表示两个向量的线性相关程度。

③ 卡方检验

卡方检验（Chi-Square Test），也叫 χ^2 检验，通常用来检测两个离散变量的独立性。

卡方检验的理论假设：一个样本中已发生事件的次数分布会遵守某个特定的理论分布。通常而言，观测频数跟实际频数应该没有区别，除非两个变量不是独立的。举个例子：某学校不同专业的学生的性别跟专业是相互独立的吗？通过表 4-3 的数据直观地看，专业与性别的关联性比较大。

表 4-3　某学校不同专业学生性别分布

	计算机	管理	金融	经济	英语	西方语言	东方语言	总计
男生	145	90	75	75	32	50	39	506
女生	135	290	100	130	188	198	156	1197
小计	280	380	175	205	220	248	195	1703

因此这里的观测值与实际值不一致，我们可以说性别与专业不是相互独立的。

假设属性 A 有 r 个不同的值 $a_1,a_2,\cdots,a_r$，属性 B 有 c 个不同的值 $b_1,b_2,\cdots,b_c$。用 A 和 B 描述的数据元组可以用一个相依表显示，其中 A 的 r 个值构成列，B 的 c 个值构成行，令 $A=a_i$，$B=b_j$，表示属性 A 取值 a_i，属性 B 取值 b_j 的联合事件。卡方统计量 χ^2 的计算公式如下：

$$\chi^2=\sum_{i=1}^{r}\sum_{j=1}^{c}\frac{(O_{ij}-E_{ij})^2}{E_{ij}}$$

其中，O_{ij} 表示 $A=a_i$，$B=b_j$ 的观测频度（实际计数），E_{ij} 表示 $A=a_i$，$B=b_j$ 的期望频度。

$$E_{ij}=\text{count}(A=a_i)\times\frac{\text{count}(B=b_j)}{n}$$

其中，n 是所有元组的总数。

卡方检验是检测假设两个离散变量 A、B 是独立的，自由度为 df=$(r-1)(c-1)$，设定置信度水平α，查出自由度为 df 的卡方分布临界值，如果卡方统计量 χ^2 大于临界值，则可以拒绝两个属性独立的假设，也就是说，两者是相关的。两者越相关，χ^2 值越大。

对于表 4-3 中的数据进行处理可以得到不同专业学生期望的性别分布，如表 4-4 所示。

表 4-4　不同专业学生期望的性别分布

	计算机	管理	金融	经济	英语	西方语言	东方语言	总计
男生	83.19	112.91	52	60.91	65.37	73.69	57.94	506
女生	196.81	267.09	123	144.09	154.63	174.31	137.06	1197
小计	280	380	175	205	220	248	195	1703

$\chi^2=94.836$，自由度 df=6，对于置信度水平 $\alpha=0.05$，临界值为 1.634，拒绝学生专业与其性别独立的假设。

④ 互信息

两个随机变量的互信息（Mutual Information，MI）或转移信息（Trans Information）是一个随机变量包含另一个随机变量的信息量，或者说，在已知一个变量的情况下，另一个变量减少的信息量。互信息或转移信息用来度量两个离散变量之间的相关性或相互依赖性。

特征 X 的信息熵

$$H(X)=-\sum_i P(x_i)\log_2(P(x_i))$$

已知变量 Y 后 X 的条件信息熵

$$H(X|Y)=-\sum_j P(y_i)\sum_i P(x_i|y_i)\log_2(P(x_i|y_i))$$

信息增益 $\mathrm{IG}(X|Y)=H(X)-H(X|Y)$，信息增益是在已知一个变量的情况下，另一个变量信息熵的减少量，当 X 和 Y 独立时，$\mathrm{IG}(X|Y)=0$。

互信息

$$\mathrm{SU}(X,Y)=2\left[\frac{\mathrm{IG}(X|Y)}{H(X)+H(Y)}\right]$$

⑤ 广义 Jaccard 系数

广义 Jaccard 系数，又称为 Tanimoto 系数，广泛用于信息检索和生物学分类中，用 EJ 表示，在二元属性情况下可以简化为 Jaccard 系数。

$$\mathrm{EJ}(p,q)=\frac{\sum_i p_i\times q_i}{\sum_i p_i^2+\sum_i q_i^2-\sum_i p_i\times q_i}$$

2．二元属性的相似性度量

二元属性变量（Binary Variable）只有 0 或 1 两种状态，表示属性存在与否。一种差异计算方法就是根据二元数据计算。假设二元属性对象 p 和 q 的取值情况如表 4-5 所示，其中，n_{11} 表示对象 p 和 q 中均取 1 的二元属性个数，n_{10} 表示对象 p 取 1 而对象 q 取 0 的二元属性个数，n_{01} 表示对象 p 取 0 而对象 q 取 1 的二元属性个数，n_{00} 表示对象 p 和 q 均取 0 的二元属性个数。

表 4-5　二元属性对象 p 和 q 的取值情况

		对象 q		合计
	—	1	0	
对象 p	1	n_{11}	n_{10}	$n_{11}+n_{10}$
	0	n_{01}	n_{00}	$n_{01}+n_{00}$
合　计		$n_{11}+n_{01}$	$n_{10}+n_{00}$	$n_{11}+n_{10}+n_{01}+n_{00}$

二元属性的相似性存在对称和不对称两种情况。如果一个二元属性的两个状态值所表示的内容同等重要，那么它是对称的，否则是不对称的。例如，给定属性变量 smoker，它描述一个病人是否吸烟的情况，用 0 或 1 进行编码来表示一个病人的吸烟状态是同等重要的，因此 smoker 是对称变量。基于对称二元属性变量所计算的相似性称为不变相似性（变量编码的改变不会影响计算结果）。对于不变相似性，常用简单匹配相关系数的方式来描述对象 p 和 q 之间的距离（或差异程度），其定义为

$$d(p,q)=\frac{n_{01}+n_{10}}{n_{00}+n_{01}+n_{10}+n_{11}}=1-\frac{n_{00}+n_{11}}{n_{00}+n_{01}+n_{10}+n_{11}}$$

其中，$n_{01}+n_{10}$ 表示取值不同的属性个数，$n_{00}+n_{11}$ 表示取值相同的属性个数。

对于不对称的二元属性变量，如果认为取值 1 比取值 0 更重要、更有意义，那么这样的二元属性变量就好像只有一种状态。例如，属性 disease 的检测结果是 positive（阳性）或 negative（阴性），显然这两个检测结果的重要性是不一样的，通常将少见而重要的情况用 1 来表示（如

HIV 阳性），而将其他不重要的情况用 0 来表示（如 HIV 阴性）。在这种情况下，对象 p 和 q 之间的距离评价通常采用 Jaccard 系数，其定义为

$$d(p,q)=\frac{n_{01}+n_{10}}{n_{01}+n_{10}+n_{11}}$$

不同于对称相似性，对象 p 和 q 均取 0 的情况被认为是不重要的，因此忽略了 n_{00}。这种二元型的 Jaccard 系数经常被用于商业零售数据的处理。

3．混合属性相似性度量

要将不同属性之间的距离整合到一起，首先必须解决不同属性之间的距离的可比性问题，把所有属性间的距离转换到区间[0,1]中。假设数据集包含 m 个不同类型的属性，对象 p 和 q 之间的距离推广闵可夫斯基（Minkowski）距离，其定义为

$$d_x(p,q)=\left(\frac{\sum_{f=1}^{m}\delta_{pq}{}^{(f)}d_f(p,q)^x}{\sum_{f=1}^{m}\delta_{pq}{}^{(f)}}\right)^{1/x}$$

其中，如果 p_f 或 q_f 数据不存在（对象 p 或对象 q 的属性 f 无测量值），或者 $p_f=q_f=0$，且属性 f 为非对称二元属性，则标记 $\delta_{pq}{}^{(f)}=0$，否则 $\delta_{pq}{}^{(f)}=1$。$\delta_{pq}{}^{(f)}$ 表示属性 f 对对象 p 和对象 q 之间的距离的贡献，对象 p 和对象 q 在属性 f 上的距离 $d_f(p,q)$ 需根据其属性类型进行相应计算。

① 若属性 f 为二元属性或标称属性，如果 $p_f=q_f$，那么 $d_f(p,q)=0$，否则 $d_f(p,q)=1$。

② 若属性 f 为序数属性，计算对象 p 和对象 q 在属性 f 上的秩（或等级）r_{pf} 和 r_{qf}，$d_f(p,q)=\dfrac{|r_{pf}-r_{qf}|}{M_f-1}$。

③ 若属性 f 为区间属性，则 $d_f(p,q)=\dfrac{|p_f-q_f|}{\max_f-\min_f}$，$\max_f$、$\min_f$ 分别表示属性 f 的最大值和最小值。

④ 若属性 f 为比率属性，则通过变换将其转换为区间属性来处理。

当描述对象的属性是不同类型时，也能够计算对象之间的距离，且取值区间为[0,1]。

4．由距离度量转换而来的相似性度量

可以通过一个单调递减函数将距离度量转换成相似性度量，相似性度量的取值一般为区间[0,1]，取值越大，说明两个对象越相似，常用的方式如下。

① 采用负指数函数将距离度量转换为相似性度量 s，即

$$s(p,q)=\mathrm{e}^{-d(p,q)}$$

② 采用距离度量的倒数进行相似性度量，即

$$s(p,q)=\frac{1}{1+d(p,q)}$$

其中，分母上加 1 是为了避免分母为 0 时出现错误。

③ 若距离度量在 0～1 之间，那么可以采用与 1 的差作为相似系数，即

$$s(p,q)=1-d(p,q)$$

4.3 k-Means 算法及其改进

4.3.1 k-Means 算法

k-Means 算法是 1967 年由 MacQueen 提出的，迄今为止，很多聚类任务都选择该经典算法，其核心思想是找出 k 个簇中心 $c_1,c_2,\cdots,c_k$，使得每个数据点 x_i 到其最近的簇中心 c_v 的距离平方和最小化。k-Means 算法的处理流程如下：给定 N 个样本的数据集 D，生成的簇数目为 k，随机选择 k 个对象，每个对象代表一个簇的初始均值或中心；对剩余的每个对象，根据其与各簇均值的距离，将其指派到最相似（或最近）的簇，然后计算每个簇的新中心；不断重复上述过程，直到目标准则函数收敛。通常采用平方误差准则，即对于每个簇中的每个对象，求对象到其中心距离的平方和，这个准则试图使生成的 k 个结果簇尽可能紧凑和独立。k-Means 算法的形式化描述如下。

① 从数据集 D 中任意选择 k 个对象作为初始簇的中心。

② 重复③④两步。

③ 计算每个对象到各簇中心的距离，将每个对象指派到离它最近的簇。

④ 更新簇中心，即计算每个簇中对象的均值，作为新的簇中心。

⑤ 直到簇不再发生变化。

k-Means 算法中用如 $<n,\text{Mean},\sigma_i^2>$ 的形式来表示一个簇，n 表示簇中包含的对象个数，Mean 表示簇中对象的均值（中心），σ_i^2 表示簇中对象的方差。

注：对于相同的 k 值，选择不同的初始簇中心，可能得到不同的聚类结果。

k-Means 算法描述容易、实现简单、快速，但存在如下不足：① 簇的个数 k 需要预先指定，但实际上难以确定；② 算法对初始值的选取依赖性极大且算法常陷入局部最优解；③ 由于将簇的中心（均值）作为簇中心进行新一轮聚类计算，远离数据密集区的孤立点和噪声点会导致簇的中心偏离真正的数据密集区，因此 k-Means 算法对噪声点和孤立点很敏感；④ 不能用于发现非凸形状的簇，以及具有各种不同大小和密度的簇，即很难检测到“自然”簇，如图 4-2 所示，用 k-Means 算法不能正确识别自然的区域，原因在于它们采用的簇的表示方法及簇间相似性度量不能反映这些“自然”簇的特征；⑤ 只能用于处理数值属性的数据集，不能处理分类属性的数据集。

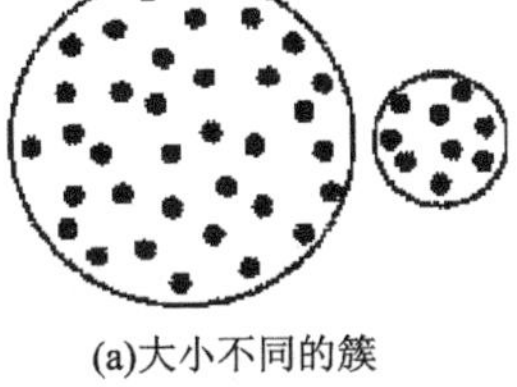

(a)大小不同的簇

(b)形状不同的簇

(c) 局部形状不规则的簇

图 4-2 k-Means 算法不能识别的数据示例

下面介绍簇数 k 的确定方法。簇数可以看作数据集的重要的概括统计量。确定数据集中“正确的”簇数是重要的，因为合适的簇数可以控制适当的聚类分析粒度，从而更好地平衡聚类分析的可压缩性和准确性。确定簇数并非易事，因为“正确的”簇数常常含糊不清。找出“正确的”簇数依赖于数据集分布的形状和尺度，也依赖于用户要求的聚类分辨率。这里介绍两种确定簇数的方法。

一种经验方法是，对于包含 N 个对象的数据集，簇数 k 约为 $\sqrt{N/2}$，不能超过 $\sqrt{N}$。

另一种经验方法是肘方法（Elbow Method）。基于如下观察：增加簇数有助于降低每个簇的簇内方差之和，如果形成太多的簇，则降低簇内方差和的边缘效应可能会下降。因此选择“正确的”簇数的启发式方法是，使用簇内方差和关于簇数的曲线的拐点，具体描述如下。

给定 $k>0$，可以使用像 k-Means 这样的算法对数据集聚类，并计算簇内方差和 var(k)；然后绘制簇内方差和关于 k 的曲线，曲线的第一个（或最显著的）拐点暗示“正确的”簇数。

【例 4-1】 对表 4-6 中的二维数据，使用 k-Means 算法将其划分为 2 个簇，假设初始簇中心选为 $P_7(4,5)$和 $P_{10}(5,5)$。

表 4-6　k-Means 聚类过程示例数据集

	P_1	P_2	P_3	P_4	P_5	P_6	P_7	P_8	P_9	P_{10}
x	3	3	7	4	3	8	4	5	7	5
y	4	6	3	7	8	5	5	1	4	5

【解】 图 4-3 所示为 k-Means 算法聚类过程示例。

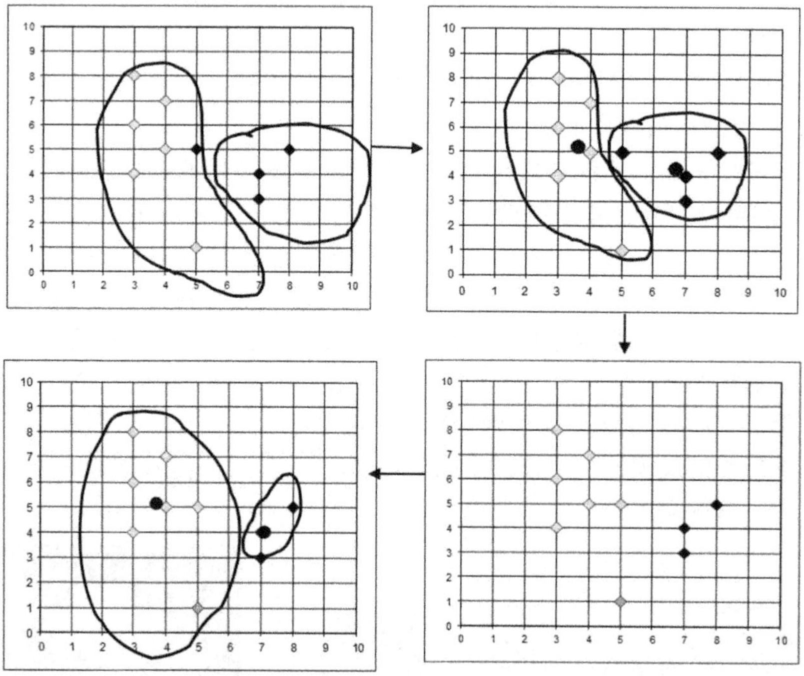

图 4-3　k-Means 算法聚类过程示例

（1）根据题目，假设划分的两个簇分别为 C_1 和 C_2，初始中心分别为(4,5)和(5,5)，下面计算 10 个样本到这两个簇中心的距离，并将 10 个样本指派到与其最近的簇中。

（2）第一轮的迭代结果如下。

属于簇 C_1 的样本：$\{P_7,P_1,P_2,P_4,P_5,P_8\}$。属于簇 C_2 的样本：$\{P_{10},P_3,P_6,P_9\}$。

重新计算新的簇中心得到：C_1 的中心为(3.5, 5.167)，C_2 的中心为(6.75, 4.25)。

（3）继续计算 10 个样本到两个新的簇中心的距离，重新分配 10 个样本到新的簇中，第二轮迭代结果如下。

属于簇 C_1 的样本：$\{P_1, P_2, P_4, P_5, P_7, P_8, P_{10}\}$。属于簇 C_2 的样本：$\{P_3, P_6, P_9\}$。

重新计算新的簇中心得到：C_1 的中心为(3.71, 5.14)，C_2 的中心为(7.13, 4)。

（4）继续计算 10 个样本到两个新的簇中心的距离，重新分配 10 个样本到新的簇中，发现簇中心不再发生变化，算法终止。

4.3.2 *k*-Means 算法的拓展

在 *k*-Means 算法中，距离的计算基于数值型数据，没有明确说明对于分类型数据如何处理。此外，它对于噪声和离群点数据很敏感，因为少量的这类数据能够对均值产生极大的影响。本节介绍 *k*-Means 算法的一些改进策略，它们在初始簇时对象的选择、相似性的计算方法或簇中心的计算方法等方面有所不同。下面介绍三种 *k*-Means 算法的改进算法。

（1）将分类型数据转化为数值型数据，再利用 *k*-Means 算法进行聚类分析

对于具有 k 个类别的 Set 型变量，采用 k 个取值为 0 或 1 的数值型变量共同来表示。例如，变量 x 有 A、B、C 三个类别，则用 x_1、x_2、x_3 三个变量共同表示。如果 x 取 A，则 x_1、x_2、x_3 分别为 1、0、0；如果 y 取 B，则 x_1、x_2、x_3 分别为 0、1、0；如果 z 取 C，则 x_1、x_2、x_3 分别为 0、0、1。于是，原来具有 k 个类别的一个聚类变量会派生出取值为 0 或 1 的 k 个变量。若两个对象（如这里的 x 和 y）在一个离散属性上的取值不同，则这两个对象在这一属性上的差异可以看成 1，但转换为数值属性后，其差异变成了 $\sqrt{2}$（采用欧式距离），即离散属性转换为数值属性后距离被放大了，需要除以 $\sqrt{2}$ 或乘以 $\sqrt{2}/2 \approx 0.707$。Clementine 软件就采用这种策略，其局限性在于：① 当分类属性取值个数多时，将导致转换时的计算代价和转换后的存储代价急剧增加；② 得到的对应均值没有实际意义，难以解释。

（2）适用于纯分类属性数据集的 *k*-Modes 算法和混合属性数据集的 *k*-Prototypes 算法

k-Modes 算法采用 Mode（众数）表示分类属性，在聚类过程中使用简单匹配来度量分类属性的不相似性（Dissimilarity），从而将 *k*-Means 算法的应用范围扩展到分类属性数据集。将 *k*-Modes 算法和 *k*-Means 结合到一起，形成了 *k*-Prototypes 算法，用来处理具有混合属性的数据集。当一个分类属性中两个取值最多的属性值基本相等或相等时，用 Mode 表示分类属性会产生较大误差。

（3）适用于混合属性数据集的 *k*-Summary 算法，使用簇的摘要信息表示簇的中心

对于聚类分析而言，簇的表示和数据对象之间相似性的定义是基础问题，直接影响数据聚类的效果。针对许多实际应用中数据往往具有混合属性的特点，这里介绍一种简单的聚类表示方法，并对闵可夫斯基（Minkowski）距离进行推广以使聚类算法可以有效处理包含分类属性的数据。

假设数据集 D 有 m 个属性，其中有 m_C 个分类属性和 m_N 个数值属性，$m = m_C + m_N$，不妨设分类属性位于数值属性之前，用 D_i 表示第 i 个属性取值的集合。

定义 4-1 给定簇 C，$a \in D_i$，a 在 C 中关于 D_i 的频度 $\mathrm{Freq}_{C|D_i}(a)$ 的定义为 C 在 D_i 上的投影中包含 a 的次数。

定义 4-2 给定簇 C，C 的摘要信息（Cluster Summary Information，CSI）的定义为 CSI=

$\{n,\text{Summary}\}$，其中，$n=|C|$，表示 C 中包含对象的个数，Summary 由分类属性中不同取值的频度信息和数值属性的均值两部分构成，即

$$\text{Summary}=\{<\text{Stat}_i,\text{Cen}>\big|\text{Stat}_i=\{(a,\text{Freq}_{C|D_i}(a))\big|a\in D_i\},$$
$$1\leqslant i\leqslant m_C,\text{Cen}=(c_{m_C+1},c_{m_C+2},\cdots,c_{m_C+m_N})\}$$

在具体应用中，可以根据需要对这一定义进行扩充，如增加簇中所包含的对象标识集合或簇的类别标识，参见第 7 章中基于聚类的离群点检测方法。

定义 4-3 给定 D 的簇 C、C_1 和 C_2，对象 $p=[p_1,p_2,\cdots,p_m]$，$q=[q_1,q_2,\cdots,q_m]$，$x>0$。

（1）对象 p 和 q 在属性 D_i 上的距离（或差异程度）$\text{dif}(p_i,q_i)$ 的定义如下。

对于分类属性或二元属性：

$$\text{dif}(p_i,q_i)=\begin{cases}1 & p_i\neq q_i\\0 & p_i=q_i\end{cases}=1-\begin{cases}0 & p_i\neq q_i\\1 & p_i=q_i\end{cases}$$

对于连续属性或顺序属性：

$$\text{dif}(p_i,q_i)=|p_i-q_i|$$

（2）两个对象 p 和 q 间的距离 $d(p,q)$ 的定义为

$$d(p,q)=\left(\sum_{i=1}^{m}\text{dif}(p_i,q_i)^x\right)^{1/x}$$

（3）对象 p 与簇 C 间的距离 $d(p,C)$ 的定义为对象 p 与簇 C 的摘要之间的距离

$$d(p,C)=\left(\sum_{i=1}^{m}\text{dif}(p_i,C_i)^x\right)^{1/x}$$

这里的 $\text{dif}(p_i,C_i)$ 为 p 与 C 在属性 D_i 上的距离，对于分类属性 D_i，其值定义为 p 与 C 中每个对象在属性 D_i 上的距离的算术平均值，即 $\text{dif}(p_i,C_i)=1-\dfrac{\text{Freq}_{C|D_i}(p_i)}{|C|}$；对于数值属性 D_i，其值定义为 $\text{dif}(p_i,C_i)=|p_i-C_i|$。

（4）簇 C_1 与 C_2 间的距离 $d(C_1,C_2)$ 的定义为两个簇的摘要间的距离：

$$d(C_1,C_2)=\left(\sum_{i=1}^{m}\text{dif}(C_i^{(1)},C_i^{(2)})^x\right)^{1/x}$$

这里的 $\text{dif}(C_i^{(1)},C_i^{(2)})$ 为 C_1 与 C_2 在属性 D_i 上的距离，对于分类属性 D_i，其值的定义为 C_1 中每个对象与 C_2 中每个对象间距离的平均值：

$$\begin{aligned}\text{dif}(C_i^{(1)},C_i^{(2)})&=1-\frac{1}{|C_1|\cdot|C_2|}\sum_{p_j\in C_1}\text{Freq}_{C_1|D_i}(p_j)\cdot\text{Freq}_{C_2|D_i}(p_j)\\&=1-\frac{1}{|C_1|\cdot|C_2|}\sum_{q_j\in C_2}\text{Freq}_{C_1|D_i}(q_j)\cdot\text{Freq}_{C_2|D_i}(q_j)\end{aligned}$$

其中，求和的式子表示两个簇的公共属性值的频度乘积之和。

对于数值属性 D_i，其值定义为

$$\text{dif}(C_i^{(1)},C_i^{(2)})=\left|C_i^{(1)}-C_i^{(2)}\right|$$

在定义 4-3 中，当 x=1 时，相当于曼哈顿（Manhattan）距离，当 x=2 时，相当于欧式（Euclidean）距离。

【例 4-2】 银行客户申请贷款数据包含的属性：是否有房、婚姻状况、年收入。有两条记录 p 和 q，以及两个簇 C_1 和 C_2 的信息如下，请分别求出记录和簇彼此之间的距离。

p={有房,已婚,120}，q={无房,离异,90}，

C_1={有房:20,无房:5;单身:4,离异:6,已婚:15;110}，

C_2={有房:2,无房:13;单身:6,离异:9;95}。

【解】 按定义 4-3，取 x=1 得到的各距离如下。

$d(p,q)=1+1+(120-90)=32$

$d(p,C_1)=(1-20/25)+(1-15/25)+(120-110)=10.6$

$d(p,C_2)=(1-2/15)+(1-0/15)+(120-95)=26.87$

$d(q,C_1)=(1-5/25)+(1-6/25)+(110-90)=21.56$

$d(q,C_2)=(1-13/15)+(1-9/15)+(95-90)=5.53$

$d(C_1,C_2)=[1-(20\times2+5\times13)/(25\times15)]+[1-(4\times6+6\times9)/(25\times15)]+(110-95)=16.512$

由以上计算结果可知，计算距离时，年收入属性的影响力大于另两个属性。从定义 4-3 可知，每个分类属性上的距离为区间[0,1]。为减小数值属性不同度量单位对结果的影响，以及使不同属性上的距离具有可比性，需要对数值属性进行规范化，使之在数值属性上的距离也为区间[0,1]。

用定义 4-3 取代相关聚类算法中的距离定义，就能使原来仅适用于数值属性或分类属性的聚类算法不受数据类型的限制而可用于任何数据类型。*k*-Summary 算法就是采用定义 4-3 推广了 *k*-Means 算法，可以处理混合属性的数据集，*k*-Summary 算法由 3 个主要步骤完成。

① 初始化：选择 *k* 个对象，创建 *k* 个簇的 CSI。

② 划分对象到最接近的簇。

③ 重新计算每个簇的 CSI。

④ 重复步骤②和③，直到选用的度量函数收敛，如误差和变化很小，或者相邻两次迭代没有对象从一个簇移动到另一个簇。

k-Mode，*k*-Prototype 算法对分类属性的处理方法与 *k*-Summary 算法的区别在于，对于分类属性每个簇，用取值频率最高的属性值来代表整个属性的取值，表示方式更简洁，但偏差更大，特别是在不同取值频率差异不大的情况下。

【例 4-3】 对于表 4-7 所示的某银行的贷款数据，请使用 *k*-Summary 算法将其划分为两个簇，并选择记录 3 和记录 5 分别作为两个簇的初始对象。

表 4-7　某银行的贷款数据

序号	是否有房	婚姻状况	年收入	拖欠贷款
1	yes	single	125k	no
2	no	married	100k	no
3	no	single	70k	no
4	yes	married	120k	no
5	no	divorced	95k	yes
6	no	married	60k	no
7	yes	divorced	220k	no
8	no	single	85k	yes
9	no	married	75k	no
10	no	single	90k	yes

注：聚类是一种无监督的方法，聚类时不使用标志位（如拖欠贷款）

【解】

第一步：两个簇的初始 CSI 分别为：C_1<1；no:1；single:1；70>，C_2<1；no:1；divorced:1；95>。

第二步：分别计算剩下的每条记录到两个簇的距离，并合并到最接近的簇中。

对于第 1 条记录，计算到 C_1 的距离 $d=(1-0/1)+(1-1/1)+(125-70)=56$，到 C_2 的距离 $d=(1-0/1)+(1-0/1)+(125-95)=32$，将记录 1 合并到 C_2 中。

对于第 2 条记录，计算到 C_1 的距离 $d=(1-1/1)+(1-0/1)+(100-70)=31$，到 C_2 的距离 $d=(1-1/1)+(1-0/1)+(100-95)=6$，将记录 2 合并到 C_2 中。

对于第 4 条记录，计算到 C_1 的距离 $d=(1-0/1)+(1-0/1)+(120-70)=52$，到 C_2 的距离 $d=(1-0/1)+(1-0/1)+(120-95)=27$，将记录 4 合并到 C_2 中。

对于第 6 条记录，计算到 C_1 的距离 $d=(1-1/1)+(1-0/1)+(70-60)=11$，到 C_2 的距离 $d=(1-1/1)+(1-0/1)+(95-60)=36$，将记录 6 合并到 C_1 中。

对于第 7 条记录，计算到 C_1 的距离 $d=(1-0/1)+(1-0/1)+(220-70)=152$，到 C_2 的距离 $d=(1-0/1)+(1-1/1)+(220-95)=126$，将记录 7 合并到 C_2 中。

对于第 8 条记录，计算到 C_1 的距离 $d=(1-1/1)+(1-1/1)+(85-70)=15$，到 C_2 的距离 $d=(1-1/1)+(1-0/1)+(95-85)=11$，将记录 8 合并到 C_2 中。

对于第 9 条记录，计算到 C_1 的距离 $d=(1-1/1)+(1-0/1)+(75-70)=6$，到 C_2 的距离 $d=(1-1/1)+(1-0/1)+(95-75)=21$，将记录 9 合并到 C_1 中。

对于第 10 条记录，计算到 C_1 的距离 $d=(1-1/1)+(1-1/1)+(90-70)=20$，到 C_2 的距离 $d=(1-1/1)+(1-0/1)+(95-90)=6$，将记录 10 合并到 C_2 中。

那么，C_1 包括记录 3、6、9，C_2 包括记录 1、2、4、5、7、8、10。

第三步：重新计算每个簇的 CSI。

C_1<3;no:3;yes:0,single:1,married:2;68.33>

C_2<7;no:4,yes:3;single:3,married:2,divorced:2;119.29>

第四步：重新计算每个记录到簇 CSI 的距离，并合并到距离最小的簇中。

对于第 1 条记录，计算到 C_1 的距离 $d=(1-0/3)+(1-1/3)+(125-68.33)=58.34$，到 C_2 的距离 $d=(1-3/7)+(1-3/7)+(125-119.29)=6.85$，记录 1 仍然在 C_2 中。

对于第 2 条记录，计算到 C_1 的距离 $d=(1-3/3)+(1-2/3)+(100-68.33)=32$，到 C_2 的距离 $d=(1-4/7)+(1-2/7)+(119.29-100)=20.43$，记录 2 仍然在 C_2 中。

对于第 3 条记录，计算到 C_1 的距离 $d=(1-3/3)+(1-1/3)+(70-68.33)=2.34$，到 C_2 的距离 $d=(1-4/7)+(1-3/7)+(119.29-70)=50.29$，记录 3 仍然在 C_1 中。

对于第 4 条记录，计算到 C_1 的距离 $d=(1-0/3)+(1-2/3)+(120-68.33)=53$，到 C_2 的距离 $d=(1-3/7)+(1-2/7)+(120-119.29)=2$，记录 4 仍然在 C_2 中。

对于第 5 条记录，计算到 C_1 的距离 $d=(1-3/3)+(1-0/3)+(95-68.33)=27.67$，到 C_2 的距离 $d=(1-4/7)+(1-2/7)+(119.29-95)=25.43$，记录 5 仍然在 C_2 中。

对于第 6 条记录，计算到 C_1 的距离 $d=(1-3/3)+(1-2/3)+(68.33-60)=8.66$，到 C_2 的距离 $d=(1-4/7)+(1-2/7)+(119.29-60)=60.43$，记录 6 仍然在 C_1 中。

对于第 7 条记录，计算到 C_1 的距离 $d=(1-0/3)+(1-0/3)+(220-68.33)=153.67$，到 C_2 的距离 $d=(1-3/7)+(1-2/7)+(220-119.29)=102$，记录 7 仍然在 C_2 中。

对于第 8 条记录，计算到 C_1 的距离 $d=(1-3/3)+(1-1/3)+(85-68.33)=17.34$，到 C_2 的距离

d=(1−4/7)+(1−3/7)+(119.29−85)=35.29，记录 8 合并到 C_1 中。

对于第 9 条记录，计算到 C_1 的距离 d=(1−3/3)+(1−2/3)+(75−68.33)=7，到 C_2 的距离 d=(1−4/7)+(1−2/7)+(119.29−75)=45.43，记录 9 仍然在 C_1 中。

对于第 10 条记录，计算到 C_1 的距离 d=(1−3/3)+(1−1/3)+(90−68.33)=22.34，到 C_2 的距离 d=(1−4/7)+(1−3/7)+(119.29−90)=30.29，记录 10 合并到 C_1 中。

那么，C_1 包括记录 3、6、8、9、10，C_2 包括记录 1、2、4、5、7。

第五步：重新计算每个簇的 CSI。

C_1<5;no:5;single:3,married:2;76>，

C_2<5;no:2,yes:3;single:1,married:2,divorced:2;132>。

第六步：重新计算每个记录到簇 CSI 的距离，并合并到距离最小的簇中。

对于第 1 条记录，计算到 C_1 的距离 d=(1−0/5)+(1−3/5)+(125−76)=50.4，到 C_2 的距离 d=(1−3/5)+(1−1/5)+(132−125)=8.2，记录 1 仍然在 C_2 中。

对于第 2 条记录，计算到 C_1 的距离 d=(1−5/5)+(1−2/5)+(100−76)=24.6，到 C_2 的距离 d=(1−2/5)+(1−2/5)+(132−100)=33.2，记录 2 合并到 C_1 中。

对于第 3 条记录，计算到 C_1 的距离 d=(1−5/5)+(1−3/5)+(76−70)=6.4，到 C_2 的距离 d=(1−2/5)+(1−1/5)+(132−70)=63.4，记录 3 仍然在 C_1 中。

对于第 4 条记录，计算到 C_1 的距离 d=(1−0/5)+(1−2/5)+(120−76)=45.6，到 C_2 的距离 d=(1−3/5)+(1−2/5)+(132−120)=13，记录 4 仍然在 C_2 中。

对于第 5 条记录，计算到 C_1 的距离 d=(1−5/5)+(1−0/5)+(95−76)=20，到 C_2 的距离 d=(1−2/5)+(1−2/5)+(132−95)=38.2，记录 5 合并到 C_1 中。

对于第 6 条记录，计算到 C_1 的距离 d=(1−5/5)+(1−2/5)+(76−60)=16.6，到 C_2 的距离 d=(1−2/5)+(1−2/5)+(132−60)=73.2，记录 6 仍然在 C_1 中。

对于第 7 条记录，计算到 C_1 的距离 d=(1−0/5)+(1−0/5)+(220−76)=146，到 C_2 的距离 d=(1−3/5)+(1−2/5)+(220−132)=89，记录 7 仍然在 C_2 中。

对于第 8 条记录，计算到 C_1 的距离 d=(1−5/5)+(1−3/5)+(85−76)=9.4，到 C_2 的距离 d=(1−2/5)+(1−1/5)+(132−85)=48.4，记录 8 仍然在 C_1 中。

对于第 9 条记录，计算到 C_1 的距离 d=(1−5/5)+(1−2/5)+(76−75)=1.6，到 C_2 的距离 d=(1−2/5)+(1−2/5)+(132−75)=58.2，记录 9 仍然在 C_1 中。

对于第 10 条记录，计算到 C_1 的距离 d=(1−5/5)+(1−3/5)+(90−76)=14.4，到 C_2 的距离 d=(1−2/5)+(1−1/5)+(132−90)=43.4，记录 10 仍然在 C_1 中。

那么，C_1 包括记录 2、3、5、6、8、9、10，C_2 包括记录 1、4、7。

第七步：重新计算每个簇的 CSI。

C_1<7,no:7,single:3;married:3;divorced:1,82.143>，

C_2<3,yes:3,single:1;married:1;divorced:1,155>。

第八步：重新计算每个记录到簇 CSI 的距离，并合并到距离最小的簇中。

对于第 1 条记录，计算到 C_1 的距离 d=(1−0/7)+(1−3/7)+(125−82.143)=44.428，到 C_2 的距离 d=(1−3/3)+(1−1/3)+(155−125)=30.667，记录 1 仍然在 C_2 中。

对于第 2 条记录，计算到 C_1 的距离 d=(1−7/7)+(1−3/7)+(100−82.143)=18.428，到 C_2 的距离 d=(1−0/3)+(1−1/3)+(155−100)=56.667，记录 2 仍然在 C_1 中。

对于第 3 条记录，计算到 C_1 的距离 d=(1−7/7)+(1−3/7)+(82.143−70)=12.714，到 C_2 的距离

d=(1−0/3)+(1−1/3)+(155−70)=86.333，记录 3 仍然在 C_1 中。

对于第 4 条记录，计算到 C_1 的距离 d=(1−0/7)+(1−3/7)+(120−82.143)=39.428，到 C_2 的距离 d=(1−3/3)+(1−1/3)+(155−120)=35.667，记录 4 仍然在 C_2 中。

对于第 5 条记录，计算到 C_1 的距离 d=(1−7/7)+(1−1/7)+(95−82.143)=13.714，到 C_2 的距离 d=(1−0/3)+(1−1/3)+(155−95)=61.667，记录 5 仍然在 C_1 中。

对于第 6 条记录，计算到 C_1 的距离 d=(1−7/7)+(1−3/7)+(82.143−60)=22.714，到 C_2 的距离 d=(1−0/3)+(1−1/3)+(155−60)=96.333，记录 6 仍然在 C_1 中。

对于第 7 条记录，计算到 C_1 的距离 d=(1−0/7)+(1−1/7)+(220−82.143)= 139.714，到 C_2 的距离 d=(1−3/3)+(1−1/3)+(220−155)=65.667，记录 7 仍然在 C_2 中。

对于第 8 条记录，计算到 C_1 的距离 d=(1−7/7)+(1−3/7)+(85−82.143)=3.428，到 C_2 的距离 d=(1−0/3)+(1−1/3)+(155−85)=71.667，记录 8 仍然在 C_1 中。

对于第 9 条记录，计算到 C_1 的距离 d=(1−7/7)+(1−3/7)+(82.143−75)=7.714，到 C_2 的距离 d=(1−0/3)+(1−1/3)+(155−75)=81.667，记录 9 仍然在 C_1 中。

对于第 10 条记录，计算到 C_1 的距离 d=(1−7/7)+(1−3/7)+(90−82.143)=8.714，到 C_2 的距离 d=(1−0/3)+(1−1/3)+(155−90)=66.667，记录 10 仍然在 C_1 中。

那么，C_1 包括记录 2、3、5、6、8、9、10，C_2 包括记录 1、4、7，本次迭代中没有记录从一个簇移动到另一个簇中，算法结束。

4.4 DBSCAN 聚类算法

绝大多数划分方法都基于对象之间的距离进行聚类，这些方法只能发现球状的簇，而在发现任意形状的簇上会遇到困难。为了发现如图 4-4 所示的具有任意形状的簇，人们提出了基于密度的聚类算法。这类算法通常将簇看作数据空间中被低密度区域（代表噪声）分割开的稠密对象区域，或者说，簇就是数据点高密度聚集的区域，其周围区域是低密度区域或噪声。DBSCAN（Density-Based Spatial Clustering of Applications with Noise）是典型的基于密度的聚类算法，依据基于密度的连通性分析增长簇。

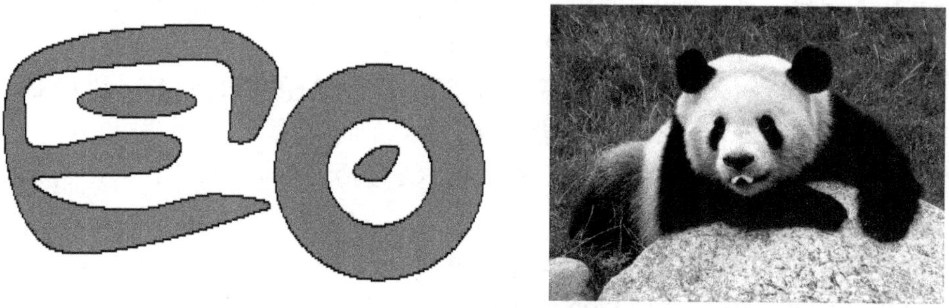

图 4-4　具有任意形状的簇

DBSCAN 将具有足够高密度的区域划分为簇，并在具有噪声的空间数据库中发现具有任意形状的簇，将簇定义为密度相连的点的最大集合。该算法包括 3 个步骤：设定密度阈值、对数据点进行归类、聚类。

1．设定密度阈值 Eps、MinPts

数据集中特定点的密度通过该点的 Eps 半径之内包含的点数（包括点本身）来表示。

DBSCAN 算法第一步以各点为中心计算其密度。

Eps 邻域：给定对象半径 Eps 内的邻域称为该对象的 Eps 邻域。我们用 $N_{\text{Eps}}(p)$ 表示点 p 的 Eps-半径内的点的集合，即 $N_{\text{Eps}}(p)=\{q|q\text{在数据集}D\text{中}，\text{distance}(p,q)\leqslant \text{Eps}\}$，这里的 distance$(p,q)$表示两个对象之间的距离。

MinPts：给定邻域 $N_{\text{Eps}}(p)$ 包含的点的最小数目，用以决定点 p 是簇的核心部分还是边界点或噪声。

用户根据数据集的不同，自行设置两个参数 Eps、MinPts。

2．对数据点进行归类

根据点的密度将点归为 3 类：稠密区域内部的点（核心点），稠密区域边缘上的点（边界点），稀疏区域中的点（噪声或背景点）。

核心点：如果对象的 Eps 邻域内包含至少 MinPts 个对象，则称该对象为核心点。

边界点：不是核心点，但落在某个核心点的邻域内。

噪音点：既不是核心点，也不是边界点的任何点。它们组成了低密度区域，并包围着各高密度区域。

3．聚类

直接密度可达：如果 p 在 q 的 Eps 邻域内，而 q 是一个核心对象，则称对象 p 从对象 q 出发时是直接密度可达的（Directly Density-Reachable）。

密度可达：如果存在一个对象链 $p_1,p_2,\cdots$，p_n，$p_1=q$，$p_n=p$，对于 $p_i\in D$（$1\leqslant i\leqslant n$），p_{i+1}是从 p_i 关于 Eps 和 MinPts 直接密度可达的，则对象 p 是从对象 q 关于 Eps 和 MinPts 密度可达的（Density-Reachable）。

密度相连：如果存在对象 $O\in D$，使对象 p 和 q 都是从 O 关于 Eps 和 MinPts 密度可达的，那么对象 p 和 q 是关于 Eps 和 MinPts 密度相连的。

密度可达是直接密度可达的传递闭包，这种关系是非对称的。只有核心对象之间可以密度可达。然而，密度相连性是一个对称关系。

基于密度的聚类过程是以核心点为基础不断拓展而得到簇的过程。簇是基于密度可达性的最大的密度相连对象的集合。不包含在任何簇中的对象被认为是噪声。DBSCAN 通过检查数据集中每个点的 Eps 邻域来搜索簇。如果点 p 的 Eps 邻域包含的点多于 MinPts 个，则创建一个以 p 为核心对象的簇。然后，DBSCAN 迭代地聚集从这些核心对象直接密度可达的对象，这个过程可能涉及一些密度可达簇的合并。当没有新的点添加到任何簇中时，该过程结束。

【例 4-4】 DBSCAN 概念示例。如图 4-5 所示，Eps 用一个相应的半径表示，设 MinPts=3。

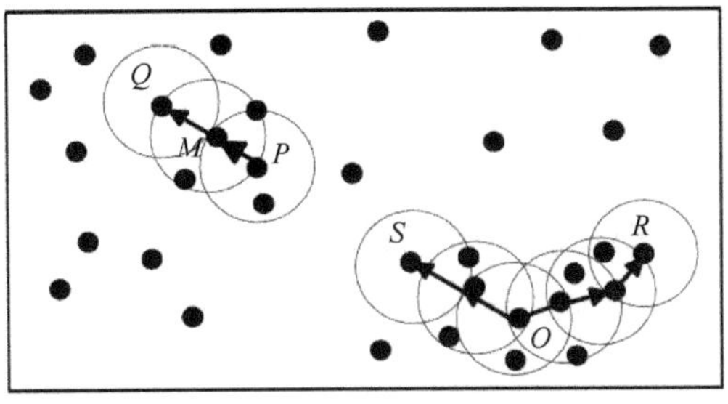

图 4-5　直接密度可达和密度可达

【解】 根据以上概念可知，由于有标记的各点 M、P、O 和 R 的 Eps 近邻均包含 3 个以上的点，因此它们都是核心对象；M 是从 P 直接密度可达的；而 Q 则是从 M 直接密度可达的。

基于上述结果，Q 是从 P 密度可达的，但 P 从 Q 无法密度可达（非对称）。类似地，S 和 R 从 O 是密度可达的；O、R 和 S 均是密度相连的。

【例 4-5】 对于表 4-8 所示的聚类过程示例数据集，取 Eps=3，MinPts=3，演示 DBSCAN 算法的聚类过程（使用 Mahattan 距离公式），图 4-6 为表 4-8 的数据分布图。

表 4-8 聚类过程示例数据集 3

P_1	P_2	P_3	P_4	P_5	P_6	P_7	P_8	P_9	P_{10}	P_{11}	P_{12}	P_{13}
1	2	2	4	5	6	6	7	9	1	3	5	3
2	1	4	3	8	7	9	9	5	12	12	12	3

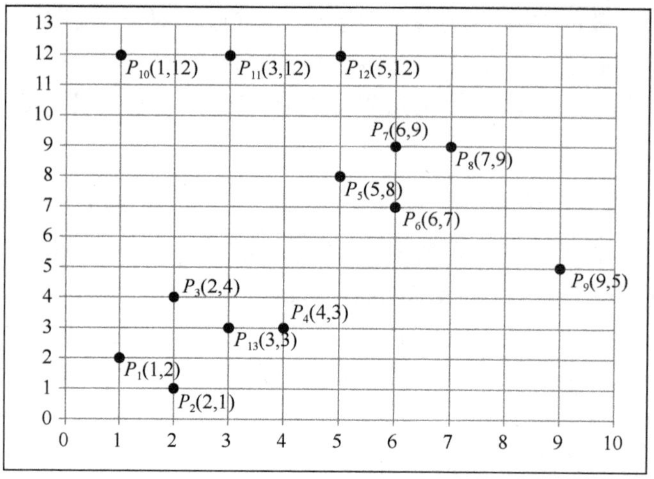

图 4-6 表 4-8 的数据分布图

【解】

（1）随机选择一个点，如 $P_1(1,2)$，其 Eps 邻域中包含$\{P_1,P_2,P_3,P_{13}\}$，P_1 是核心点，其邻域中的点构成簇 1 的一部分，依次检查 P_2、P_3、P_{13} 的 Eps 邻域，并进行扩展，将点 $P4$ 并入，P_4 为边界点。

（2）检查点 P_5，其 Eps 邻域中包含$\{P_5,P_6,P_7,P_8\}$，P_5 是核心点，其邻域中的点构成簇 2 的一部分，依次检查 P_6、P_7、P_8 的 Eps 邻域，进行扩展，每个点都是核心点，不能扩展。

（3）检查点 P_9，其 Eps 邻域中包含$\{P_9\}$，P_9 为噪声点或边界点。

（4）检查点 P_{10}，其 Eps 邻域中包含$\{P_{10},P_{11}\}$，P_{10} 为噪声点或边界点；检查 P_{11}，其 Eps 邻域中包含$\{P_{10},P_{11},P_{12}\}$，P_{11} 为核心点，其邻域中的点构成簇 3 的一部分；进一步检查，P_{10}、P_{12} 为边界点。

所有点标记完毕，P_9 没有落在任何核心点的邻域内，所以它是噪声点。

最终识别出 3 个簇，P_9 为噪声点。簇 1 包含$\{P_1,P_2,P_3,P_4,P_{13}\}$，$P_4$ 为边界点，其他点为核心点；簇 2 包含$\{P_5,P_6,P_7,P_8\}$，其全部点均为核心点；簇 3 包含$\{P_{10},P_{11},P_{12}\}$，P_{10}、P_{12} 为边界点，P_{11} 为核心点。

如果 MinPts=4，则簇 3 中的点均被识别成噪声点。

关于参数 Eps 和 MinPts 的选择问题。观察点到它的 k 个最近邻的距离（称为 k-最近邻）

的特性。对于属于某个簇的点，如果 k 不大于簇的大小，则 k-最近邻很小。对于不在簇中的点，k-最近邻相对较大。如果对于某个 k，计算所有点的 k-最近邻，以递增次序将它们排序，然后绘制排序后的值，则会看到 k-最近邻急剧变化，对应于合适的 Eps 值。如果选取该距离为 Eps 参数，而取 k 的值为 MinPts 参数，将 k-最近邻小于 Eps 的点标记为核心点，将其他点标记为噪声点或边界点。

DBSCAN 算法的优点：可以识别具有任意形状和不同大小的簇，自动确定簇的数目，分离簇和环境噪声，一次扫描数据即可完成聚类。

DBSCAN 算法的缺点：不能有效识别密度不一致的簇。

4.5 一趟聚类算法

4.5.1 算法描述

一趟聚类算法采用摘要信息 CSI 表示一个簇，采用定义 4-3 来度量距离，其将数据集分割为半径几乎相同的超球体（簇），具体过程如下。

① 初始时，簇集合为空，读入一个新的对象。

② 以这个对象构造一个新的簇。

③ 若已到数据库末尾，则转⑥，否则读入新对象，利用给定的距离定义，计算它与每个已有簇间的距离，并选择最小的距离。

④ 若最小距离超过给定的半径阈值 r，则转②。

⑤ 否则将该对象并入具有最小距离的簇中，并更新该簇的各分类属性的统计频度及数值属性的均值，转③。

⑥ 结束。

4.5.2 聚类阈值的选择策略

在一趟聚类算法中，参数半径阈值 r 将影响聚类的结果和算法的时间效率。r 越小，得到的簇的个数越多，算法时间开销越大，当 r 大到一定值时，只能得到极少的簇甚至一个簇，当 r 小到一定值时，每个簇只有一个元素。也就是说，r 太大或太小都不能得到有意义、有用的聚类结果。通过聚类过程可以直观地理解，阈值 r 应大于簇内的距离，且小于簇间的距离。考虑到数据集很大的情况，通常采用抽样算法来计算阈值范围，具体描述如下。

① 在数据集 D 中随机选择 N_0 对对象。

② 计算每对对象间的距离。

③ 计算②中距离的平均值 EX 和标准差 DX。

④ 取 r 在 EX−0.5DX 到 EX+0.5DX 之间（不同的问题可能要求的范围不同）。

许多数据集上的实验结果表明：当 r 在 EX−0.25DX～EX+0.25DX 时，参数 r 的改变对聚类结果精度的影响不大，但簇的个数在一定范围内变化。当 r 在适当的范围内减小时，少部分对象将由一个簇移到另一个簇。在实际使用时，根据问题的特殊要求可以在这个范围内选取一个或多个具体值。

一趟聚类算法的优点在于只需扫描一遍数据集即可得到聚类结果，具有近似线性时间复杂度、效率高、参数选择简单有效、对离群点和噪声不敏感等优点。与 k-Means 算法不同，一趟聚类算法对数据样本的顺序比较敏感，可以通过聚类阈值的改变来影响聚类得到的簇个数。与 k-Means 算法类似，一趟聚类算法也不能用于发现非凸形状的簇，或具有各种不同大小的簇。对于具有任意形状簇的数据集，该算法可能将一个大的自然簇划分成几个小的簇，因此难以得到理想的聚类结果。将一趟聚类算法与基于密度的聚类算法等结合可以对任意形状簇实现高效聚类。

【例 4-6】 一趟聚类算法的聚类过程示例。

对于例 4-3 的数据集，采用一趟聚类算法进行聚类。这里对年收入进行规范化，得到表 4-9，其中$_年收入为年收入规范化（进行线性变换，将取值变换到[0,1]范围）的结果。

表 4-9 某银行拖欠贷款数据

序号	是否有房	婚姻状况	年收入	$_年收入	拖欠贷款
1	yes	single	125k	0.406	No
2	no	married	100k	0.25	No
3	no	single	70k	0.063	No
4	yes	married	120k	0.375	No
5	no	divorced	95k	0.219	Yes
6	no	married	60k	0	No
7	yes	divorced	220k	1	No
8	no	single	85k	0.156	Yes
9	no	married	75k	0.094	No
10	no	single	90k	0.188	Yes

【解】 这里使用规范化年收入属性后的数据进行聚类，EX=1.32，DX=0.89，取 r=EX，即 r=EX=1.32。

（1）取第 1 条记录作为簇 C_1 的初始簇中心，其摘要信息为{1;yes:1;single:1;0.406}。

（2）读取第 2 条记录，其到簇 C_1 的距离 d=(1−0/1)+(1−0/1)+(0.406−0.25)=2.156>r，以第 2 条记录构建一个新的簇 C_2，其摘要信息为{1;no:1;married:1;0.25}。

（3）计算第 3 条记录到簇 C_1 的距离 d=(1−0/1)+(1−1/1)+(0.406−0.063)=1.343>r，其到簇 C_2 的距离为 d=(1−1/1)+(1−0/1)+(0.25−0.063)=1.187<r，将其归并到簇 C_2 中，簇 C_2 的摘要信息更新为{2;no:2;married:1,single:1;0.1565}。

（4）计算第 4 条记录到簇 C_1 的距离 d=(1−1/1)+(1−0/1)+(0.406−0.375)=1.031<r，其到簇 C_2 的距离为 d=(1−0/2)+(1−1/2)+(0.375−0.1565)=1.7185>r，将其归并到簇 C_1 中，C_1 的摘要信息更新为{2; yes:2;single:1,married:1;0.3905}。

（5）读取第 5 条记录，其到簇 C_1 的距离为 d=(1−0/2)+(1−0/2)+(0.3905−0.219)=2.1715>r，其到簇 C_2 的距离为 d=(1−2/2)+(1−0/2)+(0.219−0.1565)=1.0625<r，将其归并到簇 C_2 中，簇 C_2 的摘要信息更新为{3;no:3;married:1,single:1,divorced:1;0.1773}。

（6）读取第 6 条记录，其到簇 C_1 的距离为 d=(1−0/2)+(1−1/2)+(0.3905−0)=1.8905>r，其到簇 C_2 的距离为 d=(1−3/3)+(1−1/3)+(0.1773−0)=0.8440<r，将第 6 条记录划分到簇 C_2 中，簇 C_2 的摘要信息更新为{4,no:4,married:2;single:1;divorced:1,0.133}。

（7）读取第 7 条记录，其到簇 C_1 的距离为 d=(1−2/2)+(1−0/2)+(1−0.3905)=1.6095>r，其到簇 C_2 的距离为 d=(1−0/4)+(1−1/4)+(1−0.133)=2.617>r，以第 7 条记录构建一个新的簇 C_3，其摘要信息更新为{1;yes:1;divorce:1;1}。

（8）读取第 8 条记录，其到簇 C_1 的距离为 d=(1−0/2)+(1−1/2)+(0.3905−0.156)=1.7345>r，

其到簇 C_2 的距离为 $d=(1-4/4)+(1-1/4)+(0.156-0.133)=0.773<r$，其到簇 C_3 的距离为 $d=(1-0/1)+(1-0/1)+(1-0.156)=2.844>r$，将第 8 条记录划分到簇 C_2 中，簇 C_2 的摘要信息更新为{5;no:5;married:2,single:2,divorced:1;0.1376}。

（9）读取第 9 条记录，其到簇 C_1 的距离为 $d=(1-0/2)+(1-1/2)+(0.3905-0.094)=1.7965>r$，其到簇 C_2 的距离为 $d=(1-5/5)+(1-2/5)+(0.1376-0.094)=0.6436<r$，其到簇 C_3 的距离为 $d=(1-0/1)+(1-0/1)+(1-0.094)=2.906>r$，将第 9 条记录划分到簇 C_2 中，簇 C_2 的摘要信息更新为{6;no:6;married:3,single:2,divorce:1;0.1303}。

（10）读取第 10 条记录，其到簇 C_1 的距离为 $d=(1-0/2)+(1-1/2)+(0.3905-0.188)= 1.7025>r$，其到簇 C_2 的距离为 $d=(1-6/6)+(1-2/6)+(0.188-0.1303)=0.724<r$，其到簇 C_3 的距离为 $d=(1-0/1)+(1-0/1)+(1-0.188)=2.812>r$，将第 10 条记录划分到簇 C_2 中，簇 C_2 的摘要信息更新为{7;no:7;married:3,single:3,divorced:1;0.139}。

（11）处理完全部记录之后，得到了 3 个簇。簇 C_1 包含的记录集合为{1,4}，摘要信息为{2,yes:2;single:1;married:1,0.3905}；簇 C_2 包含的记录集合为{2,3,5,6,8,9,10}，摘要信息为{7;no:7;married:3,single:3,divorced:1; 0.139}；簇 C_3 包含的记录集合为{7}，摘要信息为{1;yes:1;divorce:1;1}。

仔细分析数据，可以发现，第 7 条记录在年收入属性上明显大于其他记录。

注：若不规范化年收入属性，则计算得到 EX=43，DX=45，取 r=EX，按照前面的步骤依次处理所有记录，可以得到两个簇。簇 C_1 包含的记录集合为{1,2,4,5,7}，摘要信息为{5,yes:3,no:2;single:1; married:2,divorced:2;162.8125}；簇 C_2 包含的记录集合为{3,6,8,9,10}，摘要信息为{5;no:5;single:3,married:2;82.5}。属性没有规范化情况下的聚类效果比较差，不能明显地区分开簇。通过对比聚类结果可以看出，数据的规范化有利于提升聚类效果。

4.5.3 一趟聚类算法的应用

利用一趟聚类算法的高效性，将一趟聚类算法作为预处理步骤，选取较小的阈值，利用一趟聚类算法产生初始聚类，将得到的簇作为整体看成对象，再利用 DBSCAN、Chameleon、SNN 等可以识别任意形状数据的算法进行聚类，即可得到能识别任意形状簇的混合聚类算法；将一趟聚类算法与 KNN 结合，可以得到高效的分类算法；以一趟聚类算法为基础，可以设计高效的特征选择算法，或者基于一趟聚类算法的离群点检测方法。

（1）基于投票机制的融合聚类算法

以一趟聚类算法作为划分数据的基本算法，重复使用一趟聚类算法划分数据，并随机选择阈值和数据输入顺序，可以得到不同的聚类结果，将这些聚类结果使用投票机制进行融合，获得最终的数据划分。该算法具有对领域知识要求低、对参数依赖程度低、能有效识别噪声点或孤立点及效率高等优点。

与一趟聚类算法比较，该算法的聚类结果对于参数的选择和数据输入顺序具有更好的稳健性，并能发现具有任意形状的聚类结果。

该算法的时间复杂度为 $O(M\times N^2)$，关联矩阵空间复杂度为 $O(N^2)$，因此该算法及同类算法不太适用于大规模、具有海量数据的聚类。

（2）一趟聚类算法+DBSCAN/Chameleon/SNN

首先使用一趟聚类算法对数据集进行初始划分，将得到的每个簇作为一个对象，利用可发现任意形状、大小和密度的簇的聚类方法 DBSCAN/Chameleon/SNN 等进行聚类，得到最终结果，如图 4-7 所示。

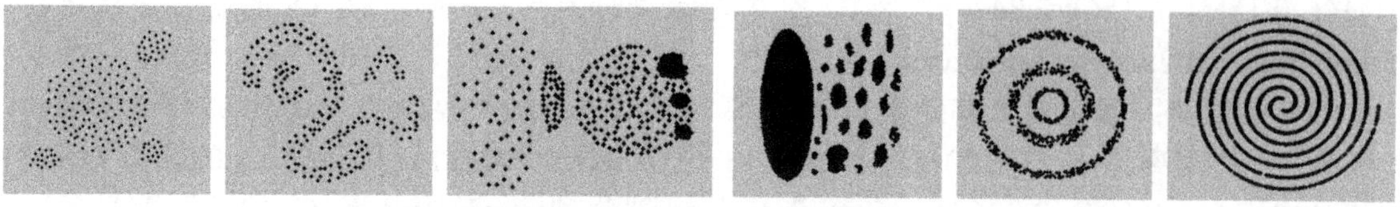

图 4-7 具有任意形状、大小和密度的簇示例

优点：结合了一趟聚类算法的高效及其他聚类算法的优势。具有近似线性时间复杂度，可应用于大规模数据集，对噪声、异常数据、初始参数等不敏感。

（3）一趟聚类与 KNN 结合

用一趟聚类算法对训练数据进行聚类，将每个簇中心当作训练样本；当需要对未知类别的样本进行分类时，先找到与其距离最小的簇，再采用 KNN 分类算法进行处理。

将一趟聚类算法与 KNN 结合比 KNN、朴素贝叶斯等分类算法的性能高。

（4）基于一趟聚类算法的离群点检测方法

利用一趟聚类算法对离群点和噪声不敏感、可以将离群点有效分离的特点，设计离群点检测方法，详见第 7 章。

4.6 层次聚类算法

4.6.1 层次聚类算法概述

层次聚类算法是一种已得到广泛使用的经典算法，是通过将数据组织为若干组并形成一个相应的树来进行聚类的。层次聚类算法可分为自顶向下和自下而上两种层次聚类。

① 自下而上的聚合层次聚类算法（或凝聚层次聚类算法）。这种策略最初将每个对象（自身）看作一个簇，然后将这些簇聚合以构造越来越大的簇，直到所有对象均聚合为一个簇，或满足一定终止条件为止。绝大多数层次聚类算法属于这一类，只是簇间相似度的定义方式有所不同。

② 自顶向下的分解层次聚类算法（或分裂层次聚类）。这种策略与自下而上的凝聚层次聚类算法相反。它先将所有对象置于同一个簇，再将其不断分解，从而得到规模越来越小，但个数越来越多的小簇，直到所有对象均独自构成一个簇，或满足一定终止条件为止。这类算法与决策树的构建思路类似，使用与决策树中类似的分裂策略，使得数据集被反复分裂。在度量纯度时不使用目标变量，而是依赖输入变量的统计分布，将能把子节点分开的最佳划分作为最佳分裂点。

图 4-8 为两种不同的层次聚类算法：凝聚层次聚类算法 AGENS（AGglomerative NESting）和分裂层次聚类算法 DIANA（DIvisive ANAlysis），采用这两种算法对一个包含 5 个对象的数据集合$\{a,b,c,d,e\}$进行处理，其中从左往右的过程属于凝聚层次聚类算法。

Step0：设置 5 个对象，分别属于一个簇，用$\{a\}$、$\{b\}$、$\{c\}$、$\{d\}$、$\{e\}$表示。

Step1：将簇$\{a\}$与簇$\{b\}$进行合并，结果为簇$\{a,b\}$。

Step2：将簇$\{d\}$与簇$\{e\}$进行合并，结果为簇$\{d,e\}$。

Step3：将簇$\{d,e\}$与簇$\{c\}$进行合并，结果为簇$\{c,d,e\}$。

Step4：将簇$\{c,d,e\}$与簇$\{a,b\}$进行合并，结果为簇$\{a,b,c,d,e\}$。

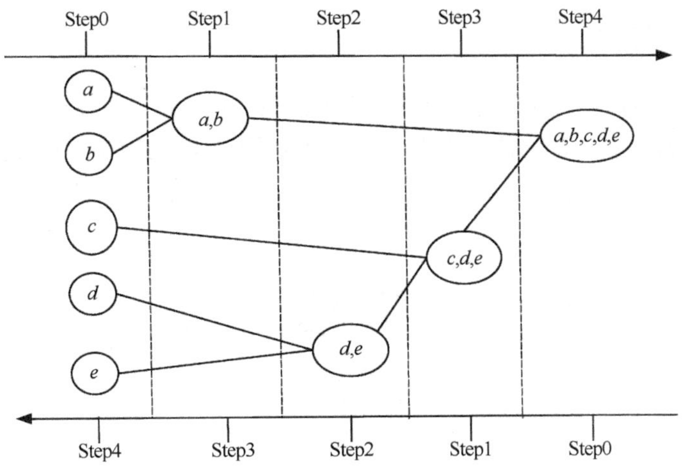

图 4-8　两种不同的层次聚类算法

使用同样的方法，从右往左反向进行，则是一个分裂层次聚类过程，这里不再详述。

层次聚类算法尽管简单，但经常会遇到选择合并和分裂点的困难。合并和分裂点的选择非常关键，因为一旦一组对象合并或分裂，下一步将对新生成的簇进行处理，已做的处理不能撤销，簇之间不能交换对象。如果某个合并或分裂决策在后来被证明是不好的选择，由于无法撤销并更正，因此将导致低质量的聚类结果。此外，这种聚类算法的可扩展性较差，因为合并或分裂的决定需要检查和估算大量的对象或簇。

改进层次聚类质量的有效方法是集成层次聚类和其他聚类技术，形成多阶段聚类，如经典的 BIRCH（Balanced Iterative Reducing and Clustering using Hierarchies）算法。

4.6.2　二分 *k*-Means 算法

二分 *k*-Means 算法是基本 *k*-Means 算法的直接扩充，是典型的分裂层次聚类算法。它基于如下思想：为了得到 *k* 个簇，将所有点的集合分裂成两个簇，并从中选择一个簇继续进行分裂，如此重复，直到产生 *k* 个簇。该算法的详细描述如下。

输入数据集 *D*，划分簇的个数 *k*，每次二分试验的次数 *m*。

① 初始化簇表，最初的簇表中只包含一个由所有样本组成的簇。

② 重复。

③ 按照某种方法从簇表中选取一个簇。

④ for 循环：

for *i*=1 to *m* do //二分试验

使用基本 *k*-Means 算法对选定的簇进行聚类，将其划分为两个子簇。

end for

⑤ 从 *m* 次二分试验所聚类的子簇中选择具有最小总 SSE 的两个簇。

⑥ 将这两个簇添加到簇表中。

⑦ 直到簇表中包含 *k* 个簇。

算法中的第 3 步，从簇表中选择待分裂的簇有不同的方法：选择最大的簇，选择具有最大 SSE 的簇，或者综合考虑簇的大小和总 SSE 的标准进行选择。不同的选择策略可能导致不同的簇划分结果。二分 *k*-Means 不太受初始化的影响。

4.6.3 BIRCH 算法

BIRCH 算法是一种基于距离的层次聚类算法，其核心是聚类特征 CF（Cluster Feature）和 CF 树（CF Tree），它们用于概括簇描述。这些结构使得 BIRCH 方法对增量和动态聚类非常有效。下面详细讨论 CF 和 CF 树。

1. CF 结构

CF 是一个包含聚类信息的三元组，其定义如下。

给定一个簇中的 N 个 d 维的数据点：$\{\overrightarrow{X_i}\}$（$i=1,2,\cdots,N$），其 CF 是一个三元组 $\mathrm{CF}=(N,\overrightarrow{\mathrm{LS}},\mathrm{SS})$。其中，$N$ 是簇中数据点的个数，$\overrightarrow{\mathrm{LS}}$ 是 N 个数据点的线性和 $\sum_{i=1}^{N}\overrightarrow{X_i}$，SS 是 N 个数据点的平方和 $\sum_{i=1}^{N}\overrightarrow{X_i}^2$。线性和反映了聚类中心，平方和反映了簇的直径大小，它们的作用是计算平均值和方差。

聚类特征具有可加性。假设 $\mathrm{CF}_1=(N_1,\overrightarrow{\mathrm{LS}_1},\mathrm{SS}_1)$ 与 $\mathrm{CF}_2=(N_2,\overrightarrow{\mathrm{LS}_2},\mathrm{SS}_2)$ 分别为两个簇的聚类特征，合并后的新簇的聚类特征为 $\mathrm{CF}_1+\mathrm{CF}_2=(N_1+N_2,\overrightarrow{\mathrm{LS}_1}+\overrightarrow{\mathrm{LS}_2},\mathrm{SS}_1+\mathrm{SS}_2)$。

CF 的三元组结构设置使得计算簇的半径、簇的直径、簇与簇之间的距离、簇与簇之间的差异等非常容易。

【例 4-7】 假定在簇 C_1 中有 3 个点(2,5)、(3,2)和(4,3)，且 C_2 是与 C_1 不相交的簇，CF_2=<3,(35,36),(417,440)>。计算 C_1 的聚类特征，并计算合并 CF_1 和 CF_2 后的聚类特征。

【解】 C_1 的聚类特征如下。

$$\mathrm{CF}_1=<3,(2+3+4,5+2+3),(2^2+3^2+4^2,5^2+2^2+3^2)> = <3,(9,10),(29,38)>$$

C_1 和 C_2 合并形成一个新的簇 C_3，其聚类特征便是 $\mathrm{CF}_1+\mathrm{CF}_2$，即

$$\mathrm{CF}_3=<3+3,(9+35,10+36),(29+417,28+440)> = <6,(44,46),(446,478)>$$

2. CF 树

CF 树是一个高度平衡的树，具有 3 个参数：非叶节点 CF 条目的最大个数 B、叶节点中 CF 条目的最大个数 L 和距离阈值 T。这些参数会影响结果树的大小，其目标是通过参数调整将 CF 树保存在内存中。每个非叶节点最多容纳 B 个形为 $[\mathrm{CF}_i,\mathrm{Child}_i]$（$i=1,2,\cdots,B$）的 CF 条目，$\mathrm{Child}_i$ 是一个指向它的第 i 个子节点的指针，CF_i 是由这个 Child_i 指向的子节点所代表的子聚类的 CF。一个叶节点最多容纳 L 个 CF 条目，每个叶节点还有一个指向前面叶节点的指针 prev 和指向后面叶节点的指针 next，这样所有的叶节点形成了一个链表可以方便扫描。当 B=6 且 L=5 时，一棵 CF 树如图 4-9 所示。

CF 树的构造过程实际上是数据点不断插入的过程，具体步骤如下。

① 从根节点开始递归往下，计算当前条目与要插入数据点之间的距离，寻找距离最小的路径，直到找到与该数据点最接近的叶节点中的条目。

② 比较计算出的距离是否小于阈值 T，如果小于阈值 T，则当前条目吸收该数据点；如果距离大于或等于阈值 T，则转③。

③ 判断当前条目所在叶节点的条目个数是否小于 L，如果是，则直接将数据点插入，作为该数据点的新条目，否则需要分裂该叶节点。分裂的原则是寻找该叶节点中距离最远的两个条目，并以这两个条目作为分裂后新的两个叶节点的起始条目，剩下的其他条目根据距离最小原则分配到这两个新的叶节点中，删除原叶节点并更新整个 CF 树。

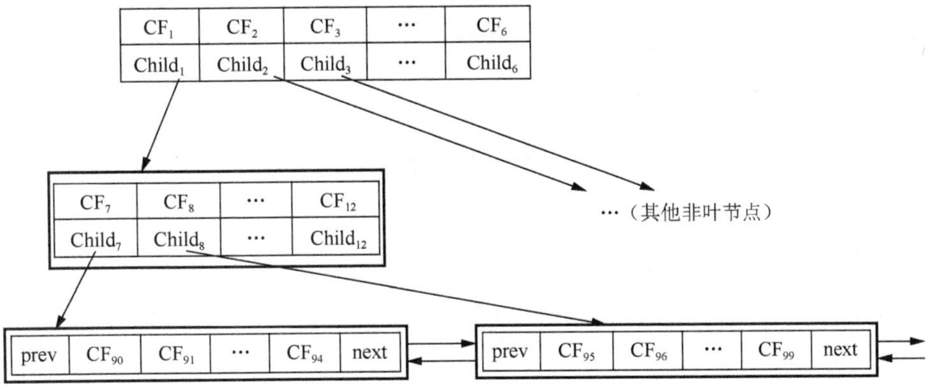

图 4-9　一棵 CF 树

当数据点无法插入时，需要提升阈值 T 并重建树，以吸收更多的叶节点条目，直到把所有数据点全部插入为止。

3. BIRCH 算法描述

BIRCH 算法主要分为四个阶段：第一阶段对整个数据集进行扫描，根据给定的初始距离阈值 T 建立一棵初始 CF 树；第二阶段通过提升阈值 T 重建 CF 树，得到一棵压缩的 CF 树；第三阶段和第四阶段利用全局聚类算法对已有的 CF 树进行聚类，以得到更好的聚类结果。

其中，具体建立 CF 树的阶段算法步骤如下。

① 给定一个初始的距离阈值 T 并初始化一棵 CF 树 t_1。

② 扫描数据点并插入 CF 树 t_1 中。

③ 判断内存是否溢出，如果没有溢出，则转④，否则转⑤。

④ 此时已经扫描完所有数据点，将存储在磁盘中的潜在离群点重新吸收到 CF 树 t_1 中，结束建树。

⑤ 提升阈值 T 的值，并根据新的阈值通过 CF 树 t_1 中各节点的条目重建 CF 树 t_2：在重建过程中，如果 t_1 的叶节点条目是潜在的离群点并且磁盘仍有空间，则将该离群点写入磁盘，否则使用该条目重建 CF 树 t_2。整个 CF 树 t_2 建好后，重新将 t_2 赋值给 t_1。

⑤ 判断此时存储潜在离群点的磁盘是否已满，如果没有满，则转②，继续扫描下一个数据点。否则将存储在磁盘中的潜在离群点重新吸收到 CF 树 t_1 中，并转②，继续扫描下一个数据点。

BIRCH 算法利用 CF 树概括了聚类的相关信息，并且由于 CF 树占用的空间比原数据集合小得多，可以存放在内存中，因此在给定有限内存的情况下，BIRCH 算法能利用可用的资源产生较好的聚类结果。另外，BIRCH 算法的计算复杂度是 $O(N)$，具有与对象条目呈线性关系的可扩展性和较好的聚类质量。

但是，由于大小限制，CF 树的每个节点只能包含有限数目的条目，一个 CF 树节点并不总是对应用户所考虑的一个自然簇。此外，如果簇不是球形的，那么 BIRCH 算法不能很好地工作，因为它使用半径或直径的概念来控制簇的边界。

4.6.4　两步聚类算法

两步聚类（Two Step Clustering）算法是 BIRCH 算法的一种改进算法，其基本步骤如下。

① 预聚类，即先将样本粗略划分成 L 个簇。读入一个样本数据后，根据“亲疏程度”或相似性决定该样本应派生出一个新簇，还是合并到已有的某个子簇中。这个过程将反复进行，最终形成 L 个簇。

② 聚类，即在预聚类的基础上，根据“亲疏程度”决定哪些子簇可以合并，最终形成 M 个簇。

1．两步聚类算法的特点

两步聚类算法的特点：既可以处理数值型变量，也可以处理分类型变量；能够根据一定的准则确定簇数目；通过两步实现数据聚类。

2．两步聚类的亲疏程度度量

两步聚类算法采用距离度量样本或簇间的“亲疏程度”，并依据距离确定簇的划分方法。两步聚类算法同时考虑数值型变量和分类型变量的计算方法，如果变量均为数值型变量，则采用欧氏距离，否则采用对数似然距离。

两步聚类算法的对数似然距离设计源于概念聚类的表示方式，通过对数似然函数描述全部样本的聚类分布特征。设有 K 个变量 $x_1, x_2, \cdots, x_K$，其中包括 K^A 个数值型变量和 K^B 个分类型变量。如果聚类成 J 个簇，则对数似然函数的定义为 $l = \sum_{j=1}^{J} \sum_{i \in I_j} \log p(x_i \mid \boldsymbol{\theta}_j) = \sum_{j=1}^{J} I_j$。其中，$p$ 为似然函数，I_j 为第 j 簇的变量集合，$\boldsymbol{\theta}_j$ 是第 j 簇的参数向量。针对全部样本，其对数似然是各簇的对数似然之和。同理，针对由 M 个子簇组成的簇，其对数似然等于 M 个子簇的对数似然之和。

于是，对已存在的第 j 簇和第 s 簇，两者合并后的簇记为 $<j,s>$，则它们的距离定义为两个簇合并之前的对数似然估计 $\hat{l}$ 与两个簇合并后的对数似然估计 $\hat{l}_{\text{new}}$ 的差，对数似然函数定义为

$$d(j,s) = \hat{l} - \hat{l}_{\text{new}} = \hat{l}_j + \hat{l}_s - \hat{l}_{<j,s>} = \xi_j + \xi_s - \xi_{<j,s>}$$

其中，ξ 为对数似然函数，$\xi_v = -N_v \left[\sum_{K=1}^{K^A} \frac{1}{2} \log(\sigma_K^2 + \right] \hat{\sigma}_K^2 \; \xi_v = -N_v \left[\sum_{K=1}^{K^A} + \sigma_{vK}^2) + \sum_{K=1}^{K^B} \hat{E}_{vK} \right]$，

$\hat{E}_{vK} = -\sum_{l=1}^{L_K} \frac{N_{vKl}}{N_v} \log\left(\frac{N_{vKl}}{N_v}\right)$，$\hat{\sigma}_K^2$ 和分别为第 K 个数值型变量的总方差及在第 v 簇中的方差。N_v 和 N_{vKl} 分别为第 v 簇的样本数，以及在第 v 簇中第 K 个分类型变量取第 l 个类别的样本数。第 K 个分类型变量有 L_K 种类别。

可见，对数似然函数反映了簇内部变量取值的总体差异性，且数值型变量以方差度量，分类型变量以信息熵度量。

显然，当第 j 簇和第 s 簇合并后，$\xi_{<j,s>} < \xi_j + \xi_s$，因此 $d(j,s) > 0$。$d(j,s)$ 越小，说明第 j 簇和第 s 簇合并后不会引起簇内部的差异性显著增大，当 $d(j,s)$ 小于一定阈值 τ 时，第 j 簇和第 s 簇可以合并；$d(j,s)$ 越大，说明第 j 簇和第 s 簇合并后将引起簇内部的差异性显著增加，第 j 簇和第 s 簇不应合并。

3．簇数目的确定

簇数目的确定在聚类中完成。采用两个阶段的策略，第一阶段仅给出一个粗略估计，第

二阶段给出一个恰当的最终簇数目，且两个阶段的判定标准不同。

（1）第一阶段

第一阶段以贝叶斯信息准则（Bayesian Information Criterion，BIC）作为判定标准。假定簇数目为J，则

$$\mathrm{BIC}(J)=-2\sum_{j=1}^{J}\xi_j+m_J\log(N)$$

$$m_J=J(2K^A+\sum_{K=1}^{K^B}(L_K-1))$$

贝叶斯信息准则中的第一项是J个簇的对数似然之和，是簇内差异性的总度量；第二项是一个模型复杂度的惩罚项，当样本确定后，J越大，该项值也就越大。

合适的簇数目应是BIC取最小值时的簇数目。如果聚类过程是为了使簇内部的结构差异性小，那么聚类数目必然较大，最极端的情况就是一个样本一个簇；相反，如果聚类过程只追求簇数目少，则簇内部结构的差异性必然较大，最极端的情况就是所有样本为一个簇。因此，恰当的聚类应该是簇数目合理的，簇内部结构的差异性在可接受的范围内。簇数目的确定就是找到使BIC取值最小时的J。如果把所有簇合并成一个大簇，此时BIC的第一项最大，第二项最小。当簇数目增加时，BIC的第一项开始减小，第二项开始增大，通常增大幅度小于减少幅度，因此BIC总体上是减小的；当簇数目增加到J时，第二项的增大幅度开始大于第一项的减小幅度，BIC总体上开始增大，此刻的J即为所求。

利用BIC的变化量dBIC和变化率确定簇数目，即

$$\mathrm{dBIC}(J)=\mathrm{BIC}(J)-\mathrm{BIC}(J+1)$$

$$R_1(J)=\frac{\mathrm{dBIC}(J)}{\mathrm{dBIC}(1)}$$

开始时，如果dBIC(1)小于0，则簇数目应为1，后续算法不再执行；反之，找到$R_1(J)$取最小值，即BIC减小幅度最小时的J，作为簇数目的粗略估计值。

（2）第二阶段

第二阶段是对第一阶段的粗略估计值J的修正。所采用的计算方法是

$$R_2(J)=\frac{d_{\min}(C_J)}{d_{\min}(C_{J+1})}$$

其中，$d_{\min}(C_J)$为簇数目为J类时，两簇间的对数似然距离的最小值。$R_2(J)$反映了簇的合并过程，它是簇间差异性最小值变化的相对指标，其值越大表明J+1簇到J簇的合并越不恰当。依次计算$R_2(J-1),R_2(J-2),\cdots,R_2(2)$的值，找到其中的最大值和次大值。如果最大值是次大值的1.15倍以上，则最大值所对应的J就是最终簇数；否则，最终簇数J是最大值对应的簇数目和次大值对应的簇数目中的较大值。

4.7 SOM算法

自组织特征映射神经网络（Self-Organizing Feature Map，SOM）算法是芬兰赫尔辛基大学的Teuvo Kohonen教授提出的，也称Kohonen算法。SOM算法模拟人脑神经细胞的机理，引入竞争机制，采用WTA（Winner Takes All）竞争学习策略，其聚类过程通过若干单元对当前单元的竞争来完成，与当前单元权值向量最接近的单元将成为赢家或获胜单元，获胜神经

元加强自身及邻近神经元，而抑制距离较远的神经元。在聚类问题中，SOM 算法的聚类过程就是不断向样本学习，抓住数据内在结构特征，并通过最终的网络反映出这种结构特征的过程。

竞争学习规则的生理学基础是神经细胞的侧抑制现象：当一个神经细胞兴奋后，会对周围的神经细胞产生抑制作用。网络的输出神经元之间相互竞争以求被激活，结果在每一时刻只有一个输出神经元被激活。这个被激活的神经元称为竞争获胜神经元，而其他神经元的状态会被抑制，故称为 Winner Take All。

SOM 算法可以看作 k 均值聚类的约束版本，其中，簇的中心往往处于特征或属性空间的低维。SOM 算法学习的目标就是要使某个特定的输出节点对应具有某种相同结构特征的样本输入给出一致的输出，学习过程是一种不断调整以逼近一致性输出的过程。当学习结束后，每个输出节点对应一组结构特征相似的样本，构成一个簇。

4.7.1 SOM 算法中网络的拓扑结构

SOM 算法中的网络采用两层、前馈式和全连接的拓扑结构，如图 4-10 所示。图 4-10 中的网络的拓扑结构有以下特点。

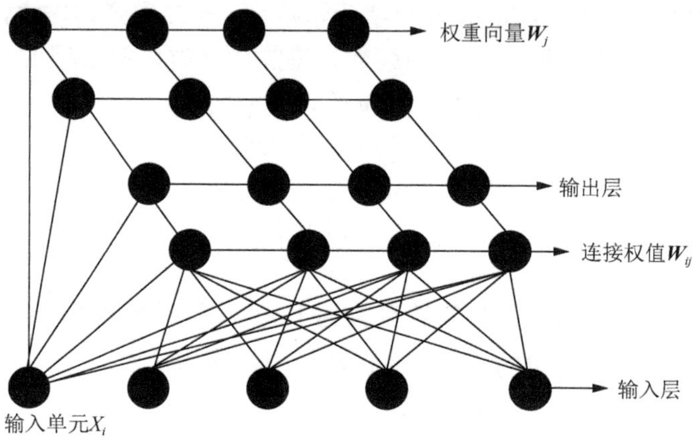

图 4-10 二维阵列 SOM 网络

① 网络包含两层，即一个输入层和一个输出层或竞争层。

② 输入层的神经元个数由输入数据的属性个数决定，一个属性对应一个输入神经元，而输出层是由输出层的神经元按照一定的方式排列在二维平面上的，输出节点的个数就是簇个数，输出层的神经元个数的选取直接影响 SOM 网络的性能。

③ 网络是全连接的，即输入层中的每个输入节点都与输出节点完全相连，这些连接有不同的强度或权值。

④ 输出节点呈二维结构分布，且节点之间具有侧向连接。所以对某个输出节点来说，在一定邻域范围内会有一定数量的连接节点，这些连接有不同的权值，控制和影响着输出层的神经元之间的交互作用。

上述网络结构能够很好地将多维空间中的数据分布特征反映到二维平面上。因此，研究输出空间的数据分布可以有效发现输入空间的分布特征。当网络接收到外部输入信号后，经过一系列的运算，输出层中的某个神经元便会被激活，兴奋起来。神经元受兴奋刺激的强度以区域中心为最大，伴随着区域半径的增大，其强度逐渐减弱，远离区域中心的神经元甚至要受到抑制作用，这就是把输出层安排在一个二维网格上的原因。

4.7.2 SOM 算法的聚类原理

SOM 算法中的拓扑结构很好地模拟了人脑神经网络的特点和工作机理。输入层模拟不同的刺激信号，输出层中的每个节点模拟神经元。

SOM 算法由最优匹配神经元（竞争）的选择和网络中权值的自组织（确定权值更新邻域和方式）过程两部分组成，这两部分相辅相成，共同作用，以完成 SOM 的学习过程。选择最优匹配神经元的实质是选择输入模式对应的中心神经元，每执行一次学习，SOM 网络就会对外部输入模式执行一次自组织适应过程，其结果是强化现行模式的映射形态，弱化以往模式的映射形态。

在 SOM 模型中，每个权值的有序序列 $\boldsymbol{W}_j=(\boldsymbol{W}_{1j},\boldsymbol{W}_{2j},\cdots,\boldsymbol{W}_{nj})$（$j=1,2,\cdots,p$，$p$ 为网络中的神经元总数）都可以看作神经网络的一种内部表示，是有序输入序列 $\boldsymbol{x}=(\boldsymbol{x}_1,\boldsymbol{x}_2,\cdots,\boldsymbol{x}_n)$ 的映象。下面介绍获胜神经元、拓扑邻域和学习率参数等概念。

1. 获胜神经元

对于输入向量 $\boldsymbol{x}$，使用 $i(\boldsymbol{x})$表示最优匹配输入向量 $\boldsymbol{x}$ 的神经元或获胜神经元。可以通过下列条件决定 $i(\boldsymbol{x})$，这个条件概括了神经元竞争的本质：

$$i(\boldsymbol{x})=\arg\min_j \|\boldsymbol{x}-\boldsymbol{W}_j\|,\quad j=1,2,\cdots,p$$

2. 拓扑邻域

获胜神经元决定兴奋神经元的拓扑邻域空间位置，倾向于激活它紧接的邻域内神经元而不是相隔很远的神经元，这导致获胜神经元的拓扑邻域的侧向距离可以平滑地缩减。具体而言，$h_{j,i}$ 表示以获胜神经元 i 为中心的拓扑邻域，$d_{j,i}$ 表示获胜神经元 i 和兴奋神经元 j 的侧向距离，假定拓扑邻域 $h_{j,i}$ 是侧向距离 $d_{j,i}$ 的单峰函数，并满足以下两个要求。

① $h_{j,i}$ 关于 $d_{j,i}=0$ 定义的最大点对称。

② $h_{j,i}$ 的幅度值随 $d_{j,i}$ 单调递减，且在 $d_{j,i}\to\infty$ 时趋于 0。

高斯（Gauss）函数满足上述基本要求：

$$h_{j,i(\boldsymbol{x})}=\exp\left(-\frac{d_{j,i(\boldsymbol{x})}^2}{2\sigma^2}\right)$$

SOM 算法的另一个特征是拓扑邻域随着时间的增加而收缩，可以通过 σ 随时间而下降来实现。

$$\sigma(t)=\sigma_0\exp\left(-\frac{t}{\tau_1}\right),\quad t=0,1,2,\cdots$$

其中，σ_0 是初始值，τ_1 是时间常数。

因此拓扑邻域具有时变形式，具体表示如下：

$$h_{j,i(\boldsymbol{x})}(t)=\exp\left(-\frac{d_{j,i(\boldsymbol{x})}^2}{2\sigma^2(t)}\right),\quad t=0,1,2,\cdots$$

这里的拓扑邻域函数 $h_{j,i(\boldsymbol{x})}(t)$ 以“墨西哥帽”的形式表示，还有一些其他形式：如矩形邻域、六边形邻域等。

3. 权值更新与学习率参数

对于获胜神经元 i 的拓扑邻域里的神经元，按以下方式更新权值：

$$\boldsymbol{W}_j(t+1)=\begin{cases}\boldsymbol{W}_j(t)+\eta(t)h_{j,i(\boldsymbol{x})}(t)[\boldsymbol{W}_j(t)-\boldsymbol{x}] & j\in h_{j,i(\boldsymbol{x})}(t)\\ \boldsymbol{W}_j(t) & j\notin h_{j,i(\boldsymbol{x})}(t)\end{cases}$$

$\eta(t)$ 为学习率参数，随时间增加单调下降，通常选择指数下降函数：

$$\eta(t)=\eta(0)\exp\left(-\frac{t}{\tau_2}\right),\ t=0,1,2,\cdots$$

τ_2 是一个时间常数。学习率参数 $\eta(t)$ 也可以选择线性下降函数 $\eta(t+1)=\eta(t)\dfrac{\eta(0)-\eta_{\min}}{\tau_3}$，$\eta(0)$ 是初始学习率；$\eta_{\min}$ 是最小学习率；τ_3 是学习周期数。

采用 SOM 算法，当某个样本输入网络时，与样本距离最近的一个输出节点“获胜”，该节点就是对相应信号刺激反应最敏感的节点。调整获胜节点及其邻接节点的网络权值，将使“获胜”节点更接近相应样本。当有类似结构的样本再次输入时，该“获胜”节点可能再次获胜。通过调整权值会使该节点再次接近更相似的样本。当不同结构的样本输入网络后，将有其他输出节点分别“获胜”并进行权值调整。这样的样本输入和权值调整需要反复多次。如果将所有样本都输入网络后还不能达到迭代结束的条件，则可进行多个周期的学习。

通过向大量样本学习不断调整权值，最终使特定输出节点仅对特定类样本具有高敏感性。于是，若干输出节点分别对应若干样本群，且每个样本群内部的输入变量的结构特征相似，不同样本群间的结构特征差异明显，进而可以得到聚类结果。输出层形成一个能够反映各类样本结构特征的相关映射，有效地将数据在高维空间中的聚类特征投影到低维空间中。一旦输出层中只含有那些能够识别特定簇的单元，网络就可以应用于新样本。将一个未知的样本输入网络中，它会被分配到输出单元中有最大权重的簇中。总之，SOM 算法是一种通过自组织方式实现数据聚类的无监督学习方法。

最初的 SOM 算法使用二维栅格作为输出层，它是早期为识别由二维像素值阵列组成的图像特征而构造的。输出层可以是任意结构，如三角形或六角形。

与其他聚类算法相比，SOM 网络的优点是可以实现实时学习，网络具有自稳定性，无须外界给出评价函数，能够识别向量空间中最有意义的特征，抗噪声能力强；其缺点是时间复杂度较高，难以用于大规模数据集。

4.8 聚类算法评价

一个好的聚类方法可以产生高质量的簇，即簇内的对象具有高的相似度，且不同簇之间具有低的相似度。由于存在大量不同类型的聚类算法，而每种聚类算法可能都定义了自己的簇类型，每种聚类算法都可能需要一种不同的评估度量方法。传统的用于评估簇的度量方法有两类：有监督度量和无监督度量。度量簇质量好坏的指标提供了某些指导，但簇必须基于更主观的评价来决定其对特定应用的可用性。

4.8.1 有监督度量

有监督度量，也称外部质量评价准则，是基于已经存在的人工分类数据集（已知每个对象的类别）进行评价的，这样可以将聚类输出结果直接与之进行比较。外部质量评价准则与聚类算法无关，理想的聚类结果是相同类别的数据被聚集到相同的簇中，不同类别的数据被聚集在不同的簇中。

1．聚类熵

聚类熵类似信息熵，主要考虑簇中不同类别数据的分布。对于簇 C_i，聚类熵 $e(C_i)$ 的定义为

$$e(C_i)=-\sum_j \frac{n(T_j,C_i)}{n(C_i)}\log\frac{n(T_j,C_i)}{n(C_i)}$$

整体聚类熵的定义为所有聚类熵的加权平均值：

$$e=\sum_{i=1}^{m}\frac{n(C_i)}{\sum_{j=1}^{m}n(C_j)}e(C_i)$$

其中，$n(C_i)$ 表示簇 C_i 中包含的对象个数，$n(T_j,C_i)$ 表示簇 C_i 中包含类别 T_j 的对象个数。可见：

$$n(C_i)=\sum_j n(T_j,C_i)$$

其中，$N=\sum_{i=1}^{k}n(C_i)$ 是总的对象个数。

在簇的数量相当的情况下，聚类熵越小，聚类效果越好。

2．聚类精度

聚类精度是评估聚类结果质量的另一个外部质量评价准则，其基本出发点是使用簇中数目最多的类别作为该簇的类别标记。对于簇 C_i，聚类精度 $\phi(C_i)$ 的定义为

$$\phi(C_i)=\frac{1}{n(C_i)}\max_j\{n(T_j,C_i)\}$$

整体聚类精度 ϕ 的定义为所有聚类精度的加权平均值：

$$\phi=\sum_{i=1}^{k}\frac{n(C_i)}{\sum_{j=1}^{k}n(C_j)}\phi(C_i)=\frac{\sum_{i=1}^{k}N_i}{N}$$

这里 $N_i=\max_j\{n(T_j,C_i)\}$ 是簇 C_i 中占支配地位的类别的对象个数。$1-\phi$ 定义为聚类错误率，聚类精度 ϕ 大或聚类错误率 $1-\phi$ 小，说明聚类算法将不同类别的对象较好地聚集到了不同的簇中，其聚类准确性较高。

在簇的数量相当的情况下，聚类精度越大，聚类效果越好。

4.8.2 无监督度量

无监督度量，也称内部质量评价准则，不使用对象的类别信息，通过考察簇的分离情况和簇的紧凑情况来评价簇的质量好坏。这类方法通常利用数据集的对象之间的相似性度量。无监督度量与聚类算法类型有关，如凝聚度和分离度仅用于划分聚类，而共性分离相关系数用于层次聚类。这里介绍较通用的轮廓系数（Silhouette Coefficient）。

对于 n 个对象的数据集 D, D 被划分成 k 个簇 $C_1,C_2,\cdots,C_k$。对于每个对象 $p\in D$，用 $a(p)$

表示 p 与 p 所属的簇的其他对象之间的平均距离，用 $b(p)$表示 p 与不属于 p 的所有簇的最小平均距离。假设 $p \in C_i (1 \leqslant i \leqslant k)$，则

$$a(p)=\frac{\sum_{q \in C_i, q \neq p} \operatorname{dist}(p,q)}{|C_i|-1}$$

$$b(p)=\underbrace{\min}_{C_j:1\leqslant j\leqslant k, j\neq i}\left\{\frac{\sum_{q\in C_j}\operatorname{dist}(p,q)}{|C_j|}\right\}$$

对象 p 的轮廓系数定义为

$$s(p)=\frac{b(p)-a(p)}{\max\{a(p),b(p)\}}$$

轮廓系数的值在-1 和 1 之间。$a(p)$ 的值反映了 p 所属的簇的紧凑性，$b(p)$捕获 p 与其他簇的分离程度。轮廓系数越趋近于 1 代表内聚度和分离度相对较好。对所有点的轮廓系数求平均值，即可得到该聚类结果总的轮廓系数。

4.9 Clementine 中相关节点的介绍

Clementine 提供了 *k*-Means、两步（Two-step）、Kohonen 三个聚类节点，在创建模型时有两个类似的选项，以后不重复说明。

模型名称：包括自动和自定义两个选项，自动表示模型名称为聚类算法的名称；自定义表示由用户指定模型名称。

使用分区数据：选择该选项，则对训练集建模，否则对整个数据集建模。

4.9.1 *k*-Means 节点

（1）*k*-Means 节点的“模型”选项卡（如图 4-11 所示）

聚类数：指定生成的簇数，默认值为 5。

生成距离字段：如果选择该选项，则生成的模型将包括一个具有每个记录与其所属簇中心的距离的字段。

聚类标签：指定生成簇类别字段的格式。类别可以用字符串（String）表示，使用指定的标签前缀（如聚类 1、聚类 2）或用数字（Number）表示。

优化：提高运算效率的选项，有基于速度和内存两种方式。

（2）*k*-Means 节点的“专家”选项卡（如图 4-12 所示）

停止：指定迭代的终止准则，默认值是迭代 20 次或差异小于 0.000001。

最大迭代数：设置 *k*-Means 聚类算法的迭代次数上限。

更改容忍度：允许在一次迭代中，簇中心直接的最大差异小于指定水平时终止。

集合编码值：对于离散属性，为便于计算属性值的差异，将离散属性连续化。集合编码值是 0～1 的一个值。对离散属性进行连续化的调节因子的默认值是 $\sqrt{2}/2 \approx 0.707107$，值越大，离散型属性的权值相对连续型属性的权重越大。

图 4-11　*k*-Means 节点的“模型”选项卡

图 4-12　*k*-Means 节点的“专家”选项卡

单击“运行”按钮后，在管理器窗口的“模型”选项卡下显示生成 *k*-Means 模型。图 4-13 为 *k*-Means 模型的输出结果示例。图 4-13(a)中详细显示了各簇的记录数及簇中心的属性值，对于数值型属性显示簇中各记录的均值和标准差，对于离散型属性，显示所有取值的频率，并将簇中最频繁的属性值作为该属性的标签。如聚类-1 中含有 55 条记录，数值型属性 Age 的均值为 39.727，离散型属性 Sex 的取值为 *F*，且比例为 52.73%。图 4-13(b)用图形直观地展现了各簇中数值型属性的均值及离散型属性取值的分布情况，同时用不同颜色标记出各属性对聚类结果的重要程度。双击每个属性的条形图，可以查看该属性在簇中的具体情况。

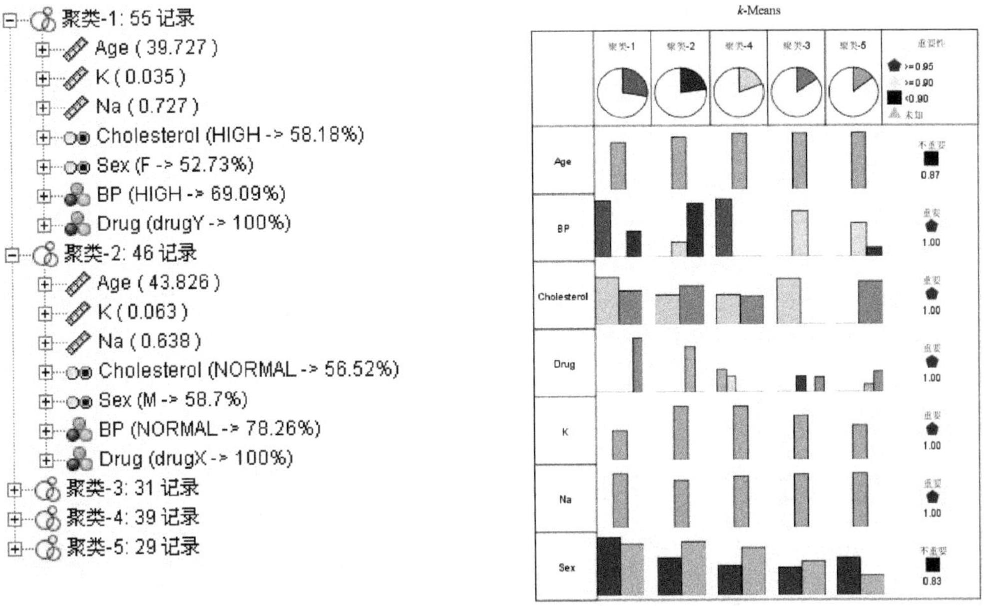

(a)模型选项卡　　(b)查看器选项卡

图 4-13　*k*-Means 模型的输出结果示例

将生成的 *k*-Means 模型节点接到数据源节点后，添加表节点并执行表节点，查看输出结果，在原有数据型属性的基础上，输出结果中多了两个属性：$KM-*k*-Means（表示样本被划分到的那个簇）和$KMD-*k*-Means（表示样本与其所在簇的中心之间的距离）。

4.9.2 两步节点

两步聚类先将数据压缩成可控的小簇，再运用聚类算法逐步使小簇合并为大簇，接着使这些簇合并，如此反复，直到得到所希望的最佳结果。其最大优点是可以自动估计训练数据的最佳簇数目。两步聚类算法的“模型”选项卡如图 4-14 所示。

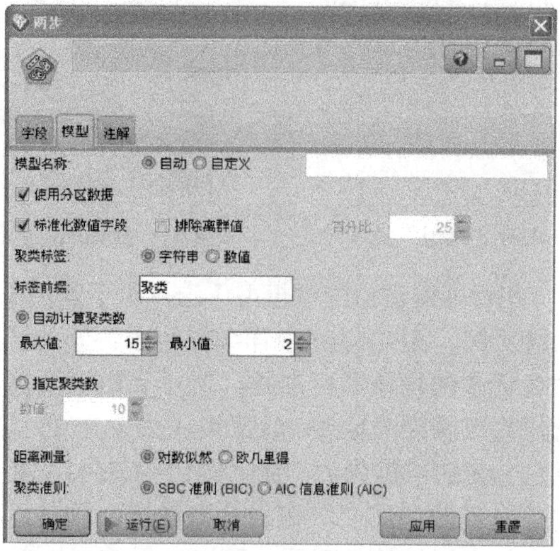

图 4-14　两步聚类算法的“模型”选项卡

标准化数值型字段（Standardize Numeric Fields）：默认设置下，把所有数值型字段标准化为相同的尺度，均值为 0，方差为 1。

排除离群值（Exclude Outliers）：输入字段中具有离群值的记录将从分析中自动排除。

自动计算聚类数（Automatically Calculate Number of Clusters）：通过设置最大和最小聚类数目指定聚类数目的范围。两步聚类使用两阶段过程来决定最佳聚类数目。

指定聚类数（Specified Number of Clusters）：指定聚类数。

单击“运行”按钮后，在管理器窗口的“模型”选项卡下显示生成的两步模型。模型浏览方式同 *k*-Means 节点。若用表节点查看生成两步模型的数据集，在原有数据属性的基础上，输出结果中多了一个属性：$T-Two-step，用来表示该记录所在簇的名称。

4.9.3 Kohonen 节点

Kohonen 节点用于创建和训练 Kohonen 网络或自组织映射神经网络。通常情况下，Kohonen 网络由一个输入层和一个二维输出网组成。在训练过程中，每个单元与其他单元竞争获得记录，当一个单元获得一个记录时，该单元及其邻近单元的权值调整为更加匹配该记录的预测所属。Kohonen 网络形成时会有少部分单元包括许多观察值（强单元），以及几个不对应于任何观察值的单元（弱单元）。强单元代表可能的簇中心。

（1）Kohonen 节点的“模型”选项卡（如图 4-15 所示）

继续训练现有模型：在默认设置下，每次执行 Kohonen 节点时会创建一个全新的网络。如果选择了该选项，训练继续使用上次节点成功产生的网络。

显示反馈图形：如果选择了该选项，在训练中会显示二维数组的可视化表述。每个单元的强度用颜色表示。红色表示获得许多记录的单元（强单元），白色表示获得极少记录或根本

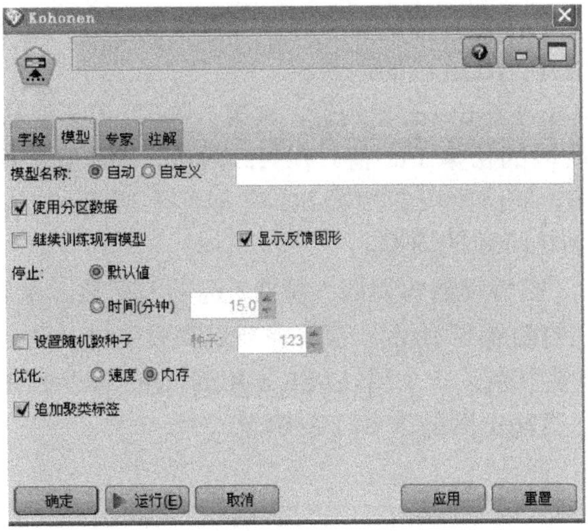

图 4-15 Kohonen 节点的“模型”选项卡

没有获得记录的单元（弱单元）。该选项会增加训练时间。

停止：默认终止准则根据内置参数终止训练。也可以指定时间为终止准则，输入网络训练的时间（以分钟为单位）上限。

优化：提高运算效率的选项，有基于速度和内存两种方式。

（2）Kohonen 节点的“专家”选项卡（如图 4-16 所示）

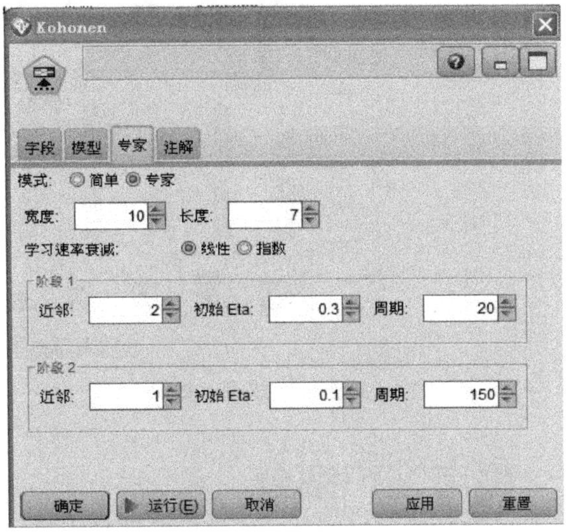

图 4-16 Kohonen 节点的“专家”选项卡

宽度和长度：指定二维输出表的大小，用每个方向上的单元数表示。

学习速率衰减：指定线性或指数学习速率衰减。学习速率是随时间推移而减小的权重因子。这样网络可以从数据开始编码，然后逐渐集中到更加细微的细节。

阶段 1 和阶段 2：Kohonen 网络训练被拆分成两个阶段。第一阶段是粗略估计阶段，用于获取数据中的大致特征。第二阶段是调整阶段，用于调整自组织映射以使用其模型化数据的细节特征。每个阶段有以下 3 个参数。

- 近邻：设置近邻的起始大小（半径）。该选项可以决定在训练期间随获取单元更新的近邻的单元数。在第一阶段，近邻大小以第一阶段的近邻为起始值，然后减小到第二阶段的近邻+1。在第二阶段，近邻大小以第二阶段的近邻为起始值，然后减小到 1。第一阶段的近邻应大于第二阶段的近邻。

- 初始 Eta：设置学习速率 Eta 的初始值。在第一阶段，Eta 值从第一阶段初始 Eta 开始，然后减小到第二阶段的初始 Eta 值。在第二阶段，Eta 值从第二阶段的初始 Eta 值开始，然后减小到 0。第一阶段的初始 Eta 应大于第二阶段的初始 Eta。
- 周期：设置每一训练阶段的周期。

单击“运行”按钮后，在管理器窗口的“模型”选项卡下显示生成的模型，模型的浏览方式类似于 *k*-Means 模型，如图 4-17 所示。若用表节点查看生成 Kohonen 模型的数据集，在原有属性的基础上，输出结果中多了 3 个属性：$KX-Kohonen、$KY-Kohonen 和$KXY-Kohonen，用来表示该记录所在的二维输出网的 *X* 和 *Y* 的位置。

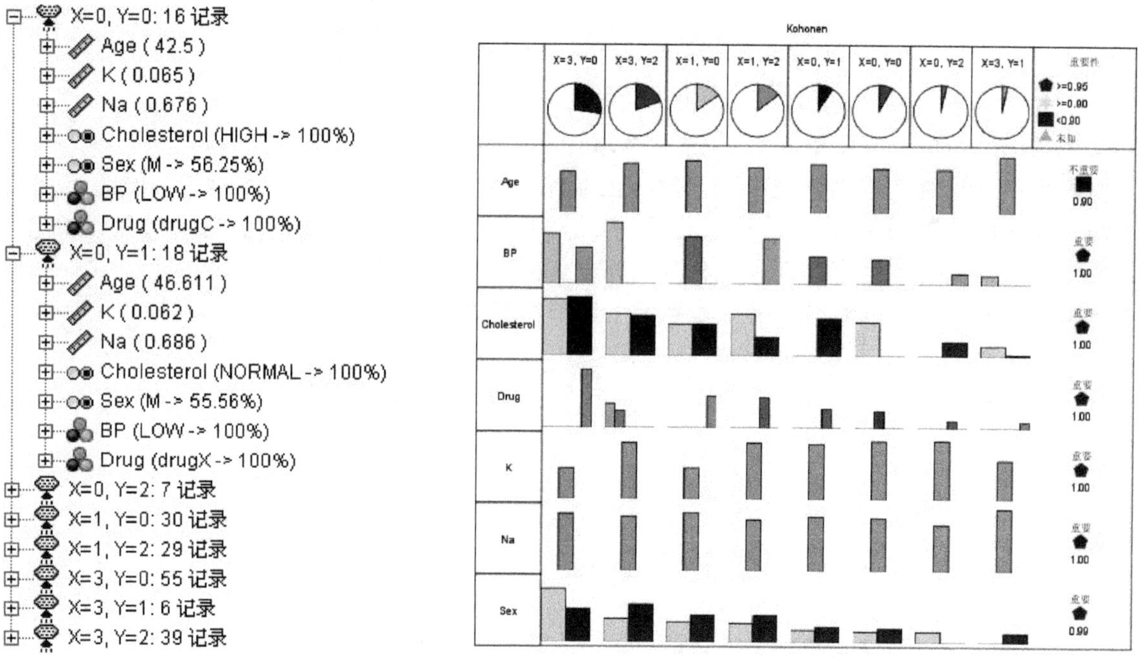

(a)模型选项卡　　　　(b)查看器选项卡

图 4-17　Kohonen 节点的输出结果

4.10 综合案例：超市客户细分

本案例的目的是通过对超市客户的个人信息进行聚类分析，发现客户群的特征，以实现对目标客户的准确理解和客户定位，便于后期针对不同特点的客户采用不同的营销策略。

本案例数据来源于美国一家大型连锁会员制超市 Food Mart，该超市拥有巨大的客户数量，而且通过会员制形式记录客户的个人信息。我们使用 Food Mart 数据库中的客户信息表 Customer 进行分析，Customer 中共有 10281 条记录，这些信息包括客户编号、账户编号、姓名、地址、城市、邮政编号、电话、生日、婚姻状态、年收入、性别、孩子数量、教育水平等 28 个属性，本案例选择使用的客户属性如表 4-10 所示。

这里采用数据挖掘软件 Clementine 中的 *k*-Means 和两步聚类算法对客户资料进行分析。*k*-Means 算法根据预定的聚类数目，通过计算样本属性之间的相似度来对样本进行分组；*k*-

表 4-10　本案例选择使用的客户属性

序号	属性	属性描述	数据类型
1	Marital_status	婚姻状态	二元变量
2	Yearly_income	年收入	标称变量
3	Gender	性别	二元变量
4	Total_children	孩子数量	区间标度变量
5	Num_child_at_home	在家的孩子数量	区间标度变量
6	Education	教育水平	标称变量
7	Member_card	会员卡类型	标称变量
8	Occupation	职业	标称变量
9	Houseowner	是否有房子	二元变量
10	Num_cars_owned	拥有的汽车数量	区间标度变量

Means 算法确定聚类数为 3（通过比较聚类数为 2、3 和 4 的聚类结果，发现聚类数为 3 时聚类的簇与其他两个簇的聚类中心距离较大，因此聚类数为 3 的 *k*-Means 模型较为合理）。两步算法不用设置聚类数，算法默认的聚类数在 2～15 之间，算法自动选择效果最好的聚类数。通过比较这两种聚类算法可以发现对聚类效果影响较小的属性是性别、婚姻状态、在家的孩子数量和孩子数量这些属性，因此可以剔除这些属性。对剔除这些属性后的数据进行聚类，发现两步聚类效果较显著，所以最终选择两步算法，结果如图 4-18 所示。

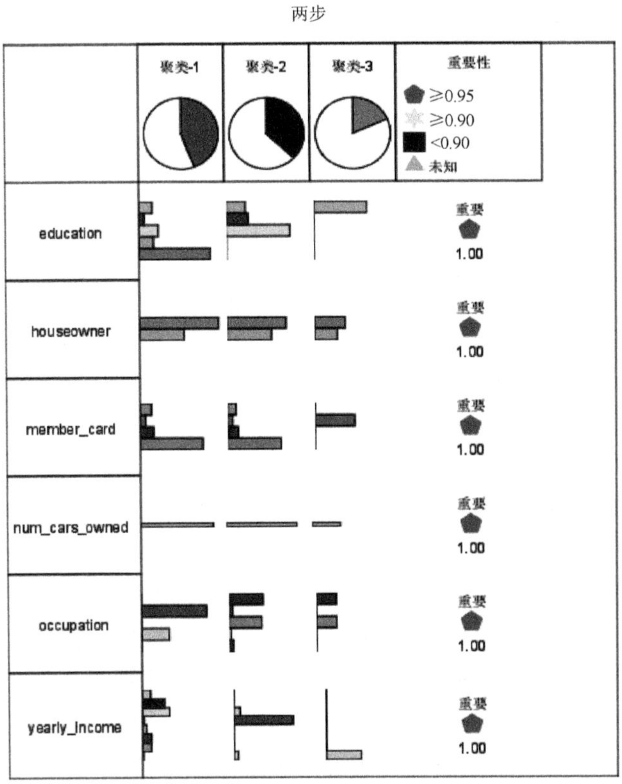

图 4-18　两步聚类结果

经过整理，两步聚类结果特征如表 4-11 所示。从表 4-11 中可以看出以下几点。

（1）第一类客户（聚类 1）

这类客户占了较大比例，他们是具有较高的教育水平，有固定的房子和私家车的白领阶

表 4-11　两步聚类结果特征

属性描述	聚类-1	聚类-2	聚类-3
拥有的汽车数量	2～3	2～3	1
是否有房子	是（64%）	是（57%）	是（57%）
教育水平	学士、硕士、大专	高中、大专	中学
会员卡类型	铜卡、金卡、银卡	铜卡、金卡	普通卡
职业	专家、经理	技术工人、工人	工人、技术工人
年收入	中高收入（50k-70k）	中等偏低（30k-50k）	低收入（10k-30k）
所占比例	44.32%	37.10%	18.58%

层。结合背景资料，这类客户有一部分比较年轻，没有孩子，可能是大学毕业不久的白领阶层。作为新时代的消费者，他们的消费多集中在高层次的商品上，如数码产品、化妆品和时尚产品，然而他们对普通的日常用品、家居产品不是很感兴趣。这类客户可能购买的商品不多，但贡献的利润很可观，企业应该重点关注。企业可以针对这类客户提供满意的服务和促销策略，吸引他们多消费，从而提高他们的顾客忠诚度，与他们建立稳定的消费关系。

（2）第二类客户（聚类 2）

这类客户以教育水平中等和偏低、年收入偏低的蓝领工人为主，其中，多数拥有房子。结合背景信息，这类客户多购买家居用品和婴儿用品，拥有孩子的比例较大，多为女性客户，可称为“家庭类型”的客户，是超市的大众消费群体，购物次数较多，消费额较大，但相对利润不是特别高。这类客户是超市要维持的主要客户群体，可以通过目录直销或促销打折等策略来维持并促进与他们的客户关系。

（3）第三类客户（聚类 3）

这类客户以教育水平较低、年收入偏低的工人为主。相对而言，这类客户的购买力较低。在制定营销策略时，可以考虑这部分客户的消费水平，通过打折促销来吸引他们进行消费。

本章小结

聚类分析是基本的数据分析工具，可用于发现复杂数据的结构，对数据进行探索性分析。发现簇并不是聚类任务的终结，聚类分析得到的簇是进一步的研究对象，可以成为其他模型的输入。一旦聚类分析找到了不同的簇，就能用分类等其他工具来发现不同簇之间的规律和模式。聚类分析在市场或客户细分、高价值客户的发现等方面具有广泛用途。基于营销的目的，许多公司发现找到基于相似行为的客户细分非常有用，这些客户细分可以用于交叉销售、定位保留优惠、定制化信息及其他用途。期望通过发现相似的客户组使得这些优惠活动比一刀切的方法更加有效。通过聚类分析得到的簇并不直接回答任何问题，但对得到的簇加以研究可以产生有价值的发现。客户细分是聚类分析的重要应用领域，聚类分析很自然地形成客户细分，他们的相似度可能包括相似的需求和兴趣。聚类分析的另一项重要应用就是把复杂的数据集分解成较为简单的簇，从而提高发现在初始数据中被淹没的模式的机会。

聚类算法依赖于属性或对象之间的相似性度量，本章首先介绍数据的相似性度量。然后对聚类分析的经典算法，包括划分方法（*k*-Means、一趟聚类算法）、基于密度的聚类算法、层次聚类算法（BIRCH、两步）、神经网络聚类方法的原理进行了介绍，并通过实例说明了这些经典算法的适用场合。

习 题 4

4.1　一个公司的销售主管设计出了一种评估顾客满意度的方法：以顾客对每种产品的抱怨次数来评估顾客的不满意度。试分析这种方法的不足，并给出一种改进的方法。

4.2　对于下面的向量 x 和 y，计算指定的相似性或距离度量。

（1）x=(1,2,3,4)，y=(2,4,6,8)，计算余弦相似度、相关系数、欧几里得距离。

（2）x=(0,1,0,1)，y=(1,0,1,0)，计算余弦相似度、相关系数、欧几里得距离、Jaccard 系数。

（3）x=(2,−1,0,2,0,−3)，y=(−1,1,−1,0,0,−1)，计算余弦相似度和相关系数。

4.3　给定两个对象：p_1(12,5,4)，p_2(18,−3,8)。

（1）计算两个对象之间的欧几里得距离。

（2）计算两个对象之间的曼哈顿距离。

（3）计算两个对象之间的切比雪夫距离。

（4）计算两个对象之间的闵可夫斯基距离，x=3。

4.4　聚类被广泛认为是一种重要的数据挖掘方法，有着广泛的应用范围。请对以下情况给出应用实例。

（1）采用聚类作为主要的数据挖掘方法的应用。

（2）采用聚类作为预处理工具，为其他数据挖掘任务进行数据准备的应用实例。

4.5　假设数据挖掘的任务是将如下的 8 个点（用(x,y)代表位置）聚类为 3 个簇。

A_1(2,10), A_2(2,5), A_3(8,4), B_1(5,8), B_2(7,5), B_3(6,4), C_1(1,2), C_2(4,9)。距离函数是 Euclidean 函数。假设初始选择 A_1、B_1 和 C_1 作为每个簇的中心，用 k-Means 算法计算下列数据。

（1）第一次循环执行后的 3 个簇中心。

（2）最后的 3 个簇中心及其包含的对象。

4.6　总 SSE 是每个属性的 SSE 之和。如果对于所有的簇，某变量的 SSE 都很低，这意味什么？如果 SSE 只对一个簇很低呢？如果 SSE 对所有的簇都很高呢？如果 SSE 仅对一个簇高呢？如何使用每个变量的 SSE 信息改进聚类结果？

4.7　假设在一个给定的区域分配一些自动取款机（ATM），以满足需求。住宅区或工作区可以被聚类，以便每个簇被分配一个 ATM。但是这个聚类可能被一些因素约束，包括可能影响 ATM 可达性的桥梁、河流和公路的位置。其他约束可能包括对形成一个区域的每个地域的 ATM 数目的限制。给定这些约束后，怎样修改聚类算法才能实现基于约束的聚类？

案例分析

案例分析：旅行社公司的数据挖掘应用案例

本案例翻译整理自 Susan Chiu 和 Domingo Tavella 合著的 *Data Mining and Market Intelligence for Optimal Marketing Returns*。本项目所用的原始数据来自问卷调查，但是随后的分析工作完全是按照数据挖掘的思路和技术进行的。该项目挖掘应用的目的有两个：一是利用聚类分析得到的分析结果来指导制订有效的创意营销用语，二是为即将推出的具有高附加值的旅游套餐挑选合适的营销渠道。本案例的价值有两点：一是从聚类技术的应用角度看，本案例提供了一种简单有效的对模型效果的验证方法，即比较验证集（30%）跟训练集（70%）聚类后得出的群体特征是否一致；二是从营销线索的挖掘、整理、提炼上提供了实战性的全面分享。不过，本案例有个值得商榷的地方，那就是聚类分析所用的数据全部来自问卷调查，而没有把客户在本公司的消费行为数据考虑进来，否则，这个分析会更精彩、更有价值。对于这个遗憾，最有可能的解释是该公司并没有合适的消费者数据库（用以记录、跟踪消费者的消费行为），这从反面说明了消费者数据库的重要价值。

项目背景：Travel Wind（美国）主要的服务内容是提供基础性的旅行服务，如机票预订、旅馆预订等。公司现在考虑向部分国内外客户提供具有高附加值的服务项目，为了准确了解对即将推出的一些具有高附加值的产品和服务的真实潜在需求的实际状况，公司对部分客户进行了一次客户问卷调查。通过对回收的问卷数据进行整理及随后的数据挖掘工作，得到了一些有价值的市场营销线索。

Travel Wind 的问卷调查有 8 个指标，共有 4902 个客户完成了问卷调查，其中，有效问卷有 4897 份。这 8 个指标分别是年龄（Interval）、家庭收入（Ordinal）、是否有小孩（Binary）、教育程度（Categorical）、互联网使用程度（Ordinal）、手机使用程度（Ordinal）、对美国国内的旅游兴趣（Binary）、对国外的旅游兴趣（Binary）。70%的数据（共计 3410 份客户问卷）用于聚类分析建模，另外 30%的数据被用于模型的验证。采用 SPSS 分析软件，主要的判断指标是 Akaike's Information Criterion（AIC）。最终这 3410 份问卷数据被聚类成两个群体（有 5 份 Outlier 不属于这两个群体，被剔除出去），这样实际上两个群体共有客户（问卷）3405 人。其中，Cluster 1 中的人数占 32%，Cluster 2 中的人数占 68%。Cluster 1 群体的平均年龄为 68 岁，远高于 Cluster 2（平均年龄仅为 51 岁）；相比而言，Cluster 2（有 44%的人具有研究生以上学历）的受教育程度明显高于 Cluster 1（只有 24%的人具有研究生以上学历）；Cluster 2 的收入情况（71%的人家庭年收入超过 10 万美元）也远远高于 Cluster 1（只有 19%的人的家庭年收入超过 10 万美元）；另外在 Cluster 2 群体中，44%的人有孩子，而在 Cluster 1 群体中，只有 11%的人有孩子。在旅行偏好方面，Cluster 1 群体里有 63%的人喜欢国外旅行，而 Cluster 2 中只有 52%的人喜欢国外旅行；在互联网和手机的使用程度上，Cluster 2 的人明显是重度使用者。

通过描述性分析总结可以发现 Cluster 1 属于大众消费群体，而 Cluster 2 属于高端群体；基于上述群体典型特征，Travel Wind 公司得出以下营销线索总结：第一，本公司现在有足够的机会和机遇开展高端产品和服务的推介，因为有超过一半以上的公司客户都是经常在国内或国外旅行的；第二，本公司可以考虑向两个不同的客户群体分别开发两种不同的营销创意广告宣传语（基于他们不同的收入和年龄特点）。高端客户（Cluster 2）似乎是处于职业顶点的专业人士或富裕的家庭主妇，而大众客户（Cluster 1）似乎是退休人士在寻找独特的旅游经历；第三，关于高端产品的定价策略，可以考虑对高端客户（Cluster 2）推出高价位产品，而对大众客户（Cluster 1）则采取低价策略；第四，公司可以将互联网和手机作为营销渠道向高端客户开展营销行动。对于聚类模型的验证过程：公司需要通过 30%的验证集数据验证这个聚类模型的有效性，经过重新聚类，验证集（1492 个客户）也被分成两个群体，有 3 个 Outlier。剩下的 1489 个客户中，按照上述两个群体进行划分后，各自群体的典型特征几乎与训练集中的聚类群体的特征一样。由此可以证明，模型聚类的结果是稳定且有效的。

资料来源：http://shzxqdj.blog.163.com/blog/static/8167057720097248584079З/。

【思考题】 试分析旅游行业的数据挖掘情况。

第 5 章　分类分析

开篇案例——决策树分类

一家著名的高尔夫俱乐部的经理被每天需要的雇员数量问题所困扰。因为某些天很多人来玩高尔夫，以至所有员工忙得团团转还是应付不过来，而有些天不知道什么原因，一个人也不来，俱乐部因为雇员数量不合适浪费了不少资金。经理希望通过下周天气预报寻找什么时候人们会来打高尔夫，以适时调整雇员数量。因此，首先他必须了解人们决定是否打球的原因。在 2 周时间内，他们记录了每天的天气信息及顾客是否光顾俱乐部的信息。

天气状况有晴、云、雨；气温用华氏温度表示；相对湿度用百分比表示；还有有风和无风；当然，还有顾客是否在这些日子光顾俱乐部。最终他得到了 6 列 14 行的数据表格，如表 5-1 所示。

表 5-1　高尔夫顾客的历史数据

No.	Outlook	Temperature	Humidity	Windy	Play
1	sunny	85	85	FALSE	NO
2	sunny	80	90	TRUE	NO
3	overcast	83	78	FALSE	YES
4	rain	70	96	FALSE	YES
5	rain	68	80	FALSE	YES
6	rain	65	70	TRUE	NO
7	overcast	64	65	TRUE	YES
8	sunny	72	95	FALSE	NO
9	sunny	69	70	FALSE	YES
10	rain	75	80	FALSE	YES
11	sunny	75	70	TRUE	YES
12	overcast	72	90	TRUE	YES
13	overcast	81	75	FALSE	YES
14	rain	71	80	TRUE	NO

如何通过分析顾客 2 周的历史数据，判断在什么情况下会有人来打高尔夫？这是一个典型的决策树分类问题。使用决策树在该数据集上建立分类预测模型，可以发现如下的分类模式：① 如果天气是多云，人们总是选择玩高尔夫，而只有少数很着迷的甚至在雨天也会玩；② 顾客不喜欢湿度高于 70%的天气；③ 如果是雨天还有风，就不会有人打高尔夫球了。最后，老板在晴天、潮湿的天气或刮风的雨天解雇了大部分员工，因为这种天气不会有人打高尔夫，而在其他天气时，会有很多人打高尔夫，因此可以雇用一些临时员工来工作。

这种利用已有观测数据建立决策树，并用决策树来确定新的对象类别的方法就是分类要研究的问题。

5.1 分类概述

分类是对数据集进行学习并构造一个拥有预测功能的分类模型，用于预测未知样本的类标号，把类标号未知的样本映射到某个预先给定的类标号中。或者说，分类就是利用训练数据中学习到的规律来确定未知样本的类别。例如，根据银行客户信用贷款的历史数据，分类可以构造“拖欠贷款”和“非拖欠贷款”两类客户模型，对于将要申请信用贷款的客户，可以根据分类模型和该客户的特征来预测该客户是否会拖欠贷款，从而决定是否给该客户贷款。

分类方法已被广泛应用于各行各业，如在金融市场预测、信用评估、医疗诊断、市场营销等诸多实际应用领域。在证券市场中，分类器被用于预测股票未来的走向；在银行、保险等领域中，利用已有数据建立分类模型，评估客户的信用等级；在市场营销中，利用历史销售数据预测某些商品是否可以销售，预测广告应该投放到哪个区域，预测某客户是否会成为商场客户从而实施定点传单投放等；在医疗诊断中，使用分类模型预测放射学实验室对癌症、精神病、医疗影像的诊断结果等。

分类过程一般包括 3 个环节：① 将数据集划分为两部分，一部分作为训练集，一部分作为测试集；② 通过分析训练集的特点来构建分类模型；③ 对测试集用建立的分类模型进行分类，评估该分类模型的分类准确度，通常使用分类准确度高的分类模型对类标号未知的样本数据进行分类。

为建立模型而被分析的数据集称为训练数据集，其中单个元组称为训练样本。每个训练样本包括多个属性，其中有一个属性决定该元组属于一个预定义的类，该属性称为类标号属性（Class Label Attribute）或目标属性，其他属性称为预测属性。按性质分，预测属性可以分为类别属性和数值属性。分类的目的是对训练样本进行分析，根据其预测属性特征，得出一个分类模型，据此对目标属性未知的元组进行类归属判断。

分类方法有很多，本章主要介绍决策树分类方法、贝叶斯分类方法、*k*-最近邻分类方法和集成分类方法。

5.2 决策树分类方法

决策树分类方法利用树形结构来表示决策集合，这些决策集合通过对数据集分类产生规则。决策树分类方法以其特有的优点得到了广泛应用：分类速度快、决策树模型简单直观、易于理解、可以清晰地显示哪些字段比较重要、可以生成容易理解的规则。

5.2.1 决策树的基本概念

决策树（Decision Tree）是一种树型结构，预测申请人拖欠银行贷款的决策树如图 5-1 所示，包括决策节点（内部节点）、分支和叶节点 3 部分。其中，决策节点代表某个测试条件，通常对应于待分类对象的某个属性，在该属性上的不同测试结果对应一个分支。每个叶节点存放某个类标号值，表示一种可能的分类结果。在图 5-1 中，有 5 个叶节点和 3 个决策节点，在决策节点“是否有房”的测试中，属性“是否有房”有 2 个不同取值{yes, no}，因此该决策节点的测试结果有 2 个分支。决策树可以用来对未知样本进行分类，分类过程如下：从决策树的根节点开始，从上往下沿着某个分支往下搜索，直到叶结点，以叶结点的类标号值作为该未知样本所属的类标号。

【例 5-1】 银行有贷款业务，当有客户申请贷款时，需要评估客户是否会按时还款，再决定是否同意客户的申请。银行通过对历史客户数据进行分析建立分类模型来处理申请。

某银行拖欠贷款的训练数据如表 5-2 所示，以该训练集构造决策树，如图 5-1 所示。当有客户前来提交贷款申请时，银行工作人员可以利用建好的决策树对客户提供的数据进行分析，判断客户是否可能拖欠贷款，以决定是否同意贷款申请。

表 5-2 某银行拖欠贷款的训练数据

序号	是否有房	婚姻状况	年收入	拖欠贷款
1	yes	single	125k	no
2	no	married	100k	no
3	no	single	70k	no
4	yes	married	120k	no
5	no	divorced	95k	yes
6	no	married	60k	no
7	yes	divorced	220k	no
8	no	single	85k	yes
9	no	married	75k	no
10	no	single	90k	yes

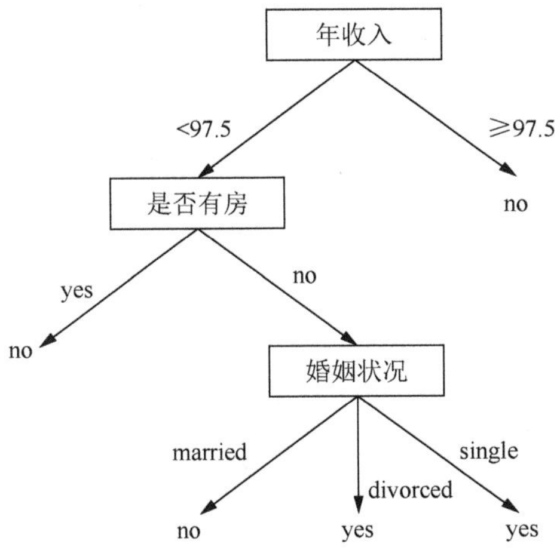

图 5-1 预测申请人拖欠银行贷款的决策树

下面利用该决策树对类标号未知的新样本{no, married, 80k, ?}进行预测，过程如下：① 从根结点开始，在属性“年收入”的取值为 80k，进入左分支；② 对决策节点属性“是否有房”进行判断，该样本取值为 no，进入右分支；③ 对决策节点属性“婚姻状况”进行判断，测试取值为 married，进入左分支，最后到达叶结点，该叶节点类标号值为 no，表明决策树预测该样本（申请人）不会拖欠银行贷款（可认为没有风险）。

构建好决策树后，利用决策树对类标号未知的新样本进行预测就变得简单了，因此构建决策树是关键。如何通过训练数据集构造决策树，是后面要讨论的主要内容。图 5-1 的构造过程将在 5.2.4 节介绍。

5.2.2 决策树的构建

决策树的构建过程是对训练集反复划分的过程，决策树构建过程中需解决两个关键问题：

① 如何从多个属性中选择当前最佳划分属性去划分训练样本；② 如何在适当位置停止划分过程，从而得到大小合适的决策树。

1. 属性“纯度”的度量方法

决策树根据数据“纯度”来构建，如何量化属性纯度呢？纯度有基于信息熵和基于 Gini 系数两类度量方法。

假定 S 为训练集，S 的目标属性 C 具有 m 个可能的类标号值，$C=\{C_1,C_2,\cdots,C_m\}$，假定在训练集 S 中，C_i 在所有样本中出现的频率为 p_i（i=1,2,3,$\cdots$,m）。

熵（Entropy，也称信息熵）：训练集 S 的信息熵的定义为

$$\text{Entropy}(S)=\text{Entropy}(p_1,p_2,\cdots,p_m)=-\sum_{i=1}^{m}p_i\log_2 p_i$$

信息熵度量了一个属性的信息量，熵越小，表示样本对目标属性的分布越纯，熵越大，表示样本对目标属性的分布越混乱。当 S 只包含一类记录时，取得最小值 0，当 S 中不同类别的记录数相当时，取得最大值 $\log_2 m$，特别地，对于目标属性只有两个取值的集合来说，最大值为 1。

Gini 系数：训练集 S 的 Gini 系数定义为

$$G(S)=1-\sum_{i=1}^{m}p_i^2$$

$G(S)$越小，意味着该节点中所包含的样本越集中在某一类别上，即该节点越纯，否则说明该节点所包含的样本越不纯。当 S 中只包含一类记录时，Gini 系数取得最小值 0，当 S 中不同类别的记录数相当时，Gini 系数取得最大值 $1-\dfrac{1}{m}$。特别地，对于目标属性只有两个取值的集合来说，Gini 系数的最大值为 0.5。

【例 5-2】 对于图 5-2 所示的二元分类变量的划分，计算划分前后：① 单个节点的信息熵和总的信息熵；② 单个节点 Gini 系数和总的 Gini 系数。

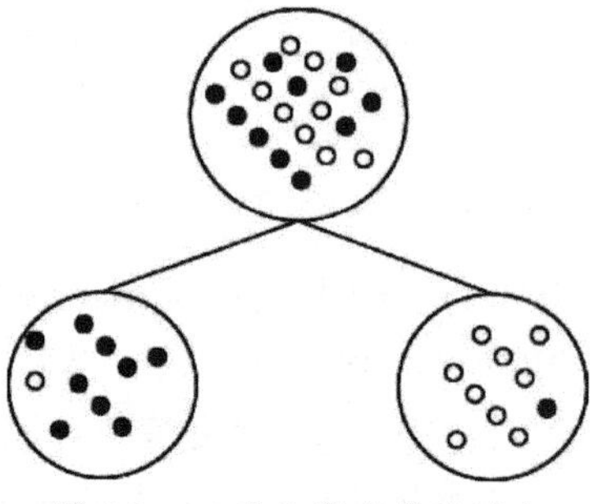

图 5-2 二元分类变量的划分

【解】

① 对于信息熵。

对于划分前单个节点的熵，计算如下：

$$\text{Entropy}(S)=-1\times(p(\text{dark})\log_2 p(\text{dark})+p(\text{light})\log_2 p(\text{light}))$$

暗点（dark）和亮点（light）都是 10 个，各占一半，即 $p(\text{dark})=p(\text{light})=0.5$，将其代入上式可得

$$\text{Entropy}(S)=-1\times(0.5\log_2 0.5+0.5\log_2 0.5)=1$$

将二元分类变量划分成两个节点后，其中一个节点有 1 个暗点和 9 个亮点，而另一个节点有 9 个暗点和 1 个亮点。显然，它们具有相同的熵，都为 $-1\times(0.1\log_2 0.1+0.9\log_2 0.9)=0.47$ 。

用划分后两个节点信息熵的加权平均表示划分后总的信息熵，每个节点的权重为节点记录的比例。因此，划分后总的信息熵为 0.5×0.47+0.5×0.47=0.47。

② 对于 Gini 系数。

划分前节点的 Gini 系数为 $1-(0.5^2+0.5^2)=0.5$ 。

用划分后两个节点 Gini 系数的加权平均表示划分后总的 Gini 系数，每个节点的权重为节点记录的比例。划分后两个子节点的 Gini 系数都为 $1-(0.1^2+0.9^2)=0.18$ 。

划分后总的 Gini 系数为 0.5×0.18+0.5×0.18=0.18。

2. 决策属性重要性的度量方法

① 信息增益。

信息增益指划分前样本数据集的信息熵和划分后样本数据集的信息熵的差值。假设划分前样本数据集的信息熵为 S，并用属性 A 来划分样本数据集 S，则按属性 A 划分 S 的信息增益 Gain(S,A)为样本集 S 的信息熵减去按属性 A 划分 S 后的样本子集的信息熵：

$$\text{Gain}(S,A)=\text{Entropy}(S)-\text{Entropy}_A(S)$$

假定属性 A 有 k 个不同的取值，从而将 S 划分为 k 个样本子集 $\{S_1,S_2,\cdots,S_k\}$，则按属性 A 划分 S 后的样本子集的信息熵定义为

$$\text{Entropy}_A(S)=\sum_{i=1}^{k}\frac{|S_i|}{|S|}\text{Entropy}(S_i)$$

其中，$|S_i|$（i=1,2,…,k）为 S_i 中包含的样本数，$|S|$为 S 中包含的样本总数。

在例 5-2 中，节点划分前的信息熵为 1，节点划分后的信息熵为 0.47，那么信息增益为 1−0.47=0.53。

信息增益越大，说明使用属性 A 划分节点后的样本子集越纯，越有利于分类。

② 信息增益率。

使用信息增益选择分裂属性时，倾向于选择具有大量不同取值的属性，从而产生许多小而纯的子集，那么产生的决策树将具有非常多的分支，且每个分支产生的子集的信息熵均接近 0。显然，这样的决策树是没有实际意义的。一种改进的策略是使用信息增益率来选择划分属性（习题 5.5 说明了信息增益与信息增益率的区别）。

假设划分前的样本数据集为 S，并用属性 A 划分样本数据集 S，则按属性 A 划分 S 的信息增益率定义为

$$\text{GainRatio}(S,A)=\frac{\text{Gain}(S,A)}{\text{SplitE}(S,A)}$$

按属性 A 划分 S 后的样本子集的 SplitE(S, A)的定义如下：假定属性 A 有 k 个不同的取值，从而将 S 划分为 k 个样本子集 $\{S_1,S_2,\cdots,S_k\}$，则 SplitE(S, A)的定义为

$$\text{SplitE}(S,A)=-\sum_{i=1}^{k}\frac{|S_i|}{|S|}\log_2\frac{|S_i|}{|S|}$$

SplitE(S, A)用来衡量属性 A 划分样本数据集的广度和均匀性。样本在属性 A 上的取值分布越均匀，属性 A 分裂数据集的广度越大，SplitE(S, A)的值越大。因此削弱了选择那些取值较多且分布较均匀的属性作为分裂属性的倾向性。

【例 5-3】 对于表 5-2 中的数据集 S，计算按照婚姻状况属性进行分裂的信息增益率。

【解】 $\text{Entropy}(S) = -\frac{3}{10}\log_2\frac{3}{10} - \frac{7}{10}\log_2\frac{7}{10} = 0.88$。

婚姻状况属性将数据集 S 划分为 3 个子集，与 single、married、divorced 对应的 3 个子集的目标属性（yes/no）分布为 2/2、0/4、1/1。于是：

$$\text{Entropy}_{婚姻状况}(S) = \frac{4}{10}(-\frac{2}{4}\log_2\frac{2}{4} - \frac{2}{4}\log_2\frac{2}{4}) + \frac{4}{10}(-\frac{4}{4}\log_2\frac{4}{4}) + \frac{2}{10}(-\frac{1}{2}\log_2\frac{1}{2} - \frac{1}{2}\log_2\frac{1}{2})$$
$$= 0.6$$

$$\text{Gain}(S, 婚姻状况) = \text{Entropy}(S) - \text{Entropy}_{婚姻状况}(S) = 0.28$$

$$\text{SplitE}(D, 婚姻状况) = -\frac{4}{10}\log\frac{4}{10} - \frac{4}{10}\log\frac{4}{10} - \frac{2}{10}\log\frac{2}{10} = 1.522$$

那么
$$\text{GainRatio}(D, 婚姻状况) = \frac{\text{Gain}(D, 婚姻状况)}{\text{SplitE}(D, 婚姻状况)} = \frac{0.28}{1.522} = 0.184$$

③ 差异性损失。

划分前样本数据集为 S，并用属性 A 将样本集 S 划分为左分支 S_L 和右分支 S_R，则按属性 A 划分 S 的差异性损失（这里其实指划分前后 Gini 系数的增益），其定义为样本数据集 S 的 Gini 系数减去按属性 A 划分 S 后的样本子集的 Gini 系数：

$$\Delta G(S, A) = G(S) - \left[\frac{|S_R|}{|S_L| + |S_R|}G(S_R) + \frac{|S_L|}{|S_L| + |S_R|}G(S_L)\right]$$

其中，$G(S)$为划分前 S 的 Gini 系数，$|S_L|$和$|S_R|$分别表示划分后左右分支和分支的样本数，方括号中的部分为划分后的 Gini 系数。为使数据集划分尽可能纯，我们需选择属性 A 的某个分支条件ξ使该节点的差异性损失尽可能大。用$\xi(A)$表示所考虑的分支条件ξ的全体，则选择的分支条件应为

$$\xi_{\max} = \arg\max_{\xi \in \xi(A)} \Delta G(S, A)$$

对于图 5-2 中的划分，父节点总体具有相等数目的亮点和暗点，那么该节点的 Gini 系数为$1 - (0.5^2 + 0.5^2) = 0.5$，两个子节点的 Gini 系数都为$1 - (0.1^2 + 0.9^2) = 0.18$。

划分后 Gini 系数的减少量或差异性损失为$\Delta G(\xi, t) = 0.5 - \frac{10}{20} \times 0.18 - \frac{10}{20} \times 0.18 = 0.32$。

④ 连续属性的信息熵和 Gini 系数计算。

以上关于信息熵和 Gini 系数的计算都是使用分类属性作为划分属性进行说明的。对于连续属性，信息熵和 Gini 系数的计算方法与分类属性有很大不同。首先，对连续属性取值进行递增排序，将每对不同相邻值的加权平均值看作可能的分裂点，从而将样本数据集分为两组，对于每个可能的分裂点，计算相应的信息熵和 Gini 系数，最后选取信息熵或 Gini 系数最小的分裂点作为最佳分裂点，下面举例说明。

【例 5-4】 计算表 5-2 中年收入属性为划分属性所得到的信息熵和 Gini 系数。

【解】

① 信息熵的计算。

针对连续属性年收入，首先对其进行递增排序，将每对相邻值的加权平均值看作可能的分裂点。对于每个可能的分裂点计算 $\text{Entropy}_{年收入}(S)$，如表 5-3 所示。

以 87.5 为例说明 $\text{Entropy}_{年收入}(S)$ 的计算过程，其他分裂点的相应计算请读者验证。在年收入小于 87.5 的记录中，yes 对应 1 条，no 对应 3 条；在年收入大于 87.5 的记录中，yes 对

表 5-3 对连续属性候选划分结点的信息熵进行计算

拖欠贷款	No	No	No	Yes	Yes	Yes	No	No	No	No
年收入（k）	60	70	75	85	90	95	100	120	125	220
相邻值的加权平均值	65	72.5	80	87.5	92.5	97.5	110	122.5	172.5	
$\text{Entropy}_{年收入}(S)$	0.83	0.76	0.69	0.88	0.85	0.6	0.69	0.76	0.83	

应 2 条，no 对应 4 条。

$$\text{Entropy}_{年收入}(S)=\frac{4}{10}(-\frac{1}{4}\log_2\frac{1}{4}-\frac{3}{4}\log_2\frac{3}{4})+\frac{6}{10}(-\frac{2}{6}\log_2\frac{2}{6}-\frac{4}{6}\log_2\frac{4}{6})=0.88$$

选择 $\text{Entropy}_{年收入}(S)$ 值最小的分裂点 97.5 作为年收入属性的最佳分裂点，得到年收入的信息熵为 0.6。

② Gini 系数的计算。

对于连续属性 Gini 系数的计算，同样对数据按升序排序，将每对相邻值的加权平均值作为可能的分裂点，取 Gini 系数最小的分裂点分隔属性，如表 5-4 所示。

表 5-4 对年收入属性候选划分结点的 Gini 系数进行计算

拖欠贷款	No	No	No	Yes	Yes	Yes	No	No	No	No
年收入（k）	60	70	75	85	90	95	100	120	125	220
相邻值的加权平均值	65	72.5	80	87.5	92.5	97.5	110	122.5	172.5	
Gini 系数	0.4	0.375	0.343	0.417	0.4	0.3	0.343	0.375	0.4	

下面仅介绍以 92.5 作为分裂点时年收入属性的 Gini 系数的计算过程，其他分裂点的分组划分计算留给读者自己完成。当前 S_L 表示年收入小于 92.5 的样本，S_R 表示年收入大于或等于 92.5 的样本。划分后的 Gini 系数为

$$\begin{aligned}\text{Gain}&=\frac{|S_R|}{|S_L|+|S_R|}G(S_R)+\frac{|S_L|}{|S_L|+|S_R|}G(S_L)\\&=\frac{5}{10}\left(1-\left(\frac{3}{5}\right)^2-\left(\frac{2}{5}\right)^2\right)+\frac{5}{10}\left(1-\left(\frac{1}{5}\right)^2-\left(\frac{4}{5}\right)^2\right)=0.4\end{aligned}$$

选择 Gini 系数最小的分裂点 97.5 作为年收入属性的最佳分裂点，得到年收入的 Gini 系数为 0.3。

3．获得大小合适的树

决策树的构建过程是一个递归过程，需要确定停止条件。一种策略是当子节点只有一种类型的记录时停止该节点的划分，另一种策略是在当前节点对应的记录数低于最小阈值时停止该节点的划分。

在创建决策树时，因为数据中存在噪声和离群点，所以许多分支或子树反映的是训练数据中的细枝末节或异常，从而会导致过度拟合现象，使得发现的规律或规则不具有足够的普遍性。也就是说，该决策树对训练数据可以得到很低的错误率，但在测试数据上却会得到非常高的错误率。针对过度拟合现象，通过使用统计度量剪掉最不可靠的分支（Prune Tree）来获得大小合适的树。剪枝后的树更小、更简单，因此更容易理解。通常情况下，正确地对独立的检验集分类比对未剪枝的树进行分类更快、更好。剪枝的原则是去除对未知样本预测准确度低的子树，通常有预剪枝（Prepruning）和后剪枝（Postpruning）两种基本方法来简化决策树，类似于盆景制作的策略。后剪枝所需要的计算比预剪枝多，但通常后剪枝可以产生更可

靠的树。

预剪枝的目标是控制决策树充分生长，通过事先指定一些控制参数来提前停止树的构建，如决策树的最大深度，树中的父节点和子节点所包含的最少样本量或比例、节点中测试的输出结果的最小差异减少量。

后剪枝就是在决策树充分生长的基础上根据一定的“修剪”，剪去那些不具有代表性的叶节点或子树，以创建更稳定的模型，是一个边剪枝边检验的过程。后剪枝可以采用两种方法：① 用单一叶节点代替整个子树，此时叶节点的类别采用子树中出现次数最多的类别；② 用一个子树完全替代另一个子树。剪枝过程中，每个节点都有可能成为叶节点，对每个节点都应分配类别。分配类别的方法可以用当前节点中出现次数最多的类别，也可以参考或其他更复杂的方法。

如图 5-3 所示，在一个复杂树内部，有许多更简单、更稳定的子树，每个子树代表在模型复杂性和训练集误分类率之间的一种折中。

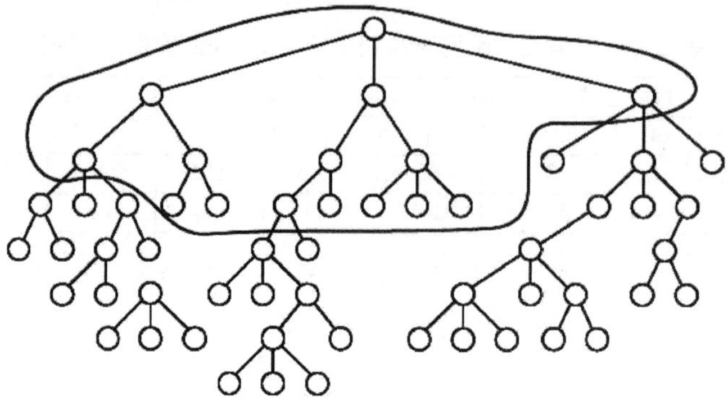

图 5-3　复杂树内部更简单、更稳定的子树

5.2.3　Hunt 算法

决策树算法通过将训练记录相继划分为较纯的子集，并以递归方式来建立决策树。Hunt 算法是许多经典决策树算法如 ID3、C4.5、CART 的基础。假定 D_t 是与结点 t 相关联的训练记录集，$C=\{C_1,C_2,\cdots,C_m\}$ 是类标号，Hunt 算法递归建立决策树的过程描述如下。

① 如果 D_t 中的所有记录都属于同一个类 C_i（$1\leqslant i\leqslant m$），那么 t 是叶结点，用类标号 C_i 进行标记。

② 如果 D_t 包含属于多个类的记录，则选择一个属性测试条件，将 D_t 划分为多个更小的子集。对于测试条件的每个输出创建一个子节点，并根据测试结果将 D_t 中的记录划分到子节点中，然后对每个子节点递归调用该算法。

Hunt 算法是一个抽象的算法，并没有明确属性测试条件和划分子集的实现策略。ID3、C4.5 和 CART 可以看作 Hunt 算法的具体实现，或者说是 Hunt 算法的实例化，其根本区别在于属性测试条件和划分子集的使用策略不同。

5.2.4　C4.5 分类算法

C4.5 是在 ID3 算法的基础上进行改进得到的算法，将划分属性选择的标准由信息增益改为信息增益率，使其既可以处理数值属性又可以处理缺失数据，并增加了剪枝功能。

1. 划分属性选择

C4.5 以信息增益率作为属性选择的标准，消除了信息增益倾向于属性取值数目多的属性所带来的影响。

2. 对缺失数据的处理

由于决策树中节点的测试输出取决于单个属性的不同取值，当训练集或测试集中的某个样本数据的测试属性值未知时，就无法得到当前节点的测试输出。C4.5 算法采用概率的方法改进对信息增益、分裂信息的计算方法，使得算法能够继续依据信息增益率来选择决策树中非叶节点的划分属性。

属性 A 信息增益的计算方法修改如下：当训练集 S 在属性 A 中存在缺失值时，以没有缺失值的样本子集计算信息增益 Entropy(S)−Entropy$_A$(S)，相对训练集 S 来说，其信息增益有所增加，利用参与计算的样本比例进行调节。于是属性 A 的信息增益计算方法修改为

$$\text{Gain}(S,A)=\text{属性}A\text{在样本集合中不空值的比率}(\text{Entropy}(S)-\text{Entropy}_A(S))$$

属性 A 的分裂信息计算方法修改如下：将属性 A 中缺失值的样本子集作为额外的子集 S_{unkown}，即将缺失值看成一个特殊类别，分裂信息按照如下公式计算：

$$\text{SplitE}(S,A)=-\sum_{i=1}^{k}\frac{|S_i|}{|S|}\log_2\frac{|S_i|}{|S|}-\frac{|S_{\text{unknow}}|}{|S|}\log_2\frac{|S_{\text{unknow}}|}{|S|}$$

3. 对数值属性的处理

与分类属性不同，对于数值属性的信息增益率，其处理过程如下。

① 对属性的取值按升序排序。

② 以相邻两个不同属性值的加权平均值作为可能的分裂点，将数据集分成两部分，计算每个可能的分裂点的信息增益。

③ 选择信息增益最大的分裂点作为该属性的最佳分裂点。

④ 对最佳分裂点的信息增益进行修正：将信息增益减去 $\log_2(N-1)/|D|$。其中，N 是当前结点下不同属性值的个数，$|D|$表示当前结点下训练集的大小。

⑤ 计算最佳分裂点的信息增益率，并作为该属性的信息增益率。

4. 算法描述

C4.5 决策树的建立过程分为两个阶段，首先使用训练集数据构建一棵决策树，然后对树进行剪枝，最后得到一棵最优决策树。C4.5 决策树的生长算法描述如下。

① 如果训练集属于同一个类别或满足预剪枝结束条件，则创建一个叶结点，结束。

② 否则，计算训练集中每个属性的信息增益率，选择信息增益率最大的属性作为决策属性，并以该决策属性创建结点。

③ 对上一步中决策属性结点的每个取值添加一个分支。

④ 对于每个分支对应的训练集，转①。

C4.5 采用预剪枝和后剪枝相结合的方式进行剪枝。预剪枝通过指定决策树每个节点所包含的最少记录数来控制决策树充分生长。后剪枝采用一种称为悲观剪枝的方法，使用训练集估计错误率来对子树剪枝做出决定。注意，基于训练集评估准确率或错误率过于乐观，因此具有较大的偏倚，所以悲观剪枝方法通过加上一个惩罚来调节从训练集中得到的错误率，以抵消所出现的偏倚。C4.5 决策树的后剪枝处理过程描述如下。

① 计算待剪枝子树中叶结点的加权估计误差。

② 如果待剪枝子树是一个叶结点，则结束。

③ 否则，计算其子树误差和所有的分支误差。

④ 如果叶结点误差小于子树误差和最大的分支误差，则剪枝，设置待剪子树的根节点为叶结点。

⑤ 如果最大的分支误差小于叶结点误差和子树误差，则剪枝，以误差最大的分支替换待剪子树。

⑥ 否则，不剪枝。

C4.5 只适用于能够驻留于内存的数据集，当训练集大到无法在内存中容纳时，程序将无法运行。为适应大规模数据集，在 C4.5 后出现了 SLIQ 和 SPRINT 算法。C4.5 后续发展成为商用的 C5.0，在 C4.5 的基础上进行了一些改进，如使用提升技术生成一系列决策树，然后集体投票决定分类结果，从而提高预测精度；规则集没有先后顺序，用所有匹配规则进行投票，更易解释；C4.5 在进行属性选择时，不再考虑上一层次用过的属性，而 C5.0 在进行属性选择时，每次都要考虑所有属性。

5. C4.5 算法示例

【例 5-5】 根据 C4.5 算法对表 5-2 中的数据集进行训练，建立一棵 C4.5 决策树。

【解】

（1）计算样本数据集 S 的信息熵 $\text{Entropy}(S)=-\frac{7}{10}\log_2\frac{7}{10}-\frac{3}{10}\log_2\frac{3}{10}=0.88$。

（2）计算属性“是否有房”的信息熵和信息增益。

先计算该属性取值“yes”和“no”所包含的信息熵。“是否有房”的属性值“yes”对应 3 条记录，其中“拖欠贷款”为“yes”的有 0 条记录，为“no”的有 3 条记录。“是否有房”属性值“no”对应 7 条记录，其中“拖欠贷款”为“yes”的有 3 条记录，“no”的有 4 条记录。

$$\text{Entropy}(S_{\text{yes}})=-\frac{3}{3}\log_2\frac{3}{3}=0$$

$$\text{Entropy}(S_{\text{no}})=-\frac{3}{7}\log_2\frac{3}{7}-\frac{4}{7}\log_2\frac{4}{7}=0.98$$

$$\text{Entropy}_{\text{是否有房}}(S)=\frac{3}{10}\text{Entropy}(S_{\text{yes}})+\frac{7}{10}\text{Entropy}(S_{\text{no}})=0.68$$

$$\text{Gain}(S,\text{是否有房})=\text{Entropy}(S)-\text{Entropy}_{\text{是否有房}}(S)=0.2$$

（3）计算属性“婚姻状况”的信息熵和信息增益。

先分别计算该属性取值“divorced”“married”“single”所包含的信息熵。“婚姻状况”的属性值“divorced”对应 2 条记录，其中“拖欠贷款”为“yes”的有 1 条记录，为“no”的有 1 条记录。“婚姻状况”的属性值“married”对应 4 条记录，其中“拖欠贷款”为“yes”的有 0 条记录，为“no”的有 4 条记录。“婚姻状况”的属性值“single”对应 4 条记录，其中“拖欠贷款”为“yes”的有 2 条记录，为“no”的有 2 条记录。

$$\text{Entropy}(S_{\text{divorced}})=-\frac{1}{2}\log_2\frac{1}{2}-\frac{1}{2}\log_2\frac{1}{2}=1$$

$$\text{Entropy}(S_{\text{married}})=-\frac{4}{4}\log_2\frac{4}{4}=0$$

$$\text{Entropy}(S_{\text{single}}) = -\frac{2}{4}\log_2\frac{2}{4} - \frac{2}{4}\log_2\frac{2}{4} = 1$$

$$\text{Entropy}_{\text{婚姻状况}}(S) = \frac{2}{10}\text{Entropy}(S_{\text{divorced}}) + \frac{4}{10}\text{Entropy}(S_{\text{married}}) + \frac{4}{10}\text{Entropy}(S_{\text{single}}) = 0.6$$

$$\text{Gain}(S,\text{婚姻状况}) = \text{Entropy}(S) - \text{Entropy}_{\text{婚姻状况}}(S) = 0.88 - 0.6 = 0.28$$

（4）针对数值属性“年收入”。由例 5-1 可知，97.5 作为年收入属性的最佳分裂点。

$$\text{Gain}(S,\text{年收入}) = \text{Entropy}(S) - \text{Entropy}_{\text{年收入}}(S) = 0.88 - 0.6 = 0.28$$

（5）计算各属性的分裂信息和信息增益率。对于“是否有房”属性，取值为“yes”的有 3 条记录，取值为“no”的有 7 条记录，因此：

$$\text{SplitE}(S,\text{是否有房}) = -\frac{7}{10}\log_2\frac{7}{10} - \frac{3}{10}\log_2\frac{3}{10} = 0.88$$

$$\text{GainRatio}(S,\text{是否有房}) = \frac{\text{Gain}(S,\text{是否有房})}{\text{SplitE}(S,\text{是否有房})} = 0.23$$

对于“婚姻状况”属性，取值为“single”的有 4 条记录，取值为“married”的有 4 条记录，取值为“divorced”的有 2 条记录，因此：

$$\text{SplitE}(S,\text{婚姻状况}) = -\frac{4}{10}\log_2\frac{4}{10} - \frac{4}{10}\log_2\frac{4}{10} - \frac{2}{10}\log_2\frac{2}{10} = 1.522$$

$$\text{GainRatio}(S,\text{婚姻状况}) = \frac{\text{Gain}(S,\text{婚姻状况})}{\text{Splite}(S,\text{婚姻状况})} = \frac{0.28}{1.522} = 0.184$$

对于“年收入”属性，分裂点 97.5 将年收入值划分为两个区间，大于 97.5 的有 4 条记录，小于 97.5 的有 6 条记录，因此：

$$\text{SplitE}(S,\text{年收入}) = -\frac{6}{10}\log_2\frac{6}{10} - \frac{4}{10}\log_2\frac{34}{10} = 0.971$$

$$\text{GainRatio}(S,\text{年收入}) = \frac{\text{Gain}(S,\text{年收入})}{\text{SplitE}(S,\text{年收入})} = \frac{0.28}{0.971} = 0.29$$

可以看出，“年收入”属性的信息增益率是最大的，所以选择“年收入”属性作为决策树的根结点，产生两个分支，对每个分支重复进行上述运算过程，即可生成整个决策树，如图 5-4 所示。

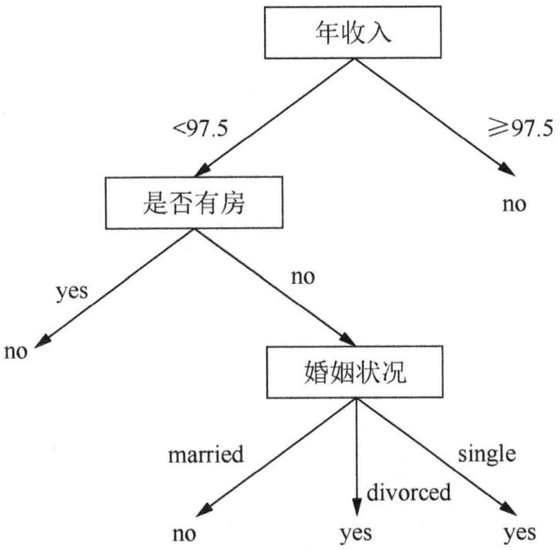

图 5-4　银行拖欠贷款数据集的 C4.5 决策树

5.2.5 CART 算法

分类回归树（Classification And Regression Tree，CART）算法由美国斯坦福大学和加州大学伯克利分校的 Breiman 等于 1984 年提出。CART 决策树采用二元递归划分方法，生成的决策树的每个非叶节点都有两个分支。能够处理连续属性和分类属性作为预测变量或输出变量（或目标变量）情况下的分类。当输出变量是分类属性时，所建立的决策树称为分类树（Classification Tree），用于分类预测。当输出变量是数值属性时，所建立的决策树称为回归树（Regression Tree），用于数值预测。分类回归树的构建同样包括决策树生长和决策树剪枝两个过程。

1. CART 算法的基本概念

分类回归树的建树过程是对训练集反复划分的过程，涉及如何从多个属性中选择当前最佳划分属性的问题。在分类回归树的建树过程中，需要针对每个属性进行相应的计算，以确定最佳划分属性，针对 CART 的分类树和回归树的计算方法有所不同，数值型属性和分类型属性的计算法方法也存在差异。

设训练样本集 $S=\{A_1, A_2,\cdots, A_m, Y\}$，其中 A_1 到 A_m 称为属性向量，Y 称为类标号。当 Y 是数值型数据时，称为回归树，当 Y 是离散型数据时，称为分类树。

（1）分类树的属性选择

对于 CART 分类树的划分属性选择，分类型属性和数值型属性的处理方法有所不同。

对于分类型属性，使用 Gini 系数为基础来度量某个属性测试输出取值的差异性。由于 CART 只能建立二叉树，对于取多个值的属性变量，需要将多个类别合并成两个类别，形成“超类”，然后计算两个“超类”下的样本测试输出取值的差异性。

对于数值型属性，先将数据按升序排序，再从小到大依次以两个相邻的不同数值的加权平均值作为可能的分裂点，将样本分为两组，并计算所得组中样本测试输出取值的差异性，以差异性损失最大的点作为分裂点。

理想的分组是使两组样本测试输出取值的差异性下降最快，“纯度”增加最快，即选择差异性损失最大的属性作为当前的最佳划分属性。

（2）回归树的属性选择

使用回归树确定当前最佳划分属性的策略与分类树相同，主要区别在于度量节点输出差异性的指标有所不同。由于回归树的输出为数值型，以均值作为每个值的预测值，方差度量了这种预测的整体效果，方差越小，预测效果越好，因此以方差为基础作为输出差异性的指标，其定义为

$$R(t)=\frac{1}{N-1}\sum_{i=1}^{N}(y_i(t)-\overline{y}(t))^2$$

其中，t 为节点，N 为节点 t 所含的样本个数，$y_i(t)$ 为节点 t 中输出变量的值，$\overline{y}(t)$ 为节点 t 中输出变量的平均值。方差度量了以平均值作为每个值的预测值所产生的偏差，回归的目标就是使预测偏差最小化。因此，将方差的减少量或方差的增益作为差异性损失的度量指标，其定义为

$$\Delta R(t)=R(t)-\left[\frac{|S_{\mathrm{R}}|}{|S_{\mathrm{L}}|+|S_{\mathrm{R}}|}R(t_{\mathrm{R}})+\frac{|S_{\mathrm{L}}|}{|S_{\mathrm{L}}|+|S_{\mathrm{R}}|}R(t_{\mathrm{L}})\right]$$

其中，$R(t)$ 为分组前输出变量的方差，$R(t_R)$、$|S_R|$ 和 $R(t_L)$、$|S_L|$ 分别为分组后右子树的方差和样本量，以及左子树的方差和样本量。

使 $\Delta R(t)$ 达到最大的属性为当前最佳划分属性。

2．CART 算法的步骤

① 如果训练集属于同一个类别，则创建一个叶结点，结束。

② 否则计算训练集中每个属性划分的差异性损失，以差异性损失最大的属性为决策属性，并创结点。

③ 以②中的决策属性将训练集划分为两个子集，分别以这两个子集为训练集递归调用①。

在算法的步骤②中，当属性 A 有多于 2 个的取值时，可能有多个两组划分，此时取差异性损失最大的那个划分 S_1 和 S_2。

3．CART 算法示例

【例 5-6】 以表 5-2 中的某银行拖欠贷款的训练数据为例，分析 CART 构建决策树的详细过程。

【解】

(1) 对数据集的预测属性或非目标属性{是否有房,婚姻状况,年收入}分别计算其差异性损失，取差异性损失最大的属性作为决策树的根节点属性。

一开始创建的节点为根节点，假定为 r，则该根节点的 Gini 系数为

$$G(r)=1-\left(\frac{3}{10}\right)^2-\left(\frac{7}{10}\right)^2=0.42$$

① 对“是否有房”属性

“是否有房”为 no 的记录有 7 条，其中“拖欠贷款”取值为 yes 的记录有 3 条，取值为 no 的记录有 4 条；“是否有房”为 yes 的 3 条记录的“拖欠贷款”的取值均为 no。

$$\begin{aligned}&\Delta G(\text{是否有房},r)\\&=G(r)-\frac{|S_{\text{是否有房=no}}|}{|S_{\text{是否有房=yes}}|+|S_{\text{是否有房=no}}|}G(r_{\text{是否有房=no}})-\frac{|S_{\text{是否有房=yes}}|}{|S_{\text{是否有房=yes}}|+|S_{\text{是否有房=no}}|}G(r_{\text{是否有房=yes}})\\&=0.42-\frac{7}{10}\times\left(1-\left(\frac{3}{7}\right)^2-\left(\frac{4}{7}\right)^2\right)-\frac{3}{10}\times 0=0.077\end{aligned}$$

② 对“婚姻状况”属性

“婚姻状况”有 3 个可能的取值{married, single, divorced}，分别计算划分后的超类{married}/{single, divorced}、{single}/{married, divorced}、{divorced}/{single, married}的差异性损失。

当分组为{married}/{single, divorced}时，S_L 表示“婚姻状况”取值为 married 的分组，S_R 表示“婚姻状况”取值为 single 或 divorced 的分组。此时，按“婚姻状况”划分的差异性损失计算如下：

$$\begin{aligned}&\Delta G(\text{婚姻状况},r)\\&=G(r)-\frac{|S_R|}{|S_R|+|S_L|}G(r_R)-\frac{|S_{:L}|}{|S_R|+|S_L|}G(r_L)\\&=0.42-\frac{4}{10}\times 0-\frac{6}{10}\times\left(1-\left(\frac{3}{6}\right)^2-\left(\frac{3}{6}\right)^2\right)=0.12\end{aligned}$$

对分组{single}/{married, divorced}，S_L 表示“婚姻状况”取值为 single 的分组，S_R 表示“婚姻状况”取值为 married 或 divorced 的分组。此时，按“婚姻状况”划分的差异性损失结果为

$$\Delta G(\text{婚姻状况},r)=G(r)-\frac{|S_R|}{|S_R|+|S_L|}G(r_R)-\frac{|S_{:L}|}{|S_R|+|S_L|}G(r_L)$$
$$=0.42-\frac{4}{10}\times0.5-\frac{6}{10}\times\left(1-\left(\frac{1}{6}\right)^2-\left(\frac{5}{6}\right)^2\right)=0.053$$

对分组{divorced}/{single, married}，S_L 表示“婚姻状况”取值为 divorced 的分组，S_R 表示“婚姻状况”取值为 single 或 married 的分组。此时，按“婚姻状况”划分的差异性损失结果为

$$\Delta G(\text{婚姻状况},r)=G(r)-\frac{|S_R|}{|S_R|+|S_L|}G(r_R)-\frac{|S_{:L}|}{|S_R|+|S_L|}G(r_L)$$
$$=0.42-\frac{2}{10}\times0.5-\frac{8}{10}\times\left(1-\left(\frac{2}{8}\right)^2-\left(\frac{6}{8}\right)^2\right)=0.02$$

根据计算结果，将以“婚姻状况”划分根节点时差异性损失最大的分组作为划分结果，即{married}/{single, divorced}。

③ 对“年收入”属性

“年收入”属性为数值型属性，先对数据按升序排序，再从小到大依次以相邻值的加权平均值作为分隔将样本分为两组，取差异性损失值最大的分裂点将该属性分组，CART 对“年收入”属性候选划分结点的计算如表 5-5 所示。

表 5-5 CART 对“年收入”属性候选划分结点的计算

拖欠贷款	no	no	no	yes	yes	yes	no	no	no	no
年收入（k）	60	70	75	85	90	95	100	120	125	220
相邻值的加权平均值	65	72.5	80	87.5	92.5	97.5	110	122.5	172.5	
差异性损失	0.02	0.045	0.077	0.003	0.02	0.12	0.077	0.045	0.02	

下面仅介绍以 80 作为分裂点时属性“年收入”划分节点分组的差异性损失计算，其他分裂点的分组划分计算留给读者自己验证。当前 S_L 表示“年收入”小于 80 的样本，S_R 表示“年收入”大于或等于 80 的样本，则

$$\Delta G(\text{年收入},r)=G(r)-\frac{|S_R|}{|S_R|+|S_L|}G(r_R)-\frac{|S_L|}{|S_R|+|S_L|}G(r_L)$$
$$=0.42-\frac{7}{10}\times\left(1-\left(\frac{4}{7}\right)^2-\left(\frac{3}{7}\right)^2\right)-\frac{3}{10}\times0=0.077$$

根据计算，知道 3 个属性划分根节点差异性损失最大的有 2 个：“年收入”属性和“婚姻状况”属性的差异性损失值都为 0.12，此时 CART（C4.5 亦采用类似策略）采取的策略是按照训练集中属性出现的先后顺序来选择排在前面的属性作为当前节点划分的决策属性。在本例中，“婚姻状况”先于“年收入”属性的顺序，因此取“婚姻状况”作为根节点的决策属性，此时得到第一次划分结果，如图 5-5 所示。

（2）接下来采用同样的方法分别计算 3 个属性对“婚姻状况”取 single 或 divorced 的数据子集进行划分的差异性损失，取差异性损失最大的属性作为当前节点的决策属性。

假设当前节点为 t，它的 Gini 系数为

$$G(t)=1-\left(\frac{3}{6}\right)^2-\left(\frac{3}{6}\right)^2=0.5$$

① 对“是否有房”属性

$$\begin{aligned}
&\Delta G(\text{是否有房},t)\\
&=G(t)-\frac{|S_{\text{是否有房=no}}|}{|S_{\text{是否有房=yes}}|+|S_{\text{是否有房=no}}|}G(t_{\text{是否有房=no}})-\frac{|S_{\text{是否有房=yes}}|}{|S_{\text{是否有房=yes}}|+|S_{\text{是否有房=no}}|}G(t_{\text{是否有房=yes}})\\
&=0.5-\frac{4}{6}\times\left(1-\left(\frac{3}{4}\right)^2-\left(\frac{1}{4}\right)^2\right)-\frac{2}{6}\times 0\\
&=0.25
\end{aligned}$$

② 对“婚姻状况”属性

此时只有两个不同的取值，用 S_{R} 表示“婚姻状况”取 divorced 的子集，用 S_{L} 表示“婚姻状况”取 single 的子集，当前节点的差异性损失为

$$\begin{aligned}
\Delta G(\text{婚姻状况},t)&=G(t)-\frac{|S_{\mathrm{R}}|}{|S_{\mathrm{R}}|+|S_{\mathrm{L}}|}G(t_{\mathrm{R}})-\frac{|S_{:\mathrm{L}}|}{|S_{\mathrm{R}}|+|S_{\mathrm{L}}|}G(t_{\mathrm{L}})\\
&=0.5-\frac{2}{6}\times\left(1-\left(\frac{1}{2}\right)^2-\left(\frac{1}{2}\right)^2\right)-\frac{4}{6}\times\left(1-\left(\frac{2}{4}\right)^2-\left(\frac{2}{4}\right)^2\right)=0
\end{aligned}$$

③ 对“年收入”属性进行计算，如表 5-6 所示。

表 5-6 CART 对“年收入”属性候选划分结点的计算

拖欠贷款	no	no	yes	yes	yes	no
年收入（k）	70	85	90	95	125	220
相邻值中点	77.5	87.5	92.5	110	172.5	
差异性损失	0.1	0.25	0.06	0	0.1	

根据计算可知，3 个属性划分当前节点差异性损失的最大值为 0.25，并且在 2 个属性上取最大值，根据属性出现的先后顺序，选择“是否有房”作为当前节点划分的决策属性，此时得到第二次划分结果，如图 5-6 所示。

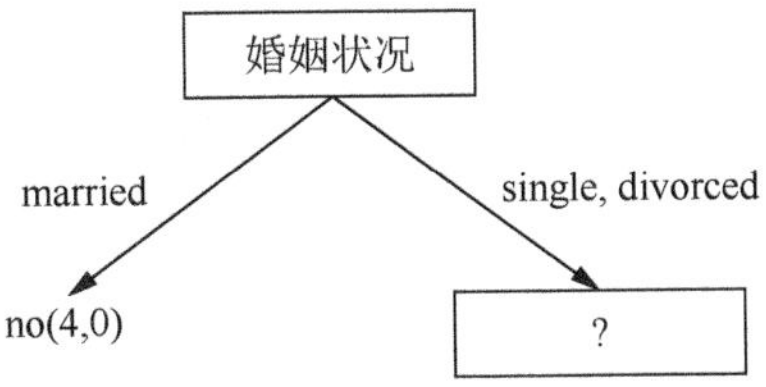

图 5-5 第一次划分结果

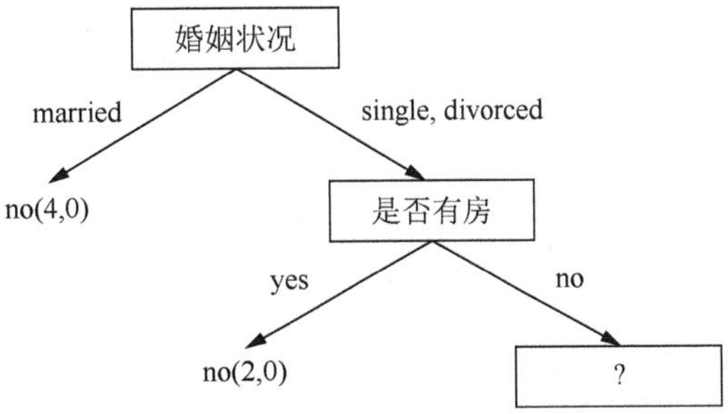

图 5-6 第二次划分结果

（3）类似（2）的方法，计算 3 个属性对剩下的数据子集的划分，取差异性损失最大的划分属性作为当前节点的决策属性，得到最后的 CART 决策树，如图 5-7 所示。

若将属性“年收入”置于“婚姻状况”之前，建立 CART 决策树，如图 5-8 所示。这说明，在特殊情况下，属性的排列顺序会影响决策树的建立结果。如何评价得到的两棵不同的决策树呢？我们将在 5.6 节专门讨论。

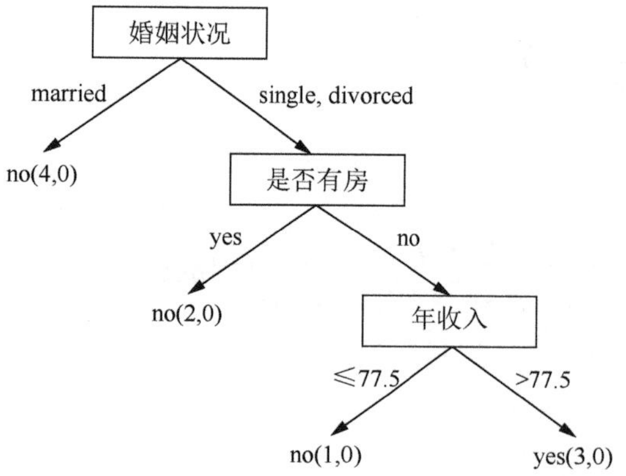

图 5-7　银行贷款数据集的 CART 决策树（1）

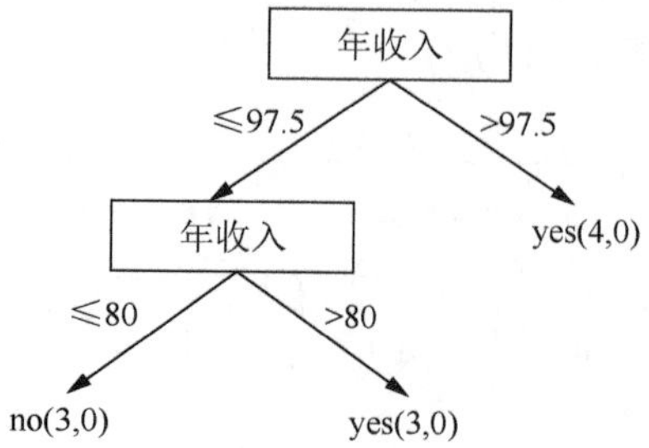

图 5-8　银行贷款数据集的 CART 决策树（2）

【例 5-7】 以表 5-7 中的 CPU 数据集的部分数据（目标变量为连续属性）为例，分析采用 CART 算法构建回归树或决策树的详细过程。

表 5-7　cpu 数据集

序号	vendor	MYCT	CACH	class
1	ibm	57	64	171
2	ibm	26	0	113
3	ibm	400	0	45
4	ibm	25	16	65
5	magnuson	50	12	80
6	magnuson	50	24	88
7	nas	50	64	119
8	nas	40	32	126
9	nas	56	0	26
10	nas	38	32	80

【解】

（1）分别计算数据集的预测属性{vendor,MYCT,CACH}的差异性损失，取差异性损失最大的属性作为决策树的根节点属性。

一开始创建的节点为根节点 r，由数据集计算出目标属性 class 的均值为 91.3，该根节点的方差为

$$R(r)=\frac{1}{10-1}((171-91.3)^2+(113-91.3)^2+(45-91.3)^2+(65-91.3)^2+(80-91.3)^2$$
$$+(88-91.3)^2+(119-91.3)^2+(126-91.3)^2+(26-91.3)^2+(80-91.3)^2)$$
$$=1795.567$$

① 对 vendor 属性

vendor 有 3 个可能的取值{ibm, magnuson, nas}，分别计算划分后的超类{ibm}/ {magnuson, nas}、{magnuson}/{ibm, nas}、{nas}/{ibm, magnuson}的差异性损失。

当分组为{ibm}/{magnuson, nas}时，S_L 表示 vendor 取值为 ibm 的分组，S_R 表示 vendor 取值为 magnuson 或 nas 的分组，此时按属性 vendor 划分的差异性损失计算如下：

$$\Delta R(\text{vendor},r)=R(r)-\frac{4}{10}\left(\frac{1}{4-1}((171-98.5)^2+(113-98.5)^2+(45-98.5)^2+(65-98.5)^2)\right)$$

$$-\frac{6}{10}\left(\frac{1}{6-1}((80-86.5)^2+(88-86.5)^2+(119-86.5)^2+(126-86.5)^2+(26-86.5)^2+(80-86.5)^2\right)$$

$$=1795.567-2023.753$$

$$=-228.186$$

当分组为{magnuson}/{ibm, nas}时，S_L 表示 vendor 取值为 magnuson 的分组，S_R 表示 vendor 取值为 ibm 或 nas 的分组，此时按属性 vendor 划分的差异性损失计算如下：

$$\Delta R(\text{vendor},r)=R(r)-\frac{2}{10}\left(\frac{1}{2-1}((80-84)^2+(88-84)^2)\right)$$

$$-\frac{8}{10}\left(\begin{array}{l}\frac{1}{8-1}((171-93.125)^2+(113-93.125)^2+(45-93.125)^2+(65-93.125)^2\\+(119-93.125)^2+(126-93.125)^2+(26-93.125)^2+(80-93.125)^2\end{array}\right)$$

$$=1795.567-3202.632=-1407.07$$

当分组为{nas}/{ibm, magnuson}时，S_L 表示 vendor 取值为 nas 的分组，S_R 表示 vendor 取值为 ibm 或 magnuson 的分组，此时按属性 vendor 划分的差异性损失计算如下：

$$\Delta R(\text{vendor},r)=R(r)-\frac{4}{10}\left(\frac{1}{4-1}((119-87.75)^2+(126-87.75)^2+(26-87.75)^2+(80-87.75)^2\right)$$

$$-\frac{6}{10}\left(\begin{array}{l}\frac{1}{6-1}((171-93.667)^2+(113-93.667)^2+(45-93.667)^2+(65-93.667)^2\\+(80-93.667)^2+(88-93.667)^2)\end{array}\right)$$

$$=1795.567-2059.308$$

$$=-263.741$$

根据计算结果，将以属性 vendor 划分根节点时差异性损失最大的分组作为划分结果，即{ibm}/{magnuson, nas}。

② 对 MYCT 属性

由于 MYCT 属性为数值型属性，首先需要对数据按升序排序，然后从小到大依次以相邻值的中间值作为分裂点将样本分为两组，取差异性损失值最大的分裂点将该属性分组，如表 5-8 所示。

表 5-8　CPU 对 MYCT 属性候选划分结点的计算

class	65	113	80	126	80	88	119	26	171	45
MYCT	25	26	38	40	50	50	50	56	57	400
相邻值中点	25.5	32	39	47.5	51.5	56.5	228.5			
差异性损失	—	−148.533	56.868	−158.053	−447.266	−652.0187	245.571			

下面仅以 32 作为分裂点为例，说明属性 MYCT 划分节点分组的差异性损失计算过程，其他分裂点的分组划分计算留给读者自己完成。S_L 表示 MYCT 小于 32 的样本，S_R 表示 MYCT 大于或等于 32 的样本。

$$\Delta R(\text{MYCT},r)=R(r)-\frac{2}{10}\left(\frac{1}{2-1}((65-89)^2+(113-89)^2)\right)-$$

$$\frac{8}{10}\left(\begin{array}{l}\frac{1}{8-1}((80-91.875)^2+(126-91.875)^2+(80-91.875)^2+(88-91.875)^2\\+(119-91.875)^2+(26-91.875)^2+(171-91.875)^2+(45-91.875)^2\end{array}\right)$$

$$=1795.567-1944.1=-148.533$$

③ 对 CACH 属性

由于 CACH 属性为数值型属性，首先需要对数据按升序排序，然后从小到大依次以不同相邻值的加权平均值作为分裂点将样本分为两组，取差异性损失值最大的分裂点将该属性分组，CPU 对 CACH 属性候选划分结点的计算如表 5-9 所示

表 5-9　CPU 对 CACH 属性候选划分结点的计算

class	113	45	26	80	65	88	126	80	171	119
CACH	0	0	0	12	16	24	32	32	64	64
相邻值中点	3				14	20	29.3	53.33		
差异性损失	219.7337				309.147	588.367	656.134	656.724		

下面以 53.33 作为分裂点为例，说明属性 CACH 划分节点分组的差异性损失计算过程，其他分裂点的分组划分计算留给读者自己完成。S_L 表示 CACH 小于 48 的样本，S_R 表示 CACH 大于或等于 48 的样本。

$$\Delta R(\text{CACH},r)=R(r)-\frac{2}{10}\left(\frac{1}{2-1}((171-145)^2+(119-145)^2)\right)$$

$$-\frac{8}{10}\left(\begin{array}{l}\frac{1}{8-1}((113-77.875)^2+(45-77.875)^2+(26-77.875)^2+(80-77.875)^2\\+(65-77.875)^2+(88-77.875)^2+(126-77.875)^2+(80-77.875)^2\end{array}\right)$$

$$=1795.567-1138.843=656.724$$

根据计算，知道 3 个属性划分当前节点的差异性损失的最大值为 656.7241，即选择 CACH 作为当前节点划分的决策属性，此时得到第一次划分结果，如图 5-9 所示。

（2）类似（1）的方法，计算 3 个属性对剩下的数据子集的划分，取差异性损失最大的划分属性作为当前节点的决策属性，得到最后的 CART 回归决策树，如图 5-10 所示。

在图 5-10 中，(2,84)表示该叶结点对应两条记录，目标变量的预测值为 84。

使用 CART 回归决策树预测未知样本的目标属性值的过程如下：从回归决策树的根节点开始，从上往下沿着某个分支往下搜索，直到叶结点，以叶结点的属性值作为该未知样本的目标属性值。如表 5-10 所示，$C_class 为使用图 5-10 中的 CART 回归决策树得到的预测结果。

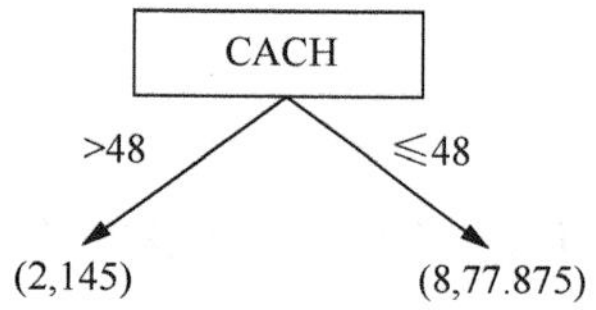

图 5-9　第一次划分结果

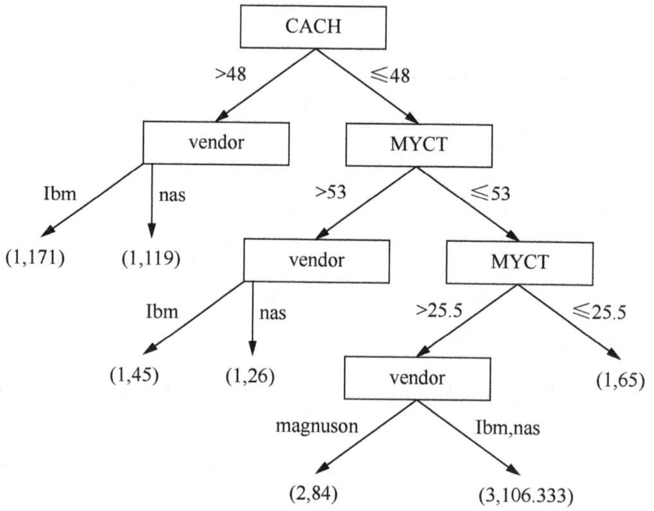

图 5-10　CART 回归决策树

表 5-10　CART 回归决策树的预测示例

序号	vendor	MYCT	CACH	class	$C_class
1	ibm	115	16	35	45
2	magnuson	50	24	88	84
3	nas	72	64	120	119

5.2.6　C4.5 与 CART 算法的主要区别

C4.5 和 CART 算法的主要区别如下。

① C4.5 构造的是多叉树，而 CART 构造的是二叉树，如果目标属性是离散型的，并且具有两个以上的类别，则 CART 将目标类别合并成两个超类别。

② C4.5 使用信息增益率度量属性的重要性，而 CART 使用差异性损失（Gini 系数或方差增益）度量属性的重要性。

③ C4.5 的目标属性是离散型的，而 CART 的目标属性既可以是离散型的，也可以是数值型的。

5.2.7　决策树分类算法的特点

决策树分类算法具有以下特点：决策树模型非常直观，便于非专业人士解读；构造决策树的代价低，决策树分类算法所需要的数据准备工作相对较少，不需要规范化处理，对离群点不敏感；使用决策树分类算法在分类未知记录时非常快；通过在许多简单数据集上测试发现，决策树分类算法的准确率和其他分类算法相当；如果缺少合适的剪枝，则容易产生过度拟合现象。

5.3　贝叶斯分类方法

当人们要从几个选项中决策选择哪一个选项时，潜意识会借助以往的经验趋利避害，做出好的决策，如买马、赌球或判定一个行人是否会购买产品。贝叶斯（Bayes）分类算法是一类利用概率统计知识（先验知识）进行分类的方法。这些方法使用贝叶斯定理来预测一个未知类别的样本属于各类别的可能性，选择可能性最大的类别作为该样本的最终类别。贝叶斯分类方法具有以下特点。

① 贝叶斯分类并不把一个对象绝对地指派给某一个类别，而是充分利用领域知识和其他先验信息计算得出该对象属于某一类别的概率，具有最大概率的类别便是该对象所属的类别。

② 利用有向图的表示方式，用弧表示变量之间的依赖关系，用概率分布表示依赖关系的强弱。表示方法非常直观，有利于对领域知识的理解。

③ 一般情况下，在贝叶斯分类中，所有属性都潜在地起作用，即并不是一个或几个属性决定分类，而是所有属性都参与分类；贝叶斯分类对象的属性可以是离散型的、连续型的，也可以是混合型的。

④ 能进行增量学习，数据样本可增量地提高或降低某种假设的估计，且能方便地处理不完整数据。

5.3.1 贝叶斯定理

假定 X 为类标号未知的数据样本(可以看成“证据”)，H 为样本 X 所属类别 C 的假设，分类问题就是计算概率 $P(H|X)$的问题，即当给定“证据”或观测数据 X 时，假设 H 成立的概率。换言之，即给定样本 X，确定样本 H 属于类 C 的概率。

$P(H)$表示假设 H 的先验概率（Prior Probability）。

$P(X)$表示样本数据 X 的先验概率。

$P(H|X)$表示在条件 X 下，假设 H 的后验概率（Posterior Probability）。

$P(X|H)$表示在给定假设 H 的前提条件下，样本 X 的后验概率。

例如，假设银行贷款数据集由 4 个属性构成：是否有房、婚姻状况、年收入、拖欠贷款。样本 X 为{no, single, 75k, ?}，假设 Y 为顾客不会拖欠贷款，则：

$P(Y)$表示任意给定的贷款顾客不会拖欠贷款的概率，而不考虑其是否有房等其他信息。

$P(X)$表示数据集中，样本 X 无房、单身、年收入为 75k 的概率。

$P(Y|X)$表示已知贷款顾客是否有房、婚姻状况和年收入水平，该顾客不会拖欠贷款的概率。

$P(X|Y)$表示已知顾客不会拖欠贷款，该顾客无房、单身、年收入为 75k 的概率。

如何估计上述概率呢？后面我们会看到，$P(H)$、$P(X)$、$P(X|H)$可以由训练集的数据估计，而 $P(H|X)$则利用贝叶斯定理由 $P(H)$、$P(X)$、$P(X|H)$计算得到。

条件概率是指一随机事件在另一随机事件发生的情况下发生的概率。$P(A|B)$表示在事件 B 发生的情况下，事件 A 发生的概率。贝叶斯定理用来描述两个条件概率之间的关系，如 $P(A|B)$ 和 $P(B|A)$。按照乘法法则 $P(A\cap B)=P(A)\times P(B|A)=P(B)\times P(A|B)$，可以导出：$P(B|A)=P(A|B)\times P(B)/P(A)$，这就是贝叶斯定理。

对应于样本 X 和假设 H，根据贝叶斯定理，满足如下关系：

$$P(H \mid X)=\frac{P(X \mid H)P(H)}{P(X)}$$

贝叶斯分类方法利用贝叶斯定理来预测一个未知类别的样本属于各类别的可能性，选择可能性最大的一个类别作为该样本的最终类别。

5.3.2 朴素贝叶斯分类算法

设数据集为 D，其所对应的属性集为 $U=\{A_1,A_2,\cdots,A_n,C\}$，其中，$A_1,A_2,\cdots,A_n$ 是样本的属性变量，C 是有 m 个值 $C_1,C_2,\cdots,C_m$ 的类标号的属性变量。数据集 D 中的每个样本 X 可以表示为 $X=\{x_1,x_2,\cdots,x_n,C_i\}$，描述 n 个属性 $A_1,A_2,\cdots,A_n$ 的观测值及所属的类标号值。

给定一个类标号未知的样本 X，朴素贝叶斯分类将预测 X 属于具有最大后验概率 $P(C_i|X)$ 的类（C_i 是 $C_1,C_2,\cdots,C_m$ 中的某个值）。朴素贝叶斯分类器将未知的样本 X 分配给类 C_i，当且仅当

$$P(C_i \mid X)\geqslant P(C_j \mid X) \qquad 1\leqslant j\leqslant m,\ j\neq i$$

贝叶斯定理如下：

$$P(C_i \mid X)=\frac{P(X \mid C_i)P(C_i)}{P(X)}$$

由于 $P(X)$对所有类别为常数，只需要 $P(X \mid C_i)P(C_i)$ 最大，即最大化后验概率 $P(C_i|X)$可转

化为最大化概率 $P(X|C_i)P(C_i)$ 的计算即可。一般情况下，类的先验概率 $P(C_i)$ 可以用 $|s_i|/|s|$ 来估计，$|s_i|$ 是数据集 D 中属于类别 C_i 的样本个数，$|s|$ 是数据集 D 的样本总数。

给定具有多属性的数据集，计算 $P(X|C_i)$ 的开销可能非常大。为降低计算 $P(X|C_i)$ 的开销。朴素贝叶斯算法基于各属性之间相互独立及连续属性服从正态分布两个假设：

$$P(X|C_i)=P(x_1,x_2,\cdots,x_n|C_i)=\prod_{k=1}^{n}P(x_k|C_i)$$
$$=P(x_1|C_i)\times P(x_2|C_i)\times\cdots\times P(x_n|C_i)$$

可以从数据集中求得概率 $P(x_1|C_i)\times P(x_2|C_i)\times\cdots\times P(x_n|C_i)$。这里 x_k 表示样本 X 在属性 A_k 下的取值。对于每个属性，需考察该属性是分类属性还是连续属性。

① 如果属性 A_k 是分类属性，则 $P(x_k|C_i)=|s_{ik}|/|s_i|$。$|s_{ik}|$ 是 D 中属性 A_k 的值为 x_k 的 C_i 类的样本个数，$|s_i|$ 是 D 中属于 C_i 类的样本个数。

② 如果属性 A_k 是连续属性，假设其服从正态分布。该分布有两个参数，均值μ和方差 σ^2，类别 C_i 下属性 x_k 的类条件概率近似为

$$P(x_k|C_i)\approx g(x_k,\mu_{C_i},\sigma_{C_i})\Delta x=\frac{1}{\sqrt{2\pi}\sigma_{C_i}}\mathrm{e}^{-\frac{(x_k-\mu_{C_i})^2}{2\sigma_{C_i}^2}}\Delta x$$

即 $P(x_k|C_i)$ 的最大值点等价于 $g(x_k,\mu_{C_i},\sigma_{C_i})$ 的最大值点，因此：

$$P(x_k|C_i)=\frac{1}{\sqrt{2\pi}\sigma_{C_i}}\mathrm{e}^{-\frac{(x_k-\mu_{C_i})^2}{2\sigma_{C_i}^2}}$$

其中，μ_{C_i} 和 $\sigma_{C_i}^2$ 分别是数据集中属于类别 C_i 的样本属性 A_k 的平均值和方差。

朴素贝叶斯算法得到的模型表现形式就是各种先验概率，贝叶斯分类就是利用训练集中得到的先验概率计算待分类对象的后验概率，以后验概率大的类别作为待分类对象的类别。

5.3.3 零条件概率问题的处理

如果训练集不完全，某些属性取值情况没有包括在训练集中，将导致严重的问题（如我国有 56 个民族，但一个班级的同学中只有几个民族）。在这种情况下，在后验概率的计算过程中，有一个属性的条件概率等于 0，整个类的后验概率也等于 0，因此无法有效区分。简单地使用记录比例来估计零条件概率的方法显得不太适合，尤其是在训练样本很少而属性数目很多的情况下。一种更极端的情况是，当训练样本不能覆盖那么多的属性值时，我们可能无法分类某些测试记录。

直观地看，当一个属性不能区分后验概率时，应该可以通过其他属性来区分后验概率。为避免这一问题，可以对训练集暂无覆盖的属性取值设置一个默认值，作为其发生的概率，当条件概率为零时，一般采用 Laplace（拉普拉斯）修正来解决这个问题。Laplace 修正的定义如下：

$$P(X_i|Y_j)=\frac{n_c+m\times p}{n+m}$$

其中，n 是类 y_i 中的实例总数，n_c 是类 y_i 的训练样例中取值为 X_i 的样例数，m 是等价样本大小的参数，而 p 是用户指定的参数。如果没有训练集（即 n=0），则 $P(X_i|X_j)=p$。因此，可以将 p 看作在类 y_i 的记录中观察值 X_i 的先验概率，其值通常取 $1/m$。

5.3.4 朴素贝叶斯算法的优缺点

朴素贝叶斯算法的优点是容易实现，且在大多数情况下所获得的结果比较好；面对孤立的噪声点、缺失值，朴素贝叶斯分类器是稳健的；面对无关属性，该分类器是稳健的。

理论上，朴素贝叶斯分类算法与其他分类算法相比具有最小的误差，如果朴素贝叶斯分类算法的两个假设（属性之间相互独立，数值属性服从正态分布）成立，则朴素贝叶斯分类算法是最好的分类算法。但在实际应用中，这两个假设往往不成立，数据集可能并不完全满足独立性假设，属性之间可能存在依赖关系，这会降低朴素贝叶斯分类算法的性能。在属性个数比较多或属性之间的相关性较大时，其分类效率也比不上决策树模型。此时可以使用贝叶斯信念网络来进行学习，它允许一部分属性的子集条件独立。

【例 5-8】 以表 5-11 的某银行拖欠贷款数据为例，使用朴素贝叶斯算法预测未知样本 X={no, married, 80k, ?}。

表 5-11　某银行拖欠贷款数据

序号	是否有房	婚姻状况	年收入	拖欠贷款
1	yes	single	125k	no
2	no	married	100k	no
3	no	single	70k	no
4	yes	married	120k	no
5	no	divorced	95k	yes
6	no	married	60k	no
7	yes	divorced	220k	no
8	no	single	85k	yes
9	no	married	75k	no
10	no	single	90k	yes

【解】 为了避免后验概率计算出现条件概率为 0 的情况，计算时需采用拉普拉斯平滑。

（1）计算拖欠贷款的先验概率

$$P(Y=y_i)=\frac{n_{y_i}+1}{N+2}$$

这里分子加上 1，分母加上标签属性“拖欠贷款”的可选特征值数目。计算得出

$$P(\text{拖欠贷款}=\text{yes})=\frac{3+1}{10+2}=\frac{1}{3}$$

$$P(\text{拖欠贷款}=\text{no})=\frac{7+1}{10+2}=\frac{2}{3}$$

（2）计算是否有房与拖欠贷款的条件概率

对于离散型属性条件概率，结合 Laplace 平滑的计算公式为

$$P(X_i=x_i\,|\,Y=y_i)=\frac{n_c+1}{n+k}$$

其中，n 为类别的样本数，n_c 为类别的样本中 $X_i=x_i$ 的样本数，k 为属性 X_i 的取值个数。

$$P(\text{是否有房}=\text{yes}\,|\,\text{拖欠贷款}=\text{no})=\frac{3+1}{7+2}=\frac{4}{9}$$

$$P(\text{是否有房}=\text{no}\,|\,\text{拖欠贷款}=\text{no})=\frac{4+1}{7+2}=\frac{5}{9}$$

$$P(\text{是否有房}=\text{yes}\,|\,\text{拖欠贷款}=\text{yes})=\frac{0+1}{3+2}=\frac{1}{5}$$

$$P(\text{是否有房}=\text{no}\,|\,\text{拖欠贷款}=\text{yes})=\frac{3+1}{3+2}=\frac{4}{5}$$

（3）计算婚姻状况与拖欠贷款的条件概率

$$P(\text{婚姻状况}=\text{single}\,|\,\text{拖欠贷款}=\text{no})=\frac{2+1}{7+3}=\frac{3}{10}$$

$$P(\text{婚姻状况}=\text{divorced}\,|\,\text{拖欠贷款}=\text{no})=\frac{1+1}{7+3}=\frac{1}{5}$$

$$P(\text{婚姻状况}=\text{married}\,|\,\text{拖欠贷款}=\text{no})=\frac{4+1}{7+3}=\frac{1}{2}$$

$$P(\text{婚姻状况}=\text{single}\,|\,\text{拖欠贷款}=\text{yes})=\frac{2+1}{3+3}=\frac{1}{2}$$

$$P(\text{婚姻状况}=\text{divorced}\,|\,\text{拖欠贷款}=\text{yes})=\frac{1+1}{3+3}=\frac{1}{3}$$

$$P(\text{婚姻状况}=\text{married}\,|\,\text{拖欠贷款}=\text{yes})=\frac{0+1}{3+3}=\frac{1}{6}$$

（4）对于连续属性年收入，假设其服从高斯分布

$$P(X_i=x_i\,|\,Y=y_i)=\frac{1}{\sqrt{2\pi\sigma^2}}\mathrm{e}^{-\frac{(x_i-\mu)^2}{2\sigma^2}}$$

其中，σ^2和μ分别代表$Y=y_i$的样本对应属性X_i的方差和均值。因此，先分别计算各标签类别下的均值与方差。

拖欠贷款=no 时，样本均值=110，样本方差=2550，得到

$$P(\text{年收入}=x\,|\,\text{拖欠贷款}=\text{no})=\frac{1}{2550\sqrt{2\pi}}\mathrm{e}^{-\frac{(x-110)^2}{5100}}$$

拖欠贷款=yes 时，样本均值=90，样本方差=50/3，得到

$$P(\text{年收入}=x\,|\,\text{拖欠贷款}=\text{yes})=\frac{3}{50\sqrt{2\pi}}\mathrm{e}^{-\frac{3(x-90)^2}{100}}$$

现在对样本{no, married, 80k, ?}进行预测：

$$P(\text{拖欠贷款}=\text{yes})\times P(\text{是否有房}=\text{no}\,|\,\text{拖欠贷款}=\text{no})\times P(\text{婚姻状况}=\text{married}\,|\,\text{拖欠贷款}=\text{no})\times P(\text{年收入}=80|\text{拖欠贷款}=\text{no})$$

$$=\frac{1}{3}\times\frac{5}{9}\times\frac{1}{2}\times 0.0001446=0.00001339$$

$$P(\text{拖欠贷款}=\text{no})\times P(\text{是否有房}=\text{no}\,|\,\text{拖欠贷款}=\text{yes})\times P(\text{婚姻状况}=\text{married}\,|\,\text{拖欠贷款}=\text{yes})\times P(\text{年收入}=80|\text{拖欠贷款}=\text{yes})$$

$$=\frac{2}{3}\times\frac{4}{5}\times\frac{1}{6}\times 0.001192=0.0001060$$

因为 0.0001060 > 0.00001339，所以预测结果为拖欠贷款=no。

5.3.5 贝叶斯信念网络

贝叶斯信念网络（Bayesian Belief Network）是对朴素贝叶斯分类方法的改进，通过说明

联合条件的概率分布，允许在变量的子集间定义类条件。它提供一种因果关系的网络图形，这种网络也被称为信念网络、贝叶斯网络或概率网络，这里简称信念网络。信念网络的数据结构可能是未知的，这时就需要根据已知数据启发式学习信念网络的结构。

信念网络作为一种不确定性的因果推理模型，在医疗诊断、信息检索、电子技术与工业工程等方面被广泛应用。

1．信念网络的构建

① 构建有向无环图。其每个节点代表一个随机变量，而每条弧代表一个概率依赖。如果一条弧由节点 Y 到 Z，则 Y 是 Z 的双亲或直接前驱，而 Z 是 Y 的后继。给定其双亲，每个变量条件独立于图中的非后继。变量可以是离散型的或连续型的。

图 5-11(a)给出了一个具有 6 个布尔变量的简单信念网络，弧表示因果关系。例如，得肺癌受家族肺癌史的影响，也受其是否吸烟的影响。此外，该弧还表明：给定其双亲 FamilyHistory 和 Smoker，变量 LangCancer 条件独立于 Emphysema。这意味着，一旦 FamilyHistory 和 Smoker 的值已知，变量 Emphysema 并不提供关于 LangCancer 的附加信息。给出其双亲节点 FamilyHistory（FH）和 Smoker（S）的每个可能的值的组合条件概率，如图 5-11(b)所示。

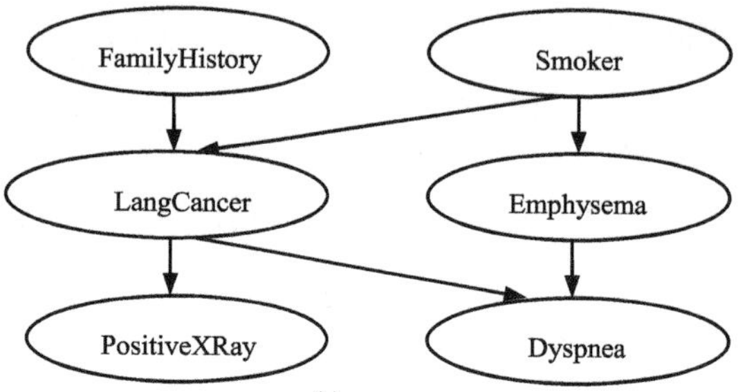

(a)

	FH, S	FH, -S	-FH, S	-FH, -S
LC	0.8	0.5	0.7	0.1
-LC	0.2	0.5	0.3	0.9

(b)

图 5-11　简单的信念网络和变量 LangCancer（LC）值的条件概率表

② 为每个属性构建一个条件概率表（CPT）。变量 Z 的 CPT 说明条件分布 $P(Z|\text{Parents}(Z))$，其中 Parents(Z)是 Z 的双亲。图 5-11(b)给出了 LangCancer（LC）的 CPT。对于其双亲值的每个可能的组合，图 5-11(b)给出了 LangCancer（LC）的每个值的条件概率。例如，通过图 5-11(b)的左上角和右下角，我们分别看到

$$P(\text{LangCancer} = \text{yes} \mid \text{FamilyHistory} = \text{yes}, \text{Smoker} = \text{yes}) = 0.8$$

$$P(\text{LangCancer} = \text{no} \mid \text{FamilyHistory} = \text{no}, \text{Smoker} = \text{no}) = 0.9$$

对应属性 $Z_1, Z_2, \cdots, Z_n$ 的任意元组$(z_1, z_2, \cdots, z_n)$的联合概率由下式计算：

$$y' = \arg\max_{v} \sum_{(x_i, y_i) \in D_z} w_i \times I(v = y_i)$$

其中，$P(z_i \mid \text{parents}(z_i))$ 的值对应 Z_i 中的 CPT 中的表目。

图 5-12 为湿草地的信念网络，C 为阴天，S 为喷水器，R 为下雨，W 为湿草地，则 $p(W,S,R,C)=p(W|S,R)\times p(S|C)\times p(R|C)\times p(C)=0.95\times 0.1\times 0.8\times 0.5=0.038$。

网络节点可以选作输出节点，代表类标号属性。输出节点可以有多个。学习推理算法可以用于信念网络。分类过程不是返回单个类标号，而是返回类标号属性的概率分布，即预测每个类的概率。

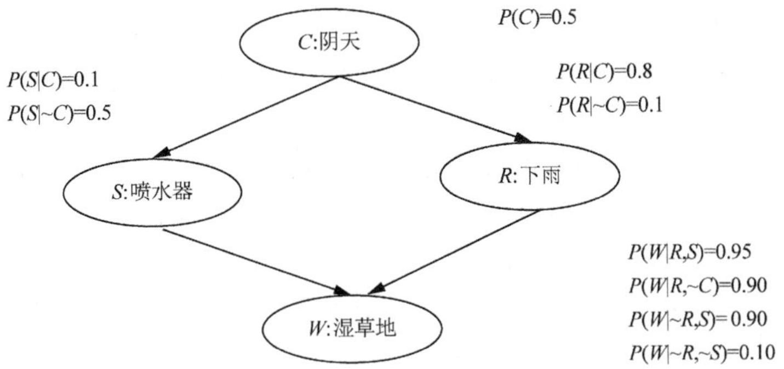

图 5-12 湿草地的信念网络

2．信念网络的优缺点

如果信念网络的网络结构和所有数值都是给定的，那么可以直接进行计算。但是数据是隐藏的，图 5-11 中的 FamilyHistory/Somker 到 LangCancer 的条件概率是未知的，只是知道存在这样的依赖关系，这时需要进行条件概率的估算。信念网络的数据结构可能是未知的，这时需要根据已知数据启发式学习信念网络结构。

5.4 KNN

当人们面对新的环境、新的形势时，会自然地被过去经历的类似情形的记忆所引导，基于过去的经验进行判断。例如，当你听到某人说话时，立刻会猜测他来自广东，因为他的口音使你回想起曾经遇见的其他广东人；公安人员在侦破案件时，会思考过去是否发生过类似的案件。上述这两种情况都是以经验为基础进行判断的例子。

k-最近邻（K Nearest Neighbors，KNN）分类方法正是基于这种相似性概念。KNN 是基于已有样本进行推理的算法，是非常简单、非常实用的分类方法之一，是局部性原理的典型应用。KNN 与其他分类方法的显著区别在于：KNN 并不对训练集展开学习，或并不在训练集上建立模型（因而也被称为懒惰的学习方法）。训练集的角色相当于一部字典，当需要对未知样本进行分类时，通过对训练集中的样本和新的未知样本进行比较，得出与新的未知样本最相似的 K 个样本（K 是由用户指定的最近邻邻居数），从而为其找到相似的类别，即最后通过对这 K 个样本的类标号投票得出该未知样本的类别。KNN 属于无参估计，不涉及任何关系泛化或估计数据集的统计分布。

在图 5-13 中，圆要被决定赋予哪个类，是三角形还是长方形？如果 K=3，由于三角形所占的比例为 2/3，圆将被赋予三角形那个类，如果 K=5，由于长方形的比例为 3/5，因此圆将被赋予长方形那个类。

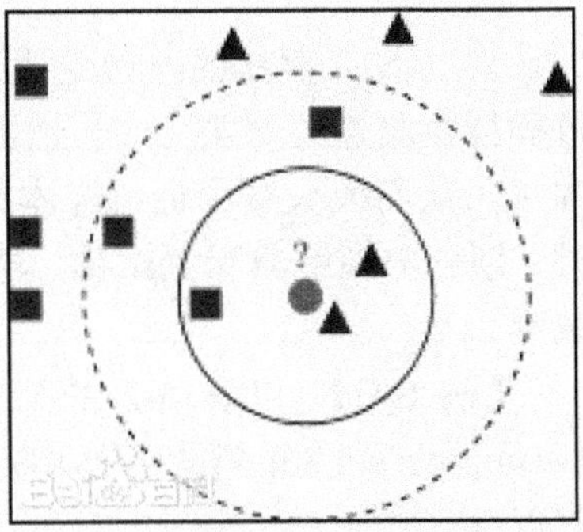

图 5-13 KNN 的决策过程

5.4.1 KNN 算法的基本概念

（1）选择距离函数

距离是 KNN 测量相似性的一种手段。对于样本的距离进行测量，测量从样本 A 到样本 B 的距离，记为 $d(A,B)$。欧式距离是最常用的距离度量，距离测量的一般介绍见 4.2 节。

（2）选择组合函数

距离函数用来决定哪条记录可以包含在邻居中。这里介绍通过组合不同邻居的数据进行预测的方法。

① 民主投票。常用的组合函数由 K 个最近邻居投票给出一个最终的类别，每个邻居都会把票投给自己的类，从赞成每个类的票数比例可以估计新记录属于某个相应类的可能性。当任务是分配一个单一类别时，新记录就属于有最多票数的那个类。

② 加权投票。加权投票与民主投票类似，不过邻居并不是完全平等的。选票的权重与距新样本的距离成反比关系。因此，近的邻居比远的邻居有更高的比重。加权投票能够避免出现平局。

（3）选择邻居的数目

选择合适的 K 值是很重要的。如果 K 太小，则 KNN 分类器容易受到由于训练数据中的噪声而产生的过度拟合的影响；相反，如果 K 太大，KNN 分类器可能误分类测试样本，因为 KNN 列表中可能包含远离其近邻的数据点。

当只有两个类时，所选的邻居数应为奇数，以避免出现平局。有一个经验法则：当有 c 个类时，至少要使用 c+1 个邻居，以保证某个类占据相对多数。

5.4.2 KNN 算法的优缺点

KNN 算法的优点：原理简单，实现起来比较方便，是一种非参数化方法，适合概率、密度、函数、参数、形式等未知的场合，能对超多边形的复杂决策空间建模，KNN 分类器可以生成任意形状的决策边界。由于 KNN 算法主要取决于周围有限的邻近样本，而不是靠判别类域的方法来确定所属类别，因此对类域交叉或重叠较多的待分类样本集来说，KNN 算法较其他方法更为适合。

KNN 算法的缺点：① 最优 K 值选择困难。通常采用试探法对不同的 K 值进行试验，以决定取哪个值较好；② 对大规模数据集的分类效率较低。由于 KNN 存放所有的训练样本，不需要事先建模，直到有新的样本需要分类时才进行分类，因此当训练样本数量很大时，KNN 算法的时间开销很大。

5.4.3 KNN 算法的扩展

对 KNN 算法的改进主要从提高分类的速度和准确度两方面进行。如先对训练样本中的每类样本集进行聚类（如一趟聚类算法），然后用聚类后形成的子类代替属于该子类的所有样本集，从而大大减少训练样本的数量，提高分类计算速度。也可以先对未知样本集进行预分类，划分出训练集和测试集，再采用 KNN 分类器进行分类，从而提高分类精度并降低时间复杂度。

【例 5-9】 以表 5-2 的某银行拖欠贷款的训练数据为例，使用 KNN 算法预测未知样本 X=(no,married,80k,?)是否拖欠贷款。其中 K=3，使用 4.3 节中 k-Summary 算法的距离公式度量邻近性。

【解】

第一步，计算未知样本 X 与第 i 个训练样本 P_i 间的距离 $d(X,P_i)$，在表 5-12 中，第 1 列直接使用年收入属性计算距离，第 2 列是对年收入属性进行规范化后计算距离的结果。

表 5-12 计算未知样本 X 与第 i 个训练样本 P_i 间的距离 $d(X,P_i)$

使用原始年收入的结果	年收入规范化的结果
$d(X, P_1)=1+1+45=47$	$d(X, P_1)=1+1+0.2815=2.2815$
$d(X, P_2)=0+0+20=20$	$d(X, P_2)=0+0+0.125=0.125$
$d(X, P_3)=0+1+10=11$	$d(X, P_3)=0+1+0.0625=1.0625$
$d(X, P_4)=1+0+40=41$	$d(X, P_4)=1+0+0.25=1.25$
$d(X, P_5)=0+1+15=16$	$d(X, P_5)=0+1+0.9375=1.9375$
$d(X, P_6)=0+0+20=20$	$d(X, P_6)=0+0+0.125=0.125$
$d(X, P_7)=1+1+140=142$	$d(X, P_7)=1+1+0.875=2.875$
$d(X, P_8)=0+1+5=6$	$d(X, P_8)=0+1+0.03125=1.03125$
$d(X, P_9)=0+0+5=5$	$d(X, P_9)=0+0+0.03125=0.03125$
$d(X, P_{10})=0+1+10=11$	$d(X, P_{10})=0+1+0.0625=1.0625$

第二步，选择与 X 最邻近的 3 个训练样本。

使用第 1 列，选择最邻近的 3 个样本为样本 3、样本 8 和样本 9。

使用第 2 列，选择最邻近的 3 个样本为样本 2、样本 6 和样本 9。

第三步，多类表决。

如果使用第 1 列，样本 3 和样本 9 的类别都为 no，而样本 8 的类别为 yes，因此样本 X 将被划分到类别 no 中。

如果使用第 2 列，样本 2、样本 6 和样本 9 的类别都为 no，因此样本 X 将被划分到类别 no 中。

5.5 集成分类方法

除了 KNN，前面介绍的分类技术都是使用从训练数据中得到的单个分类器来预测未知样本的类标号的。本节将介绍如何通过聚集多个分类器的预测结果来提高分类准确率，并提高模型的稳定性。

5.5.1 集成分类方法的过程描述

集成分类（Ensemble Learning）方法通过将多个分类学习方法聚集在一起来提高分类准确率和模型的稳定性，解决单个分类学习方法泛化能力弱的缺点，可以理解成“三个臭皮匠赛过诸葛亮”，是群体智慧的一种体现。集成分类方法使用一系列独立的模型进行预测，再综合起来集成为一个模型，从而解决模型最优化问题。通过集成多个模型，集成分类方法可以生成更好的模型。鉴于单个模型只能得到局部最优结果或发生过度拟合，把多个模型综合起来的做法能够提高分类准确率稳定性。实践告诉我们，在某些情况下，集成分类模型的预测能力比独立模型更强。因为单独的模型常常只捕获数据的部分特性，所以集成分类模型已经成为许多分类问题的重要解决方法。这种运作模式类似董事会或委员会，公司董事会、立法机构的各种代表委员都会采用类似的决策模式。鉴于单独的成员总有一些偏见或个人意见，因此集体的仲裁比个人更准确些。同理，集成分类模型也能减小误差，克服独立模型的偏差，集成分类方法由训练数据构建一组基分类器（Base Classifier），然后通过对每个基分类器的预测进行投票来实现分类。图 5-14 为集成分类方法的逻辑结构图，其基本思想是：在原始数据集上构建多个分类器，然后在分类未知样本时以投票策略集成它们的预测结果。通常，一个集成分类器的分类性能会优于单个分类器。

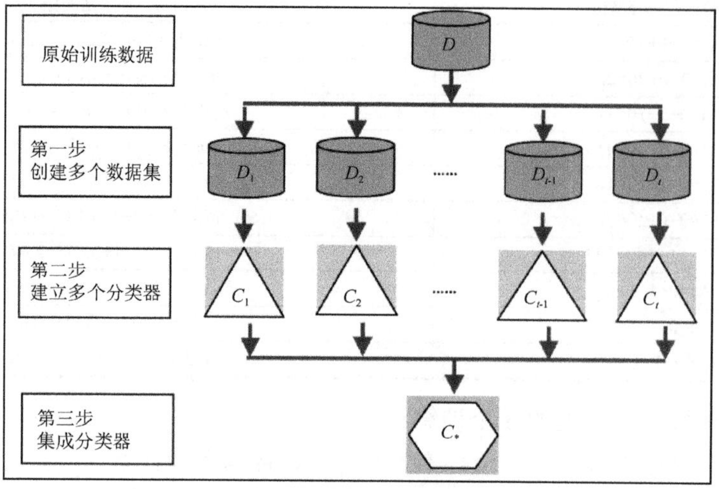

图 5-14　集成分类方法的逻辑结构图

5.5.2　构建集成分类器的方法

集成分类方法并不是简单地将数据集在多个不同的分类器上进行重复训练，而是对数据集进行扰动，另外，一个分类训练中的错误还可以被下一个分类器利用。分类器预测错误的原因之一就是未知的实例与所学习的实例的分布有所区别，通过扰动，分类器能学习到更普遍的模型，从而消除单个分类器所产生的偏差，得到更精准的模型。在构建集成分类器的过程中，通常有两种集成方法：一种是使用训练集的不同子集训练得到不同的基分类器，另一种是使用同一个训练集的不同属性子集训练得到不同的基分类器。已有的构建集成分类器的方法如下。

（1）通过处理训练数据集构建

这种方法根据某种抽样分布，通过对原始数据进行再次抽样来得到多个训练集，然后使用特定的学习算法为每个训练集建立一个分类器。典型的处理训练数据集的组合方法有装袋（bagging）和提升（boosting）。

（2）通过处理输入特征构建

在这种方法中，通过选择输入特征的子集来形成各训练集。一些研究表明，对那些含有大量冗余特征的数据集，这种方法的性能非常好。随机森林（Random Forest）就是一种处理输入特征与 Bagging 相结合的方法。

（3）通过处理类标号构建

这种方法适用于类数足够多的情况。通过将类标号随机划分成两个不相交的子集 A_0 和 A_1，把训练数据集变换为二类问题。类标号属于子集 A_0 的训练样本被指派到类 0，而类标号属于子集 A_1 的训练样本被指派到类 1。然后，使用重新标记过的数据来训练一个基分类器。重复重新标记类和构建模型步骤多次，就能得到一组基分类器。当遇到一个检验样本时，使用每个基分类器 C_i 预测它的类标号。如果检测样本被预测为类 0，则所有属于 A_0 的类都将得到一票。相反，如果它被预测为类 1，则所有属于 A_1 的类都将得到一票。最后统计选票，将检验样本指派到得票最高的类中。

（4）通过处理学习算法构建

许多学习算法都可以这样处理：在同一个训练集上执行不同算法，从而得到不同的模型。

5.5.3 随机森林

什么是随机森林？打个形象的比喻：森林中召开会议，讨论某个动物到底是老鼠还是松鼠，每棵树都要独立地发表自己对这个问题的看法，也就是每棵树都要投票。该动物到底是老鼠还是松鼠的结果要依据投票情况来确定，获得票数最多的类别就是森林的分类结果。这就是随机森林的分类思想。

随机森林（Random Forest，RF）就是将多棵决策树集成的算法，对于一个输入样本，k 棵树会有 k 个分类结果，随机森林会将得票次数最多的类别指定为最终的输出类别。随机森林对若干弱分类器的分类结果进行投票选择，从而组成一个强分类器，使模型有更强的泛化能力，这就是随机森林 Bagging 的思想（Bagging 不用单棵决策树来做预测，具体哪个变量起到重要作用是未知的，所以 Bagging 改进了预测准确率但损失了解释性）。随机森林相对于 Bagging 只是对一些细节做了自己的规定和设计。相对于一般的 Bagging 算法，随机森林会选择和训练集样本数 n 一致的样本量。经典的随机森林使用了 CART 决策树作为弱分类器，泛化的随机森林可以使用其他分类器（如 SVM、Logistics）作为弱分类器。

随机性：在生成每棵树的时候，每棵树的特征都是随机选出的少数特征，一般默认选取的特征量为特征总数 M 的开方。因此，不仅记录是随机的，特征也是随机的。由于样本随机性、特征随机性的引入，使得生成随机森林的决策树之间的关联性比较弱，因此随机森林不容易陷入过度拟合，具有一定的抗噪声能力。

随机森林的优点：可以处理非线性数据，也不需要额外进行剪枝；能够处理很高维度的数据，并且不用进行特征选择；对数据集的适应能力强，既能处理离散型数据，也能处理连续型数据，连续型数据无须进行规范化；训练速度快，可以运用在大规模数据集上；可以处理缺失值（单独作为一类），不用额外处理；由于每棵树可以独立生成，因此容易变成并行化方法。

随机森林算法描述如下。

① 随机选择样本：从样本集中用有放回策略随机选取 n 个样本。

② 随机选择特征：从所有特征中随机选取 m 个不同属性，建立 CART 决策树。

③ 生成森林：重复以上两步 k 次，即建立 k 棵 CART 决策树，以此形成随机森林。

④ 分类新对象：k 棵树通过投票表决结果，决定待分类对象数据属于哪一类（投票机制有一票否决制、少数服从多数、加权多数等）。

注： *在 n 个样本里有放回地抽取 n 个样本，会得到无重复样本的概率为 $1-(1-1/n)^n$。如果 n 足够大，无重复样本存在的比例为 1-1/e=63.2%。*

【例 5-10】 表 5-13 为高尔夫俱乐部顾客的历史数据。

使用随机森林方法进行分类。总特征个数 M=4，取 m=1（这里假设每棵 CART 树对应一个不同的特征），构建 4 棵 CART 树。根据这 4 棵 CART 树的分类结果，对{overcast,83,80,TRUE;?}预测目标属性，即根据天气预报信息预测是否会有顾客来打球。

【解】 对 4 个属性分别构建 CART 树，设定最大深度为 4，如图 5-15 所示。

表 5-13　高尔夫顾客的历史数据

No.	Outlook	Temperature	Humidity	Windy	Play
1	sunny	85	85	FALSE	no
2	sunny	80	90	TRUE	no
3	overcast	83	78	FALSE	yes
4	rain	70	96	FALSE	yes
5	rain	68	80	FALSE	yes
6	rain	65	70	TRUE	no
7	overcast	64	65	TRUE	yes
8	sunny	72	95	FALSE	no
9	sunny	69	70	FALSE	yes
10	rain	75	80	FALSE	yes
11	sunny	75	70	TRUE	yes
12	overcast	72	90	TRUE	yes
13	overcast	81	75	FALSE	yes
14	rain	71	80	TRUE	no

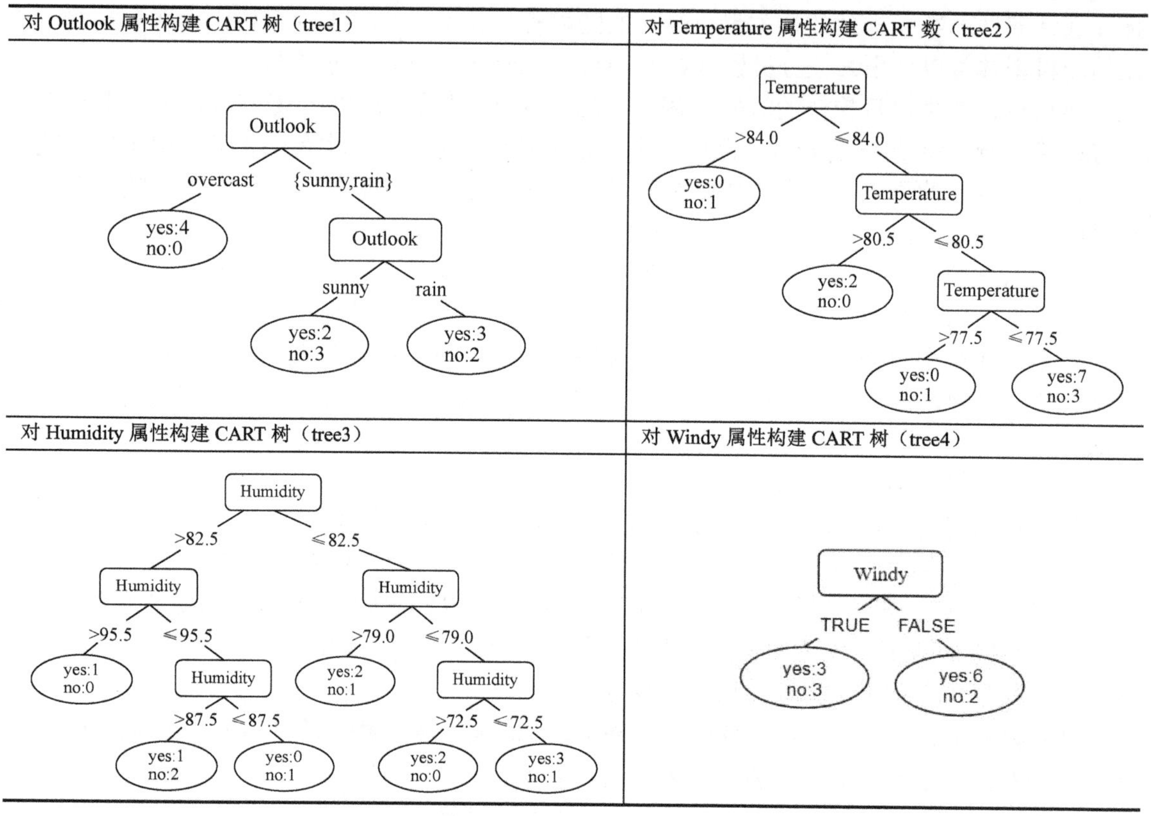

图 5-15　构建 4 棵 CART 树

现在对{overcast,83,80,TRUE;?}预测目标属性。

tree1 的预测结果为 yes。

tree2 的预测结果为 yes。

tree3 的预测结果为 yes。

tree4 的预测结果为 yes（实际上 tree4 的预测结果是随机选一个，因为叶节点的 yes 和 no 的数目相等，这里选了在整体样本上出现概率较大的 yes）。

因此对样本{overcast,83,80,TRUE;?}的预测值为 yes。

5.5.4 集成分类方法的优缺点

集成分类方法的优点：集成分类器的应用克服了单一分类器的诸多缺点，如对样本的敏感性，难以提高分类精度等。

集成分类方法的缺点：集成分类器的性能优于单个分类器的前提是满足基分类器之间完全独立的条件，但实践上很难保证基分类器之间完全独立。

5.6 分类方法评价

分类过程一般分为两步：第一步是利用分类算法对训练集进行学习，建立分类模型（注意，懒惰学习方法，如 KNN 算法，没有这一步）；第二步是用建好的分类模型对类标号未知的测试数据进行分类。由于不同的分类方法可以得到不同的分类模型，因此我们需要知道，评价分类模型性能的标准有哪些，如何比较这些分类模型的好坏，下面详细介绍。

5.6.1 分类模型性能评价指标

比较不同的分类器时，需要参照的关键性能指标如下。

① 分类准确率：指模型正确地预测新的或先前未见过的数据的类标号的能力，一般用于分类器模型的比较，通常寻找的是分类准确率高的分类模型，影响分类准确率的因素有训练数据集、记录的数目、属性的数目、属性中的信息、测试数据集记录的分布情况等。

② 计算复杂度：决定着算法执行的速度和占用的资源。由于数据挖掘处理的是海量数据，空间和时间的复杂度将是非常重要的问题。

③ 可解释性：分类结果只有可解释性好，容易理解，才能更好地用于决策支持。分类结果的可解释性越好，分类算法受欢迎的程度越高。

④ 鲁棒性、稳定性：指在数据集中含有噪声和缺失值的情况下，仍具有较高的正确分类数据的能力。当对数据集进行随机划分时，在不同训练集上得到的模型在对应测试集上的性能基本稳定。

⑤ 累积增益图：在给定的类别中显示通过把个案总数的百分比作为目标“增益”的个案总数的百分比。对角线是“基线”曲线，曲线离基线的上方越远，增益越大。累积增益图通过选择对应于大量收益的百分比选择分类标准值，然后将百分比与适当分界值映射，如图 5-16 所示。

5.6.2 分类模型性能评价应注意的点

1. 不平衡数据分类

所谓不平衡数据，是指训练样本数量在类间分布不平衡，即在同一数据集中某些类的样本数远大于其他类的样本数，其中样本少的类为少数类（以下称为正类），样本多的类为多数类（以下称为负类）。在不平衡数据分类中，正类的正确分类比负类的正确分类更有价值，仅用准确率评价分类模型并不合适。例如，如果有 1%的信用卡交易是欺诈行为，则预测每个交

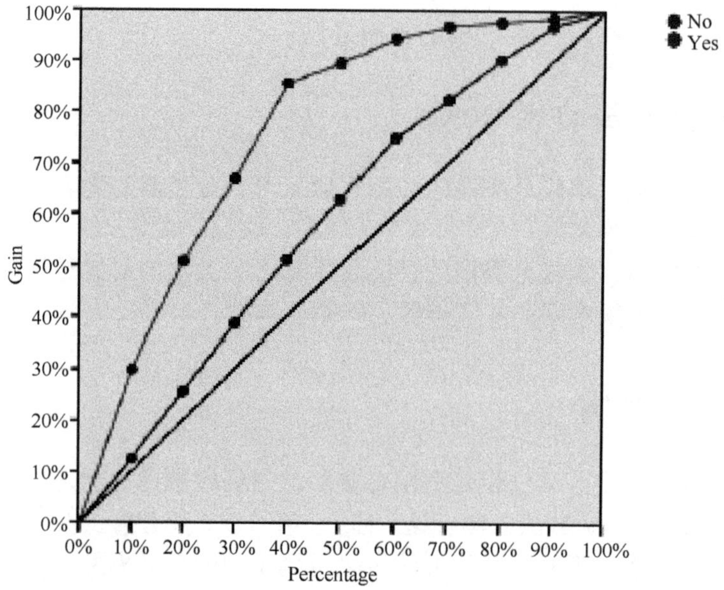

图 5-16 累积增益图

易都合法的模型具有 99%的准确率，尽管它检测不到任何欺诈交易，在这个问题中，我们更关注 1%的欺诈行为的识别准确性。

下面针对两个类别的不平衡分类问题来进行说明，重要的类别为正（+）类，不太重要的类为负（-）类。表 5-14 通过混淆矩阵描述对象的分类情况，在这类问题中，关注的是预测为"+"的对象，而并不关注正确分类的负例。

表 5-14 两类问题的混合矩阵

		预测类别	
		+	−
实际类别	+	正确的正例（TP）	错误的负例（FN）
	−	错误的正例（FP）	正确的负例（TN）

表 5-14 中各项的含义如下。

真正例/真阳性（True Positive，TP）：被分类器正确分类的正元组，TP 为真正例的个数。

真负例/真阴性（True Negative，TN）：被分类器正确分类的负元组，TN 为真负例的个数。

假正例/假阳性（False Positive，FP）：被分类器错误分类的正元组，FP 为假正例的个数。

假负例/假阴性（False Negative，FN）：被分类器错误分类的负元组，FN 为假负例的个数。

在实际领域中，真正关心的是 TP 和 FP，只有当元组预测为"+"类才会关注它。

对于不平衡数据分类，除了分类准确率，常用的度量还有精度、召回率和 F_1 度量。

① 精度（Precision）的定义为正确分类的正例个数占分类为正例的样本个数的比例：

$$\mathrm{p}=\frac{\mathrm{TP}}{\mathrm{TP}+\mathrm{FP}}$$

② 召回率（Recall）的定义为正确分类的正例个数占实际正例个数的比例：

$$r=\frac{\text{被正确分类的正例样本个数}}{\text{实际正例样本个数}}=\frac{\mathrm{TP}}{\mathrm{TP}+\mathrm{FN}}$$

③ F_1 度量表示精度和召回率的调和平均值：

$$F_1 = \frac{2rp}{r + p}$$

直观地看，指标精度和召回率越大越好，但通常精度和召回率两个指标会互相牵制，当一个指标提升时，另一个指标往往会下降。在这两个指标的算术平均、几何平均、调和平均中，调和平均值最小，偏向于两者中的较小者，因此使用 F_1 度量来进行平衡，当 F_1 度量较大时，两个指标中的每一个都不会太小。

许多分类方法在不平衡数据集上的性能不佳，因为正类中的规律会被负类中的规律所掩盖。一般的分类方法认为所有错误分类的代价相同，但在实际领域中往往不同类别的错分代价不同。针对不平衡数据的分类主要有两种策略：其一是通过抽样改变不同类别的记录比例，减少类别不平衡的程度（Clementine 中的平衡节点就起这个作用）；其二是引入代价敏感机制，通过代价最小化来分类数据（Clementine 中的决策树分类节点都可以设置错分代价矩阵）。

2. 分类模型的过度拟合

分类模型的误差大致分为两种：训练误差（Training Error）和泛化误差（Generalization Error）。训练误差是在训练记录上错误预测分类样本的比例，泛化误差是模型在未知样本上的期望误差。

通常情况下，我们希望通过分类算法学习后建立的分类模型能够很好地拟合输入数据中类标号和属性集之间的联系，还要能够正确地预测未知样本的类标号，即分类准确率要高。所以，我们对分类算法的要求是，其建立的分类模型应该具有低训练误差和低泛化误差。

模型的过度拟合是指对训练数据拟合得太好，即训练误差很低，但泛化误差很高，这将导致对分类模型未知记录分类的误差较高。

5.6.3 评估分类模型性能的方法

为了使分类结果更好地反映数据的分布特征，已经提出了许多评估分类准确率的方法，评估分类准确率的常用技术包括：保持方法、随机子抽样、*k*-折交互验证等。它们都是基于给定数据的随机抽样划分来评估分类准确率的技术。

1. 保持方法（Hold Out）

保持方法是目前为止讨论分类准确率时默认采用的方法。其执行步骤如下。

以无放回抽样方式把数据集分为两个相互独立的子集：训练集和测试集。其中，训练集用于构建分类器，而测试集用于评估分类器的性能。通常情况下，指定三分之二的数据作为训练集，将其余三分之一的数据作为测试集。保持方法的评估过程如图 5-17 所示。

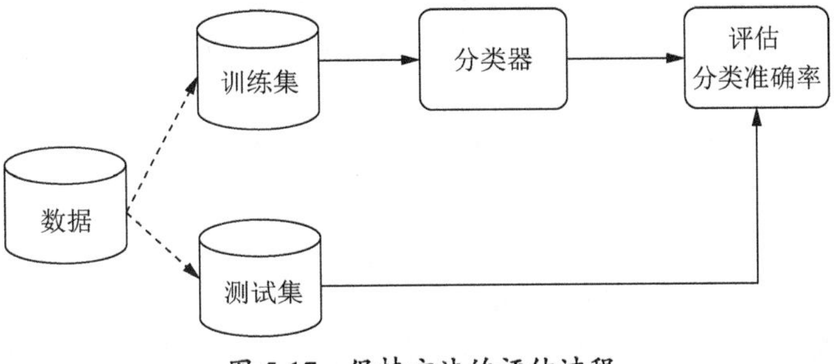

图 5-17 保持方法的评估过程

2. 随机子抽样

随机子抽样（Random Subsampling）方法可以看成保持方法的多次迭代，并且每次都要把数据集分开，随机子抽样形成测试集和训练集。其执行步骤如下。

① 以无放回抽样方式从数据集 D 中随机抽取样本；这些样本形成新的训练集 D_1，D 中其余的样本形成测试集 D_2。通常 D 中的 2/3 数据作为 D_1，而剩下的 1/3 数据作为 D_2；

② 用 D_1 来训练分类器，用 D_2 来评估分类准确率；

③ 步骤①和②循环 k 次，k 越大越好。总分类准确率估计取每次迭代分类准确率的平均值。

随机子抽样方法和保持方法有同样的问题，因为在训练阶段没有利用尽可能多的数据，并且它没有控制每个记录用于训练和测试的次数，所以，有些样本用于训练可能比其他样本更加频繁。

3. *k*-折交互验证

k-折交互验证（K-Fold Cross-Validation）方法的思想是，将初始数据集随机划分成 k 个互不相交的子集 $D_1,D_2,\cdots,D_k$，每个子集的大小大致相等，然后进行 k 次训练和检验过程。

第 1 次，使用子集 $D_2,D_3,\cdots,D_k$ 一起作为训练集来构建模型，并在 D_1 子集上检验。

第 2 次，使用子集 $D_1,D_3,\cdots,D_k$ 一起作为训练集来构建模型，并在 D_2 子集上检验。

…

在第 i 次迭代时，使用子集 D_i 检验，其余的划分子集一起用于训练模型。

如此下去，直到每个划分都用于一次检验。

与保持和随机子抽样方法不同，k-折交互验证中每个划分用于训练的次数都为 $k-1$ 次，并且用于检验一次。最后用 k 次检验的平均水平来评价模型的性能。该方法的优点是使用尽可能多的训练记录，此外，检验集之间是互斥的，并且有效覆盖了整个数据集。常用的是 10-折交互验证，因为它具有相对低的偏倚和方差。k-折交互验证主要用于数据集规模不太大的情况。

k-折交互验证方法的一种特殊情况是令 $k=N$（N 为样本总数），这样每个检验集只有一个记录，被称为留一方法（Leave-One-Out）。

5.7 Clementine 中相关节点的介绍

5.7.1 C5.0 节点

C5.0 节点使用 C5.0 算法生成决策树或规则集。

（1）C5.0 节点的“模型”选项卡（如图 5-18 所示）

输出类型：决定最终生成的模型是决策树还是规则集。

组符号：选择该选项，C5.0 尝试将所有与输出字段相似的字符合并。没有选择该选项，C5.0 会为拆分节点的每个字符字段的值创建一个子节点。

使用 boosting：C5.0 使用 boosting 方法提高分类精度，该方法按序列建立多重模型。第一个模型以通常的方式建立；随后聚焦于被第一个模型错误分类的记录建立第二个模型；第三个模型聚焦于第二个模型的错误；最后，应用整个模型集对样本进行分类，并使用加权投票机制得到最终的分类结果。试验次数选项允许控制使用 boosting 的模型数量。

交互验证：如果数据集过小，不能拆分成传统意义上的训练集和测试集，则该选项非常有用。

模式：有简单和专家两种模式。在简单模式（默认设置）下，可能导致过度拟合；在专家模式下，通过剪枝可以降低过度拟合，获得更加精确的决策树。

（2）C5.0 节点的“成本”选项卡（如图 5-19 所示）

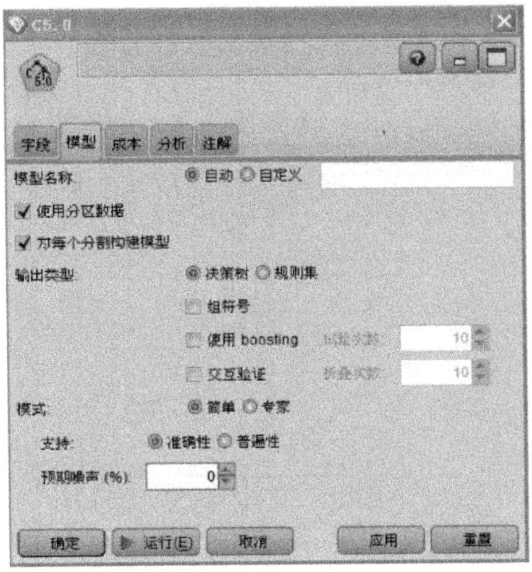

图 5-18　C5.0 节点的“模型”选项卡

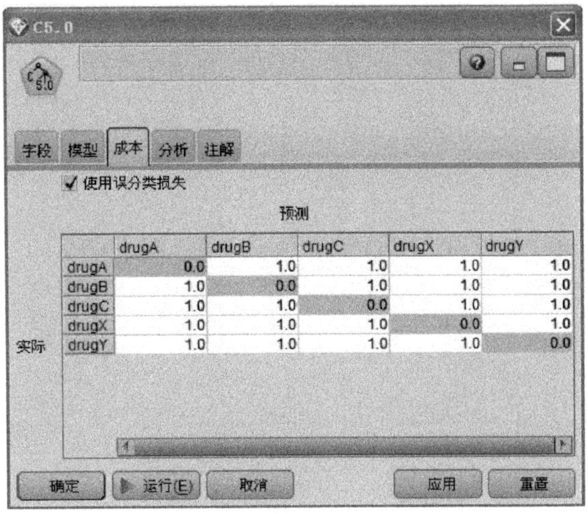

图 5-19　C5.0 节点的“成本”选项卡

使用误分类损失：在某些情况下，特定类型的错误比其他类型的错误会引起更大的损失，如把高风险信用卡申请者归入低风险类比把低风险信用卡申请者归入高风险类损失更大。所有误分类损失默认设置为 1.0，可以选择“使用误分类损失”选项，指定不同类型的预测错误间的相对重要性。

单击“运行”按钮后，在管理器窗口的“模型”选项卡下显示生成的 C5.0 模型。若用表节点查看生成 C5.0 模型的数据集，可以发现新增了两个属性：$C-目标字段名（表示预测值）和$CC-目标字段名（表示该预测值的置信度）。图 5-20 为 C5.0 节点的输出结果，左侧以层的形式显示决策规则，右侧显示每个变量的相对重要性，所有变量的相对重要性总和为 1.0。

图 5-21 是 C5.0 节点模型查看器的显示结果，以树结构显示创建的模型。该模型显示：对于病人，随着了解的信息越来越多，推荐的药品会越来越准确。

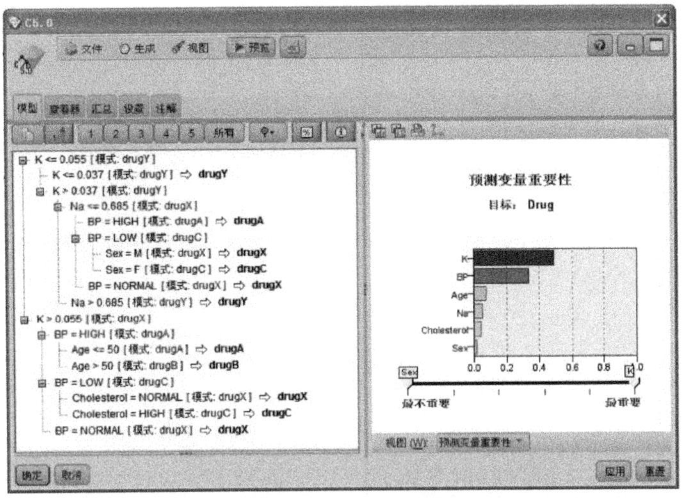

图 5-20　C5.0 节点的输出结果

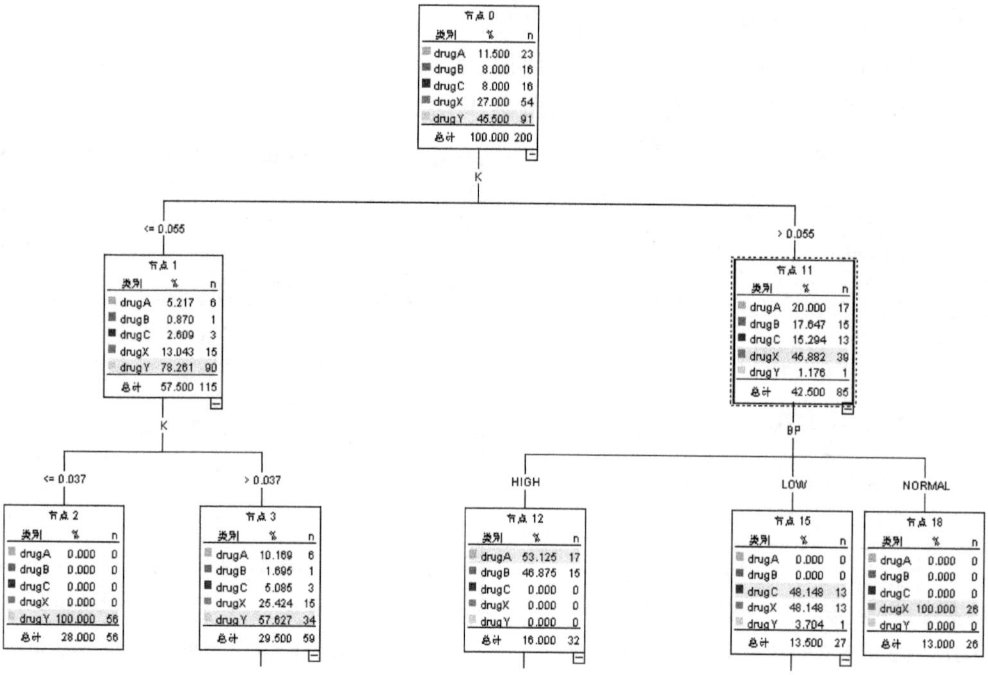

图 5-21 C5.0 节点模型查看器的显示结果

5.7.2 CRT 节点

下面介绍分类与回归树（Classification and Regression Tree，CRT）节点（也称 C&R 树节点）的构建选项。

（1）CRT 节点的“模型”选项（如图 5-22 所示）

模式：提供生成模型和启动交互会话两个选择。交互会话方式是指在执行该节点时允许用户在生成模型之前进行一些编辑操作，如输出结果窗口多了增益和风险选项。

最大树状图深度：指定根节点下的最大层数。

（2）CRT 节点的“专家”选项（如图 5-23 所示）

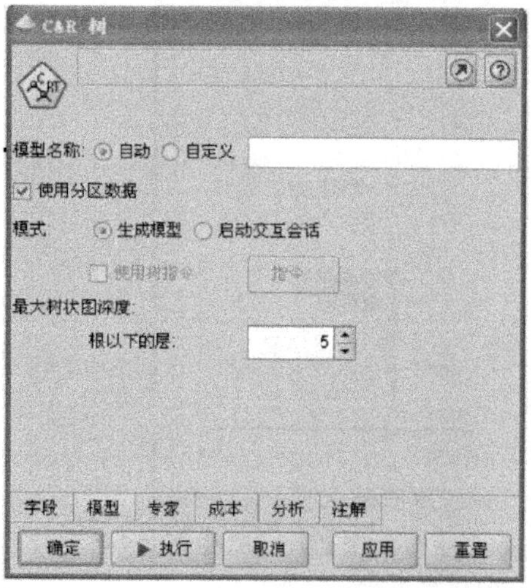

图 5-22 CRT 节点的“模型”选项

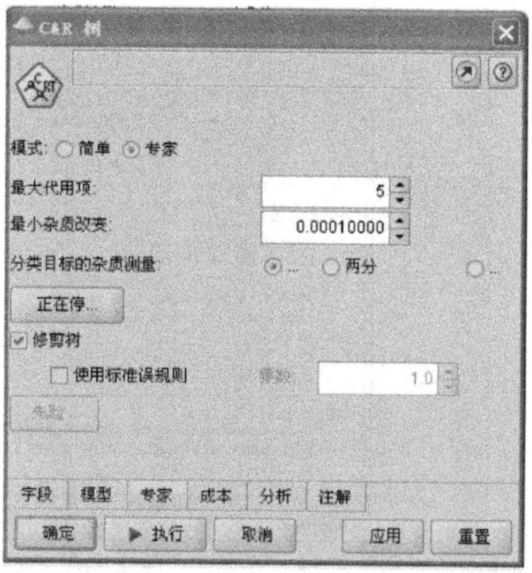

图 5-23 CRT 节点的“专家”选项

最大代理项：代理是处理缺失值的一种方法。对于树中每次划分，识别与划分字段最相似的输入字段，该字段作为划分字段的代理。如果待分类记录的划分字段有缺失值，则使用其代理字段。提高该设置值对缺失值的处理会更加灵活，但可能增加内存使用和训练次数。

最小杂质改变：如果某分支的最佳划分引起的杂质改变低于指定值，则不进行划分。

分类目标的杂质测量：有多种不同的测量方式。

正在停…：有两种终止划分节点的准则，父节点最小记录数及子节点最小记录数，最小记录数可以使用百分数或绝对值来指定大小。

修剪树：修剪的内容是不能显著提高树的准确性的下级子树。

先验：所谓先验就是目标字段在训练集所描述的总体中的相对次数的估计值。有 3 种设置先验概率的方法：基于训练数据集、对于所有类都相等、自定义。

单击“执行”按钮后，在管理器窗口的“模型”选项下显示生成的 CRT 模型节点。若用表节点查看生成 CRT 模型节点的数据集，可以发现在原有数据属性的基础上，输出结果中多了两个属性：$R-目标字段名（表示预测值）和$RC-目标字段名（表示该预测值的置信度）。

CRT 节点的输出结果与 C5.0 节点的类似，这里不再说明。

5.7.3 贝叶斯节点

（1）贝叶斯网络节点的“模型”选项卡（如图 5-24 所示）

继续训练现有模型：如选择此项，则显示的结果将在每次运行模型时重新生成和更新。如果已为现有模型添加新的数据源，则需要执行此操作。

注意：此操作只能更新现有网络，而不能添加或删除节点或连接。每次重新训练模型时，网络的形状都会保持不变，只会更改条件概率和预测变量的重要性。

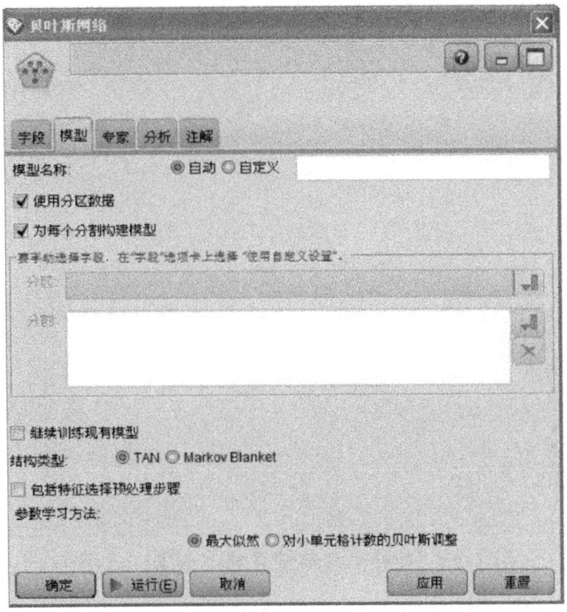

图 5-24 贝叶斯网络节点的“模型”选项卡

结构类型：选择构建贝叶斯网络时使用的结构，包括 TAN 和 Markov Blanket。

- 树扩展朴素贝叶斯模型（TAN）：可创建简单的贝叶斯模型，是标准朴素贝叶斯模型的改进，允许预测变量之间相互依赖。

- 马尔可夫覆盖（Markov Blanket）：可以在包含目标变量的父项、子项及其子项的父项的数据集中选择节点集。马尔可夫覆盖基本上标识了需要预测目标变量的网络中的所有变量。由于包含的变量数较多，因此会消耗较多处理时间。要减少处理工作量，可以使用“专家”选项卡的“特征选择”选项，选择与目标变量有重大相关性的变量。

包括特征选择预处理步骤：可使用“专家”选项卡上的特征选择选项。

参数学习方法：对于值为其父项值的节点来说，贝叶斯网络参数是指条件概率。有两种可能的选择：最大似然和对小单元格计数的贝叶斯调整。

- 最大似然：当处理大型数据集时选择此项，默认选项。
- 对小单元格计数的贝叶斯调整：对于较小的数据集，可能存在过度拟合的风险及大量零计数的情况，可以使用该选项通过平滑来减少零计数及不可靠估计结果带来的影响。

（2）贝叶斯网络节点的“专家”选项卡

贝叶斯网络节点的“专家”选项卡可微调模型的构建过程（贝叶斯网络节点的专家选项卡如图 5-25 所示）。

- 缺失值：默认情况下，系统将仅使用所有字段均具有有效值的记录。如果取消“仅使用完整记录”选项，将尝试使用尽可能多的信息对模型进行估计，其中包括部分字段存在缺失值的记录。这种方式可能在模型估计过程中增加计算量。
- 追加所有概率：指定是否将输出字段的每个类别的概率添加到该节点所处理的每个记录中。如果未选中，则仅添加预测类别的概率。
- 独立测试：提供了两种独立测试方法，包括似然比和 Pearson 卡方。

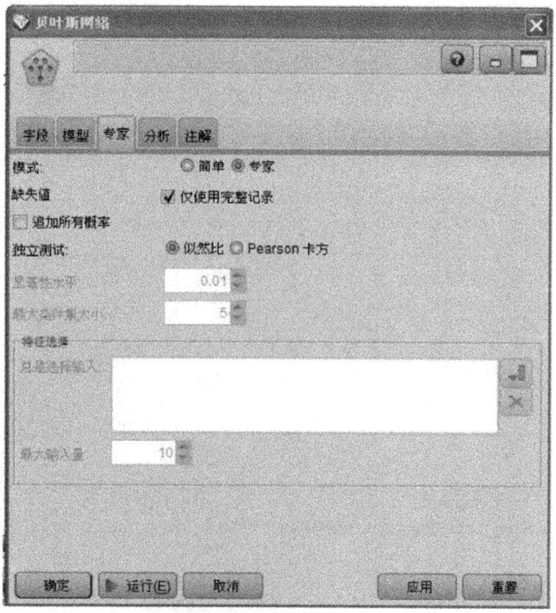

图 5-25　贝叶斯网络节点的“专家”选项卡

显著性水平：与独立测试设置结合使用，可以在执行检验时设置要使用的分隔值。该值越小，网络中的链接就越少，默认值为 0.01。

最大条件集大小：指定独立测试时使用的条件变量的最大数目，默认值为 5。包含的条件变量越多，检验需要的时间和内存也越多，当处理众多变量间具有较强独立性的数据时，该选项非常有用。

注意：以上后 3 个选项只有在“模型”选项卡上选中马尔可夫覆盖的包括特征选择预处理步骤或结构类型时，才能使用。

特征选择：有两种选择。

- 总是选择输入：通过使用字段选择器，从数据集中选择在构建贝叶斯网络模型时始终使用的字段。应始终选择目标字段。
- 最大输入量：在数据集中指定构建贝叶斯网络模型时要使用的总输入量。

注意：只有在“模型”选项中选中“包括特征选择预处理步骤”时，才能使用“特征选择”选项。

单击“运行”按钮后，在管理器窗口的“模型”选项卡下显示生成的贝叶斯模型。若用表节点查看生成叶贝斯模型节点的数据集，可以发现在原有数据属性的基础上，输出结果中多了两个属性：$B-目标字段名（表示预测值）和$BP-目标字段名（表示该预测值的概率）。图 5-26 为贝叶斯模型的输出结果示例，左边包含贝叶斯网络，显示目标变量与其最重要的预测变量之间的关系，以及预测变量之间的关系，通过颜色的深浅显示预测变量重要性。

注意：如果贝叶斯网络中包含大量节点，则可以点击某个节点，然后拖动它，以使图形更加清晰。

图 5-26 的右边是预测变量重要性，以图表形式指示在估计模型时所使用的各预测变量的相对重要性。当在图 5-26 左窗格中选择了某个节点或微型分布图时，右窗格会显示相关的条件概率表，该表包含各节点值的条件概率值，以及各节点的父节点中的值组合，还包含每个记录值和父节点中各值组合所观测的记录数量。

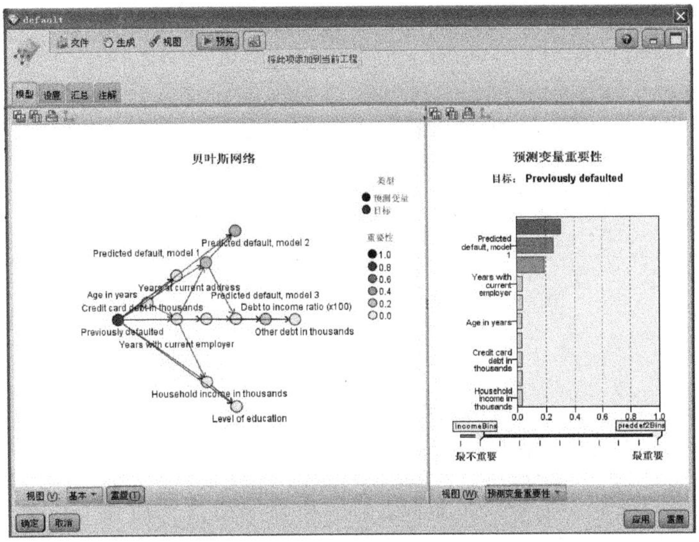

图 5-26　贝叶斯模型的输出结果示例

5.7.4　集成节点

集成（Ensemble）节点可结合使用两个或多个预测模型，可以生成含有综合得分的字段，该字段名称基于指定的目标字段，其前缀根据具体的字段测量级别，如标志、名义（集合）或连续（范围），可以分为 $XF_、$XS_ 或 $XR_。例如，若目标字段是一个名为 response 的标志字段，则输出字段为 $XF_response。

集成节点的设置选项如下。

- 集成节点的目标字段：选择单个字段以用于两个或更多上游模型的目标字段，其中至少有两个模型共享相同的目标字段，以便获得综合得分。
- 过滤出整体模型生成的字段：从输出字段中去除由各模型生成的所有附加字段，这些模型均输入整体节点中。如果只想关注所有输入模型中的综合得分，请选中此复选框。如果希望使用分析节点或评估节点将综合得分的准确性与各输入模型得分的准确性进行比较，则取消选中此选项。

集成节点的目标字段的设置取决于该字段的类型。连续字段应对其得分求平均值；标志字段和名义字段可采用简单投票、置信度加权投票、赢得最高置信度等方法；标志字段还可以采用最初倾向加权投票、调整倾向加权投票、平均原始倾向、平均调整倾向等方法。

根据投票方法，可以指定解决投票同数的方法。

- 随机选择：随机选择其中一个同数值。
- 最高置信度：选择使用最高置信度进行预测的同数值。该置信度值无须与所有预测值的最高置信度值相同。
- 原始或调整后的倾向（仅限标志字段使用）：使用最大绝对倾向预测的同数值。

5.7.5 分析节点

分析节点位于“输出”选项卡中。对一个或多个产生的模型节点，分析节点可以进行预测值和实际值之间的比较，也可以被用来比较不同的预测模型。分析节点的“分析”选项卡如图 5-27 所示，允许使用者指定分析的细节。分析节点的输出结果如图 5-28 所示。

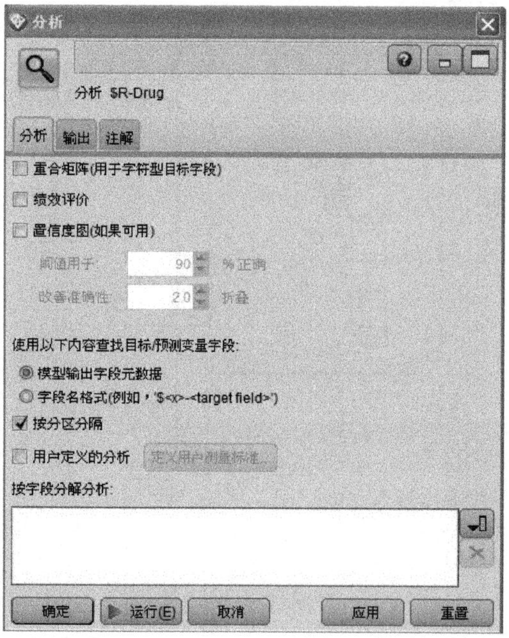

图 5-27　分析节点的“分析”选项卡

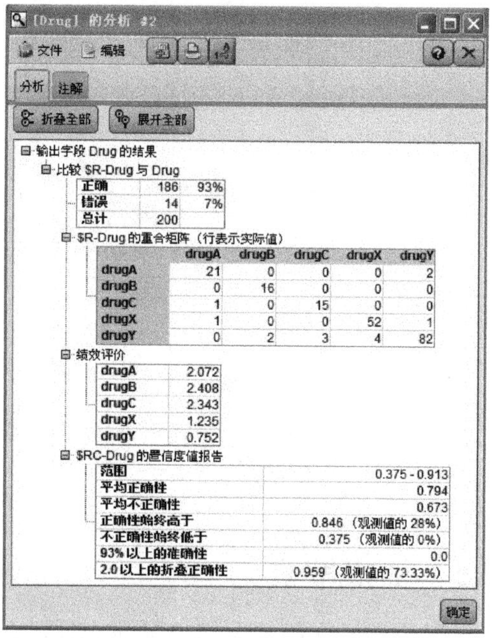

图 5-28　分析节点的输出结果

重合矩阵（用于符号型目标字段）：显示对于符号型目标字段的每个被生成的（被预测的）字段和它的目标字段之间匹配的模式。以表格方式显示，它的行被定义为实际值，列被定义为预测值，每个单元格里是模式的记录数。重合矩阵对于识别预测中的系统错误是有用的。如果有不止一个生成字段和相同的但是由不同的模型生成的输出字段相关联，那么这些字段一致和不一致的个案将被计数，并且其总数会被显示。对于预测一致的个案，另一套正确的/错误的统计量将被显示。

绩效评价：对符号型输出的模型显示绩效评价统计量。这些统计量报告输出字段的各类别，是一种平均信息量的度量，这些平均信息量属于那种类别预测记录模型中的一部分。将分类问题弄得合理是困难的，因此对于稀少类别的精确预测值将比那些对普通类别的评估值有一个更高的表现赋值指数。如果对于一种类别，模型确实没有猜想的那么好，则表现赋值指数对于那个类别将为0。

置信度图：对于生成一个置信字段元的模型，选项报告通过置信度上的统计量和它们之间的关系来预测。这个选项有两个设置。

- 阈值用于：报告在指定为百分数的精确度以上的置信水准。
- 改善准确性：报告这样的置信水准，在此置信水准之上的精度是由指定的因子提高的。若全部准确性是 90%，并且这个选项被设置为 2.0，那么这个被报告的值将变为所要求的 95%准确性的置信水准。

用户定义的分析：用户指定分析计算用来评估模型。使用 CLEM 表达式来指定对每个记录应该计算什么、怎样把记录和水平得分合并成一个全面的得分。

通过字段分解分析：显示可用于中止分析的符号型字段。除了全面分析，每个分解字段的每个类别的一个单独的分析也将被报告。

5.7.6 评估节点

评估节点位于“图”选项卡中，可以提供一种能够轻松地评估和比较模型的方法，并从中选择最有利于应用的模型。评估节点展示了模型在预测某些特殊结果时是如何执行的，通过以下步骤来工作：以预测值和对预测值的置信度为基础来为记录分类，将记录划分为同样大小的组（分位点 Quartiles)，然后由高到低地为每个分位点绘制商业标准的变量值。多个模型在图中被表示为多条相互独立的线。结果通过一个特定的变量值或变量值范围定义为“命中”来处理。“命中”通常指的是某个种类（如对顾客的销售情况）或某个感兴趣的事件（如一种特定的医学诊断）的成功出现，有增益、提升、响应、利润、投资回报率 5 种评估准则对应的评估图表。

增益图表：收益被定义为每个分位点上的成功记录数占总的成功记录数的百分比。用公式“(分位点上的成功记录数/总的成功记录数)×100%”来计算。

提升图表：提升或功效是将每个分位点上的成功记录数占总记录数的百分比与训练数据中的成功记录数所占的百分比进行比较，用公式“(分位点上的成功记录数/分位点中的总记录数)/(总的成功记录数/总的记录数)”来计算。

响应图表：响应就是分位点上的成功记录数占分位点上的总记录数的百分比，用公式“(分位点上的成功记录数/分位点上的总记录数)×100%”来计算。

利润图表：利润等于每个记录的收入（Revenue）减去成本（Cost)。一个分位点的利润就是分位点上所有记录的利润总和。用公式“分位点上所有记录的收入总和-分位点上所有记录的成本总和”来计算。

投资回报率图表：ROI（投资回报率）与利润相似，也是将分位点上的利润与成本进行比较。用公式“(分位点上的利润/分位点上的总成本)×100%”来计算。

评估图表还可以被累积，这样每个点就等于相应分位点的变量值与所有更高分位点的值相加。累积图表通常可以使模型的整体执行状态变得更好，相反，非累积图表则一般比较擅长指出模型特殊问题所在的位置。

（1）评估节点的“图”选项卡（如图 5-29 所示）

图表类型：包括评估的 5 种方法。

包含基线：显示最差的模型图线。

包含最佳线：显示最佳的模型图线。

其他得分字段：可启用评分字段选择器，然后选择一个或多个范围或连续型得分字段，即不是严格预测模型，但可用于根据匹配倾向程度对记录排序的字段。评估节点可以将一个或多个得分字段的任意组合与一个或多个预测模型进行对比。一个典型的例子是将几个 RFM 字段和最佳预测模型进行对比。

图：从下拉列表中选择将要绘制的图的分位点的大小。对于利润和投资回报率图表来说，有更多的控制窗口允许用户指定成本、收入和加权。

成本：指定与每个记录相关联的成本。对于固定成本，指定成本值；对于变量成本，通过“字段选择器”按钮选择某个字段作为成本字段。

收入：指定与表示匹配项的每个记录相关联的收入。对于固定收入，指定收入值；对于变量收入，通过“字段选择器”按钮选择某个字段作为收入字段。

加权：如果数据中的记录代表多个单元，则可以使用频数加权调整结果。使用固定加权或变量加权指定与每个记录相关联的加权。对于固定加权，指定加权值（每个记录的单元数）；对于变量加权，单击“字段选择器”按钮将某个字段作为加权字段。

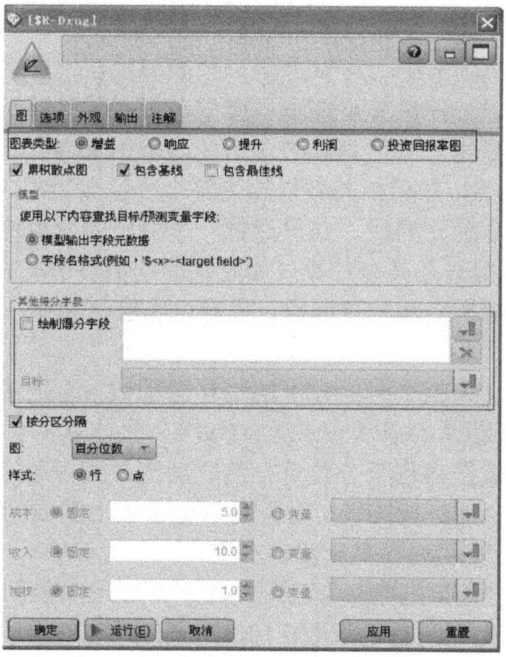

图 5-29　评估节点的“图”选项卡

（2）读取模型的评估结果

评估图表的解释在某种程度上取决于图表的类型，也有一些特点是所有评估图表共有的。对于累积图表来说，较高的线表示更好的模型，尤其在图表的左边。在许多情况下，当比较多个模型时，各条线会交叉。模型可能在图表的一个部分较高而在其他部分较低，在这种情况下，当用户决定选择某个模型时，就需要考虑到底需要哪一部分的样本。大多数非累积图表是十分相似的。对于好的模型来说，非累积图表应该是向图表左边延伸的部分比较高，而向图表右边延伸的部分比较低。一条穿过整个图像的平缓曲线则指示着一个实质上没有提供任何信息的模型。

增益图表（Gains Charts）：累计增益图表通常以左端的 0%为起点，以右端的 100%为终点。好的模型的增益图表将陡峭地升高到接近 100%，然后渐渐变得平缓。而没有提供任何信息的模型将从较低的左端以斜对角线的形状逐渐上升到较高的右端，如图 5-30 所示，图中折线从上至下，分别对应于$BEST-pep、$RULE-pep、$C-pep、$L-pep。

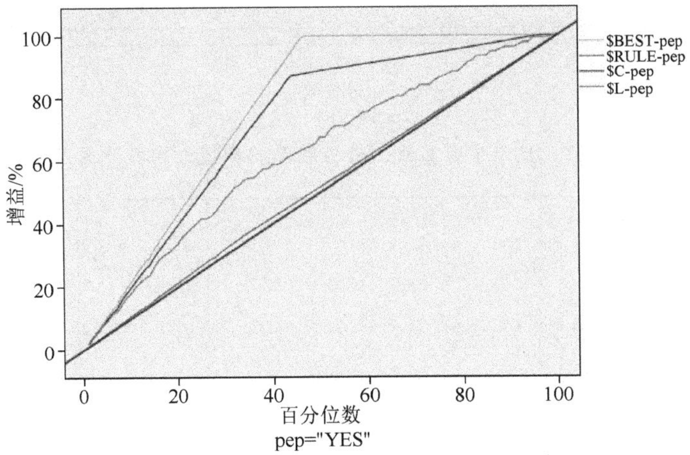

图 5-30　显示带有基线、最佳线和业务规则的增益图表

提升图表（Lift Charts）：趋向于从左到右，以高于 1.0 为起点，逐渐下降到 1.0 为止。图表的右端边缘代表整个数据集，因此提升图表的分位点中的成功数与数据中的成功数的比率为 1.0。好的模型应该恰好从左端高于 1.0 开始，当用户移动到左边时，将保持在一个高度稳定的水平上，然后到右端突然急剧减小到 1.0。而对于没有提供任何信息的模型来说，整个图表中的曲线将一直在 1.0 附近，如图 5-31 所示，图中折线从上至下，分别对应于$BEST-pep、$C-pep、$L-pep。

响应图表（Response Charts）：响应图表与提升图表相似，只是其缩放比例有所不同（从 100%下降到整体响应率），如图 5-32 所示，图中折线从上至下，分别对应于$BEST-pep、$C-pep、$L-pep。

利润图表（Profit Charts）：显示当用户从左端移动到右端，增加选定样本的规模时的利润总和。利润图表通常从 0 附近开始，随着用户从左端移动到右端稳定地增加，直到在中部达到一个最高点或平稳段，然后向图表右端边沿逐渐下降。好的模型的利润图表将会在图表中部的某个地方展现一个定义得很好的最高点。对于没有提供任何信息的模型，这条线会相对比较直，如图 5-33 所示。

投资回报率图表（ROI Charts）：与响应图表和提升图表相似，除了缩放比例有所不同。投资回报率图表通常从高于 0%开始，逐渐下降，直到到达整个数据集的整体投资回报率为止（可能为负数）。好的模型中，这条线应该恰好从 0%以上开始，随着用户向左端移动能够保持较高的平稳状态，然后急剧变小到图表右端的整体投资回报率。对于没有提供任何信息的模型，这条线应该在整体投资回报率附近波动，如图 5-34 所示。

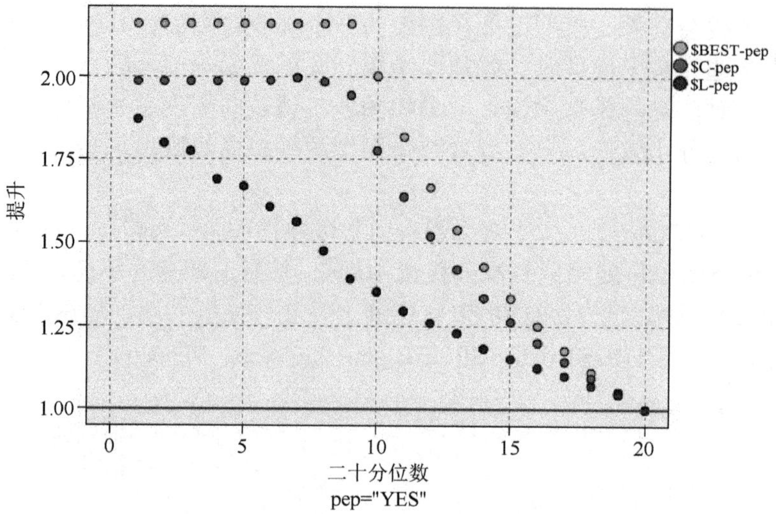

图 5-31　显示带有基线、最佳线和业务规则的提升图表

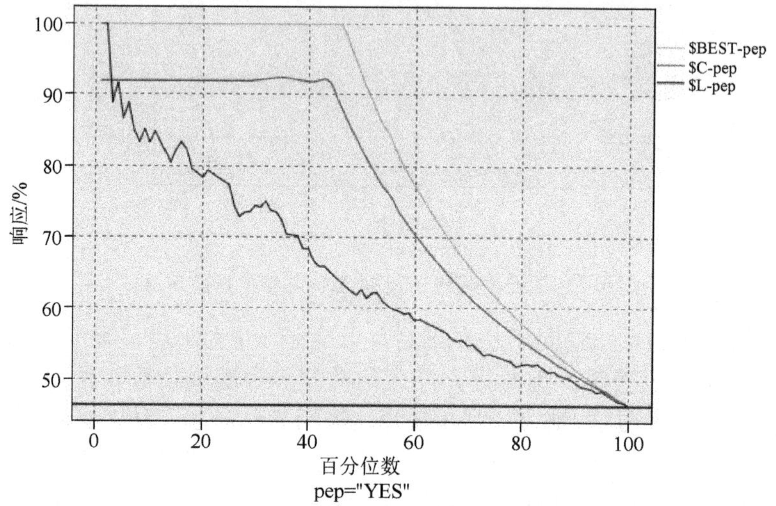

图 5-32　显示带有基线、最佳线和业务规则的响应图表

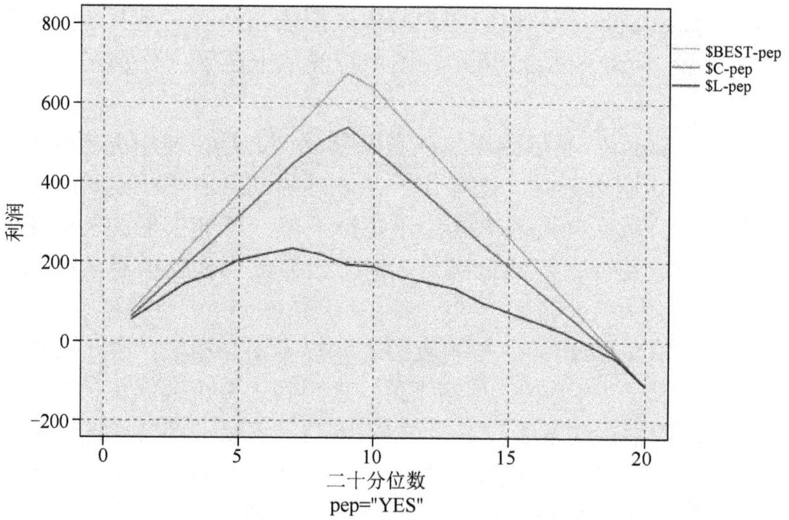

图 5-33　显示带有基线、最佳线和业务规则的利润图表

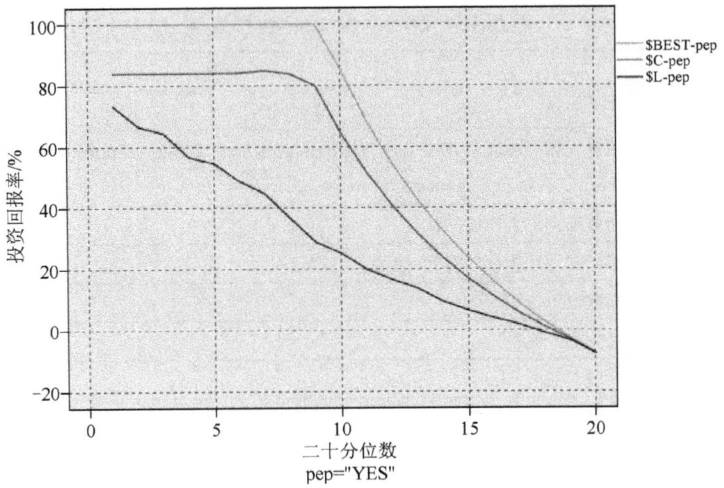

图 5-34　显示带有基线、最佳线和业务规则的投资回报率图表

5.8 综合案例

5.8.1 案例 5-1：银行客户信用风险评估

1．商业理解

贷款坏账率是商业银行的主要风险表现，也是商业银行合理确定信贷风险准备金的重要依据，因此使用何种方法对其进行科学预测是人们普遍关注的问题。银行信贷员需要预测有可能拖欠贷款的人的特征，然后使用这些特征来识别信用风险的高低。

2．数据理解

本案例有 850 名以往客户和潜在客户的信息，包含在 bankloan.sav 中，数据源自 Clementine 软件的样例数据。数据包含 8 个原始特征、1 个预测特征和 3 个不同的模型对预测特征的预测值，如表 5-15 所示。其中，前 700 条记录是以前获得贷款的客户（带预测标签），后 150 条记录为潜在客户（不带预测标签）。前 700 条带标签的记录中有 517 条记录的预测属性值为 0（没有拖欠贷款），有 183 条记录的预测属性值为 1（拖欠贷款）。

目标就是通过前 700 条记录创建分类/回归模型，然后对潜在的客户进行拖欠贷款的风险评估，以降低银行贷款被拖欠的风险。

bankloan.sav 各特征的整体分布情况如图 5-35 所示。

3．数据准备

将 700 个 default 有值的样本随机拆分为训练集（67%）和测试集（33%），并通过多种分类方法（C5.0、CRT、BayesNet、NeuralNet、SVM、Logistic）创建分类模型。然后使用每个模型对 150 名潜在客户按高或低信用风险进行分类。最后选择性能最好的模型作为该数据的分类器。

4．数据建模及结果分析

使用 Clementine 工具中的 BayesNet、C5.0、CRT、SVM、NeuralNet、Logistic 分类器及 Ensemble（集成）分类方法建立分类模型并进行评估，具体如下。

表 5-15　bankloan.sav 数据描述

特征名称	含义
age	用户年龄
ed	用户受教育程度（1-Did not complete high school、2-High school degree、3-Some college、4-College degree、5-Post-undergraduate degree）
employ	当前雇主的工作时间（年）
address	在当前地址居住的时间（年）
income	家庭收入（k）
debtinc	债务收入比率
creddebt	信用卡债务（k）
othdebt	其他债务（k）
default（预测属性）	是否违约
preddef1	模型 1 预测值
preddef2	模型 2 预测值
preddef3	模型 3 预测值

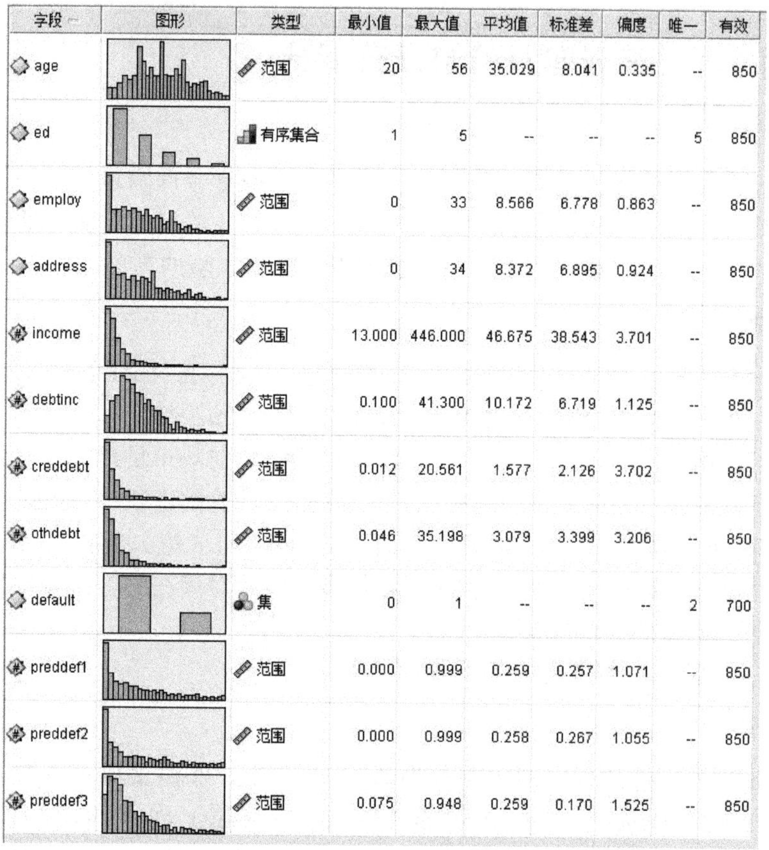

字段	图形	类型	最小值	最大值	平均值	标准差	偏度	唯一	有效
age		范围	20	56	35.029	8.041	0.335	--	850
ed		有序集合	1	5	--	--	--	5	850
employ		范围	0	33	8.566	6.778	0.863	--	850
address		范围	0	34	8.372	6.895	0.924	--	850
income		范围	13.000	446.000	46.675	38.543	3.701	--	850
debtinc		范围	0.100	41.300	10.172	6.719	1.125	--	850
creddebt		范围	0.012	20.561	1.577	2.126	3.702	--	850
othdebt		范围	0.046	35.198	3.079	3.399	3.206	--	850
default		集	0	1	--	--	--	2	700
preddef1		范围	0.000	0.999	0.259	0.257	1.071	--	850
preddef2		范围	0.000	0.999	0.258	0.267	1.055	--	850
preddef3		范围	0.075	0.948	0.259	0.170	1.525	--	850

图 5-35　bankloan.sav 各特征的整体分布情况

随机选择 67%的数据作为训练集，剩下的 33%的数据作为测试集，首先通过训练集得到 NeuralNet、Logistic、C5.0、SVM、CRT、BayesNet 模型，并使用 Ensemble 得到集成模型，然后用 Ensemble 模型和另外 6 个模型在测试集上进行测试。7 个模型 10 次测试的分类准确率结果如表 5-16 所示。

表 5-16　7 个模型 10 次测试的分类准确率结果

分类模型	Ensemble	NeuralNet	Logistic	C5.0	SVM	CRT	BayesNet
最大值	85.09	84.26	84.21	83.95	84.21	84.65	86.32
最小值	79.23	77.29	78.74	76.28	78.74	77.29	74.4
平均值	81.48	81.1	81.42	81.06	81.37	81	77.46
标准差	2.27	2.44	2.15	2.67	1.98	2.95	3.41

从表 5-16 中可以看出，BayesNet 分类模型的分类准确率较低且最不稳定，其在训练集上可能出现了过度拟合现象。

使用 Ensemble 模型对不带标签的 150 条数据进行预测，最终的分类结果为 30 条记录有拖欠贷款的风险，120 条记录没有拖欠贷款的风险。基本满足训练集的分布情况。

从所有测试结果看，最高的分类准确率约为 85%，最低的分类准确率约为 75%。这个结果对于实际应用而言不是太理想。对于拖欠贷款风险的预测，除了用户的基本特征，还应该考虑用户借款和还款行为特征，以及不动产价值等因素，以提升预测精度。如果有更多的训练样本也许可以提升模型的泛化能力及模型的预测性能。

5.8.2　案例 5-2：离职员工预测

1．商业理解

离职管理和预测是企业招聘和管理员工的重要工作之一。离职员工预测的主要目标是要提前预知即将离职的员工数目，进而调整用人策略和招聘策略。通过建立员工离职预测模型挖掘出有潜在离职倾向的员工，在此基础上分析员工离职的关键特征和原因，以辅助企业完善招聘策略和用人策略。

2．数据理解

本案例数据来源于某企业的受聘员工数据，共包含 14999 条记录（在职员工 11428 条，已离职员工 3571 条），每条记录由员工的 9 个特征和 1 个目标特征构成，离职员工数据特征描述如表 5-17 所示。

表 5-17　离职员工数据特征描述

特征名	描　述
satisfaction_level	员工满意程度，取值范围为 0～1
last_evaluation	员工上次考核所得的分数，取值范围为 0～1
number_project	员工手上当前正在进行的项目数目
average_montly_hours	员工的月平均工作时长（小时）
time_spend_company	员工在公司工作的年限（年）
work_accident	员工在工作期间是否曾经发生过意外（1 表示是，0 表示否）
promotion_last_5_years	员工近 5 年是否获得过晋升（1 表示是，0 表示否）
department	员工所在部门
salary	员工的薪酬等级（low、medium、high）
left（目标属性）	员工是否已离职（0 表示在职，1 表示已离职）

使用数据审核节点可以看到各特征的取值分布情况，如图 5-36 所示。

通过图 5-36 可知，员工的满意程度主要分布在 0.4 到 1.0 之间，且在 0.1 附近有较多的人，离职员工的满意程度比在职员工的满意程度低得多，这也是意料之内的。大部分员工拥有 3～4 个项目正在进行，拥有 7 个项目的员工只占少数。员工的月平均工作时长呈现近似双峰的分布形式，在 150 小时附近和 250 小时附近产生了两个高峰。公司以 2～5 年的员工为主，有极少员工在公司任职超过 7 年。在 10 个部门中，销售人员最多，其次为技术人员和售后服务人员。

3. 数据准备

本案例的数据准备主要包括特征构造和规范化等方面。

除了原始特征，还应考虑构造更多的特征以体现可能影响员工选择是否离职的因素。选择 atisfaction_level、last_evaluation、number_project、average_montly_hours 和 time_spend_company 这 5 个连续性特征中的任意两个特征的乘积构造新的特征，可以得到 10 个属性。

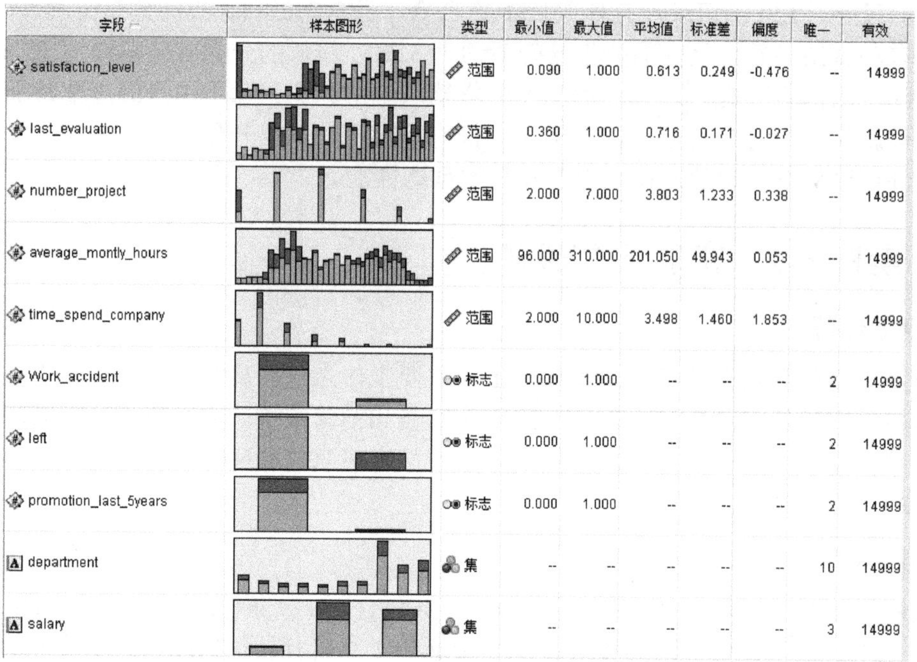

字段	样本图形	类型	最小值	最大值	平均值	标准差	偏度	唯一	有效
satisfaction_level		范围	0.090	1.000	0.613	0.249	-0.476	--	14999
last_evaluation		范围	0.360	1.000	0.716	0.171	-0.027	--	14999
number_project		范围	2.000	7.000	3.803	1.233	0.338	--	14999
average_montly_hours		范围	96.000	310.000	201.050	49.943	0.053	--	14999
time_spend_company		范围	2.000	10.000	3.498	1.460	1.853	--	14999
Work_accident		标志	0.000	1.000	--	--	--	2	14999
left		标志	0.000	1.000	--	--	--	2	14999
promotion_last_5years		标志	0.000	1.000	--	--	--	2	14999
department		集	--	--	--	--	--	10	14999
salary		集	--	--	--	--	--	3	14999

图 5-36 已离职员工的数据分布情况

员工对公司的投入多少是影响员工离职倾向的重要因素之一，但本来工作量不同的员工投入的时间就有差距。在原始数据中，月平均工作时长（average_montly_hours）仅反映了员工每月花费在工作上的时间，没有考虑员工的项目有多少。现构造新特征“项目有平均工作时长（project_average_montly_hours）”，以从另一个角度体现负责项目数目不一样的员工对工作的投入情况，project_average_montly_hours=average_montly_hours/number_project。

员工的工作是否能得到公司的肯定也是员工离职倾向的重要因素之一。这可以通过考核一时长比（evaluation_average_hours）体现，即员工上次考核的分数与员工的月平均工作时长的比值，直觉而言，这个数值越大越好，该数值越大，说明员工的工作效率和工作质量越高。其中，evaluation_average_hours = average_montly_hours /last_evaluation。

4. 数据建模及评估

在 Clementine 中分别对特征构造前和特征构造后的数据采用多种分类方法进行测试，训练集：测试集=7：3，评估指标为测试集的准确率，如表 5-18 所示。

可见，特征构造对逻辑回归模型有极大的提升，对 SVM 和贝叶斯网络有些许提升，而对表 5-18 中的其他 3 种方法没有任何提升。

表 5-18　特征构造前和特征构造后准确率

模型	特征构造前准确率（%）	特征构造后准确率（%）
SVM	93.97	94.71
逻辑回归	78.81	92.80
神经网络	93.48	90.48
C5.0	97.69	97.46
CRT	95.35	93.33
贝叶斯网络	94.11	94.49

选取效果最好的 C5.0 模型进行稳定性检验，对数据集进行 10 次建模和评估实验，统计结果如表 5-19 所示。

表 5-19　10 次建模评估实验的统计结果

评价指标	数值（%）
准确率平均值	97.82
准确率标准差	0.172
准确率的最大值和最小值之差	0.53

总体而言，模型的准确率平均值为 97.82%，准确率标准差为 0.172%，最好效果的模型准确率比最差效果的模型准确率仅高 0.53%，这说明模型不仅拥有较高的分类性能，稳定性也非常强。这个结果对于企业而言是可以接受的，因为员工离职的倾向受到很多因素的影响，而数据集中能提供的特征有限，即便数据集中的特征能够做到面面俱到，员工的离职有时候也会受到突发事件的影响。

在模型优化方面，可以考虑通过设置决策树不同的最大深度和节点划分依据来根据个性化的需求调整准确度和召回率的大小，以适应不同的场景需求。但是当使用融合模型（如随机森林）时，要考虑到数据标签的不平衡问题给融合模型带来的效果上的影响。

为进一步分析员工满意程度和其他因素间的关系，下面计算特征之间的相关矩阵，如图 5-37 所示。

	number_project	average_montly_hours	time_spend_company	project_average_montly_hours	evaluation_average_hours	work_hard	Work_accident	promotion_last_5years	satisfaction_level	last_evaluation	Department	salary
number_project	1.00	0.42	0.20	-0.68	0.06	0.47	-0.01	-0.01	-0.14	0.35	0.01	0.00
average_montly_hours	0.42	1.00	0.13	0.31	0.56	0.82	-0.01	0.00	-0.02	0.35	-0.01	0.00
time_spend_company	0.20	0.13	1.00	-0.09	0.00	0.17	0.00	0.06	-0.10	0.13	0.01	0.05
project_average_montly_hours	-0.68	0.31	-0.09	1.00	0.37	0.12	0.00	0.01	0.05	-0.13	-0.02	0.00
evaluation_average_hours	0.06	0.56	0.00	0.37	1.00	0.00	0.01	0.01	-0.08	-0.55	-0.01	0.02
work_hard	0.47	0.82	0.17	0.12	0.00	1.00	-0.02	-0.01	0.01	0.80	0.00	-0.01
Work_accident	-0.01	-0.01	0.00	0.00	0.01	-0.02	1.00	0.05	0.06	0.00	0.02	0.02
promotion_last_5years	-0.01	0.00	0.06	0.01	0.01	-0.01	0.05	1.00	0.02	-0.01	0.01	0.09
satisfaction_level	-0.14	-0.02	-0.10	0.05	-0.08	0.01	0.06	0.02	1.00	0.11	0.02	0.04
last_evaluation	0.35	0.35	0.13	-0.13	-0.55	0.80	0.00	-0.01	0.11	1.00	0.01	-0.01
Department	0.01	-0.01	0.01	-0.02	-0.01	0.00	0.02	0.01	0.02	0.01	1.00	0.04
salary	0.00	0.00	0.05	0.00	0.02	-0.01	0.02	0.09	0.04	-0.01	0.04	1.00

图 5-37　各特征间的相关矩阵

相关矩阵代表了特征之间的相关系数，取值为 1～-1。相关系数小于 0 代表特征之间呈负相关，相关系数大于 0 代表特征之间呈正相关。相关系数的绝对值越大说明相关程度越高。例如，表 5-17 中的 number_project 和 awerage_monthly_hours 呈正相关，这说明项目数越多，花费的时间也就越多，这也是很好理解的。

查看员工的满意程度对应的行，可见员工的满意程度与各属性的相关程度都不是很大，总体上与正在进行的项目数目和工作年限呈弱负相关，与上次的考核分数呈弱正相关。因此，若要提高员工的满意程度，可以考虑从减少员工同时跟进的项目数目和给予更加正面的评估等方面入手，也要更加关注老员工（工作年限较长）的满意程度。

查看特征 last_evaluation 对应的行，可见其与 number_project、average_montly_hours、time_spend_company 3 个原始属性的相关度最高（evaluation_average_hours 与 work_hard 为构造属性），且均呈正相关，可以推测该公司对员工的评估主要从员工正在进行的项目数、月平均工作时长和工作年限等方面来进行，是否有改进考核方式的可能是值得探讨的。

本章小结

分类是一种重要的数据挖掘技术，广泛应用于电信、金融、医学等领域。分类的目的是对有类标号的数据集进行学习，并构造一个拥有预测功能的分类模型，该分类模型能把未知类别的样本映射到给定的某个类别中，从而实现对未知类别数据的预测。

本章对多种经典分类方法的原理和算法过程进行了详细的介绍，这些算法基于不同的分类思想，主要包括基于决策树的分类方法、贝叶斯分类方法、KNN 方法和集成分类方法。最后通过综合例子说明了多种分类方法的应用。

习 题 5

5.1 简述分类的主要步骤，举例说明分类在不同行业的应用。

5.2 考虑表 5-20 所示的二元分类问题的数据集。

表 5-20 二元分类问题的数据集

A	*B*	类标号	*A*	*B*	类标号
T	F	+	F	F	−
T	T	+	F	F	−
T	T	+	F	F	−
T	F	−	T	T	−
T	T	+	T	F	−

（1）计算按照属性 *A* 和 *B* 划分时的信息增益。决策树归纳算法将会选择那个属性？

（2）计算按照属性 *A* 和 *B* 划分时 Gini 系数。决策树归纳算法将会选择那个属性？

5.3 解释朴素贝叶斯中的“朴素”。简述朴素贝叶斯分类的主要思想。

5.4 对于习题 5.2 中的数据集，请回答以下问题。

（1）估计条件概率 $P(A|+)$、$P(B|+)$、$P(A|-)$、$P(B|-)$。

（2）根据（1）中的条件概率，使用朴素贝叶斯方法预测测试样本$(A=T,B=F)$的类标号。

（3）使用 Laplace 估计方法，其中，$p=1/2$，$m=4$，估计条件概率 $P(A|+)$、$P(B|+)$、$P(A|-)$、$P(B|-)$。

（4）使用（3）中得到的条件概率及朴素贝叶斯方法预测测试样本$(A=T,B=F)$的类标号。

（5）比较估计概率的两种方法哪一种更好，并说明原因。

5.5 对于表 5-21 所示的数据集，以体温和表面覆盖为划分属性，分别计算信息增益、信息增益率和 Gini 系数的差异性损失。比较采用 ID3 与 C4.5 在这个数据集上建立的决策树的差异（ID3、C4.5 分别使用信息增益和信息增益率作为划分属性选择的标准）。

表 5-21 数据集

名称	体温	表面覆盖	胎生	产蛋	能飞	水生	有腿	冬眠	类标记
人	恒温	毛发	是	否	否	否	是	否	哺乳类
巨蟒	冷血	鳞片	否	是	否	否	否	是	爬行类
鲑鱼	冷血	鳞片	否	是	否	是	否	否	鱼类
鲸	恒温	毛发	是	否	否	是	否	否	哺乳类
蛙	冷血	无	否	是	否	有时	是	是	两栖类
巨蜥	冷血	鳞片	否	是	否	否	是	否	爬行类
蝙蝠	恒温	毛发	是	否	是	否	是	否	哺乳类
猫	恒温	皮	是	否	否	否	是	否	哺乳类
豹纹鲨	冷血	鳞片	是	否	否	是	否	否	鱼类
海龟	冷血	鳞片	否	是	否	有时	是	否	爬行类
豪猪	恒温	刚毛	是	否	否	否	是	是	哺乳类
鳗	冷血	鳞片	否	是	否	是	否	否	鱼类
蝾螈	冷血	无	否	是	否	有时	是	是	两栖类

5.6 假设银行想开发一个分类器，以预防信用卡交易中的欺诈行为。解释基于大量非欺诈实例和很少的欺诈实例，如何构造高质量的分类器。

5.7 对于表 5-22 所示的数据集，RID 为每行数据的标识，包含 4 个预测属性，age（年龄）、income（收入水平）、student（是否学生）、credit_rating（信用等级），以及 1 个目标属性，即 buys_compute（是否购买电脑）。

表 5-22 数据集

RID	age	income	student	credit_rating	buys_computer
1	youth	high	no	fair	no
2	youth	high	no	excellent	no
3	middle-aged	high	no	fair	no
4	senior	medium	no	fair	yes
5	senior	low	yes	fair	yes
6	senior	low	yes	excellent	yes
7	middle-aged	low	yes	excellent	yes
8	youth	medium	no	fair	no
9	senior	medium	yes	fair	yes
10	youth	low	yes	excellent	no
11	middle-aged	high	yes	fair	yes
12	youth	high	no	excellent	no
13	middle-aged	high	no	fair	no
14	youth	medium	no	excellent	no
15	senior	high	yes	excellent	?

考虑对表 5-22 的数据使用随机森林进行分类。总体特征个数 M=4，取 m=2（3 个特征

两两组合）。对 RID 为 1～14 的样本构建 6 棵决策树作随机森林进行投票（假设随机抽样到所有样本），决策树的构建方法采用 C4.5 算法（以信息增益率作为选择节点特征的指标）。

随机森林构建完成后，预测表格中样本的 RID 为 15 的问号处应该是什么？

案例分析

案例分析：银行优质客户流失预警

近年来，银行与银行之间在客户获取上的竞争越来越激烈，特别是优质客户已成为各家银行争抢的资源，这使得银行的优质客户的流失越来越严重。客户是银行最重要的资源基础，留住优质客户是银行获得可持续发展的源泉。如何维护和挽回有流失倾向的优质客户成为客户关系管理的重要问题。

某商业银行针对优质客户的流失问题，尝试利用逻辑回归和决策树模型来识别有流失倾向的客户，并在此基础上通过聚类模型细分流失客户，以此找出不同细分客户群的流失原因，从而制定有针对性的挽留策略及方案，主要过程如下。

① 定义客户流失。针对零售个人客户，该银行通过分析存款占全部金融资产的比重、资产流失率、余额变动系数等指标与客户流失之间的关系定义客户流失。

② 客户细分。为识别不同客户群的需求，采取相应的营销活动来防止客户流失。该银行将客户细分为存款类保守型客户、理财类趋利型客户及其他综合性客户。通过分析发现，这 3 类客户群的流失客户数和流失率有明显差别。理财类趋利型客户的流失率远远高于其他两类客户，而综合型客户的流失客户和流失率数明显低于其他两类客户，因此客户的稳定性取决于客户资产的合理配比。

③ 建立流失模型。在细分客户的基础上，从非流失客户中随机选择 30%～50%的客户与流失客户合并，从而形成新的样本数据集，使用决策树、逻辑回归方法进行建模，通过客户流失预测分析模型实现对客户流失的准确定位。

④ 识别客户流失原因并实施相应策略。采用聚类算法对客户流失原因进行归类。经过聚类分析发现流失客户主要由四个群体构成，专项理财活跃型客户、偏好定期保守型客户、资金流动性客户、股票交易活跃型客户。针对他们，该银行制定了不同的挽留策略。

【思考题】试分析金融领域的数据挖掘情况。

第 6 章　关联规则分析

开篇案例——关联销售

在营销界，沃尔玛有一个“啤酒和尿布”的神话故事。沃尔玛通过对销售数据进行关联规则挖掘，发现了一个奇怪的现象：啤酒和尿布这两类商品经常被顾客一起购买。经调查发现这个现象的原因是美国的妇女通常在家照顾孩子，所以她们经常会嘱咐丈夫在下班回家的路上为孩子买尿布，而丈夫在买尿布的同时又会顺手购买自己爱喝的啤酒。为此，沃尔玛将“啤酒”和“尿布”两个看上去没有直接关系的商品摆放在一起进行销售而获得了很好的销售收益。

在商品种类众多的零售业中，仅仅通过人直接察觉商品之间的关联性是很困难的，如何从海量销售数据中发现商品之间的关联性正是关联规则分析要研究的内容。

6.1　关联规则分析概述

关联规则分析是数据挖掘中最早最活跃的研究领域之一，旨在解决购物篮分析问题。具体而言，其最初要解决的问题如下：一群用户购买很多产品后，哪些产品同时被购买的可能性比较大？买了 A 产品的同时买哪个产品的可能性较大？由于最初关联规则分析主要是在超市的应用比较广泛，因此又叫购物篮分析（Market Basket Analysis，MBA）。

关联规则分析主要寻找数据库中值的相关性，或者说，关联规则分析就是发现哪些属性值频繁地在给定数据集中一起出现，以关联规则的形式表现。例如，规则“{尿布}=>{啤酒}”表示尿布和啤酒的销售之间存在关联，这就是著名的“啤酒与尿布”的故事中揭示的关联规则。关联规则分析通常分为两种模型：简单关联规则分析、序列模式分析。简单关联规则分析：假设产品是顾客一次性购买的，则分析重点在于众多产品之间的关联性。如果顾客购买产品的时间是不同的，并且突出时间先后上的关联，如先买了什么再买什么，那么这类问题被称为序列模式分析问题。

关联规则挖掘的典型例子是购物篮分析，使用关联规则分析挖掘并发现顾客放入其购物篮中的不同商品之间的联系，或者顾客在不同时期购买行为的规律，了解哪些商品频繁地被顾客同时购买，分析顾客的购买习惯。这种关联规则的发现可以帮助零售商制定营销策略，引导销售，从而帮助零售商合理安排商品的分组布局，提供购买推荐和商品参照，跟踪顾客忠诚度并实现有效的交叉销售。

除了购物篮分析，关联规则分析还应用于其他多个不同的领域，如通过医疗诊断数据的关联挖掘可以发现某些症状与某种疾病之间的关联，为医生进行疾病诊断和治疗提供线索；通过网页挖掘，可以揭示不同浏览网页之间的有趣联系；在电子商务方面，通过产品或服务的关联分析，可以进行产品的关联推荐等。

6.2 关联规则分析基础

关联规则分析技术主要是通过计算支持度和置信度等变量产生关联规则的，本节主要介绍相关概念的定义及其联系，同时概述关联规则分析的基本方法。

6.2.1 基本概念

1. 项集和支持度计数

项集是指数据项的集合。包含 k 个数据项的项集称为 k-项集。例如，{尿布, 啤酒}是一个 2-项集。

支持度计数是指整个事务数据集中包含该项集的事务数。

给定事务数据库 D，每个事务对应一个数据项集合（如顾客一次消费活动中购买的商品集合），如图 6-1 所示。为了说明关联规则、支持度和置信度等概念，假定 A、B 是交易事务中出现的商品项，考虑 A 和 B 出现的情况，以发现 A 和 B 之间存在的关系。可以看出，A 与 B 有一定的关联性，因为它们有交集，共同出现。关联规则通常表示成 $A \Rightarrow B$，其中，A 和 B 分别称为规则的前件和后件。

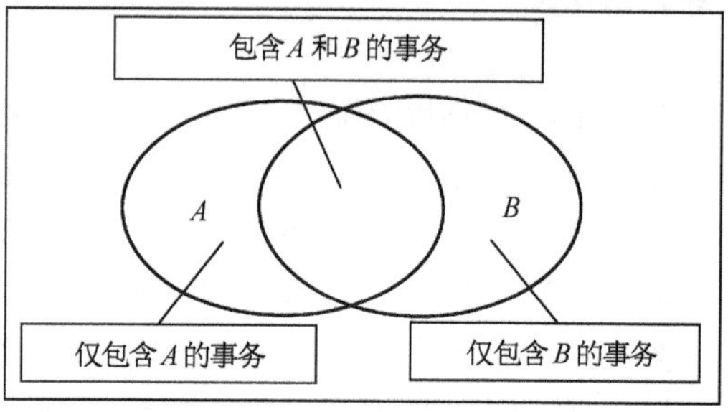

图 6-1　包含 A 和 B 的交易事务

2. 支持度（support）

规则 $A \Rightarrow B$ 的支持度是指同时包含项 A 和 B 的事务在所有事务中出现的频率，即事务数据库 D 中包含项 A 和 B 的事务占所有事务的百分比，可以表示为

$$\text{support}(A,B) = P(A \cup B) = \sigma(A \cup B)/N$$

其中，N 是事务数据库的大小，$\sigma(A \cup B)$ 表示包含项 A 和 B 的事务在事务数据库中出现的次数。

3. 置信度（confidence）

规则 $A \Rightarrow B$ 的置信度是指在项 A 出现的情况下，项 B 出现的频率，即事务数据库 D 中同时包含项 A 和 B 的事务占包含项 A 的事务的百分比，可以用条件概率表示为

$$\text{confidence}(A,B) = P(B \mid A) = \sigma(A \cup B)/\sigma(A)$$

4. 强关联规则和频繁项集

通常，为了从交易事务数据库中挖掘出有价值的关联规则，需要用户指定规则的最小支持度阈值（min_sup）和最小置信度阈值（min_conf），以过滤价值小或用户不太感兴趣的规则。根据用户预先定义的支持度和置信度阈值，支持度不小于最小支持度阈值且置信度不小于最小置信度阈值的规则称为强关联规则。支持度描述的是规则的普遍性，而置信度描述的是规则的可靠性。

支持度不小于最小支持度阈值的项集被称为频繁项集（简称频繁集或大项目集）。

【例 6-1】 某超市的交易数据库如表 6-1，计算规则 bread, milk ⇒ tea 的支持度和置信度。

表 6-1　某超市的交易数据库

交易号 TID	顾客购买的商品	交易号 TID	顾客购买的商品
T1	bread, cream, milk, tea	T6	bread, milk, tea
T2	bread, cream, milk	T7	beer, milk, tea
T3	cake, milk	T8	beer, cream,tea
T4	milk, tea	T9	bread, cream, tea
T5	bread, cake, milk	T10	bread, milk, tea

【解】

$$\text{support}(\text{bread,milk} \Rightarrow \text{tea}) = \frac{3}{10} = 0.3$$

$$\text{confidence}(\text{bread,milk} \Rightarrow \text{tea}) = \frac{3}{5} = 0.6$$

6.2.2　基础分析方法

1. 问题定义

给定事务数据库 D，关联规则挖掘的目标是寻找所有满足下面条件的规则 $A \Rightarrow B$：

$$\text{support}(A,B) \geqslant \text{min\_sup}$$

$$\text{confidence}(A,B) \geqslant \text{min\_cof}$$

因此，关联规则挖掘的任务是找出事务数据集中隐藏的强关联规则。找出强关联规则的原理非常简单，只需简单的加法和除法运算，但其计算量大，任务繁重。

挖掘关联规则的方法主要有两种：一种是基于穷举的蛮力方法（Brute-force），另一种是基于任务分解的两步法。

蛮力方法的步骤如下：① 列出所有可能的关联规则；② 计算每条规则的支持度和置信度；③ 删除支持度不足 min_sup 或置信度不足 min_conf 的规则。

由于从大型事务数据集提取的规则数目往往呈指数级，因此，这种方法的计算代价很高。

两步法将关联规则挖掘的任务分解成两个子任务，步骤如下：① 频繁项集的产生：产生支持度≥min_sup 的所有项集；② 规则的产生，由每个频繁项集产生置信度≥min_conf 的规则。

频繁项集的产生是算法的核心部分，其计算开销远远大于规则产生的开销。显然，这种方法优于前一种方法，现有的关联规则分析算法主要是基于该方法的，但是频繁项集的生成也具有很高的时间复杂度，因为需要遍历巨大的事务数据库对每个项集进行计数，才能找到所有的频繁项集。因此，有效地设计频繁项集发现算法成为关联规则挖掘的重点。

2. 频繁项集发现算法

目前，频繁项集发现算法主要基于三种方法：穷举法、广度优先法和深度优先法，其中最常用的方法为广度优先法。

（1）穷举法

“穷举法”就是根据事务数据集的项目，枚举罗列出每个可能的项集。对于给定的含 k 个项的数据集，穷举法可能产生 $2^k - 1$ 个可能的候选项集，对于项数 k 非常大的事务集，穷举法会产生指数规模的候选项集。图 6-2 为包含 5 个商品项（J—鸡蛋，K—可乐，N—尿布，P—

啤酒，S—酸奶）的事务集合根据穷举法产生的所有可能的项集。

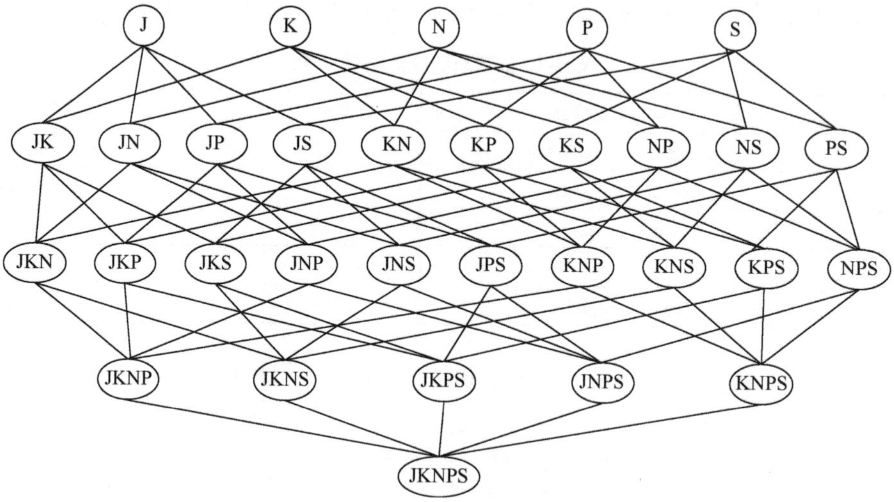

图 6-2　5 个项的穷举候选项集

为了从穷举法列出的候选项集中发现频繁项集，需要进行以下计算。

- 将每个项都当作一个候选频繁项集。
- 扫描数据库计算每个候选项集的支持度。
- 将每个交易与每个候选项集进行匹配来计算支持度。

其复杂度约为$O(N \times M \times w)$，其中，N是事务总数，M是候选项集总数，其值为2^k-1，w是事务的最大宽度（事务包含的最大项数）。因此，基于穷举法的频繁项集发现方法会导致非常大的开销。

（2）广度优先法

广度优先法自底向上搜索整个事务数据库，产生候选项集，再测试所产生的项集是否为频繁项集。由于广度优先法简单易行，而且经过了实际研究与应用的检验，目前大多数数据挖掘软件或系统基本采用广度优先法的关联规则分析算法。广度优先法的典型代表是 Apriori 算法，该算法是由 IBM 的 Agrawal 等提出的，通过多次遍历事务数据库，使用基于支持度的剪枝技术来有效减少候选项集搜索的时间。Apriori 算法将在 6.3 节详细介绍。

（3）深度优先法

不同于 Apriori 算法等的“产生-测试”范型，深度优先法不产生频繁项集，而是采用模式增长的方式产生关联规则。深度优先法的典型代表是 FP-Growth 算法，该算法使用一种 FP 树的紧凑数据结构组织数据，经过一次扫描后，将数据库中的事务压缩到一棵频繁模式树中，采用分而治之的策略，对频繁模式树进行处理，主要通过减少 I/O 次数来提高效率。FP-Growth 算法将在 6.4 节中详细介绍。与广度优先法不同，深度优先法不产生频繁项集，而是采用模式增长的方式产生关联规则。深度优先法的效率较广度优先法提高了不少，但其算法设计实现的思想比较复杂，目前还没有普遍运用到成熟的数据挖掘软件或系统中。

6.3　Apriori 算法

Apriori 算法是第一个关联规则分析算法，也是最有影响和运用最为广泛的关联规则分析算法，它基于频繁项集性质的先验知识进行剪枝，以控制候选项集的指数增长。

6.3.1 Apriori 性质

为提高频繁项集逐层产生的效率，Apriori 算法利用两个重要性质（Apriori 性质）来压缩搜索空间。

性质 6-1 若 x 是频繁项集，则 x 的所有子集都是频繁项集。

考虑图 6-3 中的项目集合，假设{N, P, S}是频繁项集。显然任何包含{N, P, S}的事务一定包含它的子集{N, P}、{N, S}、{P, S}、{N}、{P}和{S}。因此，如果 3-项集{N, P, S}是频繁项集，那么它的所有子集（图 6-3 中的阴影部分所示）也一定是频繁项集。

性质 6-2 若 x 是非频繁项集，则 x 的所有超集都是非频繁项集。

Apriori 性质基于下面关于支持度度量的结论：

$$\forall X,Y:(X\subseteq Y)\Rightarrow \text{support}(X)\geqslant \text{support}(Y)$$

即一个项的支持度永远不会超过其子集的支持度。

由项集合{J, K, N, P, S}穷举得到候选项集，如图 6-4 所示。假定{J}是不频繁的，则{J}的所有超集都是不频繁的，如图 6-4 中的阴影部分所示。

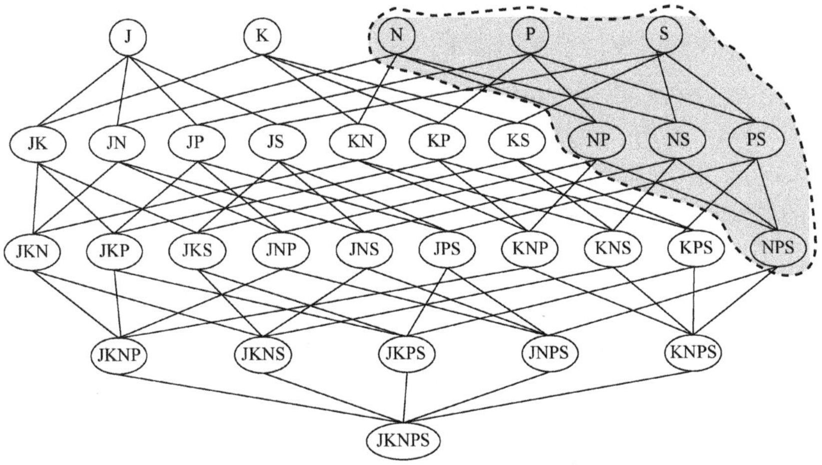

图 6-3 Apriori 性质 6-1

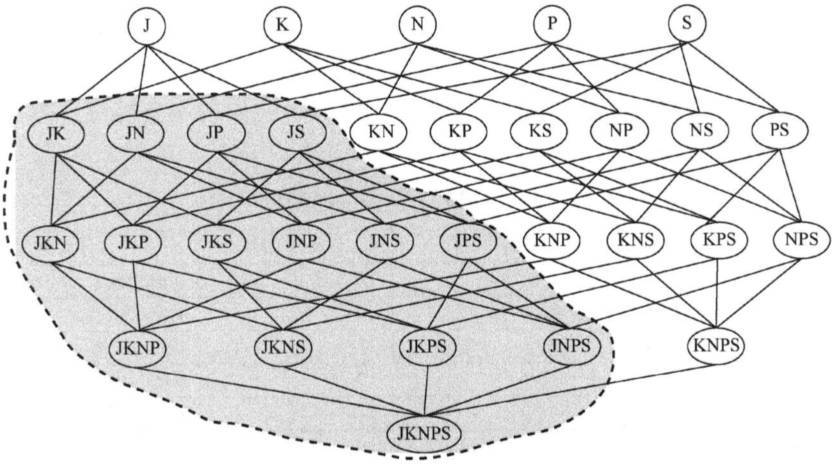

图 6-4 Apriori 性质 6-2

6.3.2 产生频繁项集

Apriori 算法采用迭代方法产生频繁项集，先找出频繁 1-项集的集合，根据频繁 1-项集得到候选 2-项集，并确定频繁 2-项集。重复寻找频繁项集的过程，直到不能找到频繁 k-项集。具体算法流程如下：

① 设定 k=1。

② 扫描一次事务数据库，生成频繁 1-项集。

③ 若存在两个或两个以上的频繁 k-项集，则重复下列过程，直到不能产生新的频繁项集。

- 候选项集的产生：由长度为 k 的频繁项集生成长度为 k+1 的候选项集。
- 候选项集的前剪枝：对每个候选项集，若其具有长度为 k 的非频繁子集，则删除该候选项集。
- 支持度计算：扫描一次事务数据库，统计剩余的每个候选项集的支持度。
- 候选项集的后剪枝：删除非频繁候选项集，仅保留频繁(k+1)-项集。
- 设定 k=k+1。

④ 根据最小支持度阈值提取频繁 k-项集。

候选项集产生：Apriori 算法通过合并频繁 k-项集产生候选(k+1)-项集，为了避免产生太多不必要或重复的候选项集，同时确保候选项集产生过程不遗漏频繁项集，Apriori 算法采用以下合并方式，并且频繁项集按字典序排列。

假设 $A=\{a_1,a_2,\cdots,a_k\}$ 和 $B=\{b_1,b_2,\cdots,b_k\}$ 是一对频繁 k-项集，当且仅当 $a_i=b_i$（$i=1,2,\cdots,k-1$）且 $a_k \ne b_k$ 时，合并 A 和 B，得到 $\{a_1,a_2,\cdots,a_k,b_k\}$（$a_k<b_k$）或 $\{a_1,a_2,\cdots,b_k,a_k\}$（$a_k<b_k$）。例如，合并{$A$, B}和{A, C}可以得到{A, B, C}，但{A, B}和{B, C}不能合并。

候选项集的前剪枝的目的是有效减少支持度计数过程中 I/O 的次数，利用“频繁项集的所有非空子集必须也是频繁的”的 Apriori 性质进行候选前剪枝。设 $A=\{a_1,a_2,\cdots,a_k,a_{k+1}\}$ 是一个候选(k+1)-项集，检查每个 A' 是否在第 k 层频繁项集中出现，其中，A' 是由 A 去掉 a_i（$i=1,\cdots,k+1$）得到的。若某个 A' 没有出现，则 A 是非频繁的，并删除 A。注意，这里每个项集都是按照项目排序的。因为考虑候选前剪枝时，对给定的候选(k+1)项集，需要检查它们的 k+1 个子集是否频繁，而子集是否频繁取决于有没有出现频繁 k-项集，所以要根据项目的顺序来比较候选 k+1 项集的所有子集和频繁 k-项集。这个过程无须进行 I/O 操作。

6.3.3 频繁项集构造示例

【例 6-2】 考虑表 6-2 所示的某超市的交易数据库，并设最小支持度计数阈值 min_sup=30%，试找出所有频繁项集。

表 6-2 某超市的交易数据库

交易号 TID	顾客购买的商品	交易号 TID	顾客购买的商品
T1	bread, cream, milk, tea	T6	bread, milk, tea
T2	bread, cream, milk	T7	beer, milk, tea
T3	cake, milk	T8	beer, cream, tea
T4	milk, tea	T9	bread, cream, tea
T5	bread, cake, milk	T10	bread, milk, tea

【解】

① 在算法的第一次迭代中，每项都是候选 1-项集的集合 C_1 的成员，$C_1 = \{\text{beer, bread, cake,cream, milk, tea}\}$，对每个项出现的次数进行计数，如表 6-3 所示。

② 根据最小支持度阈值，可以确定频繁 1 项集的集合 L_1，它由满足最小支持度的候选 1-项集组成，$L_1 = \{\{\text{bread}\}, \{\text{cream}\}, \{\text{milk}\},\{\text{tea}\}\}$。

③ 根据候选项集产生的方式产生候选 2-项集的集合 $C_2 = \{\{\text{bread,cream}\}, \{\text{bread,milk}\}, \{\text{bread,tea}\},\{\text{cream,milk}\},\{\text{cream,tea}\},\{\text{milk,tea}\}\}$。这里并没有产生候选 2-项集的前剪枝，因为候选 2-项集的每个子集也是频繁项集。计算候选 2-项集的支持度计数，如表 6-4 所示，进而通过比较最小支持度阈值发现频繁 2-项集的集合 L_2，$L_2 = \{\{\text{bread,cream}\},\{\text{bread,milk}\}, \{\text{bread,tea}\},\{\text{cream,tea}\},\{\text{milk,tea}\}\}$

表 6-3 候选 1-项集频数统计

项 集	支持度计数
beer	2
bread	6
cake	2
cream	4
milk	8
tea	7

表 6-4 候选 2-项集频数统计

项 集	支持度计数
{bread, cream}	3
{bread, milk}	5
{bread, tea}	4
{cream, milk}	2
{cream, tea}	3
{milk, tea}	5

④ 确定频繁 3-项集。候选 3-项集的集合 C_3 由频繁 2-项集的集合 L_2 的项集合并产生，最后得到 $C_3 = \{\{\text{bread,cream,milk}\},\{\text{bread,cream,tea}\},\{\text{bread,milk,tea}\}\}$，对候选 3-项集进行候选前剪枝，如下所示。

$\{\text{bread,cream,milk}\}$ 的 2-项子集有 $\{\text{cream,milk}\}$、$\{\text{bread,milk}\}$ 和 $\{\text{cream,milk}\}$，但不是 L_2 的元素，故从 C_3 中删去 $\{\text{bread,cream,milk}\}$；$\{\text{bread,cream,tea}\}$ 的 2-项子集是 $\{\text{cream,tea}\}$、$\{\text{bread,tea}\}$ 和 $\{\text{bread,cream}\}$，都是 L_2 的元素，故 $\{\text{bread,cream,tea}\}$ 保留在 C_3 中；$\{\text{bread,milk,tea}\}$ 的 2-项子集是 $\{\text{milk,tea}\}$、$\{\text{bread,tea}\}$ 和 $\{\text{bread,milk}\}$，都是 L_2 的元素，故 $\{\text{bread,milk,tea}\}$ 保留在 C_3 中；候选前剪枝得到 $C_3 = \{\{\text{bread,cream,tea}\},\{\text{bread,milk,tea}\}\}$。统计其中每个项集的支持度计数，如表 6-5 所示，根据最小支持度计数确定频繁 3-项集的集合为 $L_3 = \{\{\text{bread,milk,tea}\}\}$。

表 6-5 频繁 3-项集频数统计

项 集	支持度计数
{bread, cream, tea}	2
{bread, milk, tea}	3

⑤ 由于 $C_4 = \varnothing$，因此算法终止，最终得到频繁项集 $L_3 = \{\{\text{bread,milk,tea}\}\}$。

利用 Apriori 算法寻找频繁项集的过程示例如图 6-5 所示。

6.3.4 产生关联规则

一旦找出频繁项集，根据规则的评估准则，可直接由它们产生强关联规则，关联规则可以根据下列步骤产生。

① 对于每个频繁项集 l，产生所有非空子集 s。

② 对于 l 的每个非空子集 s，如果满足一定的规则评估准则，则输出规则“$s \Rightarrow (l-s)$”。不考虑 $l \Rightarrow \varnothing$ 和 $\varnothing \Rightarrow l$ 的情况，如果频繁项集 l 有 k 个项，则有 2^k-2 个候选关联规则。默认采用支持度-置信度评估准则，给定一个频繁项集 l，寻找 l 的所有非空真子集 s 使 $s \Rightarrow (l-s)$ 的置信度大于或等于最小置信度阈值，就可以得到满足条件的强关联规则，即 $\text{support}(l)/\text{support}(s) \geqslant \text{min\_conf}$，其中，min_conf 是最小置信度阈值。

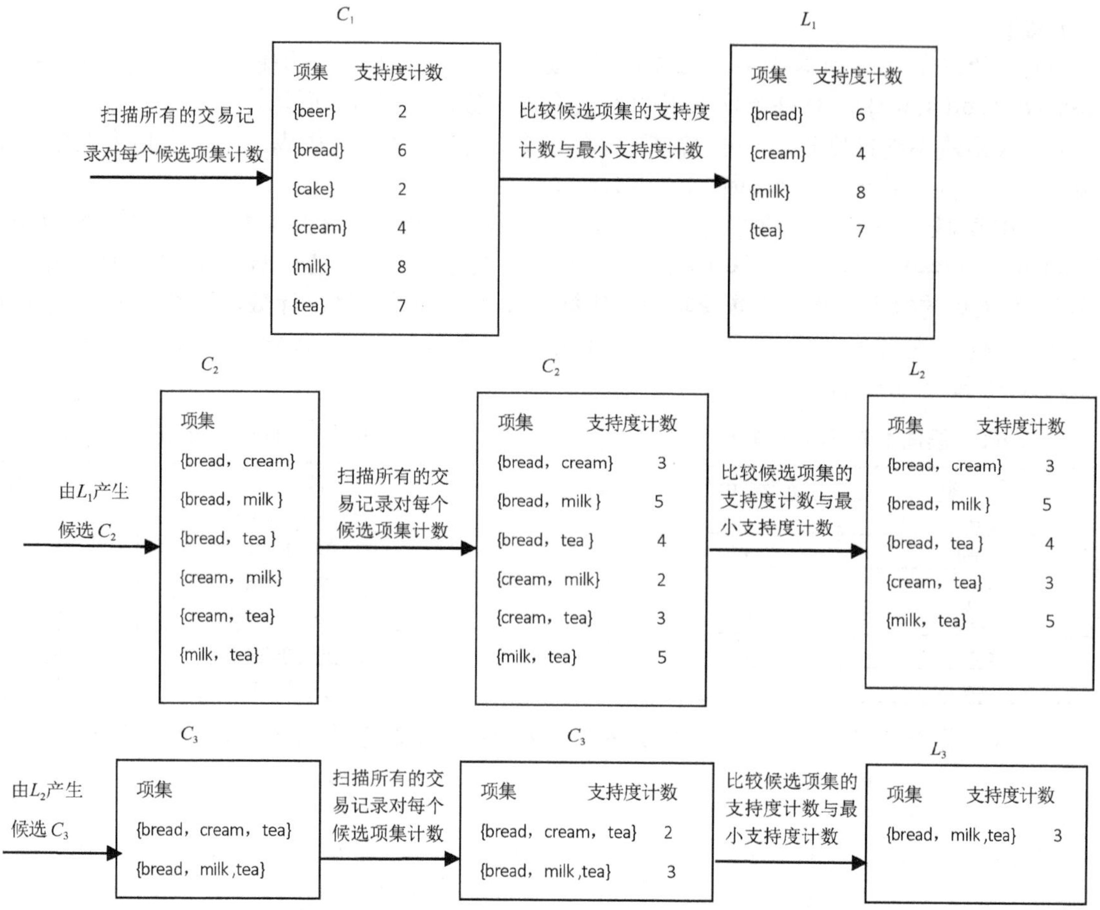

图 6-5 利用 Apriori 算法寻找频繁项集的过程示例

在例 6-2 中，针对频繁项集{bread,milk,tea}，可以产生哪些关联规则呢？该频繁集的非空真子集有{milk,tea}、{bread,tea}、{bread,milk}、{bread}、{milk}和{tea}，候选规则及对应置信度如表 6-6 所示。

表 6-6 候选规则及对应置信度

关联规则	置 信 度	关联规则	置 信 度
{bread, milk}=>{tea}	3/5=0.6	{bread}=>{milk, tea}	3/6=0.5
{bread, tea}=>{milk}	3/4=0.75	{milk}=>{ bread, tea }	3/8=0.375
{milk, tea }=>{bread}	3/5=0.6	{tea}=>{ bread, milk}	3/7=0.429

如果 min_conf=60%，那么强规则有{bread, milk} ⇒ {tea}、{bread, tea} ⇒ {milk}、{milk, tea}=>{bread}。

对于大型事务数据库，这种产生关联规则的枚举方式将导致巨大的计算开销，如何减少计算开销是规则产生的关键。Apriori 算法采用剪枝方法，在规则产生过程中减少规则置信度的计算，其剪枝策略与频繁项集的产生策略类似。下列介绍 Apriori 算法关联规则的产生策略。

（1）规则产生过程

初始阶段，对每个频繁 k-项集，提取规则后件只含一个项的所有高置信度规则。

通过产生的只含 1-项后件的规则产生新的候选规则。重复下面过程，直到不能产生新的候选规则。

- 候选规则产生：由 k-项后件的规则生成(k+1)-项后件的候选规则。
- 候选规则前剪枝：对每个(k+1)-项候选规则，若其具有小于最小置信度阈值的 k-项后件规则的子集，则删除该候选规则。
- 置信度计算：对剩余的每个候选规则进行置信度计算。
- 候选规则后剪枝：删除小于最小置信度阈值的候选规则，仅保留满足置信度阈值要求的(k+1)-项后件的规则。
- 设定 k=k+1。

（2）候选规则的产生

与合并频繁项集产生候选频繁项集的方式类似，当两个规则后件的前缀相同时，对这两个规则进行合并。其中对具有相同前缀的后件合并，对前件提取共同的项，如合并规则 $CD \Rightarrow AB$ 和 $BD \Rightarrow AC$，可以得到候选规则 $D \Rightarrow ABC$。

（3）基于置信度的候选前剪枝

为了有效减少置信度计算过程中候选规则的数量，Apriori 算法对候选规则进行了基于置信度的候选前剪枝，删除置信度低的候选规则。

候选前剪枝依赖于以下结论：如果规则 $X \Rightarrow Y-X$ 不满足最小置信度阈值过滤条件，那么形如 $X' \Rightarrow Y-X'$ 的规则一定也不满足（X' 是 X 的子集）。

可以通过 Apriori 性质对上面的结论进行简单论证。考虑两个规则：$X' \Rightarrow Y-X'$ 和 $X \Rightarrow Y-X$，它们的置信度分别为 $\text{support}(Y)/\text{support}(X')$ 和 $\text{support}(Y)/\text{support}(X)$。由于 X' 是 X 的子集，因此 $\text{support}(X') \geqslant \text{support}(X)$。所以，前一个规则的置信度不可能大于后一个规则的置信度。

图 6-6 所示为基于置信度的候选前剪枝。如果规则 $BCD \Rightarrow A$ 不满足最小支持度阈值的要求，根据前面的定理，可以剪去所有后件包含 A 的规则，包括 $CD \Rightarrow AB$、$BD \Rightarrow AC$、$BC \Rightarrow AD$、$D \Rightarrow ABC$、$C \Rightarrow ABD$ 和 $B \Rightarrow ACD$。

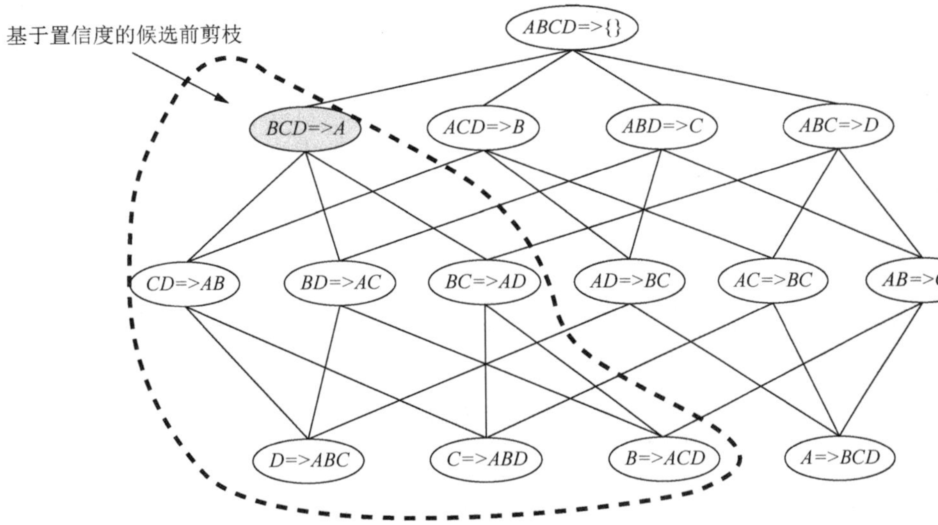

图 6-6　基于置信度的候选前剪枝

【例 6-4】 重新考虑例 6-2 的事务数据库，根据表 6-2 产生的频繁项集 {bread,milk,tea} 设定最小置信度阈值为 70%，可以产生哪些强关联规则？

【解】 频繁集 {bread,milk,tea} 的非空真子集有 {milk,tea}、{bread,tea}、{bread,milk}、 {bread}、{milk}和{tea}。结合例 6-1 计算频繁项集的过程得到的支持度，计算过程如下。

① 初始阶段，对于频繁项集{bread, milk, tea}，提取规则后件只含一个项的所有高置信度规则：$\{\text{bread, milk}\} \Rightarrow \{\text{tea}\}$、$\{\text{bread, tea}\} \Rightarrow \{\text{milk}\}$、$\{\text{milk, tea}\} \Rightarrow \{\text{bread}\}$。

② 通过产生的只含 1-项后件的规则产生新的候选规则。

a）由 1-项后件的规则生成 2-项后件的候选规则，它们分别是 $\{\text{bread}\} \Rightarrow \{\text{milk, tea}\}$、$\{\text{tea}\} \Rightarrow \{\text{bread, milk}\}$、$\{\text{milk}\} \Rightarrow \{\text{bread, tea}\}$。

b）候选规则前剪枝。所有 2-项候选规则的子集，即 1-项后件候选规则的置信度计算如下：

$$\{\text{bread, milk}\} \Rightarrow \{\text{tea}\} \quad \text{confidence} = \frac{\text{support}(\{\text{bread, milk, tea}\})}{\text{support}(\{\text{bread, milk}\})} = \frac{3}{5} = 0.6 < 0.7$$

$$\{\text{bread, tea}\} \Rightarrow \{\text{milk}\} \quad \text{confidence} = \frac{\text{support}(\{\text{bread, milk, tea}\})}{\text{support}(\{\text{bread, tea}\})} = \frac{3}{4} = 0.75 > 0.7$$

$$\{\text{milk, tea}\} \Rightarrow \{\text{bread}\} \quad \text{confidence} = \frac{\text{support}(\{\text{bread, milk, tea}\})}{\text{support}(\{\text{milk, tea}\})} = \frac{3}{5} = 0.6 < 0.7$$

因为规则 $\{\text{bread, milk}\} \Rightarrow \{\text{tea}\}$、$\{\text{milk, tea}\} \Rightarrow \{\text{bread}\}$ 的置信度小于最小置信度阈值 0.7，即规则 $\{\text{bread}\} \Rightarrow \{\text{milk, tea}\}$、$\{\text{tea}\} \Rightarrow \{\text{bread, milk}\}$、$\{\text{milk}\} \Rightarrow \{\text{bread, tea}\}$ 具有小于置信度阈值的 1-项后件规则的子集，所以将其删除，并删除规则 $\{\text{bread, milk}\} \Rightarrow \{\text{tea}\}$ 和 $\{\text{milk, tea}\} \Rightarrow \{\text{bread}\}$。

最后得到强关联规则：$\{\text{bread, tea}\} \Rightarrow \{\text{milk}\}$。

6.3.5 规则的评估标准

在实际商业运用中，数据库的数据量和维数都非常大，容易产生数以百万计的关联规则，如何从中筛选并识别出最有价值的规则显得非常重要。因此，需要建立一组被广泛接受的关联规则质量评价标准。前面讨论的关联规则可以用支持度和置信度来评价，如果一个规则的置信度高，那么它就是一条强规则。尽管最小支持度阈值和置信度阈值有助于排除大量无意义规则，但是仍然会产生一些没有价值的规则。支持度的缺点在于许多潜在的有意义的规则由于包含支持度小的项而被删除；而置信度忽略了规则后件中项集的支持度，可能会出现误导的强关联规则。因此，由支持度－置信度得出的强关联规则不一定是有意义的规则，置信度和支持度有时候并不能度量规则的实际意义和业务关注的兴趣点。下面我们来分析一个误导我们的强关联规则实例。

表 6-7 为某超市关于牛奶和咖啡的销售统计表，假定最小支持度为 20%，最小置信度为 80%，分析规则“购买牛奶⇒购买咖啡”。

表 6-7 某超市关于牛奶和咖啡的销售统计表

	购买咖啡的人数	不买咖啡的人数	合 计
购买牛奶的人数	20	5	25
不买牛奶的人数	70	5	75
合 计	90	10	100

根据表 6-7 计算可得规则“购买牛奶⇒购买咖啡”的支持度为 20/100=20%，置信度为 20/25=80%，不小于最小支持度和置信度阈值，所以规则“购买牛奶⇒购买咖啡”是强关联

规则。然而，这条规则是错误的，因为所有人群中购买咖啡的可能性为 90%，大于购买牛奶的人群中购买咖啡的可能性（20/25=80%）。

从上面的例子可知，支持度和置信度并不能成功过滤掉那些我们不感兴趣的规则，因此我们需要一些新的评价标准，下面介绍 6 种评价标准：提升度、卡方系数、全置信度、最大置信度、Kulc 系数和 cosine 距离。

1. 提升度

提升度（lift）是一种简单的相关性度量。

对于规则 $A \Rightarrow B$ 或 $B \Rightarrow A$，$\text{lift}(A,B) = P(A \cup B)/(P(A) \times P(B))$。$\text{lift}(A,B) > 1$ 表示 A、B 正相关，$\text{lift}(A,B) < 1$ 表示 A、B 负相关，$\text{lift}(A,B) = 1$ 表示 A、B 不相关（独立）。在实际运用中，正相关和负相关都是我们需要关注的，需要强化正相关的作用而弱化负相关的作用。而独立往往是我们不需要的，两个商品没有相互影响就不是强关联规则，$\text{lift}(A,B) = 1$ 的情形很少，一般只要接近 1 我们就认为是独立了。

$A \Rightarrow B$ 与 $B \Rightarrow A$ 两个规则的提升度是一样的。

$$\begin{aligned}\text{lift}(A,B) &= P(B \mid A)/P(B) = P(A \cup B)/(P(A) \times P(B)) \\ &= P(A) \times P(B \mid A)/(P(A) \times P(B)) \\ &= \text{confidence}(A \Rightarrow B)/\text{support}(B) = \text{confidence}(B \Rightarrow A)/\text{support}(A)\end{aligned}$$

提升度用规则置信度与规则后件的支持度的比值来定义，以评估一方的出现“提升”另一方出现的程度。

针对表 6-7 得到的规则“购买牛奶⇒购买咖啡”，用提升度来评估该规则，该规则的提升度为

$$\begin{aligned}\text{lift}(\text{"购买牛奶} \Rightarrow \text{购买咖啡"}) &= \frac{\text{confidence}(\text{"购买牛奶} \Rightarrow \text{购买咖啡"})}{\text{support}(\text{"购买咖啡"})} \\ &= \frac{20/25}{90/200} = 0.89 < 1\end{aligned}$$

该提升度小于 1，说明购买牛奶的行为并没有提升购买咖啡这种行为的可能性，故该规则应反向使用——向不买牛奶的人推荐咖啡。

2. 卡方系数

卡方分布是数理统计中的重要分布，卡方系数 χ^2 可以确定两个变量是否相关，其定义为

$$\chi^2 = \sum \frac{(\text{observed} - \text{expcted})^2}{\text{expcted}}$$

其中，observed 表示数据的实际值，expected 表示期望值。卡方系数越大，规则越好。

根据表 6-7 的数据可以得到表 6-8 的数据。

表 6-8　牛奶和咖啡购买人数的实际值和期望值

	购买咖啡的人数	不买咖啡的人数	合　计
购买牛奶的人数	20（22.5）	5（2.5）	25
不买牛奶的人数	70（67.5）	5（7.5）	75
合　计	90	10	100

表 6-8 的括号中表示的是期望值。以（购买牛奶，购买咖啡）为例说明表 6-8 中数据的计算过程。总体记录中有 25%的人购买牛奶，而购买咖啡的有 90 人，于是我们期望这 90 人中

有 25%（22.5）的人购买牛奶。其他 3 个值可以用类似的方法计算得到。现在计算购买牛奶与购买咖啡的卡方系数：

$$\chi^2=\frac{(20-22.5)^2}{22.5}+\frac{(70-67.5)^2}{67.5}+\frac{(5-2.5)^2}{2.5}+\frac{(5-7.5)^2}{7.5}=3.7$$

基于置信水平 0.05 和自由度 $(r-1)\times(c-1)=(行数-1)\times(列数-1)=1$，查表得到置信度为(1−0.05)的值为 3.84>3.7，因此接受 A、B 独立的假设，即认为 A、B 是不相关的。

3. 全置信度

全置信度 all_confidence 的定义如下：

$$\begin{aligned}\text{all\_confidence}(A,B)&=P(A\cup B)/\max\{P(A),P(B)\}=\min\{P(B|A),P(A|B)\}\\&=\min\{\text{confidence}(A\Rightarrow B),\text{confidence}(B\Rightarrow A)\}\end{aligned}$$

即两个规则 $A\Rightarrow B$ 和 $B\Rightarrow A$ 的最小置信度。

对于前面的例子：

$$\text{all\_confidence}(购买牛奶,购买咖啡)=\min\{\text{confidence}(购买牛奶\Rightarrow购买咖啡)$$
$$\text{confidence}(购买咖啡\Rightarrow购买牛奶)\}=\min\{20/25,20/90\}=2/9$$

4. 最大置信度

最大置信度则与全置信度相反，求得的不是最小的置信度而是最大的置信度：

$$\text{max\_confidence}(A,B)=\max\{\text{confidence}(A\Rightarrow B),\ \text{confidence}(B\Rightarrow A)\}$$

5. Kulc 系数

Kulc 系数是对两个置信度求平均值得到的：

$$\text{Kulc}(A,B)=(\text{confidence}(A\Rightarrow B)+\text{confidence}(B\Rightarrow A))/2=(P(B|A)+P(A|B))/2$$

6. cosine 距离

$$\begin{aligned}\text{cosine}(A,B)&=\frac{P(A\cup B)}{\sqrt{P(A)\times P(B)}}=\sqrt{P(A|B)\times P(B|A)}\\&=\sqrt{\text{confidence}(A\Rightarrow B)\times\text{confidence}(B\Rightarrow A)}\end{aligned}$$

对于表 6-7，有

confidence(购买牛奶 | 购买咖啡)=20/90=2/9
confidence(购买咖啡 | 购买牛奶)=20/25=0.8

all_confidence(购买牛奶,购买咖啡)=2/9
max_confidence(购买牛奶,购买咖啡)=0.8
Kulc(购买牛奶,购买咖啡)=(0.8+2/9)/2=23/45
cosine(购买牛奶,购买咖啡)=$\sqrt{0.8?2/9}$=0.42

上述后 4 种度量具有如下性质：度量值仅受 A、B 和 $A\cup B$ 的支持度的影响，更准确地说，仅受条件概率 $P(A|B)$和$P(B|A)$的影响，而不受事务总数的影响；每个度量值落在区间[0, 1]内，值越大，A 和 B 的联系越紧密，但统计意义的阈值难以给出。而提升度和卡方系数的劣势是容易受到数据记录值大小的影响，但容易给出统计意义的阈值。

6.3.6 Apriori 算法评价

Apriori 算法采用“试探”策略通过不断迭代构造候选集、筛选候选集挖掘出频繁项集，尽管利用 Apriori 性质来减少候选项集，大大压缩了频繁项集的大小，取得了很好的性能，但它存在两大缺点：产生大量的频繁项集和重复扫描事务数据库，当原始数据较大时，磁盘I/O次数太多，效率较低。

尽管 Apriori 算法进行了有效的剪枝，但仍会产生大量的频繁项集，当频繁 1-项集 L_1 有 1000 个时，候选 2-项集 L_2 的项数会超过 100 万。这种空间复杂度以指数级形式增长，使得 Apriori 算法的执行效率很低。

为了提高算法效率，很多学者从不同角度对 Apriori 算法进行改进，主要包括：基于哈希技术来压缩候选 k-项集、基于事务压缩来减少未来迭代扫描的事务数、基于划分技术两次扫描数据库以挖掘频繁项集、基于抽样方法缩减数据规模和动态项集计数等。

有学者提出这样的问题："可以设计一种方法，挖掘全部频繁项集而不产生候选项集吗？"为了解决此问题，J. Han 等提出了一种频繁模式增长算法 FP-Growth（Frequent-Pattern Growth）。

6.4 FP-Growth 算法

FP-Growth 算法采取如下分治策略：将提供频繁项集的数据库压缩成一棵频繁模式树（Frequent Pattern Tree，FP-Tree），但仍保留项集关联信息。

FP-Tree 是一种特殊的前缀树，由频繁项头表和项前缀树构成：将事务数据表中的各事务数据项按照支持度排序后，把每个事务中的数据项按降序依次插到一棵以 NULL 为根结点的树中，同时在每个结点处记录该结点出现的支持度。

FP-Growth 算法只需扫描两遍原始数据，通过 FP-Tree 数据结构实现对原始数据的压缩，效率较高。FP-Growth 算法分为两个步骤：构建 FP-Tree 和从中挖掘频繁项集。

6.4.1 FP-Tree 表示法

FP-Tree 通过逐个读入事务，并把事务映射到其中的一条路径来构造。由于不同的事务可能会有若干相同的项，因此它们的路径可能部分重叠。通常，FP-Tree 的大小比未压缩的数据小。在最好的情况下，所有的事务都具有相同的项集，FP-Tree 只包含一条节点路径；当每个事务都具有唯一项集时，会导致最坏的情况发生，由于事务不包含任何共同项，FP-Tree 的大小实际上与原始数据的大小一样。路径相互重叠越多，FP-Tree 结构获得的压缩效果越好；如果 FP-Tree 足够小，能够存放在内存中，就可以直接从内存中的结构提取频繁项集，而不必重复扫描存放在硬盘上的数据。FP-Tree 示例 1 如图 6-7 所示。

FP-Tree 的根节点用 NULL 表示，其余节点包括一个数据项和该数据项在本路径上的支持度；每条路径都是一条训练数据中满足最小支持度的数据项集；FP-Tree 将所有相同项连接成链表。

为了快速访问 FP-Tree 中的相同项，还需要维护一个连接具有相同项的节点的指针列表（headTable），每个列表元素包括：数据项、该项的全局最小支持度、指向 FP-Tree 中该项链表的表头指针，如图 6-8 所示。

6.4.2 构建 FP-Tree

FP-Growth 算法需要对原始训练集扫描两遍以构建 FP-Tree。

第一次扫描：过滤所有不满足最小支持度的项；对于满足最小支持度的项，按照全局最

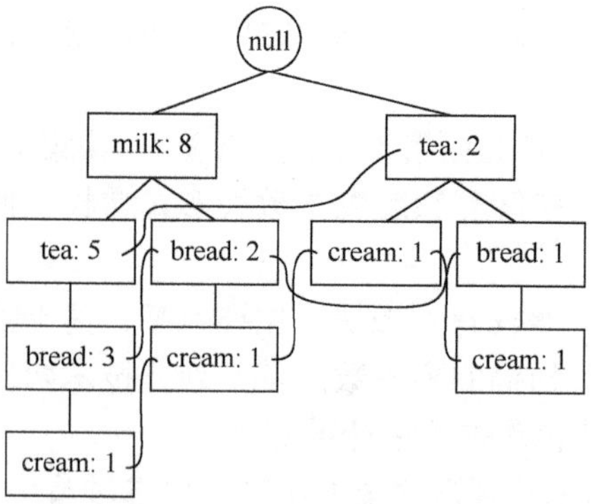

图 6-7　FP-Tree 示例 1

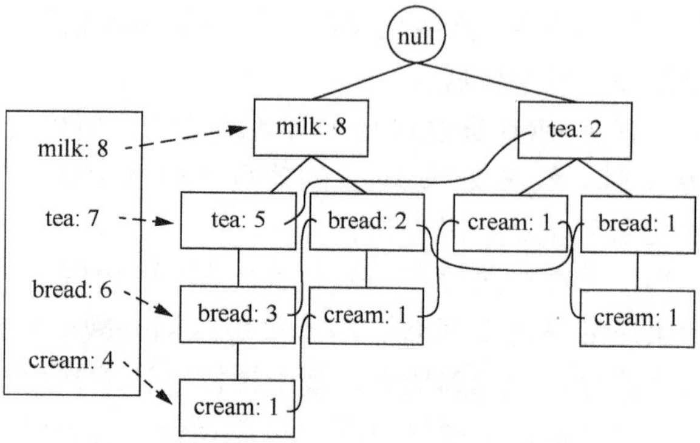

图 6-8　FP-Tree 示例 2

小支持度排序，在此基础上，为了处理方便，也可以按照项的关键字再次排序。使用例 6-2 的数据说明 FP-Growth 算法过程，如表 6-9 所示，交易数据排序后的结果如表 6-10 所示。

表 6-9　某超市的交易数据库

交易号 TID	顾客购买的商品	交易号 TID	顾客购买的商品
T1	bread, cream, milk, tea	T6	bread, milk, tea
T2	bread, cream, milk	T7	beer, milk, tea
T3	cake, milk	T8	beer, cream,tea
T4	milk, tea	T9	bread, cream, tea
T5	bread, cake, milk	T10	bread, milk, tea

表 6-10　交易数据排序后的结果

交易号 TID	顾客购买的商品	顾客购买的商品（过滤和排序后）
T1	bread, cream, milk, tea	milk, tea, bread, cream
T2	bread, cream, milk	milk, bread, cream
T3	cake, milk	milk
T4	milk, tea	milk, tea
T5	bread, cake, milk	milk, bread
T6	bread, milk, tea	milk, tea, bread
T7	beer, milk, tea	milk, tea
T8	beer, cream,tea	tea, cream
T9	bread, cream, tea	tea, cream, bread
T10	bread, milk, tea	milk, tea, bread

设最小支持度计数阈值 min_sup=30%，第一次扫描后的结果如表 6-11 所示。

表 6-11　第一次扫描后的结果

项　集	支持度计数	项　集	支持度计数
milk	8	cream	4
tea	7	beer	2
bread	6	cake	2

第二次扫描，构造 FP-Tree。

参与扫描的是过滤后的数据，如果某个数据项是第一次遇到，则创建该节点，并在

headTable 中添加指向该节点的指针；否则按路径找到该项对应的节点，修改节点信息。FP-Tree 的构造过程示例如图 6-9 所示。

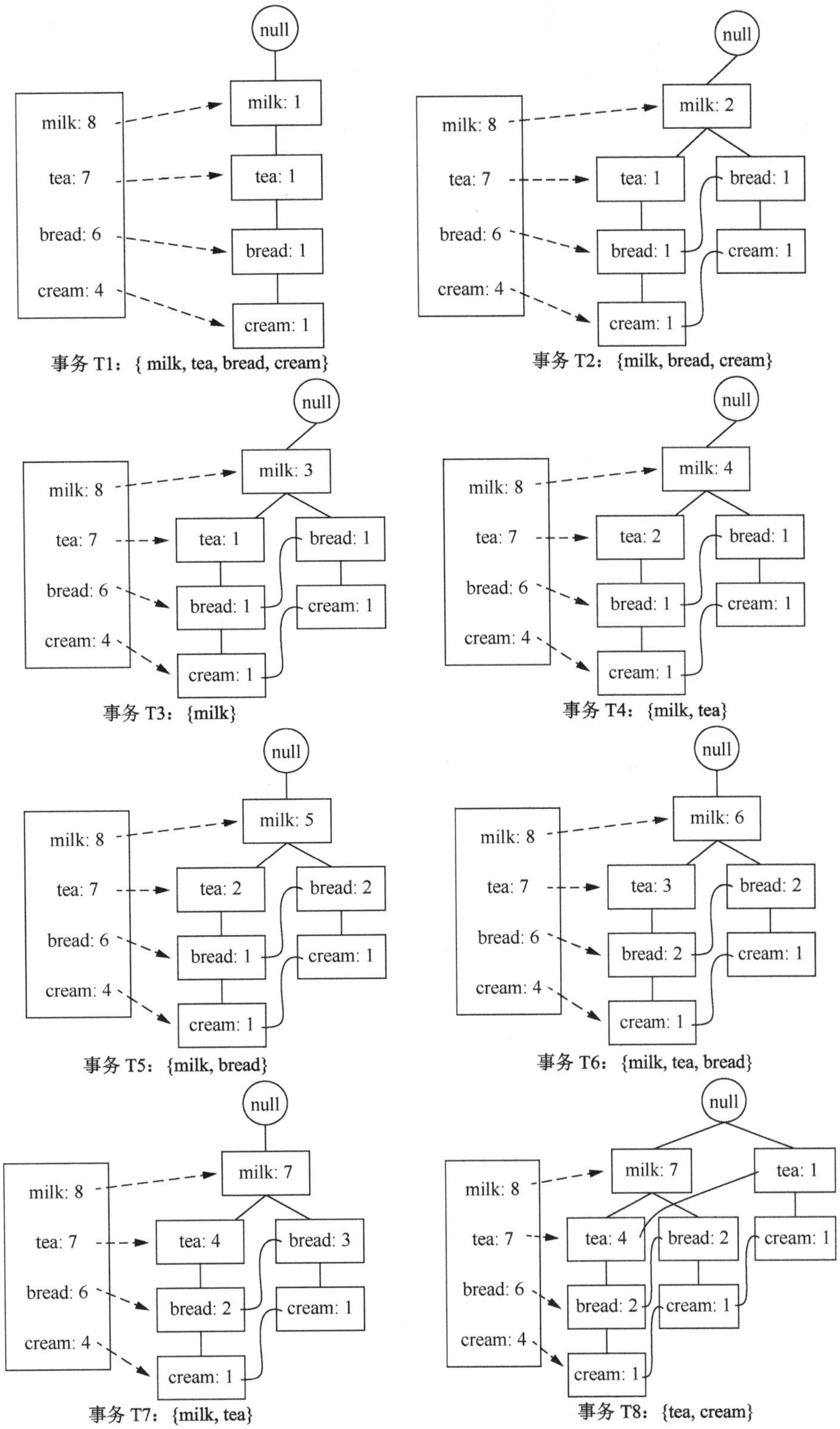

图 6-9　FP-Tree 的构造过程示例

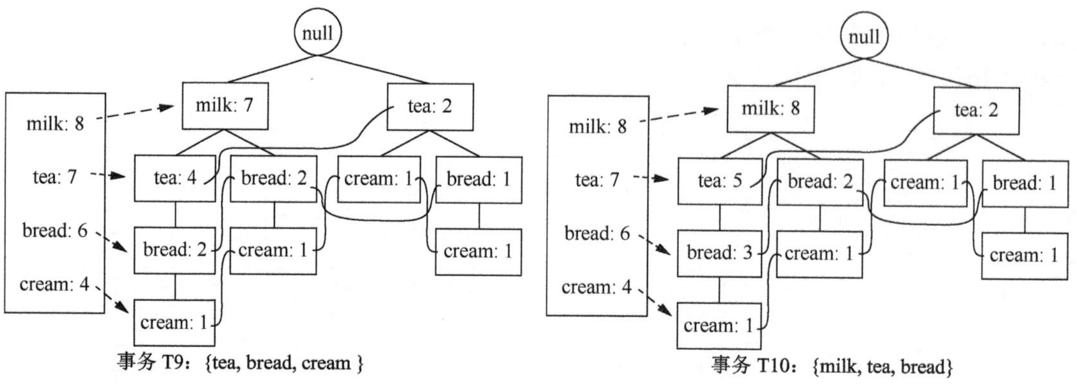

图 6-9 FP-Tree 的构造过程示例（续）

从上面可以看出，headTable 并不是随着 FP-Tree 一起创建的，而是在第一次扫描时就已经创建完毕，在创建 FP-Tree 时只需要将指针指向相应节点即可。从事务 T2 开始，需要创建节点间的连接，使不同路径上的相同项连接成链表。

FP-Tree 的每条路径都满足最小支持度，后续需要做的是在一条路径上找到更多的关联关系。

6.4.3 发现频繁项集

条件模式基：包含 FP-Tree 中与后缀模式一起出现的前缀路径的集合。

条件树：将条件模式基按照 FP-Tree 的构造原则形成一个新的 FP-Tree。

从一棵 FP-Tree 中挖掘频繁项集的基本步骤如下：

① 从 FP-Tree 中抽取条件模式基。

② 利用条件模式基构建一个条件 FP 树。

③ 重复迭代以上步骤，直到树中包含一个元素项为止。

（1）抽取条件模式基

首先从 FP-Tree 头指针表的单个频繁项开始。对于每个项，抽取其对应的条件模式基（conditional pattern base），单个项的条件模式基就是元素项的关键字。条件模式基是相对于树的某个元素来说的，是以查找元素项为结尾的路径集合。每条路径其实都是一条前缀路径（perfix path）。简而言之，一条前缀路径是介于查找元素项与树根节点之间的所有内容。图 6-10 为以{cream:1}（虚线框内元素）为元素项的前缀路径。

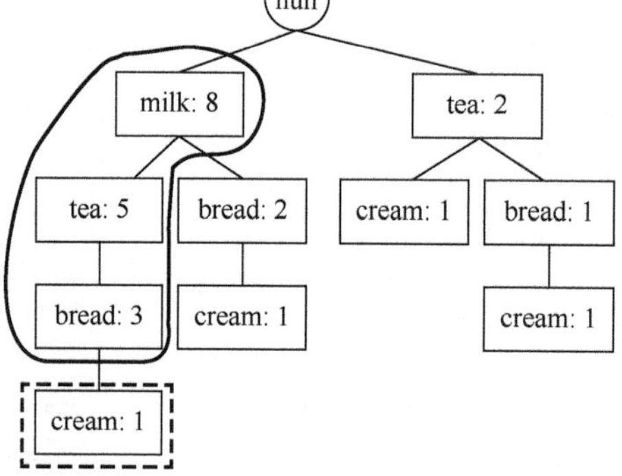

图 6-10 以{cream:1}为元素项的前缀路径

{cream}的条件模式基，即前缀路径集合有 4 个：{milk, tea, bread}、{milk, bread}、{tea}和{tea, bread}。而{tea}的条件模式基只有一个：{milk}。

寻找条件模式基的过程实际上是从 FP-Tree 的每个叶节点回溯到根节点的过程。我们可以从头指针列表 headTable 开始，通过指针的连接快速访问所有根节点。表 6-12 所示为图 6-10 中的 FP-Tree 的所有条件模式基。

表 6-12 图 6-10 中的 FP-Tree 的所有条件模式基

频繁项	条件模式基
milk	{}
tea	{milk}:5
bread	{milk, tea}:3, {milk}:2, {tea}:1
cream	{milk, tea, bread}:1, {milk, bread}:1, {tea}:1, {tea, bread}:1

（2）创建条件树

为了发现更多的频繁项集，每个频繁项都要创建一棵条件树。可以使用发现的条件模式基作为输入数据来构建这些树，然后递归发现频繁项和条件模式基，并发现其他条件树。

以频繁项 cream 为例，构建关于 cream 的条件 FP-Tree。cream 的 4 个前缀路径分别是{milk, tea, bread}:1、{milk, bread}:1、{tea}:1、{tea, bread}:1。

因为最小支持度 min_sup=30%（最少出现 3 次），所以 milk 被过滤掉，剩下 tea:3 和 bread:3，此时我们将 cream 和 tea、bread 的组合（{cream, tea}:0.3 和{cream, bread}:0.3）加入频繁项集集合。过滤后的 cream 的条件树如图 6-11 所示。

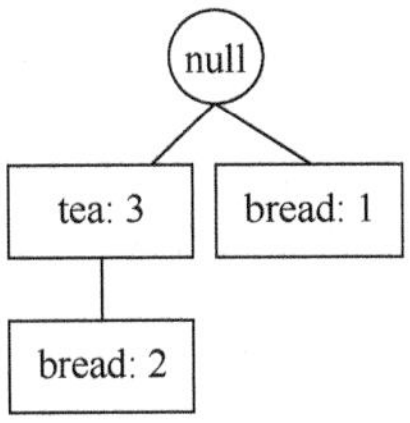

图 6-11 过滤后的 cream 的条件树

重复上面的步骤，cream-bread 的条件模式基是{tea}:2，cream-tea 的条件模式基是{}，因为已经没有满足最小支持度的前缀路径了，所以结束构建条件 FP-Tree。

分别对其他频繁项挖掘条件模式基并创建条件树，最终得到的频繁项集及支持度列表如表 6-13 所示。

表 6-13 频繁项集及支持度列表

频繁项集	支持度	频繁项集	支持度
{tea}	0.7	{bread, tea}	0.4
{bread}	0.6	{cream, bread}	0.3
{cream}	0.4	{cream, tea}	0.3
{tea, milk}	0.5	{bread, tea, milk}	0.3
{bread, milk}	0.5	—	—

6.5 关联规则扩展

6.5.1 关联规则分类

（1）基于规则中数据的抽象层次，可以将关联规则分为单层关联规则和多层关联规则

在单层关联规则中，所有变量都没有考虑现实的数据是具有多个不同层次的；在多层关联规则中，充分考虑了数据的多层性。

例如，IBM 台式机⇒SONY 打印机是一个细节数据上的单层关联规则，台式机⇒SONY

打印机是一个较高层次和细节层次之间的多层关联规则。

（2）基于规则中涉及的数据维数，关联规则可以分为单维关联规则和多维关联规则

在单维关联规则中，只涉及数据的一个维，即处理单个属性中的关系；在多维关联规则中，要处理的数据将会涉及多个维，即处理多个属性之间的关系。

例如，啤酒⇒尿布，这条规则只涉及用户的购买物品；性别="女"⇒职业="秘书"，这条规则就涉及两个字段的信息，是两个维上的关联规则。

（3）基于规则中处理的变量类别，关联规则可以分为布尔型关联规则和数值型关联规则

布尔型关联规则处理的值都是离散型的，显示了这些变量之间的关系；数值型关联规则可以与多维关联规则或多层关联规则结合起来，对数值型字段进行处理，将其进行动态分割，或者直接对原始数据进行处理。当然，数值型关联规则中也可以包含离散变量。

例如，性别="女"⇒职业="秘书"是布尔型关联规则，性别="女"⇒avg(收入)=2300涉及的收入是数值型，所以是一个数值型关联规则。

6.5.2 多层次关联规则

对于很多应用来说，由于数据分布的分散性，所以很难在数据最细节的层次上发现一些强关联规则。当我们引入概念层次后，就可以在较高的层次上进行挖掘。虽然较高层次上得出的规则可能是更普通的信息，但是对于一个用户来说是普通的信息，对于另一个用户却未必如此。由于数据存在一定的稀疏性，在低层或原始层的数据项之间很难找出强关联规则，而在较高的概念层发现强关联规则可能更有现实意义。

因此，多层次关联规则挖掘可以在不同抽象层次上发现更有意义的规则。事务集合中的数据项之间存在一定的概念层次，这种层次结构有助于归纳项目。例如，图6-12为食品的简单概念分层示意图，规则"蒙牛酸奶⇒黄面包"可能不满足最小支持度要求，可以将黄面包沿概念层次向上提升，将其合并到面包这个层次，规则"蒙牛酸奶⇒面包"可能就是强关联规则。

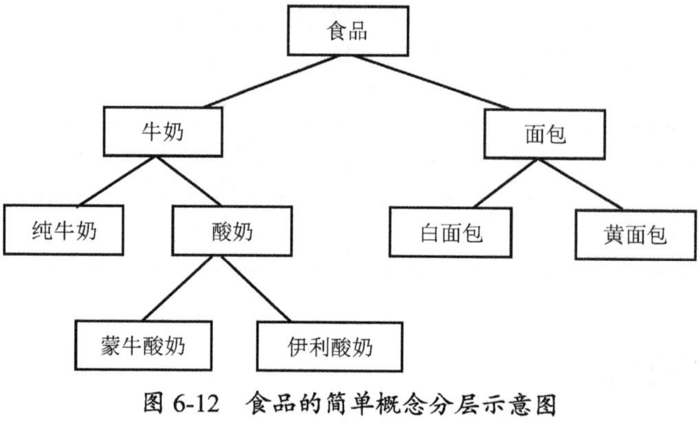

图6-12 食品的简单概念分层示意图

由于分析中使用的项目数量在增加，需要考虑组合数量也增长得非常快。另一方面，项目越具体，得到的结果越可行。折中的方案是开始时使用更一般的项目，然后重复产生该规则以提炼更具体的项目。层次结构的适当层次终结了部门与生产经理的匹配。使用类别会对发现部门间的关系产生实际影响。泛化项目还有助于发现具有足够支持的规则，给定规则在分类结构中的更高层次比更低层次拥有更多的支持事务。

多层关联规则的分类：根据规则中涉及的层次，多层关联规则可以分为同层关联规则和层间关联规则。多层关联规则的挖掘基本上可以沿用“支持度－可信度”的框架，不过，在支持度设置的问题上有需要考虑的地方。

多层次关联规则分析算法依然基于传统的经典算法，只是在支持度的设置上进行了相应的调整，同层关联规则可以采用两种支持度策略。

① 直接对事务数据库应用单层次关联规则挖掘算法，算法将在多层次的数据项中采用统一的最小支持度。这样对用户和算法实现都比较容易，但是会出现两种较极端的结果：支持度太高会丢失低层次的、有意义的关联规则，支持度太低会产生太多高层次的、无意义的关联规则。

② 根据自上而下的思想，先找到高层次的强关联规则，再发现低层次的弱关联规则，算法需要采用随着层次降低支持度递减的策略。每个层次都有不同的最小支持度，较低层次的最小支持度相对较小。同时利用上层挖掘得到的信息进行过滤。当层间关联规则考虑最小支持度时，应该根据较低层次的最小支持度来定。

6.5.3 多维关联规则

对于多维数据库而言，除了维内的关联规则，还有一类多维关联规则。例如：

$$年龄(X,"20\cdots30"),职业(X,"学生") \Rightarrow 购买(X,"笔记本电脑")$$

这里涉及三个维上的数据：年龄、职业、购买。根据是否允许同一个维重复出现，还可以细分为维间关联规则（不允许维重复出现）和混合维关联规则（允许维在规则的左右同时出现）。

规则$年龄(X,"20\cdots30") \cap 购买(X,"笔记本电脑") \Rightarrow 购买(X,"打印机")$就是混合维关联规则。

在挖掘维间关联规则和混合维关联规则的时候，还要考虑不同的字段种类：分类型和数值型。对于分类型的字段，原先的算法都可以处理。而对于数值型的字段，需要进行特殊处理。处理数值型字段的方法有以下几种：

① 数值字段被分成一些预定义的层次结构。这些区间都是由用户预先定义的，得出的规则称为静态数量关联规则。

② 数值字段根据数据的分布分成一些布尔字段。每个布尔字段都表示一个数值字段的区间，落在其中则为1，反之为0。这种方法是动态的，得出的规则称为布尔数量关联规则。

③ 数值字段被分成一些能体现它含义的区间，考虑了数据之间的距离因素，得出的规则称为基于距离的关联规则。

④ 直接用数值字段中的原始数据进行分析。使用一些统计方法对数值字段的值进行分析，并结合多层关联规则的概念，在多个层次之间进行比较，从而得出一些有用的规则，得出的规则称为多层数量关联规则。

6.5.4 定量关联规则

与布尔型关联规则处理离散化的属性不同，定量关联规则挖掘是从包含连续属性的数据集中挖掘关联规则。为了得到定量关联规则，需要对连续属性进行离散化，从而将问题转化为布尔关联规则挖掘。定量关联规则是多维关联规则的一种，可以称为带数值的关联规则。因此需要对其中的数值属性进行离散化，转化为布尔型关联规则。根据实际数据的特点，将每个属性值映射为一个布尔型属性，可以采用等宽分箱（每个箱的区间长度相同）、等深分箱

（每个箱赋予大致相同个数的元组）、基于同质的分箱（箱的大小确定，使得每个箱中的元组一致分布）等分箱技术，实现对数值属性的离散化。

6.5.5 基于约束的关联规则

基于约束的挖掘方式以用户为驱动，通常用户具有较好的规则判断能力，知道什么形式的规则对他们有价值。这样，一种更有效的产生关联规则的方法是让用户说明他们的直觉或期望作为限制搜索空间的约束条件，这就是基于约束的关联规则。这些约束包括：

- 知识类型约束，指定要挖掘的知识类型，如关联规则或相关规则。
- 数据约束，指定任务相关的数据集。
- 维/层约束，指定所用的数据，或概念分层结构的层次。
- 兴趣度约束，指定规则兴趣度统计度量阈值，如支持度、置信度和其他评估度量。
- 规则约束，指定要挖掘的规则形式。这种规则可以用规则模板表示。

6.5.6 序列模式挖掘

在经典的关联规则分析中，各事务之间没有先后顺序关系。而在实际应用中，经常用到序列关系。序列模式挖掘就是发现事件在发生过程中先后顺序上的规律，如客户在多次购物活动中购买商品的顺序模式。

序列模式挖掘（Sequence Pattern Mining）是指挖掘相对时间或其他出现频率高的模式。一个序列模式挖掘的例子是“9 个月以前购买奔腾 PC 的客户很可能在一个月内订购新的 CPU 芯片”。类似地，如果能在超市交易数据库中挖掘涉及事务间关联关系的模式，即用户几次购买行为间的联系，就可以采取更有针对性的营销措施。由于很多商业交易、网站访问、医疗诊断、天气数据和生产过程都是时间序列数据，因此序列模式挖掘很有用途，可以实现客户购买行为模式预测、web 访问模式预测、疾病诊断、网络入侵检测等。例如，大型网站的网站地图往往具有复杂的拓扑结构，用户访问序列模式挖掘有助于改进网站地图的拓扑结构。用户经常先访问网页 web1 再访问 web2，而在网站地图中，二者距离较远，就有必要调整网站地图，缩短它们的距离，甚至直接增加一条链接。

序列模式挖掘与普通的关联规则挖掘非常相似，但是可以解决普通关联规则不能解决的问题。关联规则挖掘主要针对事务数据库进行挖掘操作，以便找到事物数据库中同一事务内的属性值之间的关联性；而序列模式挖掘的数据源是序列数据库，以便找出同一事务内及事务间的属性值之间的关联性。序列数据库是指由有序事件序列组成的数据库，可以有时间标记，也可以没有。

6.6 Clementine 中 Apriori 节点的介绍

Clementine 中有两个关联分析的节点：Apriori 节点和 Carma 节点。这里介绍 Apriori 节点的使用方法。Apriori 节点能发现数据中的关联规则，并提供了 5 种评估规则的方法。

（1）Apriori 节点的“模型”选项卡（如图 6-13 所示）

最低条件支持度：用户自定义最小支持度阈值。注意，这个支持度是指规则的前项支持度，即规则的 IF 部分的支持度，而不是指整个规则的支持度。

最小规则置信度：用户自定义置信度阈值。置信度比该阈值小的规则将被舍弃。
最大前项数：限制规则复杂程度的方法。如果规则过于复杂或过于具体，则降低该设置。
仅包括标志变量的真值：如果选择了该选项，那么只有真值出现在最终的规则中。
优化：选择取决于优先考虑算法执行效率还是占用内存。
（2）Apriori 节点的“专家”选项卡（如图 6-14 所示）

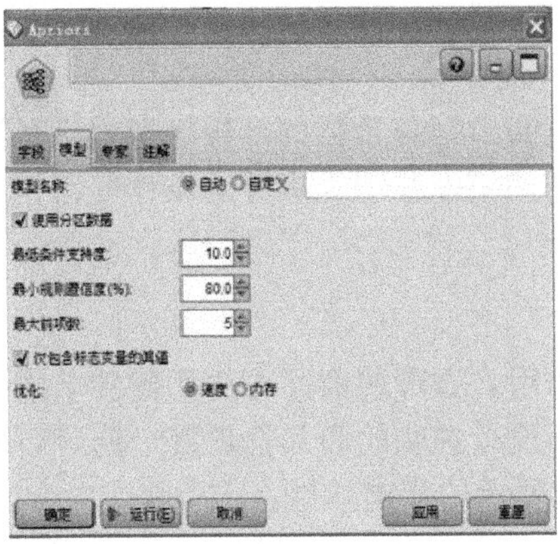

图 6-13　Apriori 节点的“模型”选项卡

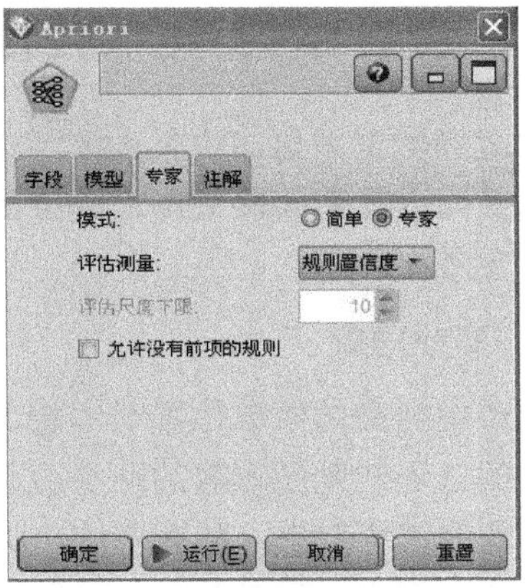

图 6-14　Apriori 节点的“专家”选项卡

Apriori 提供 5 种评估潜在规则的评估标准。

① 规则置信度：默认方法。对于这种方法，选项“评估尺度下限”不可用。

② 置信度差：规则的置信度与其先验置信度之间的绝对差。当结果呈不均匀分布时，该选项可以防止出现偏差，有助于避免“明显”的规则被保留在规则集中。

③ 置信度比率：规则置信度与先验信息的比率（若比率大于 1，则取其倒数）。与置信度差一样，这种度量方法考虑了非均匀分布，尤其擅长预测罕见事件的规则。

④ 信息差：基于信息增益。若某一特定结论的概率被认为是逻辑值（1 字节），则信息增益是根据前提条件决定该逻辑值的比率。信息差是给定前提条件后的信息增益与只给定结论后的先验置信度时的信息增益之间的差值。这种度量的一个重要特征是考虑了支持度，因此在给定置信水平下，覆盖记录更多的规则易被保留。把评估尺度下限设置成希望保留规则的最小信息差。

⑤ 标准化卡方：前提条件与结论之间相关性的统计指数。

单击“运行”按钮，在管理器窗口的“模型”选项卡下显示生成的模型节点。图 6-15 所示为 Apriori 节点的输出结果，显示了规则的前项和后项，以及它们的支持度和置信度。

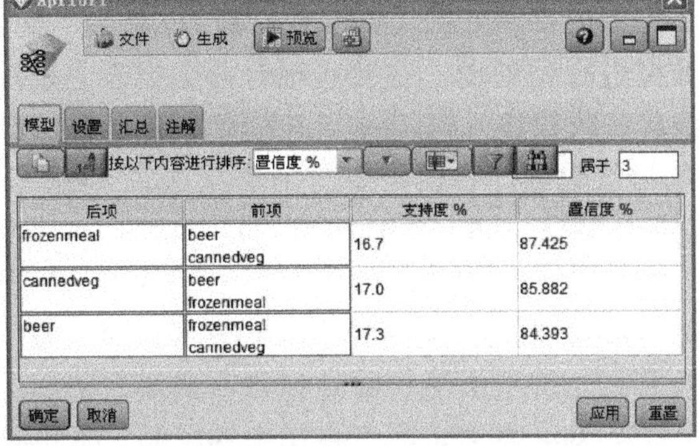

图 6-15　Apriori 节点的输出结果

若用表节点查看生成 Apriori 模型节点的数据集，可以发现输出结果在原有属性的基础上增加了几个属性。其中，$A 前缀表示预测值，$AC 前缀表示该预测值的置信度。

6.7 综合案例

6.7.1 案例 6-1：超市购物篮分析

本案例数据来自国内某大型超市，目的是通过对超市销售数据的分析挖掘发现顾客购物篮中商品间存在的关联规则，为商品组合布局、商品购买推荐和优惠券的设计等营销工作提供决策参考。

1. 商业理解

超市中商品的摆放位置对销售起着至关重要的作用。合理的商品布局不仅能节省顾客的购买时间，还能刺激顾客的购买欲望。将一些被认为没有关联的商品摆放在一起，可能产生意想不到的销售效果，如著名的“啤酒与尿布”故事展示的营销效果。

在本案例中，超市主要经营食品、生鲜、日用品、服装纺织、家电和家居用品等。超市规模相对较大，销售的商品种类繁多，货架上有 7 万多种商品，配有 POS 系统，销售数据存入统一的 SQL Server 数据库。随着超市竞争的加剧，为进一步发展，超市迫切需要对自身的经营状况进行分析，并根据销售情况适时改变超市的经营策略，通过对历史销售记录的分析，了解顾客的购买习惯和偏好，了解顾客购物篮中商品间的关联性，以实现商品组合优化布局，促进超市商品的销售。

2. 数据理解

本案例数据来自该超市的销售事务数据库 mySHOPSHStock，数据库包含商品表 Goods、销售流水表 Sale_J（包括从 2009 年 12 月到 2011 年 9 月间每个月的销售数据）、收银流水表 Pay_J 和商品类别表 Category。Goods 表存储商品的信息，主要包括商品编码、名称、品牌和部类编号等属性；Sale_J 表存储销售事务明细，主要包括交易时间、门店号、POS 机号、小票号、销售量、销售额和折扣额等属性；Pay_J 表则记录了收银情况，主要包括交易时间、门店号、POS 机号、小票号、支付类型、支付款值和等价款值等属性；Category 表记录了商品的类别信息，包括部门编号、部门名称、科、大类、中类、小类等属性。

3. 数据准备

本案例分析的是顾客的每次交易数据（每个购物篮），其中涉及一个或多个商品。为了分析需要，对该超市销售数据进行预处理，主要包括合并数据表、增加标识字段和删除无用的属性等，处理后可以得到总的收银流水表 Pay、销售流水表 Sale、商品表 Goods 和商品类别表 Category。为了构造购物篮数据，我们需要对销售流水表 Sale、商品表 Goods 和类别表 Category 进行整合。首先，根据 Sale 表中标识的购物篮的 4 个字段增加一个标识字段 TransactionID；然后，将 Sale 表、Goods 表和 Category 表连接，选择分析需要的字段，包括交易标识编码、商品名称和各类别信息等。在对 Sale 表操作时，发现销售量和销售额两个字段存在负值，进一步分析得知，这是由销售中的退货和购买取消两种行为导致的；为了得到准确的购物篮数据，必须删除 Sale 表中实际没有卖出的商品。因此针对 Sale 表需要进行两步处理：第一，结合 Sale 表和 Pay 表删除支付款值为 0 的正常订单；第二，考虑 Sale 表的负数记录，这部分负数是由顾客购买商品后不满意而退货导致的，也对应着相应的正数记录。我们只根据事务编号和商品编号来汇总销售量并选择销售量不为 0 的记录，对于顾客购买商品后不满意而退货产生的正常记录和对应的负数记录不做处理，因为有多种退货情况，无法一一考虑。经过整合后的有效销售记录为 368 974 条，其中包括 106 779 条交易记录（106 779 个购物篮）和 8221 种商品。

超市在工作日和节假日通常有不同的销售模式，节假日的促销活动可能更有效果。原理相同，故以该超市节假日的购物篮分析为例。在本案例中，提取分析需要的属性包括交易标识编码、商品和类别信息，可以得到该超市从 2009 年 12 月到 2011 年 9 月间的所有购物篮数据 AllData，购物篮数据表 AllData 如表 6-14 所示。

表 6-14　购物篮数据表 AllData

序号	属性	属性描述	数据类型
1	TransactionID	购物篮号	标称变量
2	Name	商品名	标称变量
3	Department	部门名	标称变量
4	ProductClass	科名	标称变量
5	ProductFamily	大类名	标称变量
6	ProductCategory	中类名	标称变量
7	ProductSubcategory	小类名	标称变量
8	Weekday	购物时间	标称变量

4．建立模型

（1）建模思路

建模目标是借助关联规则的 Apriori 算法分析商品之间的关联性，并找出推测商品关联的原因。利用 Clementine 中的关联规则建模节点（Apriori 节点）进行建模。

模型的建立以两个层次（中类和小类）展开分析：选取“Weekday=0”（节假日）的记录，先以中类作为分析对象，从中得出关联性较强的中类组合；再从得到的中类组合中，以小类作为分析对象，进行深层的关联分析，从中得到关联性强的小类组合。

采用上述方法进行分析，是因为商品种类繁多，如果直接对商品名进行分析，会导致置信度和支持度过低而难以获得具有指导性意义的结果。在实验过程中发现，直接将商品进行分析会多次出现“找不到规则，阈值过高”的情况。若只针对“部门”“科”“大类”进行分析，又缺乏具体性，难以得出具有实际应用意义的结果。因此，本案例先针对商品的中类进行关联分析，从中筛选出关联性强的中类组合，然后在此基础上将小类作为对象进行关联分析，筛选出关联性强的小类组合，这样通过商品信息和类别信息的结合可以较好地解决商品繁多导致的计算代价巨大的问题，可以得出具有一定指导意义的关联规则。

（2）中类组合的关联分析

以中类（ProductCategory）作为两者变量，将其他变量作为输入变量进行数据分析，如表 6-15 所示。针对中类进行分析，考虑到数据量非常大，支持度和置信度的设定难以确定。在实验中，设置最小支持度为 1.0%，最小置信度为 20.0%。其中，最小支持度是 Clementine 定义的前项支持度。提高阈值会使规则减少，甚至找不到规则；如果降低阈值，则会导致规则太多，难以一一解释应用，实际指导意义不大。

表 6-15　以中类（ProductCategory）作为两者变量的变量表

字　段	类　型	方　向	字　段	类　型	方　向
TransactionID	范围	输入	ProductFamily	集	无
Name	集	无	ProductCategory	集	两者
Department	集	无	ProductSubcategory	集	无
ProductClass	集	无	Weekday	集	输入

我们可以从图 6-16 中可以看出商品中类间存在的关联性。

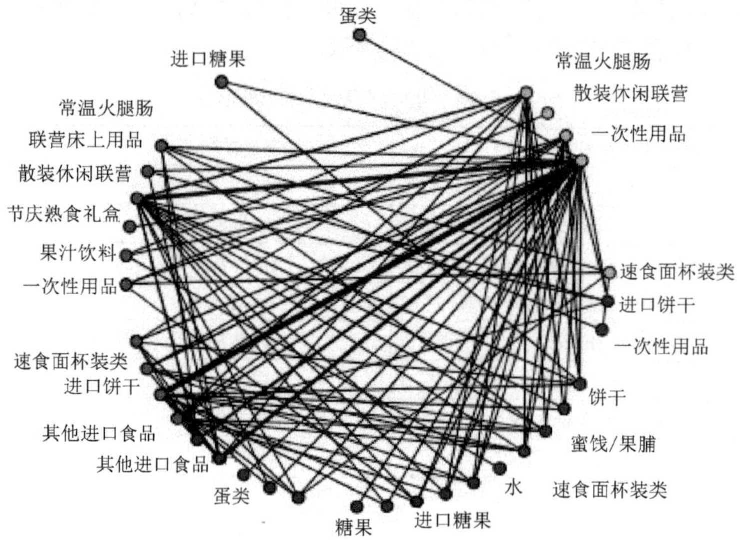

图 6-16　中类关联性网络图

结合网络图和模型结果可以得到部分中类商品的关联规则列表，如表 6-16 所示。

（3）小类商品组合的关联分析

从得出的强关联规则中选择关联性较强的中类组合，如“糖果”“饼干”“蛋类”等，并深入分析它们的小类，如表 6-17 所示，再次进行关联分析，分析过程类似中类组合的关联分析。设置最小支持度为 1.0%，最小置信度为 20.0%，商品中类关联性网络图如图 6-17 所示。最终可以得到小类商品的关联规则列表，如表 6-18 所示。

表 6-16　部分中类商品的关联规则列表

规则 ID	规则	支持度	置信度	提升度
1	饼干&其他进口食品⇒进口饼干	1.054%	29.524%	11.76
2	进口糖果&一次性用品⇒进口饼干	1.346%	26.493%	10.553
3	速食面杯装类&常温火腿肠⇒蛋类	1.14%	21.145%	9.863
4	进口饼干&一次性用品⇒进口糖果	1.406%	25.357%	9.232
5	进口饼干&其他进口食品⇒进口糖果	1.23%	25.306%	9.214
6	散装休闲联营&其他进口食品⇒进口饼干	1.913%	22.572%	8.991
7	巧克力&一次性用品⇒进口糖果	1.602%	22.571%	8.218
8	糖果&一次性用品⇒蜜饯/果脯	1.23%	22.449%	8.189
9	饼干&一次性用品⇒薯片	2.104%	22.673%	8.107
10	联营专柜=>联营床上用品	1.436%	27.972%	7.802
11	调味油/汁⇒节庆熟食礼盒	1.772%	21.813%	7.662
12	蛋类=>速食面杯装类	2.144%	32.319%	7.502

从表 6-18 中可以看出，得到的关联规则比表 6-16 更加具体。例如，表 6-16 的规则“散装休闲联营&其他进口食品 ⇒ 进口饼干”细化为表 6-18 的规则“散装特产联营专柜&其他进口食品 ⇒ 进口甜味饼干”。通过将高层次的关联规则逐层细化，可以得到更有意义的关联规则用以指导实践。

表 6-17　以小类（ProductSubCategory）作为两者变量的变量表

字段	类型	方向	字段	类型	方向
TransactionID	范围	输入	ProductFamily	集	无
Name	集	无	ProductCategory	集	无
Department	集	无	ProductSubcategory	集	两者
ProductClass	集	无	—	—	—

表 6-18　小类商品的关联规则列表

规则 ID	规　则	支持度	置信度	提升度
1	礼盒装香油⇒畜肉制品	1.009%	38.095%	11.731
2	禽类熟食=>畜肉制品	1.256%	27.869%	8.582
3	散装特产联营专柜&其他进口食品&其他一次性用品⇒进口甜味饼干	1.71%	26.908%	7.87
4	进口果冻⇒进口甜味饼干	1.016%	25.0%	7.312
5	散装特产联营专柜&其他进口食品⇒进口甜味饼干	2.554%	22.581%	6.604
6	家禽肉味即食杯面⇒牛肉味即食杯面	1.078%	22.293%	6.52
7	桶装薯片&其他一次性用品⇒进口甜味饼干	1.208%	22.159%	6.481
8	卤蛋⇒牛肉味即食杯面	1.771%	20.93%	6.121
9	其他进口食品&其他一次性用品⇒进口甜味饼干	5.664%	20.727%	6.062
10	家禽肉味即食杯面⇒猪肉火腿	1.078%	28.662%	5.981
11	卤蛋⇒猪肉火腿	1.771%	28.295%	5.904
12	牛肉味即食杯面⇒猪肉火腿	3.419%	25.1%	5.238

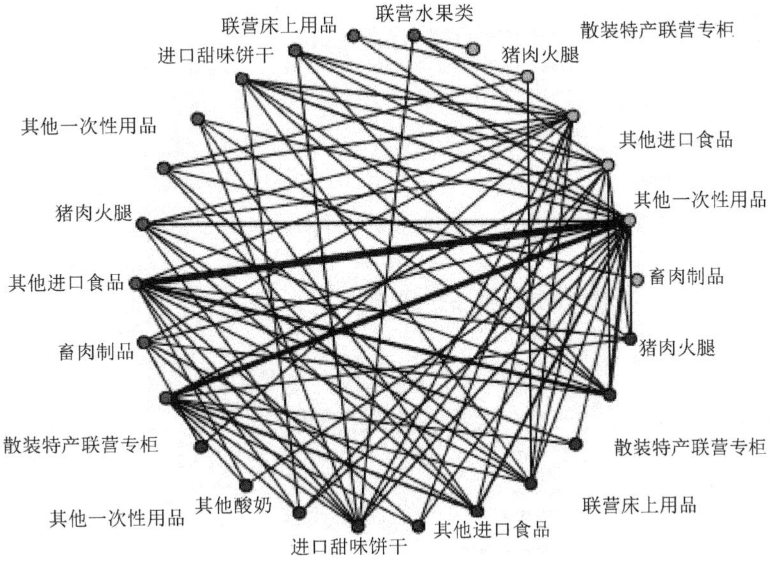

图 6-17　商品中类关联性网络图

5. 模型评估和应用

本案例构建的关联分析模型基于 Apriori 关联规则挖掘算法，规则的评估依赖规则的支持度、置信度和提升度。构建模型时，将支持度设置为1.0%，置信度设置为20%，较低的支持度和置信度是因为考虑到数量繁多的商品对关联规则产生的影响。如果提升支持度或置信度，可能会过滤一些有意义的规则，或因阈值太高得不到规则。同时，对于成千上万种商品，较低的支持度和置信度也具有一定的意义，可以得出强关联规则。另外，表6-18中列出的规则的提升度都大于1，说明规则前件和后件的相关性比较强，所以分析得出的关联规则具有较好的指导意义。

除了从支持度、置信度和提升度的角度来评估关联规则，我们还需要人工合并某些规则，如规则“散装特产联营专柜&其他进口食品&其他一次性用品 ⇒ 进口甜味饼干”和规则“散装特产联营专柜&其他进口食品 ⇒ 进口甜味饼干”可以组合在一起，更需要深入规则涉及的商品，从实际生活的角度去看待这些关联规则是否符合生活常识。例如，从表6-18的关联规则列表可以看出：

① 大多强关联规则都为日常食品，尤其是零食小吃。其中，提升度的值都在5以上，规则1的提升度更是超过了11。提升度超过1，说明商品之间具有相关性，提升度越大说明商品的关联性越强。

② 透过规则1和规则2可以发现，购买礼盒装香油或禽类熟食的客户很有可能会一起购买畜肉制品，仔细观察数据源可以发现，礼盒装香油囊括了多种品牌的香油礼盒，禽类熟食则囊括了多种品牌的牛肉、驴肉、香肠等，畜肉制品则囊括了多种品牌的五香牛肉礼盒、香肠礼盒、驴肉礼盒等。因此可以考虑在处理商品货架摆放位置时，将这些商品摆放在相近的位置，给予客户购买推荐。

③ 透过规则3、4、5、7和9可以看出，进口甜味饼干与多种物品有着较强的关联性，包括桶装薯片、进口果冻、其他进口食品、其他一次性用品和散装特产联营专柜等。因此可以建议该超市适当增加进口甜味饼干的库存量，并将上述商品摆放在相近的位置，进行组合销售。

④ 透过规则6、8、10、11和12可以发现，牛肉味即食杯面、家禽肉味即食杯面和卤蛋、猪肉火腿都有强关联性，因为很多客户在购买即食杯面时，会选择不同口味的即食杯面，同时选择火腿或卤蛋作为配菜。因此可以建议该超市将这些商品摆放在相近的位置。而在该超市中，牛肉味即食杯面的上述情况更加明显，因此可以建议该超市适当增加牛肉味即食杯面的库存量；同时，在选择节假日促销时，亦可将牛肉味即食杯面作为主打产品与火腿或卤蛋进行组合促销，设计特定的优惠券以吸引顾客的眼球。

6.7.2 案例6-2：移动业务关联分析

1. 商业理解

移动通信市场已由高速增长期步入了稳定成熟期，不可能单纯依靠增量客户来拉动运营收入和利润增长；以资费为主要手段来争夺客户的竞争愈演愈烈，保留存量客户、发展新增客户的成本逐渐上升。因此，如何建立新的业务增长点，向客户持续不断地提供新的业务，不断满足不同客户的多样化和差异化需求，以提升新业务对运营收入的贡献，提升客户价值，实现运营商的运营收入和利润可持续发展，对运营商尤为重要。

2. 数据理解

本案例使用某移动公司2009年5月份一个月的客户增值业务原始数据（如表6-19所示）

和客户基本信息（如表 6-20 所示），选取卡状态为“正使用”且不欠费的用户，不考虑“停机”和“销户”的客户。

表 6-19　客户增值业务原始数据

字段	字段名	字段说明	数据类型	说　明
1	usr_nbr	手机号码	VARCHAR2(20)	
2	tm_intrvl_cd	月份	NUMBER(10)	
3	fetion_flag	是否飞信处于开通状态	CHAR(1)	1 表示是，0 表示否
4	mobmail_flag	是否 139 邮箱业务处于开通状态	CHAR(1)	1 表示是，0 表示否
5	gprs_mo_pkg	GPRS 月套餐	NUMBER(8, 2)	GPRS 月套餐： 5 元套餐为 1；20 元套餐为 2； 50 元套餐为 3；100 元套餐为 4； 200 元套餐为 5；没有套餐为 0
6	gprs_day_pkg	GPRS 日套餐	NUMBER(8, 2)	GPRS 日套餐：1 元日套餐为 1； 2 元日套餐为 2；没有套餐为 0
7	timenews_fee	新闻早晚报收入	NUMBER(10, 2)	
8	mobnews_fee	手机报业务收入	NUMBER(10, 2)	
9	cr_flag	是否彩铃处于开通状态	CHAR(1)	1 表示是，0 表示否
10	wireless_adv_usr_flag	是否无线音乐高级会员处于开通状态	CHAR(1)	1 表示是，0 表示否
11	cr_box_fee	铃音盒收入	NUMBER(10，2)	
12	pim_func_fee	号簿管家功能收入	NUMBER(10，2)	
13	smsrtn_fee	短信回执业务收入	NUMBER(10，2)	
14	inctel_awok_fee	通信助手业务收入	NUMBER(10，2)	
15	hotel_preord_call_flag	是否拨打过酒店预订	CHAR(1)	1 表示是，0 表示否
16	hotel_preord_suc_flag	是否成功预订酒店	CHAR(1)	1 表示是，0 表示否
17	aer_preord_flag	是否拨打过机票预订	CHAR(1)	1 表示是，0 表示否
18	mo_call_12580_flag	当月是否拨打过 12580	CHAR(1)	1 表示是，0 表示否
19	gd_smallpay_flag	是否开通广东小额支付平台	CHAR(1)	1 表示是，0 表示否
20	mobpay_flag	是否开通手机支付业务	CHAR(1)	1 表示是，0 表示否
21	mobdown_flag	是否开通手机下载业务	CHAR(1)	1 表示是，0 表示否

表 6-20　客户基本信息

序号	字段名	字段说明	数据类型	说明
1	tm_intrvl_cd	月份	NUMBER(10)	
2	usr_nbr	手机号码	VARCHAR2(20)	
3	brand_cd	品牌编码	varchar2(50)	1—全球通，2—神州行，3—动感地带
4		品牌名称		
5	pkg_cd	子品牌编码	varchar2(50)	
6		子品牌名称		
7	usr_sts_cd	用户状态编码	varchar2(10)	US10—正使用，US30—停机，US20—销户

在上述实验数据中，神州行、全球通和动感地带三种品牌的客户业务数据所占的比例分别为 80%、11%和 9%，比例相差比较悬殊，为了避免数据的不平衡影响生成规则的效果，故分别对三种品牌的客户数据进行业务关联分析。客户的业务消费属性需要根据交叉销售的目的进行选择，本案例使用语音业务原始数据。

3. 数据准备

在进行关联分析前需要进行数据预处理，主要包括属性构造、属性泛化和属性替换。

移动通信的增值业务太多，而且业务的层次太细，如 GPRS 业务分成了 GPRS 月套餐和 GPRS 日套餐，而月套餐和日套餐按照套餐额又进行了细分；彩信业务分为点对点彩信和梦网彩信。这里的应用需要选取较高层次的业务作为分析目标项，所以对部分属性进行泛化，用高层概念替换底层概念，包括用 GPRS 业务替代 GPRS 月套餐和 GPRS 日套餐两种业务；用彩信业务替代点对点彩信和梦网彩信。由于原始数据中的彩信业务和手机游戏的值是消费金额，需要将有消费的值用 1 代替，将没有消费的值用 0 代替。对于其他业务，客户在本月至少使用过某业务一次，那么该业务的值就为 1，否则为 0。短信业务的使用率很高，不作为关联分析的对象，酒店预订等业务的使用率为 0，也不用分析，处理后的客户增值业务共 18 种，如表 6-21 所示。

表 6-21　预处理后的客户增值业务数据表

序号	字段名	字段说明	数据类型	说明
1	Usr_nbr	手机号码	VARCHAR2(20)	
2	Fetion_flag	飞信	CHAR(1)	1 表示开通，0 表示未开通
3	mms_flag	彩信	CHAR(1)	1 表示开通，0 表示未开通
4	mobmail_flag	139 邮箱	CHAR(1)	1 表示开通，0 表示未开通
5	pim_flag	号簿管家	CHAR(1)	1 表示开通，0 表示未开通
6	smsrtn_flag	短信回执	CHAR(1)	1 表示开通，0 表示未开通
7	gprs_pkg	GPRS	CHAR(1)	1 表示开通，0 表示未开通
8	mobnews_flag	手机报	CHAR(1)	1 表示开通，0 表示未开通
9	timenews_flag	新闻早晚报	CHAR(1)	1 表示开通，0 表示未开通
10	cr_flag	彩铃	CHAR(1)	1 表示开通，0 表示未开通
11	wireless_adv_usr_flag	无线音乐高级会员	CHAR(1)	1 表示开通，0 表示未开通
12	wireless_mus_flag	无线音乐俱乐部	CHAR(1)	1 表示开通，0 表示未开通
13	cr_box_flag	铃音盒	CHAR(1)	1 表示开通，0 表示未开通
14	quanqu_down	全曲下载	CHAR(1)	1 表示开通，0 表示未开通
15	aer_preord_flag	机票预订	CHAR(1)	1 表示开通，0 表示未开通
16	mo_call_12580_flag	百科业务	CHAR(1)	1 表示开通，0 表示未开通
17	mobpay_flag	手机支付	CHAR(1)	1 表示开通，0 表示未开通
18	mobgame_flag	手机游戏	CHAR(1)	1 表示开通，0 表示未开通

本案例使用 Apriori 算法进行关联规则挖掘，要求输入数据包含一个 ID 和一个目标变量。本案例将客户的手机卡号作为 ID，客户使用的业务作为目标变量。由于原始的数据格式是每个客户使用多种业务的记录，因此预处理工作需要将原始的单个客户包含多种业务的记录转化成多条“手机卡号－业务名称”的记录形式。例如，表 6-22 中的第 1 行记录显示手机卡号为 1341****022 的客户开通了彩铃、GPRS 和百科业务，转换后的数据样本如表 6-23 前 3 行所示，每行数据代表手机卡号为 1341****022 的客户开通的某种业务。

4. 建模

关联规则首先分析包含一种或多种业务交易的基本信息。为便于分析，每种业务代表一个项。本案例使用经典的 Apriori 算法挖掘规则，使用最小支持度、最小置信度和提升度指标评价关联规则。这里以神州行客户的数据为例进行参数设置说明，鉴于电信行业多数新业务

表 6-22 转化前的数据样本

序号	手机卡号	彩铃	GPRS	百科	手机报	新闻早晚报
1	1341****022	1	1	1	0	0
2	1341****114	1	1	0	1	1

表 6-23 转换后的数据样本

序号	手机卡号	业务名称	序号	手机卡号	业务名称
1	1341****022	彩铃	5	1341****114	GPRS
2	1341****022	GPRS	6	1341****114	手机报
3	1341****022	百科业务	7	1341****114	新闻早晚报
4	1341****114	彩铃	—	—	—

的使用率比较小，可设定项的最小比例和最小规则置信度分别为 5%和 50%。

关联规则容易理解，但它并非总是有用的，可以分为三种：可操作的、平凡的和费解的。

类型一：有用的规则包含高质量、可操作的信息。这样的规则可能暗示更有效的业务组合销售，也可能暗示特别的业务广告方式。如规则“139 邮箱 ⇒ 彩铃&GPRS”很有价值，因为 139 免费业务的使用会促使客户开通彩铃和 GPRS 收费业务，那么业务人员可以在销售手机卡的同时帮助客户激活 139 邮箱，可能会推动客户使用其他的增值业务。

类型二：平凡的规则早已被熟悉业务的人知晓。例如，规则“GPRS ⇒ 飞信”，客户开通 GPRS 业务很有可能就是用手机客户端登录网上业务（如飞信），那么该规则对于业务人员来说是可以猜测到的，因此没有价值。

类型三：费解的规则似乎无法解释，并且难以给出行动过程。费解的规则是数据中的偶然事件，有时是不可操作的。例如，规则“无线音乐高级会员 ⇒ 新闻早晚报”似乎无法直接解释，也许可以猜测为该客户爱好音乐，也有阅读电子新闻的习惯，如果该规则符合某个商业目的，对业务推广会有很大帮助。

（1）神州行客户数据的业务关联结果

在神州行的客户数据中，根据算法输出的频繁模式会产生 53 条关联规则：剔除提升度小于 1 的业务规则，确保输出结果都是有效的；剔除部分显而易见的业务规则。经过处理后，关联规则模型共输出 14 条关联规则，如表 6-24 所示。

表 6-24 神州行客户数据生成的关联规则（部分）

规则号	规则	支持度	置信度	提升度
1	新闻早晚报⇒手机报	5.80%	100.00%	14.60
2	手机报⇒新闻早晚报	5.80%	84.66%	14.60
3	新闻早晚报⇒彩铃	5.24%	90.37%	1.09
4	新闻早晚报⇒GPRS	5.07%	87.49%	1.03
5	新闻早晚报 & 手机报⇒彩铃	5.24%	90.37%	1.09
6	新闻早晚报 & 手机报⇒GPRS	5.07%	87.49%	1.03
7	手机报⇒彩铃	6.07%	88.67%	1.07
8	手机报⇒GPRS	5.96%	87.01%	1.03
9	无线音乐俱乐部⇒彩铃	11.09%	97.91%	1.19
10	无线音乐俱乐部⇒GPRS	10.03%	88.55%	1.05
11	无线音乐俱乐部⇒彩铃 & GPRS	9.81%	86.61%	1.27
12	飞信⇒彩铃	7.06%	85.71%	1.04
13	飞信⇒GPRS	7.62%	92.61%	1.09
14	飞信⇒彩铃 & GPRS	6.56%	79.73%	1.17

通过关联分析得到增值业务的关联规则结果后，重要的工作是分析各关联规则的特征，结合业务进行深入分析，并以此为基础，从市场营销的角度出发，提出有针对性的营销方案和对策，从而将数据挖掘的有效信息转化为商业行为，带来实际的经济效益。这里选取部分关联规则进行分析。

可以看出，挖掘出来的关联规则的置信度都比较高，但是支持度较低，可能是神州行增值业务的推广力度不够导致的。从第 1 条和第 2 条规则可知，新闻早晚报与手机报具有密切关系，客户使用其中一种业务的同时大概率会使用另一种业务，置信度在 84%以上，提升度在 14%以上，说明这些客户有阅读手机电子报的习惯。

如果从规则的右边出发，找出业务的影响因素，得出以下两种分析结果：

① 从第 3、5、7、9、11、12 条规则可以得出，客户是否使用彩铃业务与客户是否使用新闻早晚报、手机报、无线音乐俱乐部、飞信为正相关关系，置信度在 85%以上。其中，无线音乐俱乐部的使用对彩铃业务的影响较大。第 9 条和第 11 条规则显示，对使用了无线音乐俱乐部的客户推销彩铃业务，成功率可以达到 97.91%，且提升度为 1.19；虽然对该类客户同时推荐彩铃和 GPRS 业务的成功率比单独推销彩铃业务的成功率低，但是其提升度为 1.27。

② 同样，从第 4、8、10、13 条规则可知，GPRS 与新闻早晚报、手机报、无线音乐俱乐部、飞信具有很大关系，其中，飞信对其影响最大，置信度可以达到 92.61%，可能因为客户习惯使用手机客户端登录飞信，所以有开通飞信的客户大多会同时开通 GPRS 业务。

如果从规则的左边出发，找出左边业务对哪些业务有影响，则可以得出以下分析结果：

① 从第 3～8 条规则得出，新闻早晚报业务或手机报的使用会影响彩铃和 GPRS 业务的使用，虽然第 5 条和第 6 规则的左边同时包含了新闻早晚报和手机报业务，但手机报业务对规则支持度、置信度和提升度等都没有产生影响，即新闻早晚报的影响力更大。那么可以认为，向使用新闻早晚报或手机报的客户推销彩铃和 GPRS 业务具有八九成的成功率。

② 从第 9～11 条规则可知，无线音乐俱乐部对彩铃和 GPRS 业务具有较大影响，特别是对彩铃业务；同时，向使用无线音乐俱乐部的客户推销彩铃或 GPRS 中的一种业务的成功率比同时推销彩铃和 GPRS 两种业务的成功率高。

③ 类似地，第 12～14 条规则的结论是飞信业务的开通对彩铃和 GPRS 业务有正相关影响，特别是 GPRS 业务。由于目前飞信业务是一种免费的业务，那么营销人员可以在客户开卡时立即为客户开通飞信业务，这样可以为彩铃和 GPRS 业务带来增值利润。

（2）动感地带、全球通客户数据的业务关联结果及对比

对于动感地带的客户数据，设定项的最小比例和最小规则置信度分别为 15%和 55%，共生成 35 条规则，选取置信度大于 80%，提升度大于 1 的规则进行分析，如表 6-25 所示。对于全球通的客户数据，设置最小比例和最小置信度分别为 4%和 50%，共生成 49 条规则，选择提升度大于 1 且置信度在 75%以上的强关联规则进行分析，如表 6-26 所示。然后对神州行、动感地带和全球通三种品牌的业务关联规则进行对比，得出各品牌之间业务使用的差异。

从表 6-24～表 6-26 的规则可以得知，不同品牌的客户使用业务的情况有共同之处，也有差别，对应地，生成的业务关联规则也会受到品牌类型的影响。

从表 6-24 的第 9～11 条规则、表 6-25 的第 1～5 条规则和表 6-26 的第 8～10 条规则可知，对于所有品牌的客户，开通无线音乐俱乐部的客户有 83%的可能会开通无线音乐高级会员和彩铃业务。

表 6-25　动感地带客户数据生成的规则（部分）

规则号	规则	支持度	置信度	提升度
1	无线音乐俱乐部⇒无线音乐高级会员 & 彩铃	19.17%	83.50%	1.04
2	无线音乐俱乐部⇒无线音乐高级会员	19.17%	83.50%	1.04
3	无线音乐俱乐部⇒彩铃	22.93%	99.88%	1.01
4	无线音乐俱乐部 & 无线音乐高级会员⇒彩铃	19.17%	100.00%	1.01
5	无线音乐俱乐部 & 彩铃⇒无线音乐高级会员	19.17%	83.60%	1.04
6	无线音乐高级会员⇒彩铃	80.02%	99.89%	1.01
7	无线音乐高级会员 & 飞信⇒彩铃	22.01%	99.87%	1.01
8	无线音乐高级会员 & 飞信 & GPRS⇒彩铃	15.21%	99.81%	1.01
9	无线音乐高级会员 & 139 邮箱⇒彩铃	20.55%	100.00%	1.01
10	彩信⇒无线音乐高级会员 & 彩铃	23.25%	82.57%	1.03
11	彩信⇒无线音乐高级会员	23.28%	82.67%	1.03
12	彩信 & 彩铃⇒无线音乐高级会员	23.25%	83.16%	1.04
13	彩铃⇒无线音乐高级会员	80.02%	80.65%	1.01
14	彩铃 & GPRS⇒无线音乐高级会员	37.97%	80.82%	1.01
15	彩铃 & 139 邮箱⇒无线音乐高级会员	20.55%	81.09%	1.01

表 6-26　全球通客户数据生成的规则（部分）

规则号	规则	支持度	置信度	提升度
1	新闻早晚报⇒手机报 & 彩铃	7.86%	85.63%	9.47
2	新闻早晚报⇒手机报	9.18%	100.00%	9.35
3	新闻早晚报 => 彩铃	7.86%	85.63%	1.15
4	新闻早晚报 & 手机报⇒彩铃	7.86%	85.63%	1.15
5	新闻早晚报 & 手机报 & GPRS⇒彩铃	5.80%	86.12%	1.16
6	新闻早晚报 & 彩铃⇒手机报	7.86%	100.00%	9.35
7	新闻早晚报 & GPRS⇒彩铃	5.80%	86.12%	1.16
8	无线音乐俱乐部⇒彩铃	5.11%	97.38%	1.31
9	无线音乐高级会员⇒彩铃	8.80%	85.56%	1.15
10	无线音乐高级会员 & GPRS⇒彩铃	5.63%	84.71%	1.14
11	手机支付⇒彩铃	4.40%	76.19%	1.03
12	手机支付⇒GPRS	4.70%	81.43%	1.21
13	139 邮箱⇒彩铃	13.91%	79.94%	1.08
14	彩信⇒彩铃	11.41%	81.85%	1.10
15	彩信 & GPRS⇒彩铃	7.31%	80.36%	1.08

而表 6-25 的第 6～8 条规则和表 6-26 的第 9～10 条规则显示，对于动感地带和全球通客户，开通无线音乐高级会员的客户更有可能开通彩铃业务，但是神州行客户却没有这种特性，那么业务人员可以缩小营销的目标范围。

同理，表 6-26 的第 11～12 条规则说明，对于全球通客户，开通了手机支付业务的客户有 75%以上的可能会开通彩铃或 GPRS 业务，同时说明了全球通客户使用手机支付的比例比较大，这也是全球通客户的一个特性。

5. 模型评估

前面生成的规则的右边主要是彩铃和 GPRS 业务，但在移动通信业务中，这两种业务的客户使用率较高，运营商无须进行大力推广。相反，那些客户使用率较低的业务才是运营商营销的目标，如无线音乐高级会员和百科业务等。如果将全部业务混合在一起进行关联规则挖掘，则会影响效果，需要将部分中低端收入的业务单独进行分析。在进行关联规则优化之前，先对客户使用各种业务的情况进行浅层探索，可以得到增值业务的客户使用覆盖率，如表 6-27 所示，GPRS 业务和彩铃业务的客户使用比例在 79%以上，说明运营商对这两种业务的推广较成功，且客户需求量大。对于飞信业务等客户使用比例占 5%以上的新业务，虽然客户使用覆盖率不高，但是已经具有部分市场份额，运营商可以通过交叉销售等策略进行推广。

表 6-27　增值业务的客户使用覆盖率

序号	业务名称	客户使用数（33041）	客户使用比例
1	GPRS	26 818	81.17%
2	彩铃	26 188	79.26%
3	彩信	5 486	16.60%
4	139 邮箱	4 786	14.49%
5	无线音乐俱乐部	3 591	10.87%
6	飞信	2 610	7.90%
7	手机报	2 171	6.57%
8	新闻早晚报	1 838	5.56%
9	百科业务	1 035	3.13%
10	无线音乐高级会员	985	2.98%
11	号簿管家	63	0.19%
12	全曲下载	45	0.13%
13	短信回执	26	0.079%
14	铃音盒	4	0.012%
15	机票预订	2	0.0005%
16	酒店预订	0	0%
17	手机支付	0	0%
18	手机游戏	0	0%

而剩下的业务的客户使用比例很低，如酒店预订等，可能是因为客户对其了解较少或业务目标对象是比较特殊的高端客户，运营商可以通过促销等渠道让更多的客户了解这些业务。

这里选取彩信、139 邮箱、无线音乐俱乐部、飞信、手机报、新闻早晚报、百科业务、无线音乐高级会员，共 8 种业务，并从 33 041 条记录中提取至少使用上述一种业务的客户数据，共 13 387 条记录。设置项的最低比例、规则置信度分别为 2%和 50%，共生成了 27 条规则，选取部分规则进行分析，如表 6-28 所示。

从表 6-28 的第 1、2 条规则可知，客户是否使用无线音乐俱乐部与新闻早晚报、无线音乐高级会员和手机报相关，置信度可以达到 83%以上，且提升度为 3%以上，而使用无线音乐高级会员业务的客户，同时使用新闻早晚报会比同时使用手机报更有可能。从第 2、3 条规则可知，同时使用无线音乐高级会员和手机报的客户，运营商向其推销单独无线音乐俱乐部业务比推销新闻早晚报和无线音乐俱乐部两种业务的成功率更高。从第 8、9 条规则可知，同时使用无线音乐俱乐部、无线音乐高级会员和手机报的客户大多数会同时使用新闻早晚报。

表 6-28　优化后的关联规则（部分）

规则号	规则	支持度	置信度	提升度
1	新闻早晚报&无线音乐高级会员⇒无线音乐俱乐部	2.73%	84.10%	3.14%
2	无线音乐高级会员&手机报⇒无线音乐俱乐部	2.76%	83.30%	3.11%
3	无线音乐高级会员&手机报⇒新闻早晚报&无线音乐俱乐部	2.73%	82.39%	15.62%
4	新闻早晚报⇒手机报	13.73%	100.00%	6.17%
5	新闻早晚报&无线音乐俱乐部⇒无线音乐高级会员	2.73%	51.70%	7.03%
6	无线音乐俱乐部&手机报&139 邮箱⇒新闻早晚报	2.08%	91.45%	6.66%
7	手机报⇒新闻早晚报	13.73%	84.66%	6.17%
8	无线音乐高级会员&手机报⇒新闻早晚报	3.24%	97.97%	7.14%
9	无线音乐俱乐部&无线音乐高级会员&手机报⇒新闻早晚报	2.73%	98.92%	7.20%

6. 部署

通过前面的分析可以看到，基于关联规则的交叉销售模型，从业务的角度出发，能发现各类业务之间的关联规则和用户同时购买多种业务的习惯和特性。在明确了什么样的客户将购买什么样的业务这个问题后，对关联规则产生的结果进行应用，将结果嵌入业务流程中，直接供给前台营业人员、客户服务人员和营销策划人员使用，这样才能最大限度地发挥模型的作用。对业务的关联分析有助于营销人员和营销策划人员开展以下交叉销售工作。

① 针对性地向客户发送信息。根据规则结果，向交叉销售的目标用户发送推荐业务的相关资费信息、业务使用信息和相关优惠政策，引导用户购买其感兴趣的、现在还没有定制或使用的业务。例如，对使用了无线音乐高级会员业务但还没有使用无线音乐俱乐部的客户主动发送资费信息或优惠政策的相关信息，这样销售的成功率会高很多。

② 主动业务推荐。关联规则能够很好地指导主动营销工作，当客户进入营业厅办理业务或呼入 10086 客服热线时，营业人员和客户服务人员可以正确地了解用户的潜在业务需求和用户消费特征，这样就可以有针对性地向用户推荐目标业务。例如，可以为开通或使用了手机报或新闻早晚报业务但还没有开通 GPRS 业务的客户建立一个数据表，当用户进入营业厅办理业务或呼入 10086 客服热线时，如果客户在列表当中，输入手机号码后，在屏幕上会有相应的提示。

③ 业务搭售或业务捆绑销售。根据关联规则挖掘结果，发现不同业务间的潜在关联规则和用户的消费组合，营销策划人员可以根据业务的关联情况设计出不同形式的业务捆绑套餐和方案，让用户享受一站式购齐的移动业务服务。在中低端增值业务中，可以将手机报、新闻早晚报和彩信业务进行捆绑销售，这样业务推广的成功率会提高。

总之，基于关联规则分析的交叉销售保证了移动运营商业务推广和营销策划工作的科学性、有效性和准确性，大大增加了交叉销售的成功率，为企业带来了更多的经济效益。

本章小结

关联规则分析是数据挖掘领域被广泛应用的方法，可用来从交易数据、关系数据或其他信息载体中发现存在于项目集合之间的频繁模式、关联性或因果结构。本章在介绍关联规则挖掘基本概念的基础上，对关联规则挖掘的经典算法（包括 Apriori 和 FP-Growth 算法）的原理进行了介绍，并通过实例对算法的使用进行了说明。另一方面，关联规则的产生需要一定的规则评估标准，本章介绍了支持度、置信度、提升度等客观度量标准。此外，本章对关联规则进行了简单扩展，介绍了包括多层关联规则、多维关联规则、定量关联规则、基于约束的关联规则和序列模式挖掘等内容。最后，本章通过两个具体的案例说明了关联规则分析在实际领域中的应用。

习 题 6

6.1 列举关联规则在不同领域中应用的实例。

6.2 给出如下几种类型的关联规则，并说明它们是否有价值。

（1）高支持度和高置信度的规则　（2）高支持度和低置信度的规则

（3）低支持度和低置信度的规则　（4）低支持度和高置信度的规则

6.3 习题 6.3 数据集如表 6-29 所示。

（1）把每个事务作为一个购物篮，计算项集{e}、{b, d}和{b, d, e}的支持度。

（2）利用（1）的结果，计算关联规则{b, d}→{e}和{e}→{b, d}的置信度。置信度是对称的度量吗？

表 6-29　习题 6.3 数据集

Customer ID	Transaction ID	Items Bought	Customer ID	Transaction ID	Items Bought
1	0001	{a, d, e}	3	0022	{b, d, e}
1	0024	{a, b, c, e}	4	0029	{c, d}
2	0012	{a, b, d, e}	4	0040	{a, b, c}
2	0031	{a, c, d, e}	5	0033	{a, d, e}
3	0015	{b, c, e}	5	0038	{a, b, e}

（3）把每个用户购买的所有商品作为一个购物篮，计算项集{e}、{b, d}和{b, d, e}的支持度。

（4）利用（2）的结果，计算关联规则{b, d}→{e}和{e}→{b, d}的置信度。置信度是一个对称的度量吗？

6.4 一个数据库有 5 个事务，如表 6-30 所示，设 min_sup=60%，min_conf = 80%。

（1）用 Apriori 算法找出所有频繁项集。

（2）利用（1）找出的频繁项集，生成所有的强关联规则和对应的支持度和置信度。

表 6-30　习题 6.4 数据集

事务 ID	购买的商品
T100	{M, O, N, K, E, Y}
T200	{D, O, N, K, E, Y}
T300	{M, A, K, E}
T400	{M, U, C, K, Y}
T500	{C, O, O, K, I ,E}

6.5 分别说明利用支持度、置信度和提升度评价关联规则的优缺点。

6.6 相依表（如表 6-31 所示）汇总了超级市场的事务数据。其中，hot dogs 指包含热狗的事务，$\overline{\text{hotdogs}}$ 指不包含热狗的事务，hamburgers 指包含汉堡的事务，$\overline{\text{hamburgers}}$ 指不包含汉堡的事务。

假设挖掘出的关联规则是“hot dogs $\Rightarrow$ hamburgers”。给定最小支持度阈值25%和最小置信度阈值50%，这个关联规则是强关联规则吗？

计算关联规则“hot dogs $\Rightarrow$ hamburgers”的提升度，能够说明什么问题？购买热狗和购买汉堡是独立的吗？如果不是，两者间存在哪种关联关系？

表 6-31　习题 6.6 相依表

	hotdogs	$\overline{\text{hotdogs}}$	row
Hamburgers	2000	500	2500
$\overline{\text{hamburgers}}$	1000	1500	2500
col	3000	2000	5000

6.7　关联规则是否满足传递性和对称性的性质？举例说明。

6.8　考虑如下的频繁 3-项集：

{1, 2, 3}、{1, 2, 4}、{1, 2, 5}、{1, 3, 4}、{1, 3, 5}、{2, 3, 4}、{2, 3, 5}、{3, 4, 5}

（1）根据 Apriori 算法候选项集的生成方法，写出利用频繁 3-项集生成的所有候选 4-项集。

（2）写出经过剪枝后的所有候选 4-项集。

案例分析

关联案例：通过一套数据学会如何从数据到信息到决策

下面根据虚拟故事介绍如何通过历史数据来帮助销售人员发现规律从而辅助他做决策。

故事主角是 Tim。Tim 在一个销售部门，部门最近决定做新一轮销售计划，然后根据计划结束时各销售人员的销售业绩来进行 KPI 考核。

Tim 的部门在确定销售任务后，其他人很快投入销售工作，而 Tim 跑到公司的 IT 维护部门要了一份历史的客户数据，然后找到从事 IT 的朋友 James。他是一位数据分析师，在零售行业也有一定的经验。Tim 的第一个想法是找 James 给些建议，来看看 James 到底能从中得到什么信息，从而能帮助 Tim 更准确地知道应该给什么样的人推荐产品才比较靠谱。

从这份数据中，James 看到其中包含了客户的性别、婚姻状况、年收入、家庭相关、教育等基本信息。最后一列关键信息就是客户是否购买过产品。如果购买过就记为 1，否则就记为 0。

James 拿到这个 Excel 文件后，首先做了一个关键影响因素分析，得到几点规则：

① 关注没有车、有一个小孩及来自 Pacific、平时的上班路程不是太远的用户，他们很有可能是潜在客户。

② 对于有两台车的客户，就不要去推荐了，这类客户购买产品的可能性不大。

③ 小孩数量比较多、上班距离太远、超过 65 岁的人成为你的客户的可能性也很小。

这样就容易让 Tim 判断出一个新客户是否会购买产品，从而不会在没有购买需求的客户身上花费太多时间，把精力投入更多的目标客户。

不过很快，Tim 又有了一个问题，单凭这样的判断太笼统，容易丢失部分极特殊的客户，所以 Tim 希望能自己根据客户的情况进行更详细的判断。

James 进一步标识了每个属性对一个未知客户购买产品的影响程度，将各属性的影响程度加在一起最后得出一个分数。当这个分数超过某个阈值时，就表明这个客户很有可能购买产品，或者按照分数从高到低选择目标客户。

资料来源：https://cloud.tencent.com/developer/article/1104604。

【思考题】试分析数据挖掘在零售行业的应用情况。

第7章 离群点检测

开篇案例——保险欺诈检验

随着保险业的蓬勃发展，保险欺诈现象越来越严重。有关统计数据显示，国际上某些险种因被欺诈而导致的赔款支出最高可达保险费收入的50%。从发生的保险欺诈案例看，手段无所不用且花样翻新，有的虚构或伪造索赔，人寿保险中常见的是移花接木、冒名顶替，或者自演自导一幕幕自残的苦肉计，更恶劣的还有杀亲骗保者，财产保险中有诸如故意沉船、故意纵火等骗赔伎俩，五花八门。愈演愈烈的保险欺诈违法犯罪活动不仅极大地损害了保险合同当事人的合法权益，还严重扰乱了保险市场的正常秩序。这一方面对保险公司的财产构成了直接的侵犯，另一方面，保险公司面对保险欺诈不得不提高保费，这样，诚实的投保人成为最大的损失者，会严重阻碍保险业的发展。

在人寿保险业务中，一份保单就是一个事务。保险公司在接受保险前，往往需要记录投保人详尽的信息，有时还要到医院做身体检查。保单上记录有投保人的年龄、性别、健康状况、工作单位、工作地址、工资水平、索赔次数等。我们主要想通过数据挖掘找出行为异常的客户记录，主要关注购买人的年龄、工作单位、健康状况、工资水平的信息和购买后的索赔情况，可以认为保单号、单位代号、单位名称是一些无关信息。

人寿保险公司通过分析客户信息识别保险中的欺诈特征就是离群点检测方法研究的问题。数据挖掘中的多数方法都会将异常数据视为噪音或异常而丢弃。而离群点检验在激增的客户信息和业务数据中寻找异常数据，并进行更深层次的分析。这些异常数据与数据的一般行为或模型不一致，发生的概率非常小。但在保险欺诈检验中，小概率事件可能比正常发生的事件更有意义。因此，通过离群点检验将客户信息进行细致的分类挖掘，寻找欺诈的一般特征，并建立客户分析预测模型，对具有欺诈特征的客户群体实施相应的措施，以提高公司的反欺诈能力。

7.1 离群点概述

离群点（Outlier）是在数据集中偏离大部分数据的数据，使人怀疑这些数据的偏离并非由随机因素产生，而是产生于完全不同的机制。前面讨论的聚类、分类、关联分析等数据挖掘方法重点在于发现适用于大部分数据的常规模式，应用这些方法时，离群点通常作为噪声而被忽略，以降低或消除离群数据的影响。但在安全管理、风险控制等应用领域，识别离群点的模式比正常数据的模式更有价值。因为离群点可能表示一种偏差或新的模式的开始，这可能对用户带来危害，或造成巨大损失。如在欺诈检测中，离群点可能意味着欺诈行为的发生。

离群点检测目前已成为数据挖掘的重要方面，正在得到越来越广泛的应用，在许多应用领域（如风险控制领域），特别是在“广义安全问题”中，离群点检测正逐步成为一种有用的工具，被用来发现稀有模式，或数据集中显著不同于其他数据的对象。通过对离群点的分析，人们可以迅速、准确地甄别异常事件，如电信、保险、银行、电子商务等欺诈检测，灾害气象预报，商业营销中的客户分类（如查找消费极高或极低的客户类），医学诊断研究中发现新的疾病、医疗方案或药品所产生的异常反应，网络安全中的入侵检测，海关报关中的价格隐瞒，天文学中一些稀有的、新类型天体的发现，运动员的成绩分析，过程控制中的故障检测与诊断，以及文字编辑系统的设计等。

离群点可能由测量、输入错误或系统运行错误造成，也可能是数据的内在特性所决定的，或由客体的异常行为导致。例如，一个人的年龄为-999 可能是由程序在处理缺失数据时设置为默认值造成的；一个公司的高层管理人员的工资明显高于普通员工的工资而可能成为离群数据，却是合理的数据；一部住宅电话的话费由每月 200 元以内增加到数千元，可能因为被盗打或其他特殊原因导致；一张信用卡出现明显的高额消费也许是因为该卡是盗用的卡。由于离群点产生的机制是不确定的，离群点检测算法检测出的“离群点”是否真正对应实际的异常行为，不是由离群点检测算法来说明、解释的，只能由领域专家来解释。离群点检测算法只能从数据体现的规律角度为用户提供可疑的数据，以便用户引起特别注意并最后确定是否为真正的异常。对于离群点的处理方式也取决于应用本身，并由领域专家决策。

自 20 世纪 80 年代起，离群点检测问题在统计学领域中得到了广泛研究，随着离群点检测应用领域的扩展，人们提出了许多刻画离群点的定义和相应的检测方法，包括基于统计的方法、基于距离的方法、基于相对密度的方法、基于聚类的方法、基于偏差的方法、基于深度的方法等。本章介绍基于距离的方法、基于相对密度的方法和基于聚类的方法的基本思想。

离群点检测中需要处理的几个问题如下。

（1）全局观点和局部观点

离群点与众不同，但具有相对性。一个对象可能相对于所有对象是离群的，但相对于它的局部近邻不是离群的。例如，身高 1.90 m 对于一般人群是不常见的（正如鹤立鸡群），但对于职业篮球运动员而言却不算什么。

（2）点的离群程度

某些技术方法是以二元方式来报告对象是否为离群点的，即离群点或正常点。但这不能反映某些对象比其他对象更加偏离整体的基本事实。这时可以通过定义对象的偏离程度来给对象打分——离群因子（Outlier Factor）或离群值得分（Outlier Score），即在都为离群点的情况下，也有分高和分低的区别。

（3）离群点的数量及检测时效性

数据集中离群点的数量通常是未知的，正常点的数量远远超过离群点的数量，离群点的数量在大规模数据集中所占的比例较低，通常小于 5%甚至小于 1%。

离群点在整个数据集中的比例很低，从数据是否偏离整体的角度看，这是一类极端不平衡的问题，可以将离群点检测看成一类极端不平衡的数据分类问题。但由于分布的极端不平衡，通常的分类方法、不平衡分类方法难以适用于离群点检测。

在许多应用中，数据没有标号且有时效性的要求，因此离群点检测所面临的挑战是如何在无标记的大规模数据集中快速找出稀有的离群点，就像在着火的干草堆中寻找一根针。

7.2 基于距离的离群点检测方法

基于距离的离群点检测方法思想直观、简单，如果一个对象远离大部分点，则认为它是离群点。这种方法比统计学方法更容易使用，基于距离的离群点检测方法有多种变形，这里介绍一种利用 k-最近邻距离的大小来判定离群点的方法。

定义 7-1 对于正整数 k，对象 p 的 k–最近邻距离 k-distance(p)的定义如下。

① 除 p 外，至少有 k 个对象 o 满足 $\text{distance}(p,o) \leqslant k\text{-distance}(p)$ 。

② 除 p 外，至多有 k–1 个对象 o 满足 $\text{distance}(p,o) < k\text{-distance}(p)$ 。

一个对象的 k–最近邻的距离越大，那么它越可能远离大部分数据，因此可以将对象的 k–最近邻距离看成它的离群程度（或离群点得分），称为离群因子（Outlier Factor，OF）。

定义 7-2 点 x 的离群因子的定义为

$$\text{OF}_1(x,k) = \frac{\sum_{y \in N(x,k)} \text{distance}(x,y)}{|N(x,k)|}$$

$N(x,k)$ 是不包含 x 的 k–最近邻的集合 $N(x,k) = \{y \mid \text{distance}(x,y) \leqslant k\text{-distance}(x), y \neq x\}$ ，$|N(x,k)|$ 是该集合的大小，其值可能大于 k。

基于距离的离群点检测算法的描述如下。

第一步：对于每个对象 x，计算其 k–最近邻集合 $N(x,k)$。

第二步：对于每个对象 x，确定 x 的离群因子 $\text{OF}_1(x,k)$ 。

第三步：对 $\text{OF}_1(x,k)$ 降序排列，确定离群因子大的若干对象。

如何选择合适的离群因子阈值来区分正常值和离群值呢？一种形式上简单的方法是指定离群点个数，这里介绍另一种方法——分割阈值，对 $\text{OF}_1(x,k)$ 降序排列，选择 $\text{OF}_1(x,k)$ 急剧下降的点作为离群值、正常值的分裂点，如图 7-1 所示，其中有两个点被判定为离群点。

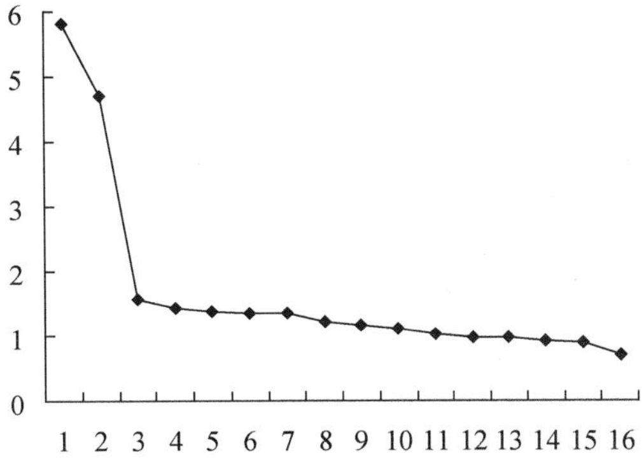

图 7-1 离群阈值选择策略

【例 7-1】 在图 7-2 所示的二维数据集中，当 k=2 时，P_1、P_2 哪个点具有更高的离群点得分（使用欧式距离）？

x	y
1	2
1	3
1	1
2	1
2	2
2	3
6	8
2	4
3	2
5	7
5	2

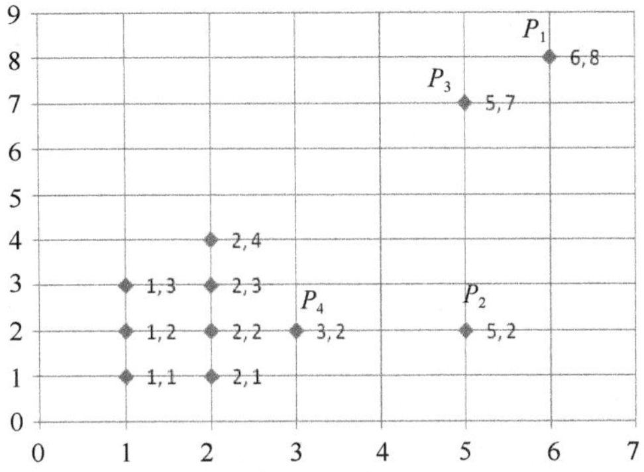

图 7-2 二维数据集

【解】

对于点 P_1：k=2，最近邻的点为 $P_3(5,7)$ 和 $P_2(5,2)$，distance(P_1,P_2) 和 distance(P_1,P_3) 分别为 6.08 和 1.41，平均距离为

$$\text{OF}_1(P_1,k)=\frac{\text{distance}(P_1,P_2)+\text{distance}(P_1,P_3)}{2}=\frac{6.08+1.41}{2}=3.745$$

对于点 P_2 进行分析：k=2；最近邻的点为 (3,2)、(2,2)，同理有

$$\text{OF}_1(P_2,k)=\frac{\text{distance}(P_2,P_3)+\text{distance}(P_2,P_4)}{2}=\frac{3+2}{2}=2.5$$

因为 $\text{OF}_1(P_1,k)>\text{OF}_1(P_2,k)$，因此点 P_1 更有可能是离群点。

基于距离的离群点检测方法简单，主要不足在于：

① 检测结果对参数 k 的选择较敏感，如果 k 太小（如 k=1），则少量的邻近离群点可能导致较低的离群程度，如果 k 太大，那么当点数小于 k 时，有较多的点会被划分为离群点，尚没有一种简单而有效的方法来确定合适的参数 k；虽然可以通过观察不同的 k 值，然后取最大离群程度来处理该问题，但是仍然需要选择这些值的上下界。

② 时间复杂度为 $O(n^2)$，难以用于大规模数据集，其中，n 为数据集的规模。

③ 需要有关离群因子阈值或数据集中离群点个数的先验知识，在实际使用中，有时会由于先验知识的不足而造成一定的困难。

④ 因为它使用全局阈值，所以不能有效处理图 7-3 中的不同密度区域的数据集。

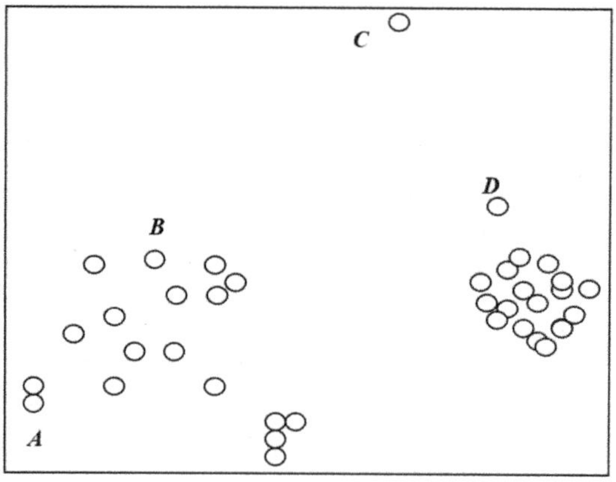

图 7-3　二维多个密度数据分布图

7.3　基于相对密度的离群点检测方法

一个对象是否为离群点不仅取决于它与周围数据的距离大小，还与邻域内的密度状况有关。对象的邻域密度可以用包含固定节点个数的邻域半径或固定半径邻域中包含的节点数来描述，包含固定节点个数的邻域半径越大，其密度越小；固定半径邻域内包含的节点数越多，其密度越大。因而产生了两类不同的基于密度的离群点检测方法。这里仅介绍基于前者的方法，即采用相对密度来度量对象的离群程度。

如果一个对象相对于它的局部邻域，特别是关于邻域密度是远离的，则称之为局部离群点，它依赖于对象相对于其邻域的孤立情况。从基于密度的观点来看，离群点是在低密度区域中的对象。这里需要对象的局部邻域密度及相对密度的概念。

定义 7-3 （1）对象的局部邻域密度的定义为

$$\text{density}(x,k)=\left(\frac{\sum_{y\in N(x,k)}\text{distance}(x,y)}{|N(x,k)|}\right)^{-1}$$

（2）相对密度为

$$\text{relative density}(x,k)=\frac{\sum_{y\in N(x,k)}\text{density}(y,k)/|N(x,k)|}{\text{density}(x,k)}$$

一个对象的 k-最近邻的距离越大或邻域密度越小，则它越可能远离大部分数据。基于相对密度的离群点检测方法通过比较对象的密度与它的邻域中的对象的平均密度来检测离群点。一个数据集由多个自然簇构成，在簇内靠近核心点的对象的相对密度接近于 1，而处于簇的边缘或是簇的外面的对象的相对密度相对较大，表示 x 是否在比它的近邻更稠密或更稀疏的邻域内，相对密度作为 x 的离群因子 OF，即 $\text{OF}_2(x,k)=\text{relative density}(x,k)$，其值越大，越可能是离群点。

下面介绍基于相对密度的离群点检测方法的细节。首先，对于指定的邻近个数 k，基于对象的最近邻计算对象的密度 $\text{density}(x,k)$，然后计算点的近邻平均密度，并使用它们计算点的相对密度。基于相对密度的离群点检测算法如下。

第一步：对于每个对象 x，确定 x 的 k-最近邻集合 $N(x, k)$和密度 $\text{density}(x,k)$。

第二步：对于每个对象 x，确定 x 的相对密度 relative density(x, k)，并赋值给 $\text{OF}_2(x,k)$。

第三步：对 $\text{OF}_2(x,k)$ 降序排列，确定离群因子大的若干对象。

离群因子阈值的选择策略类似基于距离的离群点检测方法。

基于相对密度的离群点检测考虑了数据的局部特性，因而在检测具有不同密度分布的数据时有较好的性能，但仍存在与基于距离的离群点检测方法类似的三点不足。

【例 7-2】 表 7-1 给定了二维数据集，二维数据分布图如图 7-4 所示（对象间的距离采用曼哈顿（Manhattan）距离计算）。当 k 取 2、3、5 时，以表格方式给出所有点的局部邻域密度及相对密度的离群因子。

表 7-1　二维数据集

	P_1	P_2	P_3	P_4	P_5	P_6	P_7	P_8	P_9	P_{10}	P_{11}
X	1	2	2	2	3	4	5.5	5.5	6	6	6
Y	7	8	7	6	7	7	6.5	7	8	7.5	7
	P_{12}	P_{13}	P_{14}	P_{15}	P_{16}	P_{17}	P_{18}	P_{19}	P_{20}	P_{21}	P_{22}
X	6	6.5	6.5	7	7	7	2.5	3	3	4	5
Y	6	7	6.5	8	7	6	2	1.5	2	5	4

【解】

计算得到所有对象间的相似性矩阵如表 7-2 所示。

当 k 取 2、3、5 时，计算所有点的局部邻域密度和相对密度，如表 7-3 所示。

下面以点 P_{15} 为例，给出 k 取 2、3、5 时局部邻域密度和相对密度的计算过程。

当 k 取 2 时，P_{15} 的最近邻邻域包含 2 个对象：$N(P_{15},2)=\{P_9,P_{16}\}$。

$$\text{density}(P_{15},2)=\left(\frac{\sum_{y\in N(P_{15},2)}\text{distance}(P_{15},y)}{|N(P_{15},2)|}\right)^{-1}=\left(\frac{1\times 2}{2}\right)^{-1}=1$$

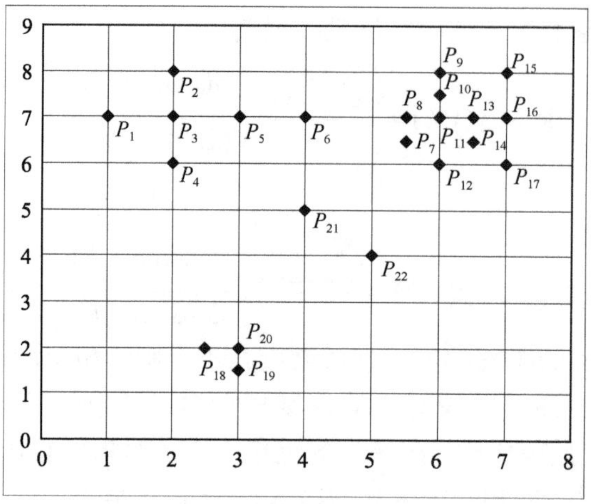

图 7-4 二维数据分布图

表 7-2 相似性矩阵

	P_1	P_2	P_3	P_4	P_5	P_6	P_7	P_8	P_9	P_{10}	P_{11}	P_{12}	P_{13}	P_{14}	P_{15}	P_{16}	P_{17}	P_{18}	P_{19}	P_{20}	P_{21}	P_{22}
P_1	0	2	1	2	2	3	5	4.5	6	5.5	5	6	5.5	6	7	6	7	6.5	7.5	7	5	7
P_2	2	0	1	2	2	3	5	4.5	4	4.5	5	6	5.5	6	5	6	7	6.5	7.5	7	5	7
P_3	1	1	0	1	1	2	4	3.5	5	4.5	4	5	4.5	5	6	5	6	5.5	6.5	6	4	6
P_4	2	2	1	0	2	3	4	4.5	6	5.5	5	4	5.5	5	7	6	5	4.5	5.5	5	3	5
P_5	2	2	1	2	0	1	3	2.5	4	3.5	3	4	3.5	4	5	4	5	5.5	5.5	5	3	5
P_6	3	3	2	3	1	0	2	1.5	3	2.5	2	3	2.5	3	4	3	4	6.5	6.5	6	2	4
P_7	5	5	4	4	3	2	0	0.5	2	1.5	1	1	1.5	1	3	2	2	7.5	7.5	7	3	3
P_8	4.5	4.5	3.5	4.5	2.5	1.5	0.5	0	1.5	1	0.5	1.5	1	1.5	2.5	1.5	2.5	8	8	7.5	3.5	3.5
P_9	6	4	5	6	4	3	2	1.5	0	0.5	1	2	1.5	2	1	2	3	9.5	9.5	9	5	5
P_{10}	5.5	4.5	4.5	5.5	3.5	2.5	1.5	1	0.5	0	0.5	1.5	1	1.5	1.5	1.5	2.5	9	9	8.5	4.5	4.5
P_{11}	5	5	4	5	3	2	1	0.5	1	0.5	0	1	0.5	1	2	1	2	8.5	8.5	8	4	4
P_{12}	6	6	5	4	4	3	1	1.5	2	1.5	1	0	1.5	1	3	2	1	7.5	7.5	7	3	3
P_{13}	5.5	5.5	4.5	5.5	3.5	2.5	1.5	1	1.5	1	0.5	1.5	0	0.5	1.5	0.5	1.5	9	9	8.5	4.5	4.5
P_{14}	6	6	5	5	4	3	1	1.5	2	1.5	1	1	0.5	0	2	1	1	8.5	8.5	8	4	4
P_{15}	7	5	6	7	5	4	3	2.5	1	1.5	2	3	1.5	2	0	1	2	10.5	10.5	10	6	6
P_{16}	6	6	5	6	4	3	2	1.5	2	1.5	1	2	0.5	1	1	0	1	9.5	9.5	9	5	5
P_{17}	7	7	6	5	5	4	2	2.5	3	2.5	2	1	1.5	1	2	1	0	8.5	8.5	8	4	4
P_{18}	6.5	6.5	5.5	4.5	5.5	6.5	7.5	8	9.5	9	8.5	7.5	9	8.5	10.5	9.5	8.5	0	1	0.5	4.5	4.5
P_{19}	7.5	7.5	6.5	5.5	5.5	6.5	7.5	8	9.5	9	8.5	7.5	9	8.5	10.5	9.5	8.5	1	0	0.5	4.5	4.5
P_{20}	7	7	6	5	5	6	7	7.5	9	8.5	8	7	8.5	8	10	9	8	0.5	0.5	0	4	4
P_{21}	5	5	4	3	3	2	3	3.5	5	4.5	4	3	4.5	4	6	5	4	4.5	4.5	4	0	2
P_{22}	7	7	6	5	5	4	3	3.5	5	4.5	4	3	4.5	4	6	5	4	4.5	4.5	4	2	0

表 7-3 不同 k 值的计算结果

点的坐标			k=2		k=3		k=5	
标号	x	y	局部邻域密度	相对密度	局部邻域密度	相对密度	局部邻域密度	相对密度
P_1	1	7	0.57	1.38	0.57	1.21	0.50	1.20
P_2	2	8	0.57	1.38	0.57	1.21	0.50	1.20
P_3	2	7	1.00	0.68	1.00	0.58	0.83	0.64
P_4	2	6	0.57	1.38	0.57	1.21	0.46	1.23

点的坐标			k=2		k=3		k=5	
标号	x	y	局部邻域密度	相对密度	局部邻域密度	相对密度	局部邻域密度	相对密度
P_5	3	7	1.00	0.90	0.63	1.05	0.63	0.92
P_6	4	7	0.80	1.88	0.57	1.89	0.57	1.41
P_7	5.5	6.5	1.14	1.33	1.14	1.19	0.92	1.14
P_8	5.5	7	2.00	0.79	1.33	1.21	0.86	1.16
P_9	6	8	1.20	1.39	1.20	1.15	0.91	1.10
P_{10}	6	7.5	2.00	0.80	1.33	1.22	0.86	1.17
P_{11}	6	7	2.00	1.00	2.00	0.78	1.23	0.81
P_{12}	6	6	1.00	1.31	1.00	1.31	0.82	1.22
P_{13}	6.5	7	2.00	0.70	2.00	0.70	1.43	0.72
P_{14}	6.5	6.5	1.09	1.26	1.09	1.26	1.09	0.94
P_{15}	7	8	1.00	1.16	0.8	1.76	0.64	1.64
P_{16}	7	7	1.11	1.28	1.11	1.24	1.11	0.91
P_{17}	7	6	1.00	1.07	1.00	1.07	0.67	1.55
P_{18}	2.5	2	1.33	1.25	0.33	1.29	0.33	1.03
P_{19}	3	1.5	1.33	1.25	0.38	1.00	0.28	1.43
P_{20}	3	2	2.00	0.67	0.44	0.82	0.32	1.25
P_{21}	4	5	0.50	1.18	0.38	1.90	0.38	1.64
P_{22}	5	4	0.38	2.35	0.38	2.24	0.29	2.67

$$N(P_9,2)=\{P_{10},P_{11},P_{15}\}$$

$$\text{density}(P_9,2)=\left(\frac{\sum_{y\in N(P_9,2)}\text{distance}(P_9,y)}{|N(P_9,2)|}\right)^{-1}=\left(\frac{0.5\times1+1\times2}{3}\right)^{-1}=1.2$$

$$N(P_{16},2)=\{P_{11},P_{13},P_{14},P_{15},P_{17}\}$$

$$\text{density}(P_{16},2)=\left(\frac{\sum_{y\in N(P_{16},k)}\text{distance}(P_{16},y)}{|N(P_{16},2)|}\right)^{-1}=\left(\frac{0.5\times1+1\times4}{5}\right)^{-1}=1.11$$

$$\text{OF}_2(P_{15})=\text{relative density}(P_{15},2)=\frac{(1.2+1.11)/2}{1}=1.155$$

当 k 取 3 时，P_{15} 的最近邻邻域包含 4 个对象：$N(P_{15},3)=\{P_9,P_{16},P_{10},P_{13}\}$。

$$\text{density}(P_{15},3)=\left(\frac{\sum_{y\in N(P_{15},3)}\text{distance}(P_{15},y)}{|N(P_{15},3)|}\right)^{-1}=\left(\frac{1\times2+1.5\times2}{4}\right)^{-1}=0.8$$

$$N(P_9,3)=\{P_{10},P_{11},P_{15}\}$$

$$\text{density}(P_9,3)=\left(\frac{\sum_{y\in N(P_9,3)}\text{distance}(P_9,y)}{|N(P_9,3)|}\right)^{-1}=\left(\frac{0.5\times1+1\times2}{3}\right)^{-1}=1.2$$

$$N(P_{16},3)=\{P_{11},P_{13},P_{14},P_{15},P_{17}\}$$

$$\text{density}(P_{16},3)=\left(\frac{\sum_{y\in N(P_{16},3)}\text{distance}(P_{16},y)}{|N(P_{16},3)|}\right)^{-1}=\left(\frac{0.5\times1+1\times4}{5}\right)^{-1}=1.11$$

$$N(P_{10},3)=\{P_9,P_{11},P_8,P_{13}\}$$

$$\text{density}(P_{10},3)=\left(\frac{\sum_{y\in N(P_{10},3)}\text{distance}(P_{10},y)}{|N(P_{10},3)|}\right)^{-1}=\left(\frac{0.5\times2+1\times2}{4}\right)^{-1}=1.33$$

$$N(P_{13},3)=\{P_{11},P_{14},P_{16}\}$$

$$\text{density}(P_{13},3)=\left(\frac{\sum_{y\in N(P_{13},3)}\text{distance}(P_{13},y)}{|N(P_{13},3)|}\right)^{-1}=\left(\frac{0.5\times3}{3}\right)^{-1}=2$$

$$\text{OF}_2(P_{15})=\text{relative density}(P_{15},3)=\frac{(1.2+1.11+1.33+2)/4}{0.8}=1.76$$

当 k 取 5 时，P_{15} 的最近邻邻域包含 5 个对象：$N(P_{15},5)=\{P_9,P_{16},P_{10},P_{13},P_{11},P_{14},P_{17}\}$。

$$\text{density}(P_{15},5)=\left(\frac{\sum_{y\in N(P_{15},5)}\text{distance}(P_{15},y)}{|N(P_{15},5)|}\right)^{-1}=\left(\frac{1\times2+1.5\times2+2\times3}{7}\right)^{-1}=0.636$$

$$N(P_9,5)=\{P_{10},P_{11},P_{15},P_8,P_{13}\}$$

$$\text{density}(P_9,5)=\left(\frac{\sum_{y\in N(P_9,5)}\text{distance}(P_9,y)}{|N(P_9,5)|}\right)^{-1}=\left(\frac{0.5*1+1\times2+1.5\times2}{5}\right)^{-1}=0.91$$

$$N(P_{16},5)=\{P_{11},P_{13},P_{14},P_{15},P_{17}\}$$

$$\text{density}(P_{16},5)=\left(\frac{\sum_{y\in N(P_{16},5)}\text{distance}(P_{16},y)}{|N(P_{16},5)|}\right)^{-1}=\left(\frac{0.5\times1+1\times4}{5}\right)^{-1}=1.11$$

$$N(P_{10},5)=\{P_9,P_{11},P_8,P_{13},P_7,P_{12},P_{14},P_{15},P_{16}\}$$

$$\text{density}(P_{16},5)=\left(\frac{\sum_{y\in N(P_{16},5)}\text{distance}(P_{16},y)}{|N(P_{16},5)|}\right)^{-1}=\left(\frac{0.5\times1+1\times4}{5}\right)^{-1}=1.11$$

$$N(P_{10},5)=\{P_9,P_{11},P_8,P_{13},P_7,P_{12},P_{14},P_{15},P_{16}\}$$

$$\text{density}(P_{10},5)=\left(\frac{\sum_{y\in N(P_{10},5)}\text{distance}(P_{10},y)}{|N(P_{10},5)|}\right)^{-1}=\left(\frac{0.5\times2+1\times2+1.5\times5}{9}\right)^{-1}=0.857$$

$$N(P_{13},5)=\{P_{11},P_{14},P_{16},P_8,P_{10}\}$$

$$\text{density}(P_{13},5)=\left(\frac{\sum_{y\in N(P_{13},5)}\text{distance}(P_{13},y)}{|N(P_{13},5)|}\right)^{-1}=\left(\frac{0.5\times3+1\times2}{5}\right)^{-1}=1.429$$

$$N(P_{11},5)=\{P_8,P_{10},P_{13},P_7,P_9,P_{12},P_{14},P_{16}\}$$

$$\text{density}(P_{11},5)=\left(\frac{\sum_{y\in N(P_{11},5)}\text{distance}(P_{11},y)}{|N(P_{11},5)|}\right)^{-1}=\left(\frac{0.5\times3+1\times5}{8}\right)^{-1}=1.23$$

$$N(P_{14},5)=\{P_{13},P_7,P_{11},P_{12},P_{16},P_{17}\}$$

$$\text{density}(P_{14},5)=\left(\frac{\sum_{y\in N(P_{14},5)}\text{distance}(P_{14},y)}{|N(P_{14},5)|}\right)^{-1}=\left(\frac{0.5\times1+1\times5}{6}\right)^{-1}=1.09$$

$$N(P_{17},5)=\{P_{12},P_{14},P_{16},P_{13},P_{7},P_{11},P_{15}\}$$

$$\text{density}(P_{17},5)=\left(\frac{\sum_{y\in N(P_{17},5)}\text{distance}(P_{17},y)}{|N(P_{17},5)|}\right)^{-1}=\left(\frac{1\times3+1.5\times1+2\times3}{7}\right)^{-1}=0.67$$

$$\begin{aligned}\text{OF}_2(P_{15})&=\text{relative density}(P_{15},5)\\&=\frac{(0.91+1.11+0.857+1.429+1.23+1.09+0.67)/7}{0.636}=1.639\end{aligned}$$

从计算结果可以看出，图 7-4 中右上角区域的密度较左下角区域的密度大，两个离散的点都有很高的离群点得分，区域中心的点的相对密度接近 1。

7.4 基于聚类的离群点检测方法

通过聚类分析发现强相关的对象组，而离群点检测可以发现不与其他对象强相关的对象。可见，聚类分析可应用于离群点检测。有些聚类算法，如 DBSCAN、BIRCH 等，具有一定的离群数据处理能力，但由于它们的主要目标是产生有意义的簇，而不是离群点检测，因此离群点检测只是副产品，这些算法在处理过程中通常将离群点作为噪声而忽略或容忍，阻碍了产生好的离群点检测结果。

类似基于相对密度的离群点检测方法，基于聚类的离群点检测方法也考虑到了数据的局部特性，这类方法有两个共同特点：① 先采用特殊的聚类算法处理输入数据而得到簇，再在聚类的基础上来检测离群点；② 只需要扫描数据集若干次，效率较高，适用于大规模数据集。

基于聚类的离群点检测方法分为静态数据的离群点检测和动态数据的离群点检测。静态数据的离群点检测用于离线数据分析，如税务稽查；动态数据的离群点检测用于实时性高的数据处理问题，如在线入侵检测。

静态数据的离群点检测分为两步：第一步，对数据进行聚类，将数据集划分为不相交的簇；第二步，计算对象或簇的离群因子，将离群因子大的对象或簇中的对象判定为离群点。

动态数据的离群点检测分为两步：第一步，利用静态数据的离群点检测方法建立离群点检测模型；第二步，利用对象与已有模型间的相似程度来检测离群点。

7.4.1 基于对象的离群因子检测方法

基于对象的离群因子方法的基本思路是，先聚类所有对象，再用对象到各簇中心的距离来度量对象偏离整个数据集的程度。由于聚类算法产生的簇的质量对该算法产生的离群点的质量影响非常大，因此需要小心地选择聚类算法。这里介绍一种基于对象的离群因子检测方法。

定义 7-4 给定簇 C，其摘要信息 CSI（Cluster Summary Information）的定义为 $\text{CSI}=\{n,\text{Summary}\}$，其中，$n$ 为簇 C 的大小，Summary 由分类属性中不同取值的频度信息和数值属性的中心两部分构成，即

$$\text{Summary}=\{<\text{Stat}_i,\text{Cen}>\big|\text{Stat}_i=\{(a,\text{Freq}_{C|D_i}(a))\big|a\in D_i\},1\leqslant i\leqslant m_C,\text{Cen}=(c_{m_C+1},c_{m_C+2},\cdots,c_{m_C+m_N})\}$$

定义 7-5 假设据集 D 被聚类算法划分为 k 个簇 $C=\{C_1,C_2,\cdots,C_k\}$，对象 p 的离群因子 $\mathrm{OF}_3(p)$ 的定义为 p 与所有簇间距离的加权平均值：

$$\mathrm{OF}_3(p)=\sum_{j=1}^{k}\frac{|C_j|}{|D|}d(p,C_j)$$

注：采用定义 4-3 计算对象与簇之间的距离。$\mathrm{OF}_3(p)$ 度量了对象 p 偏离整个数据集的程度，其值越大说明 p 偏离整体越远。离群数据是在数据集中偏离大部分数据的数据，而对象的离群因子度量了一个对象偏离整个数据集的程度，自然地将离群因子大的对象看成离群点。

基于对象的离群因子检测方法的描述如下。

第一步，对数据集 D 采用一趟聚类算法进行聚类，得到聚类结果 $D=\{C_1,C_2,\cdots,C_k\}$。

第二步，计算数据集 D 中所有对象 p 的离群因子 $\mathrm{OF}_3(p)$，对 $\mathrm{OF}_3(p)$ 降序排列，确定离群因子大的若干对象为离群点。

引理 如果随机变量 ξ 服从正态分布，$\xi\sim N(\mu,\sigma^2)$，则 $\Pr(\xi\geqslant\mu+2\sigma)=0.023$，$\Pr(\xi\geqslant\mu+1.645\sigma)=0.05$，$\Pr(\xi\geqslant\mu+1.285\sigma)=0.10$，$\Pr(\xi\geqslant\mu+\sigma)=0.16$。

根据概率论中的中心极限定理可知，由大量微小且独立的随机因素引起并积累而成的变量服从正态分布。在大样本的情况下，可以将 $\mathrm{OF}_3(p)$ 近似地看成服从正态分布，再根据上述引理给出基于对象的离群因子检测方法或两阶段离群因子检测（Two-stage Outlier Detection，TOD）方法。

第一步，对数据集 D 采用一趟聚类算法进行聚类，得到聚类结果 $C=\{C_1,C_2,\cdots,C_k\}$。

第二步，计算数据集 D 中所有对象 p 的离群因子 $\mathrm{OF}_3(p)$，及其平均值 Ave_OF 和标准差 Dev_OF，将满足条件：$\mathrm{OF}_3(p)\geqslant \text{Ave\_OF}+\beta\times\text{Vev\_OF}$ （$1\leqslant\beta\leqslant 2$）的对象判定为离群点。

【例 7-3】 基于聚类的离群点检测示例一。

对于图 7-5 所示的二维数据集，比较点 $P_1(6,8)$ 和 $P_2(5,2)$，说明哪个更有可能成为离群点。假设数据集经过聚类后得到的聚类结果为 $C=\{C_1,C_2,C_3\}$，图 7-5 中标注的 3 个簇的中心分别为 $C_1(5.5,7.5)$、$C_2(5,2)$、$C_3(1.75,2.25)$，试计算所有对象的离群因子。

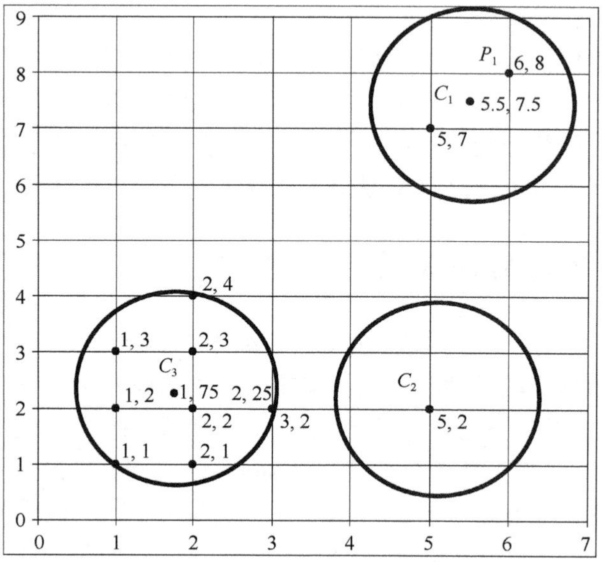

图 7-5 二维数据集

【解】 根据定义 7-4，有

$$\mathrm{OF}_3(p)=\sum_{j=1}^{k}\frac{|C_j|}{|D|}d(p,C_j)$$

对于点 P_1：

$$\begin{aligned}\mathrm{OF}_3(p)&=\sum_{j=1}^{k}\frac{|C_j|}{|D|}d(p,C_j)\\&\vdots\\&=\frac{8}{11}\sqrt{(6-1.75)^2+(8-2.25)^2}+\frac{1}{11}\sqrt{(6-5)^2+(8-2)^2}+\frac{2}{11}\sqrt{(6-5.5)^2+(8-7.5)^2}\\&=5.88\end{aligned}$$

对于点 P_2：

$$\begin{aligned}\mathrm{OF}_3(p)&=\sum_{j=1}^{k}\frac{|C_j|}{|D|}d(p,C_j)\\&\vdots\\&=\frac{8}{11}\sqrt{(5-1.75)^2+(2-2.25)^2}+\frac{1}{11}\sqrt{(5-5)^2+(2-2)^2}+\frac{2}{11}\sqrt{(2-7.5)^2+(8-7.5)^2}\\&=3.37\end{aligned}$$

可见，点 P_1 较 P_2 更可能成为离群点。

同理可求得所有对象的离群因子，如表 7-4 所示。

表 7-4　图 7-4 中各点的离群因子

序号	x	y	OF_3	序号	x	y	OF_3
1	1	2	2.23	7	6	8	5.88
2	1	3	2.30	8	2	4	2.51
3	1	1	2.87	9	3	2	2.21
4	2	1	2.56	10	5	7	4.77
5	2	2	1.72	11	5	2	3.37
6	2	3	1.90	—	—	—	—

7.4.2　基于簇的离群因子检测方法

基于簇的离群因子检测方法主要考虑如下因素：① 在某种度量下，相似对象或相同类型的对象会聚集在一起，或者说，正常数据与离群数据会聚集在不同的簇中；② 正常数据占绝大部分，且离群数据与正常数据的表现明显不同，或者说，离群数据会偏离正常数据（大部分数据）。下面介绍簇的离群因子概念，并利用簇的离群因子将簇区分为正常簇和离群簇。

为了以簇为单位考虑对离群点的检测，对定义 7-3 中簇的摘要信息 CSI 进行扩展。

定义 7-6　给定簇 C，其摘要信息 CSI 的定义为 $\mathrm{CSI}=\{\mathrm{kind},n,\mathrm{Cluster},\mathrm{Summary}\}$。其中，kind 为簇的类别（取值为"normal"或"outlier"），$n=|C|$ 为簇 C 的大小，Cluster 为簇 C 中对象标识的集合，Summary 由分类属性中不同取值的频度信息和数值型属性的中心两部分构成，即 $\mathrm{Summary}=\{<\mathrm{Stat}_i,\mathrm{Cen}>\big|\mathrm{Stat}_i=\{(a,\mathrm{Freq}_{C|D_i}(a))\big|a\in D_i\},1\leqslant i\leqslant m_C,\mathrm{Cen}=(c_{m_C+1},c_{m_C+2},\cdots,c_{m_C+m_N})\}$

定义 7-7　假设数据集 D 被聚类算法划分为 k 个簇 $D=\{C_1,C_2,\cdots,C_k\}$，那么簇 C_i 的离群

因子 $OF_4(C_i)$ 的定义为簇 C_i 与其他所有簇间距离的加权平均值：

$$OF_4(C_i)=\sum_{j=1,j\neq i}^{k}\frac{|C_j|}{|D|}d(C_i,C_j)$$

如果一个簇离几个大簇的距离都比较远，则表明该簇偏离整体较远，其离群因子也较大。$OF_4(C_i)$ 度量了簇 C_i 偏离整个数据集的程度，其值越大，说明 C_i 偏离整体越远。也可以将簇 C_i 的离群因子定义为簇 C_i 与所有簇间距离的调和平均值：

$$OF_4(C_i)=\frac{k-1}{\sum_{j=1,j\neq i}^{k}\frac{1}{d(C_i,C_j)}}$$

离群数据是在数据集中偏离大部分数据的数据，而簇的离群因子度量了一个簇（簇中所有对象）偏离整个数据集的程度，通常将离群因子大的簇看成离群簇，也就是将其中的所有对象看成离群点，由此可以得到一种基于聚类的离群点检测方法 CBOD（Clustering Based Outlier Detection）。该方法由两个阶段构成：第一阶段利用一趟聚类算法对数据集进行聚类；第二阶段计算每个簇的离群因子，并按离群因子对簇进行排序，最终确定离群簇，即确定离群点，具体描述如下。

第一阶段，聚类。对数据集 D 利用一趟聚类算法进行聚类，得到聚类结果 $D=\{C_1,C_2,\cdots,C_k\}$。

第二阶段，确定离群簇。计算每个簇 $C_i(1\leqslant i\leqslant k)$ 的离群因子 $OF_4(C_i)$，按 $OF_4(C_i)$ 递减的顺序重新排列 $C_i(1\leqslant i\leqslant k)$，求满足

$$\frac{\sum_{i=1}^{b}|C_i|}{|D|}\geqslant\varepsilon(0<\varepsilon<1)$$

的最小 b，将簇 $C_1,C_2,\cdots,C_b$ 标识为"outlier"类（将其中的每个对象均看成离群点），而将 $C_{b+1},C_{b+2},\cdots,C_k$ 标识为"normal"类（将其中的每个对象均看成正常点）。

参数 ε 对检测结果的影响分析。ε 实际上是离群数据所占比例的近似值，ε 越小，检测率越低，同时误报率越低。根据统计经验，一个数据集中受污染的数据（或离群数据）通常少于5%，最多不超过15%，因此在没有先验知识的情况下，ε 一般取0.05～0.1。实际使用时，可根据性能要求和离群数据所占比例的先验知识更准确地选择 ε。

例 7-4 基于聚类的离群点检测示例二。

对于例 7-1 中的二维数据集，假设数据集经过一趟聚类（聚类阈值 r 为1.6～2.2，这里取1.8）后得到的聚类结果为 $C=\{C_1,C_2,C_3,C_4\}$，分别包含6、11、3、2个对象，在图 7-6 中用圆圈标注，4个簇的中心分别为 $C_1(2.33,7)$、$C_2(6.27,6.95)$、$C_3(2.83,1.83)$、$C_4(4.5,4.5)$，试计算每个簇的离群因子（采用欧式距离）。

各簇之间的距离分别为

$$d(C_1,C_2)=\sqrt{(2.33-6.27)^2+(7-6.95)^2}=3.94$$

$$d(C_1,C_3)=\sqrt{(2.33-2.83)^2+(7-1.83)^2}=5.19$$

$$d(C_1,C_4)=\sqrt{(2.33-4.5)^2+(7-4.5)^2}=3.31$$

$$d(C_2,C_3)=\sqrt{(6.27-2.83)^2+(6.95-1.83)^2}=6.17$$

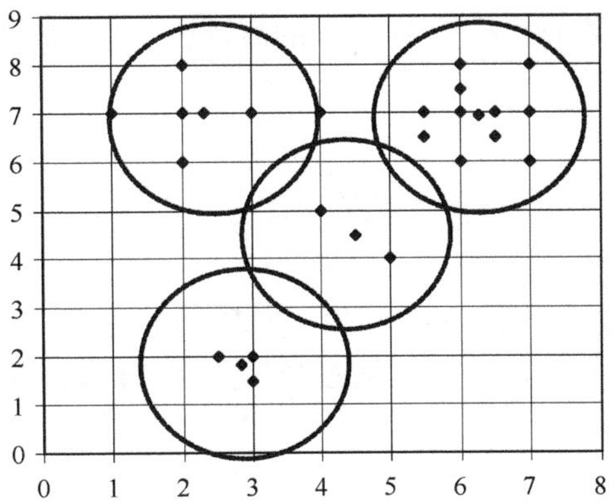

图 7-6　二维数据集

$$d(C_2,C_4)=\sqrt{(6.27-4.5)^2+(6.95-4.5)^2}=3.02$$

$$d(C_3,C_4)=\sqrt{(2.83-4.5)^2+(1.83-4.5)^2}=3.15$$

进一步计算 4 个簇的离群因子，具体如下：

$$\begin{aligned}\mathrm{OF}_4(C_1)&=\frac{11}{22}d(C_1,C_2)+\frac{3}{22}d(C_1,C_3)+\frac{2}{22}d(C_1,C_4)\\&=\frac{11}{22}\times3.94+\frac{3}{22}\times5.19+\frac{2}{22}\times3.31=2.98\end{aligned}$$

$$\begin{aligned}\mathrm{OF}_4(C_2)&=\frac{6}{22}d(C_2,C_1)+\frac{3}{22}d(C_2,C_3)+\frac{2}{22}d(C_2,C_4)\\&=\frac{6}{22}\times3.94+\frac{3}{22}\times6.17+\frac{2}{22}\times3.02=2.19\end{aligned}$$

$$\begin{aligned}\mathrm{OF}_4(C_3)&=\frac{6}{22}d(C_3,C_1)+\frac{11}{22}d(C_3,C_2)+\frac{2}{22}d(C_3,C_4)\\&=\frac{6}{22}\times5.19+\frac{11}{22}\times6.17+\frac{2}{22}\times3.15=4.79\end{aligned}$$

$$\begin{aligned}\mathrm{OF}_4(C_4)&=\frac{6}{22}d(C_4,C_1)+\frac{11}{22}d(C_4,C_2)+\frac{3}{22}d(C_4,C_3)\\&=\frac{6}{22}\times3.31+\frac{11}{22}\times3.02+\frac{3}{22}\times3.15=2.69\end{aligned}$$

可见，C_3 是异常簇，其中包含的 3 个对象是离群点。

7.4.3　基于聚类的动态数据离群点检测

前面介绍的基于聚类的离群点检测方法属于静态数据的离群点检测方法，在聚类的基础上，以簇的离群因子来度量离群程度，进而检测离群点。

在实际领域中，很多场合的离群数据的判定不是离线静态的，而是在线动态的。这里介绍一种动态数据的离群点检测方法，这种方法与分类方法类似，其基本思想如下：在对训练集聚类的基础上，按照簇的离群因子排序簇，并按一定比例将簇标识为"normal"或"outlier"，以标识的簇作为分类模型，按照对象与分类模型中最接近的簇的距离来判断它是否为离群点。

（1）模型建立

第一步，聚类。采用一趟聚类算法对训练集 T_1 进行聚类，得到聚类结果 $T_1=\{C_1,C_2,\cdots,C_k\}$。

第二步，标记簇。计算每个簇 $C_i(1 \leqslant i \leqslant k)$ 的离群因子 $OF_4(C_i)$，按 $OF_4(C_i)$ 递减的顺序重新排列 $C_i(1 \leqslant i \leqslant k)$，求满足

$$\frac{\sum_{i=1}^{b}|C_i|}{|T_1|} \geqslant \varepsilon$$

的最小 b，将簇 $C_1, C_2, \cdots, C_b$ 标识为"outlier"类，而将 $C_{b+1}, C_{b+2}, \cdots, C_k$ 标识为"normal"类。

第三步，确定模型。以每个簇的摘要信息和聚类半径阈值 r 作为分类模型。

（2）模型评估

利用改进的最近邻分类方法（Improved Nearest Neighbor，INN）评估测试集 T_2 中的各个对象。INN 方法的具体描述如下：对于测试集 T_2 中的对象 p，计算 p 与每个簇的距离 $d(p, C_i)$。若 $\min\{d(p, C_i), 1 \leqslant i \leqslant k\} = d(p, C_{i_0}) \leqslant d$，则表明 p 是已知类型的行为，将簇 C_{i_0} 的标识作为 p 的标识；否则表明 p 是一种新的行为，将 p 标识为可疑对象——候选离群点。

INN 方法可用于入侵检测、欺诈检测、垃圾邮件识别等领域，从理论上保证了可以检测新类型的离群点。

（3）模型更新

对于测试集 T_3 中的对象 p，按照前面的聚类方式，对新增对象进行增量式聚类，更新 $\overline{T} = \{\overline{C}_1, \overline{C}_2, \cdots, \overline{C}_k\}$，并用与建立模型相同的方法对所有簇重新标记类别。

7.5 离群点检测方法的评估

可以通过表 7-5 所示的离群点检测问题的混合矩阵来描述离群点检测方法的检测性能。在离群点检测问题中，并不关注预测正确的 normal 类对象，重点关注的是预测正确的 outlier 类对象。

表 7-5 离群点检测问题的混合矩阵

实际类别	预测类别	
	outlier	**normal**
outlier	预测正确的 outlier	预测错误的 outlier
normal	预测错误的 normal	预测正确的 normal

由于在离群点检测问题中，离群数据所占的比例通常在 5%以下，常用的分类准确率的度量指标不适合于评价离群点检测方法。检测率、误报率是度量离群点检测方法的准确性的两个常用指标。检测率（Detection Rate）表示被正确检测的离群点记录数占整个离群点记录数的比例；误报率（False Positive Rate）表示正常记录被检测为离群点的记录数占整个正常记录数的比例。通常我们期望离群点检测方法对离群数据有高的检测率，对正常数据有低的误报率，但两个指标之间会有冲突，高的检测率常常导致高的误报率。有时使用检测率和误报率的调和平均来度量离群点检测方法的性能。

7.6 Clementine 中的异常节点

Clementine 中有个异常（Anomaly）节点，在两步聚类的基础上进行离群点检测，类似前

面介绍的基于对象的离群因子方法。首先应用两步聚类算法对数据集进行聚类分析，将数据集划分为若干个簇（对等组），然后对每个样本，计算与其最近的簇间距离，并根据距离的大小计算其“异常指数”，以说明这个样本到底多么“异常”。可以通过设定异常指数的阈值将那些大于阈值的样本作为异常样本。异常检测节点主要完成两个任务：一是从数据集中确定哪些是异常样本；二是对每个异常样本，分析是哪些属性导致该样本成为异常样本的。

（1）异常节点的“模型”选项卡（如图 7-7 所示）

确定判断异常的截断值基于：系统提供了三种判别异常节点的方法。

- 最小异常指数水平：默认值为 2，异常指数不小于阈值的样本为异常样本。
- 训练数据中最异常的记录百分比：默认为 1，即异常指数最高比例的样本为异常样本。
- 训练数据中最异常的记录数：默认为 10，即异常指数最高的前若干个样本为异常样本。

要报告的异常字段数：默认为 3，即对每个样本列出 3 个变量偏差指数最大的字段。

（2）异常节点的“专家”选项卡（如图 7-8 所示）

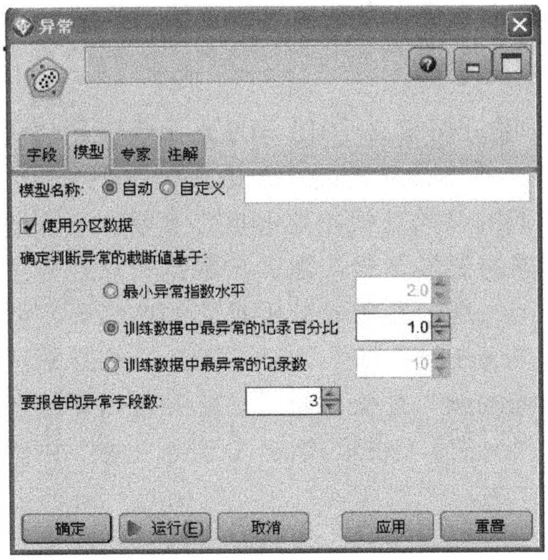

图 7-7　异常节点的“模型”选项卡

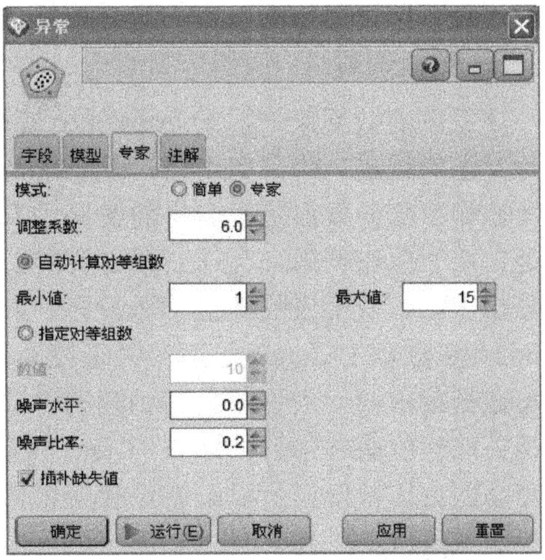

图 7-8　异常节点的“专家”选项卡

调整系数：在计算数值型字段与离散型字段间的距离时提供的权重系数，其值越大，对连续属性的影响也越大，调整系数必须为非 0 值。

自动计算对等组数、指定对等组数两个选项：同两步聚类方法。

噪声水平：决定在聚类过程中将哪些值视为异常值，范围为 0～0.5。

噪声比率：在噪声缓冲器中内存的分配比率，范围为 0～0.5。

插补默认值：如果选择该选项，对于连续型属性，用均值填充默认值；对于离散型属性，用一个新的值 missing value 填充所有默认值，它被作为一个有效的属性值。如果取消该选项，则任何带有默认值的记录都会从分析中被剔除。

单击“运行”按钮后，即可在管理器窗口的“模型”选项卡下显示生成的异常模型节点，通过浏览异常模型节点可以看到输出结果。可以看到，所有记录被划分到几个对等组（簇）中，并显示每个对等组中异常记录的统计信息表，其中包括“贡献”“计数”“平均指数”，列出变量偏差指数较高的一些属性及相关统计信息。若用表节点查看生成异常模型节点的数据集，则可以发现在原有数据属性的基础上，输出结果中多了几个属性。其中，$O-Anomaly 为标志字段，若为异常记录，则显示 T，否则显示为 F；$O-AnomalyIndex 为记录的异常指数值；$O-PeerGroup 为记录被划分到的簇（对等组）号；$O-Field-n 为记录中变量偏差指数最大的第

n 个属性的名称；\$O-FieldImpact 为\$O-Field-n 所指属性的变量偏差指数。

注意：可以利用 Sort 节点、Table 节点将对象按异常程度降序排列，以查看哪些对象被判定为异常节点。

异常节点以两步聚类为基础，但两步聚类算法对异常数据较敏感，有异常数据时聚类效果不太好，因此其性能不太理想。而一趟聚类算法不易受离群数据的影响，因此 7.4.1 节介绍的方法相对 Clementine 软件中的异常节点的效果要更好。

7.7 综合案例：信用卡欺诈检测

1．商业理解

对于信用卡公司来说，欺诈性消费将给公司带来经济和信用损失，给客户带来不便甚至损失，识别信用卡的欺诈性交易非常重要，这样客户就不会因为他们没有消费而被收费，公司也不会因此造成损失。本案例将离群点检测方法应用于信用卡的欺诈性消费的检测。

2．数据理解

该案例的数据集来源于 http://mlg.ulb.ac.be，包含欧洲持卡人 2013 年 9 月 2 天使用信用卡进行交易的记录，共有 284 807 笔交易，其中，有 492 笔欺诈性交易。数据集极端不平衡，正类（欺诈）交易数占所有交易的比例为 0.172%，我们的目的是找出这些欺诈交易。令人遗憾的是，由于保密问题，无法提供原始特征和有关数据的更多背景信息。该数据集只包含主成分分析 PCA 变换后的数值输入变量，特征 $V_1,V_2,\cdots,V_{28}$ 是由主成分分析得到的主成分，时间（Time）和金额（Amount）两个特征没有使用主成分分析进行转化。特征“Time”表示对应事务与数据集中第一个事务之间相隔的秒数，特征“Amount”是交易金额，此特征可用于与实例相关的代价敏感学习。特征“Class”是响应变量，特征值 1 表示欺诈，0 表示正常。由于欺诈交易的占比很低，所以不能直接使用常规的分类方法。

3．数据准备

在本案例中，Time 与行为特征无关，不予使用；由于所有非目标特征的取值范围的差异较大，为使距离度量有效并具有可比性，对数值属性做最大-最小规范化处理。

4．数据建模与评估

本案例的目的是采用静态离群点检测方法检测出目标属性取值为 1 的欺诈交易记录。

（1）基于对象的离群因子检测方法

对于这个数据集，经计算得到 EX=0.1128，DX=0.0497。表 7-6 给出了 r=0.12 时采用基于对象的离群因子检测（TOD）方法得到的结果。

表 7-6　TOD 方法对信用卡交易中欺诈交易的检测结果

β	正常交易数	欺诈交易数	误报率	检测率
3	2155	349	0.758%	70.93%
2.6	3261	378	1.147%	76.83%
2.0	7140	402	2.511%	81.71%
1.65	12369	409	4.35%	83.13%

进一步检查详细数据发现：尽管 r 取不同值时得到的簇数目不同，聚类结果差异较大，

但离群点检测的结果却基本相同，检测结果是稳健的。离群因子大的前 92 条记录中包含 85 条欺诈性交易记录；离群因子大的前 250 条记录中包含 154 条欺诈性交易记录；离群因子大的前 359 条记录中包含 186 条欺诈性交易记录；离群因子大的前 555 条记录中包含 238 条欺诈性交易记录。

（2）基于簇的离群因子方法

采用基于簇的离群因子（CBOD）方法得到检测结果，如表 7-7 所示（r=0.12），表 7-7 中的簇按照离群因子从大到小排列。

表 7-7　CBOD 方法对信用卡交易中欺诈交易的检测结果

簇序号	欺诈交易数/正常交易数	簇标识	簇序号	欺诈交易数/正常交易数	簇标识
1	0/1	outlier	19	0/1	outlier
2	0/26	outlier	20	0/376	outlier
3	0/9	outlier	21	95/23	outlier
4	0/1	outlier	22	0/127	outlier
5	0/1	outlier	23	167/24	outlier
6	0/1	outlier	24	97/59	outlier
7	12/0	outlier	25	3/533	outlier
8	0/3	outlier	26	0/1	normal
9	0/9	outlier	27	0/11876	normal
10	0/6	outlier	28	0/1	normal
11	0/13	outlier	29	0/259	normal
12	6/0	outlier	30	11/10679	normal
13	0/2	outlier	31	45/142602	normal
14	0/1	outlier	32	9/43791	normal
15	0/4	outlier	33	37/58958	normal
16	0/73	outlier	34	5/10573	normal
17	0/3	outlier	35	5/4278	normal
18	0/1	outlier	—	—	—

检测率=77.24%（380/492×100%），误报率=1.324%（1297/284315×100%）。进一步可知，当阈值 r 缩小时，略有变化，当 r=0.088 时，检测率=79.07%（389/492×100%），误报率=5%（3764/284315×100%）。

该案例说明离群点检测方法可用于信用卡欺诈交易的检测。

本章小结

在很多场合，我们关心的是大部分数据表现的常规模式，而把离群点当作噪声丢弃，分类、聚类、关联规则算法是针对常规模式的挖掘。然而，一个人的垃圾可能是另一个人的财富。在企业风险管理等“广义安全”领域，特别需要离群点检测来发现非常规的模式，因此离群点检测具有广泛应用。

本章介绍了基于距离的离群点检测方法、基于相对密度的离群点检测方法和基于聚类的离群点检测方法，并分析了它们的优、缺点，基于聚类的离群点检测方法在性能和效率方面有优势。最后通过实例说明了离群点检测方法在信用卡欺诈交易检测方面的应用。

习 题 7

7.1 为什么离群点检测是重要的？举例说明离群点的应用场景。

7.2 假定正常对象被分类为离群点的概率是 0.01，而离群点被分类为离群点的概率为 0.99，如果 99%的对象都是正常的，那么误报率和检测率各为多少？

7.3 考虑一个点集，其中大部分点在低密度区域，少量点在高密度区域。如果我们定义离群点为低密度区域的点，则大部分点会被划分为离群点。这是对基于密度的离群点检测的适当使用吗？是否需要用某种方式修改该定义？

7.4 对于例 7-1 中的数据集，采用曼哈顿距离，取 k=3，计算每个点的离群因子。

案例分析

案例分析：澳大利亚联邦银行的欺诈检测

通过采用 SAS 欺诈检测技术快速获得投资回报。短短几个月，澳大利亚联邦银行支票的欺诈检测效率提高了 95%。

采用 SAS 解决方案，澳大利亚联邦银行支票欺诈检测水平比原有系统提高了近 1 倍，网上银行欺诈报警率提高了 60%。澳大利亚联邦银行安全部常务总经理兼首席安全官 John Geurts 谈了自己对联邦银行采用 SAS 的看法，并强调采用同一平台防范金融犯罪的重要性。

采用基于 SAS 的 FCP（防止金融犯罪平台），支票欺诈检测率提高了近 1 倍。网上银行欺诈报警率和欺诈检测率提高了 60%以上，信用卡欺诈检测平台的正误判比一直保持在 1∶12 的水平，这优于行业基准。从指标方面看，支票和网络欺诈收入损失率比五年前分别降低了 50%和 80%，信用卡欺诈损失也得到了明显改善。在五年来业务量持续增长的情况下，自 2007 年 7 月开始实施 FCP 以来，该银行支票和网络欺诈收入损失率的下降显著降低了集团因欺诈导致的损失。

资料来源：http://www.sas.com/offices/asiapacific/china/success/cba.html。

【思考题】试分析数据挖掘在电影、电视行业中的应用。

第 8 章　回归分析

开篇案例——身高遗传规律

“回归”的英文是“regression”，其基本思想是由英国著名生物学家、统计学家 F. Galton 在研究人类遗传问题时提出的，F. Galton 在研究父母身高与子女身高的遗传问题时，观察了 1078 对夫妇，以每对夫妇的平均身高作为 x 值，而取他们的一个成年儿子的身高作为 y 值，绘制两个变量的散点图，发现结果近似为一条直线，计算得出的拟合直线方程为

$$\hat{y} = 33.73 + 0.561x$$

这个结论表明：虽然高个子父辈有生高个子儿子的趋势，但父辈的身高每增加一个单位，儿子的身高仅增加约半个单位；反之，矮个子父辈确有生矮个子儿子的趋势，但父辈的身高每减少一个单位，儿子的身高仅减少约半个单位。这种现象具有普遍规律：身高超过平均值的父母，他们的儿子的平均身高将低于父母的平均身高；反之，身高低于平均值的父母，他们的儿子的平均身高将高于父母的平均身高。在身高遗传问题上出现了回归效应，即子代的身高向中心“回归”了。

这种利用观测数据发现变量之间的统计关系的方法就是回归分析研究的重要内容。

8.1　回归分析概述

回归分析（Regression Analysis）是指研究一个变量关于另一个（些）变量的具体依赖关系的计算方法和理论，是进行数据分析以解释关联和因果关系的统计方法。回归分析基于一个变量或更多其他变量的变化来解释另一个变量的变化，其中被解释的变量称为因变量（Dependent Variable）或目标变量，用于解释因变量变化的变量称为自变量（Independent Variable）或回归变量。运用回归分析，从一组样本数据出发，确定变量之间的函数关系式，对这些关系式的可信程度进行各种统计检验，并从影响某一特定变量的诸多变量中找出哪些变量的影响显著，哪些变量的影响不显著；判别自变量能够在多大程度上解释因变量；利用所求的关系式，根据一个或几个变量的取值来预测或控制另一个特定变量的取值，并给出预测或控制的精确程度。

回归分析方法被广泛应用于解释市场占有率、销售额、品牌偏好及市场营销效果。在许多实际问题当中，往往需要研究多个变量之间的相关关系。例如，产出往往受各种投入要素——资本、劳动力、技术等的影响；某种产品的销售额不仅受到投入的广告费用的影响，通常还与产品的价格、消费者的收入状况、社会保有量、其他可替代产品的价格等诸多因素有关系。通过统计数据把两个或两个以上定距或定比例的数量关系用函数形式表示出来就是回归分析要解决的问题。

在回归分析中，依据描述自变量与因变量之间因果关系的函数表达式是线性的还是非线性的，可以将其分为线性回归分析和非线性回归分析。线性回归分析是最基本的分析方法，遇到非线性回归问题有时可以借助数学手段将其化为线性回归问题处理。本章主要介绍多元线性回归和二元逻辑回归的基本原理，并通过简化的例子说明原理的应用。

8.2 线性回归模型

8.2.1 多元线性回归模型的表示

假设有连续随机变量 y（因变量）和自变量 $x_1, x_2, \cdots, x_k$，我们的目的是，已知作为预测目的的自变量的值，要用关于自变量的线性方程预测因变量的值，可以表示为

$$y = \beta_0 + \beta_1 x_1 + \beta_2 x_2 + \cdots + \beta_k x_k + \varepsilon$$

其中，ε 是噪声变量，称为随机误差项，是均值为 0、标准差为 δ（我们不知道它的值）的正态分布随机变量。这些系数的值也是未知的，需要根据得到的数据来估计所有 k+2 个未知参数的值。

对于已知的 n 行观测数据 $y_i, x_{i1}, x_{i2}, \cdots, x_{ik}(i = 1, 2, \cdots, n)$，使用最小二乘法估计参数，即通过使预测值和观测值之间的残差平方和最小来对系数 β 进行估计。残差平方和的表示方法如下：

$$\sum_{i=1}^{n} [y_i - (\beta_0 + \beta_1 x_{i1} + \beta_2 x_{i2} + \cdots + \beta_k x_{ik})]^2$$

使上式最小化的系数记为 $\hat{\beta}_0, \hat{\beta}_1, \cdots, \hat{\beta}_k$，得到这些估计值后，就可以根据已知自变量的值 $x_1, x_2, \cdots, x_k$ 预测因变量的值 y。预测值的公式如下：

$$\hat{y} = \hat{\beta}_0 + \hat{\beta}_1 x_1 + \hat{\beta}_2 x_2 + \cdots + \hat{\beta}_k x_k$$

我们可以用下面的公式计算出 δ^2 的无偏估计 $\hat{\delta}^2$：

$$\hat{\delta}^2 = \frac{1}{n - (k+1)} [y_i - (\beta_0 + \beta_1 x_{i1} + \beta_2 x_{i2} + \cdots + \beta_k x_{ik})]^2 = \frac{\text{残差平方和}}{\text{观测记录数} - \text{参数个数}}$$

多元线性回归模型基于如下假设：① 自变量 x_i 之间互不相关，即无多重共线性；② 随机误差项不存在序列相关关系；③ 随机误差项与自变量之间不相关；④ 随机误差项服从 0 均值、同方差的正态分布。

在多元线性回归方程中，由于各自变量的单位不同，得到的回归系数也有不同的量纲。因此，回归系数的大小只能表明自变量与因变量在数量上的关系，不能表示各自变量在线性回归方程中的重要性。要比较各自变量的重要性，必须消除单位的影响。为此，在进行线性回归时需要对变量进行标准化变换，由此得到的回归系数被称为标准化系数。

标准化的回归模型为

$$\frac{y - \overline{y}}{\sigma_y} = \beta'_1 \frac{x_1 - \overline{x}_1}{\sigma_{x_1}} + \beta'_2 \frac{x_2 - \overline{x}_2}{\sigma_{x_2}} + \cdots + \beta'_k \frac{x_k - \overline{x}_k}{\sigma_{x_k}} + \varepsilon$$

其中，σ_y 是因变量 y 的标准差，σ_{x_i} 是自变量 x_i 的标准差。

标准化系数的含义是当自变量增加一个单位时因变量应增加或减少的单位数，它与原来未标准化的系数之间的关系为

$$\hat{\beta}_i' = \hat{\beta}_i \frac{\sigma_{x_i}}{\sigma_y} \qquad i = 1, 2, \cdots, k$$

8.2.2 多元线性回归模型的检验

回归方程的显著性检验用来考察所选用的自变量 $x_1, x_2, \cdots, x_k$ 的线性函数是否的确对因变量 y 起到了解释作用，包括拟合优度检验、线性关系的显著性检验和回归参数 t 的显著性检验。

先引入一组记号，$\text{TSS}=\sum_{i=1}^{n}(y_i-\bar{y})^2$ 表示总的偏差平方和，$\text{ESS}=\sum_{i=1}^{n}(\hat{y}_i-\bar{y})^2$ 表示回归平方和，$\text{RSS}=\sum_{i=1}^{n}(y_i-\hat{y}_i)^2$ 表示残差平方和，三者之间的关系为TSS=RSS+ESS 。

（1）拟合优度检验

拟合优度检验量 $R^2=1-\dfrac{\text{RSS}}{\text{TSS}}=\dfrac{\text{ESS}}{\text{TSS}}$，该统计量越接近于 1，模型的拟合优度越高。

（2）线性关系的显著性检验

线性关系检验也称总体显著性检验，主要是检验因变量同多个自变量的线性关系是否显著。采用检验统计量 $F=\dfrac{\text{ESS}/k}{\text{RSS}/(n-k-1)}$ 来度量，其服从 F 分布 $F(k,n-k-1)$。F 值越大，因变量与自变量之间的线性关系在总体上越显著。

（3）回归参数 t 的显著性检验

对于参数 β_i，采用统计量 $t_i=\dfrac{\hat{\beta}_i}{s_{\hat{\beta}_i}}$ 表示，其中，$s_{\hat{\beta}_i}$ 是回归参数 $\hat{\beta}_i$ 的抽样分布的标准差。

$$s_{\hat{\beta}_i}=\frac{\sqrt{\dfrac{\text{RSS}}{n-k-1}}}{\sqrt{\sum_{i=1}^{n}x_i^2-\dfrac{1}{n}\left(\sum_{i=1}^{n}x_i\right)^2}}$$

统计量 t_i 服从自由度为 $n-k-1$ 的 t 分布，t_i 越大，对应参数越显著。

【例 8-1】 一家皮鞋零售店对其连续 18 个月的库存占用资金情况、广告投入费用、员工薪酬、销售额等方面的数据进行了汇总，如表 8-1 所示。

表 8-1　皮鞋销售相关数据

月　份	库存资金额 x_1（万元）	广告投入预算 x_2（万元）	员工薪酬总额 x_3（万元）	销售额 y（万元）
1	75.2	30.6	21.1	1090.4
2	77.6	31.3	21.4	1133
3	80.7	33.9	22.9	1242.1
4	76	29.6	21.4	1003.2
5	79.5	32.5	21.5	1283.2
6	81.8	27.9	21.7	1012.2
7	98.3	24.8	21.5	1098.8
8	67.7	23.6	21	826.3
9	74	33.9	22.4	1003.3
10	151	27.7	24.7	1554.6
11	90.8	45.5	23.2	1199
12	102.3	42.6	24.3	1483.1
13	115.6	40	23.1	1407.1
14	125	45.8	29.1	1551.3
15	137.8	51.7	24.6	1601.2
16	175.6	67.2	27.5	2311.7
17	155.2	65	26.5	2126.7
18	174.3	65.4	26.8	2256.5

该皮鞋店的管理人员试图根据这些数据找到销售额与其他 3 个变量之间的关系，以便进行销售额预测并为未来的预算工作提供参考。试根据这些数据建立回归模型。如果未来某月的库存资金额为 150 万元，广告投入预算为 45 万元，员工薪酬总额为 27 万元，试根据建立的回归模型预测该月的销售额。

【解】

利用 Clementine 软件得到的线性回归方程为

$$\hat{y}=162.063+7.274x_1+13.957x_2-4.4x_3$$

再使用 18 个例子作为验证数据。应用前面的方程于验证数据中，验证数据的预测结果如表 8-2 所示。

表 8-2 验证数据的预测结果

月 份	库存资金额 x_1（万元）	广告投入预算 x_2（万元）	员工薪酬总额 x_3（万元）	销售额 y（万元）	y 的预测值	预测偏差
1	75.2	30.6	21.1	1090.4	1043.312	−47.088
2	77.6	31.3	21.4	1133	1069.2195	−63.7805
3	80.7	33.9	22.9	1242.1	1121.4571	−120.643
4	76	29.6	21.4	1003.2	1033.8542	30.6542
5	79.5	32.5	21.5	1283.2	1099.3485	−183.852
6	81.8	27.9	21.7	1012.2	1050.9965	38.7965
7	98.3	24.8	21.5	1098.8	1128.6308	29.8308
8	67.7	23.6	21	826.3	891.498	65.198
9	74	33.9	22.4	1003.3	1074.9213	71.6213
10	151	27.7	24.7	1554.6	1538.3659	−16.2341
11	90.8	45.5	23.2	1199	1355.5057	156.5057
12	102.3	42.6	24.3	1483.1	1393.8414	−89.2586
13	115.6	40	23.1	1407.1	1459.5774	52.4774
14	125	45.8	29.1	1551.3	1582.5036	31.2036
15	137.8	51.7	24.6	1601.2	1777.7571	176.5571
16	175.6	67.2	27.5	2311.7	2256.2878	−55.4122
17	155.2	65	26.5	2126.7	2081.5928	−45.1072
18	174.3	65.4	26.8	2256.5	2224.789	−31.711
平均值					1399.081033	−0.01341
标准差					432.3095911	91.10169

预测的平均误差很小，为−0.01341，因此可以将预测看成无偏的。方差分析的结论说明在指定水平下该线性回归方程是显著的。

如果未来某月的库存资金额为 150 万元，广告投入预算为 45 万元，员工薪酬总额为 27 万元，则可以预测销售额为

$$\hat{y}=162.063+7.274\times150+13.957\times45-4.4\times27=1762.428$$

8.3 非线性回归

在实际问题中，经常遇到变量之间的关系不能用线性方程来描述的情况。此时有 3 种策略处理这一问题。

策略一，知道变量之间的函数关系，直接利用残差平方和最小的思想建立非线性回归方程。通过研究对象的物理背景或散点图可让我们选择适当的非线性回归方程的类型。

策略二，通过函数变换把非线性回归问题转化为线性回归问题来解决。如对于以下关系：指数函数 $y = \alpha e^{\beta x}$、幂函数 $y = \alpha x^{\beta}$、双曲线函数 $y = \dfrac{x}{\alpha x + \beta}$、对数函数 $y = \alpha + \beta \lg x$、S 型曲线 $y = \dfrac{1}{\alpha + \beta e^{-x}}$、多项式 $y = b_0 + b_1 x + b_2 x^2 + \cdots + b_n x^n$，都可以通过适当变换将模型转为多元线性回归来分析。一般的函数可以利用多项式近似，然后转化为多元线性回归方程，这就产生了多项式回归（Polynomial Regression）。

注意：并非所有的非线性模型都可以转化为线性模型。

策略三，通过将自变量划分成多个不相交的区域，在每个区域上建立线性回归方程，在需要预测时，先确定预测变量所在区域，选取对应的回归方程进行预测，就像高等数学中的分段函数。

常用的非线性回归方程的评价标准有两个。

① 拟合优度：$R^2 = 1 - \dfrac{\sum (y_i - \hat{y}_i)^2}{\sum (y_i - \bar{y})^2}$，越大越好。

② 剩余标准差：$s = \sqrt{\dfrac{\sum (y_i - \hat{y}_i)^2}{n-2}}$，越小越好。

这两个评价标准是一致的，只是从两个侧面进行评价。下面通过一个例子来说明。

【例 8-2】 对于一组变量(y, x)的观测值如表 8-3 所示，求 y 关于 x 的回归方程。

表 8-3　对于一组变量(y, x)的观测值

序　号	x	y	序　号	x	y
1	−1	0.60	11	3.55	5.40
2	−0.95	0.84	12	4.05	6.51
3	−0.45	0.24	13	4.55	6.14
4	0.05	0.54	14	5.05	11.23
5	0.55	0.93	15	5.55	14.73
6	1.05	2.06	16	6.05	19.27
7	1.55	0.66	17	6.55	26.35
8	2.05	4.40	18	7.05	35.30
9	2.55	1.32	19	7.55	45.93
10	3.05	2.24	—	—	—

【解】

策略一：根据表 8-3 中的数据作散点图，如图 8-1 所示，y 与 x 之间有类似 $y = ae^{bx}$ 的函数关系。进行变换：$z = \ln y = \ln a + bx$，则 z 与 x 之间是线性关系。求得线性回归方程为 $z = -0.4054 + 0.5456x$，再换回原变量，可得 $\hat{y} = e^{-0.4054+0.5466x} = 0.67e^{0.5466x}$

策略二：将自变量分成两段，在每一段上作线性回归方程。结果如下：

$$\hat{y} = \begin{cases} 0.6327 + 1.097x & x < 4.8 \\ -61.76 + 13.85x & x > 4.8 \end{cases}$$

例 8-2 的两个方程的拟合优度及剩余标准差如表 8-4 所示。

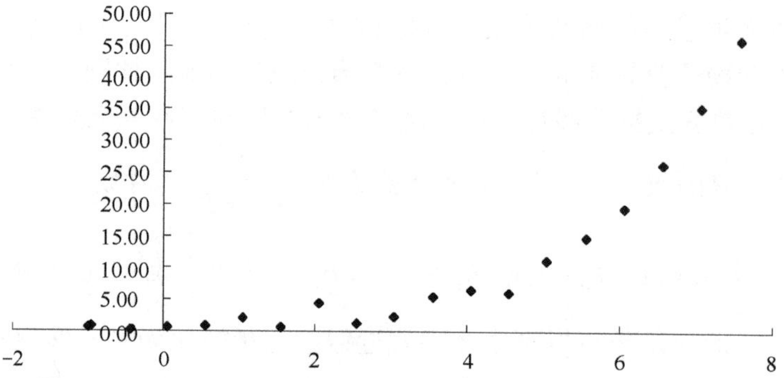

图 8-1　表 8-3 中数据的散点图

表 8-4　例 8-2 的两个方程的拟合优度及剩余标准差

方　程	偏差平方和	拟合优度 R^2	剩余标准差 s
$\hat{y}=0.67e^{0.5466x}$	55.948	0.982	1.814
$\hat{y}=\begin{cases}0.6327+1.097x & x<4.8\\ -61.76+13.85x & x>4.8\end{cases}$	52.485	0.983	1.757

可见，策略二较策略一得到的回归方程略好。

【例 8-3】 某大型牙膏制造企业为了更好地拓展产品市场，有效管理库存，公司董事会要求销售部门根据市场调查，找出公司生产的牙膏的销售量与销售价格、广告投入等因素之间的关系，从而预测出不同价格和广告费用下的销售量。为此，销售部的研究人员收集了过去 30 个销售周期（每个销售周期为 4 周）公司生产的牙膏的销售量、销售价格、投入的广告费用，以及同期其他厂家生产的同类牙膏的市场平均销售价格，如表 8-5 所示。试根据这些数据建立模型，分析牙膏销售量与其他因素的关系，为制定价格策略和广告投入策略提供依据。

表 8-5　牙膏的销售量与销售价格、广告费用等数据

销售周期	公司销售价格/元	其他厂家平均价格/元	广告费用/百万元	价格差/元	销售量/百万支
1	3.85	3.8	5.5	−0.05	7.38
2	3.75	4	6.75	0.25	8.51
3	3.7	4.3	7.25	0.6	9.52
4	3.7	3.7	5.5	0	7.5
5	3.6	3.85	7	0.25	9.33
6	3.6	3.8	6.5	0.2	8.28
7	3.6	3.75	6.75	0.15	8.75
8	3.8	3.85	5.25	0.05	7.87
9	3.8	3.65	5.25	−0.15	7.1
10	3.85	4	6	0.15	8
11	3.9	4.1	6.5	0.2	7.89
12	3.9	4	6.25	0.1	8.15
13	3.7	4.1	7	0.4	9.1
14	3.75	4.2	6.9	0.45	8.86
15	3.75	4.1	6.8	0.35	8.9
16	3.8	4.1	6.8	0.3	8.87
17	3.7	4.2	7.1	0.5	9.26
18	3.8	4.3	7	0.5	9
19	3.7	4.1	6.8	0.4	8.75

续表

销售周期	公司销售价格/元	其他厂家平均价格/元	广告费用/百万元	价格差/元	销售量/百万支
20	3.8	3.75	6.5	−0.05	7.95
21	3.8	3.75	6.25	−0.05	7.65
22	3.75	3.65	6	−0.1	7.27
23	3.7	3.9	6.5	0.2	8
24	3.55	3.65	7	0.1	8.5
25	3.6	4.1	6.8	0.5	8.75
26	3.65	4.25	6.8	0.6	9.21
27	3.7	3.65	6.5	−0.05	8.27
28	3.75	3.75	5.75	0	7.67
29	3.8	3.85	5.8	0.05	7.93
30	3.7	4.24	6.8	0.55	9.26

注：价格差指其他厂家平均价格与本公司销售价格之差

分析：记牙膏的销售量为y，其他厂家平均价格与公司销售价格之差为x_1，公司投入的广告费用为x_2，其他厂家平均价格为x_3，公司销售价格为$x_4 = x_3 - x_1$。

大多数消费者在购买同类产品时，更多地会在意品牌之间的价格差异，而不是它们的价格本身。因此，在研究各因素对销售量的影响时，用价格差代替公司销售价格和其他厂家平均价格更为合适。基于此，我们利用x_1和x_2来建立y的预测模型。

通过图 8-2 所示的散点图可知，y与x_1呈线性关系，而y与x_2呈二次函数关系。

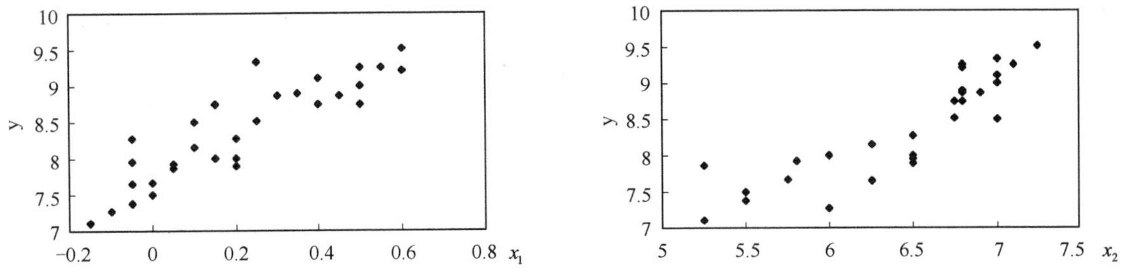

(a)y 对 x_1 的散点图　　(b)y 对 x_2 的散点图

图 8-2　散点图

【解】

① 建立线性回归模型。先考虑建立最简单的线性回归模型：$y = \beta_0 + \beta_1 x_1 + \beta_2 x_2 + \varepsilon$。利用已有数据，建立线性回归模型结果：

$$\hat{y} = 4.407 + 1.588x_1 + 0.563x_2 \quad （模型 1）$$

$$R^2 = 0.886 \qquad F=104.967 \qquad s^2 = 0.057$$

② 考虑y与x_2间的二次函数关系建立回归模型：$y = \beta_0 + \beta_1 x_1 + \beta_2 x_2 + \beta_3 {x_2}^2 + \varepsilon$。利用已有数据建立线性回归模型，结果如下：

$$\hat{y} = 17.324 + 1.307x_1 - 3.696x_2 + 0.349{x_2}^2 \quad （模型 2）$$

$$R^2 = 0.905 \qquad F=82.941 \qquad s^2 = 0.049$$

③ 模型的改进。前面得到的模型中假设了回归变量x_1和x_2对因变量y的影响是相互独立的。根据直觉和经验可以猜想，x_1与x_2之间的交互作用会对y有影响，将模型改进为

$$y = \beta_0 + \beta_1 x_1 + \beta_2 x_2 + \beta_3 {x_2}^2 + \beta_4 x_1 x_2 + \varepsilon$$

建立线性回归模型，结果如下：

$$\hat{y}=29.11+11.13x_1-7.608x_2+0.6712{x_2}^2-1.478x_1x_2 \quad （模型 3）$$

$$R^2=0.921 \qquad F\text{=}72.777 \qquad s^2=0.043$$

④ 考虑全部二次因式，将模型改进为

$$y=\beta_0+\beta_1x_1+\beta_2x_2+\beta_3x_1x_2+\beta_4{x_1}^2+\beta_5{x_2}^2+\varepsilon$$

建立线性回归模型，结果如下：

$$\hat{y}=32.1+14.74x_1-8.637x_2-2.104x_1x_2+1.107{x_1}^2+0.7594{x_2}^2 \quad （模型 4）$$

$$R^2=0.923 \qquad F\text{=}57.237 \qquad s^2=0.043$$

比较可见，模型 3 与模型 4 的性能差不多，明显优于模型 1 和模型 2。该示例体现了用多项式近似一般函数的思想。

8.4 逻辑回归

逻辑回归（Logistic Regression），也称为定性变量回归，是根据输入值域对记录进行分类的统计方法。逻辑回归拓展了多元线性回归的思想，但是目标变量使用分类型字段而不是数值型字段。自变量$x_1,x_2,\cdots,x_m$可以是分类变量、连续变量或二者的混合类型。

逻辑回归建立了一组方程，把输入值域与目标变量每一类的概率联系起来。一旦生成模型，便可用于估计新的数据的概率。对于每个记录，计算其从属于每种可能输出类的概率，概率最大的目标类被指定为该记录的预测输出值，类似朴素贝叶斯分类方法。逻辑回归有两种：一种是二元逻辑回归，即目标变量的值只有两种类别，比较常见；另一种是多元逻辑回归，即目标变量的值的类别可以多于两种。逻辑回归模型的用途主要有两个：其一是寻找对目标变量某一类别影响最大的输入变量；其二是进行预测，如果已经建立了逻辑回归模型，则可以根据模型预测在不同的自变量情况下，发生某种情况的概率有多大，进而判定其类别。本节主要讨论二元逻辑回归。

8.4.1 二元逻辑回归模型

设目标变量y是 0～1 型随机变量，$x_1,x_2,\cdots,x_k$是k个自变量，$p=p(y=1\,|\,x_1,x_2,\cdots,x_k)$，那么，变量$y$关于变量$x_1,x_2,\cdots,x_k$的逻辑回归模型是

$$p=p(y=1\,|\,x_1,x_2,\cdots,x_k)=\frac{\mathrm{e}^{\beta_0+\beta_1x_1+\cdots+\beta_kx_k}}{1+\mathrm{e}^{\beta_0+\beta_1x_1+\cdots+\beta_kx_k}}$$

另一种表示形式为

$$z=\operatorname{logit}(p)=\ln\left(\frac{p}{1-p}\right)=\beta_0+\beta_1x_1+\cdots+\beta_kx_k$$

其中，$\beta_0,\beta_1,\cdots,\beta_m$是待估参数。它给出了变量$z$=logit($p$)关于$x_1,x_2,\cdots,x_k$的线性函数。

注意：对于二元逻辑回归模型，y=0 的模型是

$$p(y=0\,|\,x_1,x_2,\cdots,x_k)=1-p(y=1\,|\,x_1,x_2,\cdots,x_k)$$

对于单变量x的逻辑回归模型是

$$P(y=1\,|\,x)=\pi(x)=\frac{\mathrm{e}^{\alpha+\beta x}}{1+\mathrm{e}^{\alpha+\beta x}}=\frac{1}{1+\mathrm{e}^{-(\alpha+\beta x)}}$$

其曲线是 S 型，如图 8-3 所示。

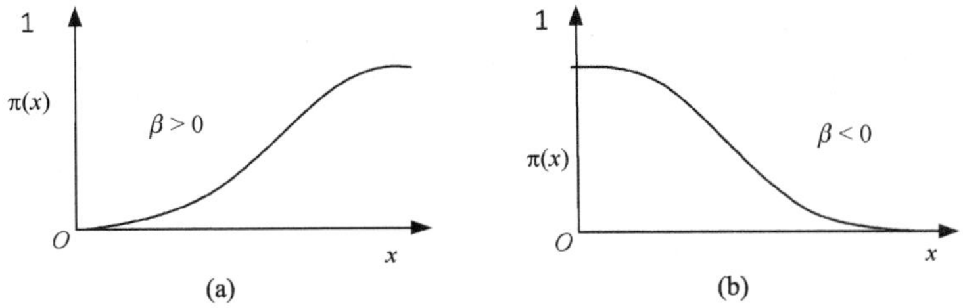

图 8-3　逻辑回归函数对应的曲线

8.4.2　逻辑回归模型的系数估计

（1）分组数据情形

在对因变量进行的 n 次观测 $y_j(j=1,2,\cdots,n)$ 中，如果在相同的 $(x_{i_1},x_{i_2},\cdots,x_{i_k})$ 处进行多次重复观测，则可用样本比例对 p_i 进行估计，这种结构的数据称为分组数据，将分组个数记为 c。用 p_i 的估计值 $\hat{p}_i$ 代替 p_i，并记为 $y_i^*=\ln\left(\dfrac{p_i}{1-p_i}\right)$（$i=1,2,\cdots,c$），则线性回归模型为

$$y_i^*=\beta_0+\sum_{j=1}^{k}\beta_j x_{i_j}+\varepsilon_i\ (i=1,2,\cdots,c)$$

利用线性回归模型得到参数的最小二乘估计 $\hat{\beta}=(\hat{\beta}_0,\hat{\beta}_1,\hat{\beta}_2,\cdots,\hat{\beta}_m)$。

（2）非分组数据情形

设 y 是 0～1 型的随机变量，$x_1,x_2,\cdots,x_k$ 是对 y 的取值有影响的自变量。在 $(x_{i_1},x_{i_2},\cdots,x_{i_k})$（$i=1,2,\cdots,n$）处分别对 Y 进行了 n 次独立观测 $Y_i(i=1,2,\cdots,n)$，记第 i 次观测值为 y_i。显然，$Y_i(i=1,2,\cdots,n)$ 是相互独立的贝努利随机变量，其概率分布为

$$P(Y_i=y_i)=p_i^{y_i}(1-p_i)^{1-y_i}\qquad y_i=0或1$$

于是，$y_1,y_2,\cdots,y_n$ 的似然函数为

$$L(Y,p)=\prod_{i=1}^{n}P(Y_i=y_i)=\prod_{i=1}^{n}p_i^{y_i}(1-p_i)^{1-y_i}$$

对数似然函数为

$$\ln L(Y,p)=\sum_{i=1}^{n}[y_i\ln p_i+(1-y_i)\ln(1-p_i)]=\sum_{i=1}^{n}[y_i\ln\frac{p_i}{1-p_i}+\ln(1-p_i)]$$

逻辑模型描述了 p_i 与 $(x_{i_1},x_{i_2},\cdots,x_{i_k})(i=1,2,\cdots,n)$ 之间的如下关系：

$$p_i=\frac{\mathrm{e}^{\beta_0+\beta_1x_{i_1}+\cdots+\beta_kx_{i_k}}}{1+\mathrm{e}^{\beta_0+\beta_1x_{i_1}+\cdots+\beta_kx_{i_k}}}$$

其中，$\beta_j(j=0,1,\cdots,k)$ 是待估计参数。于是

$$\ln L(Y,p)=\sum_{i=1}^{n}[y_i(\beta_0+\sum_{j=1}^{k}\beta_jx_{i_j})-\ln(1+\mathrm{e}^{\beta_0+\sum_{j=1}^{k}\beta_jx_{i_j}})]$$

使得 $\ln L(Y,p)$ 达到最大值的 $\hat{\beta}_0,\hat{\beta}_1,\cdots,\hat{\beta}_k$ 就是 $\beta_0,\beta_1,\cdots,\beta_k$ 的极大似然估计，其计算比较复杂，使用统计软件中的逻辑回归过程可以求得极大似然估计。

8.4.3 逻辑回归模型系数的解释

事件发生的概率与不发生的概率之比 odds 的定义为 $\text{odds}=\frac{p}{1-p}=e^{\beta_0+\beta_1x_1+\cdots+\beta_kx_k}$，而发生比率 OR（Odds Ration）的定义为 $\text{OR}=\frac{\text{odds}_i}{\text{odds}_j}$。

考虑自变量 x_k 变化而其他自变量固定时的发生比率。

① x_t 是连续自变量。自变量 x_t 每增加一个单位，发生比率 OR 为

$$\text{OR}=\frac{e^{\beta_0+\beta_1x_1+\cdots+\beta_t(x_t+1)+\cdots+\beta_kx_k}}{e^{\beta_0+\beta_1x_1+\cdots+\beta_tx_t+\cdots+\beta_kx_k}}=e^{\beta_t}$$

② x_t 是二分类自变量。变量 x_t 的取值只能为 0 或 1，称为虚拟变量（Dummy Variable）。当 x_t 的取值为 1 时，取值为 0 的发生比率为

$$\text{OR}=\frac{e^{\beta_0+\beta_1x_1+\cdots+\beta_t\times1+\cdots+\beta_kx_k}}{e^{\beta_0+\beta_1x_1+\cdots+\beta_t\times0+\cdots+\beta_kx_k}}=e^{\beta_t}$$

③ x_t 是分类变量。如果分类变量 x_t 包括 m 个类别，那么需要建立的虚拟变量的个数为 m−1，省略的那个类别称为参照类（Reference Category）。设虚拟变量为 x_t，其系数为 β_t，对于参照类，其发生比率为 e^{β_t}。

可见，发生比率可以度量对应变量的影响程度。

8.4.4 显著性检验

逻辑回归方程的显著性检验包括两方面：线性关系检验和回归系数检验。下面讨论逻辑回归模型中的自变量是否与目标变量间显著相关的显著性检验问题。

（1）回归系数的显著性检验

逻辑回归参数的显著性检验的目的是逐个检验模型中的各自变量是否与 $\ln\left(\frac{p}{1-p}\right)$ 有显著线性关系，即对解释 $\ln\left(\frac{p}{1-p}\right)$ 是否有重要贡献。对回归系数进行显著性检验时，通常使用 Wald 检验。

参数 $\beta_i(i=1,2,\cdots,k)$ 的 Wald 统计量的定义为 $W=[\hat{\beta}_j/S_{\hat{\beta}_j}]^2$。其中，$S_{\hat{\beta}_j}$ 为 $\hat{\beta}_j$ 的标准误差。这个单变量 Wald 统计量服从自由度为 1 的 χ^2 分布。

Wald 统计量越大，自变量 β_i 与 $\ln\left(\frac{p}{1-p}\right)$ 之间的关系越显著，应该将其保留在回归方程中。

（2）线性关系的显著性检验

逻辑回归方程的线性关系的显著性检验的目的是检验全体自变量与 $\ln\left(\frac{p}{1-p}\right)$ 的线性关系是否显著。

由于逻辑回归方程求解参数采用的是最大似然估计方法，因此对逻辑回归方程的显著性也要通过似然函数来判断。似然函数值是在假设拟合模型成立的条件下能够观测到这一特定样本的概率。最大似然函数值 L 是一个在[0, 1]之间的很小的数，对 L 取对数后得到

的 $\ln(L)$ 必然小于 0。所以，通常将 L 取对数后再乘以−2，$-2\ln(L)$ 越大，意味着回归模型的似然值越小，模型的拟合程度越差；$-2\ln(L)$ 越小，意味着回归模型的似然值越大，似然值越接近 1，模型的拟合程度越好；如果似然值等于 1，则表示模型完全拟合了观测值。

在检验逻辑回归模型时，通常将回归模型与截距模型相比较。所谓截距模型，是指形为 $\ln\frac{p}{1-p}=\beta_0$（β_0为常数）的模型。该模型没有引入任何自变量，它的似然值最小，是一个“不好”的模型。以截距模型为“基准”，比较当模型中引入了自变量后新的模型与数据的拟合水平是否差别显著，差别越大，说明新的模型越有效。

线性关系的显著性检验步骤如下：

① 定义截距模型，用 L_0 表示截距模型的似然值。

② 构造对数似然比（Likelihood Ratio Test）统计量 G^2：

$$G^2=2\ln\left(\frac{L}{L_0}\right)=(-2\ln L_0)-(-2\ln L)$$

其中，G^2 近似服从自由度为 k 的 χ^2 分布。统计量 G^2 越大，说明自变量全体与 $\ln\left(\frac{p}{1-p}\right)$ 之间的线性关系越显著。

8.4.5　回归方程的拟合优度检验

拟合优度表示回归方程能够解释因变量的变差程度。如果方程可以解释因变量的较大部分变差，则说明拟合优度高；反之，则说明拟合优度低。也可以用回归方程的预测准确度来衡量其拟合优度。逻辑回归方程的拟合优度检验常用的方法有以下几种。

（1）基于 Cox & Snell R^2 统计量的拟合优度检验。

Cox & Snell R^2 与一般线性回归的 R^2 有相似之处，也是方程对因变量变差解释程度的反映，其定义为

$$\text{Cox \& Snell } R^2=1-\left(\frac{L_0}{L}\right)^{\frac{2}{n}}$$

其中，L_0 是只包含常数项时的似然函数值，L 是当前方程的似然函数值，n 为样本量。

Cox & Snell R^2 的取值范围不易确定，解释时有一定困难。

（2）基于 Nagelkerke R^2 统计量的优度检验

Nagelkerke R^2 是修正的 Cox & Snell R^2，也反映了方程对因变量变差解释的程度，其定义为

$$\text{Nagelkerke } R^2=\frac{\text{Cox \& Snell } R^2}{1-(L_0)^{\frac{2}{n}}}$$

Nagelkerke R^2 的取值为 0～1，越接近 1，说明方程的拟合优度越高；越接近 0，说明方程的拟合优度越低。

【例 8-4】 在一次住房展销会上，与房地产商签订初步购房意向书的有 n=325 名顾客，在随后的 3 个月内，只有一部分顾客确实购买了房屋。将购买房屋的顾客记为 1，将没有购买房屋的顾客记为 0。以顾客的家庭年收入为自变量 x，将家庭年收入按照高低不同分成了 9 组，如表 8-6 所示。房地产商希望能建立签订意向的顾客最终真正买房的概率与家庭年收入间的关系式，以便分析家庭年收入对最终购买住房的影响。

表 8-6　签订购房意向和最终买房的客户数据

序号	家庭年收入 x（万元）	签订意向书人数 n_i	实际购房人数 m_i	实际购房比率 $p_i=\frac{m_i}{n_i}$
1	1.5	25	8	0.32
2	2.5	32	13	0.4063
3	3.5	58	26	0.4483
4	4.5	52	22	0.4231
5	5.5	43	20	0.4651
6	6.5	39	22	0.5641
7	7.5	28	16	0.5714
8	8.5	21	12	0.5714
9	9.5	15	10	0.6667

【解】

以顾客的家庭年收入为自变量 x，建立逻辑回归模型：

$$p_i=\frac{\exp(\beta_0+\beta_1 x_i)}{1+\exp(\beta_0+\beta_1 x_i)}(i=1,2,\cdots,c)$$

其中，c 为分组数据的组数，本例中，c=9。做逻辑变换 $p_i'=\ln\left(\frac{p_i}{1-p_i}\right)$，变换后得到线性模型 $p_i'=\beta_0+\beta_1 x_i+\varepsilon_i$。

利用表 8-6 的数据，最终得到线性回归方程 $\hat{p}'=-0.8863+0.1558x$。

判定系数 $R^2=0.924$，显著性检验 p 值接近 0，逻辑回归方程高度显著。

最终得到的逻辑回归方程为 $\hat{p}=\frac{1}{1+\exp(0.8863-0.1558x)}$。

由逻辑回归方程可知，家庭年收入 x 越高，$\hat{p}$ 越大，即顾客签订意向后真正购买的概率越大。对于一个家庭年收入为 9 万元的客户，将 $x=9$ 代入逻辑回归方程可得

$$\hat{p}=\frac{1}{1+\exp(0.8863-0.1558\times 9)}=0.6309$$

即家庭年收入为 9 万元的客户签订意向后，约有 63.09%的人会真正买房。

家庭年收入为 9 万元的客户签订意向后，最终买房与不买房的可能性之比为

$$\text{odds}(\text{年收入9万元})=\frac{\hat{p}}{1-\hat{p}}=\exp(0.8863-0.1558x)=1.709$$

说明家庭年收入为 9 万元的客户签订意向后，最终买房的可能性是不买房的可能性的 1.709 倍。

另外，可得如下关系式：

$$\text{OR}(\text{年收入9万元, 年收入8万元})=\frac{\exp(-0.8863+0.1558\times 9)}{\exp(-0.8863+0.1558\times 8)}=\exp(0.1558)=1.1686$$

所以，一个家庭年收入 9 万元的客户签订意向后最终买房的可能性约是家庭年收入 8 万元的客户签订意向后最终买房的可能性的 1.17 倍。

【例 8-5】 银行金融状况分析示例。

表 8-7 给出了一个银行的数据样本。第二栏记录了专家对每个银行金融状况的判断。最后两栏给出了在银行金融分析中两个常用比率的值。

表 8-7　银行的金融状况

观测点	金融状况（y）	总贷款和租赁/总资产（x_1）	总费用/总资产（x_2）
1	1	0.64	0.13
2	1	1.04	0.10
3	1	0.66	0.11
4	1	0.80	0.09
5	1	0.69	0.11
6	1	0.74	0.14
7	1	0.63	0.12
8	1	0.75	0.12
9	1	0.56	0.16
10	1	0.65	0.12
11	0	0.55	0.10
12	0	0.46	0.08
13	0	0.72	0.08
14	0	0.43	0.08
15	0	0.52	0.07
16	0	0.54	0.08
17	0	0.30	0.09
18	0	0.67	0.07
19	0	0.51	0.09
20	0	0.79	0.13

*金融状况＝1，金融状况弱；金融状况＝0，金融状况强。

（1）考虑构建只有一个自变量的简单逻辑回归模型

如果构建一个用于银行分类的简单的、以总贷款和租赁与总资产之比作为自变量的逻辑回归模型，将有如下变量。

因变量：

$$Y=\begin{cases}1 & \text{如果金融状况窘迫}\\ 0 & \text{其他情况}\end{cases}$$

自（或解释）变量：x_1，表示总贷款和租赁/总资产。

因变量和自变量间的关系为 $P(Y=1|x_1)=\dfrac{\exp(\beta_0+\beta_1 x_1)}{1+\exp(\beta_0+\beta_1 x_1)}$。

利用表 8-7 对模型中的系数求最大似然估计：$\hat{\beta}_0=-6.926$，$\hat{\beta}_1=10.99$。

因此，拟合出的模型为

$$P(Y=1|x_1)=\frac{\exp(-6.926+10.99x_1)}{1+\exp(-6.926+10.99x_1)} \qquad \text{（模型 1）}$$

图 8-4 所示为变量 x_1 与 y 之间的回归模型。

易见：

$$P(Y=0|x_1)=1-P(Y=1|x_1)=\frac{1}{1+\exp(-6.926+10.99x_1)}$$

$$\frac{P(Y=1|x_1)}{P(Y=0|x_1)}=\exp(-6.926+10.99x_1)$$

总贷款和租赁与总资产之比是 0 的概率将导致财政状况紧张 exp(−6.926)=0.001。这些是基本事件的概率。

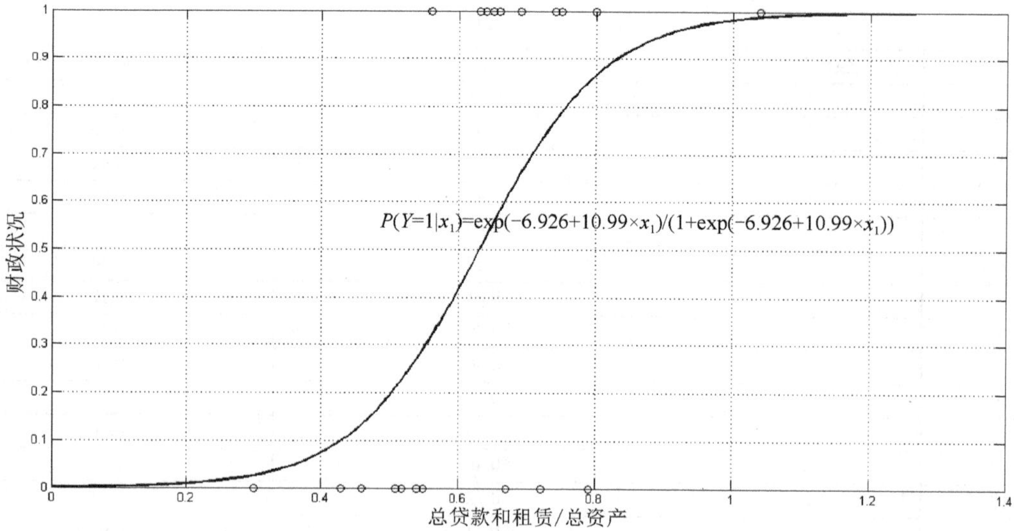

图 8-4　变量 x_1 与 y 之间的回归模型

当比率为 0.6 时，银行在基本事件中财政紧张的概率将按倍数 exp(10.99×0.6)=730 增加，因此该银行将会陷入财政紧张的概率为 0.730。

$\hat{\beta}_1$ 给出了在 x_1 有单位变化时，Y=1 与 Y=0 的概率之比。

如果构建一个用于银行分类的简单的、以总费用/总资产为自变量的逻辑回归模型，将有如下变量。

因变量：

$$Y=\begin{cases}1 & \text{如果金融状况窘迫}\\ 0 & \text{其他情况}\end{cases}$$

自（或解释）变量：x_2 表示“总费用/总资产”。

因变量和自变量间的关系为 $P(Y=1|x_2)=\dfrac{\exp(\beta_0+\beta_2 x_2)}{1+\exp(\beta_0+\beta_2 x_2)}$。

模型中系数的最大似然估计为 $\hat{\beta}_0=-9.587$，$\hat{\beta}_2=94.35$。

拟合出的模型为

$$P(Y=1|x_2)=\frac{\exp(-9.587+94.35x_2)}{1+\exp(-9.587+94.35x_2)} \qquad \text{（模型 2）}$$

图 8-5 显示了数据点及其相应的逻辑回归模型。

（2）进一步考虑两个变量的逻辑回归模型，因变量和自变量的关系方程为

$$P(Y=1|x_1,x_2)=\frac{\exp(\beta_0+\beta_1 x_1+\beta_2 x_2)}{1+\exp(\beta_0+\beta_1 x_1+\beta_2 x_2)}$$

模型中系数的最大似然估计为 $\hat{\beta}_0=-14.19$、$\hat{\beta}_1=9.173$、$\hat{\beta}_2=79.96$。

拟合出的模型为

$$P(Y=1|x_1,x_2)=\frac{\exp(-14.19+9.173x_1+79.96x_2)}{1+\exp(-14.19+9.173x_1+79.96x_2)} \qquad \text{（模型 3）}$$

在 Clementine 中建立模型，并在建模数据集上检验，模型比较结果如表 8-8 所示。模型 3 的性能明显要好于另两个模型。

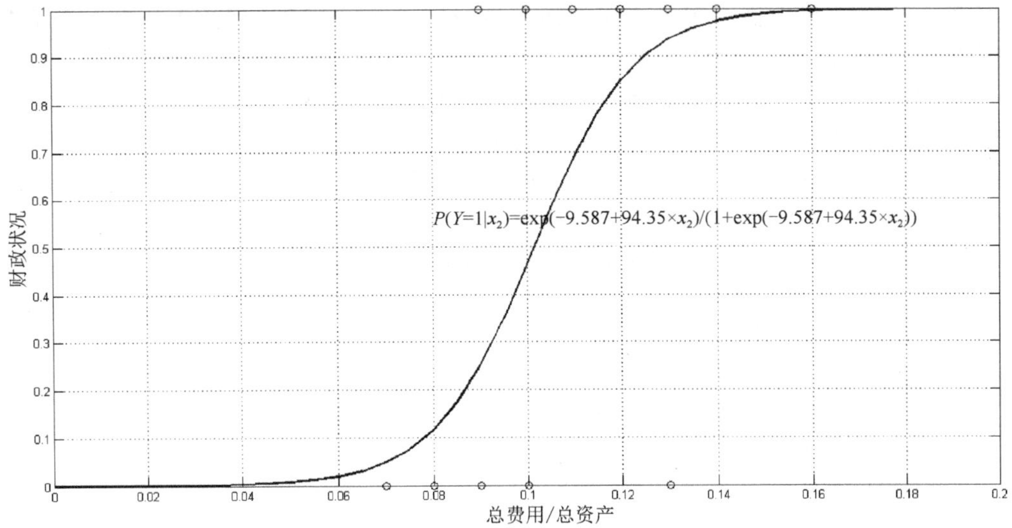

图 8-5 数据点及其对应的逻辑回归模型

表 8-8 模型比较结果

	模型 1	模型 2	模型 3
分类正确率	75%	85%	95%
模型拟合标准差	20.560	11.066	12.831
似然比检验	7.166	11.690	14.895

8.5 Clementine 中相关节点介绍

8.5.1 线性回归节点

（1）线性回归节点的“模型”选项卡（如图 8-6 所示）

方法：指定建立回归模型的方法，包括以下 4 种。

① 进入法（Enter）：默认方法，将所有字段直接选入方程。

② 逐步回归法（Stepwise）：初始模型是最简单的模型，方程中没有输入字段。每一步，对未进入方程的所有字段进行评估，如果这些字段中最好的字段能显著增强模型的预测效果，则将该字段添加到方程中。此外，已经存在于方程中的字段将被重新评估，以决定其是否可以从方程中除去而不显著降低方程效果。如果可以，则将其除去。随后，重复该过程，添加或除去其他字段。直到没有字段添加到方程以改进方程，也没有字段可被除去而不显著降低方程的预测效果时，生成最终模型。

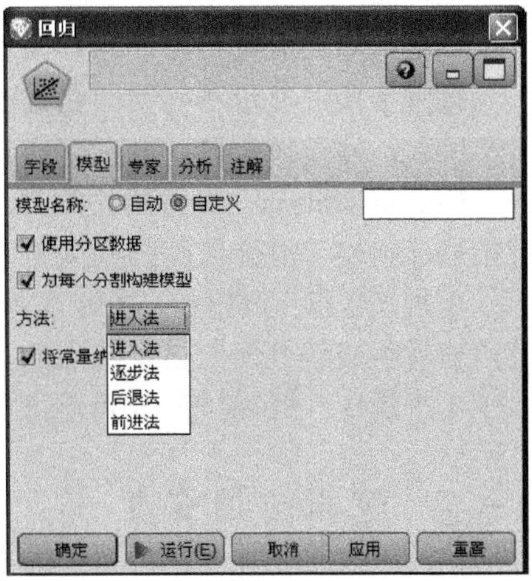

图 8-6 线性回归节点的“模型”选项卡

③ 逐步删除法或后退法（Backwards）：逐步建立模型，最初的模型包括所有的输入字段，然后逐个从模型中删除对模型几乎没有贡献的输入字段，直至剩下的每个字段都显著影响模型的预测效果时生成最终模型。

④ 逐步加入法或前进法（Forwards）：前进法本质上与后退法相反。最初的模型不包含任

何输入字段，然后逐步选择尚未进入模型而对模型有显著影响的字段进入模型，当不存在显著改进模型的字段时，生成最终模型。

方程中包括常数：该选项决定是否在最终方程中包含常数项。

（2）线性回归节点的“专家”选项卡（如图 8-7 所示）

缺失值：在默认设置下，线性回归节点只使用模型中所有字段均为有效值的记录。

异常值容差：允许用户指定某一字段独立于模型中其他字段的最小方差比率。

（3）线性回归：高级输出选项卡（如图 8-8 所示）

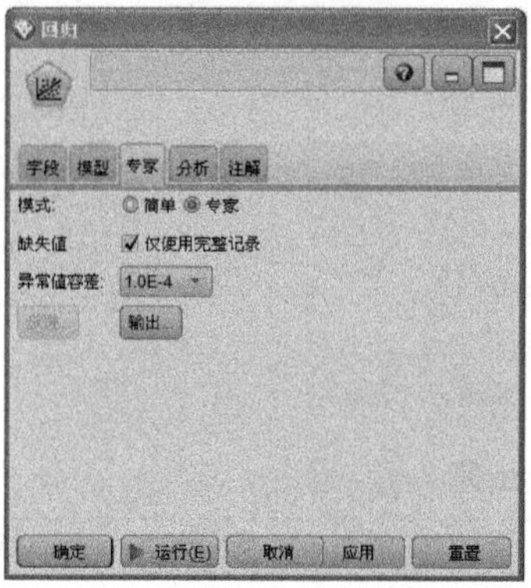

图 8-7　线性回归节点的“专家”选项卡

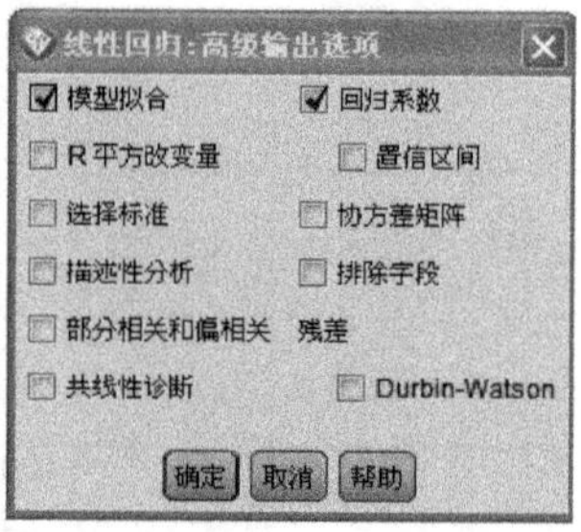

图 8-8　线性回归：高级输出选项

模型拟合：包括拟合优度（R^2）。

R 平方改变量：逐步回归法、前进法、后退法等估计方法中每一步的 R^2 改变量。

选择标准：估计每一步模型包含的信息内容的统计量，用来改进评估模型。统计量包括 AIC 信息准则、Amemiya 预测准则、Mallows 预测准则和 SBC 准则。

描述性分析：输入和输出字段的基本描述统计量。

部分相关和偏相关：辅助决定输入字段对模型重要性及对模型独特贡献的统计量。

共线性诊断：辅助判别多余输入字段的统计量。

回归系数：回归系数相关统计量。

置信区间：方程中每个回归系数的 95%置信区间。

排除字段：显示不同的回归方法所剔除的字段。

残差：残差统计量，即预测值与真实值之间的差异。

Durbin-Watson：对自相关的 Durbin-Watson 进行检验，检测记录顺序对回归模型有影响，记录顺序错误可能会使回归模型无效。

单击“运行”按钮后，在管理器窗口的“模型”选项卡下显示生成线性回归模型。若用表节点查看生成线性回归模型节点的数据集，可以发现在原有数据属性的基础上，输出结果中多了 1 个属性：$E-前缀，表示预测值。浏览模型可以看到模型概要信息。

8.5.2　逻辑回归节点

（1）逻辑回归节点的“模型”选项卡（如图 8-9 所示）

过程：指定逻辑建模方式，有二项式和多项式两种。

方法：多项式选择提供 5 种建模方法，进入、逐步、前进、后退和后退逐步法。其思想类似线性回归。

目标的基准类别：设置目标变量的一个分类值作为基准类别。

模型类型：主效应模型仅包括各输入字段，不检验输入字段之间的交互作用；全析因模型除了包括各输入字段的主效应，还包括所有的交互作用，能够更好地捕捉复杂关系，也更难解释，更容易出现过度拟合问题；自定义模型需要在“模型项”中自定义。

（2）逻辑回归节点的“专家”选项卡（如图 8-10 所示）

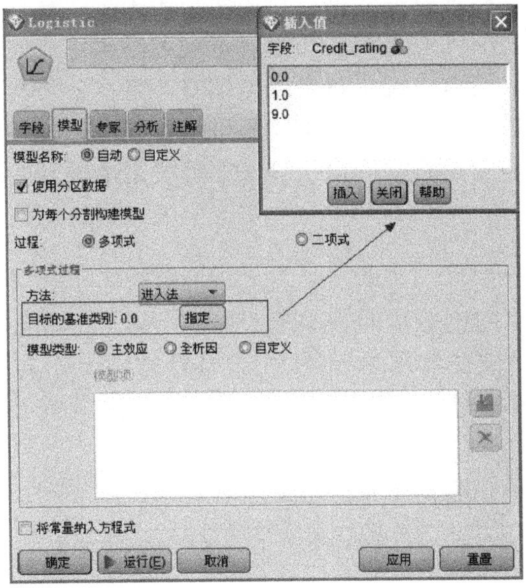

图 8-9　逻辑回归节点的“模型”选项卡

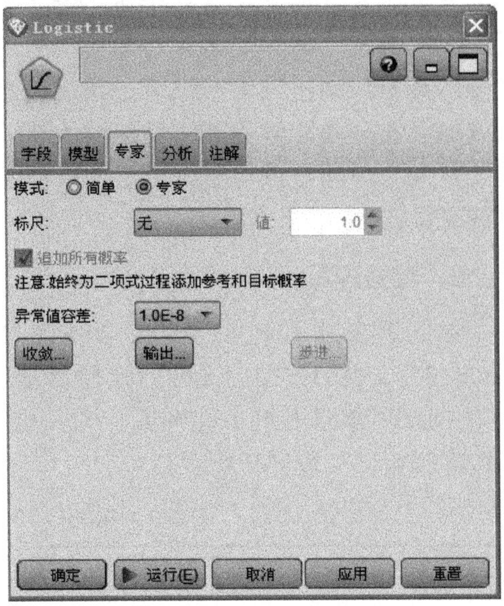

图 8-10　逻辑回归节点的“专家”选项卡

标尺：指定一个离散度量值，用于修正参数共变异数矩阵的估计值。可以使用 Pearson 卡方统计量、偏差函数或用户自定义的方式度量。

异常值容差：指定异常值的允许度。

收敛：用于控制模型收敛的参数，包括最大迭代次数、最大逐步二分法、对数似然收敛、参数收敛、Delta 值。

输出：选择允许在节点创建的生成模型高级输出中出现的统计量，包括摘要统计量、似然比检验、渐近相关、卡方统计量拟合优度、迭代历史记录、信息准则、参数估计、置信区间、渐近协方差、分类表。

单击“运行”按钮后，在管理器窗口的“模型”选项卡下会显示生成的逻辑回归模型，可以通过浏览模型看到模型相关信息。若用表节点查看生成的逻辑回归模型节点的数据集，可以发现在原有数据属性的基础上，输出结果中多了两个属性：$L-前缀，表示预测值；$LP-前缀，表示其相关概率。

8.6　综合案例：我国私人汽车拥有量的非线性回归

1．案例背景

1990 年前，我国汽车市场处于公务车阶段，不但需求量少，而且 70%左右是政府、事业单位的公务用车，剩下的多是企业的商务用车，几乎没有什么私人用车。20 世纪最后 10 年，公务用车的份额下降，商务用车的份额加大，私人购车开始起步。2002 年以来，私人购车占整个市场的份额迅速提升，开始进入私人购车阶段。

私人汽车逐渐占据了汽车消费市场的主导地位，也直接反映了整个汽车行业的现状，私人汽车的消费市场成为我们越来越关注的对象。

为了证实对私人汽车消费市场的具体影响因素，选择用全国私人汽车拥有量作为反映我国私人汽车消费市场现状的指标，并选取了国民总收入、钢材产量、公路里程和全国营运汽车拥有量作为解释变量。这是因为私人汽车这种高档消费品的拥有量显然与居民收入有关，因此我们引进了解释变量国民总收入，并预期两者应该呈正相关关系；考虑到汽车工业的原材料，其中，钢材是生产汽车的最主要的原材料，所以引进了解释变量钢材产量；公路里程的增加会使交通运输更加方便，也会促进私人汽车拥有量增加，由此引进了解释变量公路里程；私人汽车拥有量与全国营运汽车拥有量有一定的关联，所以引进了解释变量全国营运汽车拥有量。

2. 数据理解

本案例来源于上海财经大学统计与管理学院回归分析精品课程网站 http://hgfx.shufe-zj.edu.cn/info/1018/1018.htm。实验数据来自中国统计年鉴和国家统计局官方网站，包括1985—2009 年私人汽车拥有量、国民总收入、钢材产量、公路里程和全国营运汽车拥有量 5 个指标数据，如表 8-9 所示。

表 8-9 1985—2009 年私人汽车拥有量的相关数据

年份	私人汽车拥有量/万辆	国民总收入/亿元	钢材产量/万吨	公路里程/万公里	全国营运汽车拥有量/万辆
1985	28.49	9040.7	3693	94.24	27.73
1986	34.71	10274.4	4058	96.28	29.27
1987	42.29	12050.6	4386	98.22	30.32
1988	60.42	15036.8	4689	99.96	30.69
1989	73.12	17000.9	4859	101.43	30.85
1990	81.62	18718.3	5153	102.83	31.3
1991	96.04	21826.2	5638	104.11	31.67
1992	118.2	26937.3	6697	105.67	30.87
1993	155.77	35260	7716	108.35	28.96
1994	205.42	48108.5	8428	111.78	27.97
1995	249.96	59810.5	8979.8	115.70	27.49
1996	289.67	70142.5	9338.02	118.58	28.81
1997	358.36	78060.8	9978.93	122.64	29.89
1998	423.65	83024.3	10737.8	127.85	31.88
1999	533.88	88479.2	12109.78	135.17	501.77
2000	625.33	98000.5	13146	140.27	702.82
2001	770.78	108068.2	16067.61	169.80	764.39
2002	968.98	119095.7	19251.59	176.52	826.34
2003	1219.23	135174	24108.01	180.98	924.64
2004	1481.66	159586.7	31975.72	187.07	1067.18
2005	1848.07	185808.6	37771.14	334.52	733.22
2006	2333.32	217522.7	46893.36	345.70	802.58
2007	2876.22	267763.7	56560.87	358.37	849.22
2008	3501.39	316228.8	60460.29	373.02	930.61
2009	4574.91	343464.7	69405.4	386.08	1087.35

y 表示私人汽车拥有量，x_1 表示国民总收入，x_2 表示钢材产量，x_3 表示公路里程，x_4 表示全国营运汽车拥有量。2000 年以后，各指标几乎呈指数级增长，因此对原始数据采用对数变换的方式，对表 8-9 的数据取对数后的结果如表 8-10 所示。

表 8-10 对表 8-9 的数据取对数后的结果

年份	$\ln y$	$\ln x_1$	$\ln x_2$	$\ln x_3$	$\ln x_4$
1985	3.349553	9.109492	8.214194	4.545845	3.322515
1986	3.547028	9.237411	8.308446	4.567261	3.376563
1987	3.744551	9.39687	8.386173	4.58721	3.411808
1988	4.10132	9.618256	8.452975	4.60477	3.423937
1989	4.292102	9.741022	8.488588	4.619369	3.429137
1990	4.402074	9.837257	8.547334	4.633077	3.443618
1991	4.564765	9.990866	8.637285	4.645448	3.45537
1992	4.772378	10.20127	8.809415	4.660321	3.429785
1993	5.048381	10.4705	8.951051	4.685367	3.365916
1994	5.325057	10.78121	9.039315	4.716533	3.331133
1995	5.521301	10.99894	9.102733	4.751001	3.313822
1996	5.668742	11.15828	9.204123	4.775588	3.360723
1997	5.881538	11.26524	9.208231	4.809253	3.397524
1998	6.048908	11.32689	9.281526	4.850858	3.461979
1999	6.280171	11.39052	9.401769	4.906533	6.218142
2000	6.43828	11.49273	9.483873	4.943569	6.555101
2001	6.552194	11.59052	9.684561	5.134621	6.639078
2002	6.876244	11.68768	9.865349	5.173434	6.717006
2003	7.105975	11.81432	10.0903	5.198387	6.829404
2004	7.300918	11.98034	10.37273	5.231483	6.972775
2005	7.521897	12.12317	10.5393	5.812697	6.597446
2006	7.755047	12.26967	10.75563	5.845571	6.687832
2007	7.964232	12.43513	10.94307	5.881566	6.744318
2008	8.160915	12.621	10.97658	5.921632	6.83584
2009	8.428342	12.74684	11.14772	5.956045	6.991499

3. 回归建模

采用逐步回归，得到的回归方程如下：

$$\ln y = -8.836 + 0.9033 \times \ln x_1 + 0.4661 \times \ln x_2 + 0.07365 \times \ln x_4$$

对回归方程进行显著性检验，如表 8-11 所示，方差分析表如表 8-12 所示。

表 8-11 模型摘要

R	R^2	调整后的 R^2	估计的标准差
0.999	0.998	0.998	0.072004

表 8-12 方差分析表

	平方和	df	均方	F	显著性
回归	56.010	3	18.670	3601.100	0.000
残差	0.109	21	0.005		
合计	56.119	24			

从回归结果来看，样本 R^2=0.998，已经接近 1，故认为该模型的拟合程度很好；由方差分析表可以看出，该模型是显著的；由回归系数 t-检验的 t 值可知，解释变量国民总收入、钢材产量和全国营运汽车拥有量在 0.05 的显著性水平上显著，而公路里程在 0.05 的显著性水平上不显著（因此逐步回归时删除了对应变量）。因此认为国民总收入、钢材产量和全国营运汽车拥有量对私人汽车拥有量有显著影响，公路里程对私人汽车拥有量没有显著影响。

4．结论

从上述模型可以看出，1985—2009 年，随着改革开放的不断深入，经济稳定、持续地增长，作为重要工业原料的钢材的产量保持了逐年上升的趋势，国民总收入也保持了每年持续高增长的水平，私人汽车作为高档消费品，每年也保持较高的增长水平，以越来越快的速度进入我国的普通家庭。

以此模型为依据，随着我国钢材产量和国民总收入逐年上升，我国私人汽车拥有量将逐年增多，私人汽车成为我国普通大众的消费品。

本章小结

社会经济领域与自然科学领域中的诸多现象之间存在着相互联系和相互制约的普遍规律，回归分析法就是在掌握大量观察数据的基础上，利用数理统计方法建立因变量与自变量之间的回归关系表达式，以描述这些联系与制约的相关关系。回归分析是进行定量分析、统计预测的一种重要手段，依据事物内部因素变化的因果关系来预测事物未来的发展趋势，在社会经济各领域有着广泛应用。

本章重点对线性回归、特殊的非线性回归和二元逻辑回归进行了基本介绍，其中，线性回归的目标属性是数值型的，用于预测目标属性的取值；而逻辑回归的目标属性是分类型的，用于对目标属性进行分类。本章通过实例说明了回归分析法的应用。

习 题 8

8.1 举例说明线性回归与逻辑回归的应用。

8.2 逻辑回归和线性回归分析的异同点是什么？

8.3 经研究发现，学生用于购买书籍的支出与受教育年限和家庭可支配收入有关，学生购买书籍的支出数据如表 8-13 所示。

要求：（1）试求出学生购买书籍支出 y 与受教育年限 x_1 和家庭可支配收入 x_2 的回归方程 $\hat{y}=\hat{\beta}_0+\hat{\beta}_1x_1+\hat{\beta}_2x_2$。

（2）假设有一学生的受教育年限 x_1=10 年，家庭可支配收入 x_2=480 元/月，试预测该学生全年的购买书籍支出。

8.4 为研究生产率与废品率之间的关系，根据表 8-14 的数据，试分别用线性回归模型 $y=\beta_0+\beta_1x$ 和指数模型 $y=\alpha\beta^x$ 拟合数据，并比较两种模型的质量。

8.5 表 8-15 列出了某城市 18 位 35～44 岁的经理的年平均收入 x_1（千元）、风险偏好度 x_2 和人寿保险额 y（千元）的数据，其中，风险偏好度是根据发给每个经理的问卷调查表综合评估得到的，它的数值越大表明受调查者越偏爱高风险。

表 8-13　学生购买书籍的支出数据

序号	购买书籍支出 y（元/年）	受教育年限 x_1（年）	家庭可支配收入 x_2（元/月）
1	450.5	4	171.2
2	507.7	4	174.2
3	613.9	5	204.3
4	563.4	4	218.7
5	501.5	4	219.4
6	781.5	7	240.4
7	541.8	4	273.5
8	611.1	5	294.8
9	1222.1	10	330.2
10	793.2	7	333.1
11	660.8	5	366
12	792.7	6	350.9
13	580.8	4	357.9
14	612.7	5	359
15	890.8	7	371.9
16	1121	9	435.3
17	1094.2	8	523.9
18	1253	10	604.1

表 8-14　习题 8.4 数据集

生产率 x（周/单位）	1000	2000	3000	3500	4000	4500	5000
废品率 y（%）	5.2	6.5	6.8	8.1	10.2	10.3	13.0

表 8-15　习题 8.5 数据

序　号	y	x_1	x_2	序　号	y	x_1	x_2
1	196	66.29	7	10	49	37.408	5
2	63	40.964	5	11	105	54.376	2
3	252	72.996	10	12	98	46.186	7
4	84	45.01	6	13	77	46.13	4
5	126	57.204	4	14	14	30.366	3
6	14	26.852	5	15	56	39.06	5
7	49	38.122	4	16	245	79.38	1
8	49	35.84	6	17	133	52.766	8
9	266	75.796	9	18	133	55.916	6

研究人员想研究此年龄段中的经理所投保的人寿保险额与年平均收入及风险偏好度之间的关系。研究者预计，经理的年平均收入和人寿保险额之间存在二次关系，并认为风险偏好度与人寿保险额呈线性关系；但对风险偏好度对人寿保险是否有二次效应及两个自变量是否对人寿保险额有交互效应，心中没底。

试根据表 8-15 中的数据建立合适的回归模型，验证上面的看法，并给出进一步的分析。

8.6　如何解释一元逻辑回归模型的系数的意义？

8.7　有一项调查降价折扣券对顾客的消费行为的影响的研究，商家对 1000 个顾客发放了商品折扣券和宣传资料，折扣券的折扣比例分别为 5%、10%、15%、20%和 30%，每种比例的折扣券均发放了 200 人，记录在一个月内使用折扣券购物的人数和比例，如表 8-16 所示。

表 8-16　习题 8.7 数据

折扣比例/%	持折扣券人数	使用折扣券人数	使用折扣券人数比例
5	200	32	0.16
10	200	51	0.255
15	200	70	0.35
20	200	103	0.515
30	200	148	0.74

试建立使用折扣券人数比例与折扣比例的逻辑模型，并估计若使用折扣券人数比例为 0.25，则折扣券的折扣比例应该为多大？

8.8　有住房及收入情况的统计资料如表 8-17 所示，y=1 表示有房，y=0 表示无房。试建立住房及收入之间的回归模型。

表 8-17　有住房及收入情况的统计资料

住房 y	收入 x	住房 y	收入 x	住房 y	收入 x
0	10	0	10	0	11
1	17	1	17	0	8
1	18	0	13	1	17
0	14	1	21	1	16
0	12	1	16	0	7
1	9	0	12	1	17
1	20	0	11	1	15
0	13	1	16	1	10
0	9	0	11	1	25
1	19	1	20	0	15
0	12	1	18	0	12
0	4	1	16	1	17
1	14	0	10	0	17
1	20	0	8	1	16
0	6	0	18	1	18
1	19	1	22	0	11
0	11	1	20	—	—

案例分析

回归分析在突发危机事件管理中的应用

在应对突发危机事件时，政府应能分辨不同事件对应的不同信息需求、公众比较关心哪一类突发事件、影响公众关注焦点的因素有哪些，在这些问题明确之后，便能够减少因认知偏差而造成的沟通障碍，从而及时调整政府的工作重点，有的放矢地进行危机管理和危机公关。公众对危机事件的关注度，即公众个体对于危机事件的印象深刻程度，是一种公众心理定位，其作为因变量，会受到诸多因素的影响，最主要的影响来自 4 方面：① 有可能受到事件影响的公众人数；② 公共网络的舆论导向；③ 媒体对突发危机事件的报道力度；④ 新闻报道的持续时间。选择公众对危机事件的关注度作为被解释变量，将事件类型、新闻持续时间、新闻数量、网络舆论影响、死亡人数和受影响人数 6 个主要因素作为解释变量，可以运用回归分析建立危机事件的关注度模型，为政府更好地掌握社会危机认知、完善危机管理提供决策依据。下面基于给出的 2003—2007 年全国 18 个公共危机事件及调查问卷的相关数据进行回归分析，如表 8-18 所示。

表 8-18　2003—2007 年全国 18 个公共危机事件及调查问卷的相关数据

危机事件	公众关注度（1～6）	事件类型	新闻持续时间	新闻数量	网络舆论影响	死亡人数	受影响人数
非典事件	5.775	3	141	922	1940000	349	800000000
孙家湾矿难	3.217	2	93	113	32300	214	600000
安徽阜阳劣质奶粉事件	5.072	3	392	922	140000	12	13500000
孙志刚事件	3.303	4	216	233	78700	1	1046000
河南大平矿难	3.297	2	90	188	28400	148	700000
重庆开县井喷事件	3.789	2	283	251	72700	243	800000
四川资阳猪链球菌病事件	2.981	3	36	135	49700	38	20000000
广东兴宁特大矿难	3.155	2	163	258	36000	123	600000
吉林中百商厦火灾事故	3.469	2	148	207	58700	54	200000
小浪底沉船事故	3.061	2	16	82	31100	42	320000
淮安液氯泄漏事故	3.012	2	17	10	21600	29	80000
四川沱江污染	2.799	1	125	121	17900	0*	5000000
北京密云灯展事故	3.157	2	295	58	42400	37	20000
开阳高速“1・23”事故	2.438	2	82	39	2780	24	3000
云南迪庆州特大交通事故	2.567	2	3	20	1440	27	2000
台风圣帕	4.038	1	165	651	395000	0*	4000000
山西襄汾花炮厂爆炸事故	3.225	2	264	47	1760	26	3000
山西黑砖场虐工事件	4.754	4	225	728	123000	0*	30000

资料来源：http://hgfx.shufe-zj.edu.cn/alfx/alfx.htm。

【思考题】试分析教育行业的数据挖掘情况。

下篇

案例篇

第 9 章 RFM 分析

9.1 RFM 分析的基本原理

RFM 模型是衡量客户价值和客户创利能力的重要工具和手段，其原理是曾经购买过产品或服务的客户更有可能会再次进行购买。该模型通过变量 *R*（Recency）、*F*（Frequency）和 *M*（Monetary）3 项指标来描述客户的价值状况，这 3 个变量的含义如下。

变量 *R*：即距最近一次消费的时间跨度，是指顾客最近一次购买商品或进行交易活动的时间与目标时间的间距。时间单位由用户自定义，可以是月数、天数或小时数。若公司月报告显示离上一次购买的时间很近的客户数量增加（消费的时间跨度为 1 个月），则表示该公司是个稳健的公司；反之，则是该公司迈向不稳健之路的征兆。

变量 *F*：即消费频率，是指顾客在指定期间内购买商品的次数。对于变量 *F* 较大的顾客，可以说是最常购买的顾客，也是满意度较高的顾客。购买次数越多的顾客，其对该企业的忠诚度也越高，对企业来说，这类顾客具有较高的客户价值，必须时常与该类顾客保持联系。

变量 *M*：即消费金额，是指顾客在指定期间内花费在商品或服务上的总金额。花费总金额大的顾客的忠诚度往往会比花费总金额少的顾客要高，其客户价值也较高。

RFM 模型通过综合衡量这 3 个变量来判断一个顾客的价值，将变量分为多个等级，等级标准可根据需要进行调整，通常分为 5 个等级，等级 1 最低，等级 5 最高。为了更好地说明，从高到低分别用 R_5～R_1、F_5～F_1、M_5～M_1 表示。将客户分别按照 *R*、*F* 和 *M* 参数分组，假设某个客户属于 R_5、F_4、M_3，则该客户的 RFM 代码可以表示为 543。同理，我们可以推测，对于最近刚刚成功交易、交易频率高且总采购金额大的客户，其 RFM 代码是 555，即最高等级的顾客。有些顾客最近购买的时间距离现在很长，交易频率非常低，总采购金额非常小，则其 RFM 代码为 111，即最低等级的顾客。每个 RFM 代码对应一组顾客，开展市场营销活动时可以从中挑选出若干组进行。虽然 RFM 代码看起来由数字组成，并且具有一定的排序，如我们可能认为代码 555 比代码 111 好，但事实上这些代码并不代表“分数”。我们并不能利用 RFM 代码对用户列表排序，因为这样给 *R* 栏的权重太高，给 *M* 栏的权重不足。因为并没有理由说明代码为 511 的顾客比代码 115 为的顾客好（事实上刚好相反，花了很多钱但不是在最近购买、频率也不高的顾客经常可能是我们要找的顾客）。

在 Clementine 工具中，除了可以对 *R*、*F* 和 *M* 进行等级划分，还可以根据设定的权值对它们进行计分，得出 3 个变量的得分，即 *R* 得分、*F* 得分、*M* 得分。然后对这 3 个变量的分数求和，得出 RFM 总分，就能根据该 RFM 总分对所有顾客进行排序。这种已分级的数据可以充分满足用户的需求，如比较容易挑选出总分较高或总分较低的顾客，容易识别出购买频率最高的高价值客户等。如果公司的预算不多，而且只能提供服务信息给 2000 或 3000 个顾客，是将信息邮寄给贡献 40%收入的顾客，还是那些不到 1%的顾客？结合这 3 个变量，就可以把顾客分成 5×5×5＝125 类，对其进行数据分析，然后制订我们的营销策略。这样所节省的成本会很可观。

注意：对耐用品和易耗品，这 3 个量的作用或影响是不同的，因此在权重设置时应根据具体情况适当调整。

尽管分析 RFM 得分并对这些得分进行排序的功能非常有用，但使用时必须注意一些特定的因素。可以对排名最高的目标客户进行一些促销活动，但过度诱导这些客户可能适得其反，导致他们在重复的交易过程中出现反感或不进行购买。还需要牢记：不应忽视得分低的客户，因为他们经过培养可能成为更好的客户。相反，根据市场反馈，仅具有高分值的客户并不一定能带来好的预期销售业绩。例如，R 等级为 5 的客户（最近购买过产品或服务的客户）对某些销售人员（如销售汽车或电视等昂贵且使用期较长的产品人员）来说可能并不是真正的最佳目标客户。

通常，企业收集到的数据中往往不会直接存在上述 3 个变量，只会存在每笔交易的相关信息。例如，对于通信公司来说，数据库中的每个通话记录可能包括通话号码、通话时长和本次通话费用等；对于商场或零售商来说，数据库中的每笔交易可能包含会员 ID、交易金额、交易数量和交易商品名等。对于这些情况，必须先从原始数据中计算汇总出这 3 个变量的数据值。首先，根据需要统一确定计算变量 R 的终止时间，不一定要用开始进行分析时的那个时间，可以指定某一段时间。其次，根据业务需要必须明确规定要针对哪段时间来进行分析，这样在计算变量 F 和 M 时才会有一个时间标准。如果设置的时间段比较模糊，那么计算每个顾客的 F 值和 M 值时就会有误差，就得不到比较准确的分析结果。

9.2 RFM 模型的应用场景

一般分析型的客户关系管理（CRM）的着重点为对客户贡献度的分析，RFM 则强调以客户行为来区分客户。RFM 模型具有广泛的应用范围，以下是应用 RFM 模型比较典型的行业例子。

通信公司根据客户最近一次的通话时间、通话的频数和总话费这三项信息，用 RFM 模型将客户划分为忠实客户、较忠实客户和普通客户。针对不同忠诚度的客户采用不同的服务措施：对于忠实客户，可以进行优惠服务等活动来保持他们的忠实度；对于较忠实客户，可以采取捆绑优惠服务来提高他们的忠实度；对于普通客户，必须采取积极措施来防止这类客户流失，同时应重点关注这类较有可能流失的客户。

商场或者零售商可以根据顾客最近一次消费、消费次数和消费的总金额，采用 RFM 模型对所有顾客进行忠诚度划分，然后有选择地对其中几类顾客进行宣传促销，提高客户的响应度和反馈率，从而促进销售活动。

银行等信贷机构可以根据客户在使用信用卡方面的信息，即最近一次消费、消费次数和消费总金额，来了解该客户的价值，并了解该客户的信用情况。例如，如果某客户在一段时间内消费频繁，消费的总金额相当大，银行需要重点跟踪该客户的消费行为，观察该客户是属于忠实度较高的客户，还是属于有欺骗倾向的客户。RFM 模型是了解与跟踪客户的起点。

保险公司可以根据投保人最近一次的投保时间、总的投保次数和投保总金额来衡量投保人是否具有欺诈行为或是否有流失倾向。如果投保人具有欺诈行为的可能性较大，那么保险公司要考虑终止该投保人下一期的投保合同；如果投保人将流失的可能性较大，则保险公司要采取优惠策略去留住该投保人。

基于客户订单次数、订单总金额和最近的订单时间 3 项信息，利用 RFM 分析技术对企业所有历史顾客进行忠诚度评分，并将其划分为高忠诚度、一般忠诚度和低忠诚度的顾客，然后根据忠诚度不同，对客户采取不同的管理措施。忠诚度高的顾客往往倾向于购买该企业的商品，企业每印刷一本新的目录，可以考虑把该类顾客群体作为邮寄的主要目标群体，得到的客户响应度往往会较高；对忠诚度一般的顾客，企业在邮寄目录的同时可以考虑采取赠送礼品等措施来提高他们对目录商品的关注度，尝试把忠诚度一般的顾客转化为忠诚度高的顾客；而对于忠诚度低的顾客，企业在选择邮寄目录时可以适当过滤，因为这类顾客的响应度会比前两类低，而邮寄的客户越多，其邮寄成本越大，利润就越少。

在实际应用中，企业用 RFM 模型对某类顾客进行促销，但同时不能造成高交易客户不断收到信函这种情况，应该设计一个客户接触频率规则，如在客户购买商品三天或一周内应该发出一个感谢的电话或 E-mail，并主动关心消费者是否有使用等方面的问题，一个月后发出使用是否满意的询问，三个月后则提供交叉销售的建议，并开始注意客户的流失可能性，不断创造主动接触客户的机会。那么，客户再次购买的机会也会大幅提高。

此外，由于变量 R 是指最近一次购买商品或服务距今有多远，变量 F 和 M 的时间范围是在某一段时间内，因此它们是随着时间不断变化的。企业必须定期查看相关的顾客信息资料，不断更新和跟踪客户的消费行为，否则在收集相关数据时可能会出错，导致不能产生有效的结果。

9.3 Clementine 中相关节点介绍

根据近因、频数和货币，Clementine 中存在两种节点：RFM 汇总节点和 RFM 分析节点。RFM 汇总节点，可以读入某个客户的历史交易数据，并将该数据合并为一行，该行中会列出他们上次交易的时间、交易的次数和这些交易的总货币价值。RFM 分析节点可以进一步分析 RFM 汇总节点输出的数据，获得近因、频数和货币的得分。

9.3.1 RFM 汇总节点

RFM 汇总节点位于记录选项卡中，可以利用客户的历史交易数据去除所有无用的数据，然后将所有交易数据聚合。每行数据以唯一的客户 ID 作为关键字，确定他们最后一次交易的时间（近因 R）、交易的次数（频数 F）和这些交易的总价值（货币 M）。在此基础上，可以使用 RFM 分析节点进一步进行分析。

如果已通过 RFM 汇总节点运行数据文件，则数据文件不会再具有任何目标值；因此，在利用它作为其他建模节点（如 C5.0 或 CHAID）进行进一步预测分析的输入数据前，需要将其与客户的其他数据合并（如通过匹配用户 ID）。

RFM 汇总节点的“设置”选项卡如图 9-1 所示。

计算相对于以下内容的近因：指定计算交易近因的日期，即用户输入的固定日期或系统设置的当前日期。若当前日期由系统默认输入，则在执行节点时自动更新。

ID 为连续：如果数据已进行预先排序，那么选择此选项可以加快处理速度；如果没有选择此项，则将自动对该数据进行排序。

ID：用来识别客户及其交易，通过“字段选择器”按钮选择字段。

天（日期）：选择要用来计算近因的日期字段，通过“字段选择器”按钮选择字段。

注意：这需要将具有适当格式的日期或时间戳字段用作输入。例如，某字段具有 Jan 2007、Feb 2007 等类似值，则可使用填充节点或 to_date()函数将其转换为日期。

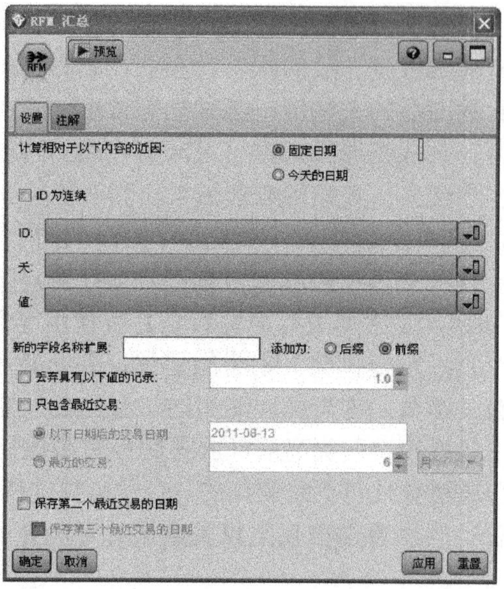

图 9-1　RFM 汇总节点的“设置”选项卡

值：用来计算客户交易的总货币值。

新的字段名称扩展：可将前缀或后缀（如“12_month”）追加到新生成的近因、频数和货币字段中。选择后缀或前缀，可指明用户首选的扩展样式，在检查多个时间周期时可能有用。

丢弃具有以下值的记录：如果需要，可在计算 *R*、*F*、*M* 的总和时指定一个最小值，凡低于该值的交易，其详细信息都不再会被使用。该值单元与所选的值字段相关。

只包含最近交易：如果分析的是大型数据库，则可以指定只使用最近的记录。无论是在某个特定的日期后还是在最近的周期内，都可以选择使用的记录。

- 以下日期后的交易日期：指定交易日期，以在分析时包含其后的记录。
- 最近的交易：指定从计算相对于以下内容的近因日期字段所返回的周期数和周期类型（天、周、月或年），在此日期后的记录将被包含在分析中。

保存第二个最近交易的日期：如果希望了解每个客户第二个最近交易的日期，则选中此框。还可以选择“保存第三个最近交易的日期”复选框，这样有助于识别在很长一段时间前进行许多交易的客户，但仅限于一个最近交易日期。

9.3.2　RFM 分析节点

RFM 分析节点位于字段选项卡中，可以检查客户最近一次购买产品或服务的时间（近因 *R*）、客户购买的频数（频数 *F*）和客户支付的总交易金额（货币 *M*），从而确定可能的最佳客户。RFM 分析节点的输入数据必须是客户格式，一行一个客户；如果客户的数据是交易格式的数据，则需使用 RFM 汇总节点汇总生成近因、频数和货币字段，并将 RFM 汇总节点生成的近因、频数和货币字段选作 RFM 分析节点的输入。

（1）RFM 分析节点的“设置”选项卡（如图 9-2 所示）

近因：可能是日期、时间戳或简单的数值。注意，如果日期或时间戳表示的是最近交易的日期，则将最高值视为最近；如果指定一个数值，它会表示自最近交易以来过去的时间，并将最低值视为最近。

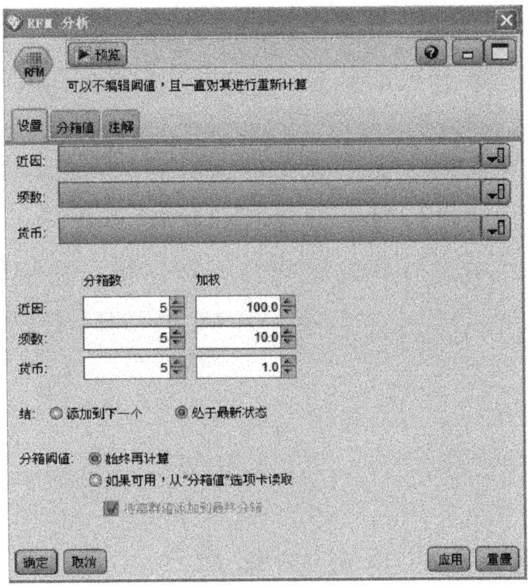

图 9-2 RFM 分析节点的“设置”选项卡

频数：要使用的频数字段。

货币：要使用的货币字段。

分箱数：为三种输出类型分别选择要创建的分级数，值在 2～9 之间，默认为 5。

加权：默认情况下，计算分值时将近因数据的重要性视为最高，其次是频数，最后是货币。如果需要，可以修改上述一个或多个字段的权重，来更改重要性级别。

RFM 得分=(近因分值×近因权重)+(频数分值×频数权重)+(货币分值×货币权重)

结：指定如何分级相同的得分。

- 添加到下一个：可将结值上移至下一个分级。
- 处于最新状态：默认选项，将值保留在当前（较低）分级中，可能会减少创建的分级总数。

分箱阈值：指定在执行节点时是始终重新计算 RFM 分值和分级分配，还是仅在需要时进行计算。如果选中了“如果可用，从‘分箱值’选项卡读取”，则可以在“分箱值”选项卡上编辑不同分箱的上、下分裂点。

（2）RFM 分析节点的“分箱值”选项卡（如图 9-3 所示）

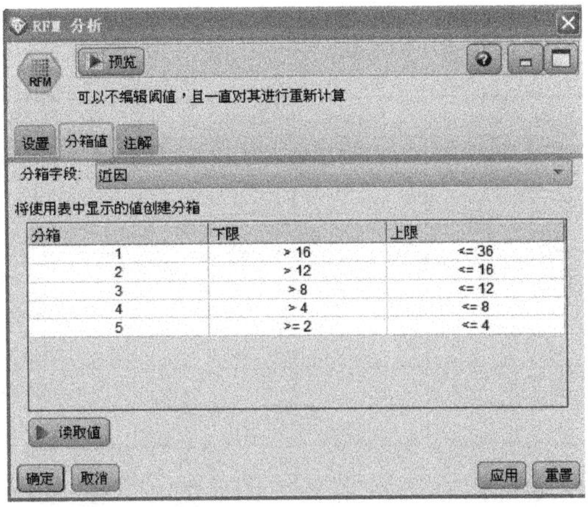

图 9-3 RFM 分析节点的“分箱值”选项卡

通过“分箱值”选项卡可以查看并在某些情况下修改已生成分箱的阈值。

分箱字段：选择要分箱的字段。

分箱值表：显示每个已生成分箱的阈值，通过双击相应的单元格修改每个分箱的上、下分裂点。

读取值：从数据集中读取已分级值并填写分箱值表。如果在“设置”选项卡中选中了“始终再计算”选项，则当新数据通过流时，分级阈值将被覆盖。

单击“确定”按钮后，若用表节点查看此时的数据集，可以发现输出结果中多了 4 个属性：*R* 得分、*F* 得分、*M* 得分和总分，分别表示近因分箱值、频数分箱值、货币分箱值和上述 3 者的加权和。

9.4 综合案例

9.4.1 案例 9-1：识别促销的目标客户

1. 数据理解

本案例的数据为人造数据，用到的数据文件包括 Transactions 数据文件、customers 数据文件和 campaign 数据文件，均存放在 Clementine 软件的 Demo 文件夹中。Transactions 数据文件中的每个元组代表一次消费记录（合并了消费金额 Amount 和交易日期 Date 的信息），共 69 215 条消费记录，如表 9-1 所示。customers 数据文件的每个元组代表用户的个人信息（MaritalStatus 表示婚姻状况，NumChildren 表示孩子个数，LoS 表示信用分数水平，HHIncomeMed 表示家庭收入中位数），共 12 589 个用户的记录，如表 9-2 所示。campaign 数据文件的每个元组表示用户是否参与活动（Responded）的情况，共有 12 832 个用户参与活动的记录，如表 9-3 所示。

表 9-1 客户采购情况的历史数据

CardID	Date	Amount	CardID	Date	Amount
C0100000199	20010820	229	C0100000375	20010502	5.99
C0100000199	20010628	139	C0100000375	20011101	49
C0100000199	20011229	229	C0100000375	20011016	69
C0100000343	20010727	49	C0100000482	20010812	84
C0100000343	20010202	169.99	C0100000482	20010328	69

表 9-2 客户信息的数据样例

CardID	MaritalStatus	NumChildren	LoS	HHIncomeMed
C0100000199	S	4	1.156164	71079.74487
C0100000343		1	3.00274	79424.11573
C0100000375	S	0	0.068493	41878.41426
C0100000482	S	1	1.356164	62924.58876
C0100000689	M	3	2.484932	46616.71804
C0100000789	M	1	1.284932	88015.07614
C0100000915	M	0	−0.84932	87109.28678
C0100001116	S	0	2.931507	60670.49165

本案例包含两部分：一是营销部门希望确定消费额度最大的客户，以便给予他们忠诚度奖励，使用 RFM 汇总节点和 RFM 分析节点按花费金额确定前 10000 名的客户；二是采用汇总的 RFM 数据、客户数据和历史促销活动数据来预测未来营销活动的响应率。

表 9-3　客户参与活动情况的数据样例

CardID	Responded	CardID	Responded
C0106591142	T	C0106544835	F
C0106591352	F	C0106544886	T
C0106591580	F	C0106545434	F
C0106592041	F	C0106545512	T
C0106592231	F	C0106545575	T
C0106593137	T	C0106545728	F

2．识别消费额度高的客户

（1）数据预处理

添加一个指向 Transactions 数据文件的可变文件源节点。在 Transactions 数据文件中，日期以整数形式存储，要使 Clementine 可以处理，必须将整数转换为“日期”格式的数据存储，使用填充节点处理。添加变量文件源节点及填充节点，如图 9-4 所示。

图 9-4　添加变量文件源节点及填充节点

（2）建模过程

在转换日期格式后添加 RFM 汇总节点，固定日期为 2010-12-29，并设置“ID”为客户编号，“天”为 Date，“值”为 Amount。然后添加 RFM 分析节点设置近因、频数和货币字段。为简单起见，此处默认 *R*、*F*、*M* 变量的权重均等，都为 10。在 RFM 分析节点进行分析后添加排序节点，如图 9-5 所示。

图 9-5　建模 Clementine

（3）结果评估

以 RFM 得分为排序字段进行降序排序，可以得到 Top5 客户数据，如表 9-4 所示，以及 Low5 客户数据，如表 9-5 所示。可对排序结果靠前的 *N*（由用户指定，如 5000）个用户（高价值用户）给予忠诚度奖励。高价值用户与低价值客户相比，低价值客户的近因大于高价值客户，高价值用户的频数和货币均高于低价值客户，结果证明高价值客户往往是近期进行购买活动且频繁进行购买活动的用户。

表 9-4　Top5 客户数据

CardID	近因	频数	货币	RFM 得分
C0100075034	3288	29	718.68	150
C0100559670	3295	29	600.69	150
C0102085654	3286	22	763.31	150
C0105096521	3292	23	790.76	150
C0100154614	3293	13	975.4	150

表 9-5　Low5 客户数据

CardID	近因	频数	货币	RFM 得分
C0101902253	3470	1	94	30
C0100952754	3568	2	62.98	30
C0105053668	3510	1	89	30
C0101900742	3497	2	58.99	30
C0106295460	3586	1	79	30

3．预测促销目标客户的响应

（1）数据预处理

获得客户的 RFM 得分后，为了预测用户对未来营销活动的响应率，需添加合并节点，以 CardID 作为合并关键字，合并 RFM 分析结果、customers 数据文件和 campaign 数据文件。添加类型节点，选择 Responded 作为输出，如图 9-6 所示。

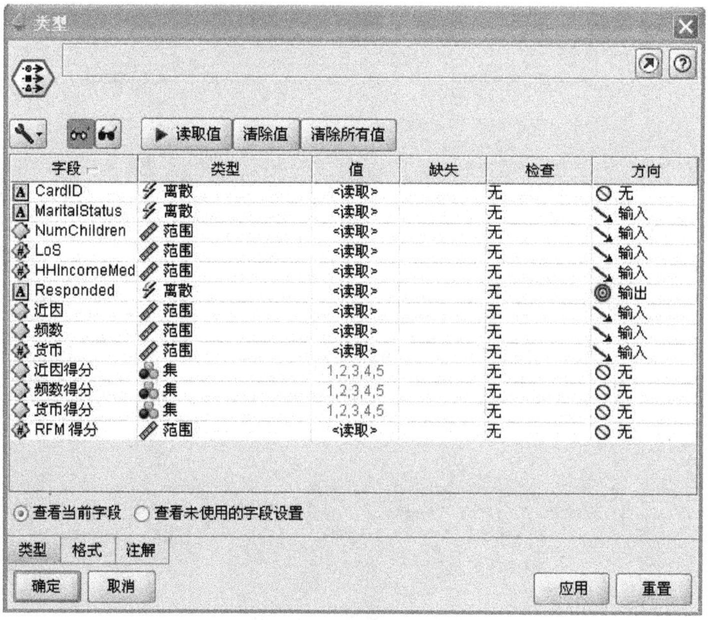

图 9-6　添加类型节点

要评估实际应用中模型与数据的拟合程度，可以使用分区节点保留部分记录，以便测试和验证。为类型节点添加一个分区节点，在默认情况下，此操作会将数据分为相同大小的两部分：一半用于训练模型，另一半用于测试。

添加分布图形节点，对数据执行合并和分区操作后，对数据进行测试，以确认该数据并未包含任何异常值。选择 Responded 作为要绘制的字段，选择分区作为交叠颜色。真假响应的分布结果如图 9-7 所示，真假响应的分布差别极大。因为大部分建模技术很难处理此类严重不平衡的数据，所以需要使用数量大致相同的真假结果来平衡此类数据。这样的模型才更有可能找出可区分这两组数据的模式。

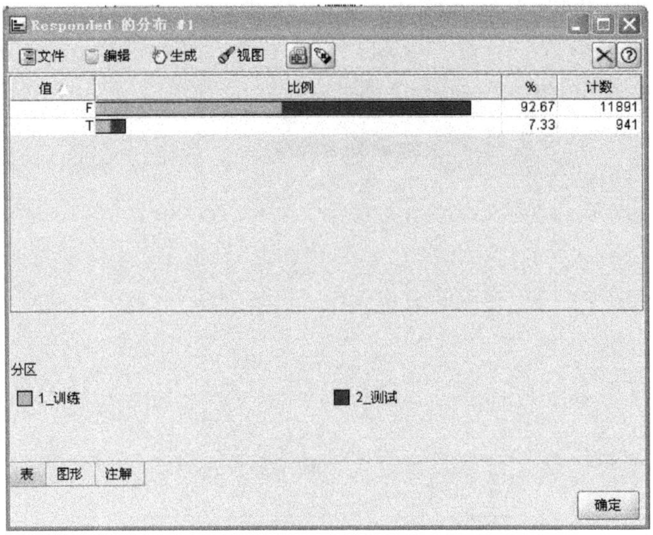

图 9-7　真假响应的分布结果

添加平衡节点到分区节点后，单击“条件”字段右边的计算器按钮，以启动表达式构建器，输入表达式“Responded="T"”，单击“确定”按钮返回平衡节点，如图 9-8 所示。

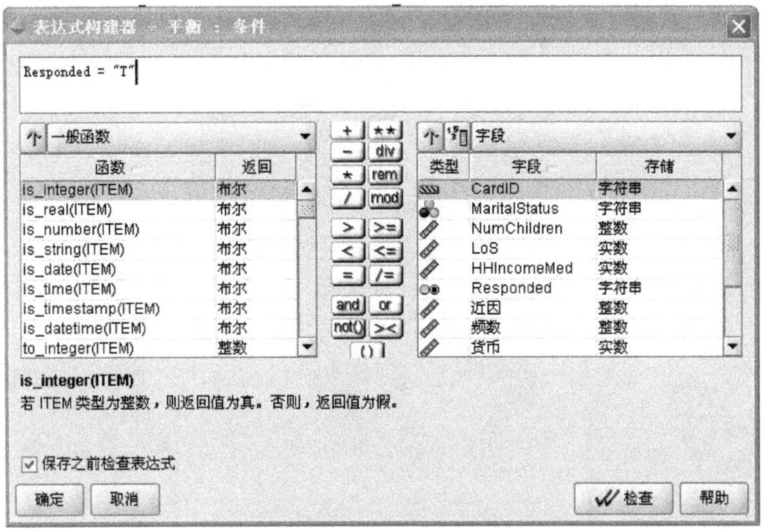

图 9-8　添加平衡节点

要更改平衡状态，双击“因子”字段并将值由 1.0 改为 10.0，以增大真响应值，提供较为平衡的响应结果。需确保选中仅平衡训练数据。再次添加分布图形节点，经过平衡处理的数据可提供分配更为均匀的真假响应。真假响应的分布结果如图 9-9 所示。

（2）建模过程

为了预测用户对未来营销活动的响应率，用 Quest 和 C5.0 进行建模。首先，在平衡节点后添加 Quest 节点，勾选“使用分区数据”选项，执行节点。然后，在平衡节点后添加 C5.0

节点，同样勾选“使用分区数据”选项，执行节点。最后，顺序将建好的 Quest 模型和 C5.0 模型附加到平衡节点后；要重新命名评估图形上的模型输出以避免混淆，将过滤节点附加到 C5.0 模型节点后，在右边的“字段”列中，将$R-Responded 和$C-Responded 分别重命名为 Quest 和 C5.0。建模 Clementine 流程图如图 9-10 所示。

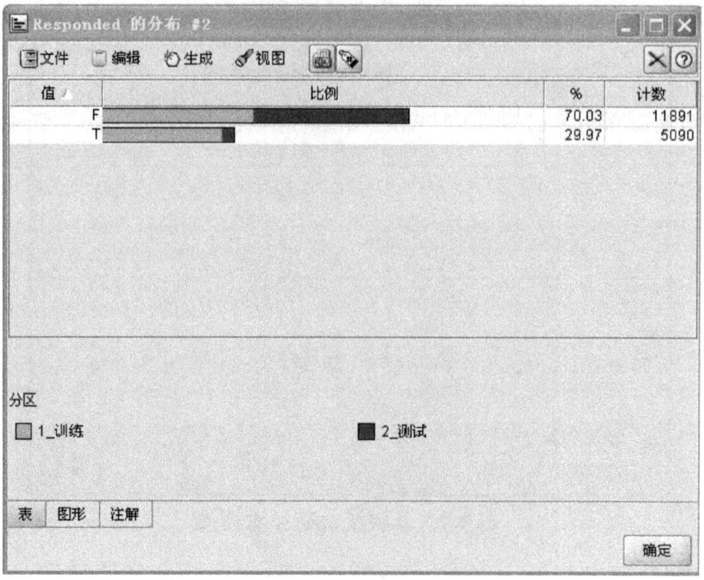

图 9-9 真假响应的分布结果

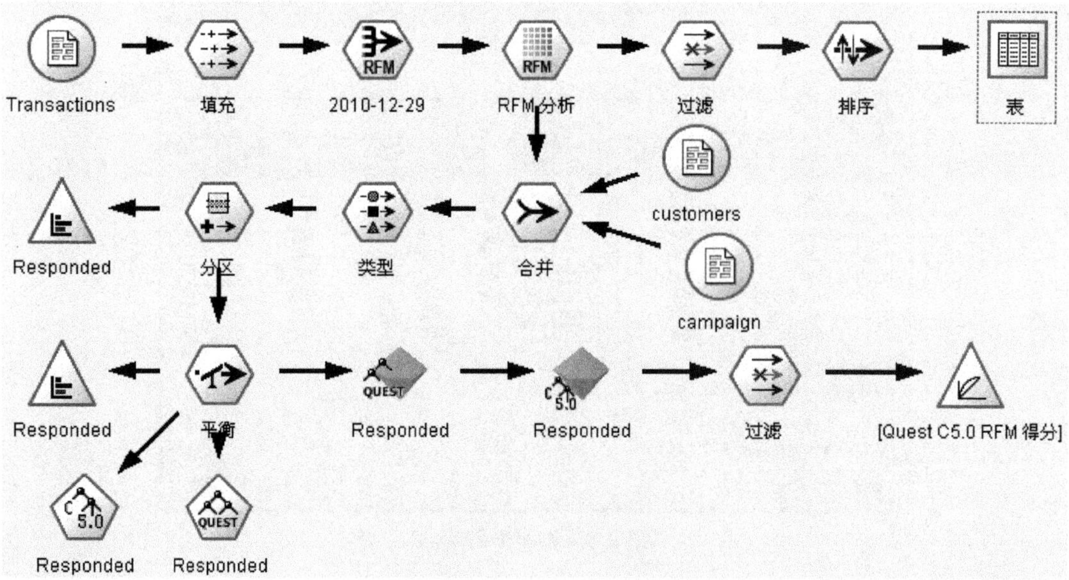

图 9-10 建模 Clementine 流程图

（3）结果分析

添加评估图，在过滤节点后执行节点查看评估效果，如图 9-11 所示，包含基于平衡训练数据对模型准确度进行的初始评估（左）和基于测试数据进行的评估（右）。这说明，无论在训练还是在测试时，RFM 得分都不是一个很好的预测变量的选择。

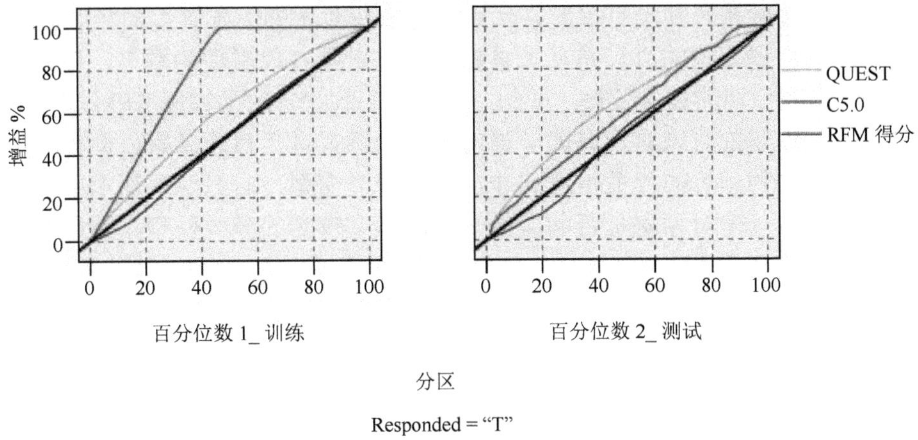

图 9-11　基于平衡训练数据对模型准确度进行的初始评估（左）和基于测试数据进行的评估（右）

9.4.2　案例 9-2：Charles 读书俱乐部目录销售

本案例来源于 Charles 读书俱乐部的新书销售，该俱乐部准备发行一本名为《Florence 的艺术史》的新书，考虑到该新书在市场上的知名度不高，俱乐部打算采取目录邮寄的方式对现有顾客进行宣传，以提高该新书的市场知名度，从而促进销售。但是，由于资金的限制，俱乐部希望此次目录宣传能够以较低的邮寄成本达到较高的客户响应度。

本案例运用 RFM 分析原理挖掘不同忠诚度的客户。由于忠诚度高的顾客购买产品的可能性要比忠诚度低的顾客大，因此企业可针对忠诚度高的顾客进行目录直销，以提高顾客的响应度，同时停止对忠诚度低的顾客进行直销，以降低邮寄费用。这样选择性地进行目录直销能够降低直销成本并提高利润。然而，只用 RFM 分析原理研究顾客的行为是不够的，因为 RFM 分析只能简要地在一定置信水平上说明哪些顾客的忠诚度较高或较低，却不能获取不同忠诚度的顾客的具体行为和相同或相似的特征，从而无法利用这些特征来判断某一顾客对哪些产品比较感兴趣并进行分类直销。基于这种情况，本案例利用决策树方法来分析和研究顾客信息，建立辅助决策的规则，然后利用这些规则对所有的顾客进行分类预测，使企业的相关部门能更有效地实现客户关系管理。

1．商业理解

经过分析，该俱乐部销售新书有两个重要信息：一是采取目录邮寄的方式进行宣传，二是以较低的邮寄成本达到较高的客户响应度。目录邮寄会产生目录设计费用、目录印刷费用和目录邮寄费用等多项成本，成本增加必定会导致销售利润减少，目录设计费用一般难以降低，因此可以通过降低目录印刷和邮寄的数量来降低宣传成本。但是，这样必定不能对俱乐部所有的顾客都进行目录邮寄，而要抽取部分顾客作为目录邮寄的对象。至此，我们可以提出一些思考：如何分类与识别这么多的顾客？要挑选哪些顾客进行邮寄，才能达到预期的效果？如果只对部分顾客进行邮寄，还要达到预期效果，那么这部分顾客就应该具有代表性。所谓"代表性"，就是能最大可能达到宣传目的的顾客。换句话说，进行邮寄的对象并不是随机选择的，而是必须最有可能或较有可能购买该书的人，否则，即使该俱乐部不断地邮寄目录，不感兴趣的顾客也不会购买该书，不仅不能达到宣传效果，还会增加邮寄的费用，提高营销成本。因此，俱乐部的营销解决方案是通过了解以往顾客的相关信息知道哪些顾客对这本书较感兴趣，哪些顾客对其没有兴趣，然后挑选那些对本书较感兴趣的顾客进行邮寄。

显然，本案例数据挖掘的目标是从大量顾客中找出具有代表性的顾客，以便对这些顾客进行目录邮寄，达到预期的宣传效果。据此，本案例采取的方法是利用 RFM 模型分析得出忠诚度较高的顾客，俱乐部可以对现有的忠诚度较高的顾客进行目录邮寄。此外，根据已确定是否已经购买该新书的顾客的相关信息构建决策树分类模型，研究购买新书的顾客的一般特征，为该俱乐部提供一个对预测是否购买新书的准确度较高的分类模型，然后利用此模型去确定目录邮寄的对象。

2. 数据理解阶段

数据集中每行（或每个事例）对应一个市场测试顾客的记录，每一列是一个变量，俱乐部数据的变量名称及含义如表 9-6 所示。

表 9-6　俱乐部数据的变量名称及含义

序号	变量名	数据类型	描述
1	Seq#	连续	在数据划分中的序号
2	ID#	连续	在整个（没有划分的）市场测试数据集中的标识号
3	Gender	分类	性别：0=男，1=女
4	M	连续	资金——花在书上的总钱数
5	R	连续	崭新性——距离最后一次购买的月数
6	F	连续	次数——总的购买次数
7	FirstPurch	连续	第一次购买至今的月数
8	ChildBks	连续	购买儿童类图书的数量
9	YouthBks	连续	购买青年类图书的数量
10	CookBks	连续	购买厨艺类图书的数量
11	DoItYBks	连续	购买自助类图书的数量
12	RefBks	连续	购买参考类图书（地图、百科辞典、字典）的数量
13	ArtBks	连续	购买艺术类图书的数量
14	GeoBks	连续	购买地理类图书的数量
15	ItalCook	连续	《意大利烹饪秘诀》一书的购买数量
16	ItalAtlas	连续	《意大利历史版图》一书的购买数量
17	ItalArt	连续	《意大利艺术》一书的购买量
18	Florence	分类	为 1，表示《Florence 的艺术史》被购买，否则表示该书没有被购买
19	Related purchase	连续	相关书被购买的数量

从表 9-6 中可以看到，表 9-6 中已经包含 RFM 模型所需要的三个变量，即 *R*（最近购买时间，距离最后一次购买的月数）、*F*（总次数，总的购买次数）、*M*（总资金，花在书上的总金额）。因此，可以直接用这三个变量进行 RFM 模型分析。此外，变量 Florence 的值表示顾客是否已经购买新书，可以将其作为决策树模型的目标变量，将其他变量作为决策树模型的输入变量，以构建模型。

3. 数据准备阶段

（1）属性选择

在构建模型前，通常要对原始数据进行数据导入、数据清洗、属性选择等数据准备工作，以便为模型提供完整、有意义的训练数据。从表 9-6 可知，属性 Gender 和 Florence 是分类型数据，其他属性全部为连续型数据。为构建分类模型，必须确定输入属性和输出属性，输入属性用来训练模型，输出属性则为此分类模型最终要分析预测的属性。本案例的分类模型的输出属性是 Florence 字段，并具有两个值：0（没有购买新书）和 1（购买了新书），代表俱乐部需要分析预测的顾客是否会购买新书。此外，一个数据集中往往存在一些对分析处理和构建模型没有任何意义的属性，需要将这些属性过滤掉，否则会影响后面的分析和模型预测的准确度。这里的 Seq#和 ID#字段仅对数据记录进行标号，而没有实际意义，所以把它们都舍去。将其余有意义的属性作为分类模型的输入属性。

（2）数据审核

在数据理解阶段，仅对原始数据进行业务上的理解和基本认识。要想深入了解数据特征和分布情况，可利用数据审核功能对数据进行处理。数据审核可以对所有属性分别进行最值、平均值、标准差、偏度、有效值和分布情况的描述，从而更加清楚地分析数据的特征，以便为接下来的分析工作提供依据。表 9-7 为 Florence 各值的分布比例，从中明显可以看出 Florence 的属性值 0 和 1 的分布极不平衡，虽然这与实际情况非常吻合，就是因为只有比较少的人购买新书，俱乐部才需要通过目录直销来进行宣传，提高新书的知名度，以提高销量。但是这种不平衡的数据分布会对构建分类模型产生不良影响，模型会倾向于值为 0 的预测，而实际上俱乐部需要预测值为 1 的情况。因此需要对此类数据进行平衡处理，适当提高训练集中值为 1 的比例，以提高分类模型对值为 1 的情况的预测性能。在数据平衡处理过程中，样本比例的调整要结合模型和具体情况反复测试。表 9-8 为 Florence 各值在性别上的分布比例，直观地看，会发现在历史顾客中，女性和男性购买新书的人数占总人数的比例分别是 5.2%和 3.25%，而占该性别总人数的相对比例分别为 7.38%和 10.99%，可见，男性顾客购买新书的可能性较大。这有可能为后面的分析预测提供线索。总体而言，数据审核会帮助分析者全面了解数据的基本特征，从而有利于后续分析工作。

表 9-7　Florence 各值的分布比例

值	计数	比例
0	3662	91.55%
1	338	8.45%

表 9-8　Florence 各值在性别上的分布比例

Gender 值	Florence 值	计数	比例	相对比例
0	0	1052	26.3%	89.01%
	1	130	3.25%	10.99%
1	0	2610	65.25%	92.62%
	1	208	5.2%	7.38%

（3）训练集、测试集与验证集

该俱乐部已经给从顾客数据库中随机选择的 4000 个顾客发送了邮件。已经将顾客的回复和过去的购买记录进行了关联。这些数据被随机地分成三部分：训练数据（1800 个顾客），用来拟合响应模型；验证数据（1400 个顾客），用于比较不同响应模型的表现；测试数据（800 个顾客），用于在选定最终模型后，估计使用模型时的准确性。

（4）平衡训练集

经过数据审核可知，目标变量 Florence 的属性值 0 和 1 的分布极不平衡，没有购买新书的顾客比例（91.55%）远大于购买新书的顾客比例（8.45%），因此需对训练集中变量 Florence

取值为 1 的数据进行平衡处理，设置其平衡因子为 3.0，使这些数据的比例增加 3 倍，以在训练分类模型时更好地发现和挖掘潜在的规则。

至此，数据准备工作已经完成，接下来进行 RFM 分析和分类建模。

4. 建模阶段

（1）RFM 分析

本案例数据中已经存在属性 *R*、*F*、*M*，因而可以直接把它们作为 RFM 分析中的变量 *R*、*F* 和 *M*，然后设置其权值分别为 20、50、30，将箱数设置为 5，并且可以根据实际情况去调整每个分箱中的上限和下限的实际值，接着进行分箱工作。表 9-9 为 RFM 分析中各变量的分箱情况。

经过 RFM 分析后，从中挑选出 RFM 得分最高的顾客，此类顾客就是通过 RFM 分析得到的具有较高忠诚度的顾客。显然，RFM 代码为 555 的顾客比 RFM 代码为 111 或其他代码的顾客更有价值，该俱乐部可以挑选 RFM 代码为 555 的顾客进行宣传。注意，设置不同的权值，所得到的 RFM 分数也不一样。表 9-10 为 RFM 得分为 500 的部分记录数据。

表 9-9　RFM 分析中各变量的分箱情况

	R					***F***					***M***				
分箱	1	2	3	4	5	1	2	3	4	5	1	2	3	4	5
下限	>16	>12	>8	>4	≥2	≥1	≥2	≥3	≥4	≥5	≥15	≥110	≥179	≥238	≥299
上限	≤36	≤16	≤12	≤8	≤4	<2	<3	<4	<8	≤12	<110	<179	<238	<99	≤479

表 9-10　RFM 得分为 500 的部分记录数据

ID#	Gender	Florence	近因得分	频数得分	货币得分	RFM 得分
32883	1	0	5	5	5	500
32878	1	0	5	5	5	500
32248	1	0	5	5	5	500
29959	1	0	5	5	5	500
29083	0	0	5	5	5	500
29012	1	0	5	5	5	500
28571	1	0	5	5	5	500
28202	1	0	5	5	5	500
27257	1	0	5	5	5	500
25329	1	0	5	5	5	500
24920	1	0	5	5	5	500
24655	1	1	5	5	5	500

尽管用 RFM 模型分析得出的 RFM 总分能够得到对该俱乐部的忠诚度比较高的顾客。但是，如果想知道这些忠诚度较高的顾客的普遍特征，然后根据这些特征去预测潜在顾客或未来顾客的忠诚度，仅用 RFM 模型分析是不够的，因为它无法详细地根据某些规则对潜在顾客或未来顾客进行分类。可见，RFM 模型的最大缺点是只能对历史数据进行简单的等级评价，即把顾客划分到自定义的等级中，而不能充分说明这些等级里的数据具有的相同或相似的特征，即 RFM 模型不能产生规则并对这些数据进行分类，更无法根据这些特征对潜在顾客或未来顾客进行相关预测。

因此，很多时候，企业除了使用 RFM 模型对顾客进行评分，还要运用分类模型（如决策树模型）分析顾客信息，然后根据产生的规则对顾客进行分类。这样，企业可以得到各类别的顾客的共同特征，然后根据这些特征来做相关预测工作。例如，银行的数据库存有以往客户信用卡的相关资料，包括已经对他们的信用状况进行确认的信息，银行用 RFM 模型分析历史数据，并抽取 RFM 总分比较高的客户，这部分的顾客很有可能就是忠诚度较高的客户，也可能是表面上忠诚度高，实际上具有欺诈行为的客户，如欺诈者有可能在短期内进行频繁交易和花费大量的金额，以实现自己的最大非法收入，即 R、F、M 三个变量的取值都很大。若凭着 RFM 模型的分析结果将此类欺诈客户当作忠诚客户，最终银行会蒙受更多的损失。因此，可以先用决策树模型对这些 RFM 总分较高的客户进行分析建模，分析出这些已经被确认为有欺诈行为且 RFM 得分高的客户具有哪些特征，即产生相关规则，从而对未来具有 RFM 得分高的客户进行潜在的欺诈预测。

在本案例中，也可以用决策树模型分析已经购买新书和没有购买新书的所有客户的相关信息，然后利用客户数据构建训练模型，产生相关规则集，再根据这些规则集去预测哪些顾客会购买新书。

（2）决策树模型分析

前面已经用 RFM 模型将这 4000 个历史顾客划分了等级，分析出哪些顾客的忠诚度较高，哪些顾客的忠诚度较低。如果想进一步了解已经购买了新书的顾客具有哪些特征，然后利用这些特征去预测未来顾客的购买期望，那么可以用决策树模型来分析研究。这里选择 CRT、C5.0 和二元分类器进行模型训练，然后用训练集分别对这三种分类模型进行训练。其中，二元分类器只从 CRT、C5.0、CHAID 和 QUEST 这四种决策树中进行挑选和综合，目标属性为 Florence。因为俱乐部比较关注哪些顾客最有可能购买新书，所以我们最关心目标属性 Florence 的预测值为 1 的准确度。CRT 和 C5.0 的误分类损失矩阵如表 9-11 所示，表明决策树把实际购买图书的顾客预测为不购买图书的顾客的代价是把实际不购买图书的顾客预测为购买图书的顾客的代价的 2 倍，因为前者会使俱乐部损失一个忠诚顾客的购买所带来的利润。

在训练完模型后，需要对这三种分类模型进行预测准确度的分析比较，并从中选择出预测准确度较高的模型作为测试评估阶段的目标模型。现在用测试集对各分类模型的预测结果进行比较，表 9-12 为各分类模型的预测准确度和绩效评价，图 9-12 是各模型的累计增益图。从表 9-12 中可以看出，二元分类器的预测准确度在三个模型中最高，达到了 91.51%，其目标属性 Florence 属性值为 1 的绩效评价也达到了 1.773，这说明它比 C5.0、CRT 决策树模型的预测性能更好，因此选择二元分类器作为测试评估阶段的目标模型。

表 9-11　CRT 和 C5.0 的误分类损失矩阵

实　际	预　测	
	0	1
0	0	1
1	2	0
0	0	1

表 9-12　各分类模型的预测准确度和绩效评价

分类模型	预测准确度	绩效评价	
		0	1
C5.0	84.33%	0.042	1.204
CRT	82.65%	0.02	0.836
二元分类器	91.51%	0.006	1.773

5. 评估阶段

在建模阶段，经过训练和测试各分类模型，选择预测准确度和绩效评价最高的二元分类器模型作为测试评估阶段的目标模型。本阶段会用验证集对该二元分类器模型进行进一步评估，测试该模型在验证集中的预测性能是否和在测试集中一样好。表 9-13 为二元分类器在验证集和测试集的预测准确度和绩效评估的对比。可以看出，二元分类器在测试集中的预测性能也表现得比较好，因此把该模型作为最终的预测模型。

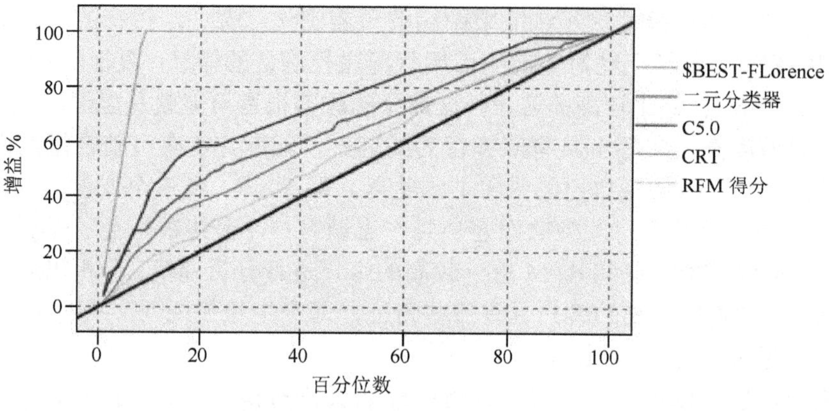

图 9-12　各模型的累计增益图

表 9-13　二元分类器在验证集和测试集的预测准确度和绩效评估的对比

数据集	预测准确度	绩效评价	
		0	1
测试集	91.51%	0.006	1.773
验证集	93.01%	0.006	2.055

6. 部署阶段

回顾本案例的整个数据挖掘过程，主要对原始数据进行属性选择和数据审核，在对数据有了初步了解后，分别用 RFM 分析技术和决策树模型对数据进行分析和预测，不但识别出了俱乐部中忠诚度较高的历史顾客，而且在已知目标分类（是否购买过新书）的情况下用俱乐部的历史客户数据构建分类模型，建立相关规则，旨在预测出未来顾客是否会购买该书，从而为俱乐部提供目录营销的目标对象名单，以提高顾客响应度，增加销量。在建模和评估阶段，根据预测准确度和绩效评估这两个指标得出二元分类器的预测性能较好，因此俱乐部可将二元分类器作为最终的预测模型，为目录营销提供预测信息。部署阶段主要是把最终的预测模型运用到实际业务中，然后根据模型的分析结果来确定直销的对象，这里属于模型的实际应用，此处不再赘述。

9.4.3　案例 9-3：销售数据分析

客户细分是指企业在明确的战略业务模式和特定的市场中，根据客户的属性、行为、需求、偏好、价值等因素对客户进行分类，并提供有针对性的产品、服务和销售模式。本案例通过采用 RFM 模型和 *k*-Means 聚类算法对客户进行细分。

1. 数据理解

本案例的数据来源于百度文库，是一份模拟的销售数据，包含 1200 个用户在 2009 年 5 月 14 日至 2010 年 9 月 25 日期间的共 26 662 条销售记录。每条记录包括 5 个字段，分别是记录 ID、客户编号、收银时间、销售金额和销售类型。数据样例如表 9-14 所示。

2. 数据准备

由于在 Clementine 软件中使用 RFM 汇总节点需要对收银时间进行具体的规范，此处先要使用 Excel 软件对收银时间字段设置单元格样式，如图 9-13 所示。

表 9-14　数据样例

记录 ID	客户编号	收银时间	销售金额	销售类型
6531	40300	2009/5/26 21:42	-249	退货
10035	40300	2009/6/19 20:53	0	赠送
10695	40300	2009/6/23 19:51	3	正常
11623	40300	2009/6/29 20:48	3	正常
14562	40300	2009/7/19 13:51	0	赠送

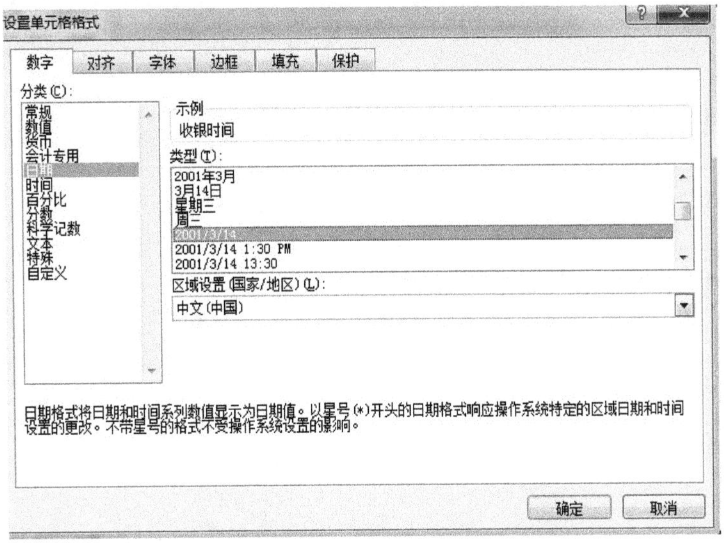

图 9-13　收银时间字段的格式修改

在修改格式后使用 Clementine 软件中的 Excel 源节点导入文件。然后使用填充节点将收银时间采用公式“to_date(to_string(收银时间))”替换，预处理后的数据样例如表 9-15 所示。

表 9-15　预处理后的数据样例

记录 ID	客户编号	收银时间	销售金额	销售类型
23351	10006	2009/9/27	58	特价
23372	30031	2009/9/27	69	特价
23447	40102	2009/9/28	69	特价
23448	20173	2009/9/28	69	特价
23449	40017	2009/9/28	69	特价

3. 数据建模

在数据准备完成后添加 RFM 汇总节点，设置固定日期为 2010-10-01，“ID”为客户编号，“天”为收银时间，“值”为销售金额。然后添加 RFM 分析节点，设置近因、频数和货币。此处默认 R、F、M 3 个变量的权重均等，都为 10。在 RFM 分析节点分析完成后，RFM 分析结果示例如表 9-16 所示。

我们以 R、F、M 三个变量作为客户的特征数据采用 k-Means 对客户进行聚类细分。然而由于 RFM 数据不平衡，因此需要对数据进行标准化。为了对数据进行标准化，首先加入一个设置全局量节点并设置，如图 9-14 所示。然后添加导出节点，该节点由 RFM 分析节点链接，设置该节点导出近因、频数、货币三个字段归一化后的字段，如图 9-15 所示，导出字段后的部分数据如表 9-17 所示。

表 9-16　RFM 分析结果示例

CardID	近因	频数	货币	近因得分	频数得分	货币得分	RFM 得分
40279	19	12	1514	3	1	1	50
20012	58	13	2418	1	1	2	40
10209	9	22	1630	4	3	1	80
40240	8	14	1301	5	1	1	70
10176	19	18	3936	3	1	5	90
10261	15	24	3727	3	4	4	110

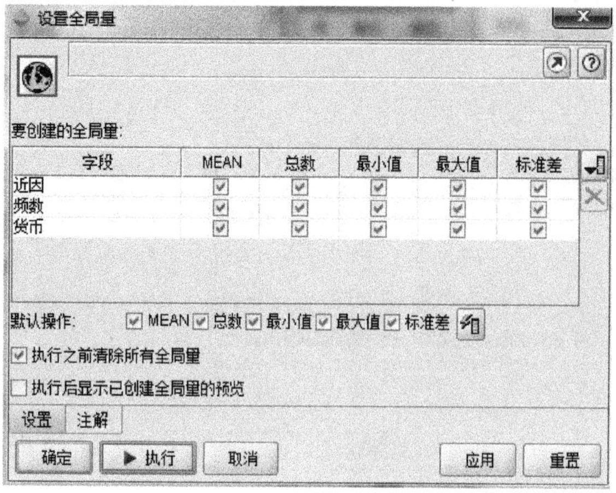

图 9-14　设置全局量

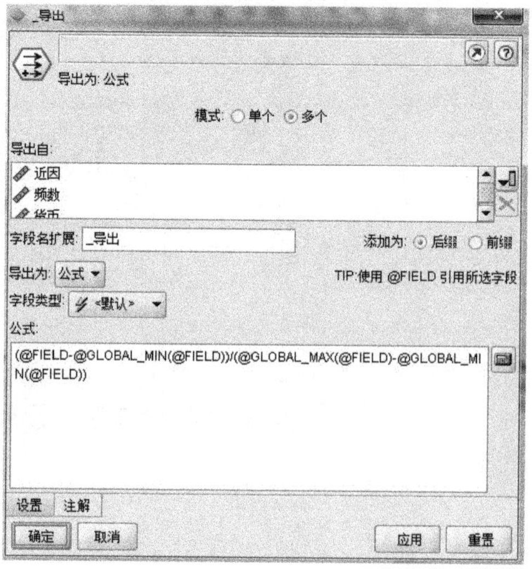

图 9-15　归一化字段导出设置

表 9-17　导出字段后的部分数据

CardID	近因	频数	货币	近因得分	频数得分	货币得分	RFM 得分	近因_导出	频数_导出	货币_导出
40279	19	12	1514	3	1	1	50	0.115044	0.068966	0.217221
20012	58	13	2418	1	1	2	40	0.460177	0.103448	0.327789
10209	9	22	1630	4	3	1	80	0.026549	0.413793	0.231409
40240	8	14	1301	5	1	1	70	0.017699	0.137931	0.191169
10176	19	18	3936	3	1	5	90	0.115044	0.275862	0.513454
10261	15	24	3727	3	4	4	110	0.079646	0.482759	0.487891

完成数据归一化后添加类型节点，设置近因_导出、频数_导出、货币_导出为输入，添加 *k*-Means 节点。由于本案例的实验数据较少，为简单起见，不必将 *R*、*F*、*M* 三个指标各分为 5 个等级。本模型中的客户分类是通过将每个顾客类别的 RFM 平均值与总 RFM 平均值相比较来决定的，而单个指标的比较只能有两种情况：大于（等于）或小于平均值，因此可能有 2×2×2= 8 种类别。因此设置 *k*-Means 的聚类簇数量为 8。建模 Clementine 全过程如图 9-16 所示。

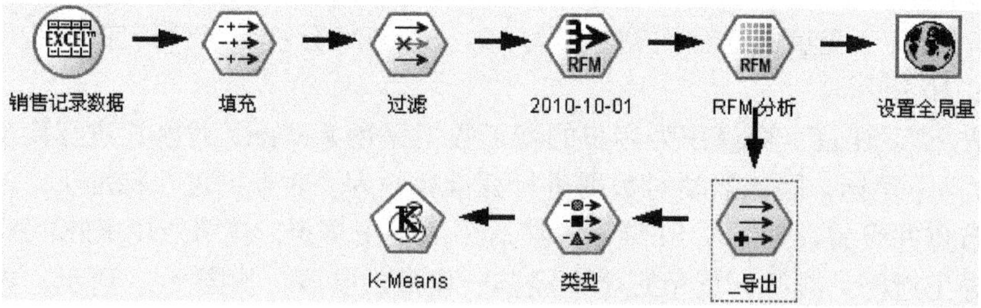

图 9-16　建模 Clementine 全过程

4．结果评估

使用 *k*-Means 聚类得到 8 个簇，聚类结果如表 9-18 和图 9-17 所示。

表 9-18　聚类结果

簇标号	成员数量	簇心—*M*	簇心—*R*	簇心—*F*	客户类型
1	175	0.261	0.087	0.216	旧低价值客户
2	96	0.612	0.086	0.678	旧高价值客户
3	29	0.291	0.619	0.212	新低价值客户
4	131	0.471	0.274	0.518	稳定高价值客户
5	249	0.445	0.06	0.557	旧较高价值客户
6	41	0.441	0.513	0.462	新高价值客户
7	345	0.375	0.076	0.384	旧一般客户
8	134	0.325	0.321	0.29	稳定一般客户

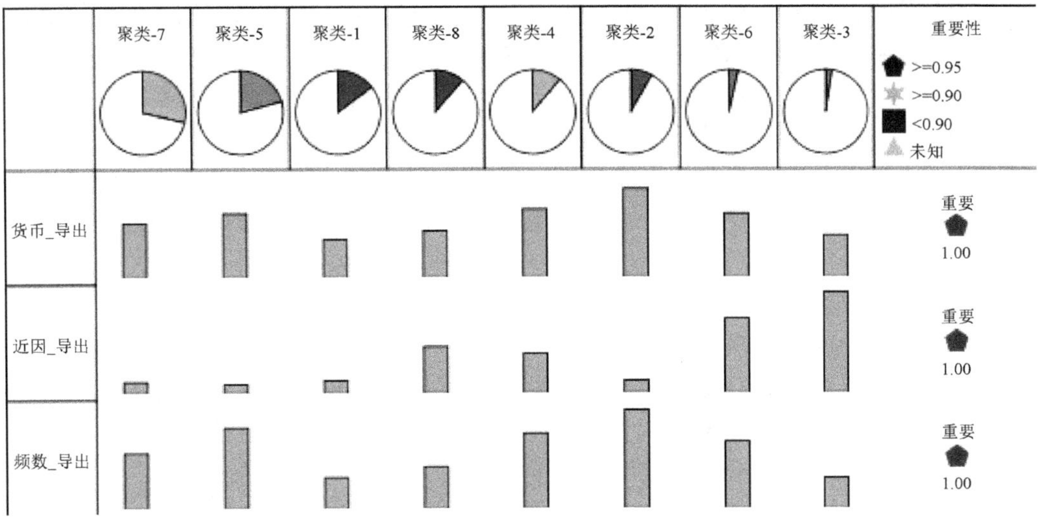

图 9-17　聚类结果

导出的 *R*、*F*、*M* 三个字段的重要指数均为 1.00，根据簇特征将客户划分为 8 个不同的簇。对于 *R*、*F*、*M* 三个字段值均小于平均数的客户，我们将其定义为旧低价值客户，以此类推，其余各簇可定义为旧高价值客户、新低价值客户、稳定高价值客户、旧较高价值客户、新高价值客户、旧一般客户、稳定一般客户 8 类。对不同类别的客户可采用不同的营销策略。

本章小结

RFM 模型是衡量客户价值和客户创利能力的重要工具和手段，通过客户的近因、频数、货币 3 项指标来描述客户的价值。RFM 模型的应用领域广泛，不仅可以应用于零售企业，如消费品、化妆品、小家电和超市等，还可以应用于加油站、旅行保险、运输、快餐店、KTV、移动电话卡和证券等行业，其效果和作用已经被多种行业应用所证实。本章简单介绍了 RFM 分析的基本原理、Clementine 中相关节点的使用方法，最后通过案例说明了 RFM 分析的应用。

第 10 章　社会网络分析

在微博中谁与谁成为好友？谁给谁打了电话？类似的关系在数据中是可见的，它们包含丰富的信息，社交网络分析就是解决这方面需求的数据挖掘技术，基于图论，利用图中的边来表示不同对象之间的关系，通常用于为其他建模技术构建新的变量。在很多情况下，对象之间的关系是隐式的，如何识别它们是数据挖掘面临的一个挑战。

按系统的观点来看，自然界和人类社会都是由不同的网络系统组建而成的，包括社会网络、信息网络和生物网络等。一个网络系统可以抽象为个体和关系两类基本要素，个体通常对应网络用户或包含内容的主体，关系则对应用户间的交互与联系。信息技术和互联网的快速发展使得社会网络的形式变得多样化，个体之间的社会交互性更强，如人们使用微信、微博、QQ 等在线社会媒体或即时通信工具进行交际和互动。人们在网络空间中结成了种种关系，如微博中的关注关系、社交网络中的好友关系、在线商店中因共同购买或评论产品结成的共同兴趣关系等。社会网络中个体之间的关系普遍存在局部聚集特性，且节点度具有幂律分布特性（网络中极少量的节点的度很高）。大量具有局部聚集特性的关系数据对认识当代人类社会的组织结构、群体演化特点、信息传播规律、信息控制机制和意见领袖分析等都有重要的意义。

随着社交网络的发展，越来越多的用户被社交网络连接在一起，并且产生了庞大的社交数据。社交网络也日益成为重要的信息传播平台，一个用户会看到朋友分享的内容，并继续转发传播。通过这样的方式，信息会在整个网络中逐步传播开来。值得注意的是，传播现象不仅存在于社交网络，在疾病传播、污染物扩散等问题上也是普遍存在的。通过研究传播机制，我们能够更好地预测、干预和控制传播现象。

10.1　图论基础

图用来表示对象之间的网状关系，是数学和计算机科学中一个非常重要的分支。一个图可以定义为一个二元组：$G=(V,E)$。其中，① V 是顶点（结点）的有穷集合；② E 是连接 V 中两个不同顶点（顶点对）的边的有限集合。如果 E 中的顶点对是有序的，即 E 中的每条边都是有方向的，则称 G 为有向图。如果 E 中的顶点对是无序对，则称 G 是无向图。如果无向图或有向图的边或弧上带有一个表示某种物理量的权值，则称它加权图。Web 页面之间的链接、电话呼叫关系、社交网络中的推荐就是有向图，交通网络图就是加权图（边上的权值可以是两地之间的距离，也可以是两地之间的票价）。图 10-1 展示了几类不同的图。

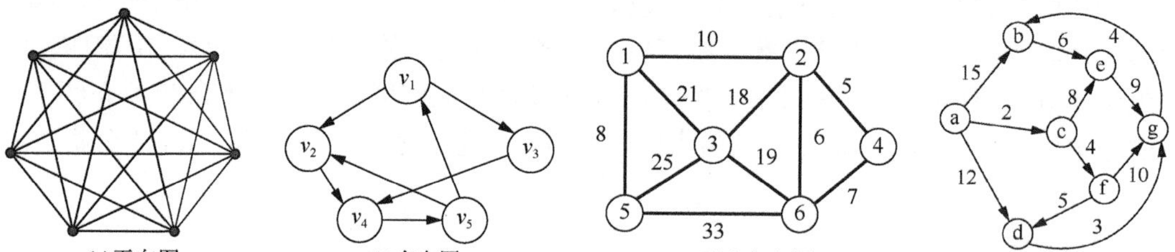

(a)无向图　(b)有向图　(c)无向加权图　(d)有向加权图

图 10-1　几类不同的图

图的基本概念如下。

相邻：对于无向图而言，假若顶点 v 和顶点 w 之间存在一条边 (v, w)，则称 v 和 w 是相邻的，顶点 v 和 w 互为邻接顶点。边 (v, w) 与顶点 v 和 w 相关联（对于有向图，称之为邻接到和邻接自）。

路径、简单路径、回路：路径就是由边所连接的一组有序的节点序列。对于无向图而言，从顶点 v 到顶点 w 的路径指的是一个顶点序列 $(v_0, v_1, \cdots, v_m)(v_0 = v, v_m = w)$，其中，$(v_i, v_{i+1}) \in E$。路径的长度指的是路径上的边的数目（对于有向图，路径是有向的）。若路径中的顶点没有重复，则称之为简单路径。第一个顶点和最后一个顶点相同的路径称为环或回路。

连通图、连通分量：在无向图中，如果从顶点 v 到顶点 w 有路径，则称顶点 v 和顶点 w 是连通的。如果无向图 G 中任意两个顶点都是连通的，则称图 G 是连通图。如果一个无向图不是连通图，则其中的每个极大连通子图称为无向图的连通分量。

强连通图、强连通分量：如果有向图 G 中任意两个顶点间都存在有向路径（对任意两个顶点 v 和 w，既存在 $v \rightarrow w$ 的有向路径，也存在 $w \rightarrow v$ 的有向路径），则称有向图 G 是强连通图。非强连通图的各极大强连通子图称为它的强连通分量。如果不考虑有向图中边的方向所得到的无向图是连通图，则有向图称为弱连通图。

顶点的度、入度、出度：对于无向图中任意顶点 v，与 v 相关联的边数称为 v 的度 Degree(v)，简记为 $D(v)$，对于有 n 个顶点和 e 条边的无向图，所有顶点的度之和是边总数的 2 倍。有向图中，以顶点 v 为弧尾的弧的数目称为 v 的出度，记为 OD(v)，以 v 为弧头的弧的数目称为 v 的入度，记为 ID(v)，D(v)=ID(v)+OD(v)，即 v 的度。对于有 n 个顶点和 e 条弧的有向图，所有顶点的入度之和与出度之和都等于 e。

源节点、汇聚节点：有向图中有两类特殊的节点。入度为零（只有出边）的节点称为源节点，出度为零（只有入边）的节点称为汇聚节点。源节点和汇聚节点是有向图与无向图的重要差异。

简单图：简单无向图不存在顶点到自身的边，且任意两个不同的顶点之间没有平行的两条边；简单有向图不存在顶点到自身的弧，且任意两个不同的顶点之间没有同方向的两条弧。简单无向图和简单有向图统称为简单图。

无向完全图：对于简单无向图，图中任意两个不同的定点间都有边。有 n 个顶点的无向完全图有 $n(n-1)/2$ 条边。

有向完全图：对于简单有向图，任意两个顶点间都有方向互为相反的两条弧。有 n 个顶点的有向完全图有 $n(n-1)$ 条弧。

10.2 社会网络分析概述

社会网络是指社会个体成员之间因互动而形成的相对稳定的关系体系。社会网络关注的是人们之间的互动和联系，因为社会网络中成员的互动会影响人们的行为。网络或图可以用来表示人与人之间的各种关系，如亲属关系、业务关系，甚至疾病的传播（谁传染了谁）。社会网络分析（Social Network Analysis，SNA）是研究社会实体的关系及这些关系的模式、结构和功能的工具。关系网络主要涉及组织关系网络、情感关系网络、咨询关系网络等。社会网络分析在许多领域产生了重要影响。除了在特定情况下，如研究某个学校或村庄内的人物之间的关系，研究者通常不能获得整个网络，这就阻碍了社会网络分析的研究。现在，人物之间的许多重要关系可以在数据中捕获。电话呼叫的详细记录可以用来创建一个图，该图可以显示谁呼叫了谁。基于 Web 的多种服务可以创建更明确的社交网络。婚恋网站为那些正寻找伴侣的人建立了联系。这些网站的目的是便于成员之间进行交互，还可以利用大量有效的数据来研究大型的社交网络。

从数据挖掘的观点看，社会网络是由图表示的异构的多关系数据集，其中，节点对应对象，边对应对象间的联系或相互作用的链接。

社会网络分析自 20 世纪 70 年代发展以来，已经成为自然科学和社会科学的研究方法。社会网络分析采取定量方式来度量主体间的关系，提供多种网络分析指标，通过具体的指标揭示网络特征及成员间的联系，包括中心度、凝聚子群等。社会网络分析的应用依赖于可视化分析与对人、社会、政治、经济的关系测量。

10.2.1 社会网络分析相关概念

社会网络包括节点、边和网络 3 个基本要素，其中，节点指组成网络的个体，边代表个体之间的链接关系，网络是节点和边的集合。通常，用关系矩阵来表示含较多节点的社会网络。引用网络、共现网络都是社会网络，其中，引用矩阵中的数据表示主题应用的频次，共现矩阵中的数据指代主题共同出现的频次。

社会网络分析中有几个重要的概念：行动者、关系链接、二元图、三元图、子群、群、社会网络等。

行动者：社会网络面向实体与实体之间的联系，而行动者就是社会网络中的实体，也是社会网络中的节点。

关系链接：关系链接表示两个行动者之间的联系，如好友关系、从属关系等。

二元图：二元图描述在社会网络中用一个连接建立了两个行动者之间的联系。这种联系通常从属于这两个行动者，而不是仅仅属于某一行动者。

三元图：研究的对象为更大的行动者子集，如三个行动者子集及其存在的联系。

群：也称为社区、社团，由有限的行动者组成。一个社会网络往往由一些群体成员组成，这些群体往往有一定的界限。

子群：子群描述任意子集的行动者和他们之间可能存在的联系。

社会网络：由一个或多个行动者的有限集及其一种或多种关系组成。其中，社会网络根据连边的方向性和权重可以分为无向网络和有向网络、无权网络和加权网络。

10.2.2 中心性

房地产行业有一个众所周知的黄金法则：一套房子的价值首先要看这套房子所在的地段。把这一黄金法则搬到网络上就成为：网络中一个节点的价值首先取决于这个节点在网络中所处的位置。越靠中心位置的节点，其价值越大。

节点的中心性（Centrality）一直是网络系统研究中的重要课题，在信息检索、信息传播、在线社会媒体中的用户分析等方面具有广泛的应用。例如，寻找现实社会关系网络（如朋友圈、BBS 和微博等在线社区）中哪些是具有较大影响力或较权威的人，哪些人对信息传播起到关键作用？当输入一个关键词后，搜索引擎是如何知道哪些页面最重要，从而应该排在最前面显示的？

（1）度中心性

假设在无向网络中，行动者总数为 n，行动者 i 的度中心性就是其节点的度 $d(i)$ 被最大度归一化后的值

$$C_{\mathrm{d}}(i)=\frac{d(i)}{n-1}$$

在有向网络中，需要区分行动者节点的入度和出度，度中心性是基于出度的，行动者 i 的度中心性就是其节点的出度 $d_{\mathrm{out}}(i)$ 被最大出度归一化后的值

$$C_{\mathrm{d}}^{'}(i)=\frac{d_{\mathrm{out}}(i)}{n-1}$$

（2）接近中心性

接近中心性关注接近度或距离，其主要思想是：如果一个行动者很容易与所有的行动者进行互动，则此行动者就是中心行动者。因此，以行动者 i 到各行动者之间的距离来衡量行动者 i 的接近中心性。设行动者 i 到行动者 j 的最短距离为 $d(i,j)$，行动者 i 的接近中心性可以表示为

$$C_{\mathrm{c}}(i)=\frac{n-1}{\sum_{j=1}^{n}d(i,j)}$$

知识扩散网络的接近中心性可以衡量网络中某节点与其他所有节点的距离。一个节点到其他节点的距离越短，则该节点不受其他节点控制的能力就越强。接近中心性阐述了某节点在网络中的整体影响力。

（3）中介中心性

如果两个不相邻的行动者需要与对方互动，行动者 i 在两个行动者的必经之路上，那么行动者 i 对两个行动者有一定的控制能力。中介中心性用来衡量行动者对其他行动者的控制能力和沟通其他节点的能力。

行动者 i 的中介中心性的定义：除行动者 i 外，在任意行动者对的最短路径中，用经过行动者 i 的路径数量除以所有行动者对的最短路径数 p，即

$$C_{\mathrm{b}}(i)=\frac{1}{p}\sum_{j=1,j\neq i}^{n}\sum_{k=j+1,k\neq i}^{n}p_{jk}(i)$$

其中，如果节点 j 到 k 的最短路径经过节点 i，那么 $p_{jk}(i)=1$；否则，$p_{jk}(i)=0$。

在有向网络中，因为行动者 i 到行动者 j 的路径与行动者 j 到行动者 i 的路径是不相同的，因此

$$C_{\mathrm{b}}(i)=\frac{1}{p}\sum_{j=1,j\neq i}^{n}\sum_{k=1,k\neq j,k\neq i}^{n}p_{jk}(i)$$

如果某节点位于其他多对节点的最短路径上，则其中介中心性较大。中介中心性的取值范围为 0～1，中介中心性越大，则该节点越接近网络的核心位置。

10.2.3 权威性

与中心性一样，社会网络中的权威性也是衡量行动者特性的一个指标。在社会网络分析

中，权威性分为三种，包括度权威性、邻近权威性和等级权威性。不同的权威性的含义有所不同。

（1）度权威性

如果一个行动者具有许多入度，则该行动者是权威行动者，这种权威性称为度权威性。设行动者 i 的入度为 $d_{\mathrm{in}}(i)$，则该行动者的度权威性的定义为

$$P_{\mathrm{d}}(i)=\frac{d_{\mathrm{in}}(i)}{n-1}$$

（2）邻近权威性

邻近权威性是度权威性的推广。同时考虑直接指向和间接指向的行动者，即考虑能够到达行动者 i 的所有行动者 j。设 I_i 是能够到达行动者 i 的行动者集，$d(j,i)$ 表示行动者 j 到行动者 i 的最短路径长度，则行动者 i 的邻近权威性的定义为

$$P_{\mathrm{p}}(i)=\frac{|I_i|/(n-1)}{\sum_{j\in I_i} d(j,i)/|I_i|}$$

其中，n 表示行动者 i 所在的关系网中总的行动者个数，$|I_i|/(n-1)$ 表示能够到达行动者 i 的其他行动者占总行动者总数的比例。$\sum_{j\in I_i} d(j,i)/|I_i|$ 表示平均最短路径长度。

（3）等级权威性

前面两种权威性主要关注入度和距离两个指标，没考虑到链入的行动者的重要性。就如企业高层管理给一个项目投票的重要性往往比普通职员投票的重要性大。因此考虑链入的行动者的重要性，给出等级权威性的定义为

$$P_{\mathrm{r}}(i)=\sum\nolimits_{j\in I_i} P_{\mathrm{r}}(j)$$

行动者 i 的权威等于所有与它有入度关系的行动者权威的累积，行动者 i 的权威会受别的行动者权威的影响。

10.2.4 网络密度

网络密度是指网络节点实际存在的关系数目与它们之间可能存在的最大关系数目的比值，用于评价节点间关系的紧密情况。在有向网络中，假设其拥有 n 个成员，则理论上其拥有的最大关系数目为 $n(n-1)$，网络关系数目实际为 m，则网络密度为 $m/(n(n-1))$；在无向网络中，假设其拥有 n 个成员，则理论上其拥有的最大关系数目为 $n(n-1)/2$，网络关系数目实际为 m，则网络密度为 $2m/(n(n-1))$。网络密度的取值范围为 0～1，该值越大，代表节点间的联系越紧密，网络中的知识、信息交流越充分。

10.3 社区检测

10.3.1 社区检测方法简介

在社会网络中，个体按照不同类型的关系结成群体，如社交网络中的圈子和小组等。群体体现了关系的局部聚集特性，同一群体内部的个体之间的关系相对密切，不同群体的个体

之间的关系相对疏远。在网络系统研究中，人们把个体视为节点，把关系视为边，把群体视为社区（community）。社区通常由功能相近或性质相似的网络节点组成，在一定程度上反映了个体自发、无序行为背后的局部弱规则性和全局有序性。要理解网络结构与网络行为之间的关系，进而考虑改善网络的行为，就需要对社会网络的结构特征有很好的了解。

因此，社区成为研究网络结构和功能（包括信息扩散、网络演化、导航和搜索等）关系的“脚手架”和切入点，具体如下。

① 信息在微博社会网络中的传播轨迹形成了一个传播网络。根据一个社会事件的相关微博的传播轨迹，结合情感分析技术，可以了解群体在该事件上的行为和观点。

② 电信客户之间的通话记录可构造一个客户的社会网络，采用社团检测方法可以对电信客户社会网络进行划分以得到客户社团，从而发现不同的客户关系圈（如同学圈、亲戚圈等），为运营商实施人际营销提供支持。

③ 在电子商务中，每个商品的消费者组成一个商品的消费者网络，每个人的商品组成一个人的商品网络。根据两个商品的消费者网络之间的重叠性度量两个商品之间的相关性。根据两个人的商品网络之间的重叠性度量两个人消费的相似性。

④ 每个知识点的学习者组成一个知识点的学习者网络，每个人的知识点组成一个人的知识网络。根据两个知识点的学习者网络之间的重叠性度量两个知识点之间的相关性，从而进行知识推荐。根据两个人的知识网络之间的重叠性度量两个人之间的相关性，从而进行人物推荐。

社区检测旨在识别出网络固有的社区结构，即按照节点间的连边关系把节点划分成若干个节点组，使得节点组内部的连边相对稠密，不同节点组之间的连边相对稀疏。这一目标体现着“物以类聚、人以群分”的思想，与图划分、传统聚类问题在方法论上有着千丝万缕的联系。由于网络系统中的社区具有层次性（社区中包含多个更小的社区而形成层次结构）、重叠性（两个或多个社区之间具有部分相同的网络节点，使得社区之间形成重叠）和动态性（社区随着时间变化会进行演化，如社区的合并、分裂及消亡等），因此社区检测算法可以大致分为传统社区检测算法、层次社区检测算法、重叠社区检测算法和动态社区检测算法。

传统社区检测算法：主要包括基于分割的 GN 算法及其改进方法、基于模块度优化的方法和基于网络动力学的方法（如随机漫步模型）。传统社区检测算法无法发现社区的层次结构和重叠结构。

层次社区检测算法：网络系统中的社区具有不同的层次结构，如大社区内部可能含有规模较小的社区，如图 10-2(a)所示。层次社区检测算法大多基于层次聚类技术，经典的算法有基于凝聚的算法——BGLL 算法。

重叠社区检测算法：社会个体通常归属于两个或多个群体，在网络系统中则表现为重叠社区现象，如图 10-2(b)所示。重叠社区检测算法主要包括基于派系的算法、基于边聚类的算法和顶点复制算法等。经典的重叠社区检测算法有 CPM 算法和 EAGLE 算法。

动态社区检测算法：网络随时间变化会进行演化，因此网络中的社区结构也会发生演化，如图 10-2(c)所示。动态网络中的社区检测包括网络快照中的社区发现及演化分析，主要包括基于上述两个阶段的算法和多目标优化算法。经典的动态社区检测算法有 Facetnet 和 GrpahScope。

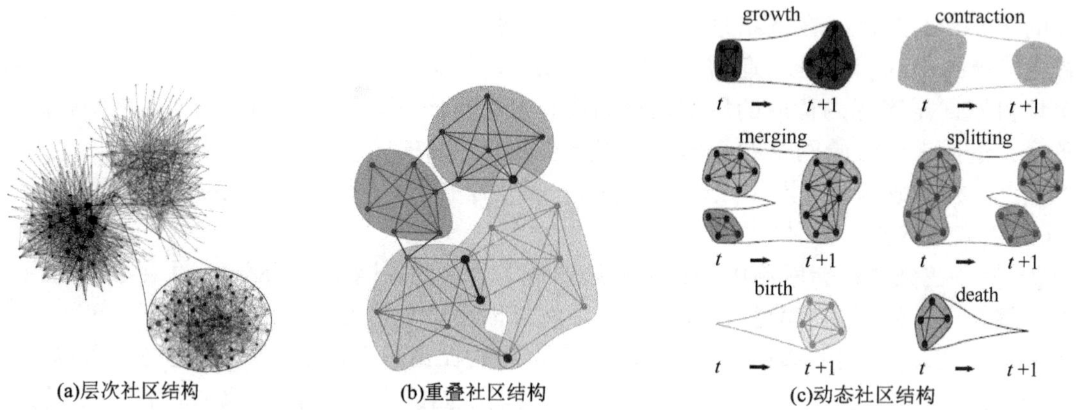

图 10-2 社区结构的特性

10.3.2 社区检测质量评价

社区检测质量评价方法有两种：一是使用质量函数，二是最小化社团模型与实际社团结构的差异。由于很难获得实际社团结构，因此质量函数是常用的社区检测质量评价准则。

模块度是使用最广泛的社区检测质量评价方法，不同类型的网络（包括有向网络、加权网络、有向加权网络等），模块度的计算方法不同。

（1）加权网络中一般社区检测质量评价方法

针对加权网络，Newman 提出了加权模块度公式：

$$Q=\frac{1}{2W}\sum_{ij}(A_{ij}-\frac{S_iS_j}{2W})\delta(C_i,C_j)$$

其中，W 为网络边的权重和，A_{ij} 为网络邻接矩阵元素，S_i 和 S_j 分别为节点 i 和 j 的连边权重和。C_i 和 C_j 分别为节点 i 和 j 所在的社区，当 $C_i=C_j$ 时，$\delta(C_i,C_j)=1$；否则为 0。Q 值介于 0 和 1 之间，$Q=0.3$ 为网络有明显社区结构的下界。可以将无权网络看作边权值为 1 的加权网络，则可对其使用加权模块度的计算公式。

（2）面向重叠与非重叠社区的质量检测评价方法

目前，大多数的重叠社区检测质量评价方法都是依据 Newman 设定的非重叠社区模块度的准则：社区模块度是社区实际连边情况与随机图情况下的连边概率之间的差值，引入节点和社区的归属系数，对模块度方法进行扩展可以得到重叠社区质量评价方法。但是这类方法仿照非重叠社区模块度计算的机理，缺少对归属系数物理意义的清晰解释，没有重新审视重叠社区结构的特有属性。

下面介绍一种适用于重叠社区和非重叠社区的统一质量评价方法，以解决传统重叠社区评价方法的不足。该方法从聚集性和重叠性两个角度出发，对社区内部节点、边的聚集度及社区间的重叠度进行计算，该评价方法分为三部分：节点的社区归属度评价、社区内部的边密度评价和重叠度评价。

① 节点的社区归属度计算，通过节点在社区内部的连接关系和节点与社区外部的连接关系的差值进行度量。节点 i 归属于社区 C_k 的归属值为

$$\text{Node\_Eva}_{i\in C_k}=\frac{\sum\limits_{j\neq i,j\in C_k}a_{ij}-\sum\limits_{i\notin C_k}a_{ij}}{d_i}$$

② 社区内部的边密度评价通过计算社区内部的边与完全图结构的比例评价社区内部的边的绝对聚集性：

$$\text{Edge\_Eva}_{i,j} = \frac{2\sum_{i,j\in C_k, i\neq j} a_{ij}}{|C_k|(|C_k|-1)}$$

③ 重叠度评价通过重叠部分与社区的相对比例来判定重叠的程度：

$$\text{Over\_Eva}_{i,j} = \frac{|C_i \cap C_j|}{|C_i|+|C_j|-|C_i \cap C_j|}$$

综合上述三部分计算，则整体的重叠社区质量评价公示为

$$\text{Community\_Eva} = \frac{1}{k}\sum_k \frac{\sum_{i\in C_k}\text{Node\_Eva}_i}{|C_k|} \times \text{Edge\_Eva}_{C_k} \times \mathrm{e}^{\frac{-2\sum_{i\neq j}\text{Over\_Eva}_{i,j}}{k(k-1)}}$$

10.4 社会网络分析软件

10.4.1 社会网络分析软件概述

社会网络分析需要进行大量的运算。通过网络图形的绘制和相关分析计算方法的运行可对网络进行结构性分析和定量分析，并将分析过程和结果以可视化的方式呈现出来。目前已经有多种社会网络分析工具，表 10-1 为常用社会网络分析工具对比。

表 10-1 常用社会网络分析工具对比

软件名称	运行平台	适用对象	数据格式			功能	
			类型	输入格式	默认值	可视化	分析类型
Pajek	Linux、Windows、MacOS	大型数据网络可视化	c,a,l	m,ln	Yes	Yes	d,sl,rp,dt
Igraph	Linux、Windows、MacOS	非常大型网络的分析和可视化		m,ln	Yes	Yes	
UCINET	Linux	综合	c,e,a	m,ln	Yes	Yes	d,sl,rp,dt,s
JUNG	支持 Java 的任何平台	网络和图形处理、分析和可视化		gml			
Gephi	支持 Java 的任何平台	复杂网络分析、可视化	c,a,l	m,ln,n	Yes	Yes	d,s

类型：c=完整的网络，e=以个人为中心的网络，a=关联网络，l=大型网络。

输入格式：m=矩阵，ln=链接/节点，n=节点。

分析类型：d=描述的，sl=结构和特定区域，rp=角色和位置，dt=二元组和三元组法，s=统计。

其中，类型主要反映网络类型；输入格式主要考察软件的输入方法和类型，即邻接矩阵和点线的输入方法；功能主要分为软件是否可视化和分析类型。

10.4.2 Gephi 简介

Gephi 是一款跨平台的开源复杂网络分析软件，主要用于各种网络数据的可视化与分析，官网为 https://gephi.org/，支持 Windows、MacOS 和 Linux 平台。由于软件使用 Java 开发，因此需要安装 JDK 1.8 以上的版本。

1. Gephi 基本界面

Gephi 基本界面主要分为三部分，分别是概览界面、数据资料界面和预览界面。

概览界面主要是工作界面，默认包括外观模块、布局模块、图模块、上下文模块、过滤模块、预览模块和统计模块，如图 10-3 所示。图 10-3 左上角为外观模块，可以调整节点大小、节点和边的颜色等。左下角则是布局模块。中间最大的部分为网络图的预览模块，其中左边包括对网络图的基本编辑功能；底部可以调整图中节点和边的标签大小、调整字体、截图等。界面右上部分是上下文模块，主要展示图中节点、边数量和图的类型。右下角则包括过滤模块和统计模块，过滤模块可以让用户选择过滤特定边和节点的条件；统计模块则用于统计网络参数，包括平均度、网络直径、图密度、PageRank 值、平均路径长度等。

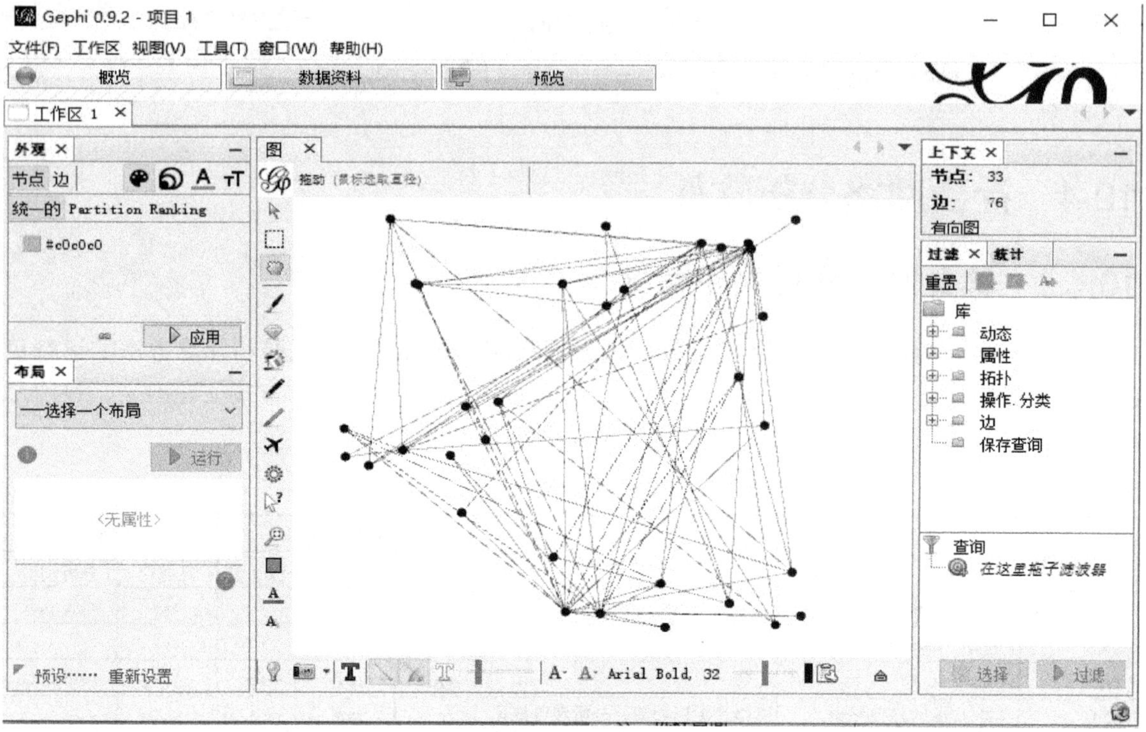

图 10-3　概览界面

数据资料界面主要对数据表格进行查看、编辑、输出操作，以及对边和节点的增加、删除等操作，如图 10-4 所示。

预览界面可以对可视化的网络图进行进一步的参数调整，包括节点透明度、节点标签大小比例、边的曲直等，可以将网络图导出为 SVG、PDF、PNG 等格式的文件，如图 10-5 所示。

2. Gephi 数据导入

在对数据进行可视化和网络分析之前必须导入数据，支持 CSV、Excel 等文件类型数据。Gephi 支持多次导入节点表格、边表格、邻接名单、邻接矩阵 4 种格式的数据。

3. Gephi 网络可视化

导入数据后，可以在软件中看到网络的可视化图形。但我们仍需对可视化参数进行一些调整使网络图更加直观清晰。

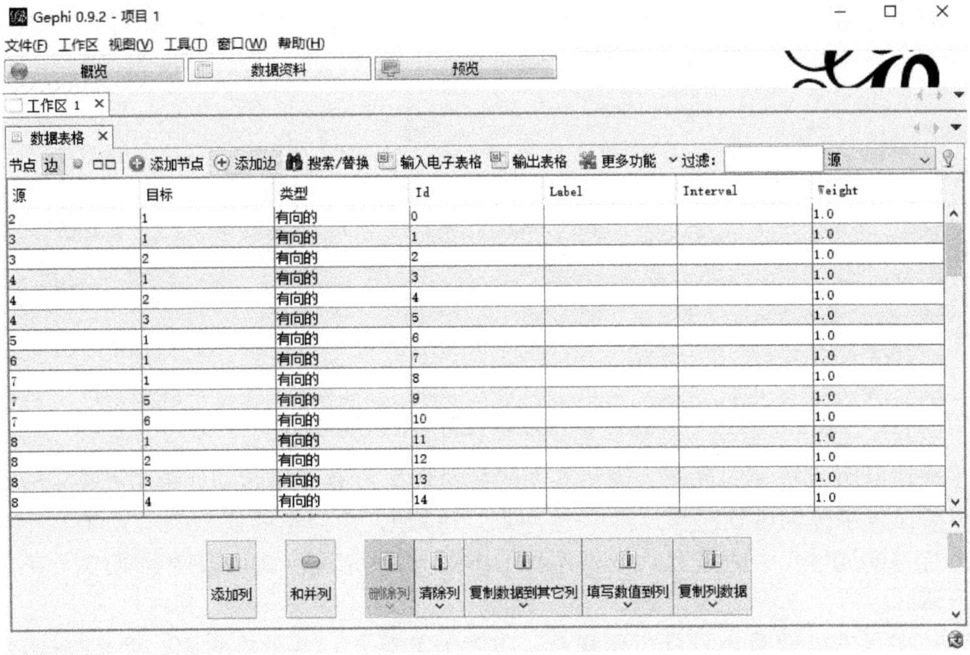

图 10-4 数据资料界面

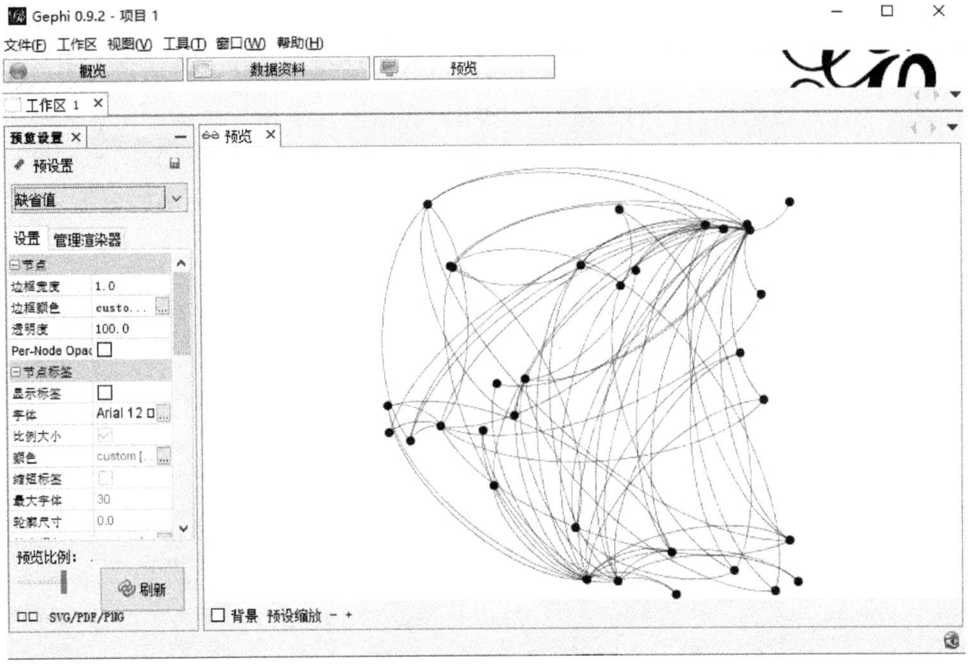

图 10-5 预览界面

我们在概览界面的左上角的外观模块中做一些调整。使用统一的颜色调节所有节点的颜色，单击“应用”按钮，即可看到效果。节点的大小采用 Ranking 模式，即不同的节点拥有不同的大小，衡量方式选择“度”，调整节点的最小尺寸和最大尺寸。外观模块调整完成后的网络图如图 10-6(a)所示。虽然比初始导入的时候要清晰许多，但是仍然需要改进。

下面对图的布局进行修改。在概览界面左下角的“布局”部分选择想要的布局。Gephi 支持多种布局模式，还可以通过安装插件实现更多的布局样式。这里选择“ForceAtlas 2”布局，将缩放设置为100，勾选“防止重叠”选项，单击“运行”按钮。运行完成后，我们便得到了一个更加直观的布局，如图10-6(b)所示。

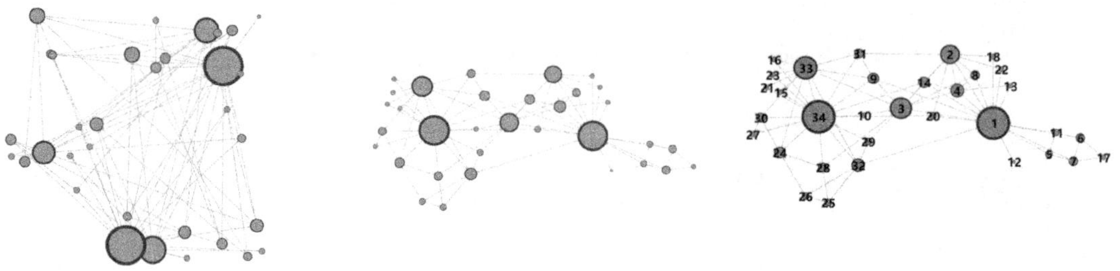

(a) (b) (c)

图 10-6　调整外观前后的网络图

接下来进行节点标签的显示。概览界面的图模块下方有调整按钮，单击“显示节点标签”选项，然后设置字体为微软雅黑，再单击“属性”按钮，在弹出的窗口的“节点”标签的“选择显示为标签的属性”中选择ID，取消选择Label。设置完成后就可以看到网络标签了，如图10-6(c)所示。

注意：字体可以设置为其他字体样式，但是如果节点标签带有中文，要先确认该字体支持中文显示，否则将不显示或显示乱码。

4. Gephi 网络参数统计

概览界面右部有统计模块，其中包含许多网络分析的统计指标。直接单击想要计算的项目即可计算。单击对应指标右侧的“运行”按钮，会弹出计算结果的详细信息和结果的相关图表，计算结果直接显示在对应指标的右边，如图10-7所示，如这里计算了平均度、网络直径、平均聚类系数等指标。通过安装额外的插件，Gephi还可以支持更多的分析和计算功能。

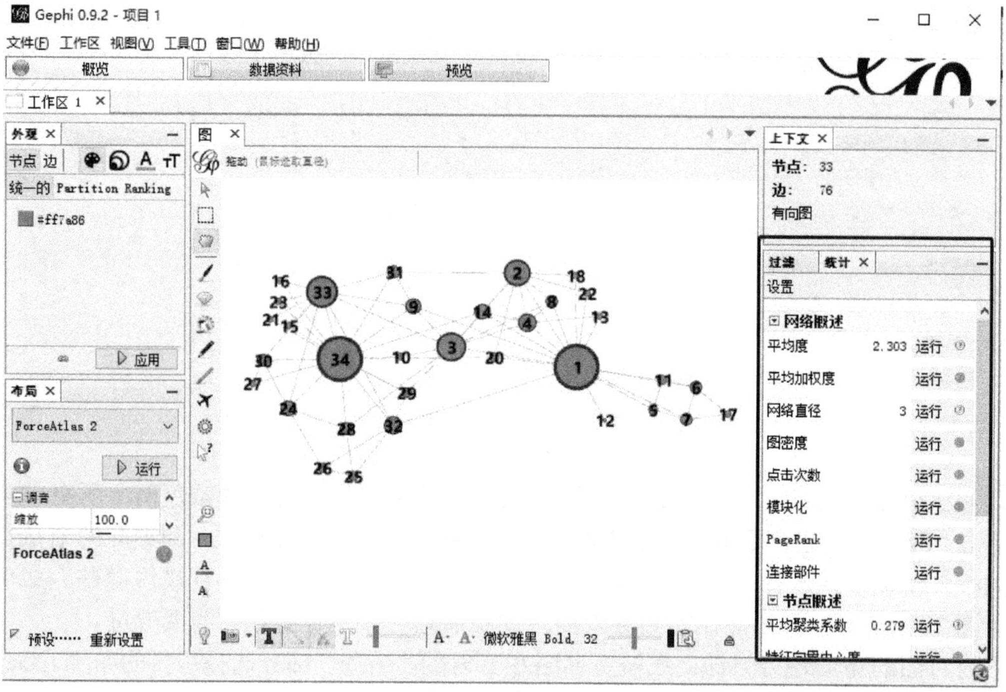

图 10-7　网络参数统计

5. 在 Gephi 中安装插件

单击菜单栏“工具”中的“插件”选项，即可打开插件安装框。可以在“可用插件”标签页中查看可以安装哪些插件。选择需要的插件，还可以查看插件的详细描述。把需要安装的插件选中后单击“安装”按钮，即可进行插件安装。注意，大部分插件安装完毕都需要重启软件，记得保存好现有工作。

10.5 综合案例

10.5.1 案例 10-1：基于社区检测的通信业客户细分

通话明细记录（Call Detail Record，CDR）包含主叫、被叫和通话时长等客户之间的通话联系信息。客户之间的通话联系是客户之间社会关系的投影，一般，客户的呼叫行为是具有目的性的，且呼叫双方的联系频率反映了双方关系的紧密度。从社会网络分析的角度来看，利用通话明细记录可以构建以客户为节点、以呼叫为边的客户呼叫图。客户呼叫图是非连通图，存在一些这样的群体，群体内的成员之间存在许多呼叫，但与群体外的成员的呼叫非常少。这些群体是由友谊、业务或共同的爱好联系起来的，构成了一个个社区。有关客户及其呼叫模式的数据可以用来发现社区，结合客户签约时收集的个人数据，可以利用标签查明可能的关系，如配偶、孩子和朋友。这些标签对于交叉销售和流失预测有重要价值。

1. 业务理解

传统的客户关系管理是针对单个客户消费特征进行的传统客户关系管理，这不但需要花费大量的管理成本，而且无法挖掘出客户之间行为的相互影响。本案例分析客户呼叫图的基本特性，对客户的社会角色、地位和关系进行量化分析，并检测客户的社区结构，然后建立客户社会关系模型并应用到客户关系管理中，以此帮助电信运营商更好地发现潜在客户、提高客户忠诚度并防止客户流失。以社区替代单个客户作为电信客户关系管理的对象，社区内的消息传播模式可以用于产品推销和公共服务信息的传播（如灾害气象播报等）。根据客户中的“意见领袖”和客户之间的潜在关系，业务人员通过向社区内影响力较大的客户进行信息传递，然后借此向其关联性高的客户进行产品或业务的推销，可以大大减少推销成本并提高广告响应率。

2. 数据理解

本案例以电信运营商固话客户的通话数据为研究对象，共有 148 570 条记录，通话明细记录表如表 10-2 所示，另一类数据是客户基本信息表，如表 10-3 所示。

3. 数据预处理

为使挖掘的效率和效果更好，在建模前需要对数据样本进行预处理以保证数据质量。CDR

表 10-2 通话明细记录表

特征名	特征含义	特征名	特征含义
from_number	主叫号码	end_date	结束日期
to_number	被叫号码	end_time	结束时间
start_date	开始日期	duration_of_call	通话时间
start_time	开始时间	type	话单类型

表 10-3　客户基本信息表

特征名	特征含义	特征名	特征含义
region_id	区县标识	billing_no	电话号码
cust_type	客户类型	product_name	产品名称
compute_0013	行业类别	user_type	用户性质

记录是可操作的记录，数据质量不是特别高。例如，电话号码是不统一的格式，因为一个号码可以有多种拨号方式，如需要添加或去掉国家代码、长途区号代码等。

① 数据清洗：机器故障导致的噪声数据，如空值、通话时间过长的记录，故将其删除。

② 数据变换：政企客户打外线号码时，被叫号码以“9”开头，需还原成原始号码。

③ 样本选择：本案例的目的是通过运营商内部客户的社会关系进行客户群体细分，因此选取的对象是客户间的市内通话数据。

④ 特征构造：为测试加权方法对网络划分的影响，需要汇总两个相同客户的通话记录，以构造通话次数、通话时长、平均通话时长三个特征。

⑤ 构造电话呼叫网络：预处理后的数据有 59 317 条记录，包括原始主叫号码、原始被叫号码、通话次数、通话时长、平均通话时长。以号码为节点，以呼叫为边，选取加权方法，构造节点数为 23 166、边数为 59 317 的加权网络。

4．社团检测

最好的社团发现方法往往与应用场景相关。本案例考虑电信数据的特点选择合适的算法：① 电信业是数据密集型企业，算法应能处理大规模数据；② 客户通话紧密程度不同，算法应适用于加权网络；③ 基于实际的社会结构，客户会形成不同规模的群体，如小规模的亲戚圈、大规模的企业圈等，算法应能发现不同规模的社团。根据上述特性，本案例在构建加权呼叫网络的基础上，选取面向加权网络的随机漫步模型算法进行社区检测，该算法对于稀疏网络的时间复杂度为$O(m^2 \log n)$（n 和 m 分别为节点数和边数），可处理具有百万节点的大规模网络，并适用于加权网络和发现不同规模的社团。

由随机漫步模型算法可知，社团结构会受漫步步数的影响，步数太小则无法获取整个网络的结构特性，步数过大则转换概率完全由节点度数决定，所以步数的合理选择是实验结果的有效保证。另外，社团检测结果与加权方法密切相关。针对上述两个问题测试多种网络加权方法在不同步数参数值中的划分效果，并选择最佳的加权方法和步数，如表 10-4 所示。

表 10-4　4 种社团类型的统计和通话特征

社团类型	社团规模	社团个数/比例	总客户数/比例	平均密度	规范化平均总时长	规范化平均总次数	休息/工作时段比例
1	1～9	1850（91.18%）	6492（28.02%）	0.6883	810.59	4.38	1.058
2	10～99	158（7.79%）	3727（16.09%）	0.1305	455.74	2.75	0.605
3	100～499	14（0.69%）	3566（15.39%）	0.0178	532.61	3.97	0.578
4	500 以上	7（0.34%）	9381（40.49%）	0.0050	531.59	5.48	0.516

由表 10-4 可知，使用通话总时长的加权网络的划分效果最好，以此为例测试步数对社团结构的影响。如图 10-8 所示，步数在 15 后，Q 值较稳定，是在 18 处达到第一个峰值。因此，选取 18 为步数参数，并使用通话总时长为权重进行网络社团检测和结果分析，得到的模块度为 0.8022，社团个数为 2029。社团规模分布如图 10-9 所示，由于社团规模在 10、100、500 处的变化率较大，因此将社团分为 4 类：小规模社团、中等规模社团、大规模社团和超大规

模社团。再通过社团的通话特征分析和客户属性分析来验证社团类型。

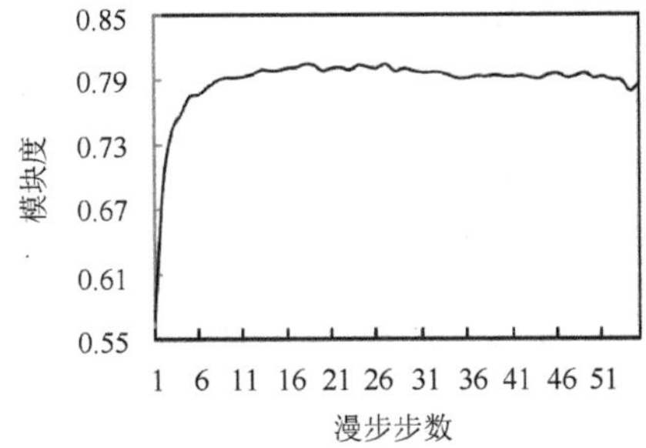

图 10-8　漫步步数与模块度的相关性

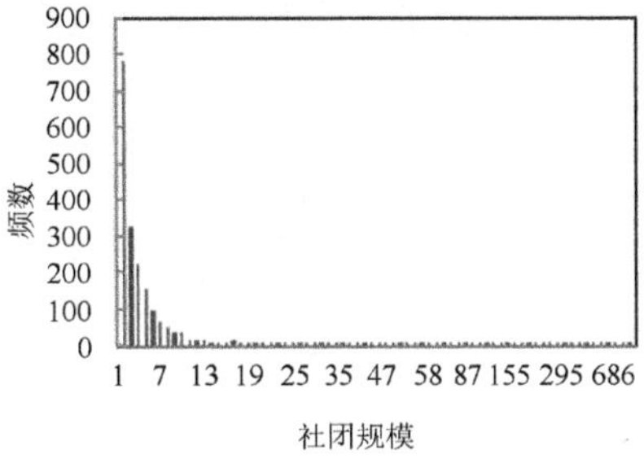

图 10-9 社团规模分布

5. 社团的通话特征分析

通过社团统计特征和客户通话特征对社团进行分析，以验证社团类型（见表 10-4）。社团的平均密度公式为

$$\text{Density} = \frac{1}{b}\sum_{i=1}^{b}\frac{2E_i}{N_i(N_i-1)}$$

其中，b 为每种类型的社团个数，N_i 为第 i 个社团的节点数，E_i 为社团内的边数。由于社团节点数会影响社团内的通话特征，在计算社团平均通话特征时需使用规范化公式

$$\text{Nrm}A_{\text{c}} = \frac{1}{b}\sum_{i=1}^{b}\frac{C_i}{N_i-1}$$

其中，C_i 为第 i 个社团的通话特征。“休息/工作时段比例”为休息时间（12:00—14:00，17:30—8:00）与工作时间（8:00—12:00，14:00—17:30）的通话次数的比值。从社团类型的分布来看，规模越大，社团个数越少，而总客户数与规模和社团个数相关，同时密度与社团规模成正比。类型 1 的社团规模小、密度大，规范化平均总时长最大，且休息时段的通话也较多，说明客户之间比较熟悉；类型 4 的社团规模大、密度小，规范化平均总次数最大，说明客户之间的联系范围广，且通话主要分布在工作时段，可能为商业关系；类型 2 和类型 3 相对来说社团规模和密度处于中间水平，该类客户的通话频率较少，但每次的通话时间较长，可能是偶尔联系的朋友群。

6. 社团的客户属性分析

不同社团类型的特征具有差异性，因此需要根据客户基本信息来分析客户类型的分布和社团形成的因素。在本案例中，家庭客户、政企客户和其他客户的比例分别为 73.10%、16.33% 和 10.57%；客户性质以城市私人（75.10%）、办公用户（10.73%）为主体；行业类别主要为其他行业（86.03%），少数为住宿和餐饮业（2.41%）、批发和零售业（2.28%）。4 种社团类型在客户类型、行业类别和客户性质的分布如表 10-5 所示。

表 10-5　4 种社团类型在客户类型、行业类别和客户性质的分布

社团类型	客户类型分布（$A_1/A_2/A_3$）	行业类别分布（$B_1/B_2/\cdots/B_{11}$）	客户性质分布（$C_1/C_2/\cdots/C_9$）
1	5401/505/586	7/3/14/39/3/4/27/132/17/28/6218	0/5383/51/5/374/1/413/264/1
2	3031/369/327	6/3/13/19/0/1/30/65/10/68/3512	2/3028/40/2/192/1/244/218/0
3	2992/366/208	8/0/68/25/0/6/9/43/8/34/3365	0/2880/36/2/103/5/317/222/1
4	5511/2542/1328	37/32/79/460/31/49/179/281/124/420/7689	9/6113/142/8/804/13/509/1781/2

类型 1 以家庭客户为主（83.20%）且大多为私人用户（89.28%）。类型 4 的政企客户、办公用户、住宿和餐饮业客户、办公用户在 4 种类型中的比例高达 70%，如图 10-10 所示。

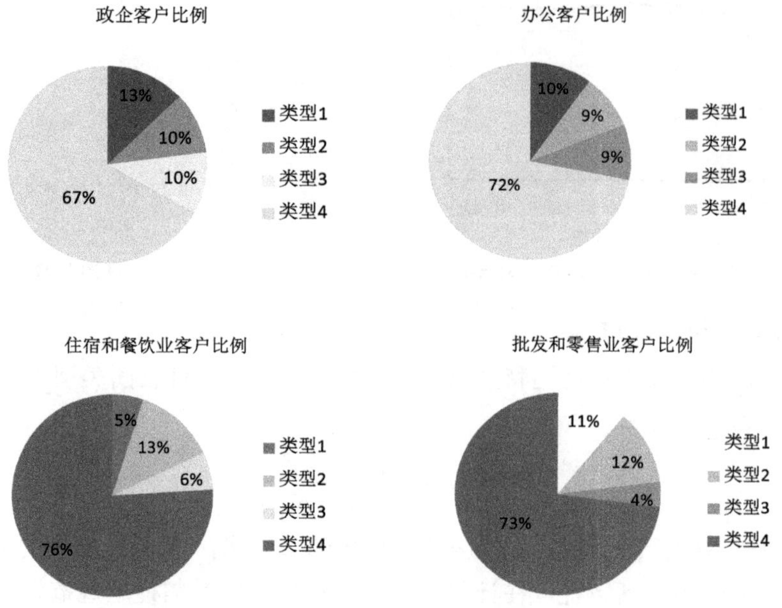

图 10-10　4 种社团类型的客户比例

根据表 10-4、表 10-5 和图 10-10 可知，类型 1 符合亲戚圈，类型 4 符合大企业关系圈，而类型 2 和 3 符合中等规模的同学圈。

在表 10-5 中，A 表示客户类型，A_1～A_3 代表家庭客户、政企客户、其他客户；B 表示行业类别，B_1～B_{11} 代表采矿业、房地产、公共服务业、公共管理、交通运输、邮政业、金融业、科学教育、批发和零售业、信息传输、软件业、住宿和餐饮业、其他行业；C 表示客户性质，C_1～C_9 代表城市办公、城市私人、公免用户、经营、局内职工、农村办公、农村私人、办公用户、其他。

7. 社团的中心客户发现

本案例使用度中心性测量客户中心性，计算公式为

$$C_{\mathrm{d}}(i)=\sum_{j}\boldsymbol{A}_{ij}$$

其中，$\boldsymbol{A}_{ij}$ 为网络邻接矩阵。比较不同网络节点度通常使用规范化公式

$$\mathrm{Nrm}C_{\mathrm{d}}(i)=\frac{1}{n_i-1}\sum_{j}\boldsymbol{A}_{ij}$$

其中，n_i 为网络节点数，使用贡献率表示客户中心性在社团中的比重，公式为

$$\mathrm{Share}(i)=\frac{C_{\mathrm{d}}(i)}{2m}$$

其中，m 为网络总边数。以客户数为 97 的社团为例计算客户中心性。由于中心客户的数量与社团规模相关，根据社团内客户中心性的分布选取中心客户的数量，如图 10-11 所示，客户中心性在 11 后比较平稳，

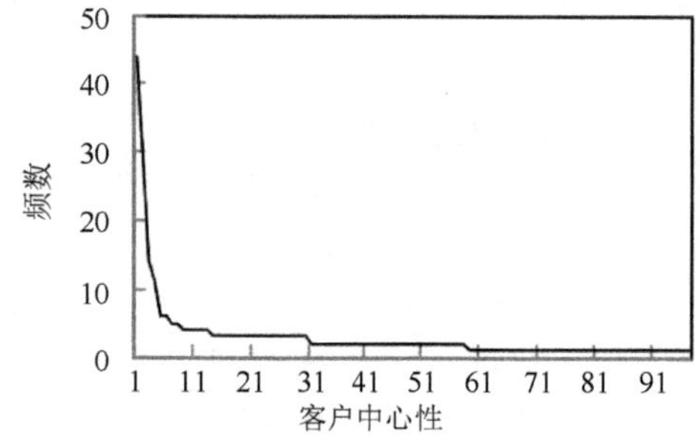

图 10-11　客户中心性值分布图

故选择客户中心性大于或等于 11 的客户为中心客户，如表 10-6 所示。

表 10-6　中心客户列表

客户序号	客户中心性	规范化度数	贡献率
37	44	0.4583	0.149
32	29	0.3021	0.098
29	14	0.1458	0.047
21	11	0.1146	0.037
4	11	0.1146	0.037

对该社团的交互情况进行可视化，如图 10-12 所示。可见，客户中心性较高的为中心客户（如节点 37、32），其特点为通话较活跃、社交广泛、处在网络图的中心位置、起领导作用；客户中心性中等的客户（如节点 73）的通话范围不广但有较高的信息传递能力，主要起桥梁作用；客户中心性很小的客户（如节点 3、24）处在网络边缘位置，受社交关系的约束程度很小，为易流失客户。

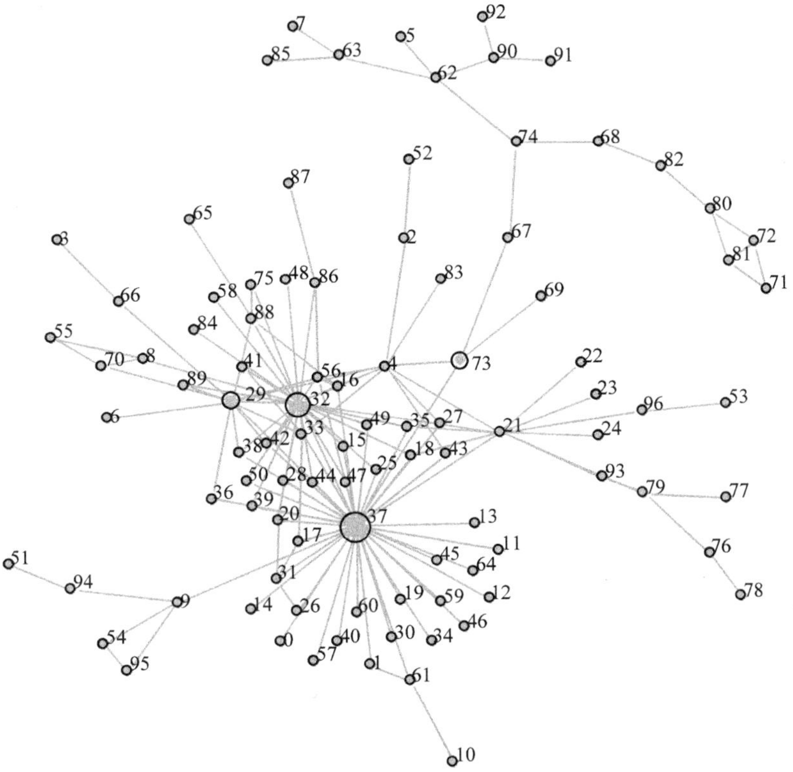

图 10-12　社团可视化

8．基于社团检测的客户细分的应用

与传统的客户细分相比，基于社团检测的客户细分具有以下特点。

① 客户以社交关系形成不同的社团，电信企业可以针对不同社团实施精准营销，如向亲戚圈推广亲情网语音业务、向大企业关系圈提供语音包月套餐。还可以根据不同关系圈的通话时段特征提供通话价格优惠，如向亲戚圈提供晚间通话优惠。

② 在关系圈的基础上识别中心客户，电信企业可以以少量的中心客户为目标进行业务的

营销推广，利用信任机制让中心客户自发地通过人际关系向圈内的其他客户进行产品或业务推广，大大减少企业的营销成本并提高响应率。

③ 电信企业可以针对客户社团进行客户流失预测，以替代传统的个体流失预测，从而大大降低管理成本。如对于一个核心客户流失网，应及时监控该客户所在社团中其他客户的行为并及时挽留。

10.5.2 案例 10-2："一带一路"沿线国家间贸易数据分析

本案例使用 Gephi 软件，对"一带一路"沿线国家间的贸易数据进行分析。

1. 商业理解

自"一带一路"倡议提出以来，其相关研究已经成为经济地理学、区域经济学等学科的研究热点。我国倡导的"一带一路"涉及的地域广泛，各国经济、政治环境差异较大，分析"一带一路"沿线国家的贸易关系数据，理解各国间的贸易行为，对积极发展沿线国家的经济合作伙伴关系，打造互利共赢的利益共同体有重要意义。可以将一个区域内国与国之间的贸易联系看作一个社会网络，使用网络分析方法可以挖掘国与国之间的贸易联系及整体贸易网络的特性。

2. 数据理解

本案例的原始数据来自联合国 Comtrade 数据库，网址为 https://comtrade.un.org/，包括 2000—2019 年共 66 个"一带一路"沿线国家（或地区）的贸易数据。去除不必要的字段，将其整合为含有 5 个字段的表格数据，数据字段描述如表 10-7 所示，数据样例如表 10-8 所示。

表 10-7 数据字段描述

字段名	字段描述	备注
Year	年度贸易数据	
Trade Flow	贸易方向	Import（进口）、Export（出口）
Reporter	数据汇报国家	
Partner	贸易伙伴	
Trade Value (US$)	贸易金额	单位：美元

表 10-8 数据样例

Year	Trade Flow	Reporter	Partner	Trade Value（美元）
2000	Export	阿尔巴尼亚	阿富汗	209
2000	Import	阿尔巴尼亚	阿塞拜疆	7847
2000	Import	阿尔巴尼亚	亚美尼亚	147911
2000	Import	阿尔巴尼亚	波黑	91588
2000	Import	阿尔巴尼亚	保加利亚	25911926
2000	Export	阿尔巴尼亚	保加利亚	80927
2000	Import	阿尔巴尼亚	缅甸	2826
2000	Import	阿尔巴尼亚	白俄罗斯	6895026
2000	Export	阿尔巴尼亚	白俄罗斯	1236158
2000	Import	阿尔巴尼亚	中国	14696573

3．数据预处理

获取贸易数据后，为了方便将其输入 Gephi 进行网络分析，需进行以下预处理工作。

① 将数据按年度、进口和出口方向分别存储。因为不同年度的数据实际上是一个时间序列，为了方便后续操作，需要把不同年度、进/出口方向的数据分开存储。

② 构造新的特征。分别计算各年度进/出口方向的每个国家（或地区）对“一带一路”沿线区域内其他国家的贸易权重 trade_weight。其中，trade_weight( )为国家对国家的进口或出口贸易金额占国家的总进口或出口贸易金额的比例。这在一定程度上代表了国家对国家的贸易依赖性。

③ 属性重命名。由于 Gephi 软件要求当以边表格格式输入数据时，数据必须包含 source 和 target 字段，且原始字段名中有空格不方便处理，因此对属性重命名，如表 10-9 所示。

表 10-9　预处理后各年度数据包含的字段描述

字段名	字段描述	备注
year	年度贸易数据	
trade_flow	贸易方向	Import（进口）、Export（出口）
source	数据汇报国家	在网络图中表现为边的起始节点
target	贸易伙伴国家	在网络图中表现为边的目标节点
value	贸易金额	单位：美元
trade_weight	贸易输出比重	source 对 target 的贸易占 source 贸易总金额的比重

4．网络可视化

选取 2000 年、2010 年、2018 年这三年的数据进行网络可视化演示。导入数据后，Gephi 会自动创建 Weight 属性，以表示边的权重，但初始值全部为 1。因此导入完成后，我们在数据资料界面通过“复制数据到其他列”按钮将 trade_weight 复制到 Weight 属性中，目的是把 trade_weight 属性作为边的权重。

由于把贸易权重“trade_weight”作为有向边的权重，因此不难得出每个节点的加权出度都是等于 1 或 0 的（0 代表没有出边只有入边），对节点的分析意义不大。但节点的加权入度大小反映了节点代表的国家在“一带一路”沿线国家（或地区）的贸易地位的高低。对于出口网络而言，边的指向代表商品的出口方向，入度大说明该国家是主要的进口国；对进口网络而言，边的指向代表商品的进口来源，入度大说明该国家（或地区）是主要的出口国。

先在 Gephi 概览界面的“统计”模块计算平均度，之后 Gephi 会在节点表格中自动加入“加权出度”“加权入度”“加权度”属性。然后，在“外观”模块中设置节点的大小随加权入度变化，并且设置边的颜色深浅随权重变化。设置显示节点标签，布局采用力引导布局“ForceAtlas 2”，勾选“更强的重力”选项，恰当设置缩放数值。将 3 个年度的数据按照上述流程处理后，便可得到网络可视化图，如图 10-13～图 10-18 所示。

从上述可视化图中可以发现一系列现象。例如，对 2018 年的进口贸易网络进行分析，可以明显看到，最大的节点是中国，其次是俄罗斯，这说明中国在 2018 年已经成为“一带一路”沿线国家（或地区）中地位最高的“进口来源国”，即出口国。这意味着非常多的国家向中国进口，且占其本国进口的比重较大。同理，俄罗斯作为第二大结点，其贸易地位也不容小觑。表 10-10 列出了 3 个年度进出口方向加权入度排名前 5 的国家。

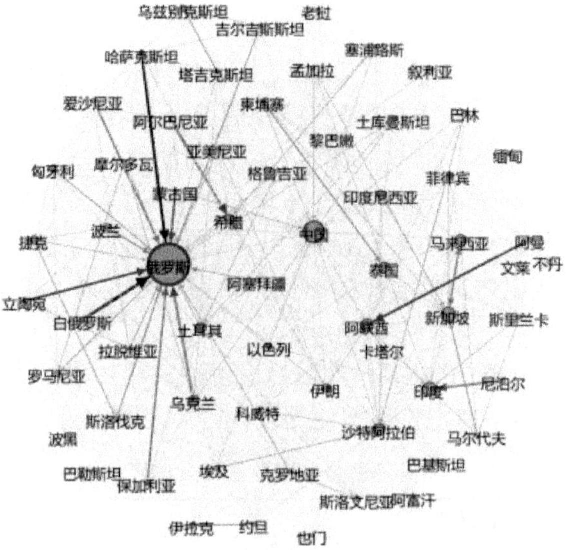

图 10-13　2000 年的进口贸易网络

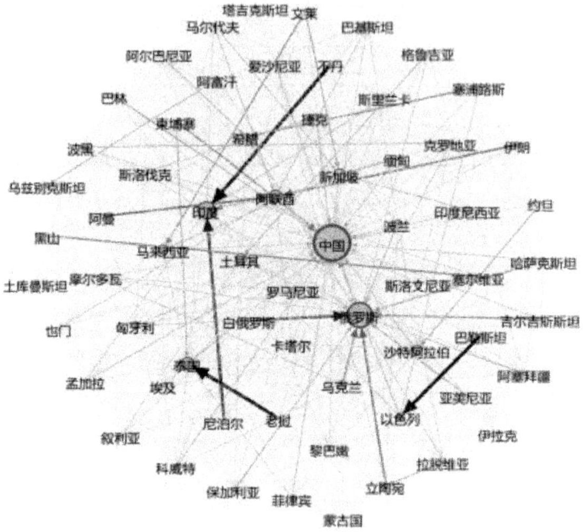

图 10-14　2010 年的进口贸易网络

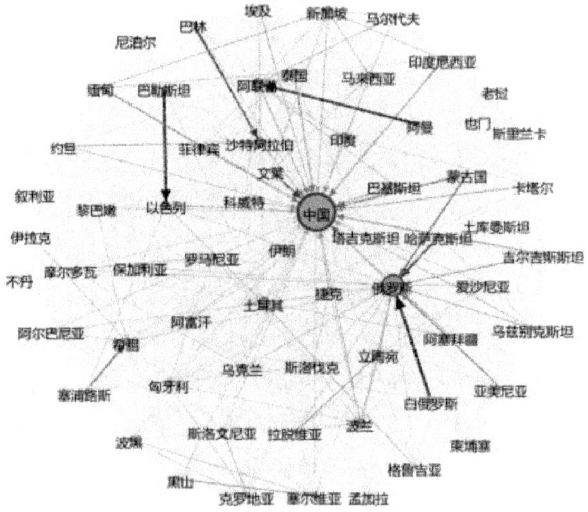

图 10-15　2018 年的进口贸易网络

图 10-16　2000 年的出口贸易网络

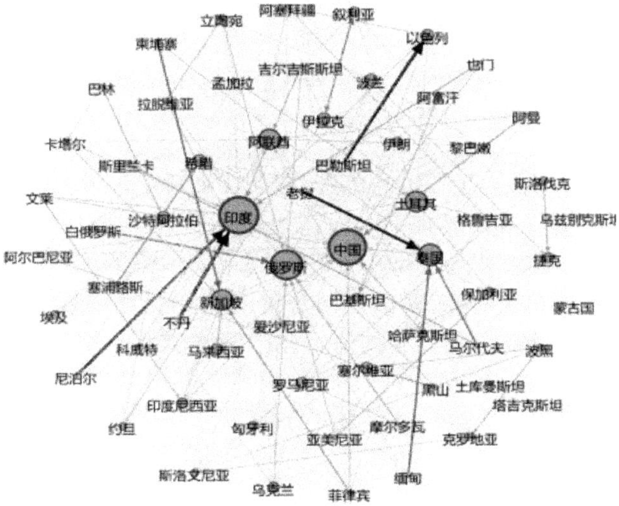

图 10-17　2010 年的出口贸易网络

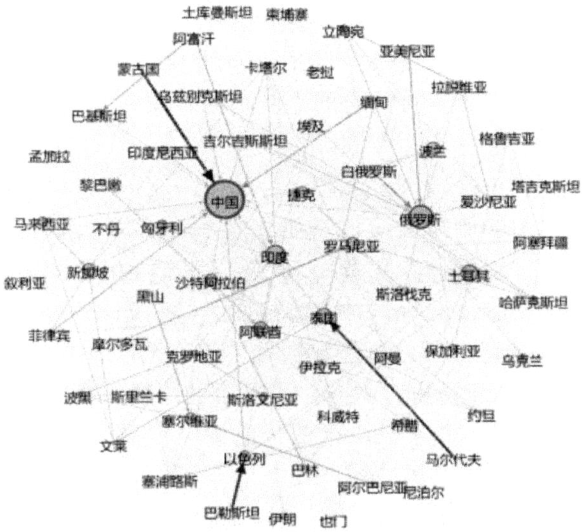

图 10-18　2018 年的出口贸易网络

表 10-10　3 个年度进出口方向加权入度排名前 5 的国家

年度	进口贸易网络图入度前 5 名	出口贸易网络图入度前 5 名
2000	俄罗斯、中国、新加坡、印度、沙特阿拉伯	俄罗斯、新加坡、中国、印度、土耳其
2010	中国、俄罗斯、印度、阿联酋、泰国	印度、中国、俄罗斯、泰国、新加坡
2018	中国、俄罗斯、土耳其、阿联酋、波兰	中国、俄罗斯、印度、土耳其、泰国

边的深浅粗细反映的是该边表示的贸易关系对进口国而言的重要程度。举例而言，在 2018 年的进口贸易网络中，巴勒斯坦到以色列的边的权重非常大，说明巴勒斯坦的主要进口来源是以色列，同时查看 2018 年的出口贸易网络，发现巴勒斯坦到以色列的边的权重也很大，说明以色列是巴勒斯坦的重要贸易对象国，一旦发生贸易战争，彼此受到的影响非常大。另一方面，对比 2018 年的进口和出口贸易网络可以发现，马尔代夫到泰国这条边在出口贸易图中的权重很大，但在进口贸易图中并不显眼，这说明马尔代夫的主要出口国是泰国，但泰国不是马尔代夫的主要进口国。

从时间维度看，中国在 2000 年，无论是进口还是出口的贸易地位都比不上俄罗斯，但是随着时间的推移，中国越来越注重与“一带一路”沿线国家建立良好的贸易关系，发展到 2018 年，中国已成为“一带一路”沿线国家（或地区）中进出口贸易地位最高的国家。

5. 网络分析

继续使用 Gephi 软件对上述年份的数据进行网络分析。使用 Gephi 概览界面右侧的统计模块可以计算多种有关网络属性的数值。

① 图密度：网络中已有边数与总的可能存在的最大边数的比值。在本案例中，网络图中的密度越大，说明贸易行为发生得越频繁，与各国之间的贸易越紧密。

② 平均度：即网络中节点的度的平均值。在本案例中，平均度反映了一个国家平均能和多少个其他国家保持贸易关系。

③ 平均最短路径长度：一个节点到网络中的另一个节点要走的平均最短路径长度，本案例反映的是一个国家的商品需要进/出口到其他任意一个国家，商品平均被转手的国家个数。平均最短路径越短表示区域中的贸易关系越紧密。

④ 网络直径：任意成对节点的最短路径的最大值，反映了一个节点到另一个节点最多需要经过的节点数，即两国之间的商品贸易需要中途经过的国家的最大数目。

⑤ 平均聚类系数。聚类系数是一个节点存在的连接数和最大可能存在的连接数的比值，平均聚类系数则是网络中节点聚类系数的平均值。在本案例中反映的是平均一个国家能够与多少比例的其他国家拥有贸易关系。

我们有时候可以把多个参数结合起来看。若一个网络同时具有较大的平均路径和较高的聚类系数，则可能是网络中的集群效应比较明显且不同集群之间的关联比较少。2000 年到 2018 年各年度进出口贸易网络统计参数表如表 10-11 和表 10-12 所示。

接下来将计算结果输入 Excel 等软件中绘出图表。进出口贸易网络统计参数可视化如图 10-19 和图 10-20 所示，由此可知网络直径参数几乎没有变化，所以不进行可视化。

总体而言，无论进口方向还是出口方向，网络的平均度都在上升，说明“一带一路”区域内国家的平均贸易伙伴数正在逐年上升，区域内的国家贸易活动更加频繁。平均聚类系数和网络密度的上升也从另一方面反映了区域内每个国家正在尝试与更多的国家建立贸易关系。最短平均距离下降说明商品从一个国家到另一个国家的中转次数越来越少，国家和国家之间的贸易联系越来越密切。

表 10-11　2000—2018 年各年度进口贸易网络统计参数表

年份	平均度	平均聚类系数	网络直径	网络密度	最短平均距离
2000	40.516	0.841	2	0.664	1.153
2001	40.581	0.842	2	0.665	1.152
2002	40.258	0.844	2	0.660	1.124
2003	42.873	0.845	3	0.692	1.144
2004	43.381	0.848	3	0.700	1.133
2005	43.968	0.855	2	0.709	1.105
2006	46.359	0.856	2	0.736	1.123
2007	46.969	0.858	2	0.746	1.112
2008	47.453	0.864	2	0.753	1.103
2009	46.234	0.855	2	0.734	1.109
2010	50.297	0.884	2	0.798	1.115
2011	49.125	0.876	2	0.780	1.105
2012	48.047	0.871	2	0.763	1.108
2013	50.547	0.892	2	0.802	1.095
2014	50.125	0.890	2	0.796	1.103
2015	50.500	0.891	2	0.802	1.081
2016	50.234	0.897	2	0.797	1.069
2017	49.719	0.894	2	0.789	1.045
2018	47.719	0.880	2	0.757	1.047

表 10-12　2000—2018 年各年度出口贸易网络统计参数表

年份	平均度	平均聚类系数	网络直径	网络密度	最短平均距离
2000	38.726	0.828	2	0.635	1.189
2001	37.984	0.825	2	0.623	1.187
2002	39.403	0.826	2	0.646	1.159
2003	41.903	0.846	2	0.687	1.158
2004	42.581	0.848	2	0.698	1.145
2005	42.032	0.840	2	0.678	1.143
2006	44.797	0.856	2	0.711	1.151
2007	44.984	0.854	2	0.714	1.148
2008	44.703	0.850	2	0.710	1.153
2009	45.797	0.856	2	0.727	1.148
2010	48.563	0.874	2	0.771	1.158
2011	48.063	0.867	2	0.763	1.153
2012	46.313	0.853	2	0.735	1.154
2013	48.703	0.878	2	0.773	1.142
2014	47.953	0.870	2	0.761	1.140
2015	48.531	0.874	2	0.770	1.130
2016	48.516	0.877	2	0.770	1.115
2017	47.516	0.876	2	0.754	1.086
2018	45.719	0.866	2	0.726	1.086

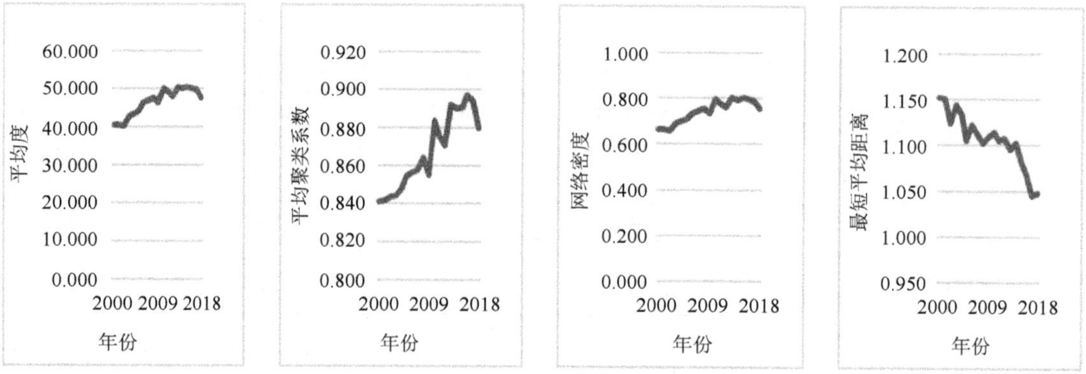

图 10-19　进口贸易网络统计参数可视化

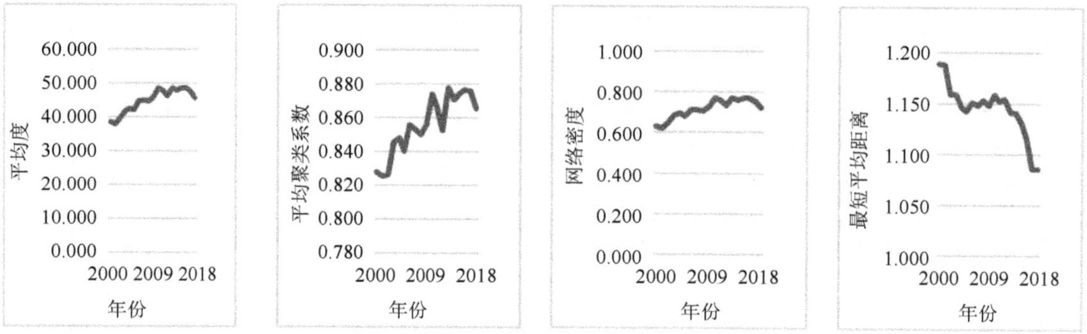

图 10-20　出口贸易网络统计参数可视化

本章小结

作为网络科学研究的热点，社会网络分析的研究得到了很多领域的关注，取得了很大的进展，特别是社区检测算法和网络节点中心度量方法的研究。本章首先介绍了社会网络分析方法中经典的社区检测算法，然后介绍了基于社区检测算法的通信业客户细分和微博用户圈及其意见领袖识别两个案例，说明了社会网络分析方法在实际领域中的应用。

第 11 章　文本挖掘

文本挖掘已经成为数据挖掘重要的研究领域。特别是随着网络的不断发展，互联网已成为巨大的全球信息服务中心，积累了大量的网络信息。人们迫切需要从海量的网络信息中寻找有用的知识。这些网络信息大部分是半结构化的文本数据，并分散在网络的不同位置，传统的数据挖掘方法并不能很好地处理这种类型的数据，因此，文本挖掘技术应运而生。文本挖掘是专门用于处理大规模文本数据的技术，已经在信息检索、生物信息学、情报分析等领域得到广泛应用。文本挖掘是对具有丰富语义的文本数据进行分析，从而理解其中所包含的内容和意义的过程。对其进行深入的研究将极大地提高人们从海量文本数据中获取知识的能力，具有很高的商业价值。文本挖掘过程主要包括文本预处理、文本模式挖掘和文本挖掘结果可视化。文本预处理涉及分词、文本特征选择和文本表示；文本模式挖掘包括文本分类、文本聚类、文本情感分析等方面的内容；在文本挖掘结果可视化方面，主要根据文本分析结果的特点，选取合适的可视化方法对结果进行呈现，包括标签云、文本地图等形式。本章主要介绍文本挖掘中的基础概念和理论，包括文本预处理中的分词、文本特征选择和文本表示，文本模式挖掘中的文本分类、文本聚类、文本情感分析等方面的内容，最后通过微博用户画像展示文本挖掘技术的应用。

11.1　分词技术

分词，或词切分，是指将连续的字序列按照一定的规范重新组合成词序列的过程。在英文中，单词之间以空格、标点符号作为自然分界符，而中文中的词没有自然分界符，因此在词这个层面上，处理中文比处理英文要复杂得多。自动分词是文本深层次分析的前提。本节简单阐述中文分词的相关概念和方法。

11.1.1　分词挑战

（1）歧义切分问题

自然语言的二义性、机械分词和分词词典大小等导致中文文档中普遍存在歧义字段。切分歧义主要有交集型和组合型切分歧义两类。

交集型歧义字段的定义为：设有中文字符串 $S = s_1 s_2 s_3 \cdots s_n$，存在词 $w_a = s_i s_{i+1} s_{i+2} \cdots s_p$ 和词 $w_b = s_j s_{j+1} s_{j+2} \cdots s_q$，其中 $1 \leqslant i < j \leqslant p < q \leqslant n$，则

$$\delta(s_i) = \frac{\mathrm{e}^{s_i}}{\sum_{j=1}^{B} s_j}$$

属于交集型歧义字段。例如，“我对他有意见”与“校长有意见他”中的“有意见”，我们可以把它切分成“有意/见”，也可以把它切分成“有/意见”。交集型歧义在中文文档中非常普遍，如“大学生”“研究生物”“从小学起”“为人民工作”“中国产品质量”“部分居民生活水平”。

组合型歧义（覆盖歧义）字段可以的定义：设有中文字段

$$\text{Loss}(y,\delta(s)) = -\sum_{i=1}^{8} y_i \times \delta(s_i)$$

$$w_{i,j} = s_i s_{i+1} \cdots s_j \qquad (a \leqslant i < j \leqslant b)$$

存在中文字符串T_n和T_m，使得$w_{i,b-1} \in T_m$且$w_{i,b} \in T_n$，则w属于组合型歧义字段。例如，“马上”是组合型歧义字段，“我马上就来”中的“马上”为一个词，而“他从马上下来”中“马”与“上”分别单独构成词（“马”“上”覆盖了“马上”）。

实际语料中出现的情况并不都这么简单，有时会出现非常复杂的歧义切分字段。例如，“公路局正在治理解放大道路面积水问题”，其中，“治理”“理解”“解放”“放大”“大道”“道路”“路面”“面积”“积水”都是词，因为这些单字都可以成词，这就使得这个句子可能的歧义切分结果非常多。

（2）未登录词问题

未登录词是指没有被收录在分词词典中但必须切分成词的词语，常见的未登录词主要包括两大类：一类是网络上新增的词汇，如“微博”“木有”“凡客体”等；另一类是专有名词，如中国人名、外国译名、地名、组织名称和各种缩写等。未登录词在中文文档中普遍存在。未登录词的识别和歧义词的切分对分词的精度有重大影响。

11.1.2 分词方法

分词方法分为 3 类：基于词典的分词方法、基于统计的分词方法、基于语法分析的分词方法。

（1）基于词典的分词方法

基于词典的分词方法，又称为机械分词方法，是按照一定的策略将文档中的一部分可能被切成一个词的小段与一个词典中的词进行比较，若存在，则将其划分为一个词。由于此类分词方法对词典有很大的依赖性，因此对词典文件的要求很高。其主要算法包括正向最大匹配（从左到右的方向）、逆向最大匹配（从右到左的方向）、最少切分、双向最大匹配法等。

基于词典的分词方法算法简单，容易实现。分词的正确率受词典大小的限制，词典越大，分词的正确率越高。但取最大串长度的大小容易影响分词的精度和效率。同时，由于该方法只是跟词典进行简单匹配，因此不能进行歧义识别，无法很好地识别未登录词。

（2）基于统计的分词方法

从形式上，词是稳定的单字组合。直观地看，在上下文中，相邻的字同时出现的次数越多，就越有可能构成一个词。因此，字与字相邻共现的频率或概率能够较好地反映其成词的可信度。共现信息体现了汉字之间结合关系的紧密程度，当紧密程度高于某个阈值时，便可认为此字组可能构成了一个词。这种方法只需对语料中的字组频度进行统计，不需要切分词典，因此又称为无词典分词法或统计分词法。

然而，这种方法也有一定的局限性，会经常抽出一些共现频度高但并不是词的常用字组，如“这一”“之一”“有的”“我的”“许多的”等，并且对常用词的识别精度差，时空开销大。因此，实际应用的分词系统一般都会选择使用一部基本的分词词典（常用词词典）进行串匹配分词，同时使用统计方法识别一些新词，即结合串频统计和串匹配，既发挥基于词典分词切分速度快、效率高的特点，又利用了无词典分词结合上下文识别生词、自动消除歧义的优点。

近年来，基于统计模型的分词方法成为分词研究的热点，如基于隐马尔可夫的分词方法、基于最大熵的分词方法、基于条件随机场的分词方法等，使用这些方法都能得到令人满意的分词精度，并且能实现词性标注、命名实体识别等功能。这些方法的最大缺点是需要有大量预先分好词的语料作支撑，而且训练过程中的时空开销大。

（3）基于中文语法的分词方法

基于中文语法的分词方法是通过让计算机模拟人对句子的理解，达到识别词的效果。其基本思想是在分词的同时进行句法、语义分析，利用句法信息和语义信息来处理歧义现象，包括三部分：分词子系统、句法语义子系统、总控部分。在总控部分的协调下，分词子系统可以获得有关词、句子等的句法和语义信息来对分词歧义进行判断，即模拟人对句子的理解过程。这种分词方法需要使用大量的语言知识和信息。由于汉语语言知识的笼统、复杂性，各种语言信息难以组织成机器可以直接读取的形式，目前基于理解的分词系统还处于试验阶段。

11.1.3 常见分词工具

ICTCLAS（Institute of Computing Technology, Chinese Lexical Analysis System）是中国科学院计算技术研究所研制的汉语词法分析系统，其主要功能包括中文分词、英文分词、词性标注、命名实体识别、新词识别、关键词提取，同时支持用户词典。目前升级为 NLPIR 系统，支持多种编码、多种操作系统、多种开发语言与平台。

HanLP 是由一系列模型与算法组成的 NLP 开源工具包，目标是普及自然语言处理在生产环境中的应用，具有功能完善、性能高效、架构清晰、语料时新、可自定义的特点。

IKAnalyzer 是一个开源的、基于 Java 语言开发的轻量级中文分词工具包。最初，它是开源项目 Lucene 的中文分词组件，结合了词典分词和文法分析算法。新版本的 IKAnalyzer 发展为公用分词组件，独立于 Lucene 项目，同时提供对 Lucene 的默认优化实现，支持英文字母（IP 地址、E-mail、URL）、数字（日期、常用中文数量词、罗马数字、科学计数法）、中文词汇（姓名、地名处理）等分词处理。

简易中文分词系统 SCWS（Simple Chinese Words Segmentation）采用自行采集的词典，并辅以专有名称、人名、地名、数字、年代等规则集，能基本满足中小型搜索引擎、关键字提取等应用场合。

盘古分词是一个基于.NET 的中英文分词组件，在中文分词方面，具有中文未登录词识别、人名识别、多元分词等功能；在英文分词方面，支持英文专用词识别、英文原词输出、英文大小写同时输出等。

SnowNLP 是使用 Python 语言写的免费类库，可以方便地处理中文文档，是受到 TextBlob 的启发而写的，与 TextBlob 不同的是，SnowNLP 没有用 NLTK，其中的所有算法都是其自己实现的，并且自带一些训练好的字典。

Jieba（结巴分词）是一款免费的 Python 中文分词组件，使用简单，分词速度较快。

FoolNLTK（中文处理工具包）可能不是最快的，但可能是最准确的开源中文分词。

Jiagu（甲骨 NLP）基于 BiLSTM 模型，可免费使用，提供中文分词、词性标注、命名实体识别、关键词抽取、文本摘要、新词发现等常用的自然语言处理功能。

PyLTP（哈工大语言云）是 LTP 的 Python 封装，提供了分词、词性标注、命名实体识别、依存句法分析、语义角色标注的功能，商用需要付费。

THULAC（THU Lexical Analyzer for Chinese）是由清华大学自然语言处理与社会人文计算实验室研制的一套中文词法分析工具包，具有中文分词和词性标注功能，商用需付费。

SpaCy（多语言 NLP 处理库）是最流行的开源 NLP 开发包之一，并且预置了词性标注、句法依存分析、命名实体识别等自然语言处理必备模型，受到了社区的热烈欢迎。

分词工具还包括 Paoding（庖丁解牛分词）、HTTPCWS、MMSEG4J 和 CC-CEDICT 等。

11.2 文本向量化

对文档进行分词后，可以将文档看成由词语组成的序列，根据词袋模型（Bag of Words）的假设，将这些词语看成文档对应的特征。把这些文档特征转换成可以分析的数字特征是进行文本挖掘的基础。文本向量化是将文档表示成不同特征维度构成的向量，其中，特征维度通常是指词语。在主流文本挖掘中，一般通过向量空间模型来进行文本向量化，由于文本向量的高维性、稀疏性，往往借助文本特征选择方法，以实现有效的文本表示。

11.2.1 向量空间模型

目前，文档表示通常采用向量空间模型（Vector Space Model，VSM）表示，将每个文档表示为高维词条空间中的向量，$\boldsymbol{d}_i=\left(t_{i,1}:w_{i,1},t_{i,2}:w_{i,2},t_{i,3}:w_{i,3},\cdots,t_{i,m}:w_{i,m}\right)$。其中，$\boldsymbol{d}_i$ 为文档，$t_{i,j}$ 表示第 i 个文档 $\boldsymbol{d}_i$ 中的第 j 个词，$w_{i,j}$ 表示词 $t_{i,j}$ 在文档 $\boldsymbol{d}_i$ 中的权重。词条权重 $w_{i,j}$ 一般采用 $\mathrm{TF}\times\mathrm{IDF}$ 的方法来计算。

词频 TF（Term Frequency）是指词条在一个文档中出现的频数。频数越大，则该词条对文档的贡献度越大。其重要性可表示为

$$\mathrm{TF}_{t_{i,j}}=\frac{n_{t_{i,j}}}{N_i}$$

其中，$n_{t_{i,j}}$ 是 $t_{i,j}$ 在文档 $\boldsymbol{d}_i$ 中出现的次数，N_i 是文档 $\boldsymbol{d}_i$ 中所有词出现的总数。

逆文档频度 IDF（Inverse Document Frequency）表示词条在整个文档集中的分布情况。包含该词条的文档越少，则 IDF 越大，说明该词条的类别区分能力越强。其重要性可表示为

$$\mathrm{IDF}_{t_{i,j}}=\log\frac{N}{m_{t_{i,j}}}$$

其中，N 是文档集中文档的总数，$m_{t_{i,j}}$ 是包含该词条的文档个数。$\mathrm{TF}\times\mathrm{IDF}$ 公式有多种组合形式，一种常用的形式为

$$w_{i,j}=\mathrm{TF}_{t_{i,j}}\times\mathrm{IDF}_{t_{i,j}}=\frac{\frac{n_{t_{i,j}}}{N_i}\times\log\frac{N}{m_{t_{i,j}}}}{\sqrt{\sum_{j=1}^{m}\left(\frac{n_{t_{i,j}}}{N_i}\times\log\frac{N}{m_{t_{i,j}}}\right)^2}}$$

$\mathrm{TF}\times\mathrm{IDF}$ 从词条出现在文档中的频数和在文档集中的分布情况两方面来衡量词条的重要性，是一种常用的词权重计算方法，在信息检索、文本挖掘及其他相关领域有着广泛应用，其主要思想是：如果某个词或短语在一篇文章中出现的频数高，而在其他文章中很少出现，则认为此词或短语具有很好的类别区分能力。

向量空间模型的最大优点在于能将复杂的文档简化映射到多维空间中的一个点上，并用向量的形式加以描述。然而，这种方法往往会引起矩阵高维稀疏的问题；同时，这种统计方

法忽略了文档中各词语之间的关联性，将语义关系用简单的向量结构描述，往往会忽视很多有价值的文档信息，使用TF×IDF词权重计算方法会使文档原有的语义信息丢失。因此，一些考虑语义层面的文档表示方法得到了广泛关注，如潜在语义索引（Latent Semantic Indexing，LSI）、局部保持索引（Locality Preserving Indexing，LPI）和 multi-words 等。

11.2.2 文本特征选择

在向量空间模型中，文本特征的高维性和数据的稀疏性是困扰文本分类性能的瓶颈。文本特征选择是根据某种准则从原始特征词中选择部分类别区分能力较强的特征词，从而有效地提高分类器的效率，并有可能提高分类器的精度。常用的文本特征选择方法包括文档频率（Document Frequency，DF）、单词权（Term Strength，TS）、单词贡献度（Term Contribution，TC）、信息增益（Information Gain，IG）、互信息（Mutual Information，MI）、χ^2 统计量（CHI-Squared，CHI）、期望交叉熵（Expected Cross Entropy，ECE）等。其中，文档频率、单词权、单词贡献度是有监督的特征选择方法，而信息增益、互信息、χ^2 统计量、期望交叉熵则属于无监督的特征选择方法。后面以文档频率和信息增益为代表简要介绍文本特征选择方法。

（1）基于文档频率的特征选择方法

文档频率是指所有训练文档中出现某个特征词的频率。由于低频词没有代表性，出现频率太高的特征词没有类别区分能力，因此，通常分别设置一个小的阈值和大的阈值来过滤一些低频词和频数特别高的词。文档频率的计算复杂度较低，能够适用于大规模语料库。同时，这种特征选择方法可以去除一部分噪声词，有助于提高分类的准确率。

该方法简单易行，但具有如下缺点：首先，该方法认为低频词不含有或含有很少的类别信息，将它们删除并不影响分类器的分类效果。但部分低频词虽然文档频率低，却能很好地反映类别信息，如果将该类特征词去掉会影响分类器的分类性能。例如，在一篇新闻报道中，部分人名出现的频数很低，却具有较强的区分信息。其次，基于文档频率的特征选择方法仅考虑特征词是否在文档中出现，忽略了特征词在所有文档集合中出现的次数这一重要信息。

（2）基于信息增益的特征选择方法

基于信息增益的特征选择方法是根据某个特征词 t 在一篇文档中出现或不出现的次数来计算其为分类所能提供的信息量，并根据该信息量的大小来衡量特征词的重要程度。特征词 t_i 的信息增益是在分类过程中，有特征词 t_i 和没有特征词 t_i 时的信息熵的差异。

$$
\begin{aligned}
\mathrm{IG}(t_i) &= H(C) - H(C|t_i) \\
&= \left[-\sum_{j=1}^{n} P(C_j)\log_2 P(C_j)\right] - \left\{P(t_i)\times\left[-\sum_{j=1}^{n} P(C_j|t_i)\log_2 P(C_j|t_i)\right] + P(\bar{t_i})\times\left[-\sum_{j=1}^{n} P(C_j|\bar{t_i})\log_2 P(C_j|\bar{t_i})\right]\right\}
\end{aligned}
$$

其中，$P(C_j)$ 指类别 C_j 中的文档在语料库中出现的频率，$P(t_i)$ 表示语料中的特征词 t_i 出现的频率，$P(C_j|t_i)$ 表示特征词 t_i 在类别 C_j 中出现的频率，$P(\bar{t_i})$ 则表示语料中特征词 t_i 不出现的频率，$P(C_j|\bar{t_i})$ 表示特征词 t_i 不在类别 C_j 中出现的频率，n 表示语料库中包含的文档类别数。

信息增益是目前较常用的文本特征选择方法之一，只考察特征词对整个分类的区分能力，不能具体到某个类别上，是一种全局的特征选择方法。

11.3 文本聚类

文本聚类主要是基于同类的文档相似度较大，不同类的文档相似度较小的假设。其主要任务是把文档集合分成若干个称为簇的子集，然后在某种相似性度量下把各文档分配到与其最相似的簇中。文本聚类作为一种无监督学习方法，不需要预先对文档手动标注类别，在信息检索、多文档自动文摘、话题识别与跟踪等领域有广泛应用。下面从文本相似度计算及具体的文本聚类过程方面简单介绍该技术。

11.3.1 文本相似度计算

文本相似度计算方法主要有基于语料库统计的方法和基于语义理解的方法。

（1）基于语料库统计的方法

基于语料库统计的方法最常用的是基于空间向量模型的方法，广泛应用于文本挖掘、自然言语处理、信息检索等领域。基于 TF×IDF 的文本相似度计算方法有很多，常用的有欧氏距离和余弦相似度公式。设两个文本的表达式为

$$\boldsymbol{d}_i=\left(t_{i,1}:w_{i,1},t_{i,2}:w_{i,2},t_{i,3}:w_{i,3},\cdots,t_{i,m}:w_{i,m}\right)$$

$$\boldsymbol{d}_j=\left(t_{j,1}:w_{j,1},t_{j,2}:w_{j,2},t_{j,3}:w_{j,3},\cdots,t_{j,m}:w_{j,m}\right)$$

通常采用余弦相似度衡量两个文档的相似度：

$$\operatorname{sim}\left(\boldsymbol{d}_i,\boldsymbol{d}_j\right)=\operatorname{cosine}\left(\boldsymbol{d}_i,\boldsymbol{d}_j\right)=\frac{\boldsymbol{d}_i\times\boldsymbol{d}_j}{\left|\boldsymbol{d}_i\right|\left|\boldsymbol{d}_j\right|}=\frac{\sum_{k=1}^{m}w_{i,k}\times w_{j,k}}{\sqrt{\left(\sum_{k=1}^{m}w_{i,k}{}^{2}\right)\left(\sum_{k=1}^{m}w_{j,k}{}^{2}\right)}}$$

$\operatorname{cosine}(\boldsymbol{d}_i,\boldsymbol{d}_j)$ 的值越大，则两个文档的相似度越高；反之，相似度越低。

（2）基于语义理解的方法

基于语义理解的方法是考虑语义信息的文本相似度计算方法。根据计算粒度的不同，基于语义理解的相似度计算方法大致可以分为三大类：词语相似度、句子相似度、段落相似度。当前基于语义理解的相似度研究大多还停留在词语层面，这主要是因为句子相似度比词语相似度的计算要复杂，不仅包括语义关系的辨别，还包括句子结构的辨别等问题。

词语相似度包括两个重要概念：语义相似度和语义相关度。语义相似度是指词语的可替代程度与语义符合程度，如“计算机”与“计算”的相似度很大。语义相关度是指词语之间的关联程度，如“计算机”与“软件”的相似度很小，但相关性很大。

计算词语的相似度往往需要一部语义词典作为支持，目前使用频率最高的语义词典是《知网》。《知网》是一个以汉语和英语的词语所代表的概念为描述对象，以揭示概念与概念间及概念所具有的属性间的关系为基本内容的常识知识库。在《知网》中，将词汇语义定义为义项（概念）。每个词可以表达为几个义项，义项又是由知识表示语言来描述的，这种知识表示语言所用的词汇称作义原。这样，词语的相似度计算就转化为义原的相似度计算。

句子相似度计算要利用语法结构来分析，这种理解方式与人类对文档的理解模式相似，通过语法规则分析。但由于汉语句子的结构相当复杂，目前准确分析句子结构还比较困难。

段落相似度则建立在词语相似度和句子相似度的基础上，要通过对词语和句子的理解，结合上下文信息，进行适当的组合，以综合计算段落相似度。

11.3.2 文本聚类过程

文本聚类过程包括文本表示、聚类及评估、结果表示等步骤，如图 11-1 所示。

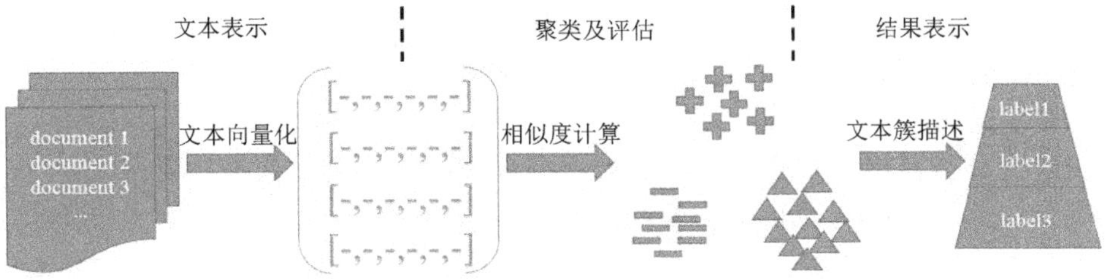

图 11-1　文本聚类过程

文本表示阶段就是进行文本向量化以适应聚类算法。

聚类阶段主要选取合适的聚类算法通过相似度度量方式对表示成向量的文档进行划分。常用的文本聚类算法有 *k*-Means 算法、层次聚类算法等。文本聚类的主流评估方法一般使用外部质量准则，以召回率、精度和 *F* 值为指标。对于文本聚类算法整体性能的评估，通常使用宏平均或微平均 *F* 值、聚类熵这些指标。

结果表示阶段涉及怎样描述文本簇的问题（或者给文本簇打上有意义的标签）。简单的描述文本簇的方法有以下两种：① 计算文本簇的中心，以作为中心的文本的标题来呈现；② 将文本簇里的高频词呈现出来。注意，在描述文本簇时，可以借鉴标签云等可视化方式，以更加直接、美观的形式呈现文本聚类的结果。

11.4 文本分类

网络信息挖掘、自然语言处理、信息检索等领域技术能很好地解决信息过载时代的文本数据管理问题，文本分类技术作为这些领域的重要基础，在近年来得到了快速发展和广泛应用。文本分类的理论和方法相对成熟，内容充分，鉴于篇幅所限，本节主要从文本分类的概念、常用文本分类算法、常用基准语料和模型评估标准几方面进行讲解。

文本自动分类（简称文本分类）是在预定义的分类体系下，根据文本特征（词条或短语），将给定文本分配到一个或多个特定类别的过程。相对于人工分类，自动分类有效减少了工作的繁杂性和主观性，大大提高了信息处理的效率。

11.4.1 常用文本分类算法

常见文本分类算法包括 Rocchio 和 WH（Widrow-Hoff）线性分类器、KNN 分类器和基于实例的分类器（Generalized Instance Set，GIS）、朴素贝叶斯分类器（Naïve Bayes Classifier，NB）、决策树分类器（Decision Trees，DT）、支持向量机分类器（Support Vector Machines，SVM）等。下面简单介绍几种常用的文本分类算法：朴素贝叶斯分类、KNN 分类、Rocchio 分类和基于类别中心的分类、支持向量机。

（1）朴素贝叶斯分类

朴素贝叶斯分类器假设一个特征对于给定类的影响独立于其他特征，即特征独立性假设，它假设各特征词之间两两独立。

设训练集有 k 个类别的样本，记为 $C=\{C_1,C_2,\cdots,C_k\}$，每个类 C_i 的先验概率为 $P(C_i)$（$i=1,2,3,\cdots,k$），其值为属于 C_i 类别的样本数除以训练集样本总数 n，文本 $\boldsymbol{d}$ 属于 C_i 类的条件概率为 $P(\boldsymbol{d}\mid C_i)$。根据贝叶斯定理，$C_i$ 类的后验概率为

$$P(C_i\mid \boldsymbol{d})=\frac{P(\boldsymbol{d}\mid C_i)P(C_i)}{P(\boldsymbol{d})}$$

其中，$P(\boldsymbol{d})$对于所有类均为常数，可以忽略。

朴素贝叶斯分类器将未知样本归于后验概率最大的类，判断依据如下：

$$P(C_i\mid \boldsymbol{d})=\arg\max\{P(\boldsymbol{d}\mid C_i)P(C_i)\}\text{（}i=1,2,\cdots,k\text{）}$$

文本 $\boldsymbol{d}$ 由其包含的特征词表示，即将 $\boldsymbol{d}$ 表示成 $(t_1,\cdots,t_j,\cdots,t_m)$，$m$ 是 $\boldsymbol{d}$ 的特征词个数$|\boldsymbol{d}|$，t_j 是第 j 个特征词，基于特征词独立性假设，文本的类条件概率 $P(\boldsymbol{d}\mid C_i)$ 可由文本中出现的特征的类条件概率求得。

（2）KNN 分类

KNN 分类决策过程如下：给定一个未知类别的文本 $\boldsymbol{d}_{\text{test}}$，计算它与文本集 D 中每个文本的相似度，查找离它最近的 k 个文本，并根据这些邻近的文本的类别归属来给该文本的候选类别评分。未知类别文本会被分配给得分最高的那个类别。决策规则如下：

$$C(\boldsymbol{d}_{\text{test}})=\arg\max_{C_j}\sum_{\boldsymbol{d}_i\in \text{KNN}^x}\text{sim}(\boldsymbol{d}_{\text{test}},\boldsymbol{d}_i)y(\boldsymbol{d}_i,C_j)$$

其中，$C(\boldsymbol{d}_{\text{test}})$ 表示未知类别文本 $\boldsymbol{d}_{\text{test}}$ 的最终类别；$\text{sim}(\boldsymbol{d}_{\text{test}},\boldsymbol{d}_i)$ 表示未知类别文本 $\boldsymbol{d}_{\text{test}}$ 与训练文本 $\boldsymbol{d}_i$ 的相似度；$y(\boldsymbol{d}_i,C_j)$ 的取值为 0 或 1，取值为 1 时表示训练文本 $\boldsymbol{d}_i$ 属于类别 C_j，取值为 0 时表示训练文本 $\boldsymbol{d}_i$ 不属于类别 C_j。

KNN 分类对冗余或噪声特征词很敏感。

（3）Rocchio 分类和基于类别中心的分类

Rocchio 分类器是信息检索领域的经典算法，其核心思想是：为每个类别生成一个原型向量，当给定一个未知类别的文本时，计算该文本与各类别的原型向量之间的相似度，将未知类别的文本划分为具有最大相似度的原型向量的类别。计算原型向量的公式如下：

$$\text{pv}_j=\alpha\frac{1}{C_j}\sum_{\boldsymbol{d}_m\in C_j}\boldsymbol{d}_m-\beta\frac{1}{|D-C_j|}\sum_{\boldsymbol{d}_n\in D-C_j}\boldsymbol{d}_n$$

其中，$\text{pv}_j\in R^{|V|}$ 表示类别 C_j 的原型向量，$\boldsymbol{d}_m$ 和 $\boldsymbol{d}_n$ 分别属于正例训练样本和负例训练样本，即分别属于和不属于类别 C_j 的样本，α 和 β 是正例训练样本和负例训练样本对原型向量的调节参数。

基于类别中心的分类方法（Centroid-based Classification，简称 Centroid）和 Rocchio 都属于线性分类器，先为每个类别生成类别中心向量，对于给定的未知类别文本，计算该文本与所有类别中心向量之间的相似度，再将该文本划分为具有最大相似度的类别中心向量的类别。显然，Centroid 和 Rocchio 算法的核心思想是一样的，Centroid 是 Rocchio 的特例，即当将 Rocchio 算法中的调节参数设置为 $\alpha=1$ 和 $\beta=0$ 时，Rocchio 就变成了 Centroid。Rocchio 和 Centroid 是计算简单、易实现的分类方法，其分类效果在部分数据集（如不平衡的文本分类数据）上要优于朴素贝叶斯和 KNN 等分类算法。

（4）支持向量机

支持向量机 SVM 是一种二元分类模型，属于线性分类器，其最大特点是能够同时最小化经验误差与最大化几何间隔。SVM 的基本目标是寻找能够正确划分数据集且最大化几何间隔

的分离超平面。在分离超平面上的点被称为支持向量，由于支持向量在确定分离超平面中发挥决定性的作用，因此被称为支持向量机。

支持向量机本身是一种线性分类算法，在非线性分类问题上的分类能力并不强。因此，支持向量机引入核函数使它成为实质上的非线性分类器，常用的核函数包含多项式核函数（Polynomial Kernel Function）、径向基函数（Radial Basis Function）等。

11.4.2 常用基准语料与模型评估标准

分类器性能评估是文本分类技术中的一个重要步骤，评估语料和评估指标的有效性直接影响实验测试结果的可信度，本节将对相关内容进行介绍。

（1）常用基准语料

Reuters-21578 是用于文本分类的公开英文基准语料库，包含 1987 年在路透社报发表的 21 578 篇新闻报道，由 Sam Dobbins 等进行人工分类标注，共包含 135 个类别（http://archive.ics.uci.edu/ml/databases/reuters21578/）。该语料库以 SGML 格式存放文本数据，可以按照 ModLewis、ModApte 和 ModHayes 等方法获取文本数据。很多学者按照 ModApte 来分割，选取其中出现最频繁的 10 个类别子集作为测试语料。

20 Newsgroups 是另一个重要的公开英文基准语料库，共包含大致 20 000 篇新闻组文档，最初由 Ken Lang 开始收集（http://people.csail.mit.edu/jrennie/20Newsgroups/）。该语料库包含 6 个不同的主题、20 个不同类别的新闻组。

TanCorp 是文本分类的公开中文基准语料库，由谭松波收集构建（http://www.searchforum.org.cn/tansongbo/corpus.htm）。该语料库分为两个层次，收集了文本 14 150 篇，第一层为 12 类，第二层为 60 类。

复旦大学中文文本分类语料库（http://www.nlp.org.cn/docs/download.php?doc_id=294），全部文档由各类论文与新闻报道组成，共包含 20 类，测试语料共 9833 篇文档，训练语料共 9804 篇文档。

搜狐新闻数据（SogouCS，https://www.sogou.com/labs/resource/cs.php）是搜狗实验室发布的来自搜狐新闻 2012 年 6 月至 7 月期间国内、国际、体育、社会、娱乐等 18 个频道的新闻数据，提供 URL 和正文信息，可用于新闻文本分类。

NLPCC2013（http://tcci.ccf.org.cn/conference/2013/pages/page04_dg.html）中文微博情绪分析评测语料库，其数据来自新浪微博约 40 000 条数据，采用 XML 格式，已预先切分好句子。

THUCNews（http://thuctc.thunlp.org/），由清华大学自然语言处理实验室推出，根据新浪新闻 RSS 订阅频道 2005—2011 年间的历史数据筛选过滤生成，包含 74 万篇新闻文档（约 2.19 GB），均为 UTF-8 纯文本格式。划分成 14 个候选分类类别：财经、彩票、房产、股票、家居、教育、科技、社会、时尚、时政、体育、星座、游戏、娱乐。

IMDB 数据集（http://ai.stanford.edu/~amaas/data/sentiment/），包含 50 000 条偏向明显的英语电影评论，其中，25 000 条作为训练集，25 000 作为测试集。标签为 pos（积极评论）和 neg（消极评论）。

SemEval-2014 Task 4 数据集（http://alt.qcri.org/semeval2014/task4/），主要用于细粒度情感分析，包含 Laptop 和 Restaurant 两个领域，每个领域的数据集分为训练数据、验证数据（从训练数据中分离出来）和测试数据，非常适合有监督的机器学习算法或深度学习算法，如 LSTM 等。

UCI's Spambase 数据集（https://archive.ics.uci.edu/ml/datasets/Spambase），来自 UCI 机器学习库的（旧版）经典垃圾邮件数据集。根据数据集的组织细节可以将它作为学习私人垃圾邮件过滤的基线。

其他语料库还包括 OHSUMED、WebKB、TREC 系列和 TDT 系列等。

（2）常用评估指标

文本分类通常是不平衡的分类任务，常用的分类准确率（Accuracy）指标只是用于统计总分类准确率，缺乏考虑大小类对分类结果的贡献差异。因此，一般使用每个类的 F_1 值和全部类的 F_1 值的平均值来评估算法的性能。F_1 值的计算公式如下：

$$F_1 = \frac{2 \times r \times p}{r + p}$$

其中，r 表示每个类的召回率（Recall），是指某个类别的输入文本被正确划分到此类别的个数占此类别共输入的文本个数的比例；p 表示每个类的精度（Precision），是指某个类别的输入文本被正确划分到此类别的个数占划分到此类别的文本的总个数的比例。

F_1 值用于评价分类器在一个类别中的分类效果，为了评价分类器在包含多个类别的语料上的整体性能，通常采用微平均和宏平均方法。微平均根据所有类准确划分的文本个数和错误划分的文本个数来计算精度和召回率；宏平均则是计算每个类别得到的精度和召回率的平均值。通常采用微平均 F_1 值（Micro-Averaging F_1 Value）和宏平均 F_1 值（Macro-Averaging F_1 Value）一起来综合评估分类器的性能。

11.5 文本情感分析

近年来，随着计算机技术、人工智能、心理学、社会学等学科交叉知识的延伸扩展，情感计算成为国内外学者研究的热门领域。情感计算主要是指自动分析文本、图像、视频或音频等对象所表达的情感倾向和程度。在互联网快速发展的时代，越来越多的信息以文本形式呈现，因此文本情感分析成为情感计算的重要方向，也是文本挖掘的重要内容。由于篇幅所限，本节主要从文本情感分析的概念、技术和应用三方面进行简单阐述。

文本情感分析（Sentiment Analysis），是指人们对带有情感色彩的主观性文本进行分析、归纳和推理，挖掘人们对特定事物的情感或观点。目前，在情感分析方面研究较多的是观点挖掘（Opinion Mining）。

在最初的情感分析任务中，主要是简单分析人们所表达的情感词。后续随着主观性文本的多样化和复杂化，情感分析逐渐涉及更为复杂的句子、段落、篇章等方面的研究。按文本粒度的不同，情感分析可以分为词语级、短语级、句子级、篇章级和多篇章级等层次。情感分析任务主要包括情感信息提取、情感信息分类和情感信息检索等主题。在情感信息提取阶段，主要涉及评价词语（或情感词）、评价对象、观点持有者等情感信息提取；在情感信息分类阶段，可以分为简单的主客观信息二元分类和主观情感信息分类（二元或多元情感分类）；在情感信息检索阶段，主要是整合情感信息提取和分类的结果，方便用户检索与主题相关的文档及了解文档呈现的情感倾向。

11.5.1 文本情感分析技术

文本情感分析技术主要涉及情感分析方法和情感知识库建设。情感分析方法有基于情感词典的方法、基于机器学习的方法和结合两者的混合方法。基于情感词典的方法主要依据已有的情感词典或领域词典，针对主观文本中的情感信息进行计算，综合评价文本的情感；基于机器学习的方法则是借助机器学习的方法和已有的文本语料库，选取有意义的特征对主观文本进行分类，将其归到某一情感类别下。以上两种方法能在一定程度上识别主观文本的情感，然而其分析准确率受制于情感词典或语料库的规模，因此情感知识库的建设显得尤为重要。情感知识库建设包括情感词典或领域词典的构建和主观文本语料库的建设。

（1）基于情感词典的方法

基于情感词典的方法是利用词典的规则进行关键词匹配，属于无监督的学习方法，不需要文本语料库。它主要是建立或利用已有的情感词典或领域词库来判断主观文本中的情感词语或由词语组合的文本情感的极性和强度。

（2）基于机器学习的方法

基于机器学习的方法将情感分析看作传统的文本分类任务，属于有监督的学习方法，需要语料库的支持。这种方法先将文本向量化，并进行有效的特征选择，再选取合适的分类算法进行建模。由于特征选择、降维技术和分类算法等方面都有相对成熟的理论支持，因此这种方法能有效发现文本中隐含的情感，但是依赖于语料库。当语料库规模足够大时，情感分析的准确率可以达到80%以上。

同时，在拥有大量无标注数据和少量有标注数据的条件下，可以采用半监督学习方法。利用标注的语料训练分类器对无标注数据进行分类，评估分类效果，选择质量高的样本进入标注的训练集，这样重复扩充训练集，可以达到改善分类器的准确率的目标。

（3）结合情感词典和机器学习的方法

在基于机器学习的方法的基础上，结合情感词典的辅助功能（如利用情感词典选择有代表性的情感词作为文本特征，同时可以利用情感词典提供的极性和强度等信息计算文本特征的权重），可以有效提升情感分析的准确率。在情感词典规模较大的情况下，情感词典能有效地选择更为准确的情感特征，大大提升情感分析的准确率和效率。

（4）情感知识库的建设

情感知识库主要包括情感词典、领域词库和语料库。目前，国内外不少研究单位和个人提供了一定规模的词典资源和语料。

在词典资源方面，有以下几个常用的词典。

① GI 评价词词典。该词典（http://www.wjh.harvard.edu/~inquirer/）收集了英文中的 1914 个褒义词、2293 个贬义词，并为每个词语按照极性、强度、词性等标注了不同的标签。

② NTU 评价词词典。该词典由台湾大学收集，含有繁体中文 2812 个褒义词、8276 个贬义词。

③ 主观词词典。该词典（英文，http://www.cs.pitt.edu/mpqa/）的主观词语来自 Opinion Finder 系统，含有 8221 个主观词，并为每个词语标注了词性、词性还原和情感极性。

④ HowNet 评价词词典。该词典（简体中文、英文，http://www.keenage.com/html/e_index.html）包含 9193 个中文评价词语/短语，9142 个英文评价词语/短语，并被分为褒贬两类。该词典提供了评价短语，为情感分析提供了更丰富的情感资源。

在语料库方面，有以下几个常用的语料库。

① 影评语料。该语料由康奈尔大学提供，由电影评论组成，其中持肯定和否定态度的电影评论各有 1000 篇，还有标注了褒贬极性的句子各 5331 句，标注了主客观标签的句子各 5000

句（http://www.cs. cornell.edu/people/pabo/movie-review-data/）。目前，该影评语料库已被广泛应用于各种粒度（如词语、句子和篇章级）的情感分析研究中。

② 产品领域的评论语料。该语料由伊利诺伊大学芝加哥分校的 Hu 和 Liu 两位学者提供：主要包括从亚马逊和 Cnet 下载的 5 种电子产品（两个品牌的数码相机、手机、MP3 和 DVD 播放器）的网络评论。他们将这些语料按句子为单元详细标注了评价对象、情感句的极性和强度等信息。

③ MPQA（Multiple-Perspective QA）库。MPQA 库由 Wiebe 等开发，包含 535 篇不同视角的新闻评论，是一个进行了深度标注的语料库。其中，标注者为每个句子手动标注出一些情感信息，如观点持有者、评价对象、主观表达式及其极性与强度。

④ 餐馆评论语料。该语料由麻省理工学院的 Barzilay 等构建，共 4488 篇，将每篇语料按照 5 个角度（饭菜、环境、服务、价钱、整体体验）分别标注上 1～5 的等级，为单文档的基于产品属性的情感文摘提供了研究平台。

⑤ 中文酒店评论语料。中国科学院计算技术研究所的谭松波博士提供的较大规模的评论语料，约 10000 篇，并标注了褒贬类别，可以为中文的篇章级情感分类提供一定的平台。

11.5.2 文本情感分析的应用

随着互联网上评论文本的爆炸式增长，迫切需要计算机帮助用户加工整理这些文本情感信息，这使得文本情感分析研究具有重要的应用。下面介绍文本情感分析三方面的应用。

（1）产品评论挖掘

文本情感分析技术广泛应用于用户对产品和服务的评论挖掘领域。人们在进行产品购买决策时，通常会查询该产品的相关评论信息，从中获取有利于购买决策的信息。然而，由于大部分用户缺少足够的时间和精力浏览产品的全部评论，因此往往给购买决策带来一定的风险。文本情感分析技术可以有效缓解这一困境，通过对产品的大量评论的挖掘和分析，可以发现产品的相关属性及其受到的评价，经过归纳和整理，进而为用户提供产品各属性的正、负面评价关键词，方便用户进行购买决策。目前，国内外有很多研究机构在产品和服务评论挖掘方面做了大量工作，研发了不少该领域的文本情感分析系统。国外比较有名的文本情感分析系统是谷歌研发的“Google Product Search”（http://www.google.com/ shopping）；Twitter 和 Facebook 等社交媒体上也有类似的文本情感分析系统，可以根据用户发布的 Twitter 博文或其他消息，发现用户对特定品牌的产品的评价，如 tweetfeel 系统（http://www.tweetfeel.com）。国内也有像 OpinionObserver 这种挖掘在线顾客产品评价的系统及用于汽车论坛的文本情感分析系统。

（2）舆情分析

随着互联网技术的发展和以微博为代表的新型社交媒体的盛行，信息传播的速度进一步加快，从而使公众参与社会舆论的热情更加高涨；越来越多的网民通过不同的网络渠道表达自己的观点和评价，互联网成为社会舆情产生和演化的重要平台。巨大的网络信息对各级政府部门的社会管理带来了巨大的挑战，如何及时应对这些舆论、做好舆情调控工作是政府部门在网络时代面临的难题。然而，互联网上的信息量十分庞大，传统的人工方法难以收集和处理海量的网络信息，文本情感分析技术有助于对舆情信息进行自动化监控和分析。

（3）信息预测

文本情感分析技术还可以应用于不同领域的信息预测，如在金融市场上对股市变化趋势的预测、在政治上对国外总统或议员大选的预测等。文本情感分析技术通过分析互联网新闻、网民言论等信息，分析相关话题背后表达的观点和评价，进一步预测某一事件的未来状况。例如，Digital Trowel 公司研发的 Stock Sonar 系统（http://www.thestocksonar.com），通过分析来自不同信息源的新闻、帖子，分析挖掘人们对特定公司的积极或消极观点，以此来预测该公司股票的变化趋势。

11.6 相关软件

11.6.1 数据采集工具八爪鱼

在网站 https://www.bazhuayu.com/上注册账号，下载八爪鱼软件并安装好。

启动八爪鱼软件，在软件首页单击新建采集任务。八爪鱼新建任务可以使用简易采集或自定义采集模式进行。简易采集模式内置有主流数据源，对没有内置的数据源，需采用自定义采集模式，如图 11-2 所示。

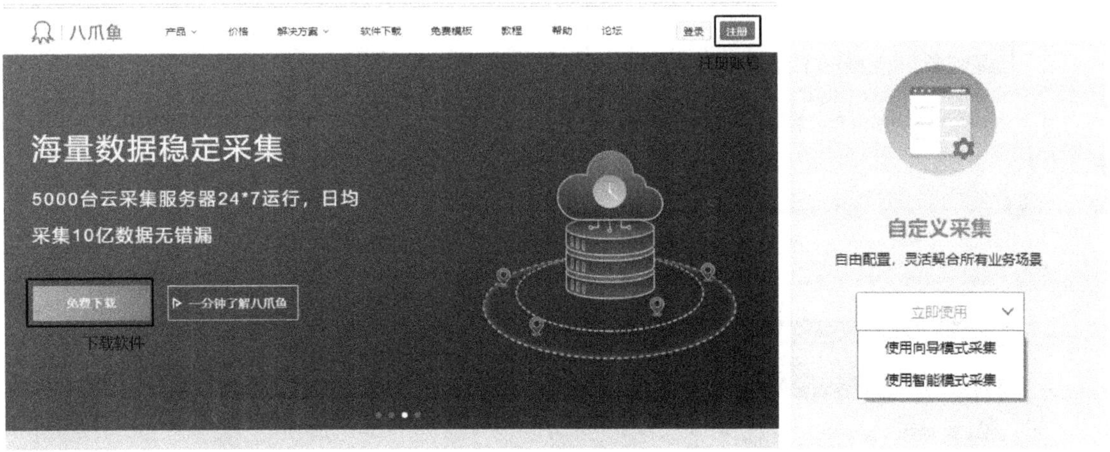

图 11-2 八爪鱼界面

自定义采集模式内置有向导模式采集和智能模式采集。这里以新浪新闻中的国内新闻分类进行向导模式采集演示，网址为 https://news.sina.com.cn/china/。先在浏览器中打开网址，出现新闻列表，我们的采集目标是采集列表中每篇新闻的标题、正文、发布时间和来源。这就需要循环单击列表中的链接，在具体的新闻页面进行数据获取，如图 11-3 所示。

在八爪鱼采集器中新建任务，单击向导模式采集，将网址复制到“采集网址”输入框。单击“下一步”按钮，进入网页类型选择。我们的目标是从新闻列表中循环单击每个新闻的链接，然后获取该链接的具体内容，因此选择的网页类型是“网页列表中每个链接页的详细内容”。然后单击“下一步”按钮，此时在软件界面上可以看到字段列表（目前为空）和网页内容。先在网页内容窗口找到并单击第一个新闻标题，再单击第二个新闻标题，这时八爪鱼采集器即可自动识别所有新闻标题并显示在链接列表上，如图 11-4 所示。

单击“下一步”按钮，询问是否需要翻页。选择“需要翻页”，然后在页面中找到并单击“下一页”按钮，设置翻页 9 次后停止（爬取前 10 页），如图 11-5 所示。

设置完成后单击“下一步”按钮，开始进入具体新闻页面进行字段选择，如图 11-6 所示。上部为字段列表，意思是需要保存的字段，下部依然是网页窗口。将鼠标移动到标题上，等

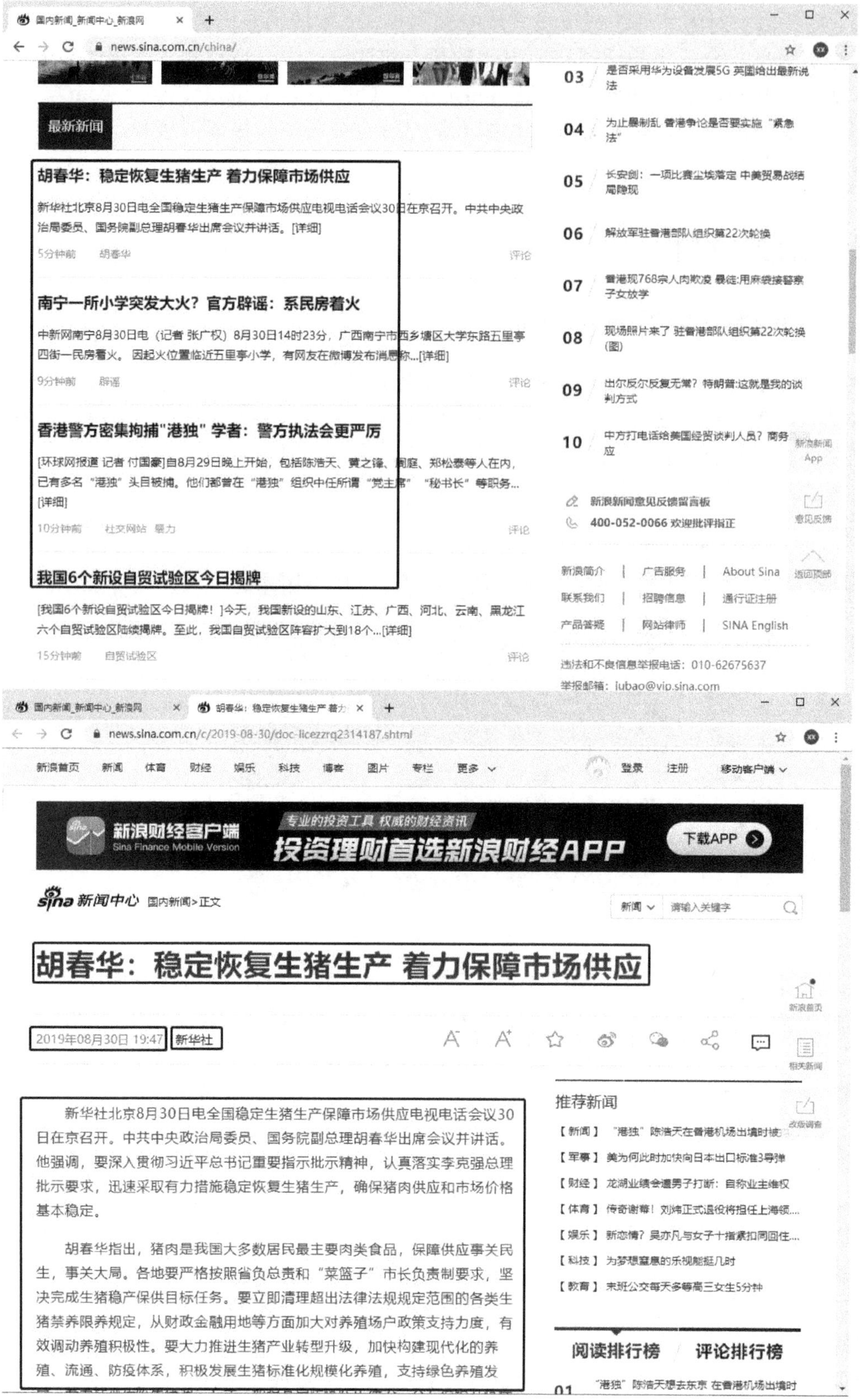

图 11-3 新浪新闻页面示例

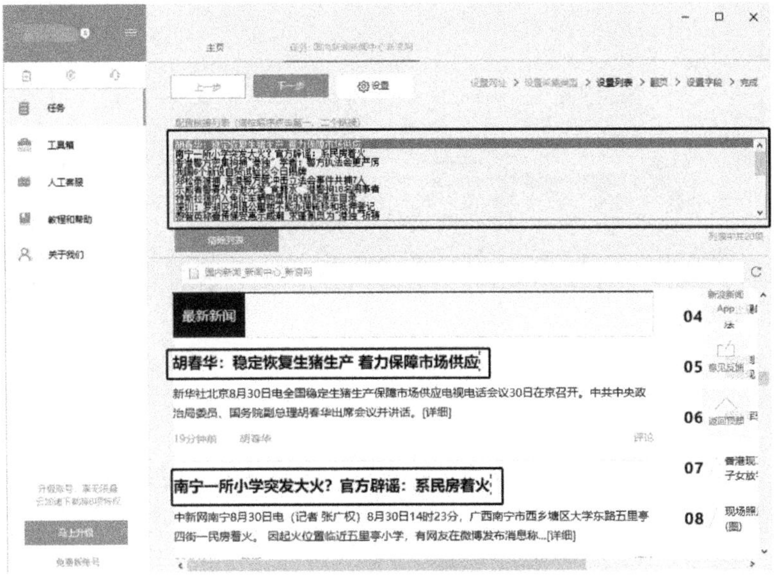

图 11-4　采集列表示例

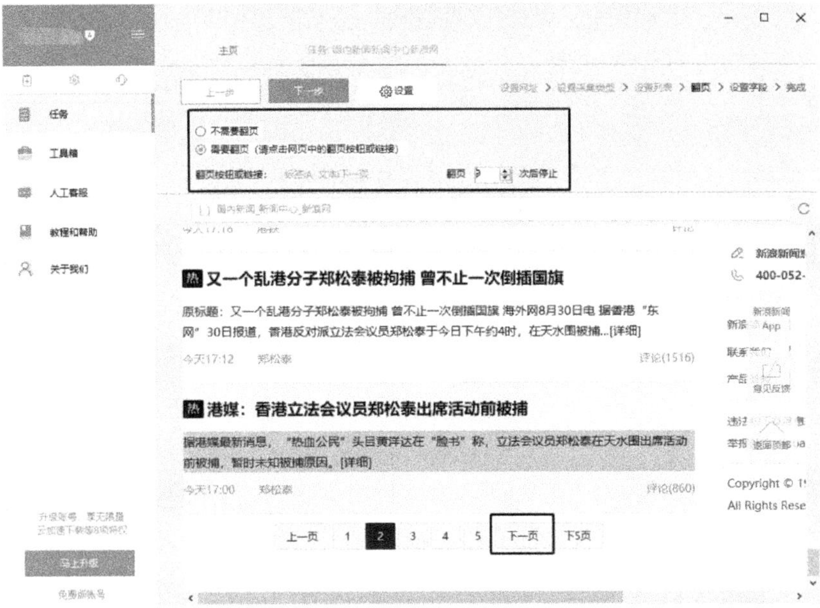

图 11-5　采集页面示例 1

出现蓝色背景时把标题框起来，单击鼠标左键。这时已经完成了标题字段的选择。可以看到，字段列表已增加一行，字段名称为标题。

依次选择新闻的发布时间、来源、正文，还可以通过单击“添加特殊字段”选择当前时间，这样就增加了一个字段用以记录新闻爬取的时间，如图 11-7 所示。

单击“下一步”按钮，进入完成页面，软件会提示任务保存成功。我们现在就可以启动本地采集。为了加快采集速度，可以在采集设置里勾选“本地采集时，不加载页面图片”，如图 11-8 所示。但是在一些特殊场景中不能勾选此项，如需要验证码识别或本身需要获取网页图片等情况。

待采集完成后就可以导出数据了，这里采用 Excel 的方式导出数据，如图 11-9 所示。

图 11-6 采集页面示例 2

图 11-7 采集页面示例 3

图 11-8 采集启动页面示例

图 11-9 数据导出示例

11.6.2 可视化内容挖掘软件 ROST CM6

（1）数据准备

获取数据后，需要进行简单的分词和词频统计。这里介绍可视化内容挖掘软件 ROST

CM6，将待处理数据存储为文本文件（ANSI 格式）。这里选取新闻“胡春华：稳定恢复生猪生产着力保障市场供应”做演示。

（2）分词

在 ROST CM6 中打开“功能性分析”的分词工具，选择保存的文本和输出的文本，即可得到分词后的文本，词与词之间用空格分隔，如图 11-10 所示。

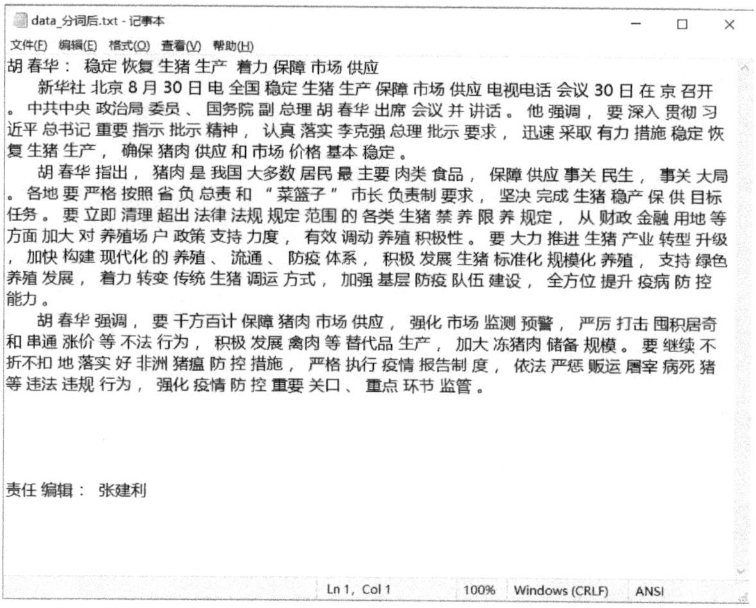
data_分词后.txt - 记事本

文件(F) 编辑(E) 格式(O) 查看(V) 帮助(H)

胡 春华： 稳定 恢复 生猪 生产 着力 保障 市场 供应

新华社 北京 8 月 30 日 电 全国 稳定 生猪 生产 保障 市场 供应 电视电话 会议 30 日 在 京 召开 。中共中央 政治局 委员 、 国务院 副 总理 胡 春华 出席 会议 并 讲话 。 他 强调 ， 要 深入 贯彻 习近平 总书记 重要 指示 批示 精神 ， 认真 落实 李克强 总理 批示 要求 ， 迅速 采取 有力 措施 稳定 恢复 生猪 生产 ， 确保 猪肉 供应 和 市场 价格 基本 稳定 。

胡 春华 指出 ， 猪肉 是 我国 大多数 居民 最 主要 肉类 食品 ， 保障 供应 事关 民生 ， 事关 大局 。各地 要 严格 按照 省 负 总责 和 “ 菜篮子 ” 市长 负责制 要求 ， 坚决 完成 生猪 稳产 保 供 目标 任务 。 要 立即 清理 超出 法律 法规 规定 范围 的 各类 生猪 禁 养 限 养 规定 ， 从 财政 金融 用地 等 方面 加大 对 养殖场 户 政策 支持 力度 ， 有效 调动 养殖 积极性 。 要 大力 推进 生猪 产业 转型 升级 ，加快 构建 现代化 的 养殖 、 流通 、 防疫 体系 ， 积极 发展 生猪 标准化 规模化 养殖 ， 支持 绿色 养殖 发展 ， 着力 转变 传统 生猪 调运 方式 ， 加强 基层 防疫 队伍 建设 ， 全方位 提升 疫病 防 控 能力 。

胡 春华 强调 ， 要 千方百计 保障 猪肉 市场 供应 ， 强化 市场 监测 预警 ， 严厉 打击 囤积居奇 和 串通 涨价 等 不法 行为 ， 积极 发展 禽肉 等 替代品 生产 ， 加大 冻猪肉 储备 规模 。 要 继续 不折不扣 地 落实 好 非洲 猪瘟 防 控 措施 ， 严格 执行 疫情 报告制 度 ， 依法 严惩 贩运 屠宰 病死 猪 等 违法 违规 行为 ， 强化 疫情 防 控 重要 关口 、 重点 环节 监管 。

责任 编辑 ： 张建利

Ln 1, Col 1 100% Windows (CRLF) ANSI

图 11-10 新闻分词示例

（3）词频统计

选择菜单“功能性分析”的“词频分析（中文）”功能，选择已经分词的文件，在参数设置区进行参数设置，如是否过滤单字词、是否需要根据自定义词表进行过滤等。确定后即可得到以文本方式存储的词和词频列表文件。在这篇文章中，“生猪”“供应”“市场”的词频比较高，如图 11-11 所示，因此可以猜测这篇文章的主题是关于生猪供应、生猪市场方面的。

data_分词后_词频.txt - 记事本

文件(F) 编辑(E) 格式(O) 查看(V) 帮助(H)

生猪	8
供应	5
市场	5
春华	4
稳定	4
养殖	4
保障	4
猪肉	3
发展	3
批示	2
严格	2
强化	2
行为	2
防疫	2
措施	2
事关	2
会议	2

图 11-11 词频统计示例

（4）标签云制作

ROST CM6 可以制作标签云。在“可视化”菜单中选择“标签云”功能，接着打开词频统计文件，调节最大字体的大小，即可看到标签云图片，如图 11-12 所示。

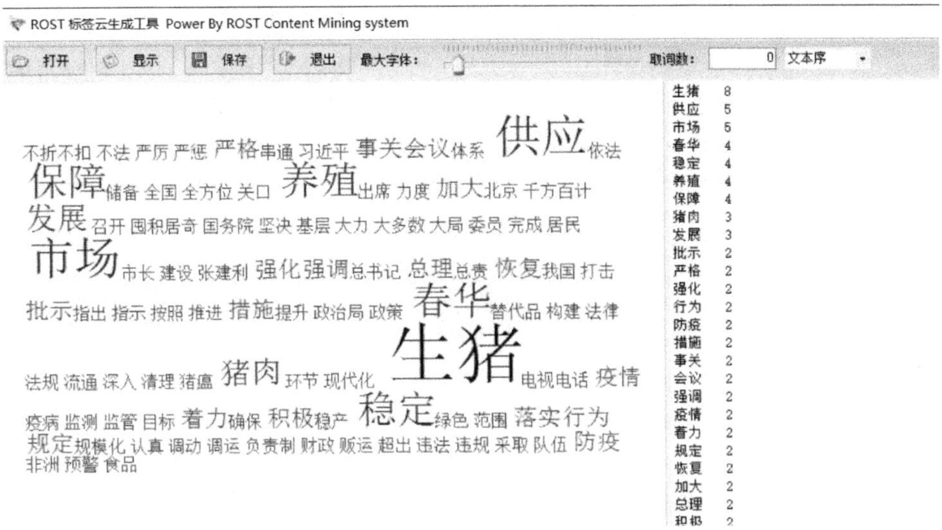

图 11-12　标签云示例

11.7　综合案例：基于微博的用户特征识别

1．商业理解

用户画像作为一种勾画目标用户、联系用户诉求与设计方向的有效工具，在商业领域得到了广泛应用，如个性化推荐、搜索引擎优化、政治立场发现等。新浪微博作为国内的主流社交媒体，拥有大量用户，基于微博用户数据预测其性别、年龄、地理位置等属性具有较大的商业价值。

2．数据理解

本案例的数据源于 SMP CUP 2016 评测任务，为新浪微博的用户数据，数据集中包含社交关系信息、用户微博信息、用户标签信息。

社交关系信息：包含约 256.7 万名微博用户构成的社交网络，其中的社交关系可能是单向的（单向关注，即为粉丝关系）或双向的（互相关注，即为好友关系）。

用户微博信息：包含上述社交网络中约 4.6 万名用户的微博文本。

用户标签信息：包含约 5000 名用户的年龄、性别及地域标签，这些用户包含在上述 4.6 万名微博文本的用户中。

将带标签的 5000 条数据划分为训练集、验证集和测试集。数据集的标注情况及切分情况如表 11-1 所示。其中，训练集和测试集中平均每人有约 70 条微博，无标注的数据中包含 4 万个用户微博和 250 万名用户构成的社交关系。每条微博文本由 6 个属性组成，包括用户 ID、转发数、评论数、来源、时间、文本内容（包含@、表情）等。将用户关系信息独立存放，由多个用户 ID 组成，以空格分隔，从第二名用户到最后一名用户均为第一名用户的粉丝。

在属性标签方面，将性别标签分为男性、女性两种；将年龄分为三类标签，包含“90 后”“80—90”“79 前”；将地域分为东北、华北、华东、华中、华南、西南、西北、境外。图 11-13 列出了上述 3 种属性的标签占比，可见数据分布不平衡。男性数量约为女性的 3 倍，年龄段大多集中在“80—90”，地域方面，标签为境外的仅占 1%。数据不平衡大大增加了属性预测的难度。

表 11-1　数据集的标注情况及切分情况

数据集	社交网络规模	带微博文本用户数	带标签信息用户数
训练集	256.5 万名用户，5.5 亿个关注关系	46000	3200
验证集	0.1 万名用户，15 万个关注关系	980	980
测试集	0.1 万名用户，13 万个关注关系	1240	1240

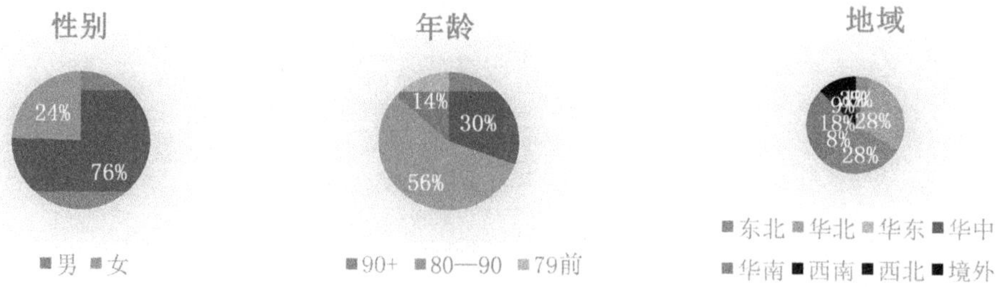

图 11-13　年龄、性别、地域各标签的比例

3. 特征表示

（1）文本特征

文本数据是微博用户的主要数据，其中蕴含了与用户属性相关的信息。我们将用户的所有微博看作一个文档，用 doc2vec 方法对用户文档进行预训练，将学习 300 维的向量作为用户文本特征表示。doc2vec 是一种无监督学习方法，采用三层神经网络结构预测上下文，以此获得预测过程中隐藏层的向量表示，即句子/段落/文档的向量表示，文档向量表示用于计算文档之间的语义相似性，文档向量的空间分布拟合了文档的语义分布，因此可以作为微博文本内容的特征表示。本案例用 gensim 工具包对源数据中所有用户微博文档进行预训练。

（2）社交特征

在网络社区中，社区成员往往具有某些相似特性，这在新浪微博上尤为明显，用户关注的微博博主往往与自己具有相近的年龄或相同的地域。从用户的社交关系中训练出与画像有关的信息无疑能协助用户属性的预测。为此，利用用户（包含标注和无标注）粉丝列表构造用户关系网络，如图 11-14 所示，利用 LINE 训练 network embedding 作为社交特征。LINE 模型定义了两种相似性关系，包括一阶相似性（First-Order Proximity）和二阶相似性（Second-Order Proximity）。一阶相似性的定义为网络中节点的连接关系（局部特征）；二阶相似性作为一阶相似性的补充，其定义为不直接相连的节点的共同邻居节点（全局特征）。LINE 模型的训练目标包含两方面：两个节点间的连线越大，节点越相似；两个节点的共同邻居节点越多，节点越相似。通过 LINE 训练可以获得每个节点的向量，社交关系相近的用户将拥有相似的表示向量。基于 LINE 的特点，本案例把用户关系构造成一个有向图，边由用户指向其粉丝，边的权重均设为 1，用户向量为 300 维。

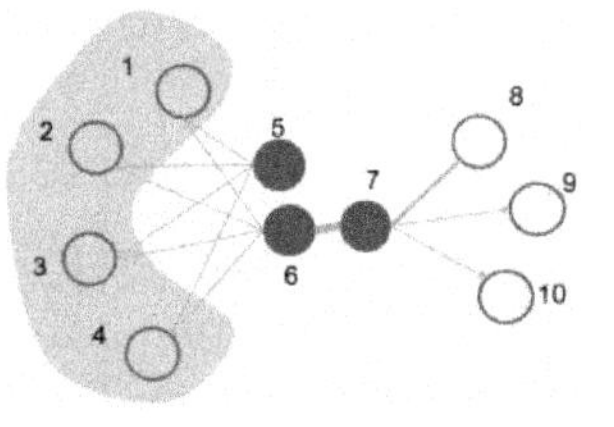

图 11-14　微博粉丝关系

（3）特征词特征

由于微博文本内容涉及广泛，往往只有少量的信息反映人物性别、年龄、地理位置等，特别是地理位置，往往只能通过偶尔出现的地理名称进行判断，因此本案例通过卡方检验，衡量词语与各标签之间的相关程度，并基于卡方值对所有词进行从大到小的排序，抽取前 5000 个微博内容词作为特征词，并使用 SVD 算法将特征词向量降至 300 维作为最终特征表示。

（4）地域词典构建

在微博文本中出现的地理信息可以反映用户的地域属性，因此本案例通过构建地域字典，为地域预测模型提取词级别的地域特征。考虑到地理位置往往有层次划分，且对衡量用户所在位置的重要性不同，本案例将地理词典划分为四级。第一级为省、直辖市、自治区，第二级为地级市，第三级为县、区，第四级为路名。微博用户可以分享自己所在的位置，因此本案例通过使用正则表达式“我在.*?显示地图”，提取用户分享的地名，并根据卡方检验计算地名与各地域类别的相关程度，从而根据卡方值的大小构建地域辞典。

4．模型构建

考虑到地理位置预测往往不需要所有的文本信息，只需关注微博中的词汇特征或社交关系，本案例为地理位置预测单独构建一个模型，而性别和年龄预测使用相同的模型框架。下面详细介绍两组模型的结构。

（1）性别和年龄预测模型

性别和年龄预测模型主要利用社交关系表示（Graph Embedding）、文本表示（Paragraph Embedding）和特征词表示（Feature Word）等作为模型输入。为了充分融合抽取的特征和全部标注集，通过两层框架进行多模型集成，年龄、性别预测模型的 Boosting 集成框架如图 11-15 所示。

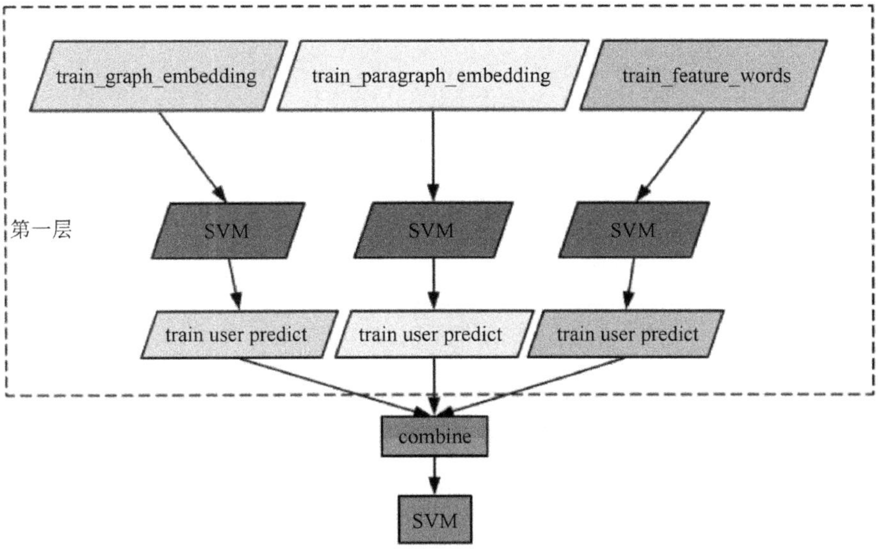

图 11-15　年龄、性别预测模型的 Boosting 集成框架

年龄、性别预测模型采用 Boosting 思想，先训练多个弱分类器，再使用一个额外的分类器，学习每个弱分类器的权重，以此集成多个弱分类器。分别利用三个支持向量机对三种特征表示进行学习，再采用一个支持向量机对三种预测结果进行加权训练，输出最终的分类结果。

为了进一步提升模型效果，基于 Bagging 思想，实现第二层的模型集成，如图 11-16 所示。采用 5 折交互验证，训练第一层集成框架的 SVM 模型，获得 5 个模型。在预测时，会获得 5 个预测结果，最后通过投票的方法获得最终的标签。

（2）地域预测模型

地域预测模型同样采取多模型集成的思想，如图 11-17 所示。

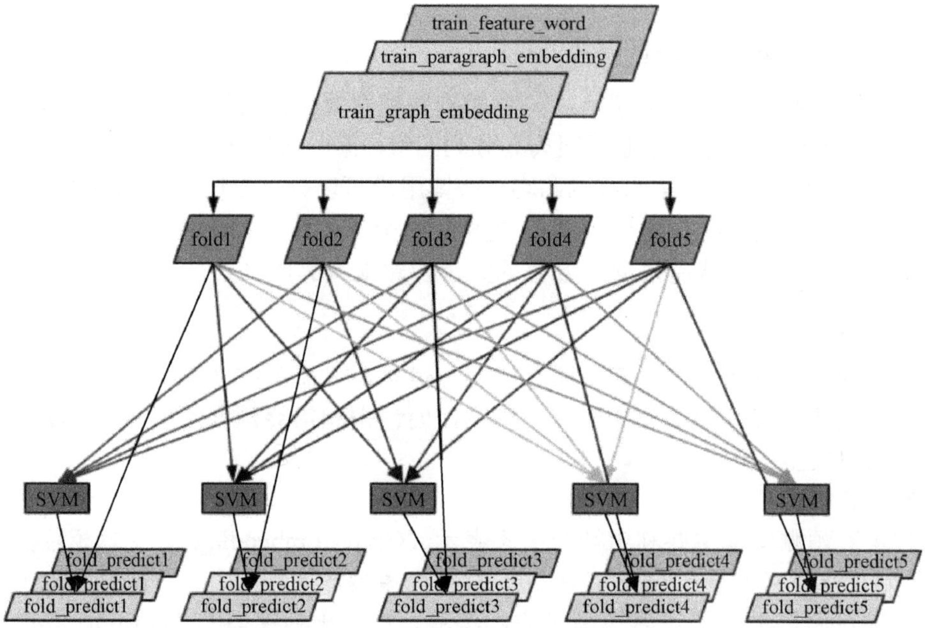

图 11-16　年龄、性别预测模型的 Bagging 集成框架

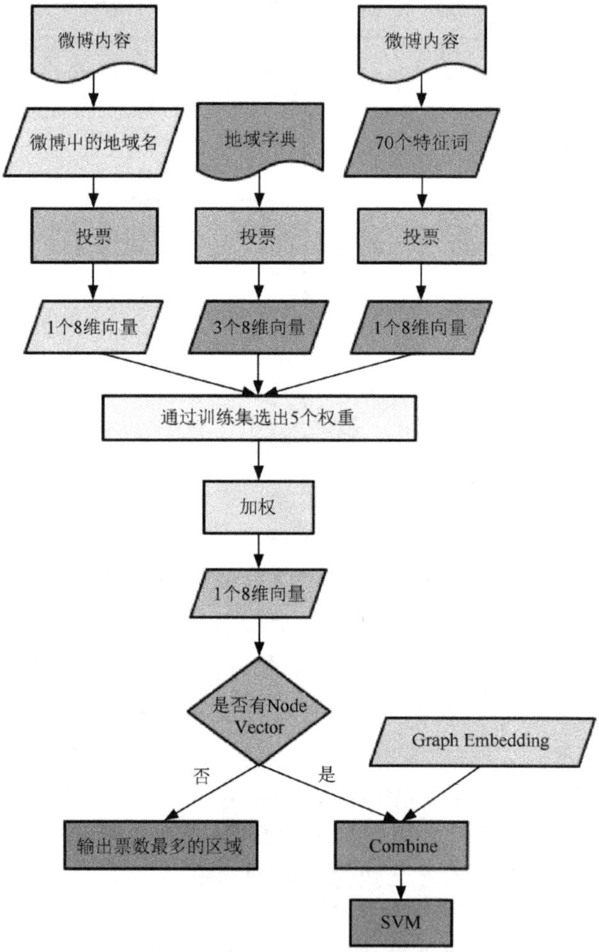

图 11-17　地域预测模型架构

考虑到地域预测往往只需关注用户在微博或个人信息中透露的地理位置，通常为词级特征，因此模型输入主要由三部分特征词组成。第一部分是直接从微博内容中抽取的地域名，并对应八种标签之一，根据词频进行投票。第二部分是根据地域词典对八种标签进行投票，获得 1 个 8 维向量。前面提到过，地域词典分为四级，本案例将第一级、第二级的地域词划分为同一级。最终根据词典中的各级词汇进行投票，获得 3 个 8 维向量。第三部分是通过卡方检验获得的特征词，同样根据词频对每个标签进行投票，获得 1 个 8 维向量。最终获得一个 5×8 的特征矩阵，接下来通过如下操作，计算各类别的概率。

$$\boldsymbol{S}=\begin{bmatrix} s_1 \\ \vdots \\ s_8 \end{bmatrix}=X\boldsymbol{w}^{\mathrm{T}}=\begin{bmatrix} x_{11} & \cdots & x_{15} \\ \vdots & \ddots & \vdots \\ x_{81} & \cdots & x_{85} \end{bmatrix}\cdot\begin{bmatrix} w_1 \\ \vdots \\ w_5 \end{bmatrix} \tag{11-1}$$

$$\delta(s_i)=\frac{\mathrm{e}^{s_i}}{\sum_{j=1}^{B} s_j} \tag{11-2}$$

$$\mathrm{Loss}(y,\delta(s))=-\sum_{i=1}^{8} y_i\times\delta(s_i) \tag{11-3}$$

式（11-1）中的 $\boldsymbol{w}^{\mathrm{T}}$ 表示每个特征向量的权重，通过计算获得各标签的预测得分 $\boldsymbol{S}$。式（11-2）通过 softmax 函数将预测得分转换为概率，使得各标签的预测概率之和为 1。式（11-3）采用交叉熵作为损失函数来衡量预测值 $\delta(s)$ 和真实值 y 之间的误差。在训练中，采用随机梯度下降方法，最小化 Loss 值，以获得最优的 $\boldsymbol{w}^{\mathrm{T}}$。

为了进一步融合用户的社交关系信息，设定以下规则，首先判断用户是否有社交关系表示向量（Graph Embedding）。如果没有，直接从 $\delta(s)$ 中找出概率最高的标签，作为预测结果。如果有，则与表示向量进行拼接作为特征，再训练 SVM 模型，以分类。

5．模型评估

模型评估指标为精度（Accuracy）。表 11-2 所示为各特征下 SVM 的年龄和性别预测效果；Ensemble 表示集成模型，集成模型在性别预测上优于单特征的模型，而在年龄预测上不如仅采用社交关系作为特征的 SVM 模型。在单特征模型中，采用社交关系表示的模型在两个任务中均远优于采用文本表示或特征词的模型。可见在年龄预测和性别预测时，用户的社交关系起到了决定性作用，这与网络社区的特点相契合，同一网络社区的人群，会有明显的群体聚合特性，其中包括年龄和性别。信息量最大的文本表示反而取得了最差的效果，主要原因可能是年龄和性别预测任务较为简单，大部分文本信息实质上与年龄和性别无关，因此存在较大的噪声。特征词的效果优于文本表示的效果，也从侧面说明，对于简单的用户属性预测任务，精确的特征相比大量的信息更加有效。表 11-3 对比了各模型的年龄和性别预测的效果，本案例模型 Ensemble-SVM 的效果远优于其他模型。

表 11-2　各特征下 SVM 的年龄和性别预测效果

特　征	年　龄	性　别
Graph Embedding	**0.668**	0.877
Paragraph Embedding	0.586	0.823
Feature word	0.620	0.854
Ensemble	0.658	**0.883**

表 11-3　各模型的年龄和性别预测效果

特　征	年　龄	性　别
tfidf-逻辑回归	0.598	0.859
tfidf-随机森林	0.612	0.798
CNN	0.632	—
Ensemble-SVM	**0.658**	**0.883**

表 11-4 对比了地域模型面对不同用户的预测效果。对于记录了社交关系的用户，本案

例模型在融合社交关系表示后精度能达到 78.4%，而没有记录社交关系表示的精度仅有66.5%。可见，社交关系对识别用户地域具有重要作用，能够很好地弥补文本信息的不足，事实上，只有极少量用户会透露自己的地理位置，在用户社区中往往会有其他好友填写了地理属性，这无疑能协助用户地域属性的识别。对于所有用户，识别精度可以达到 72.7%。

表 11-4　地域模型的预测效果

用户类型	with graph embedding	without graph embedding	All user
精度	0.784	0.665	0.727

本章小结

文本挖掘技术在现实生活中有着广泛应用，如 Web 搜索、垃圾邮件过滤、文本情感分析等。本章简要介绍了文本挖掘技术，包括分词、文本表示、文本特征选择、文本聚类、文本分类、文本情感分析等。在非结构化数据快速增长的今天，文本挖掘技术在对海量网络数据挖掘中扮演着重要角色。本章提供的案例可以帮助我们更深入地理解相关技术和思想。

文本挖掘技术的覆盖范围广泛，涉及的方法多种多样，本章只是为相关技术提供基础的学习内容，若要深入研究可查看相关的文献资料及书籍。

第 12 章 数据挖掘在客户关系管理中的应用

在互联网、大数据时代，对于市场化程度高的行业，客户是企业重要的资源，如何获取更多新客户、保留现有客户对企业至关重要。在通信、金融、保险等服务性行业，企业之间的竞争逐步转移到了终端客户的争夺上。企业的经营管理已由“以产品为中心”转移到了“以客户为中心”的商业模式。客户关系管理 CRM（Customer Relationship Management）的基本思想是强调对客户价值进行管理，通过深入的客户行为分析和完善的客户服务来满足客户的个性化需求，从而实现客户的终身价值。借助客户关系管理平台，企业可及时掌握与客户相关的信息，如商品需求、服务需求、消费需求等，及时制定符合客户需要的个性化服务。相反，客户通过客户关系管理系统能实时掌握企业的经营动态，如销售优惠、产品升级、业务拓展等，从而选择需要的项目消费。随着企业信息化技术的普及，以及数据采集与存储技术的迅速发展，企业积累的客户数据越来越多，利用数据挖掘技术，企业能够深度分析客户的特征与需求，为客户提供个性化的产品与服务，提高客户满意度，提高客户对企业的忠诚度和价值。数据挖掘技术在客户关系管理中的应用主要是客户行为分析，包括客户价值分析、客户细分、市场营销分析、客户忠诚度分析、客户生命周期分析等。

12.1 客户关系管理

12.1.1 客户关系管理概述

企业实施客户关系管理的目标是通过建立全方位的客户接触渠道，使整个企业对客户取得一致的理解，针对潜在客户采取有效的营销措施，获取新客户，更好地为客户创造价值，提高客户的满意度和忠诚度，留住有价值的客户，在为客户提供价值的同时实现企业的利润和长期发展，构筑持久的竞争优势。具体来说，CRM 的优势表现在以下 4 方面：

① 改善服务。CRM 主动向客户提供关怀，根据销售和服务的历史信息提供个性化的专业服务。

② 提高效率。借助 CRM 平台，客户的一次单击就可以完成多项业务，同时前台自动化程度的提高使得很多重复的工作（如批量发传真、邮件）可以由计算机系统完成，这些都使得企业的工作质量和营销效率得以提高。

③ 降低成本。相对传统营销方式而言，CRM 可以大大降低营销运作成本，同时可以准确地寻找客户，并能实现在线信息交换，从而可以大大发展一对一营销等新型业务形式。

⑤ 扩大销售。CRM 使得销售的准确率、成功率大大增加，使得客户的满意度提高，从而实现了销售扩大。

CRM 最大的价值在于客户行为分析和客户价值挖掘。企业通过 CRM 可以掌握、发掘和引导客户需求，做到客户的维持、挽留、争取和增值，确定能真正给企业带来价值的客户，进行风险预测，最终使得企业通过正确的渠道在正确的地点和时间以最方便的形式给客户提供他们最需要的产品和服务。

数据挖掘在CRM中起到了关键作用，正是有了数据挖掘技术的支持，CRM的理念和目标才得以实现。企业收集的客户数据库中积累了关于客户行为和特征的海量数据，运用数据挖掘可以从海量数据中发现隐藏在其中的、十分有价值的客户知识，为企业更好地洞察和理解客户，制定有效的市场营销及客户服务战略提供决策依据。通过数据挖掘技术了解企业现有客户不但是获取客户、交叉销售、防止客户流失等营销活动的基础，还可以为客户细分和客户价值计算提供理论基础；不仅可以为营销决策提供数据支持，还是营销运作的基础。将数据挖掘技术应用到CRM中，可以在CRM的各个阶段提高企业的收益。

① 通过数据挖掘获取新客户。在CRM中的第一步是识别潜在客户然后将潜在客户转变成真正的客户，数据挖掘可以辅助企业进行客户细分，识别潜在客户。

② 提高客户价值。数据挖掘支持客户盈利能力分析，预测客户盈利能力变动以增强客户盈利能力；支持客户购买行为模式分析，进行客户细分，从而提供更具针对性的个性化服务；有效进行交叉销售，向现有客户提供新的产品和服务，实现购买推荐和增量销售。

③ 客户保持。包括客户忠诚度分析和客户流失警示分析，通过数据挖掘对客户历史交易行为进行分析，警示客户异常行为，并提出相应的对策建议。

12.1.2 客户价值分析

客户关系管理效用的实现很大程度上取决于能否对企业客户价值进行透彻理解，因为分析客户价值是企业锁定有价值的客户、采取正确的市场行动进而获得更高回报的前提。有价值的客户是企业生存和发展的生命线。企业的资源是有限的，只有对客户的价值进行科学、合理的分析和判断才有可能以最小的成本获取最大价值的客户。在正确判断客户价值的基础上，通过差异化营销留住客户、创造财富、求得发展。企业如果把其精力平均分布在每个客户身上，努力去保持合作关系，必然会牵制过多的精力，这种资源配置方式严重违背了企业利益最大化的原则。企业应该了解和分析客户的价值，并根据分析结果在正确的时间以正确的方式采取正确的行动，将有限的资源投放在正确的客户身上，从而保持和提高客户价值，为企业赢得长远的利润。许多企业管理的注意力往往集中于最大销售额客户、最繁忙的服务业或最容易发现的市场，这使得企业不但在低价值交易上浪费了直接成本，更重要的是没有对高价值客户投入更多精力而浪费了机会成本。企业无力改变客户的现状，只能从现有的或潜在的客户群体中进行选择。那么，什么样的客户才是企业的核心客户，能为企业带来巨大的效益呢？

企业只有赢得客户才能赢得市场，但要赢得客户，不仅要重视客户，更要满足客户的个性化和多样化的需求。客户价值管理是客户关系管理的核心，客户价值管理是一种双赢的管理思想，企业将不再只为自己获取价值，还要为客户创造价值。价值的创造和获取之间相互依赖、相互制约，价值创造是价值获取的前提和基础。企业只有通过提供优质的产品和服务，不断为客户创造价值，实现客户价值最大化，才能提高其满意度和忠诚度，进而实现企业的自身价值。

所谓客户价值管理，即根据客户的历史交易数据对客户生命周期价值进行统计与分析，挖掘最具价值的现期客户和潜在客户，一方面通过对现期最有价值客户的个性化需求的满足，提高客户满意度和忠诚度，强化客户的保有率，缩短销售周期，降低销售成本；另一方面对潜在客户的购买行为与价值取向进行深入分析，使企业发现新的销售机会，在拓展市场的同时为产品未来的发展方向提供科学决策依据。

通过基于价值的客户细分能够发现不同价值客户的特征，包括行为特征与人口统计学特征，从而指导企业在市场、销售、服务中将资源分配给有价值的客户，针对有价值的客户开展特别的促销活动，提供个性化的产品和服务，使企业以最小的投入获得最大的回报。

12.1.3 客户细分分析

科学、准确的多维度客户细分方法是客户关系管理的核心问题，是数据挖掘技术在客户关系管理中的成功应用。成功勾勒出不同细分群体的需求可以为有价值的客户研究、服务策略制定提供基础。企业通过客户细分可以建立起相应的客户服务体系，提供具有针对性的产品、服务和营销模式，同时能获得更好、更有价值的市场渗透，实现差异化营销。

客户细分是从客户需求出发，根据客户不同的消费行为并遵照一定的规则和标准，把企业的客户划分为具有相似性的客户的过程。客户细分可以帮助企业达成以下目标：

① 为企业开展有针对性的营销和管理提供依据。

② 客户忠诚度分析，如何对高忠诚度客户进行营销关系着企业的发展与生存。客户细分通过建立客户忠诚度分类模型来确定每个客户的忠诚度等级，进而确定客户价值与差异化服务。

③ 指导新产品开发。通过客户细分可以发现客户偏好，企业可以对这些偏好进行分析，从而了解各类客户的需求，并将其体现在新产品的开发中。

④ 发现新的市场机会。通过客户细分可以了解到不同类型的客户的需求特征，并从中发现那些尚未被充分满足的客户需求，从而为企业的现有产品找到新的市场机会。

客户细分包括人口统计细分和客户行为细分。

① 人口统计细分。人口统计学特征作为一类较易获得的信息，其基本假设是：风俗习惯、文化程度、经济状况等方面的不同会导致客户的消费心理、消费习惯等有较大差异。

② 客户行为细分。客户行为细分依据客户以往和现在的行为来预测客户将来的消费行为，是一种以客户行为模式为基础的细分方法。其基本假设是：行为相似的客户有相似的偏好。

上述两种细分方法具有各自的适用性。人口统计细分方法采用静态特征实现事前细分，一般适合了解基本的市场结构，尤其是客户结构。客户行为细分方法采用动态行为特征实现事后细分，具有较强的推理依据，还能在一定程度上发掘客户心理，因此比人口统计细分更为广泛地应用于产品定位、营销和管理中。在实际应用中，往往将两类特征结合起来使用。

12.1.4 市场营销

营销贯穿于客户关系管理的各个业务环节，是客户关系管理的基础，也是企业实现以产品为中心向以客户为中心的经营体系转型的关键。通过数据挖掘方法，从企业经营过程日积月累的数据中挖掘宝贵的信息，了解企业客户以使企业实现持续盈利。通过对现有客户进行分析，营销部门可以了解开展营销活动、锁定营销对象、制定营销目录的方法。依赖数据挖掘，企业还可以验证、追踪和分析每个营销项目，观察客户对不同营销计划的反应，调整营销要素的组合，测算营销项目的成本和收益。

企业在每次营销活动前应精心策划营销方案，锁定目标群体是营销活动的基础，可以使企业聚焦到部分客户，而这部分客户也是最有可能给企业带来高价值的客户。这对企业而言，可以大大降低营销成本，提高营销活动的成功率；对于营销人员而言，可以提升他们的信心，有利于他们更好地开展营销工作；对于客户而言，能够使他们得到想要的产品和服务。

12.1.5 客户关系管理的实施流程

了解客户的真正需求、发掘业务目标群体是 CRM 的重要内容。CRM 需要面向所有的服务节点，对不同类型的客户进行不同层次的服务，评估效果、优化流程、形成商业流程。

在 CRM 中，把握与客户接触的点非常重要。真正的 CRM 不是在时间节点上而应当是在业务节点上顺理成章地制造 CRM 的切入点，客户的需要才是商家的追求，这是 CRM 的本质。要对客户服务，首先必须找到为客户服务的机会，需要体现与客户探讨的诚意，如在订单付款的时间节点、发货时间节点、货物大致送到的时间节点、开始配送至目的地的时间节点、会员等级接近升级的节点等给客户推送服务或信息。触发服务的途径有网站、App 客户端、BBS、在线服务和电话服务、新媒体维护（SNS 互联网产品）、包裹、短消息、邮件、广告、QQ 群等。同时，用邮件派送商品使用说明书，各类定向推广活动，如 8 月份对北方地区推送羽绒服促销信息，或者将断码库存促销信息（服装或鞋子品类）推送给对应人群，抑或是屡试不爽的生日营销等，都是很好的 CRM 业务切入点。简单而言，CRM 最忌“跟客户没话找话，没事找事”，一定要充分挖掘客户真正的需求。“猜透客户到底想干什么”是 CRM 中最重要、最困难、最神秘的地方，也是 CRM 的核心推动力。虽然互联网时代的信息相对透明，大数据战略也让客户信息更加裸露，但在目前的条件下，准确洞察客户的需求并不是一件容易的事，需要综合各种因素联合研判。一般可以通过以下渠道了解客户：数据挖掘、问卷调查、忠诚客户访谈、一线客服访谈、分销渠道沟通、业务专家咨询。CRM 需要在客户接触的点，如浏览网页、在线咨询、包裹等一系列节点强化与客户的良好关系。要善于对目标客户进行分类，并对不同类型的客户提供差异化的咨询和服务，且根据客户价值的大小投入不同的精力。

CRM 的实施离不开数据库，可以说，CRM 过程就是数据库的开发过程。从数据库的角度看，CRM 的实施大概需要 5 步：数据库的创建、数据库的加厚、数据库的标签、数据库的挖掘、CRM 的落地（CRM 的策略、预算和执行）。

（1）数据库的创建

创建数据库是为了确立数据的指标体系，以及数据提取、转换和加载（Extraction Transformation Loading，ETL）过程，底层的指标应尽可能全面，且务必保证源数据的准确性，这两者共同决定了数据库的价值。指标的维度是动态的，可根据实际需要进行适当增删；可以通过设计科学的数据流转流程，采用交叉检验和月检验甚至年检来确认数据是否准确、完整、具有时效性。

（2）数据库的加厚

一般对采集的数据直接进行 CRM 的效果不会太理想，数据库的加厚包括数据库维度的拓宽和客户数据的增加，可以通过各种渠道来获取客户的信息。沉淀数据库是大数据策略的基石，丰满的数据才能保证客户行为呈现出统计学规律。

（3）数据库的标签

数据库的标签包括数据来自哪里（团购还是网站导航，或者直接访问）、属于什么类型的客户（如新客户、忠诚度高的客户等）。标签一方面用来区分数据的物理属性，另一方面用来对客户进行分层、聚类，有利于企业“更懂”客户。基于 RFME 模型对客户分层，即按照 RFME 指标进行合理的排列组合得到的客户分层。*R*（Recency）代表最近一次消费日期，*F*（Frequency）代表消费频率，*M*（Monetary）代表消费金额，*E*（Evaluation）代表客户评价。对客户进行聚类的难点在于，是否可以找到客户簇之间具有显著性差异的属性，属性概念的分层粒度不宜过细，否则差异性不明显。

（4）数据库的挖掘

数据库的挖掘分为常规性和非常规性挖掘。常规性挖掘是指对数据进行分析后能够形成常用的知识库，而非常规性挖掘是指不可持续的挖掘。假设赠送客户的礼品分成两种：精致的手提袋和在售服装的模特画册，一般通过对收货地址的日志分析挖掘出哪些地址中带有“公司”“银行”“财政局”等关键词，发送模特画册礼品，目的是实现办公室文化分享，更容易产生口碑营销。其他地址则赠送手提袋，除非客户有特殊要求，这是常规的做法。还有非常规的做法，就是临时发生的，如对于一件镶钻的衣服，及时发送短信给购买过这类服装的客户，告诉他们服装清洗的正确方法，否则很容易掉钻。

（5）CRM 的落地

“数据只有创造价值才有价值”，要对数据挖掘的结论进行应用。策略、预算和执行是 CRM 落地的主要内容。CRM 之所以是一个系统性的工程，是因为 CRM 并非依靠某个奇思妙想的点子或某个令人振奋的数据挖掘结论便能一蹴而就，而是不断潜移默化与客户培养感情，从而最终达到提升品牌黏性的目的。

12.2 客户生命周期分析

客户生命周期是指一个客户对企业而言是有类似生命一样的诞生、成长、成熟、衰老、死亡的过程，是指从客户开始对企业进行了解或企业欲对客户进行开发开始，到客户与企业的业务关系完全终止且与之相关的事宜完全处理完毕的这段时间。其描述的是客户关系从一种状态（一个阶段）向另一种状态（另一个阶段）转化的总体特征。

在客户生命周期中，客户关系的发展是分阶段的，客户关系的阶段划分是研究客户生命周期的基础。客户生命周期具体到不同的行业有不同的详细定义，如在互联网平台企业将客户生命周期分为五个阶段：引入期、成长期、成熟期、休眠期、流失期，如图 12-1 所示；而电信企业将客户生命周期划分为 5 个阶段的表述不同：客户获取、客户提升、客户成熟、客户衰退、客户离网。

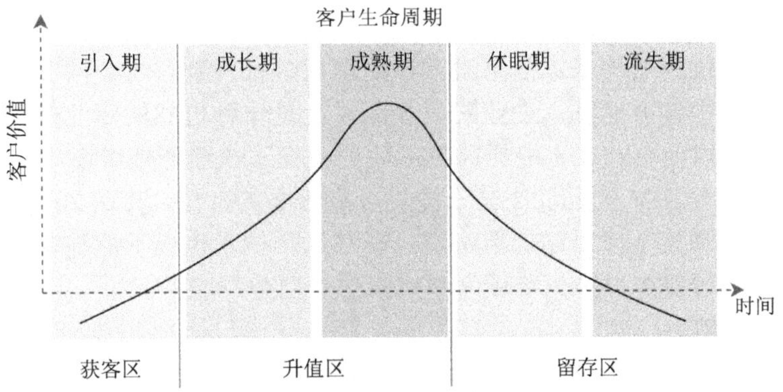

图 12-1　客户生命周期图

客户生命周期分析的核心目标是：提升客户参与度、提升客户生命周期中每个节点的转化率。在客户参与度的持续提升、每个节点的持续转化过程中，客户同时完成了在平台内价值的提升和生命周期的一个完整历程（引入期、成长期、成熟期、休眠期、流失期）。

下面介绍客户生命周期分析中数据挖掘的运用场景和主题，如图 12-2 所示。

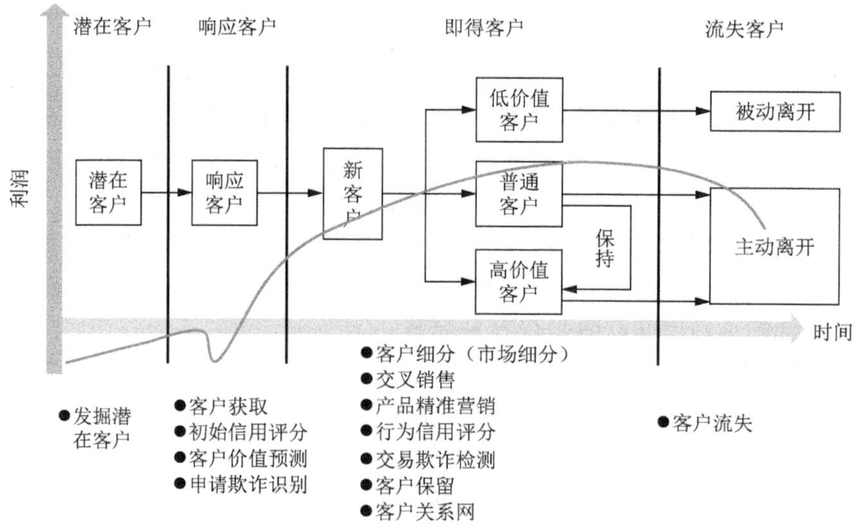

图 12-2　客户生命周期的运用场景和主题

（1）发掘潜在客户

这个主题更多的是基于地区、性别和年龄段等粗粒度的人口统计指标，结合产品设计定位和目标客户群体进行匹配。例如，高档母婴产品的潜在客户应该是高档小区中的住户。这类分析是运用最早的，在广告投放、新店寻址等场景下被大量使用。

（2）客户获取

当客户初次了解企业的产品和服务后，可能犹豫不决，拖延很久后才可能真正成为企业的客户，而大部分客户在这期间会由于兴趣逐渐减退而最终流失。例如，信用卡新客户在填好个人信息，并收到信用卡后却迟迟没有开卡。这时可以运用数据挖掘技术，对营销人员得到的客户基本信息进行初步筛选，找出购买倾向性较高的客户进行深度跟踪营销。这样既减少了人工成本，又降低了对客户打扰的次数，进而减少了投诉。同时，在与潜在客户的交流中，也可以为其制定更加个性化的产品或服务组合。

（3）初始信用评分

当客户最终购买企业的产品，涉及赊销情况的时候，就会用到初始信用评分，即根据客户的性别、年龄和居住场所等基本信息对客户的信用进行预判。这类情况不只在银行信贷中会遇到，在很多企业中都会遇到。企业的应收账款就是一种自然的商业信用，建立好优秀的初始信用评分体系可以使企业在不增加财务风险的情况下快速开拓市场。例如，IBM 全球融资部是一个为赊购买入 IBM 产品的小公司提供金融服务的部门，其在 20 世纪 80 年代开发的客户信用评分模型对开拓全球市场功不可没。现在这个技术也成了提高客户满意度的一种方式，如中国移动的先付费客户的欠费额度和京东的“白条”服务。

（4）客户价值预测

为了更好地给客户提供服务的同时增加企业利润，需要根据客户的基本信息进行价值预测。其中，价值既包括以消费水平为代表的直接价值，也包括客户口碑宣传的间接价值。

（5）客户细分（市场细分）

根据客户的基本信息，从人口学、工业统计信息、社会状态、产品使用行为等方面对客户进行细致的描述。这对分析客户类型结构、修正产品定位、满足细分群体需求、开发新产品、提高客户满意度和分析客户需求变化趋势都是有意义的。

（6）交叉销售

分析产品之间的关联关系，发现产品销售中预期不到的模式。比如，“啤酒与尿布”的故事就是从客户在超市中的购物记录中获取的。交叉销售被广泛运用于零售业、银行、保险等领域，京东商城的推荐产品和淘宝的“猜你喜欢”两个模块都是这个主题的运用。

（7）产品精准营销

这是客户价值提升的重要方面，目的在于扩大客户消费范围。例如，公司开发了一款新产品，希望快速找到目标客户，就可以通过分析现有客户的属性和消费行为，确定响应可能性最大的群体进行营销。

（8）行为信用评分

与初始信用评分的目的一样，这里分析的变量加入了客户产品消费行为的信息，使得对客户信用的评估更为准确。例如，美国 AT&T 电信公司的客户信用风险评级精确度明显高于一般的信用卡公司，因为其掌握了客户更多的通话、差旅等行为信息。国内现在推出了芝麻信用、腾讯信用、阿里信用等个人征信管理平台。

信用风险建模用到了数据挖掘中的多种方法，信用风险管理不仅限于金融机构，只要涉及交易行为就存在信用风险。高水平的信用风险管理可以刺激消费并提高客户满意度，进而提高客户的忠诚度。

（9）交易欺诈检测

对客户（包括内部员工）涉及洗钱、套现、盗用等异常交易行为进行检测，以满足风险监管的需求。

（10）客户保留

随着时间的变化，客户需求会产生变化，如果不及时发现这种变化趋势，就会造成客户流失。客户保留的目的在于及时发现客户在购买产品及服务方面的行为变化和满意度情况，以及时更换产品组合。例如，电信运营商发现客户的通话特征从短途居多变为长途居多，而且从客户流失的模型中发现，有这种情况的客户流失的可能性很高。这主要是由于客户不了解电信运营商的套餐类型，只是听说其他运营商的长途套餐更便宜造成的。那么客服人员就需要了解这类客户的需求，从而提供更合理的套餐类型。

（11）客户关系网

客户的朋友圈、工作圈和兴趣圈的信息对客户管理、营销和产品开发有重要意义，如可以据此很好地定位客户所处的客户生命周期。如果是婚恋中的人或相同单位的人，可以推荐与其品位相似的产品信息。而且通过对客户关系网络结构的分析，可以明确网络中的重要节点，这对关键人物的营销有重要意义。

（12）客户流失

建立完善、准确的客户流失预警机制是客户关系管理的重要内容，客户流失风险预测对企业至关重要。通过对已经流失的客户的存续时间进行分析，一方面可以预判现有客户流失的高危期，另一方面可以为提高不同类型客户的存续时间提供技术支持。对流失客户的细分可以对改进产品和服务起到重要的指导作用。

企业若能建立高危流失客户的预警机制，在客户具有流失风险倾向还未流失时准确识别他们，并提供合适的产品和服务，保留这些客户，将有助于降低企业后续的客户经营成本。

① 客户流失类型。客户流失分为主动流失、非主动流失和强制流失。主动流失即客户根据自己的意愿决定终止和企业之间的交易关系，原因可能是他们的需求发生改变，也可能是他们被竞争对手企业吸引。非主动流失即企业主动终止与客户之间的关系，可能是由于客户不及时支付账单或客户具有较高的风险等。区分不同的客户流失类型对于企业而言十分重要。当对客户流失进行建模时，可以考虑对所有类型的流失进行建模，有效区分不同类型的客户流失并获得客户对于不同流失风险的得分。

② 客户流失分类及原因分析。流失无疑是正常的，但流失后的总结和分析能够让企业对用户多一个更为客观和全面的视角，对用户进行重新定位，找到产品设计和运营策略与目标用户的契合点，从而使企业能够在一轮一轮的大浪淘沙中获得更为强大的生存能力。

对于流失的用户，必须进行调研，分析背后的原因：为什么流失？是平台的产品无法满足用户需求？还是用户的需求已经发生了变化？还是客服环节的原因？或者是整个市场大环境不好？企业通过调研才能制定合理的运营策略，刺激用户的留存和活跃。如果是因为客户对产品内容不满，就改善产品内容；如果是因为界面不友好，就优化界面；如果是因为客服态度，就培训客服。

12.3 综合案例

12.3.1 案例 12-1：旅游公司目录销售

本案例来自 Susan Chiu 和 Domingo Tavella 合著的 *Data Mining and Market Intelligence for Optimal Marketing Returns*。传统方法对于瞄准新客户的营销活动一般采用一个“营销响应模型”，根据前期的营销响应数据建立相同产品的营销响应模型，利用该营销响应模型挑选出最有可能响应的潜在客户群体。本案例运用两个模型来组合挖掘数据，从而更准确地找到其目标市场，提高营销的效率与效益。

1. 商业理解

目录直销企业“登山者”计划向目标客户邮寄新一期的假日促销产品目录广告册，该企业想通过对上一期邮寄活动的反馈数据进行挖掘，指导即将进行的新一轮邮寄营销活动。与上一期邮寄活动形成对比的是，企业设立了一个控制组——对这个控制组群体没有邮寄目录广告册，控制组的作用是通过该组的实际购买消费情况，对比邮寄了目录广告册的那个群体的实际消费购买情况，由此判断广告促销邮寄活动到底有多大的效益提升。两组群体分为 4 类：① 收到目录广告册并产生购买行为的人群；② 收到目录广告册却没有产生购买行为的人群；③ 没有收到目录广告册但产生购买行为的人群；④ 没有收到目录广告册也没有产生购买行为的人群。

有的人无论是否收到目录广告册都会购买产品，也有人只有当他收到目录广告册时才会购买产品。为了有效提高营销预算的利用率，企业需要知道两种概率：一种是消费者收到目录广告册后产生消费行为的概率；另一种是消费者没有收到目录广告册也能产生消费行为的概率。企业希望瞄准的最理想的目录广告册受众是这样的客户：当没有收到目录广告册时，他的消费可能性很低；但收到目录广告册后，他的消费可能性却很大。只有这样的消费者才可以让企业的营销预算花得最值得。上一期邮寄活动总共邮寄给了 52 000 个目标客户，得到的有效购买响应率为 1.2%，即 624 个消费反馈。在上一期邮寄活动进行的同时，企业同样跟踪记录了数量为 52 000 的消费者的控制组数据，控制组的购买率为 0.5%，即有 260 人实际购买消费。这两组人群的消费数据表明，本次营销活动的效益提升（相比没有邮寄的人群来说）lift 为(624−260)/260=140%（用邮件活动得到的消费反馈数减去没有进行邮寄活动的消费反馈数，再除以没有进行邮寄活动的消费反馈数）。

本案例的数据挖掘需要由两个模型共同完成：一个是基于控制组的数据，模型预测没有收到目录广告册时消费者产生购买行为的概率；另一个是基于邮寄活动产生的反馈数据，模型预测收到目录广告册后消费者产生购买行为的概率。

2. 数据理解与数据准备

企业在建立营销响应模型时，从进行邮寄活动的消费者中抽取了 5790 个消费者记录，其中，70%（4053 个消费者记录）用于模型训练，余下的 30%用于模型验证。数据属性说明如表 12-1 所示，其中“是否购买产品”为输出变量，另外 4 个变量为输入变量。

表 12-1 数据属性说明

序号	变量名	数据类型	描述
1	消费者年龄 x	离散	分为 5 个年龄组，分别是 x_1（18 岁以下），x_2（18～24 岁），x_3（25～34 岁），x_4（35～44 岁），x_5（45～54 岁）
2	家庭年收入 y	离散	分为 6 个收入群组，y_1（0～50k），y_2（50k～75k），y_3（75k～100k），y_4（100k～125k），y_5（125k～150k），y_6（150k）
3	是否拥有住房产权 z	离散	z_1（拥有住房），z_0（没有住房）
4	是否对户外运动感兴趣 k	离散	k_1（对户外运动感兴趣），k_0（对户外运动不感兴趣）
5	是否购买产品	离散	1（购买产品），0（没有购买产品）

3. 数据建模

利用逻辑回归方法建立两个概率模型。

（1）收到邮寄的目录广告册的消费者购买预测模型

选择逐步回归法的逻辑回归模型，其退出模型和进入模型的标准分别是 0.10 和 0.05。经过逻辑回归模型分析后得出，消费者年龄、家庭年收入和是否对户外活动感兴趣 3 个变量对预测消费者的购买行为有重要影响，建模结果如表 12-2 所示。

表 12-2 建模结果

	参数估计	显著性检验值 P	指数的参数估计
截距模型	1.885	0.000	6.584
	虚拟变量		
Age: 18 岁以下	−0.191	0.332	0.826
Age: 18～24 岁	−1.304	0.000	0.271
Age: 25～34 岁	−0.588	0.000	0.556
Age: 35～44 岁	0.115	0.429	1.122
Income: 50k 以下	−2.437	0.000	0.087
Income: 50k～75 k	−0.896	0.000	0.408
Income: 75k～100 k	−0.246	0.106	0.782
Income: 100k～125k	−0.511	0.023	0.600
Income: 125k～150k	−0.743	0.000	0.475
Not interested in outdoor	−1.057	0.000	0.348

消费者收到邮寄的目录广告册而做出购买决策的概率由以下公式来预测：

$$p = \frac{\exp(L)}{1+\exp(L)} \tag{12-1}$$

其中

$$L = 1.885 - 0.191 \times x_1 - 1.304 \times x_2 - 0.588 \times x_3 + 0.115 \times x_4 \\ - 2.437 \times y_1 - 0.896 \times y_2 - 0.246 \times y_3 - 0.511 \times y_4 - 0.743 \times y_5 - 1.057 \times k_0$$

变量 $x_1 \sim x_4$ 是逻辑变量，任何情况下，有且只有一个取值为 1，而其他 3 个的取值为 0，如当年龄介于 18～24 岁时，则 x_2 的取值为 1，x_1、x_3、x_4 的取值为 0；变量 $y_1 \sim y_5$ 和 $k_0 \sim k_1$ 与之类似。

年龄 18 岁以下，家庭年收入介于 75k～100k 且对户外活动感兴趣的消费者在收到邮寄的目录广告册后对其做出购买决策反应的可能性由以下公式计算：

$$p = \frac{\exp(1.885 - 0.191 - 0.246 - 1.057)}{1+\exp(1.885 - 0.191 - 0.246 - 1.057)} = 0.597$$

当一个购买模型用来预测消费者的购买行为时，如果他购买的可能性大于 50%，该消费者就被认为是潜在买家；如果他的购买可能性小于 50%，则该消费者不被认为是潜在买家。因此，年龄在 18 岁以下、家庭年收入为 75k～100k 且对户外活动感兴趣的消费者是我们所要找的潜在买家。根据这一思路，在对户外活动感兴趣的消费者中，具有以下特点的消费者在收到邮寄的目录广告册时更有可能做出购买决策：① 年龄在 18 岁以下，家庭年收入介于 75k～125k；② 年龄介于 35～44 岁，家庭年收入介于 50k～150k。

（2）没有收到邮寄的目录广告册的消费者购买预测模型

构造预测模型来预测没有收到“登山者”邮寄的目录广告册的消费者购买的可能性。该模型与前面所说的模型具有相同的自变量和因变量，其样本容量为 9760。

同样采用逻辑回归模型的逐步回归法，其退出模型和进入模型的标准依然是 0.10 和 0.05。四个自变量都是预测模型的有效变量，如表 12-3 所示。

表 12-3　四个自变量都是预测模型的有效变量

截距模型	参数估计	显著性检验值 *P*	指数的参数估计
	−2.934	**0.000**	**0.053**
	虚拟变量		
Age 45～54 岁	0.766	0.004	2.152
Age 35～44 岁	0.074	0.780	1.077
Age 25～34 岁	−0.100	0.717	0.905
Age 18 岁以下	0.520	0.074	1.682
Income 100k～125k	1.416	0.000	4.122
Income 75k～100k	0.734	0.000	2.084
Income 50k～75k	0.327	0.047	1.387
Income 50k 以下	0.974	0.011	2.648
No home ownership	−0.411	0.000	0.663
Not interested in outdoor	2.441	0.000	11.487

消费者没有收到邮寄的目录广告册而做出购买决策的可能性由以下公式计算。

$$p_{\text{nocota}} = \frac{\exp(L)}{1+\exp(L)} \tag{12-2}$$

其中

$$L = -2.934 + 0.52 \times x_1 - 0.1 \times x_3 + 0.074 \times x_4 + 0.766 \times x_5 + 0.974 \times y_1 + 0.327 \times y_2 + 0.734 \times y_3 + 1.416 \times y_4 - 0.411 \times z_0 + 2.441 \times k_0$$

作为这个预测模型的应用，我们预测年龄在 18 岁以下、家庭年收入介于 75k～100k，对户外运动感兴趣的消费者做出购买决策的可能性为

$$p_{\text{nocota}} = \frac{\exp(-2.934 + 0.520 + 0.734)}{1 + \exp(-2.934 + 0.520 + 0.734)} = 0.157$$

当没有收到邮寄目录时，由式(12-2)计算可得，对户外活动感兴趣且具有以下特点的消费者做出购买决策的可能性相对较小：① 年龄在 18 岁以下，家庭年收入介于 50k～100k；② 年龄介于 25～44 岁，家庭年收入介于 50k～125k；③ 年龄介于 25～34 岁，家庭年收入为 50k 以下。

由此可以得到如下结论：年龄在 18 岁以下，家庭收入介于 75k～100k，对户外活动不感兴趣的消费者在没有收到邮寄的目录广告册时，不会购买“登山者”的产品，但是在收到邮寄的目录广告册时，却会做出购买决策，购买该企业的产品，这类消费者正是我们要寻找的。

4．部署

到目前为止，“登山者”已经构造了两个模型。第一个模型是用来预测那些收到邮寄的目录广告册而做出购买决策的可能性；第二个是用来预测那些没有收到邮寄的目录广告册而做出购买决策的可能性。企业利用这两个模型来找到目录广告册的邮寄对象。

“登山者”得到了一份有 100 000 个潜在购买者的名单，并有一笔只能对 20 000 名消费者进行邮寄的预算资金。企业同时准备建立一个有 20 000 名对象的控制组（他们没有收到邮寄的目录广告册）。为了有效找出其目标市场，公司采取了以下措施。

① 随机抽取 20 000 名消费者作为控制组。

② 利用第一个模型（预测那些收到邮寄的目录广告册的消费者做出购买决策的可能性的模型）对剩下的 80 000 名消费者进行预测，并得出他们的购买可能性得分。然后根据可能性得分是否超过 0.5 来分类，大于 0.5 的为潜在购买者，否则不是潜在购买者。

③ 利用第二个模型（预测那些没有收到邮寄的目录广告册的消费者却做出购买决策的可能性的模型）对剩下的 80 000 名消费者进行预测并得出他们的购买可能性得分。然后根据可能性得分是否超过 0.5 来分类，大于 0.5 的为潜在购买者，否则不是潜在购买者。

④ 选择满足以下条件的消费者：在第一个模型中被预测为潜在购买者，而在第二个模型中被预测为非潜在购买者的消费者。由前面的分析可知，对户外活动感兴趣且具有以下特征的消费者是我们潜在的目标邮寄对象：年龄在 18 岁以下，家庭年收入介于 75k～100k；年龄介于 35～44 岁，家庭年收入介于 50k～125k。

⑤ 从步骤④得到的满足以上两个条件的潜在消费者中，选择收到邮寄的目录广告册后做出购买决策的可能性最高的前 20 000 名潜在消费者，把他们作为目标邮寄对象。

到目前为止，邮件活动能很好地抓住其目标客户（当没有收到目录广告册时，他的消费行为的可能性很低；但是当收到目录广告册时，他的消费行为的可能性却很大的客户），从而使企业利用有限的营销预算得到最好的营销效果。

12.3.2 案例 12-2：电信客户细分与流失分析

1．商业理解

客户流失预测分析的主要商业目标是对有流失倾向的客户进行有选择性的挽留，从而减

少客户流失率。通过建立流失预测模型挖掘出有潜在流失倾向的客户，并在此基础上结合客户细分的结果，对流失客户进行细分，找出流失倾向大的客户群体，综合分析客户流失的关键性特征和原因，然后根据挖掘结果帮助市场营销人员针对不同类型的易流失客户制定不同的客户挽留策略和价值提升策略。

2. 数据理解

本案例数据来源于某地区电信行业的客户业务数据，该样本数据集中共包含 17 6921 条（正常客户记录 156 885 条+流失客户记录 20 036 条）记录，每条记录由 18 个客户基本特征、108 个客户行为特征（9 种业务，12 个月，共 108 个）和一个客户类别特征来刻画。

样本数据集中主要包含 3 类特征数据。

（1）客户基本特征：主要是客户资料数据

客户基本特征是客户的静态数据，如表 12-4 所示，相对稳定，但在收集这些数据时会包含大量的缺失值、不一致的值，甚至是错误的值，所以需要进行数据预处理工作。

表 12-4 客户基本特征表

字段编号	字段名称	数据类型	字段编号	字段名称	数据类型
1	服务编号	Char(20)	10	产品	Char(30)
2	行业大类 ID	Char(30)	11	竣工时间	Number(8)
3	行业小类 ID	Char(30)	12	拆机类型	Number(8)
4	电话号码	Char(30)	13	通话级别	Char(30)
5	客户编号	Char(30)	14	状态	Char(8)
6	客户类型	Char(30)	15	套餐名称	Varchar
7	渠道	Char(30)	16	套餐生效时间	Number(8)
8	行业大类	Char(30)	17	套餐失效时间	Number(8)
9	行业小类	Char(30)	18	套餐竣工时间	Number(8)

（2）客户行为特征：主要是客户的消费行为特征数据

每条记录包含了客户在一个年度内的消费行为数据，包括一年中每个月的总费用，月租费用、本地通话费用、传统国内通话费用、传统国际通话费用、传统港澳台通话费用、IP 国内通话费用、IP 国际通话费用、IP 港澳台通话费用这 9 个基本消费行为特征。所以该样本数据集中共包含 108 个（12×9=108）消费行为特征，如表 12-5 所示。

（3）客户类别特征

实验样本数据集中包含一个能够判定类别信息的客户类别特征，根据类别信息可知道每个样本的基本状态，如表 12-6 所示。在该样本数据集中，客户类别特征（Class）由 0 和 1 表示，0 表示该客户已经流失，1 表示该客户是正常客户。

3. 数据准备

本案例的数据预处理主要包括数据清洗、特征构造和特征选择等过程。

（1）数据清洗

数据清洗的目的是补全数据、处理缺失值、除去噪声、改正不协调的数据。例如，在客户样本数据集中，有些客户的套餐名称、套餐生效时间、套餐失效时间及套餐竣工时间等数据为空。在处理含有缺失值的特征时，如果有些特征的有效值少于总记录数据的 1/5，则可删除此类特征；如果某记录中存在大量的缺失值，而这些缺失值难以用正常的方法补全，则可以去除此类记录。

表 12-5　客户行为特征表（一个月份）

字段编号	字段名称	字段说明	数据类型
1	Total_fee	月总费用	Number(8)
2	FEE1	月租费	Number(8)
3	Local_fee	本地通话费用	Number(8)
4	CK_D_fee	传统国内通话费用	Number(8)
5	CK_I_fee	传统国际通话费用	Number(8)
6	CK_GOT_fee	传统港澳台通话费用	Number(8)
7	IP_CK_D_fee	IP 国内通话费用	Number(8)
8	IP_CK_I_fee	IP 国际通话费用	Number(8)
9	IP_CK_GOT_fee	IP 港澳台通话费用	Number(8)

表 12-6　客户类别特征

字段编号	字段名称	字段说明	数据类型
1	Class	客户是否流失	Char(8)

（2）数据变换

数据转换主要包括构造新的衍生特征和对连续型数据进行规范化。

在实验数据集中，只有表示客户类别信息的特征（也是用其他方法赋值的），没有直接体现客户价值和客户流失倾向的特征。在本实验数据集中，消费行为特征中只包含了 12 个月的消费行为，不能充分体现客户在季度和年度的消费情况。根据需要，构造以下特征：年度总费用、年度月租总费用、年度本地通话总费用、年度传统国内通话总费用、年度传统国际通话总费用、年度传统港澳台通话总费用、年度 IP 国内通话总费用、年度 IP 国际通话总费用、年度 IP 港澳台通总话费用；消费比率；一年内未消费月份数 Non-fee。通过构造新特征，该样本数据集中总共包含 136 个消费行为特征，108（原始行为特征）+4（季度总费用）+1（年度总费用）+11（月消费比率）+3（季度消费比率）+1（Non-fee）+8（消费行为总费用）=136。

在样本数据集中我们可以根据客户的年度总费用及其他消费行为的总费用来判断客户的价值，以季度总消费、季度消费比率、月消费比率及未消费月份数来判断客户的潜在价值，采用消费行为总费用识别不同客户群体的消费倾向。

为使连续特征具有可比性，对所有连续特征采用最大最小值规范化方法进行规范化。

（3）特征选择

经过数据清洗和数据变换后，接下来进行特征选择。通过特征选择减少样本的维度，大大减少计算量，降低时间和空间复杂度，简化学习模型。例如，该样本数据集中的电话号码和客户编号的相关性很强，可以认为它们之间存在冗余性，则可删除与目标特征相关性小的特征，即将电话号码字段删除。通过特征选择，服务编号、行业大类 ID、行业小类 ID、电话号码、竣工时间、拆机时间、60 个原始消费行为特征及 5 个构造特征被删除。

经过数据预处理，实验数据集中最后留下的客户基本特征和客户行为特征分别为 5 个（客户编号、通话级别、客户类型、渠道、产品）和 73 个（48 个客户行为特征和 25 个构造特征）。最后，该数据集中保留下来的特征总数为 78 个。

对绝大多数电信企业来说，客户流失率比较低，正常客户与流失客户的分布是不平衡的，每月流失的客户总是少数，而正常客户占绝大多数。为此，我们需要调整正常数据和流失数据的分布比例。据电信部门统计，当正常流失率不超过 20%时，客户流失特征不是很明显。因此，我们在训练集中按“正常客户数：流失客户数”取 4：1 进行设计，最终训练集包括流失样本记录 11 263 条，正常样本 45 162 条，总记录为 56 425 条。

4. 数据建模

本案例采用一趟聚类算法作为客户细分的基本方法。在一趟聚类算法实验中，我们将聚类阈值 r 从[EX, EX+0.8×DX]中随机选取，最后得到的聚类结果为：训练集被聚类成 17 个簇，聚类精度为 96.81%，其中，簇大小占总样本比例超过 1%的只有 7 个簇，其他 10 个簇占总样本数目的比例都没有超过 1%，相当于小簇。

下面描述 17 个簇的正常样本和流失样本分布、平均未消费月份数、各簇样本数占客户总体的比例及各簇的年度总费用平均值，如表 12-7 所示。

表 12-7 客户聚类分析结果

簇标号	簇大小	样本分布（1/0）	各簇的年度总费用平均值（元）	平均未消费月份数	各簇样本数占客户总体的比例
1	36958	35651/1307	2543	0.017	65.5%
2	281	0/281	3460	4.331	0.5%
3	1803	0/1803	4032	4.706	3.2%
4	1342	0/1342	3820	5.110	2.38%
5	517	0/517	7801	4.622	0.93%
6	56	46/10	179521	1.482	0.1%
7	180	0/180	4350	6.528	0.32%
8	3281	0/3281	3006	4.741	5.81%
9	104	0/104	5047	5.010	0.18%
10	58	0/58	14520	2.724	0.1%
11	913	0/913	9014	4.389	1.62%
12	361	0/361	4167	6.814	0.64%
13	6816	6464/352	8494	0.079	12.08%
14	3089	2992/97	18906	0.001	5.47%
15	468	0/468	15170	4.436	0.83%
16	119	0/119	7610	4.403	0.21%
17	70	0/70	5483	4.986	0.12%

从各簇的样本分布情况来看，有 4 个簇（簇 1、簇 6、簇 13 和簇 14）的客户基本上是由正常客户组成的，其他 13 个簇的客户基本上是由流失客户组成的。

依据客户对企业所创造的价值（主要是各簇的年度总费用平均值），电信客户可以分为价值最大的 VIP 客户群（簇 6，约占总客户数的 0.1%）、能够为企业提供较高利润的主要客户群（簇 10、簇 14 及簇 15，约占总客户数的 6.4%）、消费额一般的普通客户群（簇 5、簇 11、簇 13 和簇 16，约占总客户数的 14.85%）和数量大但价值小的小客户群（簇 1、簇 2、簇 3、簇 4、簇 7、簇 8、簇 9、簇 12 和簇 17，约占总客户数的 78.65%）。

依据上述分析，可以得出结论：价值最大的 VIP 客户群（I）、能够为企业提供较高利润的主要客户群（II）、消费额一般的普通客户群（III）和数量大但价值小的小客户群（IV）4 个类别的客户为企业创造的价值是依次递减的（呈金字塔型，如图 12-3(a)所示），他们的数量却是呈指数级增长的（呈倒金字塔型，如图 12-3(b)所示）。

根据表 12-7 可以发现，VIP 客户群的客户数据在整个聚类空间中应该构成异常簇，其各特征空间的特征值较其他簇相应的特征值有非常大的差别。但是该客户群的客户流失率也比较大，达到了 17.86%。另外，在主要客户群中的客户，其年度总费用平均值基本为 15 000 元左右。这类客户的客户类型主要由正常客户（簇 14）和流失客户（簇 10 和簇 15）构成，其

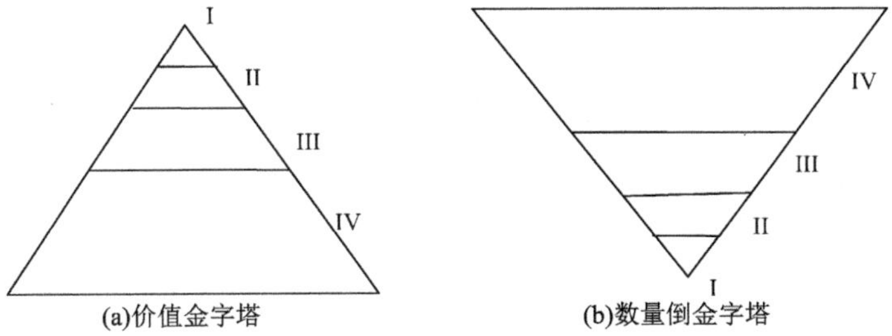

图 12-3　客户群价值与数量间的三角形关系

客户流失率达到了 17.23%。在普通客户群中的客户，其年度总费用平均值为 7000～10 000 元，该客户群中由 3 个流失簇（簇 5、簇 11 和簇 16）及一个正常簇（簇 13）组成，流失客户比例超过 20%，达到 22.72%。而在数量大但价值小的小客户群中，其客户簇多样，由 9 个簇组成，其年度总费用平均值基本在 5000 以下，且流失的客户被划分成了多种类型（客户流失率为 19.67%）。

除了分析客户的基本构成，还需要对每个客户群的具体消费行为进行分析。为了简化分析，以普通客户群为例，分析该客户群中不同簇的消费差异。将该客户群中 4 个簇的月平均消费比率分别用 4 种不同的线条来表示，如图 12-4 所示。

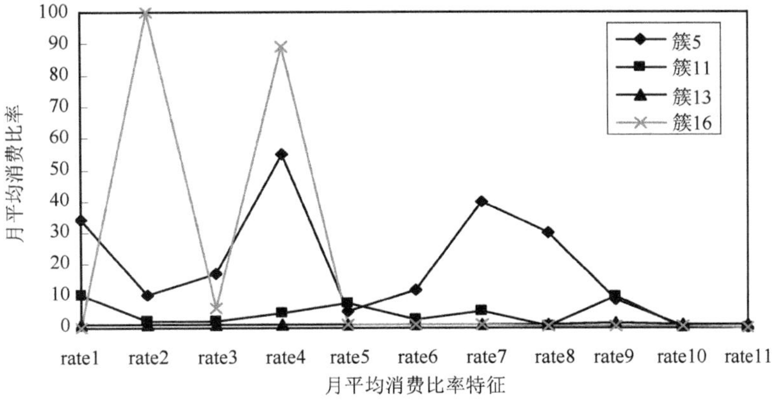

图 12-4　普通客户群中 4 个簇在 11 个月内的消费状况

根据上述 4 条线的趋势可以看出，簇 13 的客户每个月的消费水平比较平稳，而其他 3 个簇的客户的消费水平不稳定，且最后几个月其消费水平呈直线下降趋势。

图 12-5 为普通客户群中流失客户的具体消费行为比较，图中的直方图从左向右依次对应 fee1、fee2、fee3、fee4、fee5、fee6、fee7、fee8。可以看出，簇 5 偏向于 IP 海外消费。簇 11 偏向于本地通话及 IP 国内通话消费，而簇 16 则热衷于海外消费。其他客户群中的客户消费偏向及消费行为可以用类似的方法进行分析。

fee1～fee8 分别表示各簇中单个客户的年度总费用平均值、年度本地通话总费用平均值、年度传统国内通话总费用平均值、年度传统海外通话总费用平均值、年度传统港澳台通话总费用平均值、年度 IP 国内通话总费用平均值、年度 IP 海外通话总费用平均值及年度 IP 港澳台通话总费用平均值。

5．结果评估

通过对客户的合理划分及对客户簇群的特征进行分析，可以判断出该客户群中不同客户的消费偏好及消费特点。对聚类结果可采用聚类精度及簇个数来评价其性能，还需要结合具

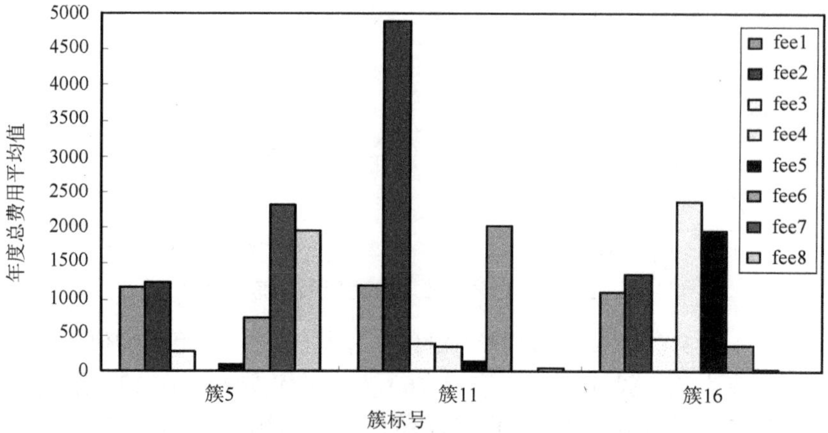

图 12-5　普通客户群中流失客户的具体消费行为比较

体行业的商业知识或解释来判断聚类模型的性能。通常，可以根据实际情况来尽量满足或提高一个指标的要求，对另一个指标则可根据具体商业知识来确定。

本案例中的聚类模型得到的聚类精度是 96.81%，簇的个数为 17。这个结果对于电信行业来说是可以接受的，因为不同的客户群体中都存在着不同程度的客户流失现象，并且在同一消费水平的客户群体中也会存在不同消费特点的小客户群。所以聚类精度不可能达到 100%，簇个数也基本能够反映各客户群的消费水平及消费特点。在模型优化方面，可以通过调整聚类阈值的大小改变聚类精度及簇个数。通过调整不同的聚类阈值，当阈值略小于本案例的实验取值时，聚类精度会有少量提高，但是簇个数的增长幅度非常大，这样不便于分析客户群的整体特性。而当聚类阈值略大于本案例的实验取值时，聚类精度会大幅下降，簇个数也会明显减少，这种情况很难依据各簇的特点来分析各客户群的消费特性及消费偏好。

12.3.3　案例 12-3：航空公司客户价值分析

1．商业理解

企业要获得长期的丰厚利润，必须有稳定的、高质量的客户。维持老客户的成本远远低于开发新客户，因此保持优质客户十分重要。随着大数据的来临，传统的商业模式正在被“数据化营销”的新模式所替代。面对激烈的市场竞争，航空公司面临着旅客流失、竞争力下降、航空资源未充分利用等挑战。通过客户细分，挖掘不同客户群体的特性，分析比较不同客户群的价值，识别高端用户、中端用户、趋势用户等，据此制定相应的精准营销策略，对不同的客户群提供个性化的客户服务，同时制定策略争取更多新客户，降低客户流失率，降低服务成本，提高业务收入，增加每个用户的平均收益（Average Revenue Per User，ARPU，一般以月为单位）值，使得公司的利益最大化。

2．数据理解

航空公司的目标客户分为公众客户、商业客户（公司、大客户），本案例对公众客户数据进行了分析，数据来源于国内某航空公司，包含 2012 年 4 月 1 日到 2014 年 3 月 31 日 2 年间所有乘客的详细数据，共 62 988 条客户记录。每条客户记录由会员卡号、入会时间、性别、年龄、会员卡级别、观测窗口内的总飞行公里数、飞行时间等 43 个特征刻画，如表 12-8 所示。

使用数据审核节点了解数据总体分布情况，如图 12-6 所示。

表 12-8 航空客户信息描述

	特征名称	特征说明
客户基本信息	MEMBER_NO	会员卡号
	FFP_DATE	入会时间
	Length_TO_END	入会时间距离窗口结束时间的月数
	FIRST_FLIGHT_DATE	第一次飞行日期
客户基本信息	GENDER	性别
	FFP_TIER	会员卡级别
	WORK_CITY	工作地城市
	WORK_PROVINCE	工作地所在省份
	WORK_COUNTRY	工作地所在国家
	AGE	年龄
乘机信息	FLIGHT_COUNT	观测窗口内飞行次数
	AVG_FLIGHT_COUNT	观测窗口内平均每季度的飞行次数（飞行次数/8）
	P1Y_Flight_Count	观测窗口内第 1 年飞行次数
	L1Y_Flight_Count	观测窗口内第 2 年飞行次数
	Ration_P1Y_Flight_Count	观测窗口内第 1 年飞行次数占比
	Ration_L1Y_Flight_Count	观测窗口内第 2 年飞行次数占比
	SUM_YR	观测窗口内的票价支出
	SUM_YR_1	第 1 年票价支出
	SUM_YR_2	第 2 年票价支出
	AVG_DISCOUNT	平均值折扣率
	SEG_KM_SUM	观测窗口内的总飞行公里数
	WEIGHTED_SEG_KM	SEG_KM_SUM*AVG_DISCOUNT
	LOAD_TIME	观测窗口结束时间
	LAST_FLIGHT_DATE	末次飞行日期
	LAST_TO_END	最后一次乘机时间至观测窗口结束天数
	BEGIN_TO_FIRST	第一次乘机时间距窗口起始期的天数
	AVG_INTERVAL	平均乘机时间间隔（天数）
	MAX_INTERVAL	最大乘机时间间隔（天数）
积分信息	EXCHANGE_COUNT	积分兑换次数
	POINTS_SUM	总累计积分（=EP_SUM+BP_SUM+ADD_Point_SUM）
	POINT_NOTFLIGHT	非乘机积分变动次数
	BP_SUM	总基本积分
	P1Y_BP_SUM	第 1 年基本积分
	L1Y_BP_SUM	第 2 年基本积分
	Ration_P1Y_BPS	第 1 年基本积分占比
	Ration_L1Y_BPS	第 2 年基本积分占比
	AVG_BP_SUM	平均每季度的总基本积分（总基本积分/8）
	EP_SUM	总精英积分
	EP_SUM_YR_1	第 1 年精英积分
	EP_SUM_YR_2	第 2 年精英积分
	ADD_Point_SUM	附加积分
	ADD_POINTS_SUM_YR_1	第 1 年附加积分
	ADD_POINTS_SUM_YR_2	第 2 年附加积分

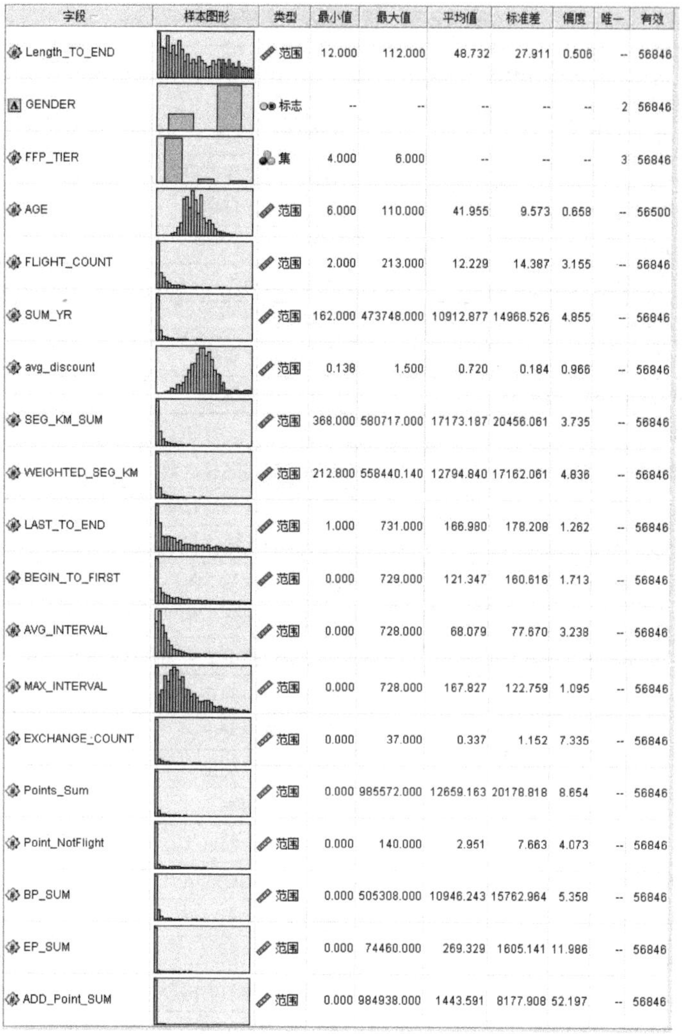

字段	样本图形	类型	最小值	最大值	平均值	标准差	偏度	唯一	有效
Length_TO_END		范围	12.000	112.000	48.732	27.911	0.506	--	56846
GENDER		标志	--	--	--	--	--	2	56846
FFP_TIER		集	4.000	6.000	--	--	--	3	56846
AGE		范围	6.000	110.000	41.955	9.573	0.658	--	56500
FLIGHT_COUNT		范围	2.000	213.000	12.229	14.387	3.155	--	56846
SUM_YR		范围	162.000	473748.000	10912.877	14968.526	4.855	--	56846
avg_discount		范围	0.138	1.500	0.720	0.184	0.966	--	56846
SEG_KM_SUM		范围	368.000	580717.000	17173.187	20456.061	3.735	--	56846
WEIGHTED_SEG_KM		范围	212.800	558440.140	12794.840	17162.061	4.836	--	56846
LAST_TO_END		范围	1.000	731.000	166.980	178.208	1.262	--	56846
BEGIN_TO_FIRST		范围	0.000	729.000	121.347	160.616	1.713	--	56846
AVG_INTERVAL		范围	0.000	728.000	68.079	77.670	3.238	--	56846
MAX_INTERVAL		范围	0.000	728.000	167.827	122.759	1.095	--	56846
EXCHANGE_COUNT		范围	0.000	37.000	0.337	1.152	7.335	--	56846
Points_Sum		范围	0.000	985572.000	12659.163	20178.818	8.654	--	56846
Point_NotFlight		范围	0.000	140.000	2.951	7.663	4.073	--	56846
BP_SUM		范围	0.000	505308.000	10946.243	15762.964	5.358	--	56846
EP_SUM		范围	0.000	74460.000	269.329	1605.141	11.986	--	56846
ADD_Point_SUM		范围	0.000	984938.000	1443.591	8177.908	52.197	--	56846

图 12-6　数据总体分布情况

3. 数据准备

对数据集进行数据探索及预处理工作，包括缺失值及异常值处理、属性规约、数据变换等。

（1）特殊记录的处理

整个数据集有 62 988 条记录，其中有 944 条记录 SUM_YR（总支出）为零但是飞行次数大于 1，飞行公里数大于 0，这可能是公司员工或某些客户奖励积分兑换给家人的机票，这类记录没有价值，这里直接删除。GENDER（性别）有 3 条记录有缺失值，删除。从 WORK_COUNTRY（工作地所在国家）可以看出，客户遍布全球，这里只考虑中国会员，最终得到 56 846 条记录。

（2）属性构造

对于乘机信息，构造可能有影响的属性如下：

- 会员入会时长=观测窗口结束时间-观测窗口开始时间（单位：月）。
  Length_TO_ END = LOAD_TIME-FFP_DATE。
- 平均每次飞行公里数：SKF=SEG_KM_SUM/FLIGHT_COUNT。
- 平均每次费用：SYF=SUM_YR/FLIGHT_COUNT。

● 平均每元公里数：SKSY=SEG_KM_SUM/SUM_YR。

（3）属性选择

WORK_CITY（工作地城市）和 WORK_PROVINCE（工作地所在省份）有太多记录信息不全，删除这两个属性。

AVG_FLIGHT_COUNT（观测窗口内平均每季度的飞行次数）、AVG_BP_SUM（平均每季度的总基本积分）两个属性有冗余，删除这两个属性。

LOAD_TIME（观测窗口结束时间）的所有记录对应的属性值相同，没有区分能力，删除该属性。

LAST_FLIGHT_DATE（末次飞行日期）信息隐含在属性 LAST_TO_END（最后一次乘机时间至观测窗口结束天数）中，删除该属性。

FFP_TIER（会员卡级别）可以由飞行情况根据积分策略得到，因此有冗余，不考虑此属性。

SUM_YR（观测窗口的票价支出）与 SEG_KM_SUM（观测窗口内的总飞行公里数）的相关性很强，冗余，删除属性 SUM_YR。

经过使用 *k*-Means 聚类、两步聚类、神经网络聚类算法的反复测试，发现 AGE（年龄）、AVG_DISCOUNT（平均值折扣率）等属性的区分能力不强，新构造的 4 个属性中有 3 个作用不明显，最终将其删除。

最终选择 8 个属性：Length_TO_END、GENDER、FLIGHT_COUNT、SEG_KM_SUM、LAST_TO_END、BEGIN_TO_FIRST、AVG_INTERVAL、MAX_INTERVAL。

（4）属性规范化

为了使属性具有可比性，对数值型数据进行了规范化处理，将其都转化为 0～1 的范围。

4．数据建模与结果评估

采用 *k*-Means 算法聚成 4 个簇的效果不错，聚类后各簇的主要特征如表 12-9 和图 12-7 所示。

上述聚类结果有一个明显的特性，簇 1 和簇 3 全部是男性客户，簇 2、簇 4 全部是女性客户。女性客户较男性客户的乘机频率低。各簇的主要特征如下。

① 重要保持客户（C_3）：入会时间长、乘机次数多、乘机频率高、飞行里程长。他们是公司的高价值客户，是最理想的客户类型，对航空公司的贡献率大。

② 重要增值客户（C_2）：入会时间相对较长、时间间隔差值最大、全部是女性，但最近乘机频率高、飞行里程也较长，可能是“季节型客户”，一年中在某个时间段内需要多次乘坐飞机进行旅行，其他的时间则出行次数不多，他们是公司的潜在的价值高的客户。

③ 重要挽留客户（C_4）：飞行间隔短，入会时间相对较长，最近一年较少乘坐过本公司航班，可能是流失的客户，需要再争取，尽量让他们“回心转意”。

表 12-9　聚类结果特征汇总

簇号	大小	AVG_INTERVAL	BEGIN_TO_FIRST	FLIGHT_COUNT	LAST_TO_END	Length_TO_END	MAX_INTERVAL	SEG_KM_SUM	GENDER
C_1	25553	70.616	89.667	11.284	183.5	29.6	169.624	15457.074	男->100%
C_2	8584	91	90.396	12.761	91.52	45.8	226.408	18939.168	女->100%
C_3	17846	61.88	158.193	15.715	125.1	79.3	163.8	21840.913	男->100%
C_4	4863	38.584	204.849	4.11	367.46	42.3	69.16	6751.839	女->100%

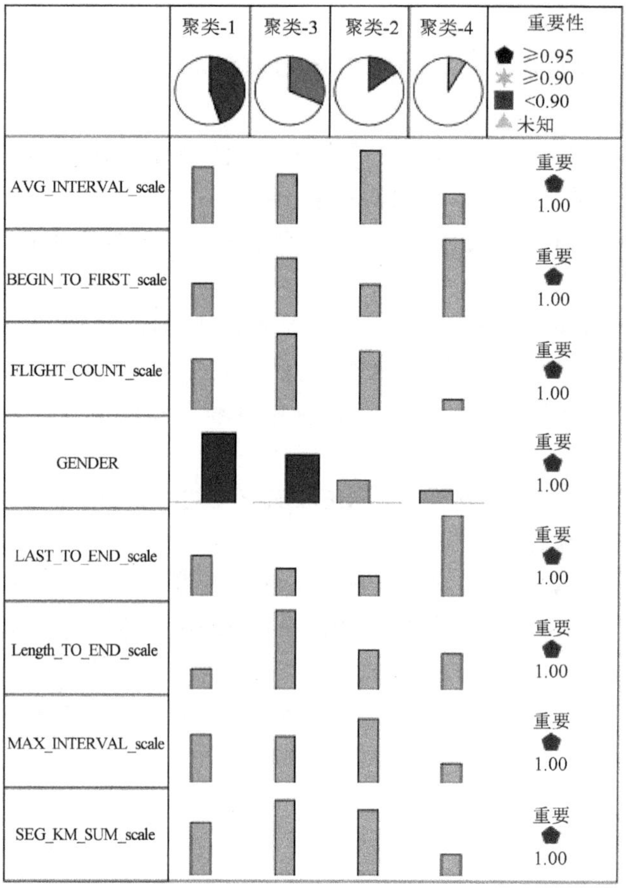

图 12-7　聚成 4 个簇时的可视化结果

④ 重要发展客户（C_1）：入会时长较短，最近的乘机频率不是很高，总的飞行里程偏低，可能只是在机票打折的时候才会乘坐本公司的航班。

如需进一步了解每个群体的详细特征，以更有针对性地营销，可以将数据集划分为更多的簇，表 12-10 和图 12-8 展示了将上述数据聚类成 10 个簇时的结果。

① 重要保持客户（C_3）：入会时间长，乘机次数多、频率高，飞行里程长。他们是公司的高价值客户，是最理想的客户类型，对航空公司的贡献率大。

表 12-10　聚类成 10 个簇时的特征汇总

簇号	C_1	C_2	C_3	C_4	C_5	C_6	C_7	C_8	C_9	C_{10}
大小	14535	1760	11419	2693	4394	1904	5378	4924	2696	7143
AVG_INTERVAL	49.504	207.48	54.6	37.856	56.784	40.768	49.504	198.744	64.792	42.952
BEGIN_TO_FIRST	58.32	81.648	72.171	72.171	64.152	476.766	473.85	80.19	91.854	70.713
FLIGHT_COUNT	14.981	2.532	18.99	1.899	11.605	2.321	2.954	2.954	13.715	2.321
LAST_TO_END	84.68	116.07	90.52	498.59	104.39	123.37	106.58	112.42	116.8	487.64
Length_TO_END	16.6	24.2	72.1	23.7	14.9	39.9	46	28	70.3	28.1
MAX_INTERVAL	155.792	397.488	17.6176	66.976	164.528	75.712	88.088	395.304	198.016	78.624
SEG_KM_SUM	22633.611	7544.537	28437.101	5803.49	19151.517	6383.839	6964.188	6964.188	23213.96	5803.49
GENDER	男->100%	女->100%	男->100%	女->100%	女->100%	女->100%	男->100%	男->100%	女->100%	男->100%

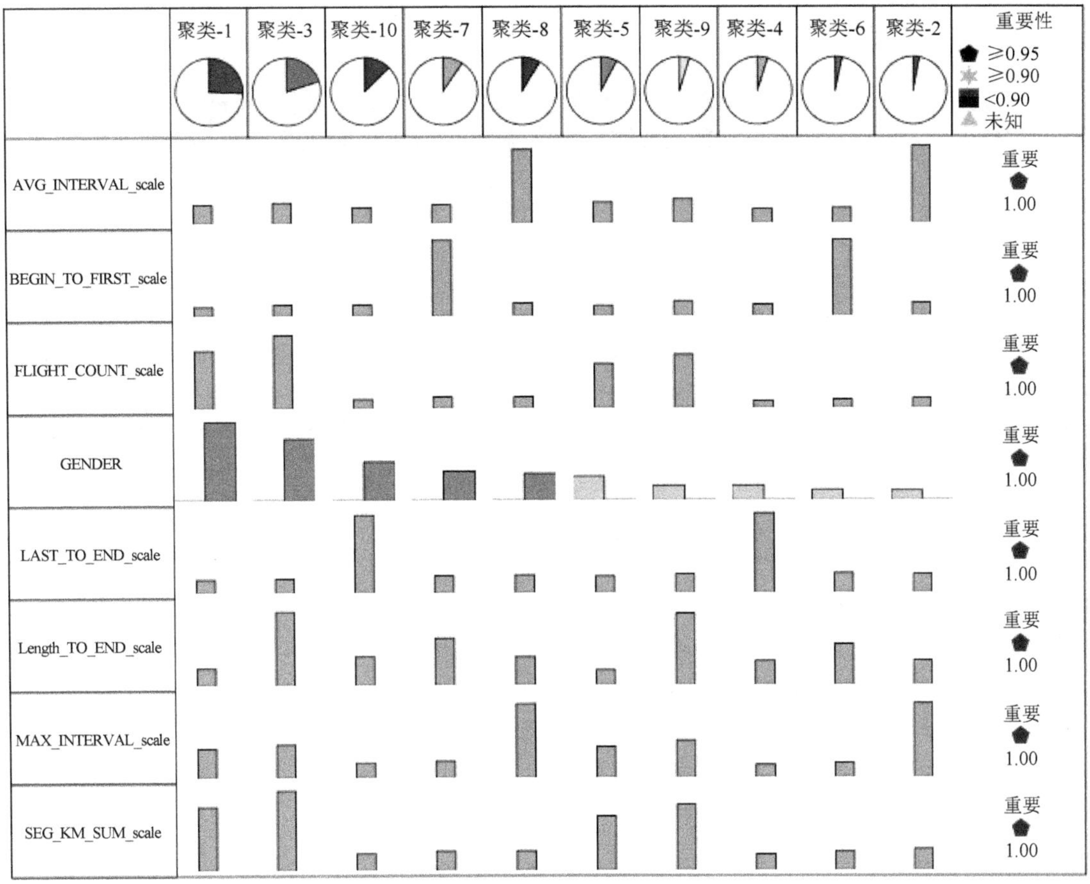

图 12-8 聚成 10 个簇时的可视化结果

② 重要增值客户（C_1、C_5、C_9）：乘机时间间隔长，飞行里程也较长，但最近的乘机频率低，可能是“季节型客户”，一年中在某个时间段内需要多次乘坐飞机进行旅行，其他时间则出行次数不多，他们是公司的潜在的价值高的客户。

③ 重要发展客户（C_2、C_6、C_7、C_8）：飞行间隔长，入会时间相对较长，飞行里程短，最近半年较少乘坐过本公司航班，流失风险较大。

④ 流失客户（C_4、C_{10}）：飞行间隔长，入会时间相对较长，最近一年多几乎没有乘坐过本公司航班，是流失的客户，需要再争取，尽量让他们“回心转意”。

注：读者可以加入 FFP_TIER（会员卡级别）属性，或者对两个年度的乘机信息进行划分，以比较划分效果的差异。

本章小结

本章首先介绍了数据挖掘技术在客户关系管理中的基本应用，包括在市场营销、客户细分、客户价值分析方面的应用，然后从客户生命周期的角度介绍在客户不同的生命周期阶段企业面临的不同业务要求，以及数据挖掘技术在不同场景的应用，最后通过案例介绍了数据挖掘方法在客户关系管理中的应用过程。我们必须清醒地认识到，客户关系管理环节中涉及的单纯的技术解决方案的价值是有限的，真实的商业数据分析需要综合考虑商业流程和使用者的体验。

第 13 章　数据挖掘在金融领域中的应用

随着市场经济的发展，银行业发挥着越来越重要的作用。科技与金融的结合催生了金融科技，人工智能、区块链、云计算、大数据、安全等技术促进了金融产品的创新。基于指纹识别、人脸识别、虹膜识别、掌纹识别、声音识别、基因识别、静脉识别、步态识别等生物识别技术的身份认证产品，以及移动支付技术的使用，为便利的金融服务提供了支撑。移动支付作为移动互联网领域和金融领域的革命性创新和代表性应用，在促进电子商务及零售市场的发展、满足消费者多样化支付需求方面正发挥着越来越重要的作用。二维码支付、电子银行、直销银行业务等均体现了移动互联网技术在金融服务中的应用。差异化和智能化理念在金融信息科技建设中不断得到体现。数据挖掘技术在金融领域日益发挥出越来越重要的作用，逐渐成为银行数据分析的重要技术，也成为金融科技的核心技术之一，可以应用于金融数据分析的多个领域，如使用数据挖掘技术对金融产品、客户等进行差异化分析，获取其特点和内在规律，提高精细化经营水平；借助数据挖掘技术对金融企业已经积累的与消费者关系密切的海量数据进行充分挖掘，将其转化为知识和决策，并落地实践。本章将概括性地介绍金融科技、数据挖掘技术在银行业的应用，然后通过信用风险分析案例讨论数据挖掘如何应用于银行业中以解决实际问题。

13.1　金融科技概述

世界已被金融、科技两大产业所主导。世界是金融的，也是科技的，金融科技（FinTech）应时而生。金融科技作为信息技术发展的产物，强调前沿信息技术对合规金融业务的辅助、支持和改进作用，其核心是帮助金融业务实现“三升两降”，即提升效率、体验、规模，同时降低成本和风险。自 2015 年以来，国内外企业开始探索金融科技技术。

关于金融科技的内涵，国际金融稳定理事会给出了一个国际通用的标准定义：金融科技是技术带来的金融创新，它能够产生新的商业模式、应用、过程或产品，从而对金融市场、金融机构或金融服务的提供方式产生重大影响。

在金融科技所覆盖的范围与领域方面，巴塞尔银行监管委员会区分出 4 个核心应用领域：存贷款与融资服务、支付与清结算服务、投资管理服务、市场基础设施服务。

- 存贷款与融资服务，包括网贷、征信、众筹等产品。
- 支付与清结算服务，包括移动支付、P2P 汇款等内容。
- 投资管理服务，包括智能投顾与智能投研等。
- 市场基础设施服务，内容最广泛，意指人工智能、区块链、云计算、大数据、安全等技术所带来的金融产品的创新。

由于中外的金融监管环境与社会环境存在一定的差异，中外金融科技概念的发展与演变也存在较大的区别。中国发展金融科技的侧重点在于市场基础设施服务的细分领域，以前沿科技能力的方式赋能传统金融行业或传统商业模式，为产品本身注入区别于传统金融产品的能力，如远程运算能力、大量数据存储及运算能力、自动化与智能化服务能力、多机构对等合作及共享资源的能力、降低成本的能力、安全加固能力、精准营销能力、精细化风险管理能力、防欺诈及风险定价能力等，以科技带动金融业务的革新，最终实现服务实体经济与普惠大众的目标。

我国供给侧改革核心任务之一是金融改革，降低企业融资成本、提升资金利用率成为焦点话题。互联网金融首次纳入政府工作报告、写进“十三五”规划，提出推进互联网、大数据、云计算技术应用。近年来，政府、企业、资本市场在金融科技领域的投入均呈现显著上升趋势。2016 年被称为中国“智能金融”元年，亦是中国互联网金融“监管元年”，中国银行监督管理委员会发布了《中国银行业信息科技“十三五”发展规划监管白皮书》，开通了互联网金融信用信息共享平台，成为数字普惠金融信息基础设施。

中国人民银行印发《金融科技（FinTech）发展规划（2019—2021 年）》，发展规划中明确指出：运用大数据、人工智能等技术建立金融风控模型，有效甄别高风险交易，智能感知异常交易，实现风险早识别、早预警、早处置，提升金融风险防控能力。运用数字化监管协议、智能风控平台等监管科技手段，推动金融监管模式由事后监管向事前、事中监管转变，提升金融监管效率。

在多变的内外部环境下，银行信贷、零售银行、证券经纪业务、基金财富管理、消费金融、资产证券化或许是各类金融机构突破重围、提升业务营收的机遇点。在宏观经济、市场环境、监管政策等外部因素影响下，金融机构拥抱技术变革、谋求转型发展将成为突破口。近年来，以云计算、大数据、区块链为首的新兴技术创新全面渗透至金融业的方方面面，用科技手段解决供需矛盾、用机器解放人力资源、以数据驱动的决策实务呈现了前所未有的爆发式增长，形成了独具特色的综合业务型、专业服务型、技术驱动型新金融企业。以金融科技为代表的新金融的诞生和迅猛发展，从渠道升级到深化技术应用，给中国金融带来了新的思路和实践方向。金融科技在产业供需矛盾依旧凸显的背景下，成为有效的解决手段。在大众创业万众创新的政策环境下，以科技驱动的金融改革确保了产业升级和经济的可持续发展。

金融业高度依赖信息技术，是典型的数据驱动行业。互联网与金融的结合逐渐形成了六种基本模式：第三方支付、P2P 网络贷款平台、大数据金融、众筹、信息化金融机构、互联网金融门户。互联网金融发展的关键因素为风险、成本控制与用户体验的平衡。互联网金融企业沉淀的历史数据为征信提供了大量数据来源，这些数据蕴含了大量征信对象的全方位信用特征（包括交易行为、交互行为等)。数据挖掘技术可以高效、批量、实时、精确地处理这些数据，将企业和个人信用、交易行为等信息完整、动态地串联起来，使征信的成本、效率、适用人群范围有非常大的改观。互联网金融的潜力之一在于它能激活数以亿计的长尾用户，将差异化的金融产品更精准地定位并推送给目标人群，通过更合适的创意和服务来吸引目标人群关注并最终购买该金融产品。

在金融科技中，数据挖掘技术是非常重要的核心技术之一。可以运用数据挖掘、机器学习技术分析高频交易、进行交易前决策支持分析、测量情绪等，以优化风险防控数据指标、分析模型，精准刻画客户的风险特征，有效甄别高风险交易，提高金融业务风险识别和处置的准确性。使用网络分析和自然语言处理技术来捕捉金融市场的非法交易活动。健全风险监测预警和早期干预机制，合理构建动态风险计量评分体系、制定分级分类风控规则，将智能风控嵌入业务流程，实现可疑交易自动化拦截与风险应急处置，提升风险防控的及时性。组织建设统一的金融风险监控平台，提升对仿冒 App、钓鱼网站的识别处置能力。构建跨行业、跨部门的风险联防联控机制，加强风险信息的披露和共享，防止风险交叉传染。利用自然语言处理技术自动获取财经类网站报道中有负面信息的企业，将其加载到企业风险图谱中，自动计算出所有授信企业的风险暴露概率。当授信企业的风险暴露概率超过预先设定的阈值时，自动预警。基于企业风险图谱可以帮助银行精准识别出风险客户群，精准计量出客户群风险，完善贷后风险控制流程，减少损失。

金融、证券行业面临许多挑战，人工智能与深度学习的商业应用场景逐渐在金融领域浮现，基于大数据、人工智能的金融服务得到了快速发展。金融科技在智能客服、远程身份认证、智能化运维、智能投顾、智能理赔、反欺诈与智能风控、网点机器人服务等场景中被广泛应用。可以运用大数据进行精准营销与获客，通过大数据模型为客户提供金融信用，进而辅助各项业务决策等。随着金融机构的服务模式更加主动，金融机构的大数据处理能力逐步提升，将出现越来越多的商业成功案例和业务框架，如以语音识别与自然语言处理为基础的智能客服，以计算机视觉与生物特征识别为基础的人像监控，以机器学习与深度学习为基础的超高频金融数据分析、交易的社会网络分析、IT 运营分析和策略合规性分析，以实现风险预测、欺诈检测、授信融资、定价、图像识别与智能投顾等。如交通银行的智能网点机器人、平安集团的智能客服等。

目前，业界比较知名的智能投顾是招商银行的“摩羯智能投顾”。以下是来自百度知道的介绍：摩羯智投（Machine Gene Investment）是招行智能化的基金投资顾问，主要根据客户的自身情况提供最优的基金投资组合。摩羯智投的优势在于：① 能够支持客户多样化的专属理财规划，客户可以根据资金的使用周期设置不同的收益目标和风险要求；② 一个人可拥有多个独立的专属组合，帮助其实现购车、买房、子女教育等丰富多彩的人生规划；③ 不同于保本保收益的理财产品，也不以战胜某个市场指数为目的，摩羯智投以不偏离客户专属的“目标－风险”计划为己任，从而做到真正专业的财富管理。

目前，市场存在一些金融科技公司，专门整理、开发、定义、分析金融产品的特征，尤其是公募基金、股票等金融产品。借助数十个甚至上百个特征勾勒出“基金画像”或“股票画像”，金融从业者可以较容易地获得基金的标准化信息，从而节省业务方“适配”“接入”“数据清洗”“日常维护”等工作。已广泛使用的腾讯征信、蚂蚁信用分数都是基于多年积累的社交数据、网络购物数据、央行征信数据等，结合相关数据算法计算而来的，相比于传统的金融征信，可以更全面、更细致、更精准地评估个人的信用。以下是来自百度百科的介绍：腾讯信用是腾讯征信推出的个人征信管理平台，腾讯信用主要基于历史行为信息，通过采集不同维度的信息，运用大数据、机器学习及传统统计方法相结合的技术手段来客观反映用户的信用水平，从而得出用户的守信指数，用信用分数来反映用户的信用水平，分数的多少是通过专业、先进的信用评分模型评估得出的，分数越高代表用户的信用水平越高。在腾讯信用中，不仅能查询到用户的信用评分、管理用户的信用，用户还能享受到好信用带来的金融特权和生活特权服务。金融特权包括现金借贷、银行办卡和消费分期等服务，生活特权包括信用出行等服务。

在金融领域，数据隐私问题尤其重要。金融数据在企业里面被视为极其敏感且重要的信息，而互联网又把数据视为重中之重，采取了极其严格的保护措施。同时，数据又是一个金矿，其价值不言而喻。金融科技如何处理好“数据保护”与“数据使用”的关系，是目前业界广泛讨论的问题。在这个领域，腾讯与微众银行合作进行了有益的探索。目前，微众银行推出的“微粒贷”产品能很好地处理数据保护与使用的问题，腾讯并不是对外输出海量的用户数据，而是基于内部海量数据构建算法模型，为传统的金融机构提供技术模型，而非数据。当用户通过微粒贷借钱时，可以通过这个算法模型判断用户具体可以借多少钱。

13.2 数据挖掘在银行业中的应用概述

随着市场经济的发展和人们消费模式的改变，银行的业务已由传统的存储业务扩展到商业贷款、信用卡业务、风险投资等多种新型业务，传统银行也逐渐演变为商业银行或风险投资银行。新型业务拓展了银行市场，给银行带来了大量的利润，同时给银行带来了巨大的商业风险和财务风险。在激烈的角逐与竞争下，如何更好地了解和研究市场状况、市场发展趋势、客户消费行为特征，是现阶段银行必须着手解决的问题。

现在越来越多的银行将数据挖掘技术作为客户关系管理的辅助工具。银行的数据库有大量的客户信息，包含客户的基本信息数据、财务信息数据、消费交易信息数据和相关业务信息数据等，利用数据挖掘技术，可以对客户的消费行为和交易行为进行分析，能够从中挖掘出客户消费行为的一般规律或某客户特有的消费行为模式，然后利用这些规律或模式更好地进行市场营销活动和实施个性化服务，从而达到扩大银行自身的市场、留住并吸引更多的客户、增加利润的目的。例如，基于银行客户信用卡消费数据的挖掘，使用聚类技术对数据进行聚类分析，将客户划分成具有不同消费特征的群体，为银行制定信用卡新产品和精准营销提供决策支持，从而降低营销成本。

数据挖掘在金融领域中的应用很多。

（1）风险控制（贷款偿还预测和客户信用评价）

信用是现代市场经济良好运行的重要保证，信用方面的风险是银行需要承担的主要风险。对信用风险的管理是现代商业银行经营管理的中心环节，为有效减少信用风险的发生，银行需要对客户的信用进行及时、准确的评级，为贷款的审批提供指导。银行应挖掘客户特征与信用风险之间的关系，并将其发展成预测模型，以综合评分来评估客户未来的某种信用表现。信用评分模型已成为银行业、保险公司、电信公司、消费信贷公司等评估企业的核心管理技术之一。

信用风险不仅包括信贷风险，还包括存在于证券投资、金融衍生工具等其他业务中的风险，其中，信贷风险是商业银行的传统风险和主要风险。所谓信贷风险，就是借款人因各种原因未能及时、足额偿还债务或银行贷款而违约的可能性。在发生违约时，银行必将因为未能得到预期的收益而承担财务上的损失。

一般情况下，银行在以下三种情况中应当采取相应的信用风险分析评估措施：

① 预测哪些用户有可能偿还违约，哪些用户曾经贷款被拒但是实际结果却是低风险用户，银行可以据此调整货款发放政策。当银行接收一项业务的时候，银行要想避免日后可能会发生的财务损失，就必须对该申请者的信用情况进行评估，分析申请者日后的信用风险有多大，从而决定是否接受贷款人的申请。如果该申请者的信用风险超过银行设置的风险底线，则银行必须拒绝申请者的业务申请。

② 银行应该周期性地追踪和分析客户的行为状况，利用数据挖掘技术对客户消费的数据进行信用风险评估，一旦发现异常行为，就要采取措施，以维护银行的利益。

③ 在某客户的欺诈行为发生后，银行需要对此客户重新进行信用评估，从而决定是否将

该客户列入黑名单，然后据此来决定是否拒绝该客户的下次申请。

有很多因素会对货款偿还效能和客户信用等级计算产生不同程度的影响。数据挖掘的方法（如特征选择和特征相关性计算）有助于识别重要的因素和非相关因素。例如，与货款偿还风险相关的因素，包括货款率、贷款期限、负债率、偿还与收入比率、客户收入水平、受教育程度、居住地区、信用历史等。其中，偿还与收入比率是主导因素，受教育水平和负债率则不是。

（2）交叉销售（业务关联分析）

交叉销售在互联网金融领域具有广泛应用。由于金融产品极其丰富，覆盖年龄段几乎涉及人的一生，无论人生的哪个阶段，都有可能购买相关的金融产品。因此，根据不同用户群的特征来做关联推荐是非常合适的。可对客户的收入水平、消费习惯、购买物品等指标进行挖掘分析，找出客户的潜在需求；并对各种理财产品进行交叉分析，找出关联性较强的产品，从而对客户进行有针对性的关联营销，提高银行业绩。可以利用关联分析和序列分析等技术从同一客户或同一群体客户中挖掘和开拓更多的需求，从而进行产品设计和产品组合，以有效实施交叉销售，满足这些客户的需求。交叉销售在让客户得到更多、更好的产品与服务的同时，也使银行因销售更多的产品和提供更多的服务而获益，从而实现银行与客户的“双赢”。

例如，通过 LBS 定位信息可以发现有一群人在不同时间段会位于不同的城市或国家，这群用户很可能是商务出差人群或经常旅游度假的人群。此时，可以联合保险公司提供人身意外险或航班延误险，也可以联合酒店预订平台为这群用户推出相关套餐等。

（3）客户市场细分

根据银行大量的客户资料和客户交易情况，利用聚类分析将客户有效地划分为不同的组，使同一群体的客户具有相同或相似的特征，不同群体之间的客户特征差异较大，进而总结每一组客户的特点。针对不同的客户类型（如大客户类型、潜在价值高但是忠诚度很难保持），采取相对应的营销政策和服务政策，设计出量体裁衣的产品组合、沟通方式和客户服务，从而达到提高客户忠诚度、实现关联销售、最优化定价、产品直销、产品再设计，以及渠道管理的目的。这些目标的实现会导致客户管理总体成本降低，客户关系得以改善，最终成功实现零售业务利润率的提高。针对不同的客户群体，应提供针对性更强的个性化服务，以提高更多群体对银行及其产品的满意度和忠诚度。

（4）客户忠诚度分析

利用 RFM 分析（基于最近一次消费 Recency、消费频率 Frequency、消费金额 Monetary3 个指标分析）和聚类分析等数据挖掘技术，所有客户按忠诚度可以分为高忠诚度客户和低忠诚度客户。对于高忠诚度客户，一方面，可以采取惠赠或优惠等措施来维持这些客户；另一方面，通过发掘这些高忠诚度客户所具有的特征，然后利用这些特征去发现未知市场上的高价值客户，为其市场部门提供宣传和营销的潜在高价值客户，提升高忠诚度客户群的比例。对于低忠诚度客户，银行需采取折扣等措施来提升这些客户的忠诚度，将他们转化为高忠诚度客户，扩大高忠诚度客户群。银行使用客户忠诚度分析技术，可以让其充分了解到所拥有的客户对自己的业务及产品的忠诚度或满意程度，有利于银行调整经营策略来提高客户价值，进而增加企业利润。

（5）客户价值分析

根据二八原则找出重点客户，即为银行创造 80%价值的 20%客户，对其实施最优质的服务。在互联网理财领域，二八原则的特征非常明显。衡量一个互联网金融平台的核心指标之一就是平台的资金规模，如在理财平台中用户投入资金的总规模。而贡献绝大部分资金的是来自不到20%的“高净值用户”。因此，如何挖掘这群用户，如何标识这群用户，如何服务这群用户就显得尤其重要。一方面，通过现有的高净值用户特征，可以很快地识别出来，如资金量达到50万以上的用户为高端用户，此时可以给这些用户推荐高端理财产品，如100万起购的信托与私募产品。另一方面，对这群用户进行数据分析，了解用户画像，为用户运营提供参考依据，如这群用户的年纪一般偏大，使用华为手机，同时经常出差。根据这些特征，可以考虑“是不是可以为他们推荐飞机延误险”。

正因为客户价值不同，很多互联网平台会提出“用户成长体系”，有些名称也叫“VIP体系”，通过为用户划分不同的等级，相应地提供不同的服务，同时刺激用户投入更多的资金，以此获取更高的等级与服务。

（6）客户流失预警

客户流失分析的目的是通过现有客户使用产品的情况及各种信息，预测客户在之后一段时期是否会流失，从而为其提供针对性的服务，以避免客户流失到其他公司，起到稳定本企业客户的作用。利用数据挖掘技术分析以往流失客户的行为特征，并据此对现有客户进行监控和分析，及时发现潜在的流失客户，使银行能够在客户流失之前采取相应的保留措施，扭转客户即将流失的局面。在客户流失分析中，客户的特征主要由活期存款、定期存款、中间业务、贷款业务、贷记卡业务、国际贷记卡业务和客户基本资料这7类信息描述。其中包括客户使用各业务的产品特性、交易行为描述和客户自身的年龄性别等。

例如，在理财领域，用户流失预警是很重要的模块。用户会受到很多因素的影响从平台流失，如一些用户因为银行理财产品收益率高，到账快速，品牌大、安全而从互联网理财平台流失。针对这群用户，可以采用“流失干预”措施。通过数据分析，我们很容易挖掘出这群用户，如30天内未登录平台及平台资金量在30天内净流出大于10万元等。把存在这些特征的用户筛选分类，通过不同的触达渠道进行“唤醒”，如通过短信通知用户，甚至针对高端用户进行“人工外呼”，实现较强的干预。这也是大家经常会收到不同商家短信的原因，因为他们实在太想把你留下来了。

（7）客户评分

评分技术是银行业广泛使用的一项技术，包括风险评分、行为评分、收益率评分、征信评分等。评分技术是将客户的海量行为数据运用有效的数据挖掘和处理手段，对各种目标给出量化评分的一种手段。以征信评分为例，要达到建立征信评分的目标，首先要建立集中的数据库，涵盖申请人的各种特征，银行提供的所有产品，包括存款、贷款、信用卡、保险、年金、退休计划、证券承销，以及银行提供的其他产品，甚至包括水电煤气、电话费、租金的缴纳情况等。

（8）反洗钱

金融交易活动是洗钱犯罪行为的重要环节，通过分析金融机构的客户信息和交易数据，运用数据挖掘方法，结合客户背景，综合各层次的可疑信息，得到交易记录的整体可疑度，进而识别出可疑的金融交易记录，最终为反洗钱监测提供快速、准确的参考依据。

（9）其他决策支持

例如，营销活动预演、理财产品收益及效果评估、多维分析报告等。

13.3 综合案例：信用风险分析

本案例数据来源于德国某银行的客户贷款业务的消费数据。该银行频繁发生客户长期拖欠贷款、因企业破产而无法交还贷款和贷款欺诈等众多不良贷款现象，致使该银行在贷款业务中蒙受巨大损失，从而使其财务风险和营运风险大大增加。因此银行急需利用技术对未来申请贷款的客户进行信用风险评估，若评估的结果为该客户的信用等级良好，则批准该申请；否则，拒绝该申请，以免日后遭到不良贷款引起的损失。

1．商业理解

从该银行的商业背景可以知道，银行需要对未来申请贷款的客户进行相应的信用风险分析，从而决定是否批准该客户的贷款申请。信用风险分析需要建立在一个具有较高预测准确度的分类预测模型的基础上，以便使信用风险分析的结果更加让人信服，进而用它进行决策支持。分类预测模型要以历史数据作为依据，并且该历史数据已经有分类标号。对于本案例来说，已经有历史客户的贷款等级数据，该分类标号将作为预测的目标特征。由于该银行的客户数据库中存储大量的历史客户信息，包括客户基本信息及客户行为信息，因此可以利用这些历史客户信息来发现和研究与信用等级相关的客户行为模式或规律，这样银行可以利用这些模式或规律评估未来客户的信用风险等级，以决定是否批准贷款申请。

针对这种情况，本案例尝试对数据库中的部分历史客户信息进行分析和处理，然后基于这些数据构建多种分类预测模型，如决策树、贝叶斯网络、逻辑回归模型、集成分类模型，通过对比这些模型的预测性能，选择最优模型作为对现有客户或未来客户的风险评估预测模型，为决策者对当前和日后的贷款业务的处理提供一定的参考依据。

2．数据理解

本案例数据共有 1000 条记录（每个记录代表一个客户）和 31 个特征，如表 13-1 所示。本案例的目标是评估现有客户和未来客户的信用状况，把特征 RESPONSE（值为 0 代表信用状况好，值为 1 代表信用状况差）作为分类的目标特征，其他特征值则是用来训练模型的输入变量。该数据的特征大致包含客户的财务状况、贷款状况、婚姻状态和工作状况 4 方面，构建分类模型的目的是找出信用等级在这 4 方面的一般规律，根据现有客户和未来客户所提供的这 4 方面的信息，就能利用建立的模型对他们进行信用评估。

3．数据准备

（1）数据审核

数据审核可以对原始数据的基本特征和分布状况进行全面的了解，有利于进一步的预处理工作。表 13-2 所示为各值在数据记录中的分布，可以看出，值 0（信用等级是好）的记录占了 30%，而值 1（信用等级是差）的记录占了 70%，二者的记录分布状况属于较为平衡，在构建模型的时候比较容易处理和发现这两种情况的规律。表 13-3 所示为各值在各贷款目的中的分布，可见在信用等级不好的客户中，贷款目的是购买新车（29.6%）、电器（20.6%）和家具（19.3%）的客户比较多，都属于高档消费。表 13-4 所示为 RESPONSE 各值在婚姻状况中的分布情况，可见在信用等级不好和好的客户中，单身男子占的比例都较多（分别是 48.6%和 57.4%），也就是说贷款客户大多数是单身男子。这些都是数据审核对数据特征的初步展示，但也提供了基本的信息量，能为后续分析提供一定的参考。

表 13-1　德国人信用数据集的特征及其含义

特征名	特征说明	特征取值
OBS#	观察号	
CHK_ACCT	支票账户状态	0：= 0 DM 1：0 < ...< 200 DM 2：≥ 200 DM 3：没有存款账户
DURATION	每月贷款期限	
HISTORY	贷款历史	0：以前没有贷款 1：按时偿还该银行的所有贷款金额 2：到现在还存在没有偿还的金额 3：以前延迟偿还金额 4：临界的账户
NEW_CAR	贷款目的	Car (new)　0: No，1: Yes
USED_CAR	贷款目的	Car (used)　0: No，1: Yes
FURNITURE	贷款目的	furniture/equipment　0: No1: Yes
RADIO/TV	贷款目的	radio/television　0: No，1: Yes
EDUCATION	贷款目的	education　0: No，1: Yes
RETRAINING	贷款目的	retraining　0: No，1: Yes
AMOUNT	贷款数量	
SAV_ACCT	在储蓄账户的平均余额	0：< 100 DM 1：100≤ ... < 500 DM 2：500≤ ... < 1000 DM 3：≥1000 DM 4：不知道/没有存款账户
EMPLOYMENT	当前工作持续的年数	0：失业 1：< 1 year 2：1 ≤ ... < 4 years 3：4 ≤... < 7 years 4：≥ 7 years
INSTALL_RATE	分期付款率占可支配收入的百分比	
MALE_DIV	申请者是离婚男子	0: No，1: Yes
MALE_SINGLE	申请者是单身男子	0: No，1: Yes
MALE_MAR_WID	申请者是结婚男子或失去配偶的男子	0: No，1: Yes
CO-APPLICANT	申请者有一个共同申请人	0: No，1: Yes
GUARANTOR	申请者有一个保证人	0: No，1: Yes
PRESENT_RESIDENT	当前居住的年数	0：≤ 1 year 1：1<…≤2 years 2：2<…≤3 years 3：>4years
REAL_ESTATE	申请者拥有房地产	0: No，　1: Yes
PROP_UNKN_NONE	申请者没有财产（或未知）	0: No，　1: Yes
AGE	年龄	
OTHER_INSTALL	申请者有分期付款贷款	0: No，　1: Yes
RENT	申请者有租金	0: No，　1: Yes
OWN_RES	申请者有住宅	0: No，　1: Yes
NUM_CREDITS	该银行存在贷款数量	
JOB	工作类型	0：失业/没有技术的非居民 1：没有技术的居民 2：有技术的雇员/官员 3：经理/ 自雇/高素质雇员/ 官员
NUM_DEPENDENTS	可信任的人数	
TELEPHONE	是否有电话	0: No，　1: Yes

续表

特征名	特征说明	特征取值
FOREIGN	外国工人	0: No，　1: Yes
RESPONSE	信用等级是好的	0: No，　1: Yes

表 13-2　各值在数据记录中的分布

值	计数	比例
0	300	30%
1	700	70%

表 13-3　各值在各贷款目的中的分布

贷款目的	值 0 的比例	值 1 的比例
NEW_CAR	29.6%	20.7%
USED_CAR	5.6%	.2%
FURNITURE	19.3%	17.5%
RADIO/TV	20.6%	72.6%
EDUCATION	11.3%	9.3%
RETRAINING	7.3%	9%
None	6%	5.2%

表 13-4　RESPONSE 各值在婚姻状况中的分布情况

贷款目的	值 0 的比例	值 1 的比例
离婚男子	6.6%	4.2%
单身男子	48.6%	57.4%
结婚男子或失去配偶的男子	8.3%	9.5%
其他	36.3%	28.7%

（2）特征选择

在构建模型时，特征数量较多或特征冗余往往会导致模型训练时间较慢或对最终的模型分类准确度造成一定的负面影响，因此需要进行特征选择。剔除冗余特征、选择重要的特征参与模型训练会使训练时间较短，并有可能改善模型的性能。本案例的数据集包含 30 个输入特征、1 个输出特征。在处理过程中，选择出重要性系数大于 0.95 的特征参与模型的建立，包括 CHK_ACCT、HISTORY、DURATION、SAV_ACCT、AMOUNT、OWN_RES、PROP_UNKN_NONE、REAL_ESTATE、OTHER_INSTALL、RADIO/TV、EMPLOYMENT、USED_CAR、NEW_CAR、RENT、AGE、MALE_SINGLE、INSTALL_RATE 17 个特征，其中，重要性的计算基于各特征与候选预测值之间相关性，即 P 值。P 值越小，特征的重要性越高。

（3）训练集和测试集

在建立分类模型时，需要将原始数据划分为训练集和测试集，其中，训练集主要用来训练模型，测试集则用来测试模型的性能。本案例对银行客户数据集进行随机抽样，抽取 66% 的数据作为训练集，而将剩下的 34%的数据作为测试集。

4．数据建模

我们选择 C5.0 和 CART 决策树、贝叶斯网络、逻辑回归和集成分类器等分类模型进行训练和评估，其中，逻辑回归模型是二元回归模型。下面对逻辑回归模型和 CART 决策树的结果进行详细分析，不再对贝叶斯网络和 C5.0 决策树进行叙述。

逻辑回归模型系数的综合检验（模型线性关系的显著性检验）结果如表 13-5 所示。可以看出，线性关系显著性检验的卡方统计量为 176.061，对应的 P 值接近 0，小于显著性水平 0.05，所以模型的线性关系显著。拟合优度的检验结果如表 13-6 所示。可以看出，−2 对数似然值为 632.728，数值较大，相应的似然值则较小，这说明模型的拟合优度一般。Nagelkerke R^2 的结果也证明了这一点，Nagelkerke R^2 的值越接近 1，说明方程的拟合优度越高；越接近

0，说明方程的拟合优度越低。采用逻辑回归模型对训练样本进行预测，如表 13-7 所示。模型的总体正确预测率为 75.8%。RESPONSE 的观测值为 0，且预测值也为 0 的概率为 50.2%，即逻辑回归模型可以成功预测出 50.2%的信用等级可能是差的客户。

表 13-5　逻辑回归模型系数的综合检验结果

		卡方	df	显著性
步骤 10	步骤	5.009	1	0.025
	块	176.061	18	0.000
	模型	176.061	18	0.000

表 13-6　拟合优度的检验结果

步　骤	−2 对数似然值	Cox&Snell R^2	Nagelkerke R^2
10	632.728(*c*)	0.239	0.334

a. 因为参数估计的更改范围小于 0.001，所以估计在迭代次数为 4 时终止

表 13-7　Logistic 回归模型预测分类表

	观察值		预测值		
			RESPONSE		正确百分比
			0.0	1.0	
步骤 10	RESPONSE	0.0	104	103	50.2
		1.0	53	384	87.9
	总百分比				75.8

a.切割值为 0.500

CART 决策树的输出结果如图 13-1 所示，CART 决策树首先选择特征 CHK_ACCT 进行分裂，当 CHK_ACCT 的取值为 0 和 1 时，再根据特征 DURATION 进行拆分；当满足 DURATION≤31.500 时，第三个拆分特征是 HISTORY，依次拆分下去，直至到达树的叶子节点，树的深度为 5。纵观整棵决策树，便可得到信用不好的相关规则如下：

① CHK_ACCT=2, 3 & OTHER_INSTALL=1 & EMPLOYMENT=0, 2 & AGE>31.5 ≥ response=0。

② CHK_ACCT=0, 1 & DURATION≤31.500 & HISTORY=0, 1 & OWN_RES=0 ≥ response=0。

③ CHK_ACCT=0, 1 & DURATION≤31.500 & HISTORY=0 1 & OWN_RES=1 & AMOUNT≤2301.5 ≥response=0。

④ CHK_ACCT=0, 1 & DURATION≤31.500 & HISTORY=2, 3, 4 & NEW_CAR=1 & DURATION> 22.500 ≥ response=0。

⑤ CHK_ACCT=0, 1 & DURATION>31.500 ≥ response=0。

在集成分类器中，我们在贝叶斯网络、逻辑回归、神经网络、SVM、QUEST、CHAID、C5.0 和 CART 这 8 个二元分类模型中筛选在训练集中预测准确度大于 80%的分类器作为基础分类器。经过训练集训练后，筛选出 SVM、C5.0 和贝叶斯网络，它们的预测准确度分别为 94.72%、86.80%、80.59%，分别生成这三个分类模型，然后利用集成节点集成这三个分类模型的预测效果，再利用测试集测试其预测准确度。

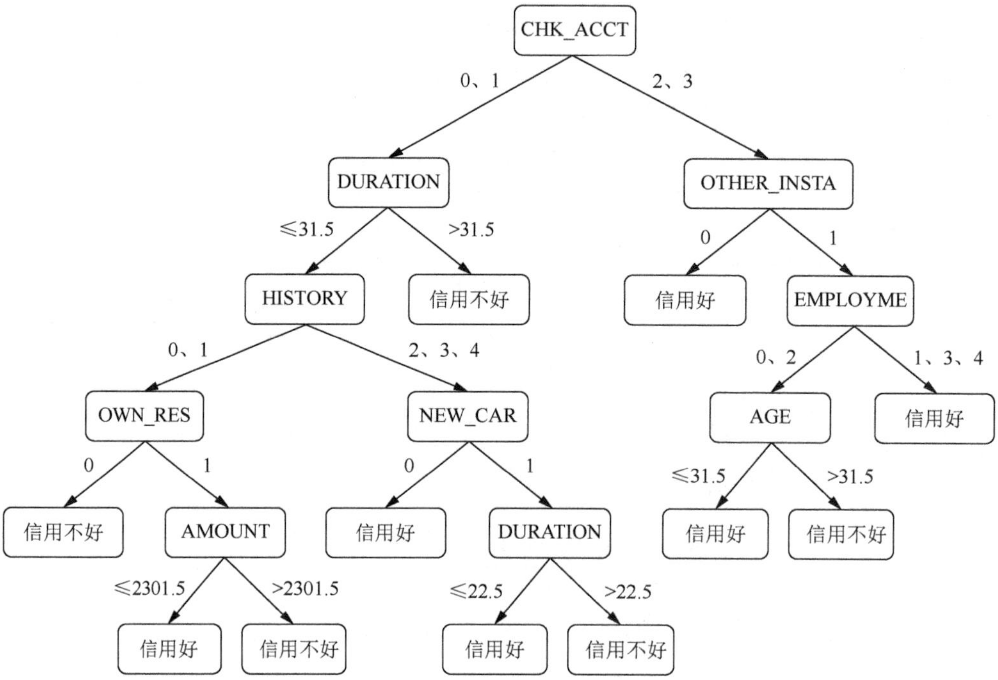

图 13-1 CART 决策树的输出结果

5. 模型评估

各分类模型训练数据后，就要利用测试集对各分类模型根据预测准确度进行分析评估，评估出预测准确度最高的模型作为最终的分类模型。表 13-8 所示为对各模型的评估结果，可以看出，各模型的预测准确度比较接近，其中，逻辑回归模型的预测准确度较高，达到了 77.81%，且它在 RESPONSE 取值为 0 的绩效评估也是最高的，为 0.807，能较为准确地预测出信用等级不好的客户。因此，本案例选择效果最优的逻辑回归模型作为信用风险的评估模型，银行可以根据该模型产生的规则来分析和处理贷款业务，为管理者提供决策支持。

表 13-8 各模型的评估结果

模型	预测准确度	绩效评估	
		0	1
C5.0	73.88%	0.649	0.135
CART	76.69%	0.783	0.098
贝叶斯网络	75.56%	0.774	0.142
逻辑回归	77.81%	0.807	0.123
集成模型	76.40%	0.726	0.162

6. 模型部署

经过前面几个阶段后，数据挖掘工作还没完成，本阶段是比较重要的阶段，将数据挖掘分析得出的模型应用到实际业务中，为相关部门提供一定的客户信息和决策支持。对于评估出来的最优的分类模型，可以利用它对现有客户和未来客户进行信用风险评估，经过模型分析后，一旦发现其信用风险不好，就要对该客户采取实时追踪考察的措施或拒绝该客户未来的贷款申请。若发现模型运用在实际情况中的效果不理想，则可以回到数据准备阶段，重新进行处理、分析和构建模型，以期得出在实际业务中分析效果最好的模型。

本章小结

本章首先叙述金融科技、数据挖掘技术在银行业中的主要应用，包括风险控制、交叉销售、客户细分、客户忠诚度分析、价值分析、客户流失预警等，然后通过信用风险分析案例进一步阐释数据挖掘在银行实际数据分析中的应用。在综合案例中，在数据准备阶段，我们首先分析了实际数据的基本特征，包括特征的性质、特征值的有效性、特征值的分布特性。在建模阶段，我们使用决策树、贝叶斯网络和逻辑回归模型等分类模型进行了风险分析与预测，最终根据分析结果为银行部署策略提供参考依据。

第 14 章　数据挖掘在财务风险分析和预警中的应用

财务分析包括财务评价、投资决策、财务风险分析和预警等。数据挖掘技术能够克服传统财务分析方法固有的局限性，具有广阔的应用前景。本章介绍数据挖掘技术在财务风险分析和预警中的应用。财务风险属于企业风险，是企业经营总风险在财务活动上的集中体现，是指企业财务活动的未来实际结果与预期结果偏离的可能性。而陷入经营危机的企业几乎都是以出现财务危机为征兆的。财务危机的出现有一个逐步显现、不断恶化的过程，最终会通过财务指标反映出来。因此，财务管理作为企业经营管理的一个重要组成部分，自然要求建立相应的财务预警系统。对于上市企业，投资者会关注其内部财务体系方面的建设，然后决定给予何种投资力度。也可以说，企业借贷的实际水平将会直接受到本身财务能力的制约。构建一个有效的财务危机预警模型，及早获得上市公司财务状况出现严重恶化的预警信号，满足利益相关者日益迫切的需要，具有重要的研究价值和现实意义。此外，准确预测企业财务风险，对于保护投资者和债权人的利益、帮助经营者防范财务危机、帮助政府管理部门监管上市公司的质量和证券市场的风险具有十分重要的现实意义。因此，上市企业必须要注重对财务管理体系的建设，从根本上增强对风险的感知能力、抵抗能力，在激烈的竞争环境中占据一席之地。这样不仅能够引起更多投资者的关注，也能获得已有投资者的认可，使其给予更大的投资力度。

14.1　数据挖掘在财务风险管理中的应用概述

随着知识经济时代的到来，大数据、物联网、云计算等技术逐渐融入社会生活。运用大数据技术可以实时监督企业的财务状况，感知企业面临的财务风险，使企业能够及时制定应对财务风险的策略。运用数据挖掘技术，在海量数据中挑选出对企业有价值的信息，并对这些信息加以分析，根据分析结果预测企业的潜在风险，企业将能更加全面、科学地认识财务风险，以及时采取应对措施，降低财务风险发生的可能性，并将损失降到最低。财务风险分析也有助于企业风险预警机制的建立，将企业内部防范风险能力、抗风险能力切实提升到新的高度。大数据技术的使用使企业财务管理的基本环境随着市场经济的发展而发生了相应的变化，也为企业财务风险带来了一系列变化，基于大数据技术建立的数据分析系统使数据的高效处理成为可能，使信息获取渠道更广、速度变快，使数据的储存成本降低，使数据处理的过程更加高效；同时减轻了财务人员监测、分析数据的压力，为企业管理者在决策前提供了更多的思考时间。对大数据的分析挖掘有助于企业提高财务数据的处理效率、使企业能够实时关注对财务风险有影响的各项信息，增强决策信息的说服力、提升财务数据的使用价值。以往，信息资源的价值往往因为企业财务管理水平不够而不能得到充分的利用，在编制完财务报表后，企业的财务数据便没有了使用价值，但在大数据环境下，数据挖掘技术为企业综合处理数据提供了技术支持，在综合分析各种信息后可以提升分析结果的准确性，这就大大提高了财务管理的准确性。在大数据环境下，企业如何实施对财务风险的管控，如何快速准确地识别企业面临的财务风险、对企业潜在的财务风险进行预警，对企业的持续发展来说至关重要。

本章重点介绍上市公司的财务风险问题。

上市公司是证券市场的基石，其行为规范与否和财务状况的好坏将直接影响证券市场的发展和投资者的利益。但是目前中国的上市公司整体情况不是太好，存在着各种各样的问题，这些问题通过公司的财务状况可以反映出来。

上市公司财务风险涵盖上市企业运营过程中所有的资金运动和处理生产关系给企业带来的风险。从资金运动内容看，企业的财务活动是资金筹集、资金投资、资金回收和资金分配等活动环节的有机统一，财务风险不仅局限于筹资风险或融资风险。在企业的财务活动中，由于各种难以预料的控制因素的影响，会使企业财务收益和预期财务收益发生背离，因此企业有蒙受损失的可能，它是从企业整个财务活动组织和管理角度来界定财务风险的。企业财务活动的组织和管理过程中的某方面或某环节的问题都有可能使得财务风险转化为损失。

财务风险预警是以上市公司的财务数据为基础，对企业的经营活动和财务活动等进行分析预测，以发现企业在经营管理活动中潜在的经营风险和财务风险，并在危机发生前通过财务指标对财务危机进行辨识，并向上市公司利益相关者发出警示，从而为管理者和利益相关者提供决策依据，最大限度地降低损失。对于上市公司来说，借助财务风险预警，公司管理层能够及时发现公司财务状况的恶化情况，以及造成公司财务状况恶化的原因，从而能够及时地、有针对性地调整公司的经营策略，扭转公司经营状况恶化的趋势，以提高企业自身的风险防范能力；对于投资者来说，借助财务风险预警，可以及时了解上市公司的经营状况，防范投资风险，保护投资者利益；对债权人（如银行）来说，通过有效的财务风险预警，可以随时监控信用风险，进行企业贷款控制，避免贷款风险，防止坏账发生；同时，对国家证券监管部门来说，利用财务风险预警可更好地加强监管，使证券市场向着健康和稳定的方向发展。

如何从大量财务数据中挖掘出对企业财务风险有预警作用的信息，成为上市公司需要解决的一个重要难题。数据挖掘技术能够从企业的大量业务数据中提取关键性数据并高度自动化地分析企业的数据，挖掘出潜在的模式，从而帮助决策者调整市场策略，减少风险。

在上市公司财务风险分析和预警中，数据挖掘技术的应用主要包括以下几方面。

① 分类预测技术。通过分类挖掘构建出被审计数据库中的各类数据的描述或模型，或者由审计人员建立统计模型对被审计单位的大量财务或业务历史数据进行预测分析，对分析的预测值和审计值进行比较，当预测值与审计值差距较大时，能帮助审计人员从中发现审计疑点，从而将其列为审计重点。比如在财务审计中，虚假财务报告从财务指标上看，就是某些财务指标显著地异于同类企业，这些能够显著显示财务舞弊征兆的财务指标包括应收款项比率、应收款项周转率、资产负债率、速动比率、主营业务税金及附加比率、资产质量、管理费用和销售费用率等。

② 聚类分析技术。聚类分析技术特别适合从大量交易数据中产生及时、准确的线索。由于舞弊方式多种多样，数据表现出来的特点也各式各样，并不是所有的可疑账户都可以聚类成一类。因此，在舞弊行为识别中，簇的数量是未知的，因舞弊方式的不同而不同。聚类分析中“簇的数量未知”这个特点刚好满足舞弊行为识别的这个要求。而且，聚类分析的自动处理和非监督学习等特性使得其可以动态地适应舞弊手段的变化，也可以在一定程度上规避舞弊犯罪活动的自适应问题。

③ 离群点分析技术。离群点是指数据集中与一般数据模型不相符的那些数据。在审计实践中发现，在真实的财务报表中，主要项目的数据变动具有一定的规律性，如果其变动表现异常，就说明数据中可能存在虚假成分。离群点分析对虚假财务报告中数据的异常变动识别有着非常重要的应用价值。审计人员可以使用离群点分析技术来检查一些舞弊、违背规律和规定的行为，因为这些行为产生的数据一般是隐藏在大量正常数据下的少量数据，而且很可能以不同于一般数据的形式表现出来，离群点分析方法可以有效地发现这类异常数据。在实际操作中，我们通常选择能够显著地显示财务舞弊征兆的一些关键财务指标，如应收款项比率、应收款项周转率、资产负债率、速动比率、主营业务税金及附加比率、资产质量、管理费用和销售费用率等，并为其设定一个阈值，一旦财务报告中的相关财务指标数值超过这个阈值，说明报告有可能存在舞弊。

④ 关联规则分析技术。在会计领域，会计数据之间存在严密的逻辑关系，通过基于关联规则的数据挖掘分析，可挖掘出隐藏在数据间的相互关系。如财务做假有时表现在科目做假上，通过各科目之间的运作、协调和配合，表现为“假科目，真做账”现象。但这种做假手段难免会出现个别科目的背离及报表间钩稽关系的异常。为此，可运用数据挖掘中的关联分析技术，针对财务数据或经济数据中的同类或不同类会计科目及数据项之间可能存在某种对应关系，以及资产负债表、利润表和现金流量表三大财务报表之间的逻辑关系，按照非财务逻辑关系的规律来查找、挖掘，从而发现一些隐藏的经济活动，为审计人员的进一步工作提供参考依据。如利用数据挖掘中的关联规则分析可以发现一个单位的车辆数、养路费和汽车保险费等日常维护支出存在一定的关系，能够据此发现是否存在用账外资产买车的行为，进而查出小金库问题。

本章将从上市公司财务风险中的报告风险和破产风险两方面进行讨论，利用数据挖掘中的分类预测技术建立上市公司财务风险预警分析模型，识别出公司财务报表是否舞弊及公司是否陷入财务困境。

14.2 综合案例

14.2.1 案例 14-1：上市公司财务报表舞弊识别

财务舞弊是指有目的、有预谋、有针对性的财务造假和欺骗。近年来披露了一系列财务造假事件，如 2017 年宁波东力收购年富供应链财务造假案、2018 年天山生物收购大象广告财务造假案、2014 年粤传媒收购香榭丽广告财务造假案、康美药业财务造假案，这些财务造假案件为投资人带来了巨大损失。若财务报表存在重大错报，而注册会计师没有识别并做出了不合理的审计意见，会导致会计报表的使用者做出错误决策。舞弊识别是反舞弊的关键环节，对会计执业界和社会公众显得越来越重要。财务舞弊识别为上市公司各利益关系方的预测和决策活动提供了一个非常实用和有效的工具，随着数据挖掘技术的日益成熟，其在经济管理等领域的应用变得越来越广泛。数据挖掘技术正逐渐成为上市公司财务报表分析、判断财务舞弊的一个有效工具，能利用大量的财务报表数据，挖掘其中潜在的有用信息，对财务报表的分析提供有力的帮助。

1. 商业理解

财务报表舞弊识别大多是利用审计人员的经验和计算机查询技术相结合的方法，对被审计单位的电子数据进行审计，以发现其中的异常情况，但仍存在一些不足：一是审计人员的经验和知识是有限的，被审计对象行业跨度大，各单位的情况千差万别，当审计经验无法运用时，面对海量数据有如“瞎子摸象”；二是数据是不断发展的，审计经验相对于数据的发展往往是滞后的，这种不同步性给审计带来了巨大的潜在风险；三是对同一数据不同的审计人员可能会得出完全不同的审计结论，知识的不对称性无法保障审计质量。针对这些问题，数据挖掘技术可以发挥重要作用，通过对企业财务数据的深度分析和挖掘可以有效识别财务报表舞弊。

2．数据理解与数据准备

根据上市公司财务报表舞弊的原因分析，需要建立上市公司会计舞弊识别模型的指标体系，其中应包含反映企业偿债能力、运营能力、营运能力、公司规模、成长能力、盈利能力方面的指标，我们从这6方面选择了20个财务指标，表14-1为20个财务指标的名称和具体计算公式。在数据分析时把审计意见类型设置为输出，把其他的财务指标设置为输入。

表14-1　20个财务指标的名称和具体计算公式

指标名称		计算公式
偿债能力	流动比率	流动资产/流动负债
	速动比率	(货币资金+短期投资+应收账款+应收票据)/流动负债
	资产负债率	负债总额/资产总额
盈利能力	每股收益	税后利润/股本总数
	留存收益资产比	留存收益余额/资产总额
	营业利润率	营业利润/营业收入
	营业毛利率	营业毛利额/主营业务收入
	销售净利率	净利润/主营业务收入
	资产报酬率	息税前利润/平均资产总额
运营能力	应收账款周转率	主营业务收入/应收账款平均余额
	总资产周转率	主营业务收入/平均总资产
	应收账款与收入比	应收账款/收入
运营能力	存货周转率	销货成本/存货平均余额
	财务杠杆系数	普通股每股利润变动率/息税前利润变动率
	营运资金对资产总额比率	营运资金/资产总额
	固定资产周转率	销售收入/固定资产净值
	营业收入增长率	(本期营业额-上期营业额)/上期营业额
	总资产净利润率	净利润/平均总资产
成长能力	固定资产增长率	(期末固定资产总值-期初固定资产总值)/期初固定资产总值
公司规模	每股净资产	股东权益/总股数

本案例数据来源于从国泰安数据服务中心收集到的关于中国上市公司财务报告审计意见的数据和中国上市公司财务报表的数据。从中抽取100家审计报告意见为无法表示意见、保留意见和否定意见（在这里我们认为这些报表存在会计舞弊，标记为2）的公司，和115家审计意见为标准无保留意见、带强调事项段无保留意见（这里我们认为这些报表不存在会计舞弊，标记为1）的公司作为训练样本。另外抽取19家存在会计舞弊的公司和30家不存在会计舞弊的公司作为测试样本。

对于选择的公司，从财务报表中找到我们所需的财务指标，然后根据表14-1的计算公式分别计算得出20种财务指标的值，并生成审计意见类型（class）的属性。

表 14-2　各种分类算法的预测准确率

分类算法	预测准确率
神经网络	95.92%
C5.0	85.71%
C&R 树	89.8%
贝叶斯网络	91.84%
ChAID	89.8%
SVM	89.8%
Logistical	85.71%

3．模型建立与评估

本案例数据分析采用 Clementine 软件，分别采用神经网络（Neural Networks）、决策树 C5.0 算法、C&R 树和贝叶斯网络（Bayes Net）对训练样本建立模型，用检验样本来测试训练出来的分类模型，评估各种分类方法的有效性。通过运用多种分类方法对训练样本进行建模及对检验样本的测试可以得到各种分类算法的预测准确率，如表 14-2 所示。结果表明，各分类模型的预测准确率均在 85%以上。

14.2.2　案例 14-2：上市公司财务困境预警

企业财务风险存在于企业生产经营活动的各环节中，贯穿于企业资金运动的全过程，任何企业在其生存和发展过程中都会遇到各种各样的风险。如 2019 年 6 月 30 日，“通信信息报”刊文：花式伪装经营困境，部分上市公司被“揭底”。A 股市场数字经济领域十大负面舆情事件中，被媒体报道最多的关键词为：经营困境、并购后遗症、募资还债、财务存疑、高增长风险等。涉及富春股份、南极电商、金正大、华录百纳、实达集团、新纶科技、传化智联、露笑科技、达华智能、迈为股份等上市公司。

财务危机是企业没有采取有效措施降低财务风险，使风险积累到一定程度而造成的灾难性后果，是财务风险加剧的表现。因此，财务风险是财务危机的诱因，财务危机是财务风险的显性化。陷入财务危机的企业必然面临较大的财务风险，而具有财务风险的企业不一定是财务危机企业。在激烈的市场竞争中，有不少的上市公司因经营管理不善等原因而陷入财务困境，有些甚至濒临破产。为了证券市场的稳定发展，如何为各利益关系方建立一个有效的财务困境预警模型，来预测上市公司发生财务困境的可能性，并采取措施避免损失，显得尤为重要。

1．商业理解

国外学者认为可从四方面定义企业的财务危机：第一，企业失败，即企业清算后仍无力支付债权人的债务；第二，法定破产，即企业或债权人向法院申请企业破产；第三，技术破产，即企业无法按照债务合约还本付息；第四，会计破产，即企业的账面净资产出现负数，资不抵债。从防范财务危机的角度看，财务危机是指一个企业处于经营性现金流量不足以抵偿现有到期债务的状态，即技术破产。总体而言，国外学者对财务危机的定义主要有两种：一种是将财务危机等同于企业破产；另一种则不仅把破产作为财务危机，还将破产前的一系列财务风险事项也包含其中。

由于破产公司的财务数据难以搜集，因此国内学者一般以上市公司因财务状况异常而被证券交易所特别处理（Special Treatment，ST）作为界定财务危机的标准，将 ST 公司定义为“困境”公司，相应地，“非 ST”公司就是财务状况良好的“非困境”公司。所谓 ST，就是证券交易所对近一年净利润出现亏损、净资产为负或低于注册资本、被注册会计师出具非无保留审计意见及具有其他财务状况异常的公司特别实行的一个警示，以警告投资者这些公司有较大的财务风险。国内对财务预警分析的研究主要是搜集 ST 公司和与之相对应的“非 ST”公司的财务数据，利用各种统计方法或数据挖掘算法建立能够反映“ST 公司”财务特征的模型。将其他公司的数据输入这个模型，以“判别”这个公司是属于财务状况良好的“非 ST”

公司，还是属于财务状况差的、可能被“ST”的公司。

我们将因财务状况异常而被特别处理的“ST”公司作为财务危机企业，原因有以下几方面：第一，虽然国外研究大多将公司破产作为公司发生财务危机的标志，但由于国情的特殊性，在我国的证券市场中，上市资格是宝贵的“壳”资源，当上市公司面临破产时，都采用重组或被收购的方式避免破产，因此无法将破产作为公司发生财务危机的标志。第二，我国股票上市规则（2006）规定：上市公司出现财务状况异常或其他异常情况，导致其股票存在被终止上市的风险，或者投资者难以判断公司前景，投资权益可能受到损害的，证券交易所对该公司股票交易实行特别处理（ST）。其中，“财务状况异常”是指：最近两年连续亏损；最近一个会计年度的审计结果表明其股东权益为负；最近一个会计年度的财务会计报告被注册会计师出具无法表示意见或否定意见的审计报告。而“其他异常情况”被特别处理具有很大的不确定性，难以预测。因此，因财务状况异常而被特别处理（ST）的公司确实在一定程度上陷入了财务危机。

2．数据理解

企业陷入财务困境是一个渐进的过程，其生产经营状况逐步恶化通常会快速地反映在企业的财务报表上，表现出一些财务指标数据异常。影响企业财务状况的因素有很多，但有些指标的数据很难取得，需要耗费大量的人力和物力，因此那些取得成本很高的财务指标不予考虑。根据可操作性原则，结合财务报告中所提供的指标，这里选取综合反映盈利能力、偿债能力、营运能力和现金流量等方面的30个财务指标用于构建财务预警模型，其中包含对财务风险预警有较大影响的公司规模和成长能力方面的4个财务指标：log(总资产)、log(净资产×股东权益合计)、总资产增长率和营业收入增长率。财务危机预警指标列表如表14-3所示。

3．数据准备

本案例的原始数据来源于从CCER中国上市公司非金融企业财务数据库中抽取的2000—2007年一般上市公司的真实财务报表数据，将中国证券市场中上市公司被ST（特别处理）和被*ST（退市预警）视为公司陷入财务危机的标志。选取Normal（财务正常）、ST及*ST作为目标变量取值。

基于对样本个体差异的考虑，一般认为金融行业的财务指标和非金融行业的财务指标有明显的差异，因此，本案例仅针对非金融上市公司进行研究。并根据中国上海证券交易所和深圳证券交易所所有非金融行业A股的年度报告中的财务数据，同时删除不属于Normal、ST及*ST的数据后分别得到二组测试数据：第一组将2000—2005年5183条正常公司数据和521条非正常公司数据（ST为449条，*ST为72条）作为训练集，将2006年1253条正常公司数据和55条非正常公司数据（ST为26条，*ST为29条），以及2007年1447条正常公司数据和116条非正常公司数据（ST为57条，*ST为59条）作为测试集；第二组将2000—2006年6436条正常公司数据和576条非正常公司数据（ST为475条，*ST为101条）作为训练集，将2007年1347条正常公司数据和116条非正常公司数据（ST为57条，*ST为59条）作为测试集。在训练集上建立预测模型，在测试集上检验模型的有效性。

4．数据建模

使用Clementine提供的贝叶斯网络，基于决策树的分类方法C4.5、C&R树、QUEST（Quick Unbiased Efficient Statistical Tree）、CHAID（Chi-Square Automatic Interaction Detection），以及神经网络等分类方法建立各类预警模型并进行分析比较。从两方面进行了大量的数据分析，

表 14-3　财务危机预警指标列表

指标名称		计算公式
偿债能力	流动比率	流动资产/流动负债
	速动比率	(货币资金+短期投资+应收账款+应收票据)/流动负债
	债务资本比率	债务资本/总资本
盈利能力	主营业务利润率	(主营业务收入-主营业务成本-主营业务税金)/主营业务收入
	净资产收益率（净利润）	税后净利润/净资产
	资产收益率	净利润/平均资产总额
	每股收益（摊薄营业利润）	归属于普通股股东的当期营业利润÷当期发行在外普通股的加权平均数
	每股收益（摊薄净利润）	归属于普通股股东的当期净利润÷当期发行在外普通股的加权平均数
	总资产报酬率	(利润总额+利息支出)/平均资产总额
	净利润率	净利润÷主营业务收入
	营业利润率	营业利润/全部业务收入
	债务资产比率	负债总额/资产总额
	主营业务利润	主营业务收入-主营业务成本-主营业务税金及附加
	营业收入	主营业务收入+其他业务收入
	利润总额	营业利润+营业外收入-营业外支出
	利息支出	本金×利息率×期限
	营业利润	营业收入-营业成本-营业税金及附加-销售费用-管理费用-财务费用-资产减值损失+公允价值变动净收益+投资净收益
	净利润	利润总额×(1-所得税率)
运营能力	应收账款周转率	主营业务收入/应收账款平均余额
	总资产周转率	主营业务收入/平均总资产
	流动资产周转率	主营业务收入净额/平均流动资产总额
	存货周转率	销货成本/存货平均余额
成长能力	总资产增长率	本年总资产增长额/年初资产总额
	营业收入增长率	(本期营业额-上期营业额)/上期营业额
现金流量	现金负债比率	年经营现金净流量/年末负债
公司规模	log（总资产）	log(总资产)
	log（净资产×股东权益合计）	log(净资产×股东权益合计)
	总资产	负债+所有者权益
	所有者权益合计（包括少数股东权益）	实收资本+资本公积+盈余公积+未分配利润
	净资产	所有者权益

首先使用所有财务指标利用各种分类方法进行风险建模分析，然后利用数据挖掘方法进行指标选择，最后利用选定的指标进行风险建模分析。

（1）未经特征（指标）选择的预警模型的建立

建模过程基于未经属性选择的原始数据集，针对每种分类算法分别进行两种模型的建立：将 2000—2005 年年度数据集和 2000—2006 年年度数据集分别作为训练集；将 2006 年年度相关数据和 2007 年年度相关数据分别作为测试集。表 14-4 为属性选择前各种分类算法对两类不同数据集的预测准确率。

实验结果表明，贝叶斯网络的性能最差，经过对数据的检查，发现存在很多相关的属性，使得独立性检验假设不成立，导致其识别效果最差。决策树 C5.0 和 C&R 树的分类性能基本相当，CHAID 在不同数据集上表现的性能稍微有所波动，在第一组实验中，其优于 C5.0 和 C&R 树，而在第二组实验中，其表现则不如它们。神经网络和 QUEST 表现出来的性能很接近，准确率都达到了 90%以上，是这几种方法中效果较好的。

表 14-4　属性选择前各种分类算法对两类不同数据集的预测准确率

分类算法	2000—2005 年预测 2006 年	2000—2005 年预测 2007 年	2000—2006 年预测 2007 年
贝叶斯网络	49.92%	0	0
C5.0	78.29%	77.79%	91.59%
C&R 树	78.21%	77.72%%	91.39%
神经网络	90.14%	92 %	91.87%
QUEST	93.35%	90.84%	91.93%
CHAID	76.61%	76.21%	78.88%
Logistical	84.43%	81.89%	83.53%
SVM	85.17%	82.43%	83.12%
集成	78.82%	77.85%	92.69%

从实验结果可以看出，利用 2000—2005 年的数据作为训练集进行建模来预测 2006 年和 2007 年的数据，大部分方法的预测准确率低于利用 2000—2006 年的数据作为训练集进行建模来预测 2007 年的数据的预测准确率。注意到 2006 年股市“全面型牛市”及 2007 年度“全民炒股”的真实市场现象，就可以理解 2006、2007 年股市的规律明显不同于 2000—2005 年，因此，模型的预测精度不够理想。

（2）特征（指标）选择后的预警模型的建立

对 2000—2005 年的数据，通过运用 Clementine 中的特征选择节点进行特征选择，综合得到 9 项保留指标，即每股收益（摊薄营业利润）、债务资产比率、log(总资产)、log(净资产×股东权益合计)、总资产增长率、现金负债比率、营业利润、所有者权益合计（包括少数股东权益）、净资产。

对于选定的 9 个指标，针对每种分类算法分别建立两种模型：将 2000—2005 年年度数据集和 2000—2006 年年度数据集作为训练集；将 2006 年年度相关数据和 2007 年年度相关数据作为测试集。表 14-5 给出了试验结果。

表 14-5　特征选择后各种分类算法对两组不同数据集的预测准确率

分类算法	2000—2005 年预测 2006 年	2000—2005 年预测 2007 年	2000—2006 年预测 2007 年
贝叶斯网络	89.07%	83.25%	83.87%
C5.0	78.29%	77.79%	88.45%
C&R 树	78.21%	77.72%	88.65%
神经网络	87.16%	86.06%	90.77%
QUEST	94.65%	91.11%	92.21%
CHAID	76.61%	76.21%	78.88%
Logistical	84.43%	81.89%	83.53%
SVM	85.17%	82.43%	83.12%
集成	79.51	80.86%	90.98%

从表 14-4 和表 14-5 中可见，通过特征选择后，除了贝叶斯网络模型的预测准确率变化很大，其他模型的预测准确率变化不大，大部分略有提升，但数据量相对于特征选择前减少了近 2/3，因此模型的建立时间大大缩短。各种分类方法的建模时间有不同程度的减少，建模时间缩短为进行特征选择前的 24.74%至 57.57%不等。同时，特征选择后的模型的表示更为简洁，检测新数据的时间也相应缩短，由此可见特征选择后的模型具备更好的适用性。此外，经过特征选择后，所提出的 4 个创新指标保留了 3 个，即 log(总资产)、log(净资产×股东权益合计)、总资产增长率，说明加入创新指标的构思是正确的。

5. 部署实施

通过对2000—2007年非金融企业上市公司财务数据的分析，引入了log(总资产)、log(净资产×股东权益合计)、总资产增长率、营业收入增长率4个新的指标，总计有30个指标用于风险分析，并采用几种不同的分类方法来进行财务风险建模。结果表明宜采用神经网络和QUEST分类方法，并选用9个有代表性的指标来建立风险预警模型，可以较好地实现风险预测。

本章小结

本章首先简单介绍了数据挖掘技术在财务风险管理中的应用场景，特别是在上市公司财务风险管理中的应用；然后，通过上市公司财务报表舞弊识别和上市公司财务困境预警两个案例对上市公司的财务数据进行挖掘分析，以预测上市公司的财务风险和财务危机，从而加深对分类等数据挖掘方法在财务风险管理中的应用的理解和学习。

第 15 章　数据挖掘在电子商务中的应用

电子商务“便利”且“便宜”，省略了现场交易的麻烦，改变了人们的购物方式，吸引了越来越多的商家和客户，尤其是年轻的客户。电子商务是一场互联网革命，它的扁平化业态结构使销售业务由劳动密集型转向技术密集型，甚至是资本密集型的形态。电子商务加速了社会资源的整合效率和速率，整合了物流、零售、支付、互联网等载体，各种载体产生的数据汇集在一起形成了“大数据”，使电子商务网站得到了迅猛发展。由于网上购物的便捷性和灵活性，人们已逐渐习惯这种新兴的交易方式，这导致大型的电子商务网站每天都产生大量的交易数据。同时，为了吸引更多的顾客，电子商务平台提供各种不同类别和不同型号的商品，这使得用户需要花费大量的时间去挑选感兴趣的商品。可见，分析海量的用户交易数据和网上浏览行为有利于企业制定盈利策略和缩短用户的购买时间。数据挖掘技术是海量交易数据的有效分析工具，结合数据挖掘技术和电子商务可以让企业更好地管理客户关系、优化网站设计、制定高回报率的网络营销策略、推荐客户感兴趣的商品、吸引客户、刺激客户消费。

15.1　数据挖掘在电子商务中的应用概述

电子商务（E-Commerce，EC）是指在互联网（Internet）、企业内部网（Intranet）和增值网（Value Added Network，VAN）上以电子交易方式进行交易和其他相关服务活动，是传统商业活动各环节的电子化和网络化。电子商务包括电子货币交换、供应链管理、电子交易市场、网络营销、在线事务处理、电子数据交换、存货管理和自动数据收集系统等方面。

随着 Internet 的迅猛发展，人类进入了信息化社会，网络经济不断发展，对企业、个人发展及人类生活产生了巨大影响。基于网络的虚拟企业不再需要传统企业的实体投资，企业与供应商、消费者建立起了更加直接、便捷的联系。电子商务模式正在逐渐成为引导经济发展的新潮流，积极采取相应的技术对策和战略部署是推动经济发展的必然需要。在电子商务网站累积的海量数据基础上，数据挖掘技术可以从数据中挖掘有价值的模式，帮助企业制定营销策略，同时提升消费者的服务满意度。目前，数据挖掘技术已经在电子商务网站运营中得到了较为广泛的应用，其应用领域主要包括网络客户关系管理、网站设计优化、网络营销和个性化推荐等。这些应用极大地提升了企业的服务质量，也很好地改善了用户的消费体验，降低了用户消费成本，促进了用户消费。

随着互联网的迅速普及，电子商务也如雨后春笋般迅速发展壮大起来。目前很多大型企业都拥有自己的商务网站。但是，电子商务在给人们带来方便快捷的同时，也给人们带来了不少难题和挑战。对企业来说，需要从海量交易数据中找出有用的、有潜在价值的信息，制定更好的经营策略；对消费者来说，需要花费大量时间和精力来浏览网上大量的商品信息，并从中比较和选购商品。数据挖掘技术可以从海量数据中抽取出潜在的、有价值的数据，构建模型或规则，从而为企业或消费者提供决策支持。数据挖掘在电子商务中的应用包括如下几方面。

（1）个性化业务

个性化业务包括给用户、物品、场景等贴标签，进行数据画像、搜索排序、推荐等。

数据画像就是开发、维护全站的货品画像、用户画像的数据，服务于个性化、选品、组货等功能。

搜索排序就是将匹配关键词的商品按照对消费者需求的满足程度依次展示，目的是帮助消费者快速方便地找到所需商品。此外，消费者还可以按照一定条件对商品进行精确筛选。

个性化推荐就是基于用户行为和用户个人信息进行分析处理，发现用户的兴趣偏好，从而进行有针对性的推荐，以更好地服务用户。

（2）用户关系管理

采用数据挖掘技术可进行客户细分、高价值客户挖掘、客户流失预测和智能营销等。整合已有的用户画像、商品画像、用户兴趣偏好、选品组货及人货匹配模型，支撑 CRM 智能会员营销，逐步形成人货匹配营销，维系闭环支撑体系。

（3）网站设计优化

网站页面的布局将影响用户的浏览结果，进而影响用户的购买行为。从网站的用户浏览日志文件中挖掘客户访问页面的使用模式，可以为优化网站的内容布局提供良好的建议。

（4）智能组货

通过组货、投放规则的自动构建来实现高效的货品选择与投放，并将其应用到各大前端组件出货品或档期数据，应用范围覆盖专题、运营中心、广告位宫格等。通过构建组货投放规则可以实现智能组货，构建组货规则可以实现智能选品，构建档期投放规则可以实现智能选档期，构建自动化专场规则可以实现智能建档。

（5）智慧供应链

智慧供应链是结合物联网技术和现代供应链管理的理论、方法和技术，在企业中和企业间构建的，实现供应链的智能化、网络化和自动化的技术与管理综合集成系统。

国内著名的电子商务网站——淘宝网是成功将数据挖掘技术应用于电子商务的典型代表。淘宝网自 2003 年成立以来不断发展壮大，目前已发展成为亚洲第一大网络零售商。随着业务量的不断扩大，淘宝网面临着处理海量交易数据的问题。这些海量数据，如果不加以利用，则只能堆放在数据库，成为垃圾数据。引入数据挖掘技术使淘宝网可以有效地分析海量的业务数据，改善其服务质量。例如，i 淘宝，根据用户在淘宝网上的历史消费行为数据，利用数据挖掘技术为用户提供可能感兴趣的商品、店铺和好友推荐，从而将用户从海量的商品信息中解脱出来，减少了用户搜索和查找的时间，从而缩短了用户和商品等实体之间的距离，简化了用户购物的路径，同时实现了“千人千面”的个性化体验。

15.2 主要应用领域

15.2.1 网络客户关系管理

网络客户关系管理（Electronic Customer Relationship Management，ECRM）是企业在信息化中基于 Internet 平台的客户关系管理，其核心思想是在电子商务环境中，CRM 具有在企业与客户、供应商及业务伙伴之间建立无缝连接的协作能力，通过包括 Web 在内的多种渠道跟踪和管理与客户进行的交流和交易，从而实现企业与每位客户的最大程度与最大自由的互动。

数据挖掘技术可在客户获取、客户细分和客户保留三方面提升网络客户关系管理的质量。

（1）客户获取

客户获取是指企业在吸引潜在客户并将其转变为实际购买者这一过程中所运用的策略和方法。客户获取的评价指标取决于企业保留客户的能力、客户重复购买的频次及与保留客户相比获得客户的难易度。

客户获取的传统方法是调查一些可能对商品感兴趣的人并收集其属性特征。但随着数据量增大，传统方法的效率越来越低。利用数据挖掘技术可以在扩展客户市场时高效地挖掘出潜在的客户名单，在客户名单上发现可能对某些产品感兴趣的客户信息，以更准确地获取更多的客户。

电子商务平台通过各种途径收集客户信息并采用数据挖掘技术发现客户的价值，逐步建立起与新客户的关系，最终获得稳定的客户。首先，是与客户之间建立关系的阶段：在平台网站首页设立客户注册栏，以获得客户的基本信息，再为客户设立专门的档案管理，以便记录客户行为，如浏览记录和购买历史等信息；使用这些客户的行为记录数据对已知客户的消费行为制定一个数据库和一组具有不同特征的类别标记，这样将该已知客户数据库中的每个记录都赋予一个类别的标记，即设定训练集。其次，基于已知分类信息的历史数据，采用数据挖掘技术建立分类预测模型。最后，用这个分类模型对数据库中的未标记记录进行分类。这样就可以将未知客户划分到不同类别中，预测哪些客户是潜在客户，并有针对性地进行商品广告、促销等个性化服务。

（2）客户细分

客户细分由美国学者温德尔史密斯提出，其理论依据在于顾客需求的异质性和企业需要在有限资源的基础上进行市场竞争。客户细分是指企业在明确的战略业务模式和特定的市场中，根据客户的属性、行为、需求、偏好及价值等因素对客户进行分类，并提供有针对性的产品、服务和销售模式。客户天生就存在差异，企业每获得一位顾客，都需要一定的投入，这种投入只有在赢得顾客的忠诚后才能得到补偿。因此，要通过价值营销以获得品牌忠诚重要的一步就是对客户进行细分，锁定那些高价值顾客。

电子商务平台网站通过长期的积累，可以获得大量的顾客信息，如作为某品牌的顾客的时间周期，每个时间周期内顾客购买某种品牌的频数，顾客购买该品牌产品的平均贡献，顾客购买该品牌的概率。在顾客细分中，可根据顾客的年龄、职业、性别和收入等属性进行分类。例如，顾客收入可按勉强维持生活、正常生活及小康水平，将收入划分为 5000 以下、5000～10000、10000 以上三类。顾客之间通常会存在很多共同的消费特点，而这些共同的消费特点使得他们可以以群体的形式在客户关系管理中存在。根据网络日志记录的信息（网页请求内容、页面暂留时间等）和顾客的个人属性（性别、年龄、收入、家庭成员数等）利用聚类分析等技术对所有客户进行群体划分。企业通过客户细分了解到哪些客户是最有价值的客户，哪些是企业的忠诚客户，哪些是企业的潜在客户，哪些客户的成长性最好，哪些客户最容易流失，进而有针对性地向不同类型的顾客提供符合客户需求的不同类型的产品和服务。

（3）客户保留

随着电子商务市场的竞争日趋激烈，客户对产品、网站及其服务的选择空间也越来越大，因此电子商务平台之间对客户的争夺也越来越激烈。以往传统的网络和技术等优势难以在电子商务平台之间拉开差距，无法形成明显的差异化竞争优势。因此，为了在新的电子商务市场形势下培育和创造出新的差异化竞争，电子商务平台需要以客户为中心，深入了解客户、引导客户、留住客户。

客户保留是指企业为防止客户流失而采取的策略和方法，其核心任务包括降低客户流失率和提高客户忠诚度。在提高客户忠诚度方面，企业可以通过聚类分析技术实现客户细分，了解客户的购买行为和分析客户的喜好，从而为客户提供个性化服务，以改善客户的网购体验，从而提高客户的忠诚度。在防止客户流失方面，企业可以通过决策树、逻辑回归和神经网络等分类技术构建客户流失模型，分析出客户流失倾向和流失原因，进而对不同的流失客户采用不同的挽留策略。

15.2.2 网站设计优化

对 Web 站点的优化可以从两方面来考虑：一是发现客户访问页面的相关性，在密切相关的网页之间增加互通链接；二是发现用户的期望位置，如果在期望位置的访问频率高于对实际位置的访问频率，可考虑在期望位置和实际位置之间建立导航链接。以电子商务平台淘宝网为例，其 Web 站点的优化主要体现在以下几方面。

（1）产品搜索和在线采购

利用为数不多的简洁区块，或者独特的元素来锁定用户的视觉焦点，如导航搜索及靠近顶端的搜索/购物车控制器，如图 15-1 所示，以便用户快速查找和购买产品。在搜索栏下方还会推荐热门商品，以吸引用户单击查看。

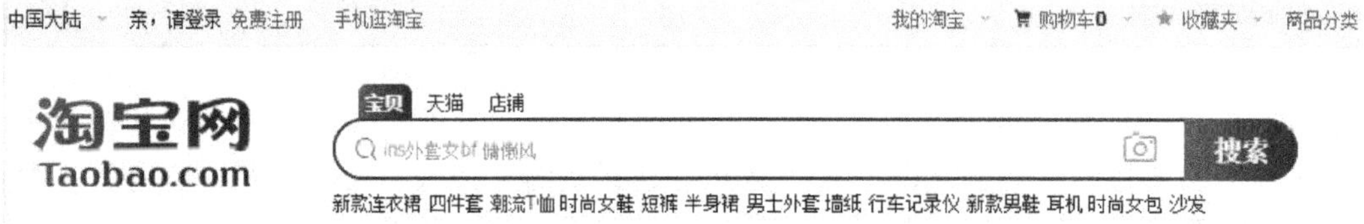

图 15-1　淘宝网的顶部区块

（2）搜索功能的引导

当用户使用搜索功能搜索比较模糊的产品时，网站会给出更多可选、更加精细的商品，以方便用户选择自己心仪的产品。如搜索“耳机”则会推荐“耳机入耳式”“耳机蓝牙”“耳机头戴式”等，在右方甚至会推荐相应的品牌。如对经常购买“小米”品牌的用户推荐小米品牌的耳机，如图 15-2 所示。

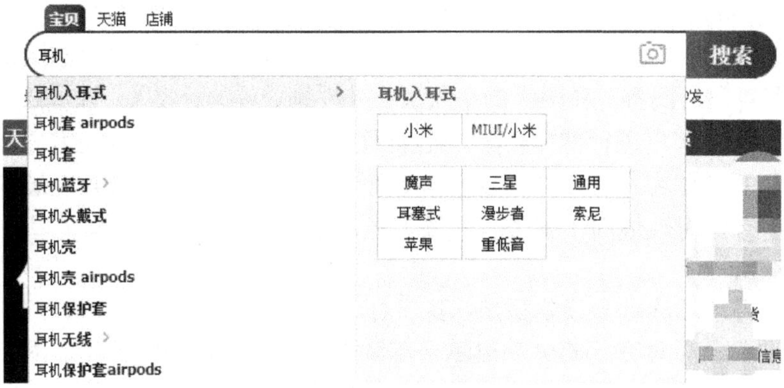

图 15-2　淘宝网的搜索功能

（3）全面的主题市场

主题市场包括各式各类的产品，如服装、玩具、数码用品等。方便用户在没有精确购买意图的时候能够选取主题进行“闲逛”。同时，每个主题的下级菜单均有更加详细的商品类型列表，在最右方还有“猜你喜欢”栏目，根据用户的基本信息及购买历史进行精准推荐。如网页给男性用户推荐了一些男士服装，如图 15-3 所示。

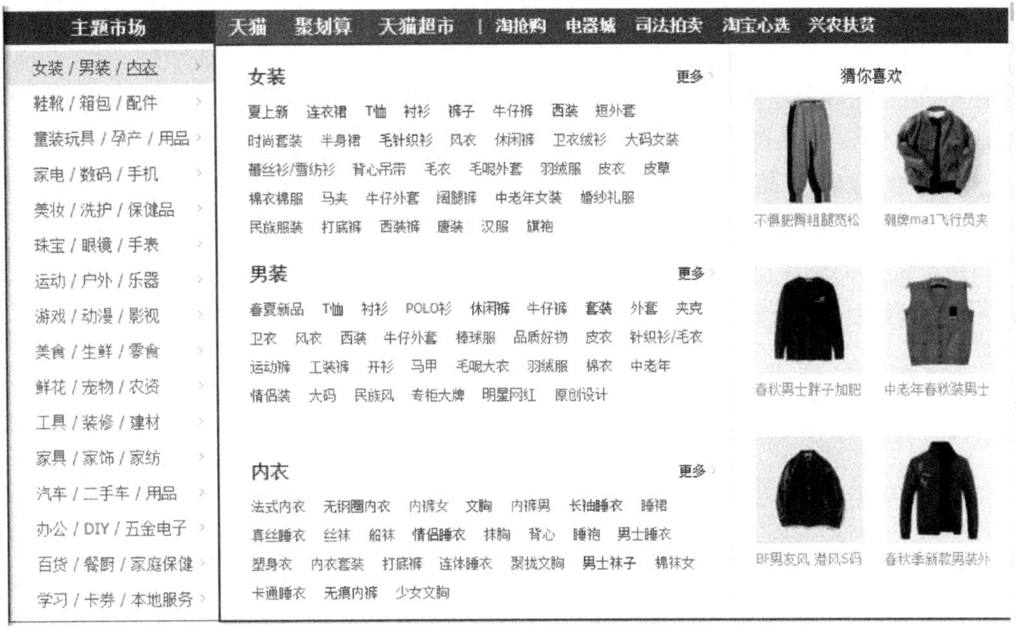

图 15-3 淘宝网的主题市场及下级菜单

15.2.3 推荐系统

电子商务推荐系统是将数据挖掘中的推荐技术应用到电子商务领域的范例。随着电子商务活动的开展，电子商务平台可以收集到大量用户的相关数据，如用户交易数据、用户注册数据、用户评分数据、用户咨询数据等。这些数据中蕴含着丰富的用户偏好信息，推荐系统可以对用户行为和用户个人信息进行分析处理，从中获取用户兴趣信息并进行推荐。

随着电子商务规模的扩大和移动终端占比的提升带来的体验挑战：从商品的角度看，商品/品牌越来越多、人群覆盖范围越来越广、关联程度越来越低；从用户的角度看，精力有限、时间碎片化、兴趣点差异越来越大。用户不可避免地进入“信息过载”阶段，个性化是解决“信息过载”的有效方法。电子商务平台的精细化运营问题可以转化为个性化推荐问题。在当今互联网领域，基于信息流推荐产品非常普遍，如 Facebook、头条、腾讯、淘宝、朋友圈。然而，由于领域的差异性，不同领域在使用个性化推荐时，在推荐目标及技术的使用方式上存在很大区别，需要结合实际领域中具体应用的复杂场景进行具体选择。数据标签化是有效实行个性化推荐的方法，电子商务平台通常会使用标签来为用户或实体（商品、社区等）进行画像。基于统一用户标签体系，通过自动化推荐与精准营销实现个性化服务。

通过标签进行人群细分，实现用户、品牌/货品在各场景下的推荐和氛围营造，提升全站转化率。基于个体的品牌偏好、品类偏好等对用户、商品、场景等进行标签示例，如图 15-4 所示。

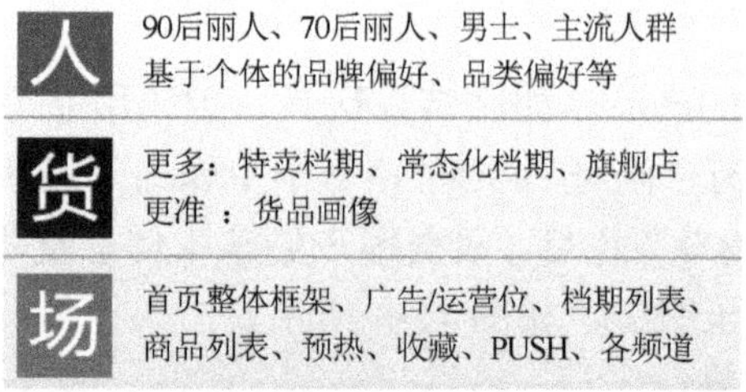

图 15-4　三类标签示例

用户标签化使得企业对用户的认知更为充分，将“人”细分成群体，发掘共同特征和个体偏好。图 15-5 和图 15-6 所示为用户标签体系示例，图 15-7 所示为用户标签示例。

研究“品类偏好”“品牌偏好”标签的构建与使用，不断积累品牌/品类/商品标签库（货品画像），并和人群进行匹配实验；通过商务对品牌的积累和数据模型建立“品牌关系库”；通过分析用户的“品牌偏好”，结合更多其他因素推荐更贴合用户消费诉求的品牌。图 15-8 所示为某用户感兴趣的商品集合。

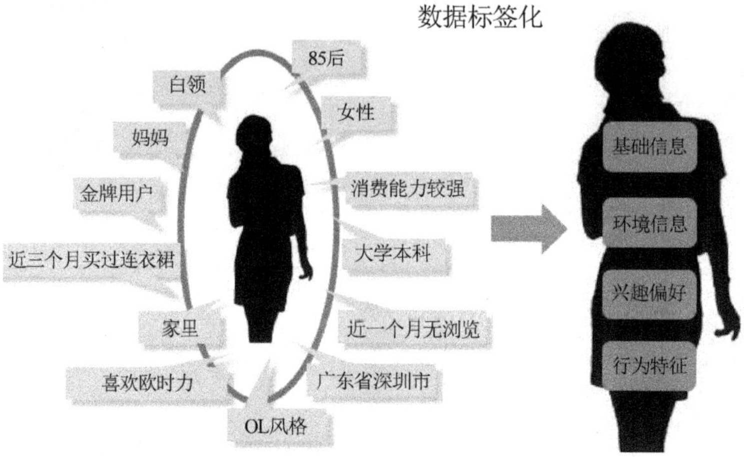

图 15-5　用户标签体系示例 1

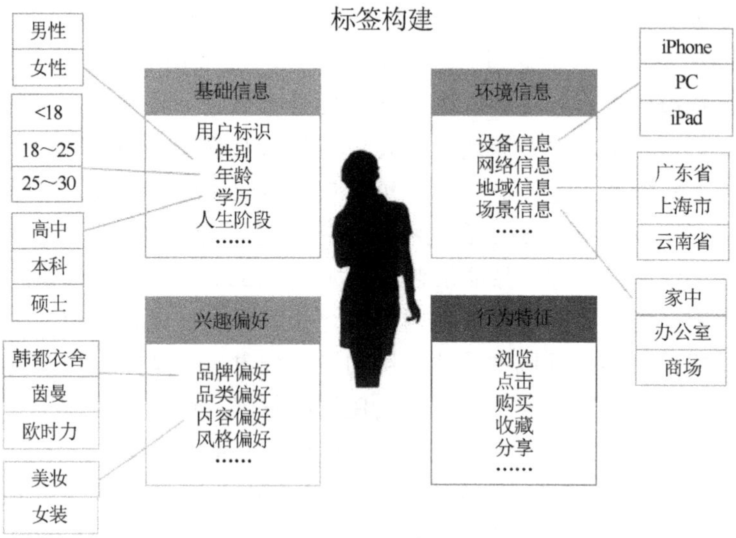

图 15-6　用户标签体系示例 2

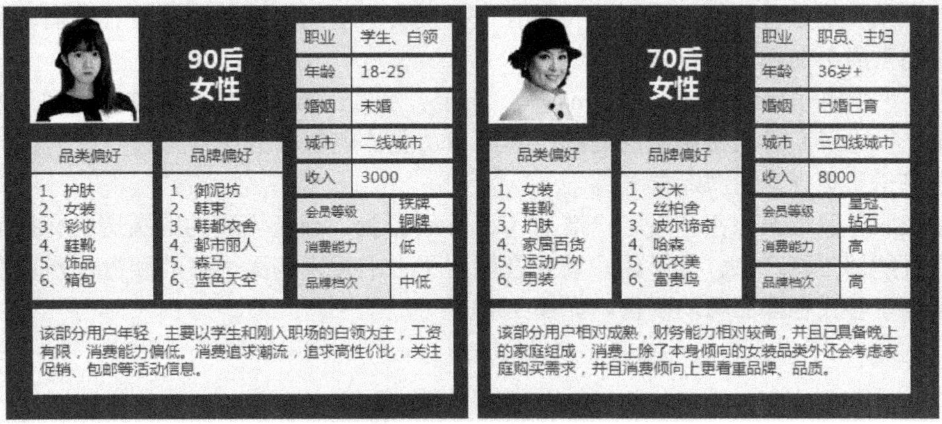

图 15-7　用户标签示例

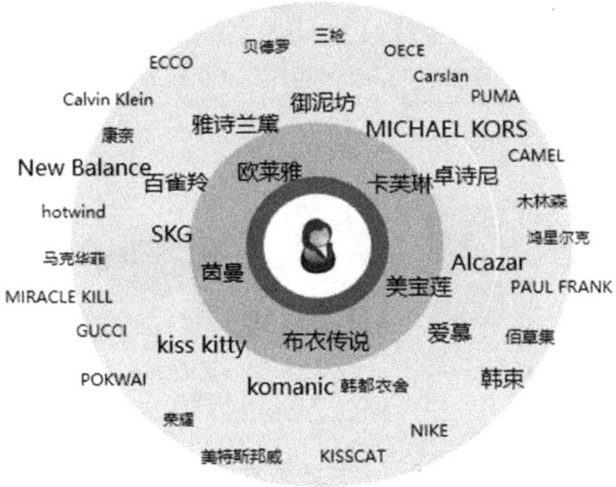

图 15-8　某用户感兴趣的商品集合

推荐系统由输入模块、推荐模块和输出模块三部分组成。输入模块获取用户在电子商务网站上的基本信息和行为数据。传统的电子商务平台累积了大量用户数据，随着社交网络平台（如 Twitter、FaceBook 和新浪微博等）的兴起和广泛应用，它们也成为获取用户信息的重要来源。输出模块主要有两种形式：一是预测用户对某种商品的偏好，二是推荐用户可能感兴趣的商品。具体来说，包括偏好预测、链接预测和个性化搜索等。推荐模块是系统的核心模块，决定了推荐系统的优劣。推荐技术主要包括协同推荐、基于内容的推荐、基于用户统计信息的推荐、基于关联规则的推荐等。

协同过滤推荐（Collaborative Filtering Recommendation）是目前研究最多、应用最广泛的推荐方法，一般分为两类：一是基于物品内容的推荐，将与用户购买的物品类似的物品推荐给用户，其前提是每个物品都有若干个标签，这样才可以找出与用户购买物品类似的物品；二是基于用户相似度的推荐，将与目标用户兴趣（用户画像）相同的其他用户购买的东西推荐给目标用户。例如，根据历史消费，发现用户 A 与用户 B 的消费行为相似，而用户 B 购买了物品 E，于是将物品 E 推荐给用户 A。基于内容的推荐是信息检索技术在推荐系统上的应用，通过相关内容特征来定义项目或对象，通过对评价对象特征的学习，得到用户兴趣模型，根据用户信息与待预测项目的匹配程度进行推荐。基于用户统计信息的推荐是基于用户的基本属性对用户进行细分，再通过簇中的用户进行推荐。基于关联规则的推荐以关联规则分析为基础，发现商品间的关联性，将关联的商品推荐给用户。其他推荐方法还包括基于效用的推荐和基于知识的推荐等。协同过滤推荐在电子商务中多用于在线动态推荐，而基于关联规则的推荐则常用于离线静态推荐。

目前，大型电子商务系统，如Amazon、淘宝、京东、唯品会等，都普遍使用了电子商务推荐系统。以电子商务网站淘宝网为例，其推荐功能体现在以下几方面。

（1）基于历史行为的产品推荐

通过在服务器端跟踪并分析客户端的 Cookies 行为，或者用户的购买历史和搜索历史等信息，网页能够推荐产品。如某用户曾经在淘宝平台上搜索购买了移动硬盘，所以在淘宝网首页就推荐了各式各样的移动硬盘，如图 15-9 所示。

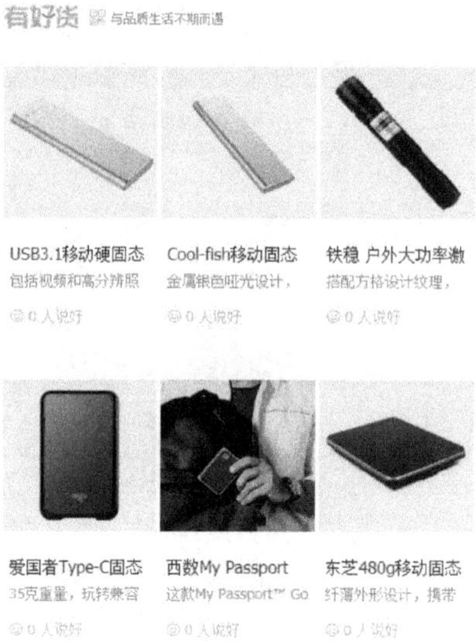

图 15-9　淘宝首页的产品推荐

（2）基于协同过滤的商品推荐与相似商品推荐

点开某件商品，在商品页面最下方会有“看了该宝贝的人还看了”和“买了该宝贝的人还买了”模块，其本质是基于协同过滤的商品推荐，根据用户之间的购买和浏览行为进行挖掘。如用户打开一个“羽毛球拍”商品的详细页面，在“看了该宝贝的人还看了”和“买了该宝贝的人还买了”模块就会推荐其他的羽毛球拍产品，如图 15-10 所示。

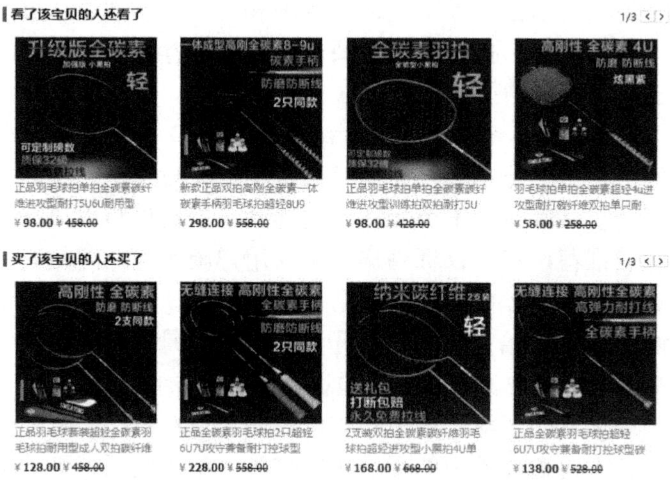

图 15-10　淘宝某羽毛球拍商品详细页面下方的商品推荐

（3）互补商品推荐

在一些商品详情页面的开头还会有一些互补商品推荐。具体体现为商品详情页面的“看了又看”模块，该模块会智能推荐一些商品的互补品。如用户打开羽毛球拍商品，在“看了又看”模块就推荐了羽毛球，如图 15-11 所示。

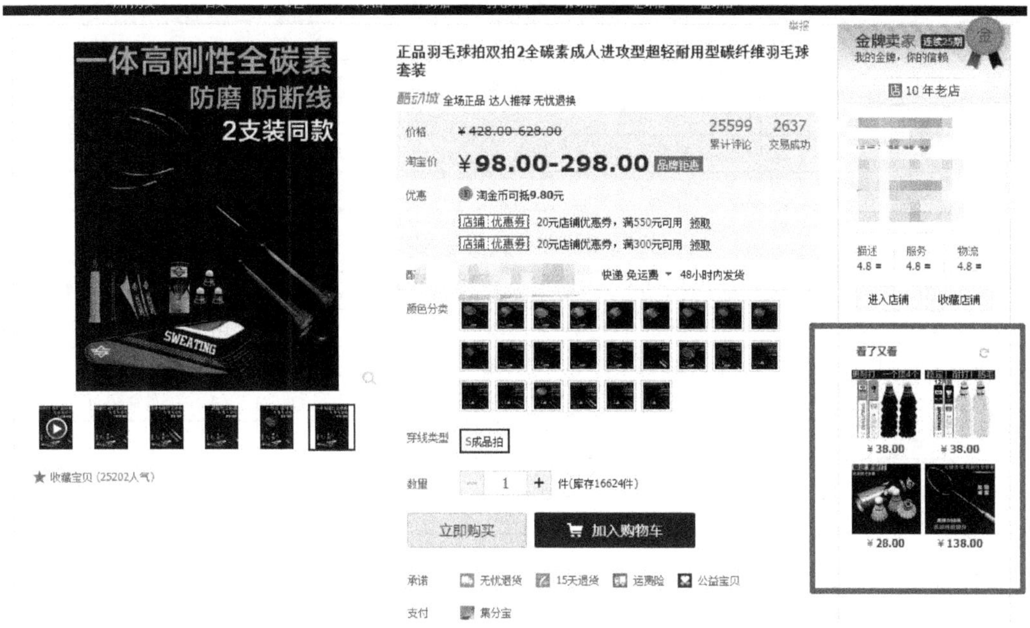

图 15-11 淘宝某羽毛球拍商品详细页面下方的“看了又看”模块

15.3 综合案例

15.3.1 案例 15-1：基于关联分析的淘宝网推荐

1. 商业理解

面对电子商务网站多种多样的商品，很多用户感到无所适从，他们需要花费大量时间来挑选自己需要或者感兴趣的商品。网上销售与传统的店面销售不同，没有售货员提供现场咨询服务。但是网上销售可以利用互联网的优势，同样可以为用户提供优质的服务。由于服务器会记录用户在浏览电子商务网站时的所有行为，因此企业很容易收集用户的浏览记录、交易信息及偏好数据。

在个性化推荐技术的关联规则分析中，最典型的例子是购物篮分析，其目标是发现交易数据库中不同商品之间的联系强度，挖掘用户潜在购买模式，并将这些模式所对应的服务或产品展示给用户，为其提供建议，从而提高用户的满意度及购买率。如找出顾客高频度一起购买的某两种或多种商品，为企业的捆绑销售策略提供参考。目前很多电子商务网站都采用这种策略进行推荐，如 Amazon、沃尔玛和淘宝电子商务平台上的“浏览过此商品的用户还浏览过哪些商品”推荐页面。本案例以淘宝网的关联规则推荐进行介绍。

2．数据理解

本案例采用淘宝网的用户交易数据进行分析，每条交易记录包括记录号和顾客购买的商品，表 15-1 所示为数据集属性信息，表 15-2 所示为部分交易数据实例。

表 15-1　数据集属性信息

属性名	属性意义
交易号 ID	唯一标识每一次用户的交易
商品名	购买的商品名
数量	购买的每一样商品的数量
单价	购买商品的单价

表 15-2　部分交易数据实例

ID	商品名	数量	单价	商品名	数量	单价	商品名	数量	单价	商品名	数量	单价
1	女装 T 恤	2	79	短裙	2	118	休闲男装	1	99	连衣裙	1	35
2	女装 T 恤	1	79	短裙	1	118	伞	1	15			
3	女装 T 恤	1	79	短裙	2	55	高跟鞋	1	63	连衣裙	1	35
4	女装 T 恤	1	119	短裙	1	55	高跟鞋	1	63			
5	女装 T 恤	2	119	短裙	1	45	高跟鞋	1	63			
6	女装 T 恤	1	119	短裙	1	45	高跟鞋	2	63	洗发水	2	85

原始数据集中包含 1000 条用户交易记录，经过统计分析，这个数据集包含的商品种类有 60 种，商品数量统计如图 15-12 所示。可以看出，大部分商品都出现得比较频繁，稀疏数据较少，因此可以进行较为有效的关联规则挖掘。

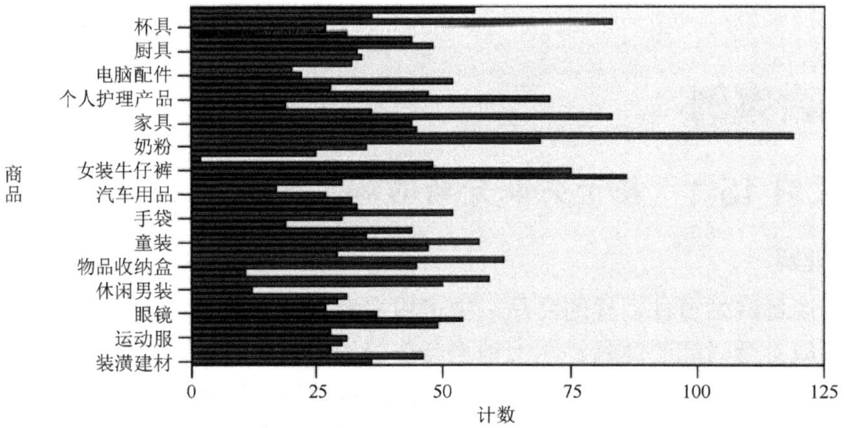

图 15-12　商品数量统计

3．数据准备

原始数据集可能包含一些冗余数据、空值和零值等，这种格式不能作为关联规则分析算法的输入，需要对数据进行预处理。本案例的预处理过程中包括过滤掉原始数据集中的商品数量和单价这两个属性。同时为了保护顾客的隐私，过滤了用户名属性，并且用交易号来唯一表示顾客的每一次交易。部分预处理后的数据如表 15-3 所示。

在 Clementine 软件进行关联规则挖掘时，必须把数据格式转换成 Clementine 软件能处理的格式。通常有两种格式：一种是布尔矩阵形式，即每行表示一条交易记录，列中的 T/F 值表示该商品是否在相应的交易记录中出现，T 表示出现，F 表示没有出现，表 15-4 列出了转

表 15-3　部分预处理后的数据

交易号	商品名 1	商品名 2	商品名 3	商品名 4
1	女装 T 恤	短裙	休闲男装	连衣裙
2	女装 T 恤	短裙	伞	
3	女装 T 恤	短裙	高跟鞋	连衣裙
4	女装 T 恤	短裙	高跟鞋	
5	女装 T 恤	短裙	高跟鞋	
6	女装 T 恤	短裙	高跟鞋	洗发水

表 15-4　布尔矩阵格式数据集

交易号	女装 T 恤	短裙	计算机配件	男装牛仔裤	休闲男装
1	T	T	F	F	T
2	T	T	F	F	F
3	T	T	F	F	F

换后的前 3 条记录信息；另一种是事务处理格式，即每行对应一个交易号和一个商品项表 15-5 列出了前 3 个事务对应的事务处理格式。

表 15-5　事务处理格式数据集

交易号	商品名	交易号	商品名
1	女装 T 恤	2	短裙
1	短裙	3	女装 T 恤
1	休闲男装	3	短裙
2	女装 T 恤		

4．数据建模

利用 Clementine 软件中的 Apriori 算法进行关联规则分析，设定最小支持度为 1%，最小置信度为 50%，输入为布尔矩阵格式的交易数据（见表 15-4），并给出输出商品的关联规则及相应的支持度、置信度和提升度信息，如表 15-6 所示。表 15-6 中显示“高跟鞋”和“洗发水”、“童装”和“玩具”“文具”经常被一起购买。

表 15-6　Apriori 算法的运行结果

Consequent 规则后件	Antecedent 规则前件	Support（%）支持度	Confidence（%）置信度	Lift 提升度
高跟鞋=T	洗发水=T	1.1	72.727	15.474
童装=T	玩具=T　文具=T	1.5	73.333	12.865
家具=T	地毯=T	2.0	50．0	11.364
玩具=T	童装=T　文具=T	2.2	50.0	10.638
童装=T	玩具=T	4.7	59.574	10.452
女装 T 恤=T	短裙=T　高跟鞋=T	1.2	50.0	10.417

5．模型评估

我们选取以下关联规则向用户推荐商品。

规则 1：洗发水⇨高跟鞋

规则 2：(玩具，文具)⇨童装

规则 3：地毯⇨家具

规则 4：(童装，文具)⇨玩具

规则 5：玩具⇨童装

规则 6：(短裙，高跟鞋)⇨女装 T 恤

再结合规则和实际经验知识，可以对规则进行进一步优化处理。在本案例中，可以对规则 2 和规则 5 进行合并，以规则 5 的形式呈现。

6. 模型部署

企业可以根据由以上分析得出的关联规则得到商品销售的一些合理匹配，进而设定相应的推荐策略。例如，在顾客购买了地毯后，可以向其推荐家具类商品；或者当顾客购买了童装后，可以向其推荐玩具和文具类商品，这些都有可能是顾客感兴趣或需要的商品。

15.3.2 案例 15-2：电商客户流失预警

1. 商业理解

建立完善、准确的客户流失预警机制是 CRM 的重要内容。建立客户流失预警机制的目的是未雨绸缪，对流失可能性较大的、有价值的大客户及时预警。通过数据分析发现，让一个刚刚流失的客户回头购买比劝说一个流失已久的客户回头购买要容易很多，所以流失预警机制的价值之一在于时效性。流失预警机制还可以帮助客户筛选商品，客户选择过多会感到不耐烦，所以电商企业不能定位成超市，而应该是精品店。本案例来源于《电商大数据：用数据驱动电商和商业案例解析》一书，目标是基于 2012 年 5 月 31 日之前的客户行为数据预测 2012 年 6 月至 9 月的老客户流失情况。

2. 数据的理解、收集及准备

本案例以淘宝系女装店为例，精心提炼了 100 组数据作为训练集，选取了 100 组数据作为测试集。案例数据包含 60 多个属性，淘宝系女装店的客户信息表如表 15-7 所示。确定将从指标“C”（代号）到指标“BH”的 58 个指标作为输入属性，将指标“BI”作为输出属性。

商品数量统计如图 15-13 所示。

在图 15-13 中，每行对应一个客户的数据，每个客户购买 3 次以上，每个客户之前的消费金额至少有 2.2 万（女装）人民币。通过简单观察数据集能发现一些规律，具体如下。

① 200 组客户都是公司的忠诚客户，“投诉次数”都为 0，这就是说，凡是投诉过的客户，如果再想修复与客户的关系是很难的事。

② “最近一次付款时间和下单时间间隔”这个指标越大，客户流失的可能性越大。换句话说，如果客户在最近一次购买行为中下单了但是过了很久才付款，那么这个细节有可能是客户即将流失的重要信号。

③ 几乎所有客户最喜欢的款型或版型是“连衣裙”，无论是在冬季还是在夏季。终年穿连衣裙的女性客户其实是偏时尚感的。

④ 真正忠诚的客户不会从付费广告进入电商网站或店铺。

最近一次购买时间的取值太多，AE、AF、AP 只有一个取值；AG、AH、AO 几乎只有一个取值；BE、BF、BG 只有 16 个有效值，在建模时应删除这些属性。

3. 数据建模与评估

采用 C5.0、CART 决策树、神经网络分类方法建模，将 70%的数据作为训练集，将剩余的 30%的数据作为测试集。流失预测分类准确率如表 15-8 所示。

表 15-7　淘宝系女装店的客户信息表

网络训练字段名称	代号	网络训练字段名称	代号
组别	A	最近一次投诉日期	AF
客户编号	B	中差评件数	AG
客户已经购买了多长时间	C	最近一次中差评日期	AH
客户最喜欢的颜色	D	客服慢响应频数	AI
客户最适合的尺寸	E	5 月份在线客服慢回复频数	AJ
购买周期	F	客服未回复频数	AK
购买总次数	G	5 月份在线客服未回复频数	AL
购买总金额	H	通过收藏购物车成交及频数	AM
最近一次购买时间	I	通过直接访问网站成交及频数	AN
同一个 ID 使用的人数	J	通过 CPS 广告成交及频数	AO
服装平均单价	K	通过 AD 成交及频数	AP
服装最高单价	L	其他渠道成交及频数	AQ
服装最低单价	M	对活动的响应频次	AR
服装单价标准差	N	客户会员等级	AS
客户最喜欢的款型或者版型	O	客户站等级	AT
客户最喜欢的款型或者版型的数量	P	客户信用等级	AU
服装客单价标准差	Q	买家好评率	AV
服装最低客单价	R	使用手机号码波段	AW
服装最高客单价	S	使用邮箱种类	AX
服装平均客单价	T	最近一次付款时间和下单时间间隔（单位：小时）	AY
购买频次	U	最近一次购买单价	AZ
购物行为发生在工作天的频数	V	最近一次购买客单价	BA
购物行为发生在工作日晚上的频数	W	购买周期标准差	BB
购物行为发生在周末白天的频数	X	现货平均发货时间（单位：天）	BC
购物行为发生在周末晚上的频数	Y	现货发货的最长时间（单位：天）	BD
最近 6 个月的购买周别数	Z	预售平均发货时间（单位：天）	BE
最近 6 个月的购买月份数	AA	预售超出约定发货时间的最长时间（负数表示没到承诺发货日期就提前发货了）	BF
最近 6 个月的购买次数	AB	预售款发货的最长时间（单位：天）	BG
买家原因的退款次数	AC	最近一次发货时长（单位：天)	BH
最近一次退款日期	AD	6 月至 9 月是否购买（1 表示购买，0 表示不购买）	BI
投诉次数	AE		

字段	图形	类型	最小值	最大值	平均值	标准差	偏度	唯一	有效
C		范围	143.000	2514.000	983.415	450.730	0.854	--	200
D		集	--	--	--	--	--	5	200
E		集	--	--	--	--	--	5	200
F		范围	1.060	1756.000	27.310	161.371	10.011	--	200
G		范围	17.000	356.000	97.675	49.437	1.205	--	200
H		范围	22369.300	3999749.000	71196.036	281019.341	13.869	--	200
J		范围	1.000	11.000	1.645	1.169	3.604	--	200
K		范围	117.900	479.800	185.641	37.447	3.294	--	200
L		范围	214.200	13410.000	1094.848	1135.790	7.071	--	200
M		范围	5.000	109.300	40.745	17.957	0.532	--	200
N		范围	55.590	1953.510	148.074	141.779	10.580	--	200
O		集	--	--	--	--	--	20	200

字段	图形	类型	最小值	最大值	平均值	标准差	偏度	唯一	有效
P		范围	1.000	139.000	20.150	18.991	2.641	--	200
Q		范围	65.560	48994.000	742.355	3447.050	13.923	--	200
R		范围	2.820	316.400	35.774	48.760	2.325	--	200
S		范围	203.490	17214.640	2387.506	1876.843	3.691	--	200
T		范围	110.970	112388.000	1296.652	8254.924	12.686	--	200
U		范围	2.000	193.000	46.360	30.688	1.630	--	200
V		范围	0.000	128.000	28.105	20.420	1.583	--	200
W		范围	0.000	59.000	11.570	10.057	1.520	--	200
X		范围	0.000	30.000	3.560	4.138	2.803	--	200
Y		范围	0.000	23.000	2.605	3.432	2.493	--	200
Z		范围	1.000	27.000	9.005	5.194	0.749	--	200
AA		范围	1.000	6.000	4.160	1.394	-0.447	--	200

图 15-13　商品数量统计

字段	图形	类型	最小值	最大值	平均值	标准差	偏度	唯一	有效
AB		范围	1.000	75.000	12.750	10.991	2.444	--	200
AC		范围	0.000	51.000	4.230	8.228	3.402	--	200
AE		范围	0.000	0.000	0.000	0.000	--	--	199
AF		范围	0.000	0.000	0.000	0.000	--	--	199
AG		范围	0.000	2.000	0.070	0.310	4.786	--	199
AH		集	--	--	--	--	--	12	200
AI		范围	0.000	48.000	1.990	5.258	5.607	--	200
AJ		范围	0.000	15.000	0.615	1.798	5.155	--	200
AK		范围	0.000	16.000	1.313	2.379	3.166	--	198
AL		范围	0.000	6.000	0.300	0.737	3.953	--	200
AM		范围	0.000	30.000	3.185	4.227	2.892	--	200
AN		范围	0.000	29.000	3.140	4.348	2.922	--	200
AO		范围	0.000	43.000	0.645	4.143	8.353	--	200
AP		范围	0.000	0.000	0.000	0.000	--	--	200
AQ		范围	0.000	79.000	9.260	11.701	3.167	--	200
AR		范围	0.000	3.000	1.085	0.807	0.540	--	200
AS		集	--	--	--	--	--	3	200
AT		集	--	--	--	--	--	6	165
AU		集	--	--	--	--	--	7	200
AV		范围	99.100	122.000	101.249	4.184	3.503	--	200
AW		集	--	--	--	--	--	5	200
AX		集	--	--	--	--	--	20	200
AY		范围	0.000	68.000	6.575	13.164	2.410	--	200
AZ		范围	11.500	845.000	129.560	77.471	4.262	--	200

图 15-13　商品数量统计（续）

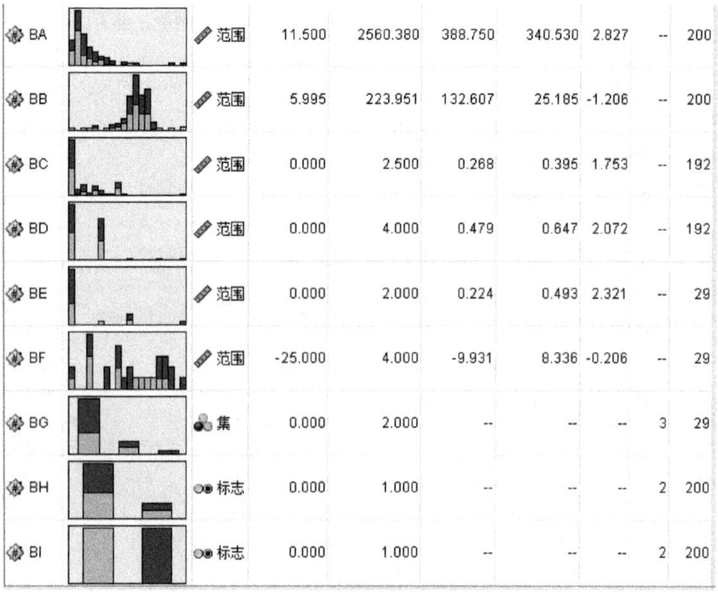

BA	范围	11.500	2560.380	388.750	340.530	2.827	--	200
BB	范围	5.995	223.951	132.607	25.185	-1.206	--	200
BC	范围	0.000	2.500	0.268	0.395	1.753	--	192
BD	范围	0.000	4.000	0.479	0.647	2.072	--	192
BE	范围	0.000	2.000	0.224	0.493	2.321	--	29
BF	范围	-25.000	4.000	-9.931	8.336	-0.206	--	29
BG	集	0.000	2.000	--	--	--	3	29
BH	标志	0.000	1.000	--	--	--	2	200
BI	标志	0.000	1.000	--	--	--	2	200

图 15-13　商品数量统计（续）

表 15-8　流失预测分类准确率

分类方法	平均值	最小值	最大值
C5.0	79.92	73.2	87.3
CART 决策树	79.11	67.6	85.3
神经网络	78.91	67.9	96.4

C5.0 的稳定性最好，平均分类准确率接近 80%。上述数据说明：① 将训练集∶测试级的比例调为 50∶50，分类准确率会略有下降。② 使用 2012 年 5 月 31 日之前的客户行为历史数据预测 2012 年 6 月至 2012 年 9 月期间的客户是否会流失。用 0 表示流失，1 表示留存（或者称为“保留”）。只用 0 和 1 二元值来标记客户是否流失不够科学，不够平滑。可以进一步采用“幂函数”拟合客户流失概率，老客户的拟合函数关系式为 $y=0.3667x^{0.2485}$（公式的由来留给读者思考）。

本章小结

电子商务的出现给人们购买商品带来了巨大的便利，客户足不出户就可以挑选自己喜欢的商品，企业也节省了大量的实体店租赁费，但电子商务交易双方是不谋面的，商家不能直观地了解客户，只能获得大量的相关数据（如用户注册信息、历史购买记录等）。由于电子商务过程所产生的数据量大、类型多和模型复杂，以及应用系统的分布性和异构性都使得对这些数据的分析相当困难，而数据挖掘技术是从具有上述特征的数据中发现有价值知识的有效工具，将数据挖掘技术应用于电子商务是电子商务平台发展的一个重要趋势。本章主要介绍了数据挖掘技术在电子商务中的应用，包括客户关系管理、网站设计优化、网络营销和个性化推荐系统等方面，并通过两个案例介绍了数据挖掘在电子商务领域的应用。

附录A 数据挖掘常用资源列表

一、常用网站

1．数据挖掘研究院

http://www.chinakdd.com/

2．数据挖掘与知识发现软件

http://www.kdnuggets.com/software/index.html

3．数据城堡

http://www.pkbigdata.com/

4．网易大数据

https://bigdata.163yun.com/

5．美国威斯康辛大学数据挖掘学院 DMI

http://www.cs.wisc.edu/dmi/

二、数据集

1．UCI Machine learning repository

http://archive.ics.uci.edu/ml/

2．KDNuggets

http://www.kdnuggets.com/datasets/index.html

3．数据堂：科研数据共享平台

http://www.datatang.com/

4．kaggle

https://www.kaggle.com/

5．天池大数据竞赛

https://tianchi.aliyun.com/competition/index.htm

6．DC 竞赛

https://www.dcjingsai.com/

7．biendata 竞赛

https://biendata.com/

三、数据挖掘工具网站

1．免费开源工具

① RapidMiner: An environment for machine learning and data mining experiments.

https://rapidminer.com/

② Weka: A suite of machine learning software written in the Java language.

www.cs.waikato.ac.nz/ml/weka/

③ GNU R: A programming language and software environment for statistical computing, data mining and graphics.

http://www.r-project.org/

2．商业软件

① Sas Enterprise Miner

http://www.sas.com/

② SPSS Modeler

https://www.ibm.com/products/software

③ MATLAB

http://www.mathworks.com/products/matlab/

四、国内外数据挖掘课程课件

1．南京大学数据挖掘课程

http://cs.nju.edu.cn/zhouzh/zhouzh.files/course/dm.html

2．Introduction to Data Mining

http://www-users.cs.umn.edu/~kumar/dmbook/index.php

参考文献

[1] Gordon S.Linoff，Michael J.A.Berry．数据挖掘技术：应用于市场营销、销售与客户关系管理[M]．3 版．巢文涵，张小明，万芳，译．北京：清华大学出版社，2019．

[2] Vijay Kotu，Bala Deshpa．预测分析与数据挖掘 RapidMiner 实现[M]．严云，译．北京：人民邮电出版社，2018．

[3] 冯启思．数据统治世界[M]．曲玉彬，译．北京：中国人民大学出版社，2013．

[4] 任昱衡，姜斌，李倩星，等．数据挖掘你必须知道的 32 个经典案例[M]．北京：电子工业出版社，2016．

[5] 雪鹰传奇．电商大数据：用数据驱动电商和商业案例解析[M]．北京：电子工业出版社，2014．

[6] Olson D，石勇．商业数据挖掘导论[M]．吕巍等，译．北京：机械工业出版社，2007．

[7] Soman K.P．数据挖掘基础教程[M]．范明，译．北京：机械工业出版社，2009．

[8] 谭，斯坦巴赫．数据挖掘导论——图灵计算机科学丛书[M]．范明，译．北京：人民邮电出版社，2006．

[9] 毛国君，段立娟，王石，等．据挖掘原理与算法[M]．北京：清华大学出版社，2007．

[10] 胡可云，田凤占，黄厚宽．数据挖掘理论与应用[M]．北京：清华大学出版社，2008．

[11] Bing Liu．Web 数据挖掘[M]．俞勇，薛贵荣，韩定一，等译．北京：清华大学出版社，2009．

[12] 蒋盛益．基于聚类的入侵检测算法研究[M]．北京：科学出版社，2008．

[13] 蒋盛益，李霞，郑琪．数据挖掘原理与实践[M]．北京：电子工业出版社，2011．

[14] 蒋盛益，张钰莎，王连喜．数据挖掘基础与应用实例[M]．北京：经济科学出版社，2015．

[15] Alex Berson，Stephen Smith，Kurt Thearling．构建面向 CRM 的数据挖掘[M]．贺奇，郑岩，等译．北京：人民邮电出版社，2001．

[16] 韩家炜，堪博．数据挖掘概念与技术[M]．2 版．范明，孟小峰，译．北京：机械工业出版社，2007．

[17] Xindong Wu，Vipin Kumar. J，et al．Top 10 algorithms in data mining[J]．Knowledge and Information Systems.Volume 14，Number 1，2008，pp.1-37．

[18] Qiang Yang，Xindong Wu. 10 Challenging Problems in Data Mining Research[J]．International Journal of Information Technology & Decision Making (IJITDM). Volume：5，Issue：4(2006) pp. 597-604．

[19] Elder，J.F，IV．Top 10 data mining mistakes[J]. Fifth IEEE International Conference on Data Mining，27-30 Nov. 2005．

[20] Anil K，Jain. Data Clustering: 50 Years Beyond K-Means[J]. Pattern Recognition Letters, 2010．

[21] Jain，A.K，Murty M.N，Flynn P.J. (1999): Data Clustering: A Review[J]．ACM Computing Surveys, Vol 31, No. 3, 264-323．

[22] Pavel Berkhin. Survey Of Clustering Data Mining Techniques. http://citeseer.nj.nec.com/berkhin02survey.html. 2002.

[23] S.Kotsiantis, P.Pintelas. Recent Advances in Clustering: A Brief Survey[J]. WSEAS Transactions on Information Science and Applications, 2004, 1(1): 73-81.

[24] Zhexue Huang. Extensions to the k-Means Algorithm for Clustering Large Data Sets with Categorical Values[J]. Data Mining and Knowledge Discovery, 1998, 2: 283-304.

[25] Tian Zhang, Raghu Ramakrishnan, Miron Livny. BIRCH: An efficient data clustering method for very large databases[J]. SIGMOD Rec. 1996, 25(2): 103-114.

[26] KOHONEN, T. 2001. Self-Organizing Maps[J]. Springer Series in Information Sciences, 30, Springer.

[27] 蒋盛益，李庆华．一种增强的 k-means 聚类算法[J]．计算机工程与科学，2006.

[28] Safavian, S.R, Landgrebe. D.; A survey of decision tree classifier methodology[J]. IEEE Transactions on Systems, Man and Cybernetics, May/Jun 1991, Volume: 21 Issue:3,: 660- 674.

[29] John Ross Quinlan.C4.5: programs for machine learning[J]. Morgan Kaufmann, San Mateo, CA, 1993.

[30] Rakesh Agrawal, Tomasz Imieliński. Arun Swami. Mining association rules between sets of items in large databases[J]. Proceedings of the 1993 ACM SIGMOD international conference on Management of data.

[31] Agrawal, R Srikant. Fast algorithms for mining association rules. 20th Int. Conf[J]. Very Large Data Bases, VLDB, 1994.

[32] Victoria Hodge, Jim Austin. A Survey of Outlier Detection Methodologies[J]. Artificial Intelligence Review, 2004, 22(2): 85-126.

[33] Shengyi Jiang, Xiaoyu Song. A clustering-based method for unsupervised intrusion detections[J]. Pattern Recognition Letters, 2006.

[34] 蒋盛益．基于投票机制的融合聚类算法[J]．小型微型计算机系统，2007(2).

[35] 蒋盛益，王连喜．面向电信的客户流失预测模型研究[J]．山东大学学报（理学版），2011.

[36] Raymond Kosala, Hendrik Blockeel. Web mining research: A survey. ACM SIGKDD Explorations Newsletter Homepage archive[J]. Volume 2 Issue 1, June, 2000. ACM New York, NY, USA.

[37] Pang Guansong, Jiang Shengyi. A Generalized Cluster Centroids Classifier for Text Categorization[J]. Information Processing and Management. 2012.

[38] Guansong Pang, Shengyi Jiang, Dongyi Chen. A Simple Integration of Social Relationship and Text Data for Identifying Potential Customers in Microblogging. Advanced Data Mining and Applications[J]. Springer Berlin Heidelberg, 2013: 397-409.

[39] Sheng-yi Jiang, Xia Li, Qi Zheng, et al. Approxmate Equal Frequency Discretization Method[J]. GCIS2009, 2009.5: 514-518.